앱 화면을 만들면서 재밌게 배우자!

The 친절한
자바
입문

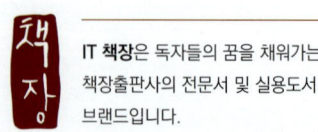

IT 책장은 독자들의 꿈을 채워가는
책장출판사의 전문서 및 실용도서
브랜드입니다.

앱 화면을 만들면서 재밌게 배우자!
"The 친절한"
자바 입문

초판 1쇄 인쇄 | 2020년 12월 20일
초판 1쇄 발행 | 2021년 01월 05일

지은이 | 정재곤
펴낸이 | 배호종
펴낸곳 | 책장

출판사 등록번호 | 제2012-000213호
주소 | 서울특별시 마포구 마포대로 86(도화동, 창강B/D 522호)
전화 | 070-4064-8395
카페 | http://cafe.naver.com/ilovebookcase
메일 | book-case@naver.com

기획 및 책임 편집 | 배호종 / **표지 및 본문 디자인** | Design 책장 / **전산편집** | 이승현
영업 및 강의자료 PPT 문의 | book-case@naver.com

가격 | 33,000원
ISBN | 979-11-954189-1-6 (13000)

- 잘못된 책은 구입한 서점에서 바꿔 드립니다.
- 이 책에 실린 모든 내용, 디자인, 이미지, 편집 구성의 저작권은 책장(주)과 저자에게 있습니다.
- 책에 수록된 모든 콘텐츠는 허락 없이 복제하거나 옮겨 실을 수 없습니다.

앱 화면을 만들면서 재밌게 배우자!

The 친절한
자바 입문

정재곤 지음

머리말

자바 프로그래밍? 코딩? 고민하지 마세요!

자바는 가장 많이 사용되는 프로그래밍 언어 중 하나입니다. 또한 앱이나 프로그램을 만드는 데 흥미가 있다면 처음으로 시작해 볼 수 있는 언어이기도 합니다. 그런데 막상 배워보려고 하면 장벽이 높기만 합니다. 책을 보면서 한두 가지 코드를 입력해보아도 도통 잘하고 있는 것 같지 않죠. 딱딱한 문법 설명이 앞을 가로막고 있기도 합니다. 예를 들어, float라는 자료형에 들어갈 수 있는 최솟값과 최댓값이 얼마인지는 시험을 보려면 알아야 할 수도 있지만 재미없는 딱딱한 내용일 뿐입니다. 그렇다면 눈에 보이는 화면을 만들면서 좀 더 실무적인 내용으로 배워보는 건 어떨까요? 코딩한 결과가 앱 화면으로 확인된다면 훨씬 직관적이라서 쉽게 이해할 수 있겠죠? **이 책은 많은 개발자가 코딩에 흥미를 가질 수 있도록 하고, 실무에 필요한 자바를 배우는 데 필요한 시간을 줄일 수 있도록 만들었습니다.**

화면을 같이 만들면서 언어를 대하는 통찰력도 높이세요!

이 책은 프로그램을 구성하는 과정을 하나씩 따라가면서 기본 내용을 익힐 수 있도록 만들어져 있습니다. 이것은 마치 집을 짓는 것과 같습니다. 기초가 되는 뼈대를 하나씩 잘 구성한 후에 외장재를 붙여야 튼튼하고 훌륭한 집이 완성되듯이 어떻게 하면 자바라는 언어로 프로그램의 뼈대를 잘 구성할 수 있는지를 설명합니다. 또한 집의 뼈대를 만들면서도 나중에 어떤 모습으로 보일지를 그려보면 집의 구조가 더 잘 이해되듯이 **코드를 입력하고 화면을 같이 만들어보면서 프로그램이 동작하는 방식을 설명하기 때문에 프로그램의 구조가 훨씬 잘 이해될 것입니다.** 만약 코딩을 처음 해보는 분이라면 하나씩 꼼꼼히 따라서 해보길 바랍니다. 코딩은 누구나 시작할 수 있지만 속성으로 익히기보다 차근차근 이해하면서 따라고, 똑같은 내용을 여러 번 반복해야 실력이 늘 수 있습니다.

코딩은 쉽게 접하는 게 최선이겠죠? 눈높이를 낮춰 설명했어요.

첫째 마당은 앱 화면을 같이 만들 때 사용되는 안드로이드 스튜디오나 화면 없이 코드만 입력할 때 사용되는 이클립스 개발 도구를 설치하고 곧바로 첫 번째 코딩을 시작합니다. 무작정 따라만 해도 될 정도니 어렵지 않습니다.

둘째 마당은 자바의 특징을 하나씩 설명합니다. 코드를 하나씩 입력하면서 진행하기 때문에 집중해서 따라가다 보면 어떤 내용인지 쉽게 익히게 됩니다. 중간 중간 화면을 만들어 결과를 확인하기 때문에 실무에서 활용할 수 있는 코드를 사용하고 있다는 느낌이 들 것입니다.

셋째 마당은 둘째 마당에서 배운 내용을 바탕으로 앱을 직접 만들어봅니다. 앱이 제작되는 기초적인 내용을 연습하면서 자바가 앱에 어떻게 사용되는지 이해할 수 있는 과정입니다.

학습 효과를 높일 수 있는 다양한 장치를 활용하세요.

코드를 하나씩 따라할 때 이해하기 **어려운 부분이 있다면 깃허브의 코드를 참조하세요.** 그리고 책에서 다루지 못한 코드 설명은 동영상으로 보고 들을 수 있습니다. **동영상 강의**만 반복해서 보더라도 내용을 쉽게 이해할 수 있습니다.

각 단원의 마지막에는 연습문제가 있습니다. 코딩의 기본이 반복이기 때문에 연습문제를 풀면서 익힌 내용을 한 번 더 복습할 수 있습니다. **각 장이 끝나면 총정리**를 통해 내용을 다시 한 번 정리하는 시간을 가져보세요. 효과적인 학습에 도움이 될 것입니다.

코드 입력을 따라하면서 하나씩 이해했다면 반드시 몇 번씩 반복해야 한다는 것, 기억하세요!

저자 *정재곤*
mike.jung.global@gmail.com

이 책의 설계도

■ 자바 배우기 어렵죠? 편견을 깹시다!

방대한 JAVA를 모두 익혀야만 개발을 할 수 있다? 지금부터 편견을 깰 수 있도록 도와드리겠습니다. 이왕이면 훨씬 더 재미있게 자바를 공부하는 게 좋겠죠.

❶ 이 책은 안드로이드 스튜디오를 설치한 후 기초적인 앱을 만들면서 사용되는 자바를 익힙니다.
❷ 맞아요. 자바(JAVA)를 익히는 가장 빠른 방법은 앱을 만들어서 결과를 바로 확인해보는 것입니다.
❸ 앱은 단순히 콘솔 창에 글자만 출력하는 것이 아니라 윈도우 화면에 앱을 띄워서 동작 결과를 보여줍니다.
❹ 다양한 도해로 좀 더 쉽게 자바의 언어적인 개념 잡기를 돕고 있습니다.
❺ 배운 내용은 JAVA-Study와 JAVA 총정리로 반복 학습하면서 자바에 익숙해지도록 준비하였습니다.
❻ 끝까지 만든 프로젝트는 조금씩 변경해서 실무에 바로 적용할 수도 있습니다.

■ 이 책은 어떻게 설계되었나?

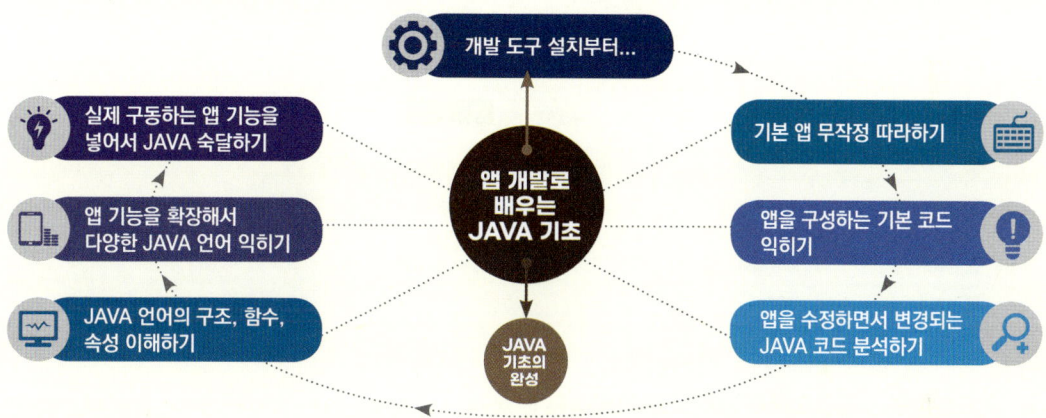

■ 이런 분께 추천합니다.

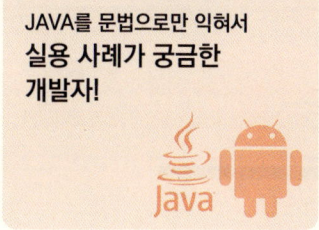

JAVA를 문법으로만 익혀서 **실용 사례가 궁금한 개발자!**

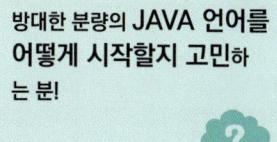

방대한 분량의 JAVA 언어를 **어떻게 시작할지 고민하는 분!**

안드로이드 앱 개발과 자바를 **함께 익히고 싶은 분!**

학습법 필독하세요!

■ 개발 환경 구축하기

앱 화면을 하나씩 만들면서 실무에 필요한 자바 코드를 학습합니다. 개발 도구로 간단한 화면을 만들 때 생성되는 자바 문법과 코드의 구조를 인용하기 때문에 초보자라도 쉽게 자바를 이해할 수 있습니다. 앱 화면과 자바 코딩을 같이 할 때 필요한 안드로이드 스튜디오와 화면 없이 코딩만 할 때 필요한 이클립스를 설치합니다.

■ 깃허브에서 소스 프로젝트 다운로드하기

책에 넣은 코드는 중요한 부분만 나누어 설명하므로 전체 소스코드는 깃허브에서 다운로드해서 참조합니다.

▶ 웹브라우저 열기 ▶ 깃허브 주소(https://github.com/mike-jung/java-android) 입력 ▶ 소스 프로젝트 다운로드 ▶ 압축 파일 풀기 ▶ 압축을 푼 폴더 안에 있는 각 장별 폴더 확인하기 ▶ 폴더 안에 소스 프로젝트 활용하기

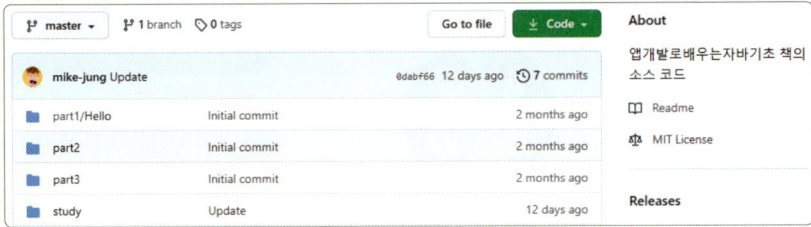

■ 안드로이드 스튜디오에서 단계별 앱 프로젝트 만들기

안드로이드 스튜디오로 만든 앱은 하나씩 새로운 프로젝트로 생성됩니다. 따라서 학습이 끝나면 여러 개의 프로젝트가 차곡차곡 쌓입니다.

■ 앱 화면을 만들어 소스코드 확인하기

각 프로젝트를 만든 후 그 안에서 화면을 만들고 소스코드를 입력하며 학습이 진행됩니다. 소스코드를 입력하는 과정은 친절하게 한 단계씩 설명하므로 초보자라도 코드를 입력하고 실행할 수 있습니다.

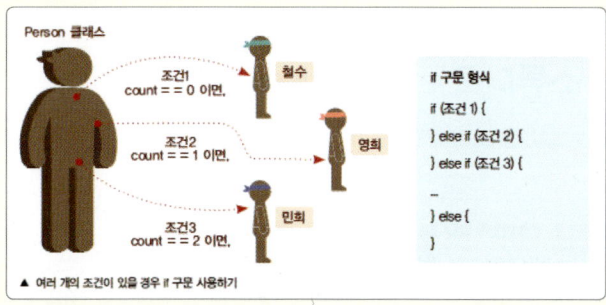

주의 ▶ 소스코드를 입력할 때 오탈자가 생기지 않게 꼼꼼히 입력하세요. 그래야 오류가 생기지 않습니다.

■ 자바 소스코드의 개념 및 기능 학습하기

자바의 이론을 설명하는 부분은 소스코드의 논리적인 흐름을 따라가면서 이해하도록 유도합니다.

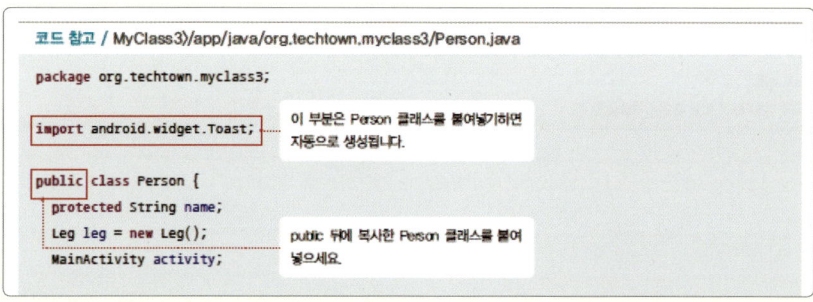

■ JAVA-Study로 문제 해결 능력 쌓기

각 장의 마지막 부분에 있는 연습문제는 각 장의 내용을 응용하여 또 다른 기능을 만들어볼 수 있습니다. 학습했던 장의 내용을 충분히 이해했는지 스스로 확인해보세요.

■ JAVA 총정리로 복습하기

JAVA 총정리는 각 장에서 배운 자바의 이론과 개념을 정리합니다. 연습문제를 풀어볼 때 막히면 총정리를 참고해서 다시 한 번 되새길 수 있습니다.

안드로이드 스튜디오로 만든 앱 분석

❶ 첫 화면은 자동으로 만들어지며, 가운데 작업 영역에 두 개의 파일이 열립니다.
❷ MainActivity.java는 소스 코드를 담고 있는 파일이고 activity_main.xml은 화면의 모양을 결정하는 파일입니다.
❸ 새로 만든 프로젝트 파일은 [AndroidStudioProjects] 폴더 안에 만들어지며, 프로젝트 이름별로 각각의 폴더가 만들어집니다.

개발 용어 알아보기

❶ 소스(Source)란?
컴퓨터에게 일을 시키기 위해 프로그래밍 언어로 만들어진 코드를 말합니다.
❷ 프로그램(Program)을 이용한다는 것은?
'화면에 글자를 보여줘'와 같은 일을 컴퓨터에 지시하고 컴퓨터가 그 일을 처리하는 것을 말합니다.
❸ 프로그래밍 언어(Language)란?
컴퓨터가 일을 처리하도록 컴퓨터에게 말을 해주는 역할을 합니다.

짜임새 있게 공부하기

프로그래밍을 몰라도 너무 모른다? 당신은 얼마나 알고 계신가요?
다음 질문마다 0점에서 9점 중 하나씩 체크해 보세요. 각 항목의 점수를 합한 후 학습 계획을 세워보세요.

❶ 지금껏 접해 본 프로그래밍 언어의 개수는?

0   1   2   3   4   5   6   7   8   9

❷ 프로그래밍 언어를 실무에서 자주 사용하고 있다?

0   1   2   3   4   5   6   7   8   9

❸ 나는 프로그래밍 언어로 코딩을 잘 한다?

0   1   2   3   4   5   6   7   8   9

나의 점수 = _____ 점

자가 진단 점수 합계가 **10점 미만**이라면 **8주간 공부 전략**을 세워서 학습할 것을 권장합니다.
자가 진단 점수 합계가 **10점 이상**이라면 **4주간 공부 전략**으로 단축해서 학습해도 좋습니다.

8주간 공부 전략			
학습 시간		진도 범위		체크 포인트
3일	09시간	첫째 마당	01장~04장	첫 번째 앱을 무작정 따라 만들면서 **앱 제작 툴에 적응하세요.**
6일	09시간	둘째 마당	01장	**새로 만든 프로젝트** 안에 무엇이 들어있는지 하나씩 들여다보면서 학습하세요.
9일	09시간		02장	**버튼을 클릭했을 때 동작**하는 방식에 주의를 기울여 학습하세요.
13일	12시간		03장	**변수 상자**가 어떤 것인지 개념을 잡으세요.
17일	12시간		04장	**함수 상자**가 어떤 것인지 개념을 잡으세요.
21일	12시간		05장	**클래스**가 어떻게 붕어빵 틀(부모 클래스) 역할을 하는지 개념을 잡으세요.
25일	12시간		06장	**상속한다**는 것이 무엇을 의미하는지 개념을 잡으세요.
28일	09시간	둘째마당	07장	**리스트 사용 방법**을 여러 번 반복해서 학습하세요.
31일	09시간		08장	**앱에 화면을 추가하는 방법**을 반복해서 학습하세요.
34일	09시간		09장	**레이아웃**으로 화면을 원하는 모양으로 만드는 방법을 확실히 익히세요.
37일	12시간		10장	**인터페이스**가 어떤 것인지 개념을 잡으세요.
41일	12시간		11장	**앱 화면에 리스트 모양을 보여줄 때**는 어떻게 해야 하는지 학습하세요.
44일	09시간		12장	**스레드를 이용한 동시 작업**은 어떻게 하는지 학습하세요.
47일	09시간		13장	**파일을 읽고 쓰는 방법**을 중심으로 학습하세요.
50일	09시간	셋째마당	01장	앱을 만드는 **단계별 코드 완성 과정**을 꼼꼼히 학습하세요.
53일	09시간		02장	**코드를 완성해가는 과정이 어렵다면** 깃허브에서 완성 코드를 먼저 훑어보세요.
56일	09시간		03장	**앱을 완성하기 어렵다면** 둘째 마당의 내용을 한 번 더 학습하세요.

질문과 동영상 시청은 여기로

■ 카페에서 질문하고 답변 받기

책장출판사 또는 테크타운 카페에서 책과 관련된 질문이나 오탈자 신고도 함께 받고 있습니다.

▶ 책장출판사 카페 https://cafe.naver.com/ilovebookcase
▶ 테크타운 카페 https://cafe.naver.com/techtown

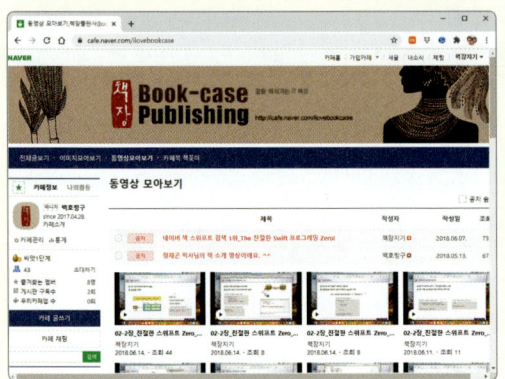
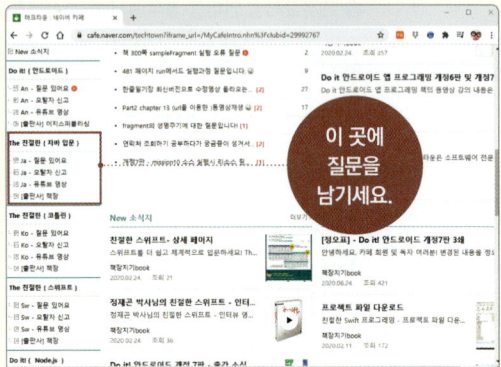

■ 유튜브 ▶에서 [Jaegon Jung 🔍]을 검색하세요!

책 설명만으로는 부족한가요? 저자가 직접 설명하는 동영상 강의를 시청하세요.

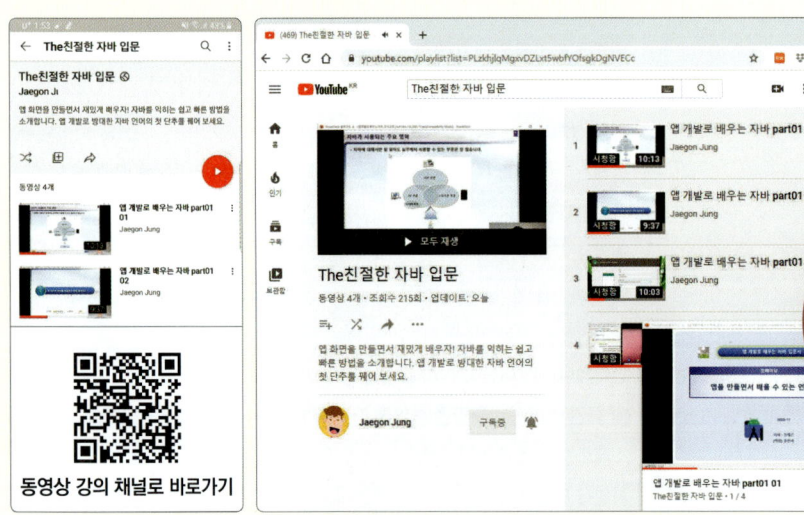

동영상 강의 채널로 바로가기

유튜브 강의는 출간 이후 지속적으로 업로드되니 짬짬이 학습하세요.

목 차

첫째마당 앱 개발과 자바 기초, 동시에 두 마리 토끼를 잡자!

01-1 앱을 만들면서 배울 수 있는 언어, 자바! • 18   중요도 ★☆☆☆☆
1 _ 자바를 배워야하는 이유는 무엇일까 • 19
2 _ 자바를 제대로 공부하는 방법을 알려줄까요? • 21

01-2 개발 도구 완벽하게 설치하기 • 24   중요도 ★★★☆☆
1 _ 어떤 순서로 개발 프로그램을 설치할까요? • 25
2 _ 자바 설치하기 • 26
3 _ 이클립스 설치하기 • 28
4 _ 안드로이드 스튜디오 설치하기 • 32

01-3 맛보기로 첫 번째 앱 만들어보기 • 37   중요도 ★★★☆☆
1 _ 앱을 만드는 기본적인 과정 • 38
2 _ 새로운 프로젝트 만들기 • 38
3 _ 에뮬레이터 만들어 실행하기 • 41
4 _ 프로젝트 실행하기 • 46

둘째마당 앱 화면을 만들면서 자바를 하나씩 알아가기

02-1 안드로이드 스튜디오로 만든 앱 분석해보기 • 50   중요도 ★★☆☆☆
1 _ 개발이 쉬운 안드로이드 스튜디오! • 51
2 _ 안드로이드 스튜디오의 구조 확인하기 • 51
3 _ 새로 만든 프로젝트 파일은 어디에 저장될까요? • 53
4 _ 작성한 소스코드는 어떻게 프로그램으로 실행될까요? • 55
5 _ 표준 자바로 프로젝트 만들어보기 • 60
6 _ 명령어로 소스코드를 직접 컴파일하고 실행하기 • 74
7 _ 표준 자바의 소스코드와 안드로이드의 소스코드 비교하기 • 77
8 _ 화면 레이아웃 살펴보기 • 79

목 차

JAVA study 01	콘솔에 문자열 출력하기 • 84
JAVA study 02	화면에 문자열 출력하기 • 85
JAVA 총정리	안드로이드 스튜디오로 만든 앱 분석 • 86

02-2 간단한 앱 화면 만들면서 자바 코드 살펴보기 • 89   중요도 ★★☆☆☆

    1 _ 글자를 버튼으로 바꾸고 싶다면 어떻게 할까? • 90
    2 _ 글자의 크기와 색상 바꿔보기 • 93
    3 _ 입력상자 추가하기 • 96
    4 _ 화면 배치 방법 바꿔보기 • 102
    5 _ 버튼에 클릭 속성을 넣어 간단하게 동작시키기 • 109
    6 _ 화면의 버튼을 소스코드에서 찾기 • 112
    7 _ 찾아낸 버튼을 클릭했을 때 동작시키기 • 116

JAVA study 03	버튼을 눌렀을 때 동작시키기 • 126
JAVA study 04	화면에 버튼들을 배치해보기 • 127
JAVA 총정리	간단한 앱 화면 만들면서 자바 코드 살펴보기 • 128

02-3 자바 변수와 자료형, 그리고 상수 이해하기 • 130   중요도 ★★★★★

    1 _ 변수의 기본 개념 알아보기 • 131
    2 _ 기본 자료형의 변수 사용하기 • 137
    3 _ 문자열 자료형의 변수 알아보기 • 147
    4 _ 형 변환의 개념과 종류 알아보기 • 151
    5 _ 안드로이드 앱 화면에 코드 실행한 결과물 보여주기 • 154
    6 _ 상수의 기본 개념 알아보기 • 165

JAVA study 05	입력상자에 입력한 값 보여주기 • 169
JAVA study 06	입력한 숫자 값 비교하기 • 170
JAVA 총정리	자바 변수와 자료형, 그리고 상수 이해하기 • 171

02-4 이벤트 처리 및 함수와 연산자 이해하기 • 174   중요도 ★★★★☆

    1 _ 버튼을 클릭했을 때 동작하는 과정 살펴보기 • 175
    2 _ 함수를 만들고 메서드라고 부르기 • 179
    3 _ 이벤트와 이벤트 리스너 이해하기 • 187
    4 _ 터치 이벤트 처리하기 • 189
    5 _ 연산자로 좀 더 세밀하게 이벤트 처리하기 • 197

| JAVA study 07 | 터치 횟수 계산하여 보여주기 • 204 |

| JAVA study 08 | 객체의 행과 열 순서 계산하기 • 205 |
| JAVA 총정리 | 이벤트 처리 및 함수와 연산자 이해하기 • 206 |

02-5 클래스를 자세히 알아보기 • 208   중요도 ★★★★★

1 _ 함수의 개념 다시 한 번 정리하기 • 209
2 _ 클래스의 역할이 무엇인지 알아보기 • 215
3 _ 클래스와 인스턴스 만들어보기 • 218
4 _ 인스턴스 객체가 만들어질 때 초기화 기능 수행하기 • 230
5 _ 동작 결과를 화면에 이미지와 토스트로 보여주기 • 239

JAVA study 09	클래스를 정의하여 인스턴스 만들기 • 258
JAVA study 10	사용자가 입력한 정보를 객체에 설정하기 • 259
JAVA 총정리	클래스를 자세히 알아보기 • 260

02-6 반복 코드를 줄여주는 상속 알아보기 • 262   중요도 ★★★★☆

1 _ 상속이란 무엇일까? • 263
2 _ 클래스 안의 변수와 메서드를 사용할 수 있는 상속 권한 • 272
3 _ 클래스 별로 다른 이미지 보여주기 • 279
4 _ 객체가 어떤 클래스의 인스턴스인지 알아보는 연산자 • 290
5 _ 메서드 재정의하기 • 294
6 _ 클래스 변수와 클래스 메서드 정확히 구분하기 • 300

JAVA study 11	부모 클래스를 상속하고 인스턴스 객체 만들기 • 306
JAVA study 12	클래스 변수에 인스턴스의 개수 저장하기 • 307
JAVA 총정리	반복 코드를 줄여주는 상속 알아보기 • 308

02-7 여러 데이터를 논리에 맞게 처리하기 • 311   중요도 ★★★☆☆

1 _ 여러 데이터를 하나의 변수에 넣어두고 싶다면? • 312
2 _ 배열에 들어있는 객체들을 화면에 보여주기 • 328
3 _ 배열 안에 배열 객체들이 들어간 2차원 배열 • 340
4 _ 여러 데이터를 순서대로 붙여주는 리스트 • 344
5 _ 데이터 값을 빨리 찾는 해시테이블 • 353
6 _ 데이터를 논리에 맞게 처리할 때 사용하는 문장 알아보기 • 368

JAVA study 13	객체를 만들어 리스트 변수에 추가하기 • 376
JAVA study 14	리스트 변수에 값들을 하나의 텍스트로 보여주기 • 377
JAVA 총정리	여러 데이터를 논리에 맞게 처리하기 • 378

목 차

02-8 화면을 직접 만들어서 띄우기 • 381 중요도 ★★★★☆

1 _ 스마트폰 기본 앱을 화면에 띄우기 • 382
2 _ 안드로이드 시스템에서 인텐트의 역할은 무엇일까? • 387
3 _ 새로운 앱 화면 추가하기 • 390
4 _ 다른 화면으로 데이터 전달하기 • 401
5 _ onCreate 메서드의 정체는 무엇일까? • 413
6 _ 스택과 큐 알아보기 • 420

- JAVA study 15 메인 화면에서 추가한 내용, 새로운 화면에서 보여주기 • 431
- JAVA study 16 스택에 학생 정보를 담아두었다가 보여주기 • 432
- JAVA 총정리 화면을 직접 만들어서 띄우기 • 433

02-9 레이아웃으로 화면 배치하기 • 435 중요도 ★★☆☆☆

1 _ 위젯과 레이아웃은 어떤 관계일까? • 436
2 _ 뷰의 공통 속성 알아보기 • 443
3 _ 리니어 레이아웃으로 화면 만들기 • 454
4 _ 상대 레이아웃으로 화면 만들기 • 457
5 _ 뷰를 중첩한 화면 만들기 • 464
6 _ 버튼과 같은 기본 위젯들의 속성 더 살펴보기 • 470

- JAVA study 17 학생 프로필 입력 화면을 레이아웃으로 만들기 • 473
- JAVA study 18 입력하는 화면을 선택할 수 있는 탭 기능 만들기 • 474
- JAVA 총정리 레이아웃으로 화면 배치하기 • 475

02-10 인터페이스와 어댑터 이해하기 • 477 중요도 ★★★☆☆

1 _ 인터페이스는 언제 사용할까? • 478
2 _ 예외 처리 알아보기 • 491
3 _ 추상 클래스 만들기 • 502
4 _ 필요한 메서드만 걸러내는 어댑터 알아보기 • 508
5 _ 클래스 안에 클래스 넣기 • 517

- JAVA study 19 인터페이스를 구현하는 클래스 만들기 • 522
- JAVA study 20 추상 클래스와 이를 상속한 클래스 만들기 • 523
- JAVA 총정리 인터페이스와 어댑터 이해하기 • 524

02-11 리스트로 여러 데이터 한꺼번에 보여주기 • 525 중요도 ★☆☆☆☆

1 _ 선택 위젯이란 무엇일까? • 526

2 _ 간단한 리싸이클러뷰 만들기 • 528
3 _ 리스트의 각 아이템에 여러 줄의 글자가 보이게 바꾸기 • 539

`JAVA study 21` 리스트 모양의 화면 만들기 • 546
`JAVA study 22` 리스트에 아이템 추가하는 기능 만들기 • 547
`JAVA 총정리` 리스트로 여러 데이터 한꺼번에 보여주기 • 548

02-12 여러 가지 작업을 동시에 수행하기 • 549   중요도 ★★★★★

1 _ 동시 작업은 어떻게 실행할까? • 550
2 _ 스레드를 사용해서 앱에서 동시 작업하기 • 560

`JAVA study 23` 스레드를 이용해 이미지 이동시키기 • 572
`JAVA study 24` 스레드를 이용해 애니메이션 만들기 • 573
`JAVA 총정리` 여러 가지 작업을 동시에 수행하기 • 574

02-13 보관한 데이터를 불러와서 사용하는 방법 알아보기 • 575   중요도 ★★★★☆

1 _ 자바의 스트림 방식 이해하기 • 576
2 _ 앱에서 단말에 데이터를 쓰거나 읽어 들이기 • 585

`JAVA study 25` 리스트의 내용을 파일에 쓰기 • 596
`JAVA study 26` 리스트의 내용을 파일에서 읽기 • 597
`JAVA 총정리` 보관한 데이터를 불러와서 사용하는 방법 알아보기 • 598

안드로이드 앱 만들어보기

03-01 앱 화면 설계하기 • 602   중요도 ★☆☆☆☆

1 _ 메모 앱을 만들기 전에 스케치해보기 • 603

03-02 스케치한 화면 제대로 만들기 • 606   중요도 ★★★★☆

1 _ 레이아웃으로 화면 만들기 • 607
2 _ 소스 입력하여 화면 구성하기 • 613
3 _ 비밀번호 설정 화면 만들기 • 624

03-03 사진 찍기와 전화 걸기 기능 추가하기 • 632   중요도 ★★☆☆☆

1 _ 메모 앱에 추가 기능 만들어 완성하기 • 633

| 첫째 마당 |

앱 개발과 자바 기초, 동시에 두 마리 토끼를 잡자!

자바(JAVA)를 익히는 가장 빠른 방법이 무엇일까요? 일단 프로그래밍 언어는 흥미가 생겨야 꾸준히 공부할 수 있습니다. 앱은 화면을 띄우면서 동작하므로 단순히 글자만 출력하는 것이 아니라 윈도우 화면에 결과를 보여줍니다. 따라서 훨씬 재미있게 자바를 공부할 수 있습니다.

이 책은 앱 화면을 만들면서 자바의 기초를 하나씩 알아가도록 설계되었습니다. 직접 앱을 실행해보면서 사용되는 자바의 개념을 익히면 훨씬 흥미를 높일 수 있습니다. 모두 자신감을 가지세요!

첫째 마당은 앱 개발이 무엇인지를 먼저 살펴보는 과정입니다. 앱 개발에 필요한 도구들을 설치한 다음 개발 지식 없이 첫 번째 앱을 만들어 갑니다. 이 과정에서 자바를 어떻게 사용하는지 간단하게 확인할 수 있습니다. 그럼 지금부터 앱 화면과 함께 배우는 자바를 만나러 가 볼까요?

01-1
앱을 만들면서
배울 수 있는 언어, 자바!

중요도 ★☆☆☆☆

우리는 스마트폰에 아주 익숙합니다. 그 중에서도 안드로이드라는 것으로 스마트폰 기계를 동작시키는 방식을 많이 봐왔죠. 이렇게 기계를 동작시키는 것을 운영체제(OS, Operating System)라고 부르는데, 안드로이드는 여러 운영체제 중의 하나입니다. 이런 안드로이드 스마트폰 안에서는 다양한 앱들이 동작하는데 이 앱이라는 것을 자바 언어(Language)로 만들 수 있습니다.

언어라는 것은 또 어떤 것일까요? 그리고 자바 언어를 사용하면 어떻게 스마트폰에서 동작하는 앱을 만들 수 있다는 것일까요? 궁금한 점이 많겠지만 우선 여기서는 자바와 안드로이드를 간단히 알아보고 자바 언어를 쉽게 배울 수 있는 방법을 함께 생각해 볼 것입니다.

1 _ 자바를 배워야하는 이유는 무엇일까?

처음에는 TV와 같은 가전제품을 동작시키는 프로그램을 간단하고 작은 크기로 구성할 수 있도록 자바를 만들었습니다. TV 안에 PC를 집어넣을 수 없으니 PC보다 간단한 몇 가지 부품만으로 PC에서 하는 동작을 구현할 수 있도록 해주는 것이죠. 이렇게 자바는 가전제품을 좀 더 쉽게 동작시키고, 여러 기능을 잘 바꿀 수 있도록 새롭게 만들어진 것입니다. 이런 것들을 '언어(Language)'라고 부릅니다.

그런데 이렇게 만든 언어가 PC에서 동작하는 프로그램을 만들 때도 좋다는 것이 알려지면서 점차 사용 빈도가 높아졌습니다. 특히 1990년대 말에 인터넷 사용이 크게 늘어나면서 인터넷 환경에서 많은 장점을 갖고 있는 자바의 인기도 크게 올라가게 됩니다.

▲ 자바의 사용이 크게 늘어난 시기

자바의 어떤 점이 좋아서 많은 사람들이 사용하게 된 것일까요? 자바는 '가상머신(VM, Virtual Machine)'이라는 것을 만들어두고 그 위에서 프로그램이 동작하게 만든 시스템입니다. 자바를 사용하기 전에는 각각 다른 운영체제에 적합하도록 프로그램을 서로 다른 방식으로 만들어야 했습니다. 하지만 가상머신을 사용하면서 프로그램을 한 번만 만들어도 여러 가지 다른 운영체제에서 똑같이 동작하게 되었습니다. 서로 다른 세 가지의 운영체제가 있다고 가정했을 때, 예전에는 세 명의 인원이 각 운영체제에서 동작하는 프로그램을 각각 만들어야 했지만 자바를 사용하면서 한 사람이 만든 프로그램을 똑같은 방식으로 세 가지 운영체제에 적용시킬 수 있게 되었죠. 그 결과 비용도 줄이고 기능을 바꾸는 것도 쉬워졌습니다. 또한 인터넷으로 연결된 장치들 사이에 동작하는 코드나 프로그램을 전달하면 그대로 인터넷 상의 다른 컴퓨터에서 똑같이 동작할 수 있다는 장점도 갖게 되었습니다.

자바는 여러 분야에서 쓰이는데, 대표적으로 웹 서버를 구성하거나 스마

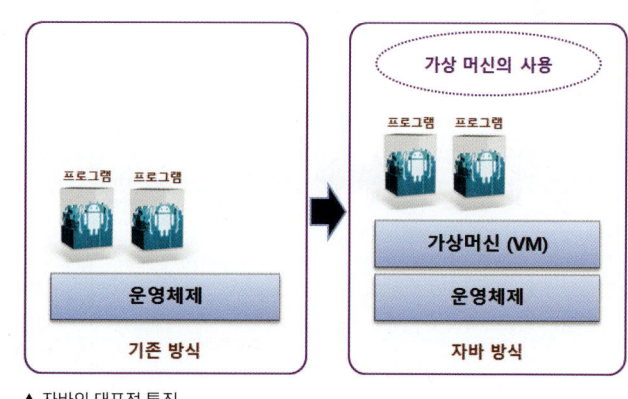

▲ 자바의 대표적 특징

트폰 앱을 만들 때 자주 사용됩니다. 그리고 대학에서도 컴퓨터 프로그램을 만드는 방법을 가르칠 때 자바를 기본 언어로 사용하는 곳이 많습니다. 대학을 졸업한 많은 개발자들도 자바를 사용하고 있죠.

2000년대 초부터 서버 쪽에서 자바를 많이 사용하기 시작했는데 스마트폰을 많이 사용하면서부터는 앱을 만들 때도 자바를 많이 사용하게 되었습니다. 그리고 PC 운영체제 중에서 많이 사용하는 윈도우(Windows)에서 프로그램을 만들 때 C#이라는 언어를 사용하는데 이 언어는 자바와 비슷하게 만들어졌습니다. 이렇게 보면 자바를 배워서 사용할 수 있는 영역이 아주 많다고 할 수 있겠네요.

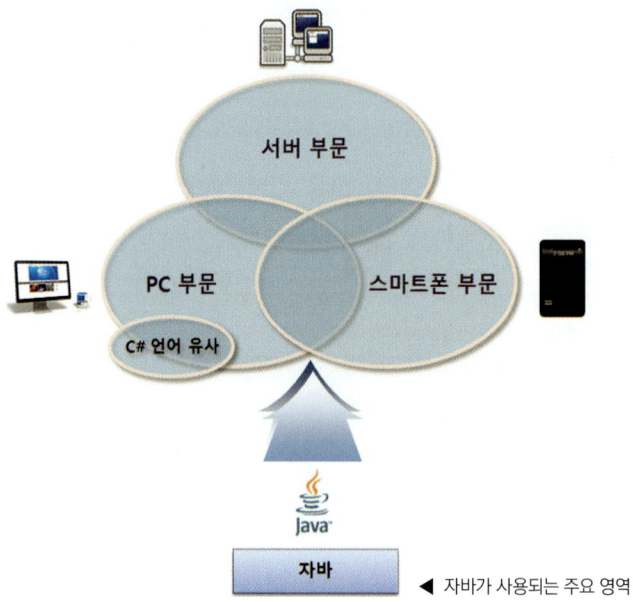

◀ 자바가 사용되는 주요 영역

자바가 장점이 많은 언어라고는 하지만 단점도 있습니다. 대표적인 것이 속도 문제입니다. 가상머신을 운영체제 위에 두고 그 위에서 프로그램을 동작시키기 때문에 처리 속도가 느린 단점이 있습니다. 하지만 컴퓨터 부품, 특히 CPU와 메모리가 훨씬 싸고 좋아지면서 이제 단점이었던 처리 속도는 크게 중요하지 않은 문제가 되었습니다.

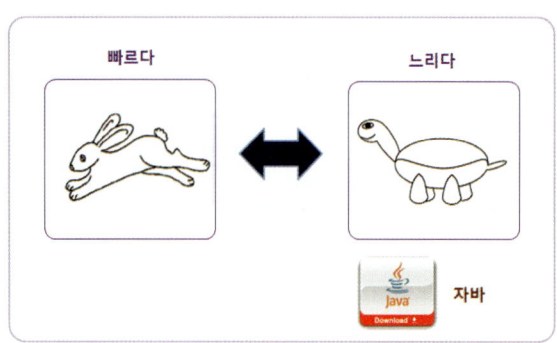

◀ 자바의 가장 큰 단점이었던 속도 문제

지금까지 얘기한 것만 봐도 '자바만 제대로 알면 할 수 있는 것이 참 많겠구나!'라는 생각이 들죠? 물론 자바만 알아서 충분하지는 않지만 어느새 꼭 알아야 할 필수 언어가 된 것은 사실입니다.

2 _ 자바를 제대로 공부하는 방법을 알려줄까요?

자바 언어를 배울 때 사람들이 접하는 자바 기본서 형태의 책을 보면 지루한 자바 문법부터 시작합니다. 그리고 몇 줄의 코드를 입력한 후 실행해보면 명령 프롬프트나 콘솔 창에 글자를 몇 개 보여주는 게 다입니다. 그리고 자바가 사용되는 각 분야의 내용을 단편적인 코드를 설명하면서 조금씩 알려주는 형식이 많습니다. 그런데 이렇게 배운 자바의 기본 지식이 실제 자바 프로그램을 만들 때는 활용이 쉽지 않은 경우가 많습니다. 왜일까요? 실무에서 실제 프로그램을 만들 때는 책에서 설명하는 순서대로, 그리고 그 내용대로 만들지 않는 경우가 많거든요.

그렇다면 회사 업무를 하거나 혼자서 직접 앱을 만들려는 사람들이 자바의 어떤 내용을 주로 사용하는지 자바 기본서의 내용과 비교해서 살펴볼까요? 먼저 자바 기본서에서 기본 문법을 익히기 위해 입력하는 코드를 PC의 명령 프롬프트 창에서 실행하는 경우가 거의 없습니다. 왜냐하면 대부분 실제 업무에서는 시간을 절약하면서 잘 만들기 위해 이클립스(Eclipse)나 안드로이드 스튜디오와 같은 개발 도구를 사용하기 때문입니다. 한글 문서를 만들 때 아래 한글 프로그램을 사용하는 것처럼 개발 도구는 코드를 잘 만들 수 있도록 도와줍니다. 따라서 이런 개발 도구들이 처음 자바를 접하는 사람에게는 익숙하지 않겠지만 지속적으로 사용해서 익숙해지는 것이 좋습니다.

그리고 자바 책에서는 화면을 다루는 부분이 빠져있는 경우가 많습니다. 왜냐하면 PC용 프로그램을 만들 때 화면이 필요한 경우 자바에 기본적으로 포함되어 있는 라이브러리(AWT나 SWING 등)를 거의 사용하지 않기 때문

> **주의** 기존에 일반적으로 사용하던 자바 언어를 '표준 자바'라고 부르겠습니다.

입니다. PC에서 동작하는 프로그램들은 웹브라우저에서 동작하는 웹페이지 방식으로 많이 만듭니다. 그런데 언어를 배울 때는 화면을 만들어보면 더 큰 흥미를 유발할 수 있습니다. 화면을 만들고 사용자의 글자를 입력받고 화면에 들어있는 글자나 이미지에 결과를 보여주면 훨씬 재미있죠. 그러면 어떻게 화면을 만들면서 자바를 익힐 수 있을까요? 안드로이드 앱을 만들 때 자바 언어를 사용할 수 앱은 화면이 있으니 간단한 화면을 만들면서 자바를 배울 수 있습니다. 다만 안드로이드 앱에서 자바 언어를 사용하려면 표준 자바에서 배우는 내용 이외에 배워야 할 내용이 조금 더 있습니다.

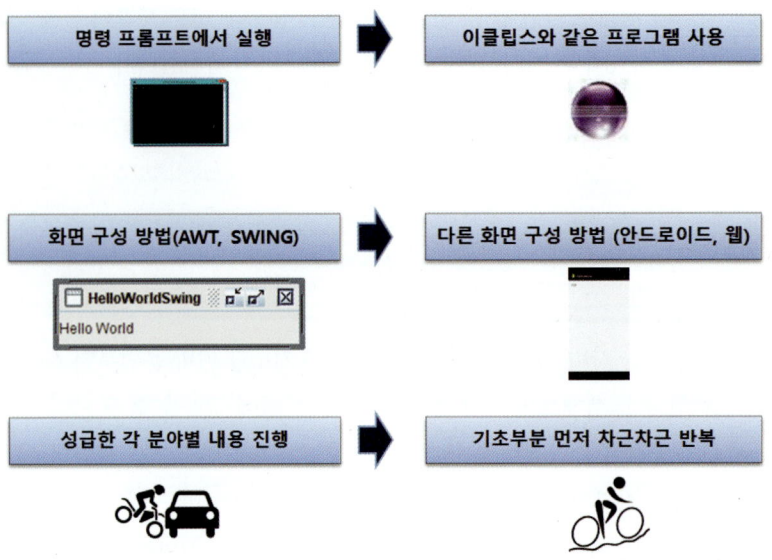

▲ 자바 기초라고 배웠던 것들 중에서 실무에서 잘 쓰지 않는 부분은?

간단히 말하면 자바 기본서에서 알려주는 자바의 기본이라는 내용은 실제로 활용하기 힘든 경우가 많습니다. 그냥 외우기 위한 문법과 자격증 시험을 보기 위한 내용으로 가득 차 있죠. 왜 이렇게 되었을까요? 자바가 활용되는 영역이 점점 더 늘어나면서 자바로 무언가를 만드는 방법도 다양해졌습니다. 하지만 자바의 기본을 알려주는 책들은 아직도 원론적인 문법 위주로 구성한 경우가 많습니다.

그래서 자바를 처음 배울 때부터 좀 더 흥미롭게 접근할 수 있고, 활용도도 높은 학습 방법이 필요합니다. 이 책은 스마트폰에서 동작하는 앱의 화면을 만들면서 실무에 꼭 필요한 기초 자바를 배울 수 있도록 합니다.

▲ 자바의 기초를 배우는 가장 좋은 방법

스마트폰에서 동작하는 앱은 사용되는 코드의 양이 적어 처음 접하는 사람들도 그 내용을 이해하고 반복 학습하거나 수정해보기 좋습니다. 또한 실제 스마트폰에 연결해서 자바로 작성한 프로그램이 바로바로 동작하는 것을 확인할 수 있어 흥미를 잃지 않을 수 있습니다. 다시 말하면, 지금부터 하나씩 배울 자바의 기초 지식은 안드로이드 앱을 만들면서 쌓을 수 있다는 것입니다. 안드로이드 앱을 만드는 법도 배우고 동시에 자바 언어의 기초도 쌓을 수 있습니다. 처음에는 잘 모르겠더라도 끝까지 힘내서 해보세요.

주의할 점은 기초 지식은 기초 지식일 뿐이라는 것입니다. 프로그래밍이라는 분야에 발을 들여놓는 순간부터 여러분은 코드란 눈으로 익히는 것이 아니라 손으로 반복해서 익혀야 한다는 것을 받아들여야 합니다. 손으로 익힌다는 것은 머릿속으로 생각한 것을 손으로 바로 입력할 수 있어야 한다는 것입니다. 반복 학습을 통해 숙달되어야만 가능한 일이죠.

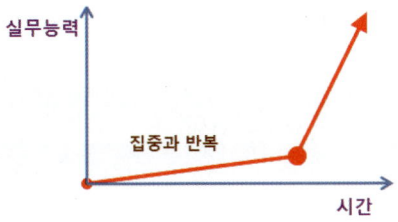

▲ 프로그래밍의 세계 – 학습 곡선

프로그램을 만들려면 집중과 반복을 지속해야 어느 정도 수준에 올라갈 수 있습니다. 적정 수준에 오르기 전에 쉬엄쉬엄 눈으로만 코드를 보며 익히면 1~2년이 지나도 실력은 늘지 않습니다. 하지만 노력해서 일정 수준이 되면 조금만 노력해도 큰 성과를 얻을 수 있습니다. 안드로이드 앱을 만들면서 자바의 기초 지식을 쌓는 이유도 안드로이드는 바로바로 실행해서 흥미로운 결과를 확인하기 좋고, 코드의 양이 비교적 적어 쉽게 반복할 수 있다는 점 때문입니다. 따라서 이 책에서 하나씩 알아가는 내용을 충분히 반복하고 수정해보길 바랍니다.

이제 안드로이드 앱도 만들고 자바의 기초 지식도 쌓아갈 준비가 되셨나요?

01-2
개발 도구 완벽하게 설치하기 중요도 ★★★☆☆

자바는 이클립스라는 개발 도구로 앱을 만들 수 있습니다. 그리고 윈도우 화면에 결과를 보여주고 싶다면 안드로이드 스튜디오라는 개발 도구로 앱 화면을 만들 수 있습니다. 자바의 기본 개념을 배울 때는 이클립스에서 화면 없이 동작하는 프로그램을 만들 것입니다. 그다음 좀 더 재미있게 화면에 결과를 표시하려 할 때는 안드로이드 스튜디오로 앱 화면을 만듭니다. 그러므로 이 책에서 설명하는 내용을 따라하려면 이클립스와 안드로이드 스튜디오를 모두 설치해야 합니다. 이 장에서는 자바를 포함해 이클립스와 안드로이드 스튜디오를 설치하는 과정을 따라해 봅니다.

1 _ 어떤 순서로 개발 프로그램을 설치할까요?

이 책에서 사용하는 기본 프로그램들 중에서 자바를 가장 먼저 설치합니다. 자바를 설치한 후에는 표준 자바 개발에 사용되는 이클립스를 설치합니다. 그런 다음 앱 화면을 만들 수 있는 안드로이드 스튜디오를 설치합니다. 설치할 주요 프로그램의 특징과 해야 할 작업을 간단하게 요약해 놓았습니다.

❶ 자바 설치하기

첫 번째로 설치할 것은 자바입니다. 자바 플랫폼이라고도 부르며 아래 사이트에서 Java SE, JDK 버전을 다운로드하여 설치합니다. 여기에서 JDK 버전은 독자가 다운로드한 시점에 따라 다를 수 있습니다.

https://www.oracle.com/java/technologies/javase-downloads.html

❷ 이클립스 설치하기

두 번째로 설치할 것은 이클립스입니다. 이클립스는 자바로 동작하며 압축 파일을 다운로드한 후 압축을 해제하면 바로 사용할 수 있는 실행 파일이 들어있습니다. 아래 사이트에서 다운로드하여 설치합니다.

https://www.eclipse.org/eclipseide/

❸ 안드로이드 스튜디오 설치하기

세 번째 설치할 것은 안드로이드 스튜디오입니다. 아래 사이트에서 다운로드하여 설치할 수 있습니다. 설치하는 과정은 일반적인 프로그램을 설치할 때처럼 간단하지만 설치한 후에 처음 실행하면 초기 설정에 필요한 몇 가지 화면을 나타납니다. 초기 설정 과정은 주의하며 따라해야 합니다.

http://developer.android.com/sdk/index.html

그럼 이제 설치를 시작해 보겠습니다.

2 _ 자바 설치하기

자바 설치 사이트에서 설치 파일을 다운로드 후 설치를 진행합니다.

❶ 브라우저를 열고 주소창에 아래 주소를 입력합니다. 그런 다음 LTS라는 글자가 표시된 항목을 찾아 그 아래에 있는 [JDK Download]를 클릭합니다.

주의 언제 다운로드하는가에 따라 버전은 달라질 수 있습니다. 여기에서는 Java SE 14 또는 Java SE 11 (LTS) 버전을 사용합니다.

자바 다운로드 사이트 https://www.oracle.com/java/technologies/javase-downloads.html

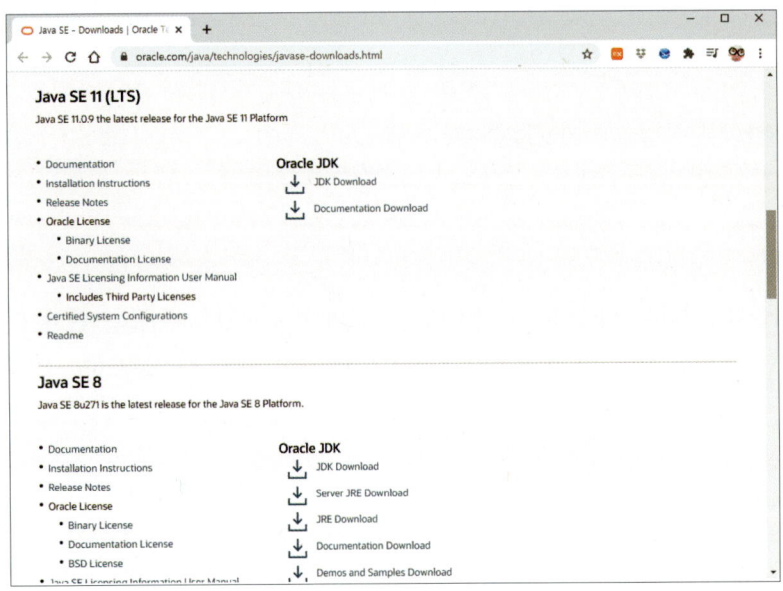

❷ 파일 다운로드 페이지가 보이면 아래쪽으로 스크롤을 내려 보세요. Windows x64 Installer로 표시된 설치 파일을 선택합니다. 다운로드할 파일의 이름은 jdk-11.0.9_windows-x64_bin.exe가 됩니다.

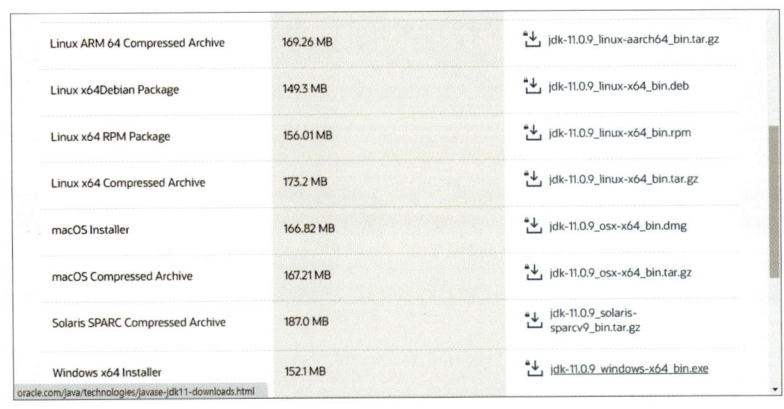

주의 만약 설치 파일을 다운로드하기 전에 로그인하라고 나온다면 화면의 안내에 따라 사용자 등록 과정을 거친 후 로그인하면 됩니다.

> **정박사님 궁금해요** **내 PC가 몇 bit인지 확인하기**
>
> 내 컴퓨터가 32비트라면 다운로드할 파일 이름이 달라질 수 있습니다. 내 컴퓨터가 32비트인지 64비트인지 확인하는 방법은 간단합니다. 내 컴퓨터에서 마우스 오른쪽 버튼을 클릭하여 나오는 메뉴에서 [속성]을 선택하면 시스템의 안내를 볼 수 있습니다. 또는 [제어판 → 시스템 및 보안 → 시스템] 메뉴를 누르면 확인할 수 있습니다.

❸ 다운로드 링크를 누르면 라이선스 동의를 묻는 대화상자가 나타납니다. 체크 박스에 체크한 후 실행 파일을 다운로드합니다.

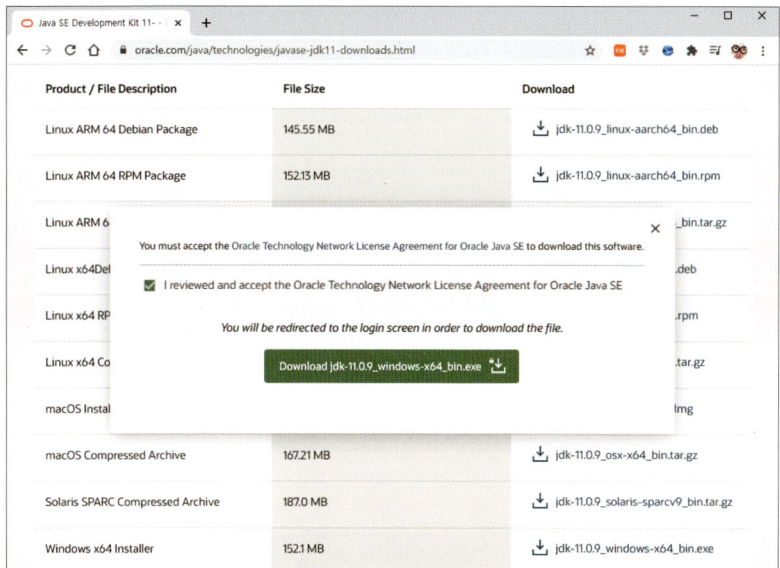

주의 ▶ 만약 오라클 계정 로그인 창이 나오면 로그인을 하고 다운로드하세요. 계정이 없다면 새로 만들어서 진행하면 됩니다.

❹ 다운로드한 실행 파일을 더블클릭합니다. 설치 과정은 [Next]만 누르면 되므로 아주 쉽습니다.

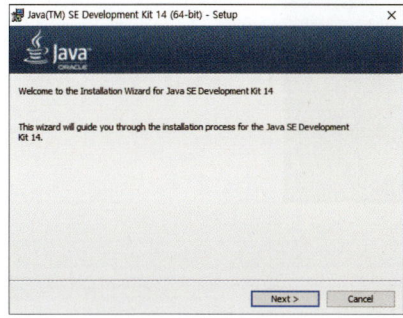

❺ 설치가 완료되면 [Close]를 눌러 대화상자를 닫습니다. 첫 번째 단계인 자바 설치가 끝났습니다.

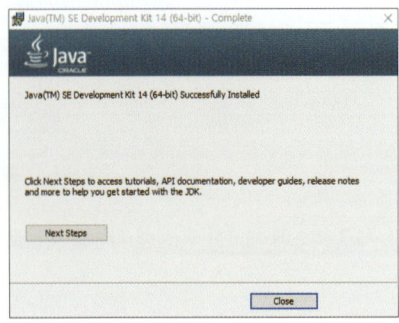

3 _ 이클립스 설치하기

두 번째로 이클립스 사이트에서 설치 파일을 다운로드한 후 이클립스를 설치합니다.

❶ 웹브라우저의 주소창에 아래 주소를 입력합니다. 페이지가 열리면 [Download 2020-09]를 누릅니다.

이클립스 다운로드 사이트 https://www.eclipse.org/eclipseide/

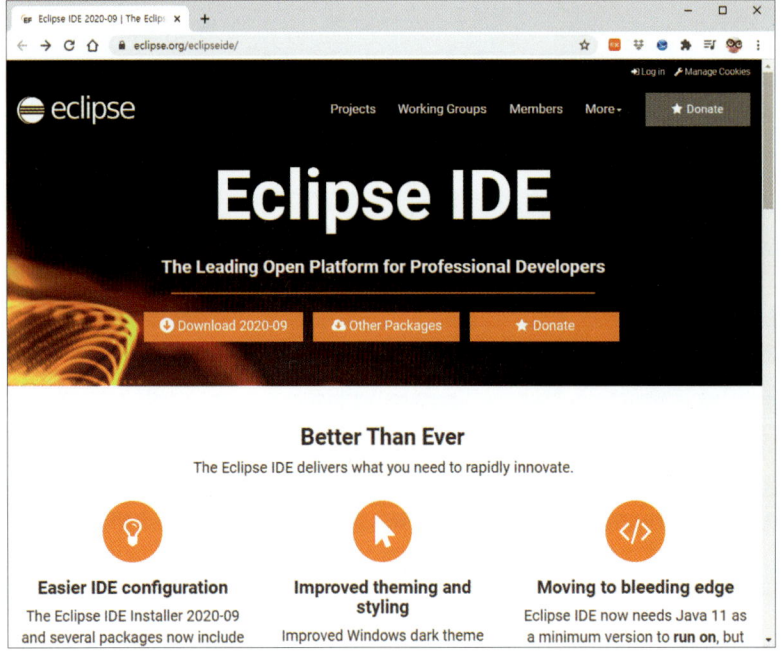

❷ 다운로드 페이지가 나오면 [Download x86_64]를 클릭합니다.

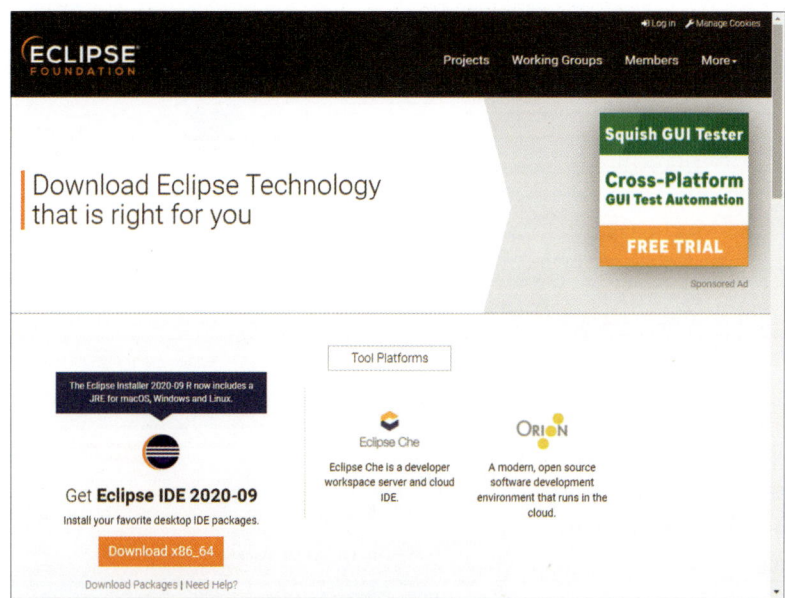

주의▶ 만약 윈도우가 32비트이면 32bit 링크가 표시됩니다.

❸ [Download]를 누르면 다운로드가 시작됩니다. 설치 파일을 다운로드할 폴더를 지정해서 원하는 폴더에 파일을 받을 수도 있습니다.

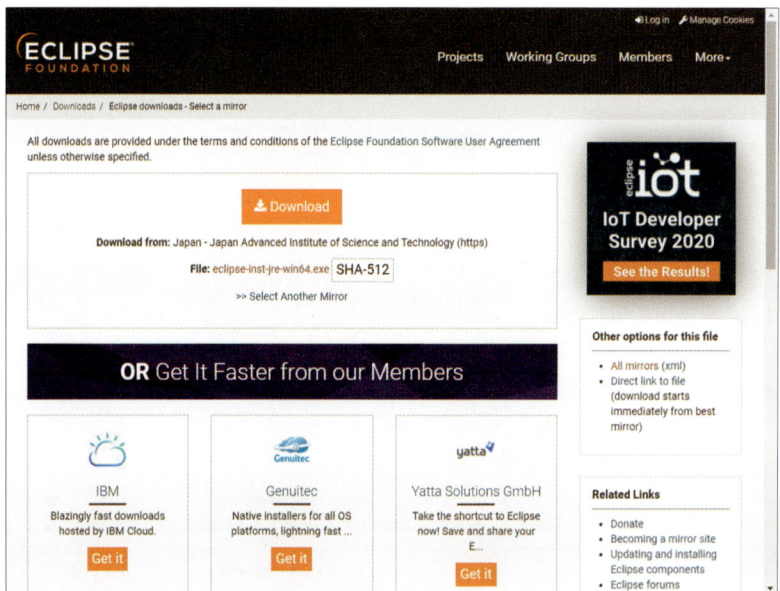

주의▶ Download from을 보면 다운로드할 나라와 장소가 표기되어 있습니다. 가까운 곳에 있는 다른 다운로드 장소를 찾으려면 아래쪽에 있는 Select Another Mirror를 누르면 직접 선택할 수 있습니다.

이렇게 다운로드 지역을 설정하는 이유는 뭘까요? 다운로드 속도가 느리거나 다운로드를 실패했을 때 사용해보면 좋아요. 가까운 지역일수록 속도가 빠릅니다.

정박사님 궁금해요 — 다운로드 속도가 느리거나 실패했을 때

네트워크 오류 등으로 다운로드를 실패할 수도 있습니다. 이런 경우에는 Select Another Mirror 링크를 눌러서 가까운 지역 중에서 원하는 곳을 선택해서 다시 다운로드하면 됩니다.

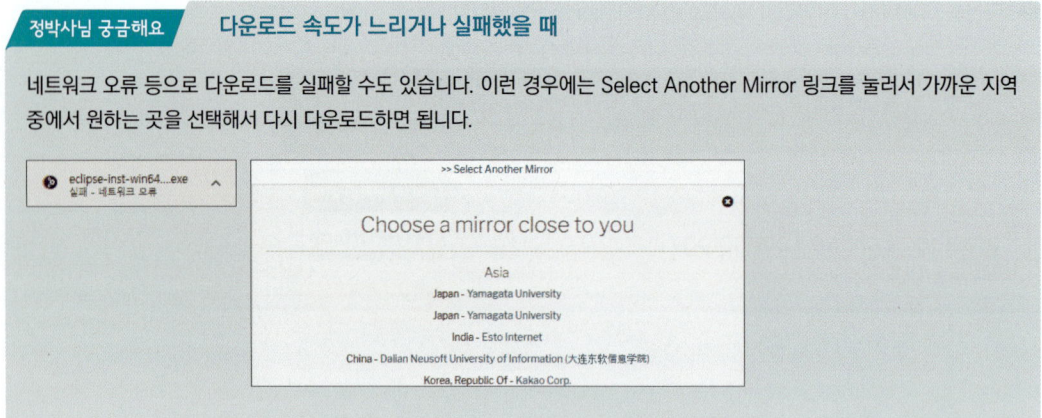

❹ 다운로드가 끝나면 설치 파일을 클릭해서 설치합니다. eclipse installer 첫 화면에는 어떤 패키지를 설치할 것인지를 물어봅니다. 가장 위쪽에 있는 Eclipse IDE for Java Developers를 선택합니다.

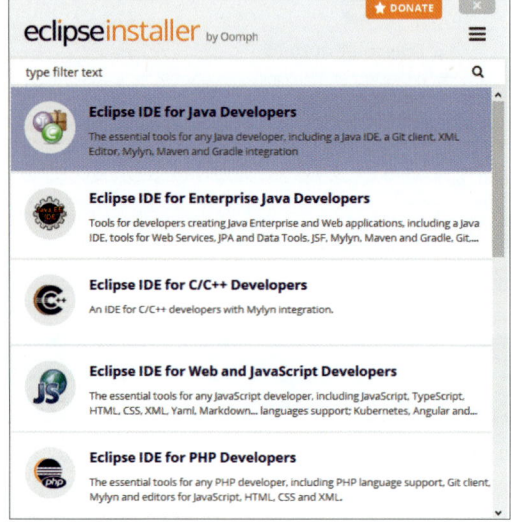

❺ 이전 과정에서 자바를 설치했던 폴더의 경로가 나타납니다. 그 아래에는 이클립스가 설치될 폴더를 알려주고 있습니다. [INSTALL]을 누르면 라이선스 동의를 위한 화면이 표시됩니다. [Accept Now]를 눌러 동의하면 설치가 진행됩니다.

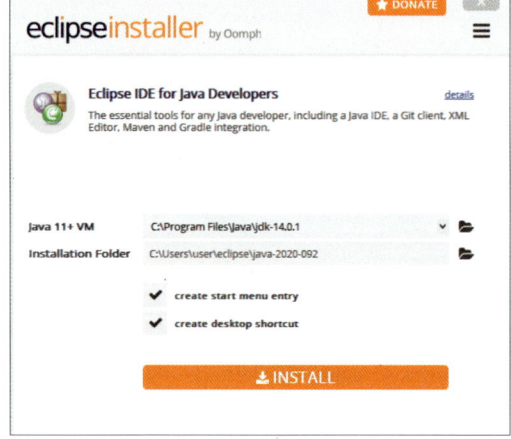

❻ 설치를 진행하다가 [Unsigned Content] 대화상자가 나타나는 경우가 있습니다. 이클립스 설치 전에 플러그인 설치를 허락해야 한다는 것이데요. 여기서는 [Accept]를 눌러서 넘어갑니다.

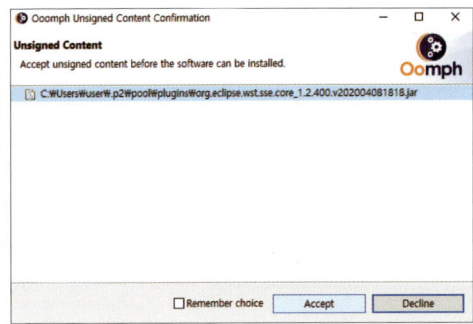

❼ 설치가 완료되면 [LAUNCH]를 눌러 이클립스를 실행해봅니다.

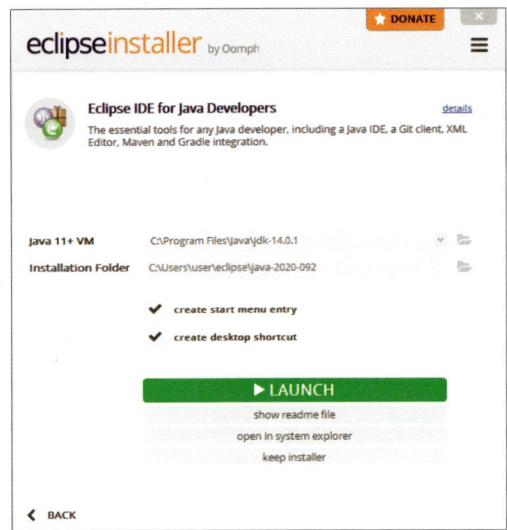

❽ 설치가 잘 되었다면 이클립스 시작화면이 잠깐 보인 후 작업 공간으로 사용할 폴더를 선택하는 대화상자가 표시됩니다. 자동으로 설정된 폴더 경로를 그대로 둔 채로 [Launch]를 누르면 이클립스가 실행됩니다.

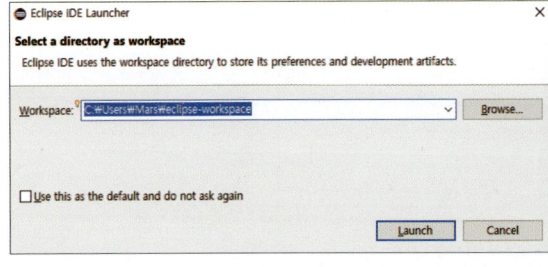 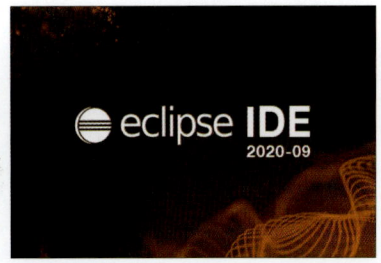

❽ 이클립스 설치가 끝났습니다. 일단 이클립스 화면은 오른쪽 위의 닫기(X)를 눌러 종료합니다.

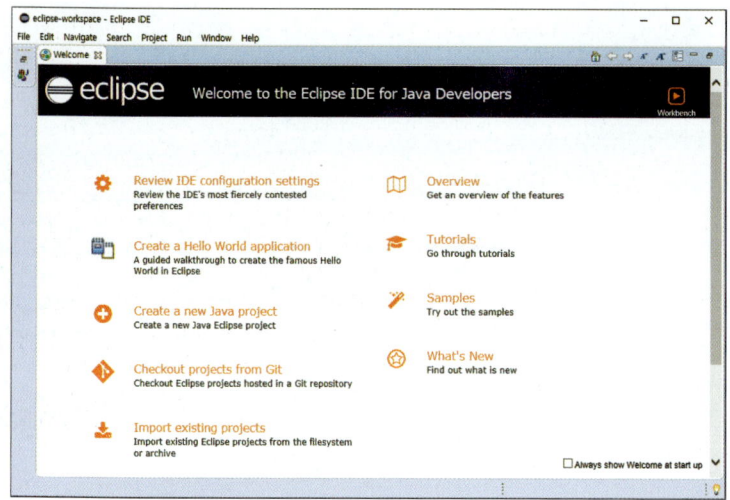

4 _ 안드로이드 스튜디오 설치하기

세 번째로 안드로이드 스튜디오를 설치합니다. 안드로이드 스튜디오 설치 사이트에서 설치 파일을 다운로드한 후 설치를 진행합니다.

❶ 웹브라우저를 열고 주소창에 아래 주소를 입력합니다. 페이지가 열리면 [DOWNLOAD ANDROID STUDIO]를 누릅니다.

안드로이드 스튜디오 다운로드 사이트 http://developer.android.com/sdk/index.html

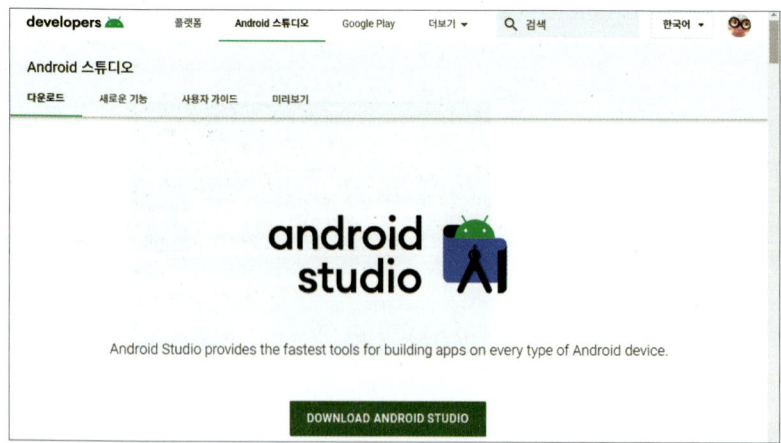

❷ 사용 약관에 동의를 요구하는 창이 나타나면 아래쪽 체크 박스를 클릭해서 동의합니다. 그리고 [다운로드: ANDROID STUDIO (WINDOWS 용)]을 눌러 설치 파일을 다운로드합니다.

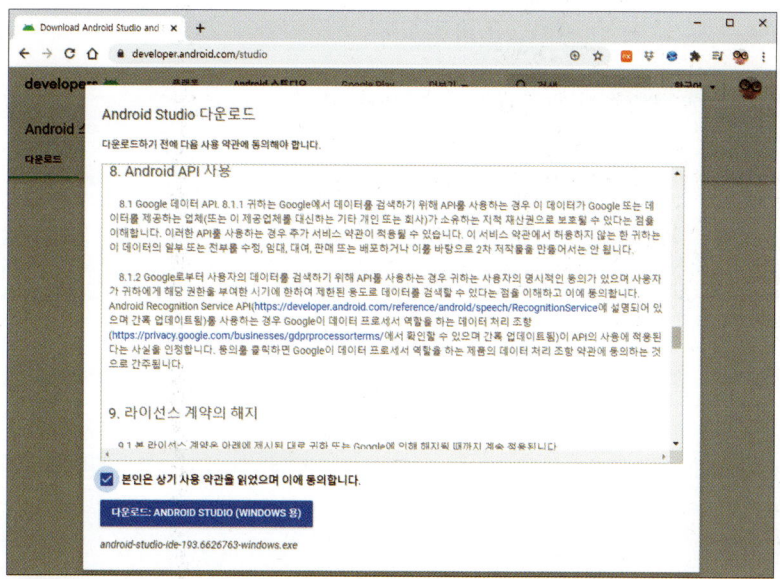

❸ 저장할 폴더를 지정하면 다운로드가 시작됩니다. 다운로드한 설치 파일을 클릭하면 설치 화면이 나타납니다. [Next]를 눌러 다음 화면으로 넘어갑니다.

❹ 설치 항목, 설치 폴더 등을 물어보는 대화상자가 나타납니다. 기본 설정을 그대로 둔 채로 [Next]를 눌러 [Install] 버튼이 보일 때까지 넘어갑니다.

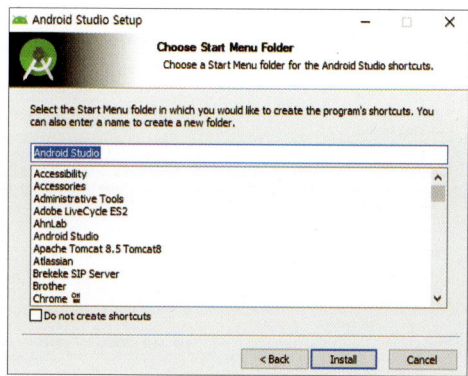

첫째마당 | 앱 개발과 자바 기초, 동시에 두 마리 토끼를 잡자! 33

❺ [Install]을 눌러 설치를 마칩니다. 마지막으로 [Next]를 한 번 더 누릅니다.

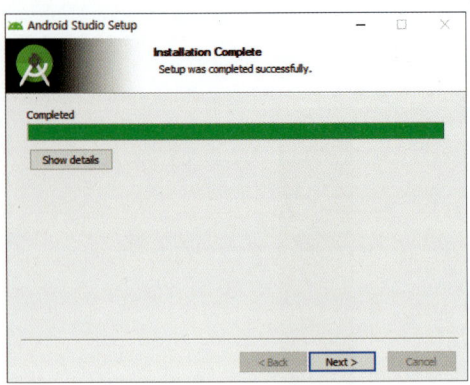

❻ 안드로이드 스튜디오 설치 완료 화면이 나타나면 아래쪽에 [Finish]를 누릅니다. 안드로이드 스튜디오를 처음 설치했을 때는 환경 설정에 필요한 settings file을 불러올 것인지 물어보는 대화상자가 나타납니다. 추가 설정은 뒷부분에서 진행할 테니 여기서는 Do not import settings를 체크하고 [OK]를 눌러 넘어갑니다. 설치 화면이 사라지면 안드로이드 스튜디오가 실행됩니다.

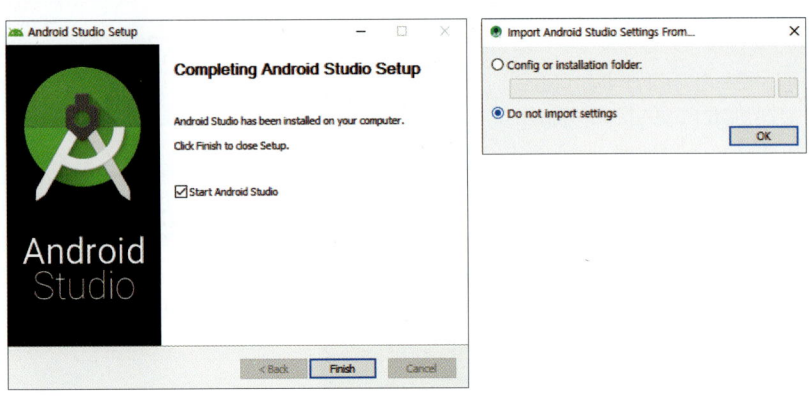

정박사님 궁금해요   구글에서 데이터 공유를 요청하면 어쩌죠?

구글에 사용 통계를 보낼지 보내지 않을지를 묻는 대화상자가 나타납니다. 개인의 선택이니 잘 읽어보고 결정하면 됩니다. 어떤 선택을 하던 프로그램의 실행에는 영향이 없습니다.

❼ 아직 설치가 완전히 끝나지 않았습니다. 안드로이드 스튜디오를 설치한 후 처음 시작하면 초기 설정을 위한 추가 설치가 필요합니다. 다음과 같이 [Setup Wizard] 대화상자가 나타나면 [Next]를 눌러 다음 화면으로 넘깁니다.

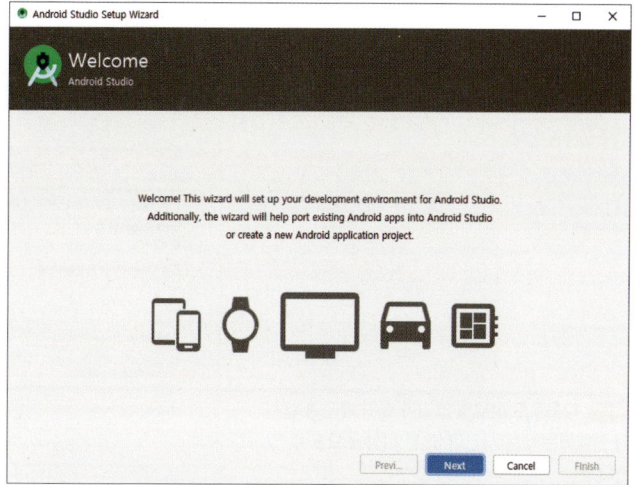

❽ 설치 유형을 선택하는 화면이 보입니다. Standard가 선택된 화면을 그대로 두고 [Next]를 눌러 다음 화면으로 넘어갑니다.

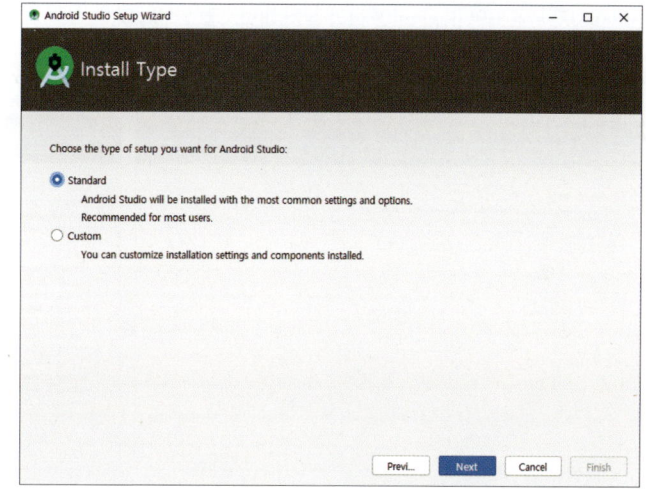

❾ 안드로이드 스튜디오 화면의 기본 테마를 선택하는 화면이 보입니다. Light가 선택된 화면을 그대로 두고 [Next]를 눌러 다음 화면으로 넘어갑니다.

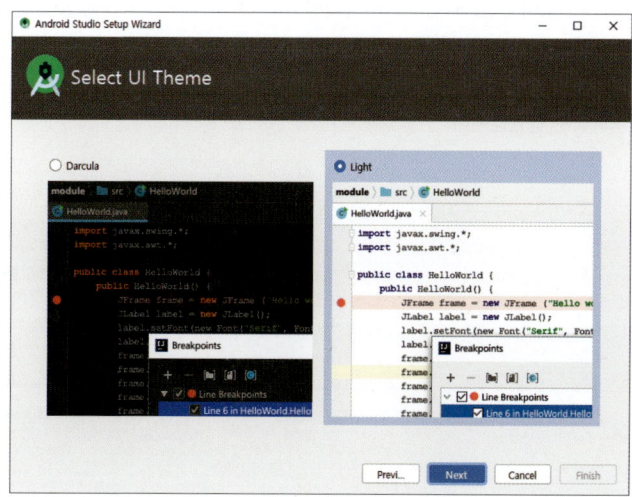

❿ 추가 설치할 내역을 요약한 화면이 보입니다. [Finish]를 누르면 추가 설치가 진행됩니다.

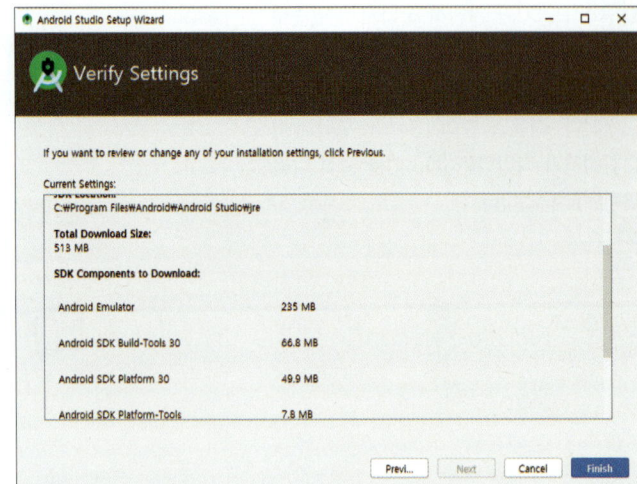

주의 다운로드 파일의 크기가 크기 때문에 설치가 진행되는 데는 시간이 몇 분 이상 소요될 수 있습니다.

⓫ 설치가 완료되면 [Finish]를 눌러 설치 마법사를 끝냅니다.

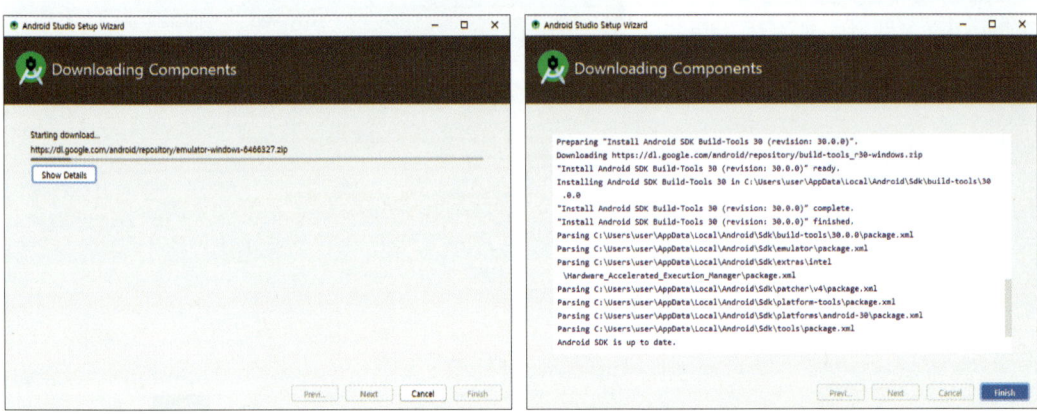

⓬ 안드로이드 스튜디오의 시작화면이 나타나면 오른쪽 상단의 닫기(X)를 눌러 종료합니다. 자, 이제 안드로이드 스튜디오의 설치도 모두 끝났습니다.

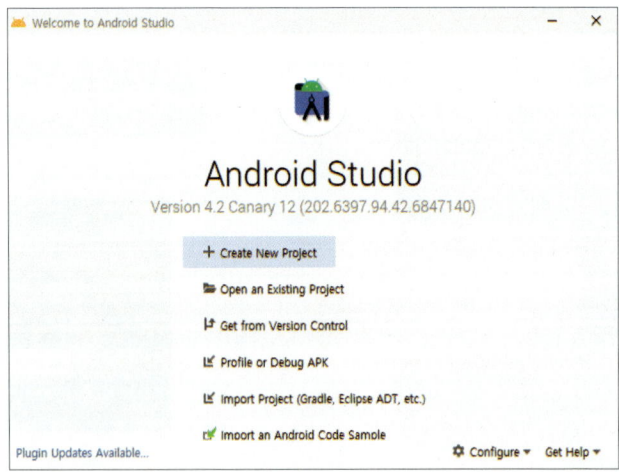

01-3
맛보기로 첫 번째 앱 만들어보기 중요도 ★★★☆☆

자바를 본격적으로 알아보기 전에 먼저 안드로이드 앱 만들기를 시작해보는 것이 좋습니다. 안드로이드 스튜디오라는 개발 도구는 앱 실행에 필요한 것들을 자동으로 만들어주기 때문에 좀 더 쉽게 프로그래밍을 익힐 수 있습니다. 앞에서 개발에 필요한 환경은 모두 구축했으니 이제 안드로이드 앱 만들기를 시작할 수 있습니다. 몇 가지 사용 방법만 연습하면 앱을 만들어서 실행할 수 있으며, 이 과정을 반복하면 안드로이드에 익숙해질 것입니다. 이 장을 따라하면서 앱이 어떻게 만들어지고 실행되는지 완전히 이해되지 않아도 괜찮습니다. 간단히 따라할 수 있는 과정이기 때문에 우선 맛보기로 앱을 직접 만들어보는 것에 초점을 맞추세요.

1 _ 앱을 만드는 기본적인 과정

이 장을 따라하면서 앱이 어떻게 만들어지고 실행되는지 완전히 이해되지 않아도 괜찮습니다. 여러분의 목적은 자바를 익히는 거니까요. 간단히 따라할 수 있는 과정이기 때문에 우선 맛보기로 앱 화면을 직접 만들어보는 것에 초점을 맞추세요. 다음과 같은 과정을 거치게 될 텐데 어렵지 않게 앱 화면을 띄울 수 있습니다. 이 과정은 매번 반복되니 잘 기억해 두세요.

2 _ 새로운 프로젝트 만들기

안드로이드 스튜디오를 실행하면 시작화면이 나타납니다. 가장 위쪽에 있는 Creat New Project 메뉴를 선택합니다. 이 메뉴는 말 그대로 새로운 프로젝트를 만드는 메뉴입니다. 앱의 첫 화면을 어떤 모양으로 만들지 선택하는 화면이 나타납니다.

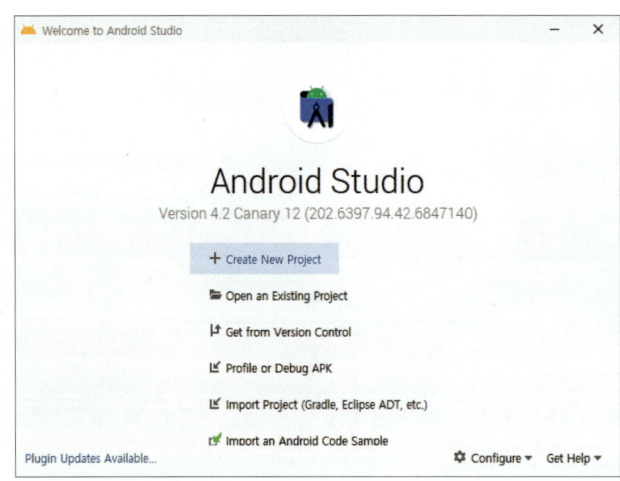

▲ 시작화면에서 Creat New Project 메뉴 선택

주의 ▶ 윈도우 시작 버튼을 누르면 설치한 안드로이드 스튜디오가 있습니다. 자주 사용하게 될 테니 바탕화면에 끌어다 놓아서 바로가기로 만들어주면 좋습니다.

앱은 보통 화면을 기준으로 동작하며 새로운 프로젝트를 만들면 첫 번째 화면이 자동으로 만들어집니다. 첫 번째 화면이 시작점이라고 할 수 있죠. 자동으로 생성되는 첫 번째 화면을 어떤 모양으로 만들지 선택하는 과정이 바로 New Project입니다. 빈 화면 모양인 Empty Activity가 선택된 채로 [Next]를 누릅니다.

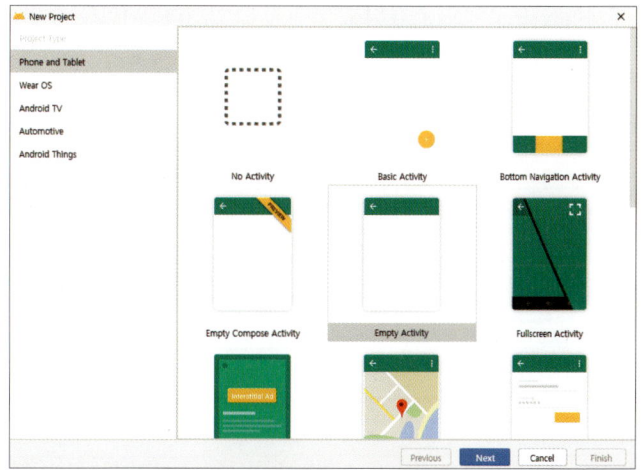

▲ 첫 화면의 모양 선택하기

프로젝트 이름을 입력하는 화면입니다. 가장 위에 있는 Name 입력란에 Hello를 입력하면 아래쪽에 있는 Package name 입력란에 com.example.hello가 자동으로 완성됩니다. 세 번째 입력 필드인 Save location은 그대로 두고 네 번째에 있는 Language 콤보 박스를 눌러 Kotlin을 Java로 변경하고 [Finish]를 누릅니다.

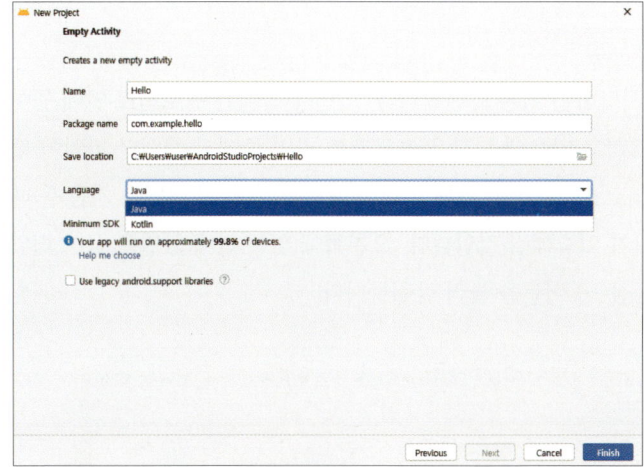

> **주의** 이것은 초기 값으로 설정되어 있던 프로그래밍 언어인 코틀린(Kotlin)을 자바(Java)로 변경하겠다는 의미입니다.

정박사님 궁금해요 | 패키지 이름이란 무엇일까요?

패키지 이름은 스마트폰 단말기에서 앱을 구분하는 고유한 값입니다. 즉, 여러분이 만든 앱이 단말기에 설치되었을 때 다른 앱과 구분되게 만듭니다. 따라서 다른 패키지 이름과 중복되지 않도록 고유한 이름으로 바꿔주는 것이 좋습니다. 단, 여기서는 처음 만들어보는 앱이기 때문에 바꾸지 않고 그대로 둡니다.

이제야 안드로이드 스튜디오 화면이 보입니다. 새로운 화면이 보일 때까지 시간이 조금 소요될 수 있으니 인내심을 가지세요. 화면이 나타나면 아래쪽에 진행 중인 것으로 표시되는 프로그레스바가 없어질 때까지 기다립니다.

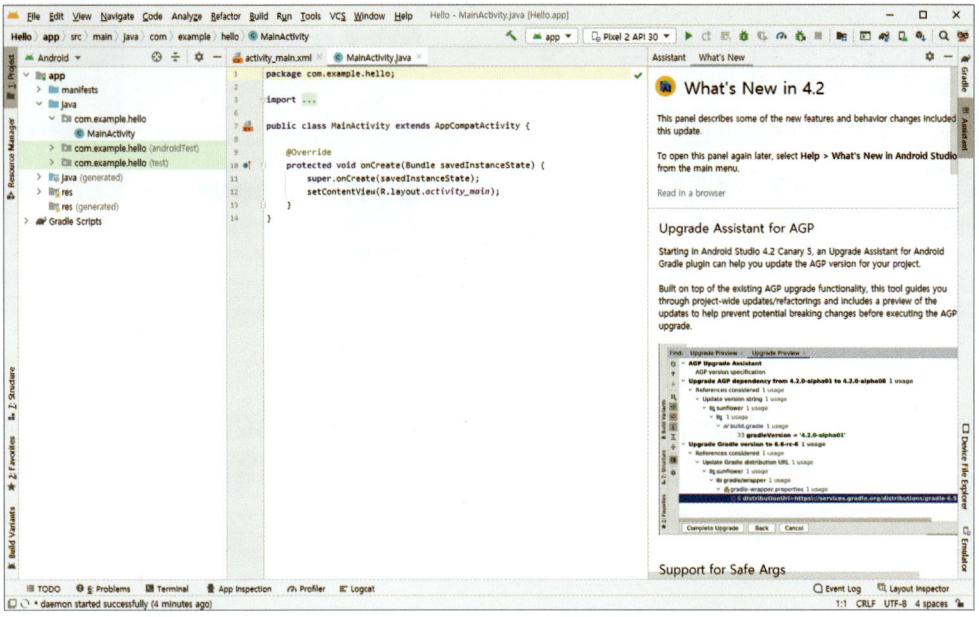

▲ 새로 만든 Hello 프로젝트 화면

이 화면은 새로 만든 Hello 프로젝트를 시작하는 기본 화면입니다. 화면 왼쪽에는 프로젝트 안에 들어있는 파일들이 트리 형태로 보입니다. 그리고 가운데 부분은 프로젝트 파일 중에서 선택한 파일이 탭 모양으로 보입니다. 화면 오른쪽에는 What's New라는 안내 화면이 표시됩니다. 이 화면을 처음 볼 때는 이것저것 복잡하게 보일 수 있지만 차차 익숙해질 것입니다. 오른쪽에 있는 안내 화면은 굳이 띄워둘 필요가 없으므로 오른쪽 위에 있는 숨김(–) 버튼을 눌러 감춰둡니다.

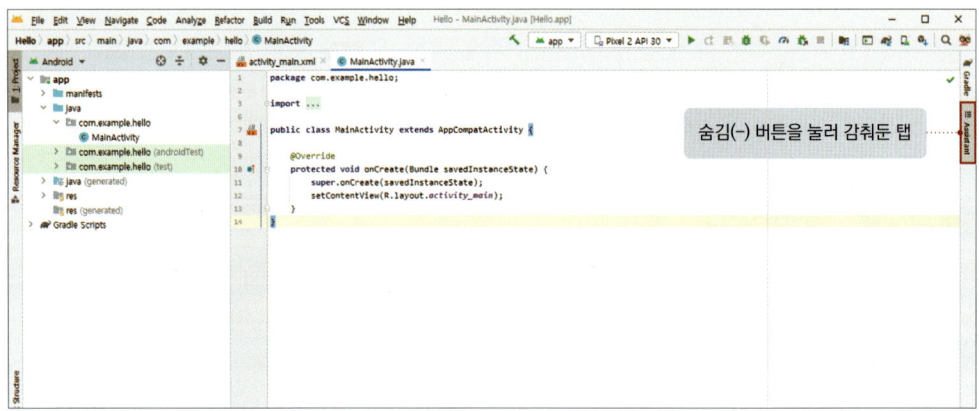

▲ 새로 만든 Hello 프로젝트 화면

주의 숨김(-) 버튼을 누르면 안내 화면은 프로젝트 화면의 오른쪽 벽에 Assistant라는 탭 형태로만 표시됩니다. 다시 불러오려면 [Assistant] 탭을 다시 누르면 됩니다.

이때 프로젝트를 끝내지 않고 안드로이드 스튜디오 프로그램을 종료하면 다음에 재실행했을 때 이전 프로젝트 화면을 자동으로 불러옵니다. 만약 안드로이드 스튜디오 시작 화면을 열어서 Creat New Project를 실행하고 싶다면 작업을 마친 프로젝트는 [File → Close Project]를 눌러서 닫아주면 됩니다. 그런 다음 안드로이드 스튜디오를 재시작하면 이전에 작업했던 프로젝트 목록이 보이는 시작 화면을 불러올 수 있습니다.

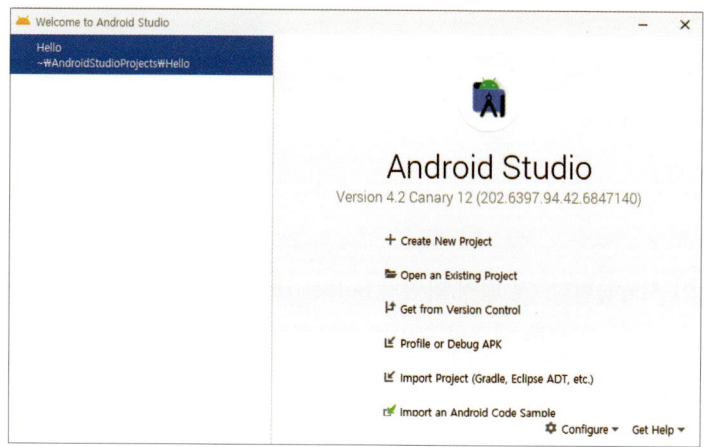

새로운 프로젝트를 만들었으니 그 안의 내용이 궁금해지죠? 앞으로 차차 알아가게 될 것이므로 여기서는 바로 실행해보겠습니다. 에뮬레이터를 띄워서 새로 만든 프로젝트의 기능을 확인해 보겠습니다.

3 _ 에뮬레이터 만들어 실행하기

에뮬레이터는 실제 단말처럼 동작하면서 여러분이 만든 앱을 테스트할 수 있도록 도와줍니다. 진짜 단말처럼 보이는 가상 단말이라고 할 수 있죠. 그러면 에뮬레이터를 하나 만들고 실행해볼까요?

안드로이드 스튜디오 시작화면에서 이전에 만든 Hello 목록을 클릭해서 다시 엽니다. 그럼 다음 그림처럼 안드로이드 스튜디오의 화면 상단에 있는 툴바에는 여러 가지 아이콘이 있습니다. 그중에서 오른쪽 끝에서 네 번째 아이콘인 AVD Manager를 클릭하면 에뮬레이터를 만들고 실행할 수 있는 창이 나타납니다.

▲ 에뮬레이터를 실행하는 AVD Manager

Android Virtual Device Manager라는 화면이 나타납니다. 에뮬레이터를 처음 만드는 과정이라서 새로운 에뮬레이터를 만들기 위해 [+ Create Virtual Device...]를 누릅니다.

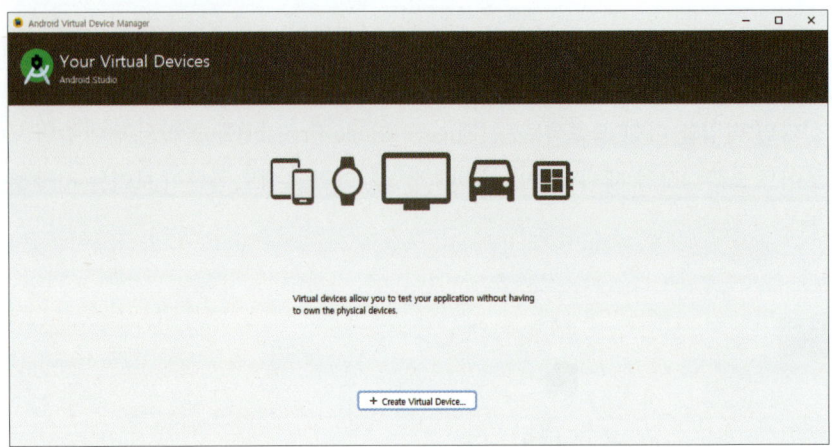

▲ Android Virtual Device Manager의 첫 화면

새로운 에뮬레이터를 만드는 과정이 시작됩니다. 첫 번째 화면인 Select Hardware에서는 단말의 모양을 선택할 수 있습니다. 실제로 출시된 스마트폰 제품의 모양처럼 보이게 할 수도 있지만 여기서는 Pixel 2가 선택되어 있는 그대로 두고 [Next]를 누릅니다.

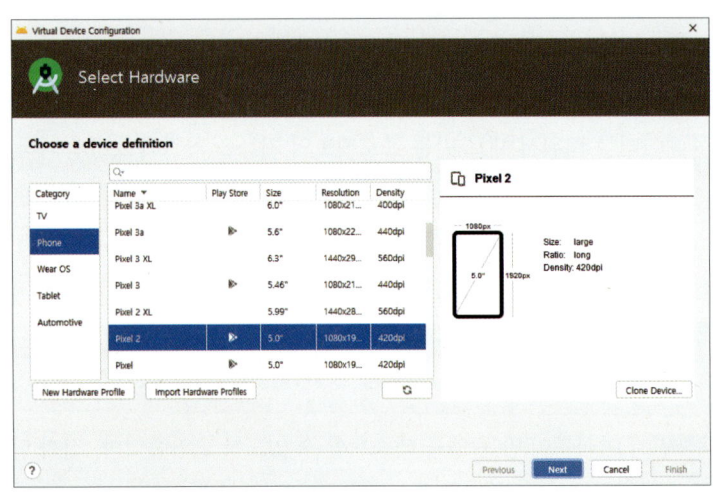

▲ 단말 모양을 선택하는 Select Hardware 화면

시스템 이미지를 선택하는 화면이 보입니다. 시스템 이미지는 단말의 운영체제(OS) 파일이라고 생각할 수 있는데 안드로이드 버전별로 나뉘어져 있습니다. 만약 최신 단말로 만들고 싶다면 시스템 이미지 항목 중에서 가장 위쪽에 있는 것을 다운로드한 후 선택하면 됩니다.

주의 여러분이 안드로이드 스튜디오를 설치한 시기에 따라 시스템 이미지 항목의 최신 버전은 다르게 표시될 수 있으니 유의하세요!

우리는 [Recommended] 탭에 표시된 것 말고 [x86 Images] 탭에 표시된 것을 다운로드하여 설치할 것입니다. x86 Images에 있는 것을 선택하면 윈도우 PC나 노트북에서 에뮬레이터를 실행할 때 그 속도가 좀 더 빠르기 때문입니다. [x86 Images] 탭을 선택한 후 ABI 칼럼의 값이 x86_64인 것을 다운로드합니다. 왼쪽에 있는 Release Name 칼럼에서 R이라는 이름 옆에 Download 링크를 누르면 되는데, Target 칼럼의 값이 Google APIs로 표시된 링크를 누릅니다.

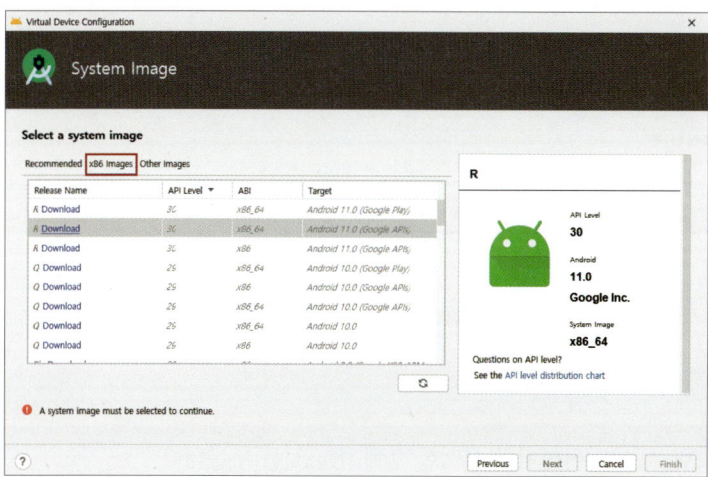

▲ 시스템 이미지를 선택하는 화면

Download 링크를 누르면 라이선스에 동의하라는 창이 나타납니다. Accept를 체크한 후 [Next]를 눌러 넘어갑니다.

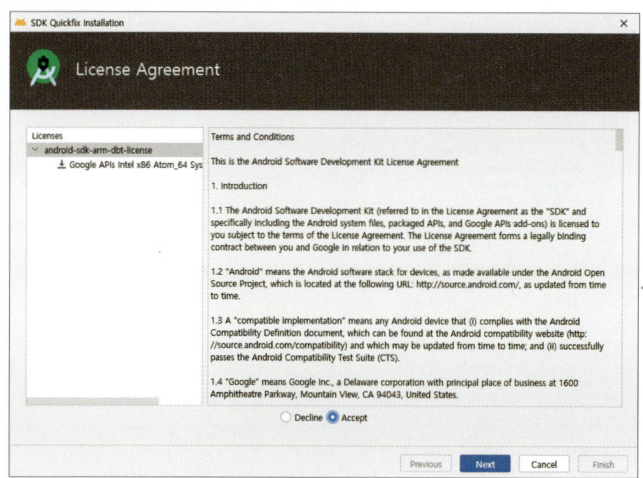

▲ 시스템 이미지 다운로드 전에 라이선스 동의 화면

파일이 크기 때문에 다운로드하는 시간이 조금 걸릴 수 있습니다. 다운로드가 완료되면 [Finish]를 누릅니다.

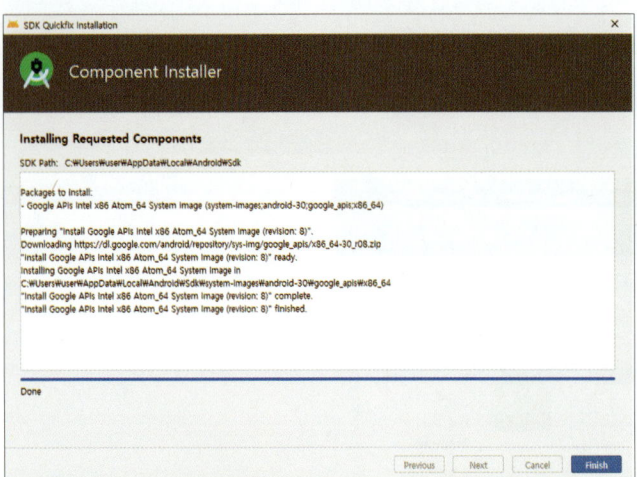

▲ 시스템 이미지 다운로드 완료 화면

이전 화면으로 돌아와서 다운로드한 시스템 이미지를 선택한 후에 [Next]를 누릅니다.

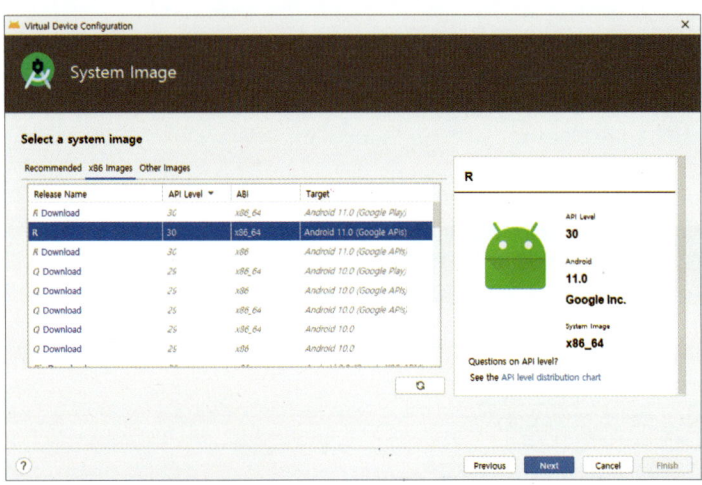

▲ 다운로드한 시스템 이미지가 선택된 화면

어떤 에뮬레이터를 만들 것인지 요약한 화면이 보입니다. 아래쪽의 [Finish]를 누릅니다.

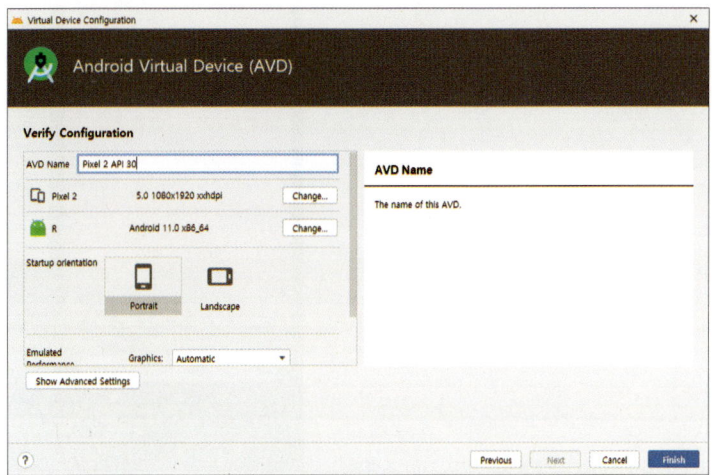
▲ 새로 만들 에뮬레이터 정보를 요약한 화면

에뮬레이터는 실제 단말처럼 만들어져 있는 것이기 때문에 '<u>가상 단말</u>(Virtual Device)'이라고도 부릅니다. 에뮬레이터가 새로 만들어지면 설치한 에뮬레이터 목록이 보이는 화면이 표시됩니다.

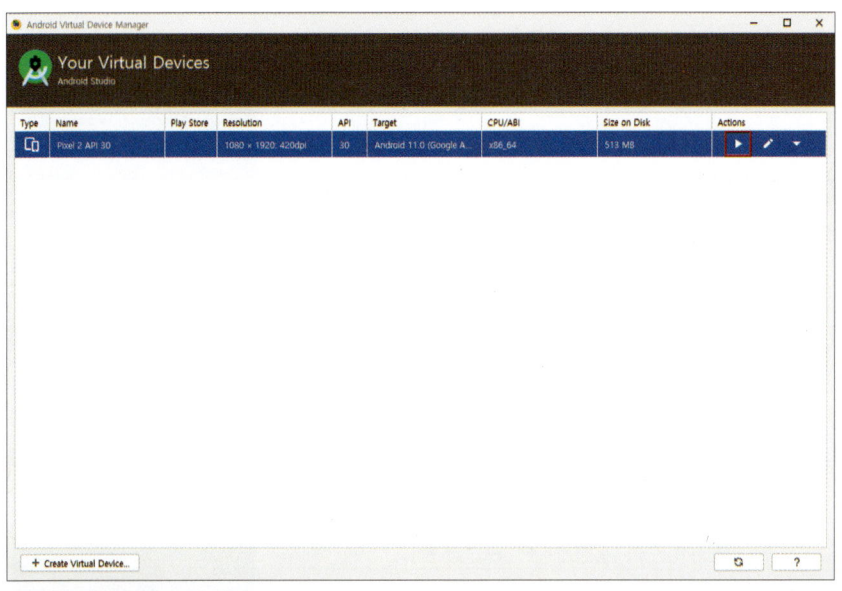
▲ 새로 만든 에뮬레이터가 목록에 표시된 결과

새로 만든 에뮬레이터의 오른쪽에 실행(▶) 버튼을 누르면 에뮬레이터가 실행됩니다. 에뮬레이터는 실제 단말과 거의 동일한 기능을 가지고 있기 때문에 실행한다는 것은 단말을 켜는 과정과 유사합니다. 에뮬레이터가 켜지는 과정이 완료되면 홈 화면이 보입니다.

홈 화면이 보인다면 [Android Virtual Device Manager] 대화상자는 닫아도 됩니다. 이제 에뮬레이터가 PC 화면에 보이도록 실행해 두었으니 앞에서 만든 프로젝트를 바로 실행해보겠습니다.

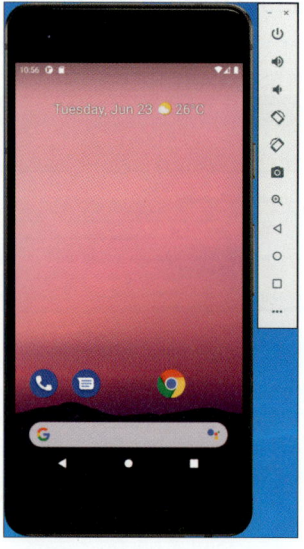

주의 ▶ 여러분이 사용하는 컴퓨터의 사양에 따라서 에뮬레이터 실행에 약간의 시간이 소요될 수 있습니다.

▲ 에뮬레이터의 실행

4 _ 프로젝트 실행하기

안드로이드 스튜디오 툴바의 아이콘 중에서 실행(▶) 버튼을 누르면 자동으로 만들어진 프로젝트를 바로 실행할 수 있습니다. 처음 실행할 때는 약간의 시간이 소요될 수 있습니다. 프로젝트 창의 아래쪽에 프로그레스 바가 없어질 때까지 기다리면 에뮬레이터에 앱이 실행된 것을 확인할 수 있습니다.

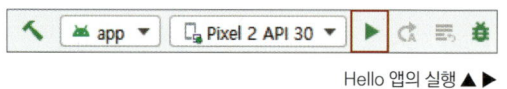

Hello 앱의 실행 ▲ ▶

여러분이 처음으로 만든 프로젝트로 앱을 실행했습니다. 프로그램을 만들기 위한 소스코드를 건드린 적도 없이 한 단계씩 따라하기만 했는데도 앱이 만들어지고 실행된다는 것이 놀랍죠? 실행된 앱 화면을 잘 보면 가운데에 Hello World!라는 글자가 하나 들어있습니다. 안드로이드 스튜디오 화면의 가운데 영역에 있는 [activity_main.xml] 탭을 눌러보면 에뮬레이터의 화면과 똑같은 모양의 화면을 볼 수 있습니다. 즉, 안드로이드 스튜디오의 프로젝트 창에는 앱 화면이 만들어지고 여러분은 그 화면을 첫 화면으로 하는 앱을 실행한 것입니다.

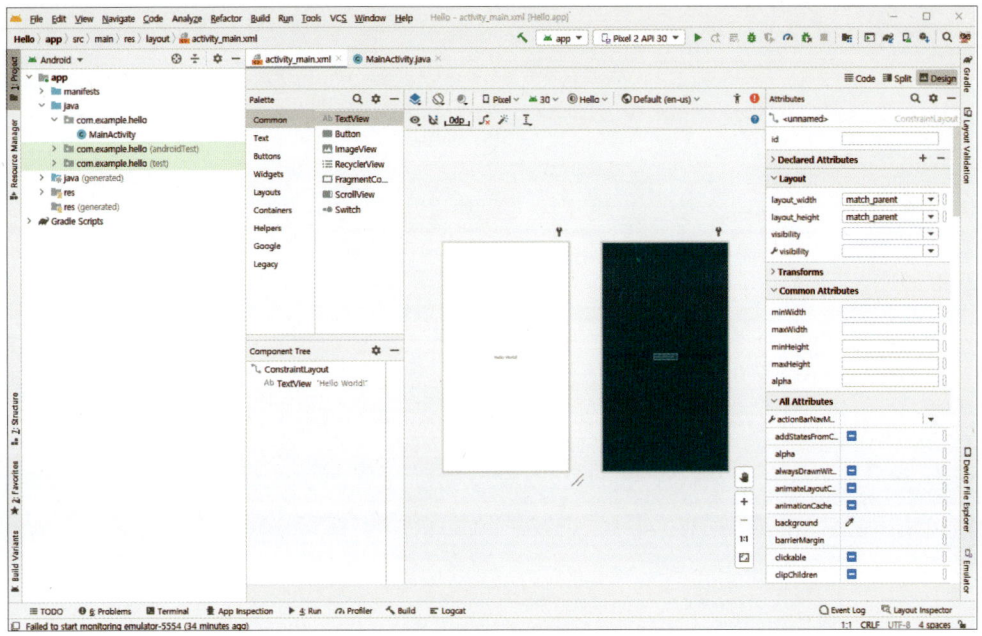

▲ 프로젝트 안에 들어있는 앱의 첫 화면

그런데 뭔가 너무 쉽게 실행된다는 느낌이 들 수도 있습니다. 예를 들어, 앱의 흰색 배경 가운데 보이는 글자는 여러분이 직접 입력하지 않았는데 화면에 들어있습니다. 안드로이드 개발 도구는 처음 앱을 만드는 사람들도 쉽게 시작할 수 있도록 앱이 실행되는 데 필요한 것들을 미리 프로젝트 안에 넣어두기 때문에 이렇게 쉽게 앱을 만들어 실행할 수 있답니다. 물론 자동으로 만들어진 것들이 무엇인지 약간은 이해해야 다음 내용을 진행할 수 있습니다.

또한 이렇게 간단히 만든 것 안에 자바 소스코드가 포함됩니다. 따라서 자바는 어떻게 배우게 되는지 궁금할 것입니다. 안드로이드에서 사용하는 것이 자바이기 때문에 안드로이드 앱을 차근차근 살펴보면서 만들다보면 자바의 내용을 계속 접하게 됩니다. 이 책에서는 앱 화면을 만들고 그 화면을 동작시킬 때 접하게 되는 자바의 내용을 하나씩 정리하여 알려줄 것입니다. 따라서 앱 화면을 만들 때 자바가 어느 부분에서 어떻게 사용되는지 자연스럽게 익힐 수 있습니다.

둘째 마당은 화면이 어떻게 나타난 것인지 하나하나 찾아가면서 사이사이 사용되는 자바 언어를 살펴볼 것입니다.

| 둘째 마당 |

앱 화면을 만들면서
자바를 하나씩 알아가기

마라톤을 할 때는 처음부터 너무 빨리 뛰어나가면 쉽게 지칩니다. 언어를 익힐 때도 마찬가집니다. 하나씩 이해하면서 학습해나가면 간단한 프로그램 하나를 만들어도 더 튼튼하고 훌륭한 결과물로 만들 수 있습니다. 자바라는 프로그래밍 언어도 조급하게 생각하지 말고 하나씩 차근차근 익히다보면 어느새 개념을 머릿속에 새길 수 있습니다. 그런 다음에는 몇 번씩 반복해서 잊어버리지 않도록 노력해야 합니다. 지금부터 앱 화면을 함께 만들면서 알게 될 자바를 하나씩 꺼내면서 개념을 잡아볼까요?

01 앱 화면을 만들면서도 자바를 익힐 수 있지요~

자바만 따로 배워야 하나요?
앱 화면을 만들면서 자바를 배우면 자바의 기초를 더 쉽게 익힐 수 있어.

02 자바를 실무에 맞게 익힐 때는 이클립스가 제격이야!

이클립스는 왜 사용하나요?
실무에서 사용하는 표준 자바를 익히려면 이클립스를 사용하는 게 좋아.

03 하락세가 아니라 안정화가 되어가는 중!

모바일 앱 개발 분야가 요즘 하락세라던데…….
모바일 분야는 저변이 넓어지고 안정화되고 있어. 자바를 익히면서 앱 화면도 배우면 더 좋지.

04 조급하긴, 간단한 앱 화면부터 만들어보길 바라~

제 아이디어로도 앱을 만들 수 있나요?
간단한 앱 화면부터 만들다 보면 자바로 앱을 만들 기초가 쌓일 거야.

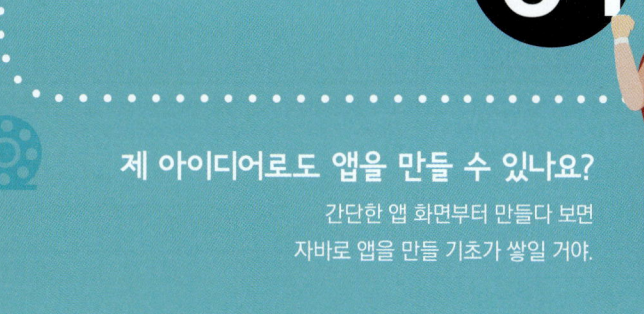

02-1
안드로이드 스튜디오로 만든 앱 분석해보기 중요도 ★★☆☆☆

첫째 마당에서 새로운 프로젝트를 만들어 무작정 따라해 봤는데 어떤 느낌이 드나요? 처음으로 프로젝트를 만들고 나면 많은 사람들이 "영어로 되어 있는 데다 너무 생소하고 복잡해 보여요."라고 얘기합니다. 안드로이드 스튜디오라는 개발 도구는 앱 개발에 필요한 많은 작업을 쉽게 할 수 있도록 도와주지만 처음 보았을 때는 기능이 너무 많아 오히려 너무 복잡하다고 느낄 수 있습니다. 하지만 한글이나 워드 문서를 작성할 때 문서 작성 프로그램의 모든 기능을 다 알아야 할 필요가 없듯이 안드로이드 스튜디오도 알아야 할 몇 가지 기능들만 반복하여 사용하므로 필요한 기능들을 하나씩 알아가다 보면 좀 더 쉽고 간단하게 느껴질 것입니다.

키워드로 알아보는 자바 언어

소스 코드	프로그램을 동작시키기 위해 입력하는 코드를 말합니다.
빌드	소스 코드를 컴퓨터가 실행할 수 있는 코드로 만드는 과정입니다.
가상 머신	여러분이 자바로 만든 프로그램을 실행해주는 역할을 합니다.
개발 도구	화면이 있는 자바 코드는 안드로이드 스튜디오, 글자만 출력하는 표준 자바 코드는 이클립스를 사용합니다.
명령어	소스 파일을 직접 수동으로 실행하려면 명령 프롬프트에서 명령어를 실행합니다.

1 _ 개발이 쉬운 안드로이드 스튜디오!

프로젝트를 만드는 과정이 처음에는 어렵고 복잡해 보이긴 합니다. 하지만 아래의 두 가지 내용을 보면 오히려 훨씬 더 복잡한 일을 간단하게 만들어준 것임을 알 수 있습니다.

- **처음에 만드는 기본 앱의 복잡한 내용을 안드로이드 스튜디오가 자동 생성**
  처음 만든 프로젝트에 앱의 이름만 입력하면 나머지 내용(화면 레이아웃, xml 파일, java 파일 등)은 자동으로 생성됩니다.
- **화면에 마우스 조작만으로 간단히 버튼 추가**
  버튼을 추가 및 수정 등 간단한 화면 작업은 마우스 조작만으로 손쉽게 제어할 수 있습니다. 그리고 그 결과를 바로바로 확인할 수 있습니다.

이제 '눈에 보이는 것만큼 복잡하지는 않구나.'라는 생각이 들죠? 워드 문서 프로그램을 사용하듯이 안드로이드 스튜디오도 몇 가지 필요한 기능만 익히면 앱 만들기를 시작할 수 있습니다. 워드 문서를 만들기 위해 명령 프롬프트에서 일일이 명령어를 입력하지 않듯이 우리도 앱이나 자바 프로그램을 만들기 위해 안드로이드 스튜디오나 이클립스라는 프로그래밍 툴을 사용해볼 것입니다. 이 장에서는 자동으로 만들어진 프로젝트에 어떤 것들이 들어있는지 몇 가지만 살펴보겠습니다.

2 _ 안드로이드 스튜디오의 구조 확인하기

안드로이드 스튜디오에 좀 더 익숙해질 수 있도록 주요 화면 구성을 살펴보겠습니다. 먼저, 안드로이드 스튜디오를 실행한 화면을 보면 왼쪽에 프로젝트 파일들을 표시하는 프로젝트 영역이 있습니다. 가운데 부분은 왼쪽에서 무언가를 선택하면 그 내용이 보이는 공간입니다. 오른쪽 벽에는 [Gradle]이나 [Assistant] 탭이 보이고 아래쪽에는 [Terminal], [Build]나 [LogCat] 탭이 보입니다.

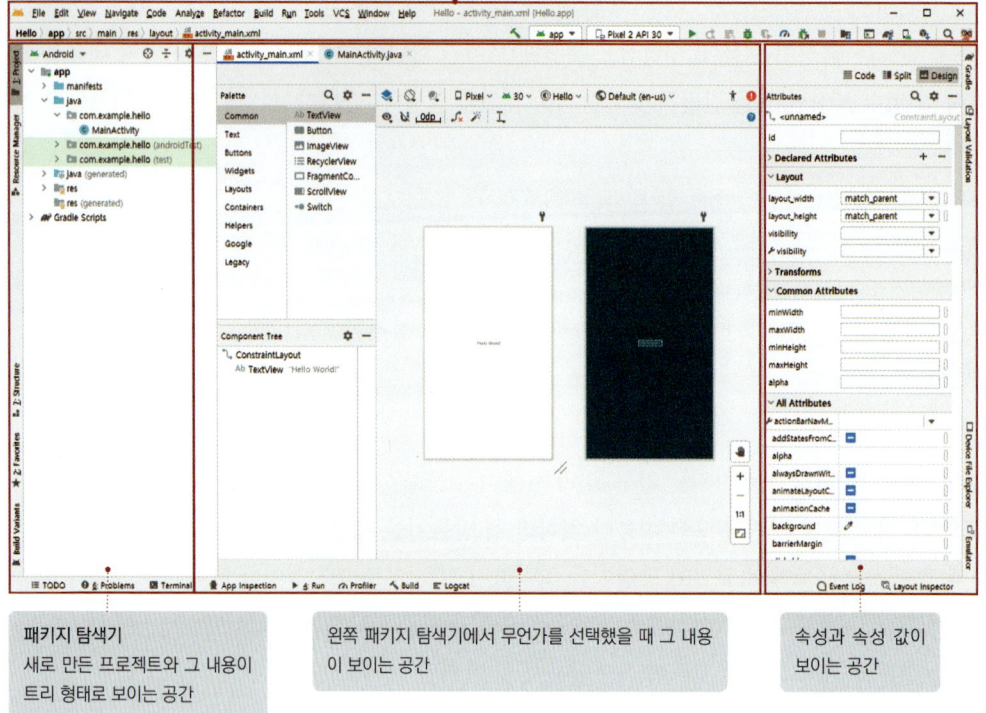

▲ 안드로이드 스튜디오의 화면 구성

왼쪽 프로젝트 영역은 마치 파일 탐색기처럼 보이는데 프로젝트 안에 어떤 것들이 들어있는지 자세히 보여줍니다. 가운데 영역의 위쪽 탭은 어떤 일을 하는가에 따라 달라지는데 대부분 왼쪽 프로젝트 영역에서 선택한 항목에 따라 달라집니다. 오른쪽 영역에 보이는 탭들은 차차 설명하겠지만 대부분 가운데 영역에서 선택한 항목에 따라 달라집니다. 아래쪽 영역의 탭들은 대부분 작업 중인 상태를 알려주는 것들입니다.

화면의 오른쪽과 아래쪽에 있는 여러 가지 탭들은 항상 고정되어 있는 것은 아닙니다. 탭의 제목 부분에 있는 숨김(-) 버튼을 누르면 화면에서 사라집니다. 더 이상 보고 싶지 않을 때 탭을 숨길 수 있는 기능입니다. 만약 화면에서 숨긴 탭을 다시 꺼내려면 화면의 왼쪽, 오른쪽 또는 아래쪽 벽에 붙어있는 탭을 다시 누르면 됩니다.

가운데 영역의 위쪽에 있는 두 개의 탭은 첫 화면을 만들 때 필요한 두 개의 파일입니다. [MainActivity.java] 탭은 소스

- [MainActivity.java] 탭 → 소스코드를 편집할 수 있는 창이 표시
- [activity_main.xml] 탭 → 화면 구성을 바꿀 수 있는 창이 표시

코드를 담고 있는 파일이고 [activity_main.xml] 탭은 눈에 보이는 화면의 모양을 결정하는 파일입니다. 이 두 개의 탭을 눌러보면 각각 다른 구조로 되어 있는 것을 확인할 수 있습니다.

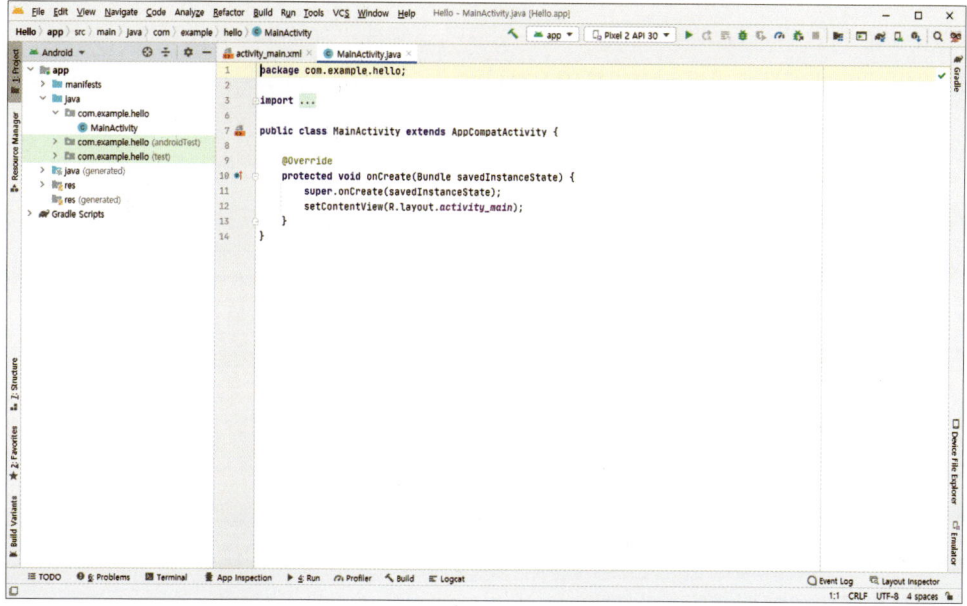

▲ [MainActivity.java] 탭을 눌렀을 때 보이는 창

안드로이드 스튜디오의 화면은 이 정도만 알아도 앱 화면을 만드는 데 큰 무리가 없습니다. 앞으로 앱 화면을 만드는 데 필요한 추가 기능은 그때그때 하나씩 알아갈 것입니다.

3 _ 새로 만든 프로젝트 파일은 어디에 저장될까요?

이번에는 안드로이드 스튜디오에서 만든 새로운 프로젝트 파일이 어디에 만들어지는지 살펴보겠습니다. 먼저 내 컴퓨터의 파일 탐색기를 열고 사용자 폴더인 [C:\사용자\OOO\AndroidStudioProjects] 폴더로 이동합니다.

주의 ▶ 여기에서 OOO는 윈도우 사용자 계정 이름: 설정하지 않았으면 user로 나타납니다.

[AndroidStudioProjects] 폴더 안에는 [Hello] 폴더가 있습니다. 안드로이드 스튜디오에서 작업한 프로젝트 결과물이 저장되는 곳을 '프로젝트 폴더'라고 합니다. 나중에 사용할 이클립스에서는 '워크스페이스(Workspace)'라고 합니다.

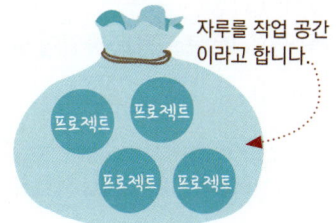

▲ 프로젝트 폴더에 생기는 프로젝트들

새로 만든 프로젝트는 모두 [AndroidStudioProjects] 폴더 안에 저장됩니다. 각각의 프로젝트도 그 안에 파일이 만들어지는데 안드로이드 스튜디오 화면의 왼쪽 부분에서 보았던 프로젝트 트리에서 그 내용을 확인할 수 있습니다. 따라서 보통의 경우에는 직접 파일 탐색기를 열어서 파일을 수정하는 작업은 하지 않습니다. 다만 만든 프로젝트 파일을 다른 컴퓨터로 옮겨서 작업하고 싶을 때는 프로젝트 파일 전체를 옮겨야 하기 때문에 파일 탐색기를 사용합니다.

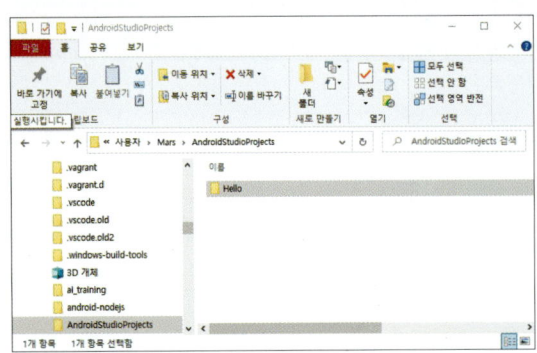

▲ 새로 만든 프로젝트 파일의 저장 위치

다음 그림은 프로젝트 파일 전체를 다른 컴퓨터로 옮기는 과정을 간단하게 보여줍니다.

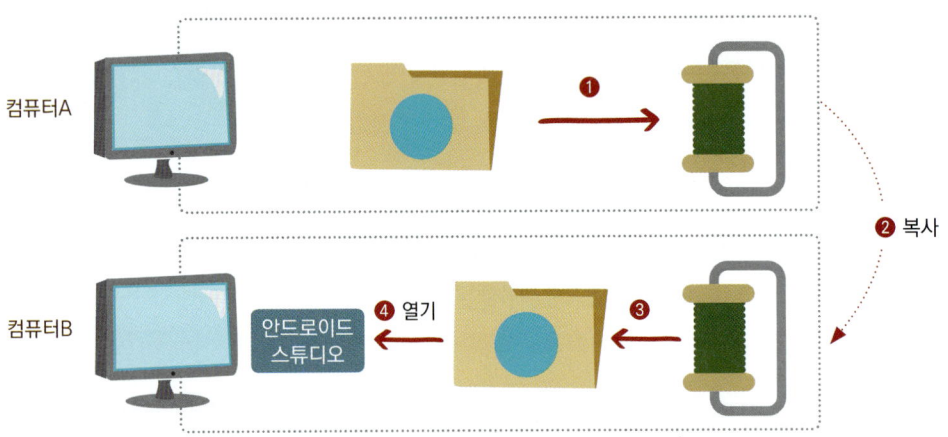

▲ 프로젝트 파일을 다른 PC로 옮기는 과정

하나의 PC에서 프로젝트 파일을 압축할 때는 zip과 같은 확장자를 가진 압축 파일로 만듭니다. 예를 들어, Hello 프로젝트 파일이 있는 폴더를 선택한 후 압축 프로그램으로 압축하면 Hello.zip 파일이 만들어집니다. 압축 파일을 다른 PC로 복사해서 옮긴 뒤 압축을 풀면 그 폴더 전체가 그대로 복원됩니다. 그리고 안드로이드 스튜디오의 시작화면에서 Open an Existing Project 메뉴를 선택하고 해당 폴더를 지정하면 가져온 프로젝트를 열 수 있습니다.

4 _ 작성한 소스코드는 어떻게 프로그램으로 실행될까요?

지금부터는 새로 만든 프로젝트 안에 어떤 것들이 들어있는지 살펴보겠습니다. 처음으로 만들었던 Hello 앱을 실행해보면 새로 프로젝트만 만들었는데 흰색 바탕에 검은 글자가 들어있는 화면이 실행되었습니다. 화면 가운데 보이는 글자는 여러분이 직접 입력한 적이 없는데도 말이죠. 이 글자는 어떻게 만들어진 것일까요? 그리고 이 글자를 다른 글자로 바꾸려면 어떻게 해야 할까요? 궁금증을 풀려면 이 글자가 어떻게 보이게 된 것인지 하나하나 찾아 봐야죠?

안드로이드 스튜디오를 실행시켜서 화면 왼쪽에 있는 프로젝트 창에서 app/java/com.example. hello 폴더를 열어보세요. 그 안에는 MainActivity라는 파일이 들어있습니다. 이 파일 이름은 .java 라는 확장자가 생략되어 있는 것으로 실제로는 MainActivity.java 파일입니다. 이 파일을 더블클릭하면 다음과 같이 화면 가운데 작업 영역에 그 파일이 [MainActivity.java] 탭으로 열립니다. 처음 프로젝트를 만들었을 때 자동으로 열려 있던 두 개의 탭 중 하나입니다.

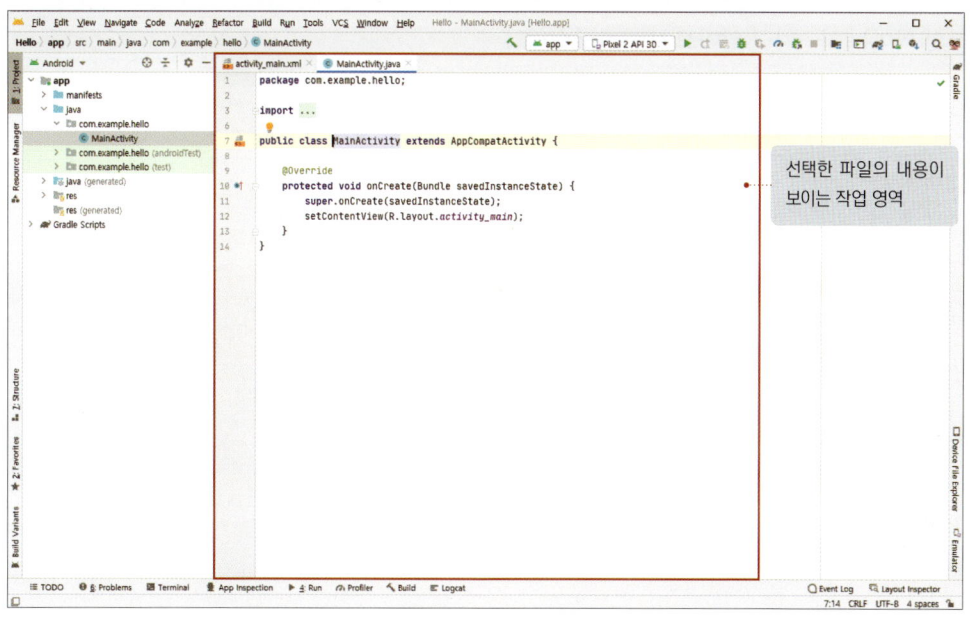

▲ MainActivity.java 파일을 더블클릭했을 때 보이는 화면

이 파일 안에 들어있는 코드를 처음 보면 이해하기 힘듭니다. 그런데 내용도 내용이지만 소스코드의 글자 크기가 작아서 더 복잡해 보일 수도 있습니다. 우선 글자를 좀 더 크게 보이도록 바꿔 보겠습니다. [File → Settings] 메뉴를 선택합니다. [Settings] 대화상자가 보이면 왼쪽 메뉴에서 [Editor → Font]를 선택합니다. 오른쪽 화면에서 Size 입력란의 값을 더 큰 값으로 바꾸면 글자 크기를 더 크게 바꿀 수 있습니다. 여기서는 크기를 24로 수정해서 [OK]를 누릅니다.

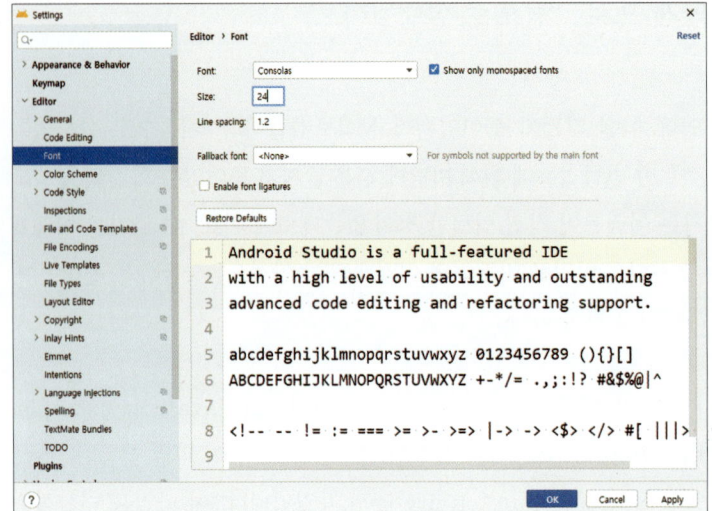

주의 ▶ 서체를 선택하는 Font 입력창을 누르면 서체를 변경할 수 있습니다. 여기서는 jetBrains Mono를 Consolas로 변경했습니다.

▲ 소스코드의 글자 크기를 바꾸기

프로젝트 화면으로 돌아오면 다음과 같이 소스코드가 좀 더 크게 표시됩니다. 화면의 가운데에 보이는 소스코드의 의미는 차근차근 알아보기로 하겠습니다.

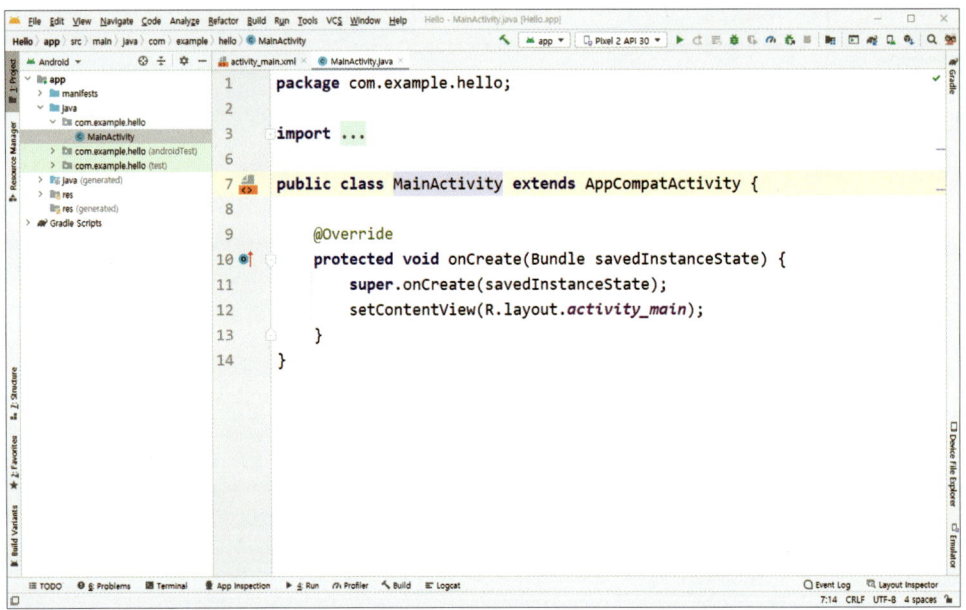

▲ 코드의 글자 크기를 크게 바꾼 후의 화면

소스코드란 무엇일까요?

그나저나 일단 app/java 폴더 안에 들어있는 '소스코드'는 무엇일까요? 안드로이드는 자바 언어를 사용하는데 이 언어로 프로그램을 만들 수 있습니다. 여기서 '프로그램(Program)'이란 보통 컴퓨터에서 사용하는 워드나 엑셀 같은 것들을 말합니다. 프로그램을 이용한다는 것은 '숫자 두 개를 더해줘!'처럼 어떤 일을 컴퓨터에 지시하고 컴퓨터가 그 일을 처리하는 것이라고 생각할 수 있습니다.

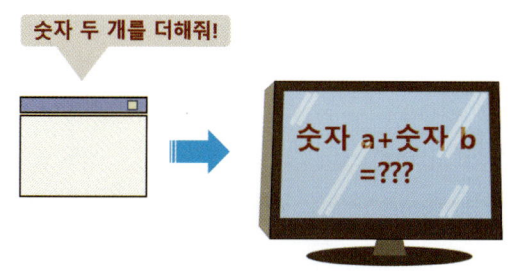

▲ 컴퓨터에 일을 지시하는 프로그램

그러면 '언어(Language)'라는 것은 무엇일까요? 컴퓨터는 사람의 말을 알아들을 수 없으므로 컴퓨터가 알아들을 수 있는 내용으로 프로그램을 만들게 됩니다. 이 때문에 '기계어(Machine Code)'라는 언어로 프로그램을 작성하는 것입니다. 이 기계어라는 언어는 0과 1이라는 숫자의 나열로 되어있어 컴퓨터는 이해할 수 있지만 거꾸로 사람은 거의 이해할 수 없습니다. 그래서 기계어보다 사람의 말에 좀 더 가까운 수준으로 만든 것이 '프로그래밍 언어(Programming Language)'입니다. 자바 언어도 그런 프로그래밍 언어 중의 하나입니다.

우리나라 사람이 한국어로 서로 말하고 들을 때 사용하는 언어가 한국어인 것처럼 컴퓨터가 일을 처리하도록 말을 해주는 것이 바로 프로그래밍 언어라고 이해하면 됩니다.

▲ 컴퓨터는 사람의 말을 알아들을 수 있을까?

프로그래밍 언어는 사람이 이해할 수 있는 말을 사용하므로 컴퓨터가 일을 처리할 때는 기계어로 바꿔주어야 기계어로 된 프로그램에 의해 컴퓨터가 일을 처리할 수 있습니다. 자바 언어로 만든 코드는 '컴파일러(Compiler)'와 '인터프리터(Interpreter)'라고 불리는 두 개의 도구를 사용하여 기계어로 바꿀 수 있습니다. 이렇게 바꾼 후에야 기계어로 된 프로그램에 의해 컴퓨터가 일을 처리할 수 있습니다.

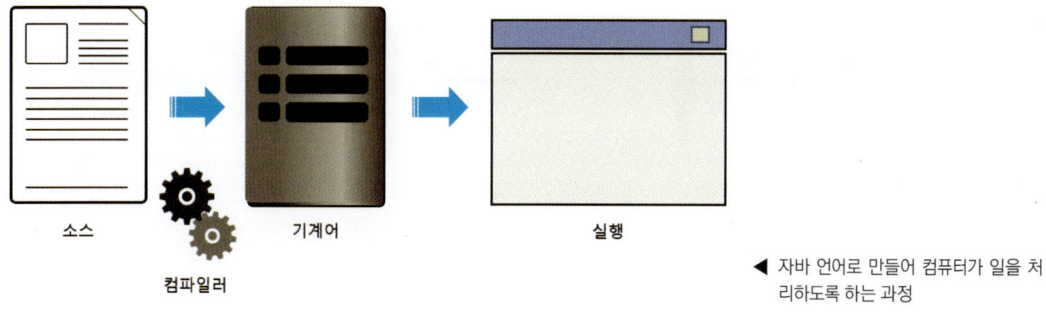

◀ 자바 언어로 만들어 컴퓨터가 일을 처리하도록 하는 과정

여기에서 자바 언어로 된 코드를 '소스' 또는 '소스코드(Source code)'라고 합니다. 드디어 우리가 원하던 소스의 의미를 알았습니다. 컴파일러를 사용해서 자바 언어로 된 소스코드를 기계어로 바꾸는 과정을 '컴파일(Compile)' 또는 '빌드(Build)'라고 합니다. 자바 컴파일러는 자바 언어로 된 소스코드를 빌드하여 '바이트 코드(Byte Code)'라고 하는 특수한 형식의 코드로 바꿔주고, 인터프리터는 바이트 코드로 되어있는 프로그램을 실행하는 역할을 합니다. 우리가 한국어를 쓰고 미국 사람이 영어를 쓴다면 한국어를 영어로 바꿔주어야 미국 사람이 알아들을 수 있는 것과 비슷합니다.

가상머신이란 무엇일까요?

자바 소스코드로 만들어 컴파일한 프로그램을 실행할 때는 '가상머신(Virtual Machine)'이라는 것이 사용됩니다. 가상머신이란 자바 프로그램을 실행시켜 주는 또 다른 프로그램입니다. 그런데 윈도우 PC나 노트북에서 실행되는 프로그램은 .exe 확장자를 가지고 있는 경우가 많습니다. 그렇다면 왜 굳이 윈도우에서 직접 실행할 수 있는 .exe 파일과 같은 실행 프로그램을 만들지 않고 또 다른 프로그램을 이용해서 실행하는 것일까요?

보통 우리가 사용하는 PC는 윈도우라는 운영체제를 많이 사용하지만 이 운영체제 이외에도 맥OS(MacOS), 리눅스(Linux), 유닉스(Unix) 등 다른 운영체제들이 많이 있습니다. 맥OS는 애플(Apple) 사의 PC용 운영체제이며, 리눅스는 오픈소스로 된 PC 또는 워크스테이션용 운영체제입니다. 즉, PC 기계장치에 따라 운영체제도 달라집니다. 이렇게 서로 다른 운영체제에서 실행되는 프로그램은 모두 다른 기계어로 번역되어야 합니다. 예를 들어, 한국어에서 영어로만 번역해서 끝나는 것이 아니라 중국어와 일본어를 쓰는 사람도 있기 때문에 각각 다른 언어로 번역해야 합니다.

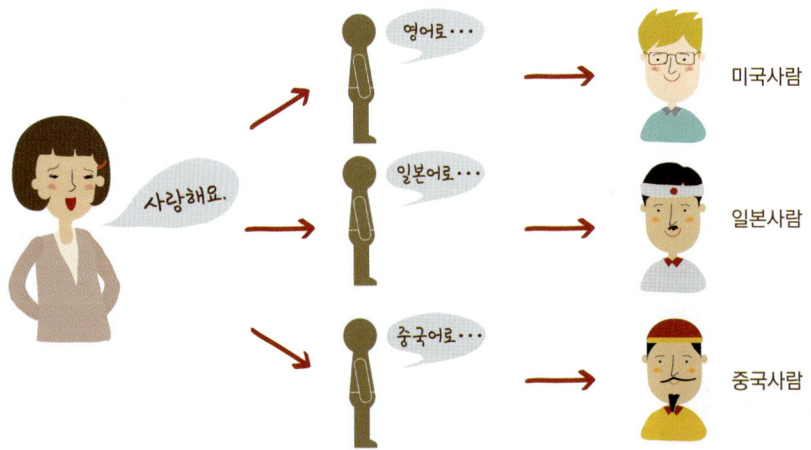

▲ 여러 명의 통역사가 여러 나라 말로 번역해주기

이때 중간에 알아서 번역해주는 사람이나 기계가 있다면 어떨까요? 영어와 중국어 그리고 일본어를 모두 잘하는 통역사라면 미국 사람인지 중국 사람인지에 따라 다르게 통역할 수 있을 것입니다.

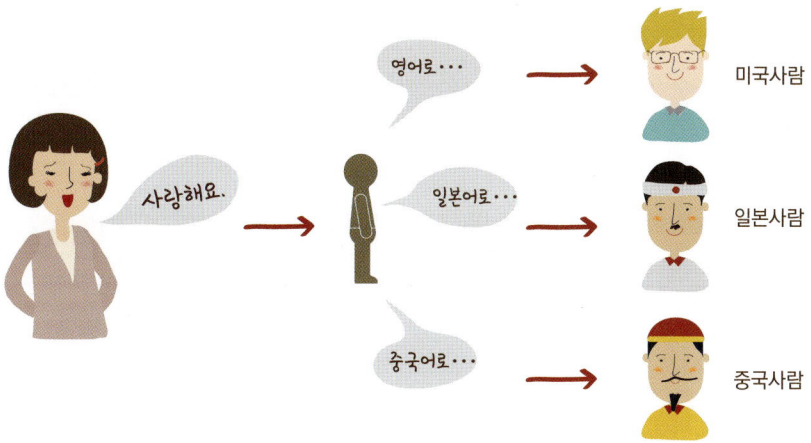

▲ 한 명의 만능 통역사가 여러 나라 말로 번역해주기

이처럼 만능 통역사와 같은 역할을 하는 것이 가상머신입니다. 운영체제는 프로그램을 실행하는 환경이고 프로그램은 기계어로 번역되어 실행됩니다. 이때 가상머신이 알아서 운영체제에 따라 기계어를 번역하여 실행될 수 있게 합니다. 이렇게 함으로써 가상머신은 운영체제와 상관없이 모두 같은 자바 소스코드를 사용할 수 있게 만듭니다.

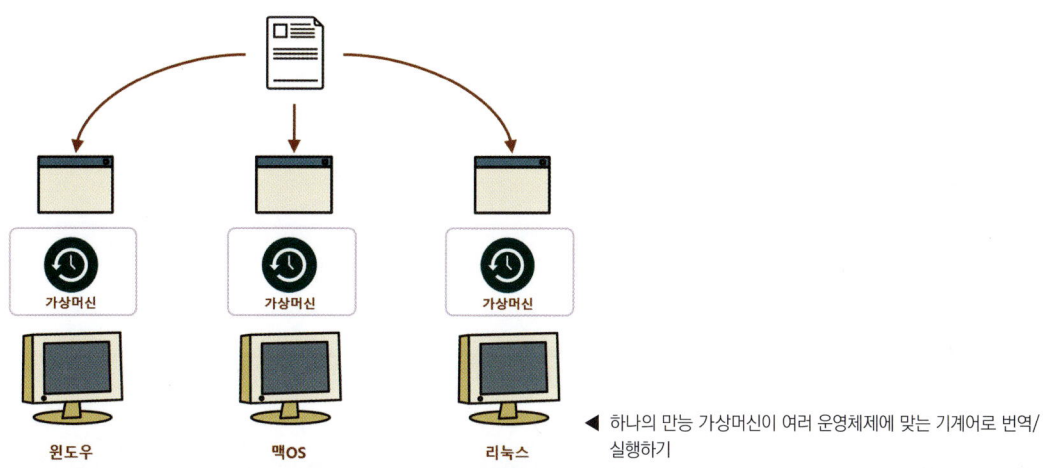

◀ 하나의 만능 가상머신이 여러 운영체제에 맞는 기계어로 번역/실행하기

이것만 보더라도 가상머신이 대단한 역할을 한다는 것을 알 수 있습니다. 하지만 만능처럼 보이는 가상머신도 단점이 있습니다. 바로 속도가 느리다는 것인데요, 모든 것을 미리 기계어로 바꿔놓고 프로그램을 실행하는 것이 아니라서 속도가 느려지게 됩니다.

아무튼 가상머신이 자바의 가장 중요한 특징인 것 같은데 그렇다면 안드로이드에서 사용되는 자바는 어떨까요? 스마트폰에는 PC와는 다른 운영체제가 들어갑니다. 안드로이드 운영체제는 가장 밑바닥은 리눅스로 되어 있고 그 위에 자바 가상머신이 올라가 있어 자바라는 프로그래밍 언어를 사용할 수 있도록 만들었습니다. 그리고 스마트폰은 PC보다 성능이 떨어지는 CPU와 적은 용량의 메모리를 사용하기 때문에 좀 더 빠른 속도를 낼 수 있도록 바꿨습니다. 즉, 가상머신의 일부를 변경해서 '안드로이드용 가상머신'을 새로 만든 것이죠.

안드로이드용 가상머신 위에서 동작하는 프로그램을 만들 수 있도록 미리 만들어 놓은 기능을 '프로그래밍 API'라고 합니다. 이렇게 미리 만들어 놓은 기능을 사용해서 여러분이 프로그램을 새로 만들어 실행하면 가상머신이 실행을 도와주게 됩니다.

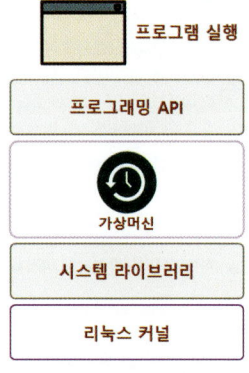

▲ 안드로이드의 가상머신

우리가 앱(App) 또는 어플이라고 부르는 말은 원래 '애플리케이션(Application)'의 줄임말입니다. 안드로이드용으로 소스코드를 만들고 컴파일한 후 스마트폰에 들어있는 가상머신 위에서 실행되도록 하면 그것이 바로 앱을 실행한 것이 됩니다. 이 가상머신은 ART라는 '런타임(Runtime) 엔진'인데, 런타임 엔진이란 앱을 실행할 수 있도록 만들어주는 것을 지칭할 때 사용됩니다.

5 _ 표준 자바로 프로젝트 만들어보기

자바의 소스코드가 어떤 것인지, 그리고 프로그램이 어떻게 실행되는지 간단하게 설명을 들었습니다. 하지만 우리가 새로 만든 안드로이드 프로젝트 안에는 이미 많은 것들이 자동으로 만들어져 있어 그 안에 들어있는

주의 ▶ 표준 자바로 자바 소스 파일을 만들 때는 이클립스를 사용합니다. 잊지 마세요!

것들을 자세하게 이해하기는 쉽지 않습니다. 또한 앱을 실행할 때도 안드로이드 스튜디오가 알아서 실행해 주었기 때문에 컴파일 과정을 볼 수도 없었습니다. 안드로이드는 원래의 자바, 즉 표준 자바가 변형된 형태라고 했는데 변형되기 전의 형태인 표준 자바 코드를 사용하면 컴파일 과정을 직접 진행해볼 수 있습니다. 그리고 안드로이드의 코드와 얼마나 다른지도 살펴볼 수 있습니다. 그러면 지금부터 표준 자바로 프로젝트를 만들어 보겠습니다.

> **정박사님 궁금해요**   표준 자바와 안드로이드 자바는 구분을 해야 하나요?
>
> 표준 자바는 오라클(Oracle)이라는 회사가 배포하고 여러 가지 운영체제(OS)에서 똑같은 방식으로 실행되도록 만들어졌습니다. 이에 반해 안드로이드의 자바는 들고 다니는 단말에서 잘 동작하도록 만들어졌기 때문에 표준 자바와 다른 부분들이 있습니다. 이 때문에 원래부터 사용되던 표준 자바와 안드로이드 자바를 구분해서 부르게 됩니다.

❶ 이클립스를 실행하면 어떤 폴더에 프로젝트를 만들 것인지를 물어보는 대화상자가 먼저 보입니다. 사용자 폴더에 워크스페이스라는 폴더가 기본 설정되어 있습니다. 폴더 경로를 바꾸지 말고 그대로 [Launch]를 누릅니다.

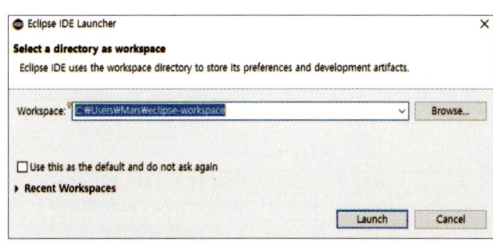

▲ 이클립스를 실행했을 때 보이는 워크스페이스 설정 대화상자

❷ 이클립스 창이 뜨면 화면 가운데 [Welcome] 탭이 표시됩니다. 이클립스의 안내 화면이므로 탭의 [X] 표시를 눌러 닫아줍니다. 이클립스의 기본 창도 안드로이드 스튜디오의 기본 창 구조와 상당히 유사하죠. 왼쪽에는 프로젝트 영역, 가운데는 작업 영역입니다.

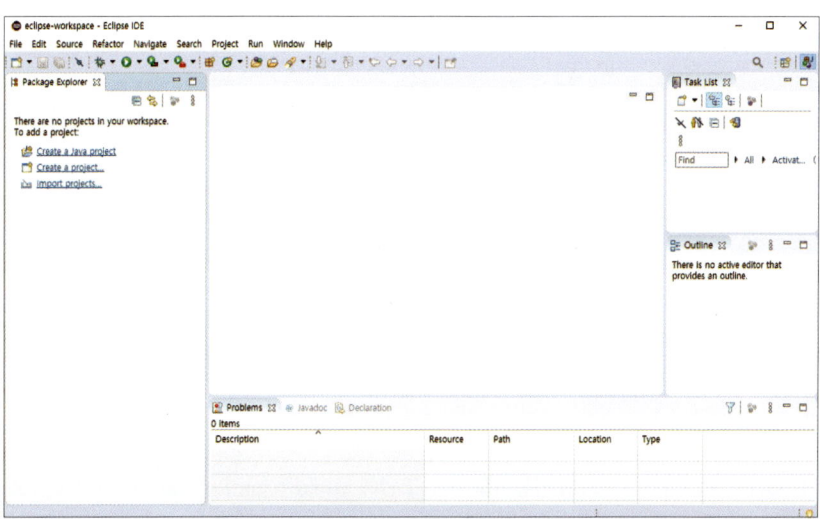

▲ 이클립스 기본 창

❸ 안드로이드 스튜디오에서 새로운 프로젝트를 만들었던 것처럼 여기서도 새로운 프로젝트를 만듭니다. 이클립스 상단의 메뉴에서 [File → New → Java Project]를 선택하면 새로운 표준 자바 프로젝트를 만들 수 있는 대화상자가 나타납니다. 대화상자에서 Project name: 입력란에 Hello라는 프로젝트 이름을 입력하고 [Finish]를 누릅니다.

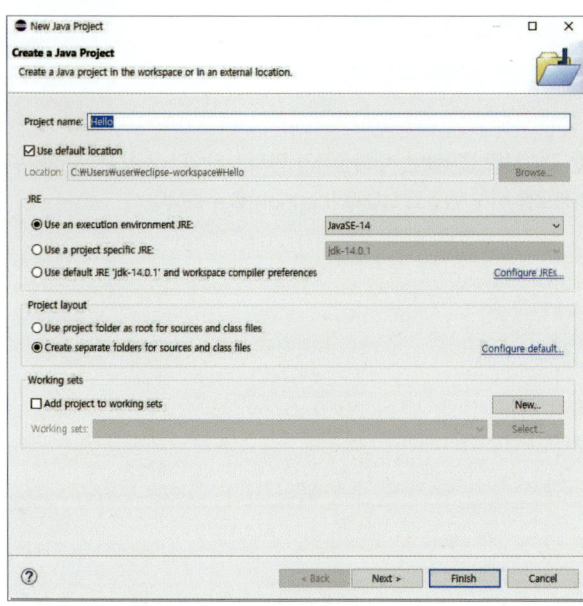

▲ 새로운 표준 자바 프로젝트를 만들기 위한 대화상자

만약 [New module-info.java] 대화상자가 추가로 보이면 아래쪽에 있는 [Don't Create]를 누릅니다.

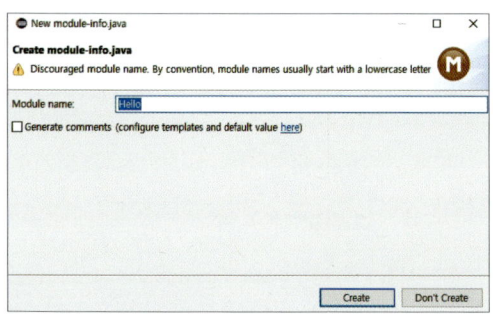

주의 [Don't Create]를 누르면 이클립스 화면의 왼쪽에 있는 Package Explorer(패키지 탐색기) 창에 Hello 프로젝트가 추가됩니다. 이 프로젝트는 안드로이드가 아닌 표준 자바 프로젝트라서 아이콘의 모양이 약간 다르게 표시되며 PC에서 실행할 수 있는 프로그램을 만들기 위한 프로젝트라 할 수 있습니다.

▲ [New module-info.java] 대화상자

❹ 왼쪽 프로젝트 영역에 Hello라는 이름의 프로젝트가 만들어집니다. 그 안에 들어있는 [src] 폴더를 선택한 후 마우스 오른쪽 버튼을 클릭합니다. 나타나는 메뉴에서 [New → Class] 메뉴를 누릅니다.

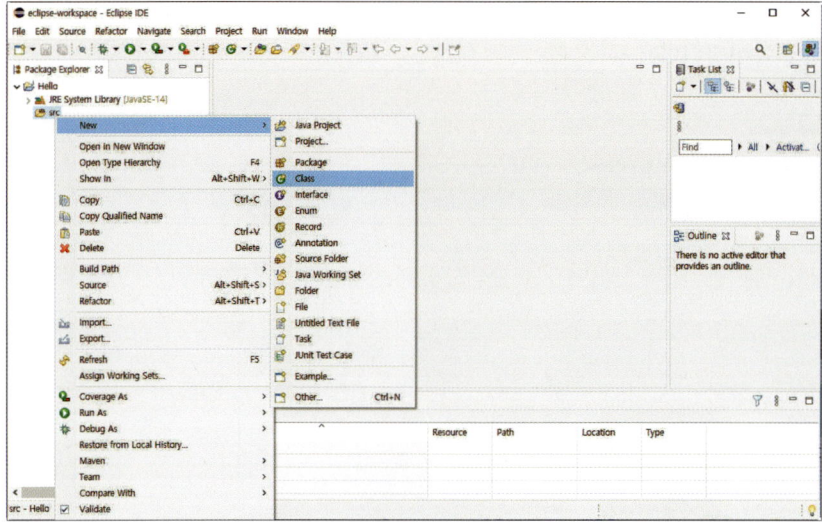

▲ 프로젝트의 [src] 폴더를 선택한 후 [New → Class] 메뉴 선택

주의 ▶ 프로젝트 이름 앞의 〉 표시를 눌러 프로젝트 트리를 열면 [src] 폴더와 [JRE System Library] 폴더가 있습니다. [src] 폴더에는 아마도 소스가 들어있으리라고 추측할 수 있습니다. 하지만 이클립스는 안드로이드 스튜디오와 달리 자동으로 소스코드를 만들지 않기 때문에 처음에는 아무것도 들어있지 않습니다.

❺ 자바 클래스(Class)를 추가할 수 있는 대화상자가 나타납니다. Package: 입력란에 org.techtown.hello를 입력하고 Name: 입력란에는 Hello를 입력합니다. 아래쪽에 있는 public static void main(String[] args) 체크 박스도 체크한 후 [Finish]를 누릅니다.

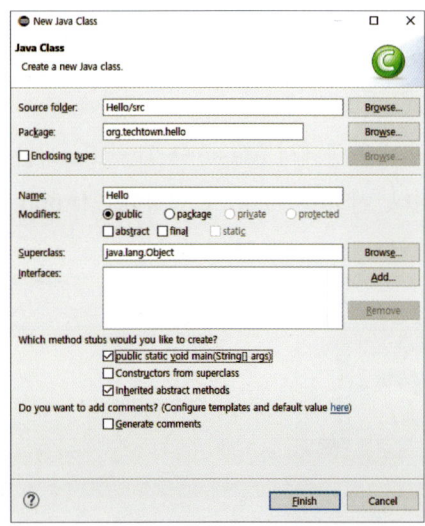

▲ Hello라는 이름의 클래스를 만들기 위한 대화상자

새로운 클래스를 만들면 Hello 프로젝트의 [src] 폴더 안에 [org.techtown.hello] 폴더가 생기고 그 안에 Hello.java 파일이 만들어집니다.

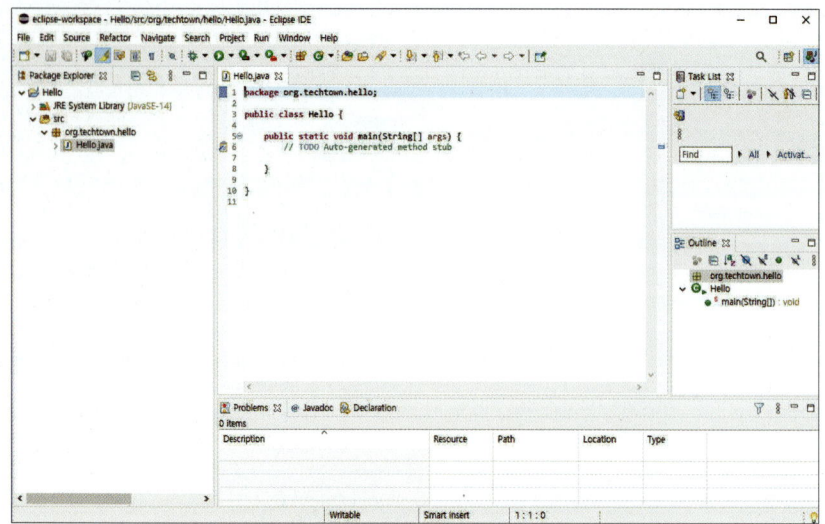

◀ Hello 프로젝트와 그 안에 들어있는 Hello.java 파일

프로젝트를 만들 때 Package: 입력란에 입력했던 org.techtown.hello라는 글자가 그대로 점(.)으로 구분된 폴더 이름이 된 것을 보면 '패키지라는 것이 아마도 폴더를 의미하는 것인가 보다.'하고 추측할 수 있을 것입니다. 패키지가 정확히 무엇인지는 차차 알아보기로 하고 화면의 가운데에 보이는 Hello.java 파일의 내용을 먼저 살펴보겠습니다.

소스 파일의 글자가 너무 작게 보이니 먼저 폰트 크기를 크게 바꿔보겠습니다. [Window → Preferences] 메뉴를 누르면 작업 환경을 설정하는 대화상자가 뜹니다. 왼쪽에서 [General→Appearance →Colors and Fonts]를 선택합니다. 오른쪽에 보이는 트리의 내용 중에서 [Basic → Text Font]를 선택한 후 오른쪽의 [Edit]를 누르면 폰트를 변경할 수 있습니다. 여기서는 20으로 변경하고 [Apply and Close]를 누릅니다. 원래의 프로젝트 창으로 돌아와 보면 글자가 크게 보일 것입니다.

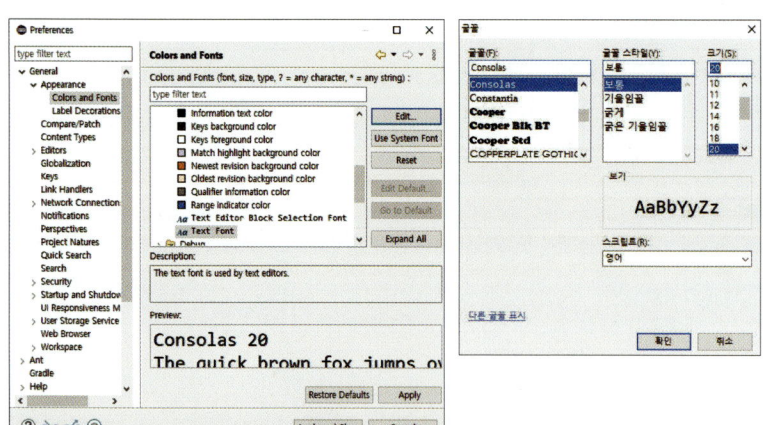

▲ 이클립스에서 파일의 글자 크기를 변경하는 대화상자

패키지란 무엇일까요?

이 파일의 가장 첫 줄에 있는 소스코드는 다음과 같습니다. 첫 줄에 보이는 package라는 것이 프로젝트를 만들 때 Package: 입력란에 넣었던 글자와 같습니다.

코드 참고 / Hello>src/org/techtown/hello/Hello.java

```java
package org.techtown.hello;

public class Hello {

    public static void main(String[] args) {
        // TODO Auto-generated method stub

    }

}
```

결국 우리는 패키지에 대해 두 가지를 알 수 있습니다.

정박사님 궁금해요 — 패키지는 어떤 특징이 있나요?

❶ 패키지 이름대로 폴더가 만들어집니다.
❷ 패키지 폴더 안에 들어있는 자바 소스 파일의 첫 줄에는 package라는 단어와 함께 입력했던 패키지 이름이 들어갑니다.

사실 이렇게 패키지라는 것을 만들 때 그 이름과 똑같은 폴더를 만들고 그 안에 자바 소스 파일을 만들어 넣는 것은 여러분이 직접 해야 할 일입니다. 그러나 이클립스가 자동으로 폴더를 만들고 파일에 package라는 글자를 넣어 준 것입니다. 패키지란 일종의 가방과 같아서 하나의 자바 프로젝트 안에는 여러 개의 가방이 들어갈 수 있습니다. 그 안에 자바 소스 파일들이 들어가게 되는데 어떤 소스 파일이 어떤 패키지에 들어가야 하는지는 만든 사람이 결정합니다. 여행을 떠날 때 옷이나 치약, 칫솔은 작은 가방에 넣고 먹을 것들은 큰 가방에 넣는 것처럼 용도에 따라 가방을 나누는 것과 비슷합니다.

▲ 패키지라는 가방으로 구분하기

Hello 프로젝트 안에는 한 개의 패키지만 들어있으므로 다음과 같이 생각할 수 있습니다.

▲ Hello 프로젝트의 패키지 구성

그 다음 줄을 보면 public이라는 단어 뒤에 class라는 단어가 있고 그 뒤에 Hello라는 단어가 있습니다. Hello 프로젝트를 만들 때 클래스의 이름을 Hello라고 입력했는데 그 이름이 이런 코드를 만들어 낸 것입니다.

코드 참고 / Hello>org/techtown/hello/Hello.java

```java
package org.techtown.hello;

public class Hello {

}
```

자바의 코드는 거의 대부분 클래스라는 것에 둘러싸여 있으며 클래스라는 것 안에 코드를 입력하게 됩니다. 클래스를 설명하자면 말이 길어질 수 있으니 차차 알아보기로 합니다. 클래스의 중괄호 안에는 public static으로 시작하는 한 줄이 있고 마찬가지로 시작 중괄호와 끝 중괄호가 보입니다. 중괄호는 항상 쌍으로 입력된다는 것을 생각하면서 중괄호 안에 있던 //로 시작하는 줄(주석)을 삭제한 후 아래 글자를 그대로 입력합니다.

코드 참고 / Hello>org/techtown/hello/Hello.java

```java
package org.techtown.hello;

public class Hello {

  public static void main(String[] args) {
    System.out.println("안녕!");
  }

}
```

> **정박사님 궁금해요**   입력하는 영문자는 대소문자를 구분해야 하나요?
>
> System이라는 글자의 첫 문자를 소문자 s인 system이라고 입력하면 오류 표시가 뜨게 됩니다. 마찬가지로 점(.)을 입력할 때도 잘 붙여서 신중하게 입력해야 합니다. 다음은 잘못 입력했을 때 볼 수 있는 오류 표시입니다.
>
>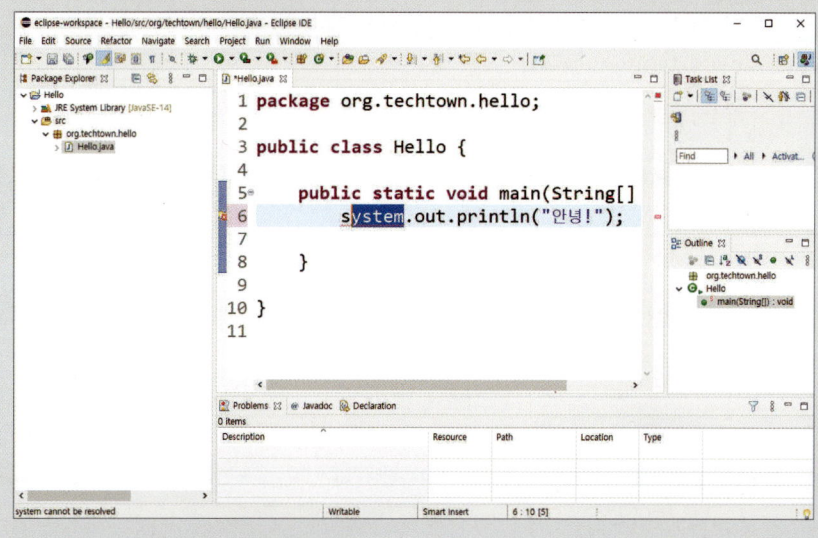
>
> ▲ 대문자를 소문자로 입력했을 때 표시되는 오류
>
> System의 첫 단어를 소문자로 입력했을 뿐인데 소스코드의 system이라는 단어에 빨간색 밑줄이 생기고 왼쪽 줄 번호에 빨간색 표시가 생깁니다.

자바의 소스코드를 입력할 때는 오류가 생기지 않도록 다음과 같은 내용을 잘 기억해야 합니다.

> **자바 코드를 입력할 때 주의할 점**
> ❶ 대문자와 소문자를 구분합니다.
> ❷ 점(.)은 글자와 붙여 써야 합니다.
> ❸ 소괄호( ), 중괄호{ }, 대괄호[ ] 그리고 큰따옴표(" ") 중 하나도 빼놓지 말아야 합니다.

public이라는 단어는 class 앞에도 나왔던 것인데 그 뒤에 static이라는 글자는 물론 void나 main처럼 알기 힘든 글자들이 연이어 나오는 것을 볼 수 있습니다. 어쨌든 이 세 줄의 코드는 단순히 "안녕!"이라는 글자를 화면에 보여주기 위해 입력한 것입니다.

대소문자를 확인하면서 소스코드를 추가로 입력하였다면 파일을 저장합니다. 저장할 때는 키보드에서 Ctrl+S를 눌러도 되고 화면 상단의 저장 아이콘을 눌러도 됩니다. 이제 프로그램을 실행해보겠습니다. 왼쪽 프로젝트 창에서 Hello 프로젝트를 선택한 후 오른쪽 버튼을 클릭해서 [Run As → Java

Application]을 선택하면 무언가가 실행됩니다. 실행 결과는 프로젝트 창 아래쪽에 보이는 탭들 중에서 [콘솔(Console)] 탭에 나타납니다.

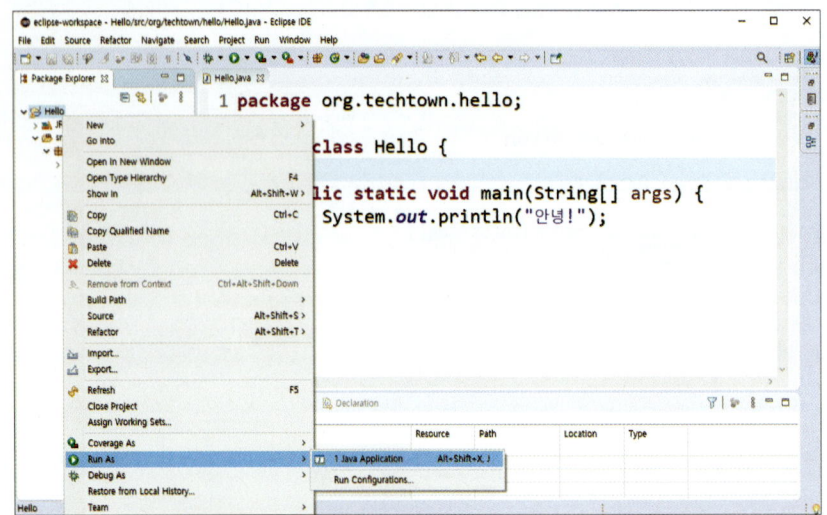

◀ Hello 프로젝트로 만든 프로그램 실행하기

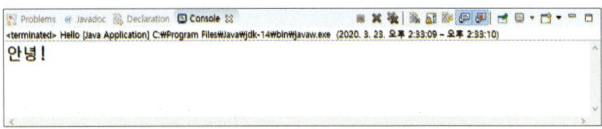

◀ [콘솔(Console)] 탭에 나타난 실행 결과

[콘솔] 탭 안에는 자바 소스코드에서 큰따옴표 안에 입력했던 "안녕!"이라는 글자가 보입니다. 이 콘솔은 결과물(글자)이 출력되는(프로그램이 실행된 결과를 나타내는 것을 '출력'이라고 표현함) 곳입니다. 이곳에 글자를 뿌려주고 싶다면 앞에서 살펴본 코드처럼 System.out.println 문장 뒤에 소괄호를 붙이고 그 안에 큰따옴표를 입력하고 글자를 넣어줍니다. 글자를 넣은 다음에는 다시 큰따옴표를 닫고 소괄호를 붙인 후 세미콜론(;) 기호를 넣어줍니다.

콘솔에 글자를 출력하고 싶다면?
System.out.println("뿌려주고 싶은 글자");

지금까지 간단하게 '안녕!'이라는 글자를 콘솔 창에 출력하는 표준 자바 프로그램을 만들어 보았습니다. 소스코드는 몇 줄 되지 않지만 이 프로그램을 직접 만들어 보면서 대표적인 자바 프로그램의 형태를 짐작할 수 있습니다.

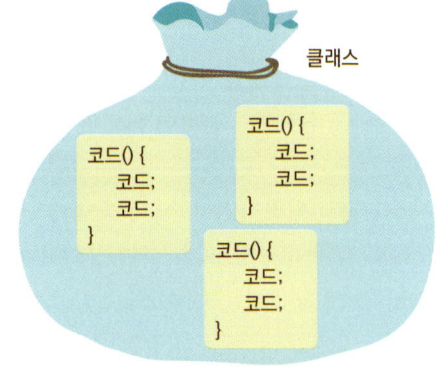

대표적인 자바 프로그램의 형태 ▶

클래스라는 것이 있으면 그 다음에는 중괄호{}가 코드를 감싸고 있으며, 다시 그 안의 코드는 소괄호( )가 감싸고 있습니다. 그리고 이 코드 뒤에는 중괄호{}를 이용해서 또 다른 코드가 작성됩니다. 중괄호가 들어가지 않는 코드들은 세미콜론(;)으로 끝내는 것도 볼 수 있습니다. 중괄호나 소괄호 그리고 큰따옴표나 작은따옴표는 꼭 쌍으로 입력된다는 점에 주의해야 합니다. 이런 형태로 우리가 만든 Hello.java의 코드를 정리해보면 다음과 같습니다.

▲ Hello.java 프로그램의 형태

소괄호가 뒤에 붙어있는 단어는 다른 코드들을 중괄호로 감쌀 수 있다는 것을 알았는데 이런 코드를 '메서드(Method)'라고 합니다. 메서드는 일종의 함수인데 함수는 어떤 값이 들어가면 계산한 후에 다시 그 결과 값을 내보내주는 블랙박스라고 생각할 수 있습니다.

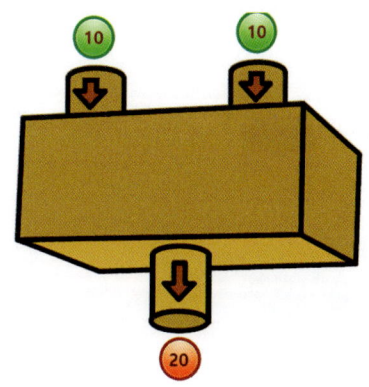

▲ 메서드라 불리는 자바의 함수

이제 다시 여러분이 입력했던 코드를 살펴보겠습니다. 클래스 안에 들어있는 세 줄의 코드 중에서 첫 번째 줄에 있는 코드를 보세요. 소괄호 앞의 main이라는 단어가 바로 '메서드의 이름'입니다.

코드 참고 / Hello〉org/techtown/hello/Hello.java

```
public static void main(String[] args) {
```

main 메서드는 매우 중요합니다. 왜냐하면 이 메서드는 다른 메서드와 달리 프로그램의 시작점이 되기 때문입니다. 흔히 '메인 메서드'라고 부르는 이 메서드는 우리가 프로그램을 실행할 때 시스템에서 자동으로 호출하므로 프로그램의 시작점인 것입니다.

▲ 프로그램의 시작점이 되는 메인 메서드

여기까지 이해했다면 코드가 전체적으로 어떻게 구성되어 있는지 어렴풋이 알 수 있겠죠. 이제 main 메서드 안에 들어있는 System으로 시작하는 한 줄의 코드에서 콘솔 창에 '안녕!'이라는 글자를 뿌려준다고 했던 부분을 보겠습니다. main이라는 메인 메서드는 시스템에서 호출해주는 프로그램의 시작점이 된다고 했으므로 "안녕!"이라는 글자가 뿌려지기까지는 프로그램의 실행과 메인 메서드의 호출이라는 과정이 숨어있다는 것을 알 수 있습니다. 여기서 '호출(Call)'이란 메서드를 실행한다는 것과 같습니다. 즉, 하나의 메서드 안에 들어있는 코드 부분을 불러서 실행한다는 것입니다. 장기자랑을 할 때 한 명씩 부르면 나와서 자신의 장기를 보여주는 것과 비슷하다고 생각할 수 있습니다. 한 명 한 명을 메서드라고 한다면 그 사람을 불렀을 때가 호출 과정이고 호출된 사람이 나와서 장기자랑을 할 때가 메서드 안에 들어있는 코드가 실행되는 과정입니다.

▲ 장기자랑에서의 호출

복잡해 보이는 여러 줄의 코드에서 어떤 것이 클래스고 어떤 것이 메서드인지는 중괄호나 소괄호로 코드의 구조를 구분해보면 알 수 있습니다. 하지만 클래스나 메서드의 이름이 있어야 어떤 클래스고 어떤 메서드인지 정확히 구분할 수 있습니다. 이렇게 클래스나 메서드를 구분할 때 붙이는 고유한 이름을 '식별자(Identifier)'라고 합니다. 사람의 손가락 지문이나 눈의 홍채는 그 사람만이 갖고 있는 고유의 것이므로 본인 인증에 사용할 수 있는데 이와 마찬가지로 식별자를 이용해 어떤 클래스인지 또는 어떤 메서드인지 구분할 수 있도록 이름을 붙여줍니다.

▲ 자바의 식별자란?

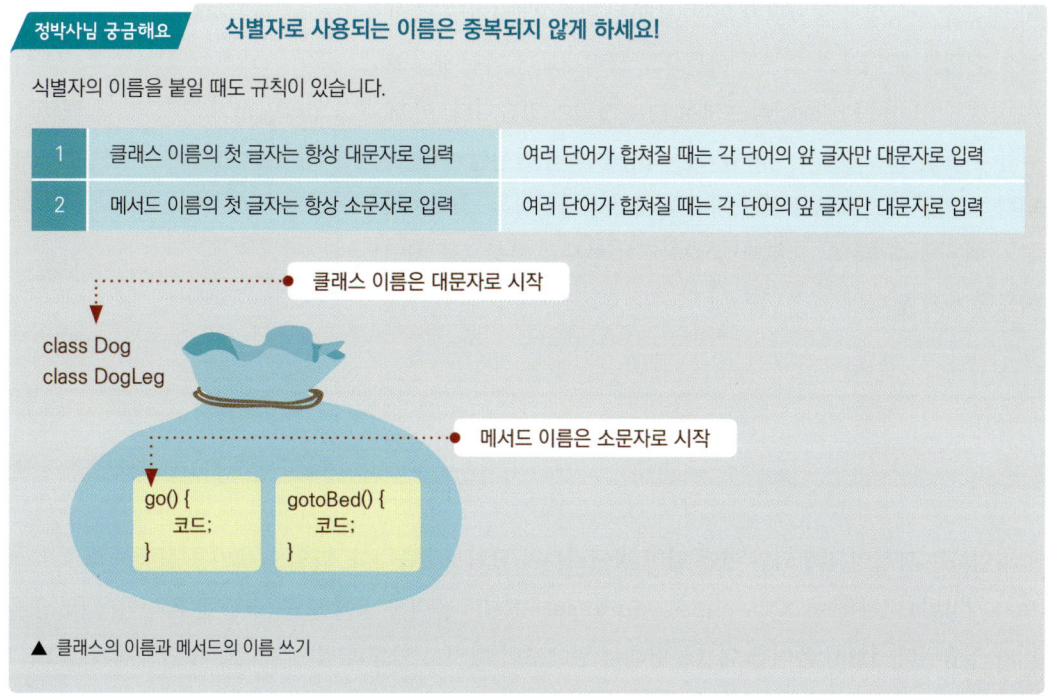

▲ 클래스의 이름과 메서드의 이름 쓰기

자바 소스코드가 어떤 형태로 만들어지는지 살짝 살펴보았으니 나머지는 차차 알아가기로 하겠습니다. 그런데 소스코드를 만들고 실행하는 것은 보았지만 컴파일 과정(또는 빌드 과정)은 아직 보지 못했습니다. 사실 [Run As → Java Application] 메뉴를 선택하여 프로그램을 실행할 때 이클립스가 자동으로 컴파일 과정을 진행했기 때문인데, 필요한 경우에는 자동으로 컴파일하지 않도록 바꿀 수도 있습니다. 코드를 수정할 때마다 자동으로 컴파일 과정을 거치면 이클립스가 느려질 수 있기 때문입니다.

이클립스 메뉴 중에서 [Project] 메뉴를 보면 [Build Automatically]라는 메뉴가 체크되어 있습니다.

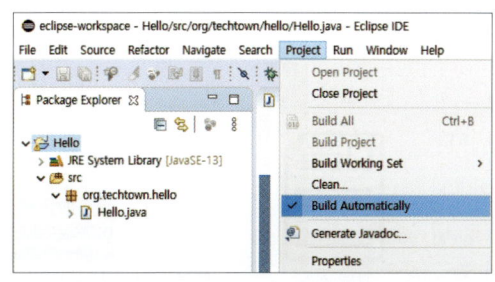

▲ 이클립스가 자동으로 컴파일하도록 설정된 메뉴

주의 이클립스의 자동 빌드 기능은 아주 편리하지만 코드의 양이 상당히 많아진다면 코드를 수정할 때마다 빌드되면서 느려질 수도 있습니다. 이럴 때 자동 빌드 기능을 꺼둔 상태에서 필요할 때만 수동으로 빌드하기도 합니다.

이 메뉴를 클릭해서 체크되지 않은 상태로 만들고 Hello 프로젝트를 선택한 후 마우스 오른쪽 버튼으로 클릭해보면 이전에는 보지 못했던 [Build Project]라는 메뉴가 추가되어 있습니다. 이 메뉴를 누르면 소스코드가 컴파일되는 과정을 직접 진행할 수 있습니다. 하지만 소스코드가 바뀔 때마다 매번 컴파일하는 것이 번거롭기 때문에 대부분의 프로젝트에서는 이 부분을 자동으로 처리하도록 두게 됩니다.

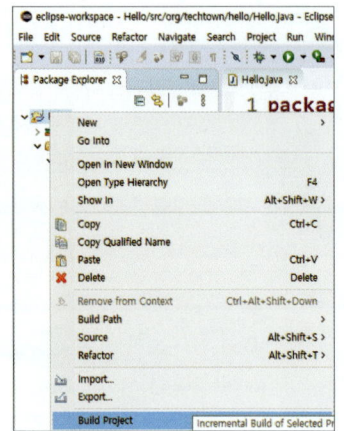

▲ 직접 컴파일할 수 있는 [Build Project] 메뉴

컴파일하는 과정이 진행되면 어떤 일이 벌어지는지 살펴보겠습니다. 파일 탐색기를 실행한 후 프로젝트가 저장된 C:\사용자\OOO\eclipse-workspace\Hello 폴더를 열어 보면 [src] 폴더와 함께 [bin] 폴더가 있습니다. [bin] 폴더를 더블클릭해서 열어보면 패키지 이름과 같은 폴더들이 만들어져 있고 그 안에 Hello.class라는 파일이 있습니다.

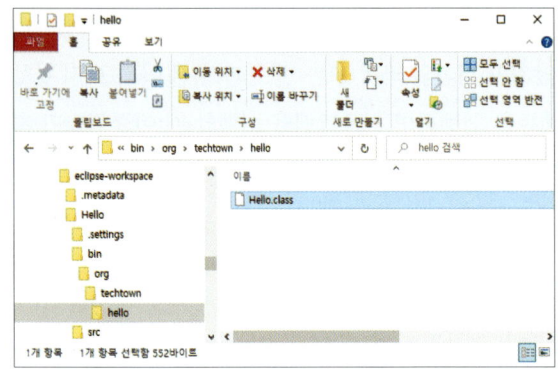

▲ 컴파일된 Hello.class 파일

이 파일은 Hello.java 파일이 컴파일된 것으로 Hello.java 소스코드에서 나온 것입니다. 이클립스의 [Build Project] 메뉴를 눌러 직접 빌드했을 때 또는 이클립스가 자동으로 빌드했을 때 만들어진 결과물이라고 할 수 있습니다. 자바 소스 파일을 컴파일하면 .class라는 확장자를 가진 파일이 만들어집니다. '클래스 파일'이라고 부르는 이 파일은 '바이트 코드 (byte code)'라는 포맷으로 되어 있는데 일부는 기계어로 되어 있고 일부는 기계어가 아닌 상태로 남아 있습니다.

▲ 자바의 컴파일 과정

> **정박사님 궁금해요** **소스코드로 입력하는 클래스와 컴파일된 후의 클래스 파일은 달라요**
>
> 똑같은 말로 부르기는 하지만 자바 소스 파일에 입력하는 클래스와 자바 소스 파일이 컴파일된 후에 만들어지는 클래스 파일은 다른 것입니다. 나중에 알게 되겠지만 소스 파일에 입력하는 클래스는 여러 가지 기능과 더불어 데이터를 가지고 있는 것을 구분하기 위해 만든 코드 중 하나입니다. 그리고 클래스 파일은 자바 소스 파일이 컴파일된 후에 만들어지는 파일 중의 하나입니다.

이렇게 컴파일된 기계어는 PC가 바로 이해하고 실행할 수 있는 형태이므로 실행 속도가 빠르다는 장점이 있습니다. 이런 장점을 살리기 위해 운영체제와 상관없이 공통으로 해석될 수 있는 것들을 먼저 기계어로 번역해 두고 프로그램을 실행할 때 빨리 실행될 수 있도록 합니다. 그렇다면 기계어가 아닌 부분들은 언제 기계어로 번역되는 걸까요?

클래스 파일은 '자바 실행 환경(JRE, Java Runtime Environment)' 안에서 실행됩니다. 자바 실행 환경은 자바 가상머신을 포함하고 있으며, 실행되는 과정에서 클래스 파일 안에 있는 기계어가 아닌 부분들이 기계어로 번역됩니다.

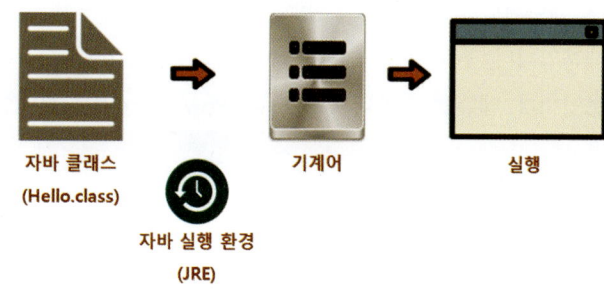

▲ 자바 클래스 파일의 실행 과정

이런 자바 실행 환경에는 자바에서 미리 제공하는 여러 가지 기본 클래스들이 들어있는데 이를 'API(Application Programming Interface)'라고 부릅니다. 즉, 자바 실행 환경(JRE) 안에는 API가 포함되어 있고 이 API를 이용해 자바 소스코드를 만들 수 있습니다.

API는 일종의 라이브러리라고 할 수 있으며, '라이브러리'란 말 그대로 필요한 기능의 클래스를 참조하여 사용할 수 있습니다. 마치 도서관에서 필요한 책이 있을 때 꺼내볼 수 있는 것과 같습니다. 즉, 자바에는 이미 다른 개발자들이 만들어 놓은 많은 기능들이 포함되어 있는데 이것을 내가 만드는 프로그램에서 가져다 쓸 수 있도록 잘 정리해둔 것이 API 또는 라이브러리입니다.

▲ 자바 API와 라이브러리

PC나 스마트폰의 기능이 다양하고 많기 때문에 API도 그 종류가 다양하고 방대합니다. 따라서 자바와 안드로이드의 기본 내용을 익히고 나면 어떤 기능을 만들 것인지에 따라 API 중에 필요한 것을 선택하여 사용하게 됩니다. 도서관에 소설책이 많이 있다고 하면 그 소설책의 내용을 모두 기억하고 있을 수는 없으니 관심 있는 책이 있을 때마다 몇 권씩 빌려서 읽어보는 것과 비슷합니다.

6 _ 명령어로 소스코드를 직접 컴파일하고 실행하기

표준 자바 프로그램을 만들 때 이클립스를 사용하긴 하지만 한 번쯤은 명령어를 사용해서 직접 컴파일하고 실행해보는 것도 도움이 될 수 있습니다. 왜냐하면 프로그램으로 실행되는 과정을 좀 더 구체적으로 볼 수 있기 때문입니다. 윈도우 시작 버튼을 마우스 오른쪽 버튼으로 누르면 메뉴가 보입니다. 메뉴들 중에서 [Windows PowerShell]을 선택합니다.

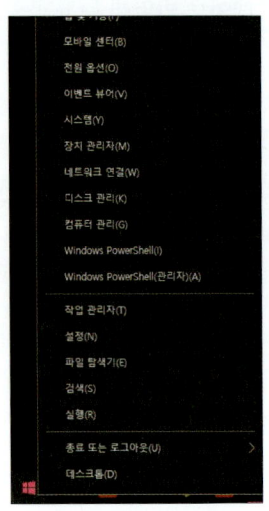

▲ 파워셸 실행 메뉴

윈도우 파워셸 창이 보이면 윈도우 사용자 계정 폴더에 접속되며 명령 프롬프트가 깜박이게 됩니다.

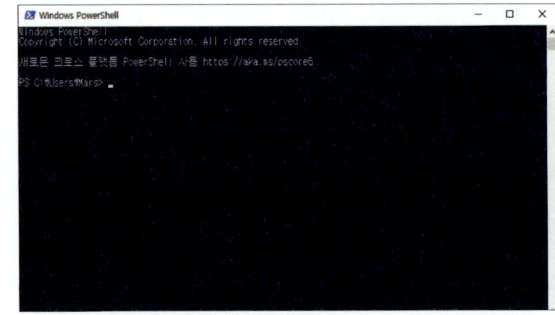

▲ 파워셸 실행 화면

〉기호 앞에는 현재 폴더가 표시됩니다. 이클립스에 만든 프로젝트 폴더로 이동하기 위해 다음과 같은 명령어를 입력한 후 [Enter]를 누릅니다.

```
cd eclipse-workspace/Hello
```

입력한 명령어는 현재 폴더 안에 있는 eclipse-workspace/Hello 폴더로 이동하라는 뜻입니다. 해당 폴더로 이동했다면 > 기호 앞의 내용이 변경됩니다. 다음과 같은 명령어를 입력하고 Enter 를 누르면 현재 폴더에 들어있는 파일들이 표시됩니다.

```
dir
```

▲ Hello 프로젝트 폴더로 이동한 후 그 안에 있는 파일들을 표시한 결과

이제 [src] 폴더 안에 들어있는 java 소스 파일을 컴파일하여 [bin] 폴더에 .class 확장자를 가진 파일로 만들어봅니다. 다음 명령어를 입력한 후 Enter 를 눌러 실행합니다.

```
javac src/org/techtown/hello/Hello.java -d bin
```

javac 명령어는 자바 소스 파일을 컴파일하는 데 사용됩니다. javac 명령어의 대상으로 소스 파일을 지정할 수 있는데, [src] 폴더 안에 들어있는 Hello.java 파일을 폴더 경로까지 포함해서 지정합니다. -d 옵션은 컴파일한 결과 파일을 어디에 넣을 것인지를 지정합니다. 이클립스는 [bin] 폴더를 만들어 두고 있으므로 그 폴더 안에 만들어지도록 합니다. 이 명령어를 실행하면 bin/org/techtown/hello 폴더 안에 Hello.class 파일이 만들어집니다. 그러면 이 클래스 파일을 실행해봅니다. 클래스 파일 안에 main 함수가 들어있다면 그 클래스 파일은 java라는 명령어로 실행할 수 있습니다.

```
java -cp ./bin org.techtown.hello.Hello
```

java 명령어 뒤에는 실행할 클래스 파일의 이름이 옵니다. -cp 옵션은 클래스 파일이 있는 폴더를 지정합니다. [bin] 폴더 안에 클래스 파일이 들어있으므로 그 폴더를 지정합니다. 클래스 파일의 이름을 넣을 때는 패키지 이름을 포함합니다.

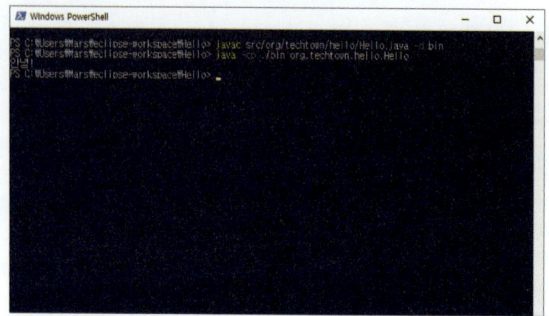

▲ 컴파일하고 실행한 결과

정박사님 궁금해요   javac나 java 명령어를 실행할 때 에러 메시지가 보여요

명령어를 실행했는데 해당 명령어를 찾을 수 없다는 에러가 생긴다면 자바 명령어가 설치된 경로를 찾을 수 없기 때문입니다. Path라고 불리는 환경변수에 자바 명령어가 들어있는 경로를 추가하세요.

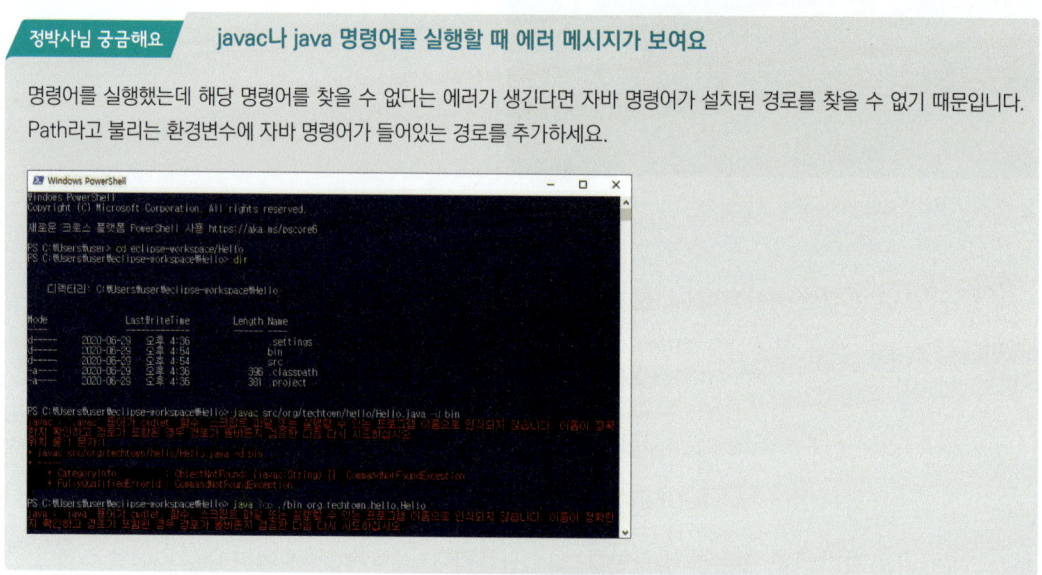

명령어를 입력해서 직접 실행해보니 어떤가요? 이클립스라는 프로그램을 사용하는 것이 훨씬 쉽지 않을까요?

7 _ 표준 자바의 소스코드와 안드로이드의 소스코드 비교하기

화면에 글자를 표시하는 것을 '글자를 출력한다.'라고 합니다. 하나의 글자를 출력하려면 소스코드를 어떻게 만들어야 하는지 그리고 어떻게 컴파일하고 실행하는지 표준 자바 프로젝트를 만들면서 알아보았습니다. 몇 줄의 소스코드만 입력해도 원하는 기능이 실행되는 것을 보았는데 안드로이드 앱을 만들 때 자동으로 만들어진 자바 소스코드도 그렇게 간단할까요?

안드로이드로 만든 Hello 프로젝트를 열고 소스코드의 형태가 어떻게 다른지 살펴보겠습니다. 안드로이드 스튜디오의 시작화면에서 이전에 만들었던 Hello 프로젝트를 다시 열어줍니다. 그리고 왼쪽의 프로젝트 영역에서 app/java 폴더 안에 있는 com.example.hello라는 패키지를 선택한 후 그 안에 있는 MainActivity.java 파일을 더블클릭합니다. 프로젝트 창의 가운데 영역에 [MainActivity.java] 탭이 보이고 그 안에 자바 코드가 들어있는 것을 확인할 수 있습니다. 코드 중에서 클래스 이름과 메서드 이름만 구분해보면 그 형태는 다음과 같습니다.

코드 참고 / Hello〉app/java/com/example/hello/MainActivity.java

```java
// 클래스 이름
public class MainActivity extends AppCompatActivity {

    // 메서드 이름
    public void onCreate(Bundle savedInstanceState) {

    }
}
```

클래스라는 것이 코드를 감싼다고 했던 말이 기억난다면 class라는 단어 뒤에 있는 MainActivity가 클래스 이름이라는 것을 알 수 있습니다. 그렇다면 소괄호( )가 뒤에 붙어있는 것이 함수 또는 메서드라는 것도 기억할 것입니다. 또한 소괄호 앞에 있는 onCreate가 메서드 이름이라는 것도 기억할 것입니다. 위의 코드 아래쪽에도 코드들이 있지만 모두 비슷한 형태를 보여줍니다. 이 형태를 그림으로 표현하면 다음과 같습니다.

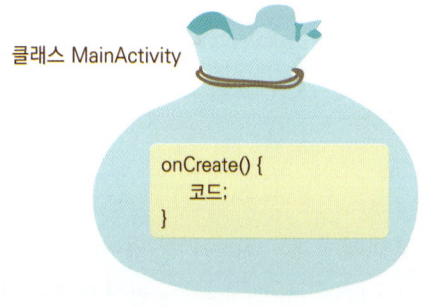

▲ MainActivity.java 소스코드의 형태

이렇게 중요한 부분만 뽑아서 형태를 그려보면 전체 소스코드보다는 훨씬 더 간단하게 구조를 확인할 수 있습니다. 안드로이드 스튜디오 화면의 왼쪽 벽에 있는 탭들 중에서 [Structure] 탭을 누르면

Structure 창이 표시됩니다. 이 창 안은 소스코드를 정리해서 보여줍니다. 따라서 구조를 쉽게 알아볼 수 있습니다.

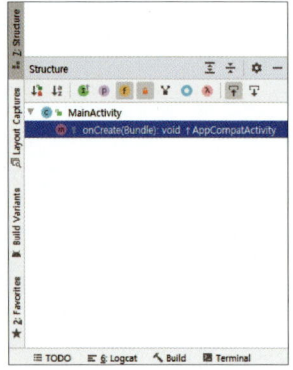

▲ [Structure] 탭으로 보는 소스코드의 구조

[Structure] 탭이 소스코드의 구조를 정리해서 보여주므로 어떤 것들이 들어있는지 훨씬 더 간단하게 파악할 수 있습니다. 그런데 한 가지 이상한 점이 있습니다. 표준 자바에서 프로그램의 시작점이 되었던 main 메서드가 없습니다. 표준 자바 코드에는 main 메서드가 있었고 프로그램을 실행했을 때 그 메서드가 시스템에 의해 처음 호출되기 때문에 그 안에 있는 코드가 실행된 것이라고 설명했습니다. 그런데 똑같이 자바를 사용한다고 하는 안드로이드 프로젝트에서는 찾아볼 수 없습니다. 그렇다면 여기서는 어떤 메서드가 시작점이 되는 걸까요?

답을 먼저 얘기하면 onCreate 메서드입니다. main 메서드 이름이 onCreate 메서드로 이름이 바뀐 것일까요? 꼭 그렇다고 할 수는 없지만 일단 여기서는 onCreate 메서드가 시작점이 된다고만 생각하고 좀 더 자세한 내용은 차차 알아보겠습니다. onCreate 메서드가 시작점이 된다면 그 메서드 안에 들어있는 코드가 가장 먼저 실행된다고 생각할 수 있습니다. 그 안에 들어있는 두 줄의 코드를 보면 다음과 같습니다.

코드 참고 / Hello〉app/java/com/example/hello/MainActivity.java

```
super.onCreate(savedInstanceState);
setContentView(R.layout.activity_main);
```

첫 번째 줄에는 super라는 단어와 점(.)이 있고 그다음에 다시 onCreate라는 단어와 소괄호가 있습니다. 그런데 onCreate라는 단어 뒤에 다시 소괄호가 있으므로 onCreate라는 메서드 안에 똑같은 이름을 가진 메서드를 호출하는 부분이 들어있다는 것을 알 수 있습니다.

소괄호( )가 뒤에 붙어 있는 것이 메서드라고 했는데 소괄호 뒤에 다시 중괄호{ }가 오는 것이 아니라 소괄호만 있고 그 뒤에 바로 세미콜론(;)이 있으면 메서드를 새로 만드는 것이 아니라 만들어진 메서드를 사용하는 것입니다. 이를 '메서드를 호출한다.' 또는 '메서드를 사용한다.'라고 얘기할 수 있습니다.

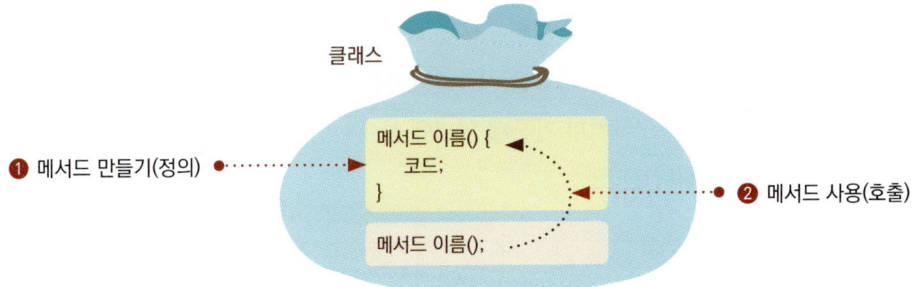

▲ 메서드를 만드는(정의하는) 것과 메서드를 사용하는(호출하는) 것

이 부분의 자세한 의미는 나중에 살펴보도록 하고 우선 두 번째 줄의 코드로 넘어가겠습니다. 두 번째 줄에는 setContentView라는 단어 뒤에 소괄호가 있습니다. 그렇다면 setContentView는 메서드 이름이 되고 소괄호 뒤에 바로 세미콜론이 있는 것을 보니 누군가 미리 만들어놓은 메서드를 호출하여 사용하는 것입니다. 이 메서드가 어떤 역할을 하는지 잘 모르더라도 소괄호가 사용되었고 그 안에 R.layout.activity_main이라는 단어도 들어있는 것을 확인할 수 있습니다.

두 줄의 코드를 모두 보았는데도 표준 자바 코드에서 보았던 System.out.println과 비슷한 코드는 발견하지 못했습니다. 그런데 이 소스코드를 컴파일한 후에 실행하면 화면에 Hello World라는 글자가 보입니다. 표준 자바에서는 "안녕!"이라는 글자를 코드로 입력했었으니 결과물에 보이는 것이라 이해되는데, 여기서는 Hello World 글자를 입력한 적이 없습니다. 그러면 이 글자는 어디에 들어있는 걸까요?

8 _ 화면 레이아웃 살펴보기

그 답을 찾기 위해 다른 폴더를 좀 더 살펴보겠습니다. app/res 폴더 안에 있는 [layout] 폴더를 열어보면 activity_main.xml이 있습니다. 그런데 이 폴더 이름과 파일의 이름이 어딘지 모르게 익숙합니다. 바로 소스코드의 소괄호 안에 들어있던 R.layout.activity_main과 비슷합니다. 그러고 보니 res를 R로 바꾸고 activity_main.xml에서 activity_main만 가져온 후 점을 붙여서 연결하면 R.layout.activity_main이 됩니다.

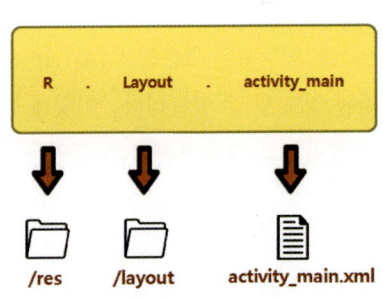

▲ 소스코드의 R.으로 시작하는 부분과 [res] 폴더 안의 정보 매칭하기

이렇게 조합이 되는 것을 보면 소스코드에서 setContentView 메서드가 res/layout 폴더 안에 있는 activity_main.xml 파일을 이용해서 무언가 기능을 동작하게 하는 것이라고 추측할 수 있습니다. 안드로이드 프로젝트를 처음 만들 때 가운데 부분에 자동으로 만들어져서 보인 탭의 내용이 activity_main.xml 파일의 내용이었으니 이 파일을 더블클릭했을 때의 화면은 익숙할 것입니다. 먼저 activity_main.xml 파일을 더블클릭하거나 가운데 영역에 보이는 [activity_main.xml] 탭을 선택하면 다음과 같은 화면이 나타납니다.

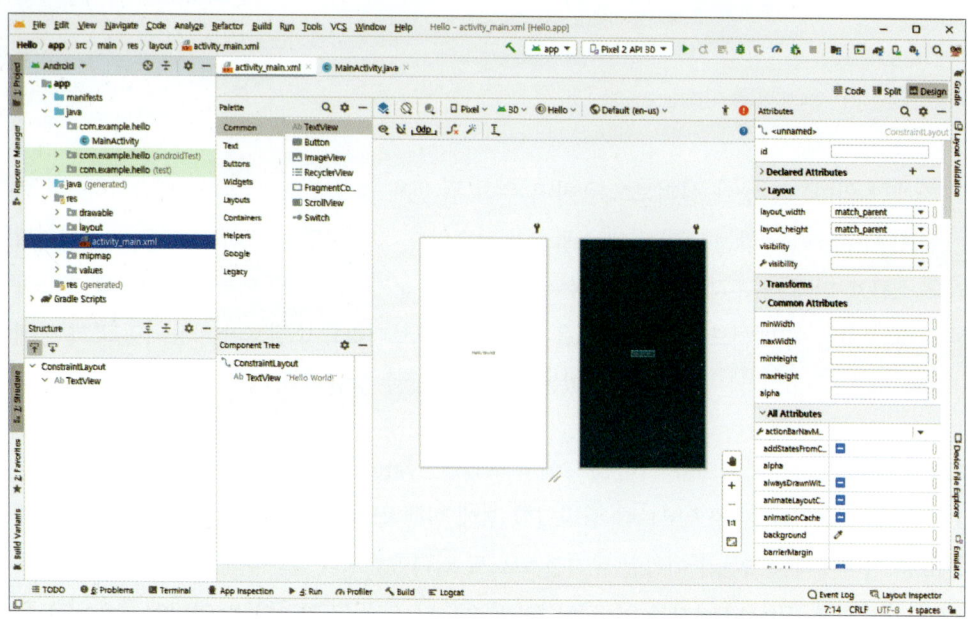

▲ activity_main.xml 파일을 더블클릭했을 때 보이는 화면

프로젝트를 처음 만들었을 때도 느꼈겠지만 이 화면을 보자마자 '아! 화면 배치를 이 파일에서 하는구나.'라는 생각이 들 것입니다. 우리가 앱을 실행할 때 보았던 바로 그 화면이 그대로 이 화면에 들어 있기 때문입니다. 탭 화면의 왼쪽 상단에는 팔레트(Palette)라는 것이 있는데 그 안에는 TextView나 Button 같은 이름을 가진 것들이 들어있습니다. 이것을 보면 버튼과 같은 것들을 가운데 있는 화면에 끌어다 놓을 수 있다는 것을 알 수 있습니다. 또한 이 화면의 가운데 있는 Hello world!라는 글자를 마우스로 선택하면 오른쪽에 [Attributes] 탭이 보이고 이 글자의 여러 가지 속성을 보거나 설정할 수 있다는 것도 알 수 있습니다. "이렇게 화면을 만들 수 있겠구나."라는 정도로 만 생각하고 탭의 오른쪽 위에 있는 세 개의 아이콘 중에서 [Code] 아이콘을 누르면 XML 코드가 보이게 됩니다.

▲ XML 코드와 디자인 화면을 전환하기 위한 아이콘

앱의 모양을 보여주는 화면을 디자인(Design) 화면이라고 부르는데, 가장 오른쪽의 [Design] 아이콘은 디자인 화면을 보고 싶을 때 사용합니다. 가장 왼쪽의 아이콘은 XML 코드를 보여주며 가운데 아이콘은 XML 코드와 디자인 화면을 동시에 보여줍니다.

XML 코드는 웹페이지를 만들 때 사용하는 HTML 코드와 비슷하게 꺾쇠〈〉표시 안에 단어를 넣어 사용합니다. 안드로이드 스튜디오는 이 XML 파일의 내용을 읽어서 조금 전에 보았던 화면을 자동으로 만들어 보여줍니다. 그렇다면 이 파일의 내용은 원본 코드라고 이해할 수 있습니다. 코드의 내용이 많아서 복잡하게 보이므로 이 XML의 내용도 초록색으로 된 꺾쇠 부분만 빼낸 후 살펴보면 다음과 같은 구조로 되어 있습니다.

코드 참고 / Hello〉/app/res/layout/activity_main.xml

```
<androidx.constraintLayout.widget.ConstraintLayout>

    <TextView />

</androidx.constraintLayout.widget.ConstraintLayout>
```

androidx.constraintLayout.widget.ConstraintLayout이라는 것이 무엇인지는 모르겠지만 꺾쇠 기호로 감싼 것을 보면 화면 전체가 이 androidx.constraintLayout.widget.ConstraintLayout이라는 것으로 된 것이라고 생각할 수 있습니다. 그 안에 TextView라는 것이 있으니 이 TextView는 아마도 Hello world!라는 글자를 화면에 보여주기 위해 추가된 것일 겁니다.

꺾쇠〈〉 기호로 감싼 단어를 '태그'라고 하고, 이 태그는 시작 태그와 끝 태그로 이루어집니다. 시작 태그는 꺾쇠 기호로 감싸고 끝 태그는 〉 기호 앞에 / 기호를 덧붙입니다. 시작 태그와 끝 태그를 함께 사용할 때는 〈... /〉와 같은 모양이 됩니다. 태그 안에 들어있는 여러 개의 글자들은 '속성(Attribute)'이라고 부르며, 시작 태그 안에 들어가 있고 공백이나 Enter로 구분됩니다. 보라색으로 된 코드는 대부분 앞에 android:라는 것으로 시작하고 그 뒤에 파란색으로 된 단어가 나오며, = 기호 뒤에 녹색으로 된 글자들이 들어갑니다. 즉 파란색으로 된 부분이 속성이고 = 기호 뒤에 있는 녹색 부분이 '속성 값(Value)'입니다. 이 activity_main.xml 파일의 TextView 태그 안에 여러 개의 속성이 들어있다는 것을 알 수 있습니다.

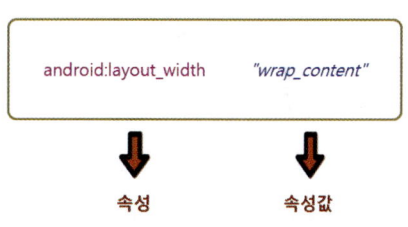

▲ XML 레이아웃 파일 안에서 볼 수 있는 속성과 속성 값

이제 다시 [Design] 아이콘을 눌러 디자인 화면으로 돌아옵니다. 화면 가운데에 있는 Hello World! 글자를 선택하고 오른쪽의 Attributes 창에 표시되는 속성들을 살펴봅니다. 그중에 text 속성이 보이는데 이 속성은 조금 전에 보았던 XML 코드에 들어있는 속성들 중 하나이며 Hello World!라는 글자가 그 값으로 들어있습니다. 따라서 이 속성 값이 화면에 글자로 나타난 것입니다.

이렇게 글자가 들어있는 화면은 activity_main.xml이라는 이름의 파일에 저장되어 있고 이 파일은 MainActivity.java 파일에서 setContentView 메서드에 의해 첫 화면의 모양으로 설정됩니다. 이렇게 화면에 표시되는 모양을 '화면 레이아웃(Layout)'이라고 부릅니다. activity_main.xml 파일에 넣은 글자가 앱의 화면에 보이게 된다는 것을 알았으니 이제 화면에 보이는 글자를 다른 것으로 바꾸려면 어디를 고쳐야 하는지 짐작이 되나요?

그렇습니다. text 속성 값을 고치면 됩니다. text 속성 값을 '안녕!'이라는 한글로 바꾼 후에 화면 상단의 실행(▶) 버튼을 누릅니다.

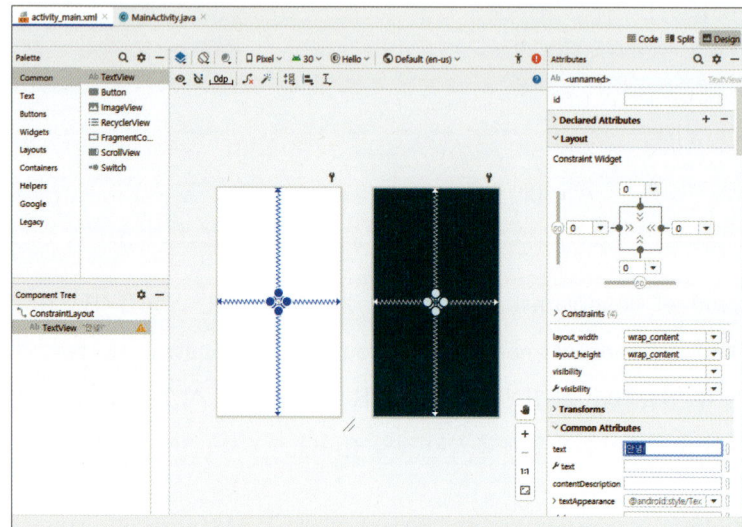

◀ text 속성 값을 '안녕!'이라는 글자로 바꾸기

앱이 에뮬레이터에 다시 실행되면 다음과 같은 화면을 볼 수 있습니다.

주의 ▶ 이 책과 함께 제공되는 샘플 프로젝트 파일들을 보면 단계별로 수정해나가는 내용을 따로따로 보여주기 위해 필요에 따라 여러 개의 프로젝트 파일로 나눠둔 경우가 있습니다. 예를 들어, Hello 프로젝트 파일에서 수정한 결과를 따로 실행해볼 수 있도록 프로젝트 파일을 복사하여 Hello2라는 이름으로 만들고 그 안의 소스코드를 수정하였습니다. 수정한 내용별로 각각의 프로젝트를 따로 실행해볼 수 있어 앱이 각 단계마다 동작하는 것을 확인할 수 있습니다.

'Hello World!' 글자를 '안녕!'이라는 글자로 바꿔 앱 화면에 보여주기 ▶

이제 표준 자바로 만든 프로젝트를 실행했을 때 보았던 "안녕!"이라는 글자를 안드로이드 프로젝트를 실행한 프로그램에서도 볼 수 있게 되었습니다. 똑같은 글자를 화면에서 보여주도록 만들어 보았는데 상당히 많은 부분이 다르다고 느꼈을 것입니다. 둘 다 Hello world!라는 글자를 화면에 뿌려주는 것이 목적이지만 표준 자바로 만든 프로젝트에서는 콘솔 창에 글자가 보이는데 반해 안드로이드 프로젝트에서는 스마트폰 화면에 글자가 보이게 됩니다.

스마트폰 화면이 보이는 영역을 윈도우(Window)라고 부른다면 이 윈도우 영역에 글자를 보여주어야 하기 때문에 콘솔 창에 글자를 뿌려주는 것보다 더 복잡한 코드들이 많이 필요하다는 것을 알 수 있습니다. 표준 자바에서도 콘솔이 아니라 윈도우라는 창을 하나 만들고 그 안에 글자를 넣어줄 수 있는데 이렇게 만들려면 표준 자바에서도 우리가 만들어본 프로젝트의 코드보다 훨씬 더 많은 소스코드를 넣어야 합니다.

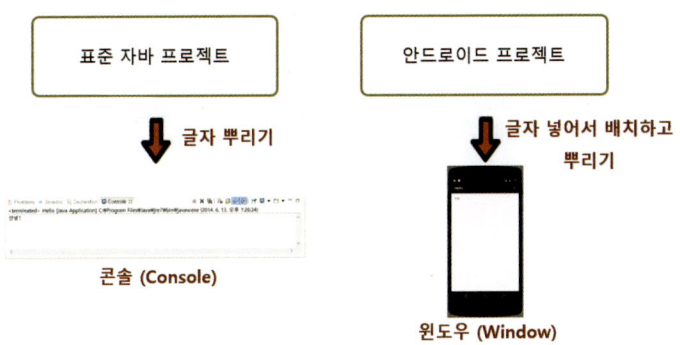

▲ 표준 자바 프로젝트와 안드로이드 프로젝트에서 글자 보여줄 때의 차이점

표준 자바의 프로젝트를 만들어보고 나서 안드로이드 프로젝트를 살펴보니 이제 조금 이해가 되었을 것입니다. 하지만 아직 이해하지 못한 부분들도 많이 있습니다. 그렇다고 너무 걱정할 필요는 없습니다. 왜냐하면 안드로이드의 프로젝트의 기본 구조와 실행되는 방식만 잘 이해해도 수정 작업은 아주 쉽고 간단하게 할 수 있기 때문입니다. 자바 내용을 하나씩 살펴보면서 거기에 맞는 앱을 반복하여 만들어볼 것이므로 아직 이해하지 못한 내용도 차차 알아가게 될 것입니다. 앱 화면을 보면서 이것저것 바꿔보지 못해 아쉬웠던 부분은 다음 장에서 화면에 버튼이나 입력상자를 넣는 방법을 알아보면서 해소시켜 보겠습니다.

콘솔에 문자열 출력하기

난이도	상		중		하	✓	소요시간	10분
목표	표준 자바 프로젝트를 만드는 방법과 콘솔에 문자열을 출력하는 방법 연습								

- 표준 자바 프로젝트를 이클립스로 만들어봅니다.
- 콘솔 창에 문자열을 출력해봅니다.

❶ 이클립스로 새로운 프로젝트를 만들고 프로젝트의 이름은 Study01로 합니다.

❷ 프로젝트 안에 Friends.java라는 소스 파일을 하나 고 패키지 이름은 org.techtown.study01 로 합니다.

❸ 새로 만든 소스 파일을 실행했을 때 한 줄에 한 명씩 다섯 명의 친구 이름이 차례대로 콘솔 창에 출력되도록 합니다.

> 예) 1. 김현수
>   2. 김태희
>   3. 박명길
>   4. 이하늘
>   5. 봉준호

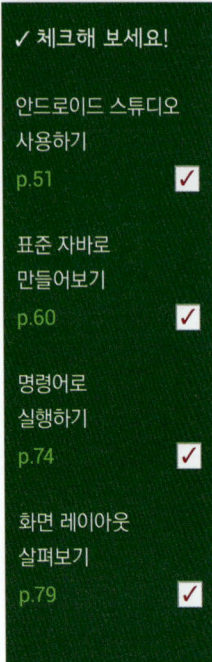

✓ 체크해 보세요!

안드로이드 스튜디오 사용하기
p.51 ✓

표준 자바로 만들어보기
p.60 ✓

명령어로 실행하기
p.74 ✓

화면 레이아웃 살펴보기
p.79 ✓

해답 | Study01 프로젝트

화면에 문자열 출력하기

난이도	상		중		하	✓	소요시간	10분
목표	안드로이드 프로젝트를 만드는 방법과 화면에 문자열을 보여주는 방법 연습							

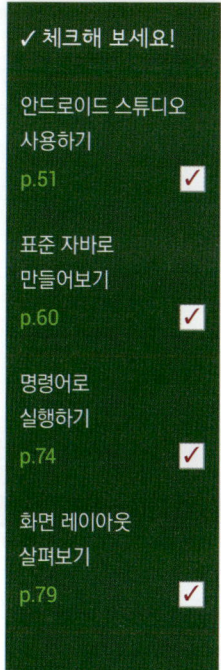

✓ 체크해 보세요!

안드로이드 스튜디오 사용하기
p.51 ✓

표준 자바로 만들어보기
p.60 ✓

명령어로 실행하기
p.74 ✓

화면 레이아웃 살펴보기
p.79 ✓

해답 | Study02 프로젝트

- 안드로이드 스튜디오로 안드로이드 프로젝트를 만들어봅니다.
- 화면에 문자열을 출력해봅니다.

❶ 안드로이드 스튜디오로 새로운 프로젝트를 만들고 프로젝트의 이름은 Study02, 패키지 이름은 org.techtown.study02로 수정합니다.

❷ 프로젝트 안의 /res/layout 폴더에 있는 activity_main.xml 파일을 엽니다. 그런 다음 왼쪽 팔레트(Palette) 창에 있는 텍스트뷰를 화면에 여러 개 추가하고 그 텍스트뷰에 글자를 입력합니다.

❸ 앱을 실행하면 화면에 들어있는 텍스트뷰에 가족들의 이름이 차례대로 보이게 합니다.

예) 1. 할아버지
2. 할머니
3. 엄마
4. 아빠
5. 나

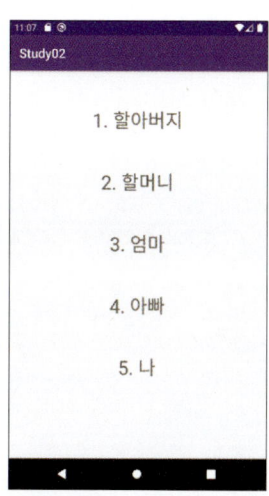

둘째마당 | 앱 화면을 만들면서 자바를 하나씩 알아가기 85

안드로이드 스튜디오로 만든 앱 분석

안드로이드 스튜디오의 구조 확인하기

❶ 첫 화면은 자동으로 만들어지며, 가운데 작업 영역에 두 개의 파일이 열립니다.
❷ MainActivity.java는 소스코드를 담고 있는 파일이고 activity_main.xml은 화면의 모양을 결정하는 파일입니다.
❸ 새로 만든 프로젝트 파일은 [AndroidStudioProjects] 폴더 안에 만들어지며, 프로젝트 이름별로 각각의 폴더가 만들어집니다.

개발 용어 알아보기

❶ 소스(Source)란?
컴퓨터에게 일을 시키기 위해 프로그래밍 언어로 만들어진 코드를 말합니다.

❷ 프로그램(Program)을 이용한다는 것은?
'화면에 글자를 보여줘!'와 같은 일을 컴퓨터에 지시하고 컴퓨터가 그 일을 처리하는 것을 말합니다.

❸ 프로그래밍 언어(Language)란?
컴퓨터가 일을 처리하도록 컴퓨터에게 말을 해주는 역할을 합니다.

❹ 기계어(machine code)란?
컴퓨터가 이해할 수 있도록 소스코드를 바꿔놓은 것으로 0과 1이라는 숫자의 나열로 된 모양으로 보입니다.

❺ 자바 컴파일러(Compiler)란?
자바 언어로 된 소스코드를 빌드하여 '바이트 코드(Byte Code)'라고 하는 특수한 형식의 코드로 바꿔 줍니다.

❻ 인터프리터(Interpreter)란?
바이트 코드로 되어있는 프로그램을 해석하면서 실행하는 역할을 합니다.

❼ 가상머신(Virtual Machine)이란?
자바 프로그램을 실행시키는 일종의 또 다른 프로그램입니다. 서로 다른 운영체제 위에서도 자바로 만든 프로그램이 동일한 방식으로 실행되도록 해줍니다.

❽ 프로그래밍 API란?
프로그램을 만들 때 필요한 기능을 미리 만들어놓은 것으로 각 부분을 꺼내어 쓸 수 있으며, '라이브러리'라고 부를 수도 있습니다.

표준 자바로 프로젝트 만들기

❶ 이클립스는 워크스페이스(Workspace)라는 곳을 작업 공간으로 만들고 그 안에 프로젝트 파일을 만듭니다.
❷ 이클립스에서 새로운 프로젝트를 만들면 왼쪽에 프로젝트가 보이고 그 중의 한 항목을 선택하면 선택한 항목의 내용을 가운데 영역에 탭으로 열어 보여줍니다.
❸ 표준 자바 프로젝트를 만들려면 이클립스에서 [New → Java Project] 메뉴를 선택합니다.
❹ 자바 프로젝트 안에 소스 파일을 만들려면 [New → Class] 메뉴를 선택합니다.
❺ 표준 자바 프로젝트를 만들고 새로운 클래스를 하나 추가하면 main의 중괄호 안에 넣은 코드를 실행할 수 있습니다. 이 main을 '메인 메서드'라고 부르고 프로그램의 시작점이 됩니다.

> ex `public static void main(String[] args) { ... }`

자바 소스 파일을 만들 때 알아야 할 패키지의 특징

- 패키지 이름대로 폴더가 만들어집니다.
- 패키지 폴더 안에 들어있는 자바 소스 파일의 첫 줄에는 'package'라는 단어와 함께 입력했던 패키지 이름이 들어갑니다.

코드를 입력할 때의 주의점

- 대문자와 소문자를 구분합니다.
- 점(.)은 글자와 붙여 써야 합니다.
- 소괄호( ), 중괄호{ }, 대괄호[ ] 그리고 큰따옴표(" ") 중 하나도 빼놓지 말아야 합니다.

콘솔에 글자를 뿌려주고 싶을 때

- 다음 코드처럼 큰따옴표 안에 글자를 넣어줍니다.

> ex `System.out.println("뿌려주고 싶은 글자");`

자바 코드의 간단한 모양

- 클래스라는 것이 있으면 그 다음에는 중괄호{ }가 코드를 감싸고 있으며, 다시 그 안의 코드는 소괄호( )가 감싸고 있습니다. 그리고 이 코드 뒤에는 중괄호를 이용해서 또 다른 코드가 작성됩니다.

  중괄호가 들어가지 않는 코드들은 세미콜론(;)으로 끝내는 것도 볼 수 있습니다.

> ex
> ```
> 클래스 --------------
>     코드() {
>         코드
>     }
>     코드() {
>         코드
>     }
>     --------------------
> ```

개발 용어 알아보기

❶ **패키지란?**

여행 가방과 같아서 비슷한 파일들을 구분하여 담아두는 데 사용합니다.

❷ **식별자(Identifier)란?**

클래스나 메서드를 구분할 때 붙이는 고유한 이름입니다.

→ 클래스 이름의 첫 문자는 항상 대문자여야 하고 여러 단어가 합쳐질 때는 각 단어의 앞 글자만 대문자로 합니다. 메서드의 첫 문자는 항상 소문자여야 하고 여러 단어가 합쳐질 때는 각 단어의 앞 글자만 대문자로 합니다.

❸ **클래스 파일이란?**

자바 소스 파일을 컴파일하면 '.class'라는 확장자를 가진 파일이 만들어집니다.

→ '클래스 파일'이라고 부르는 이 파일은 '바이트 코드(byte code)'라고 포맷으로 되어 있는데 일부는 기계어로 되어 있고 일부는 기계어가 아닌 상태로 남아 있습니다.

❹ **자바 실행 환경(JRE, Java Runtime Environment)이란?**

자바 실행 환경은 말 그대로 자바로 만든 프로그램을 실행하기 위해 필요한 것들을 제공하는 것입니다. 자바 가상 머신을 포함하고 있습니다.

❺ **API(Application Programming Interface)란?**

자바 실행 환경에는 자바에서 미리 제공하는 여러 가지 기본 클래스들이 들어있는데 개발자가 사용할 수 있는 클래스들을 모아 둔 것이 'API'입니다.

안드로이드 프로젝트 만들기

❶ 안드로이드 프로젝트를 만들려면 [New → Android Application Project] 메뉴를 선택합니다.

❷ 안드로이드에서 자동으로 만들어주는 첫 번째 파일인 MainActivity.java의 소스코드 중에서 onCreate 메서드가 시작점이 됩니다.

❸ 화면에 들어가는 것들을 배치하는 역할을 하는 파일은 /res/layout 폴더 안에 있는 activity_main.xml 파일입니다.

❹ XML 파일 안의 내용을 보면 웹 페이지를 만들 때 사용되는 HTML 문서처럼 꺾쇠 기호를 사용합니다.

개발 용어 알아보기

❶ **메서드 호출이란?**

메서드를 새로 만드는 것이 아니라 만들어진 메서드를 사용한다는 의미입니다.

❷ **setContentView 메서드란?**

Hello world!라는 글자가 포함된 화면을 사용하겠다고 프로그램에 알려주는 역할을 합니다. 화면의 모양을 activity_main.xml 파일에서 결정하고 소스 파일의 setContentView 메서드에서 이 XML 화면 모양을 사용하겠다고 설정합니다.

02-2
간단한 앱 화면 만들면서
자바 코드 살펴보기   중요도 ★★☆☆☆

이전 장에서 새로 만든 프로젝트를 살펴보면서 프로그램을 만들 때 가장 처음에 하는 일이 무엇인지 알아보았습니다. 그리고 자동으로 만들어진 소스코드를 수정하여 화면에 간단하게 글자를 보여주는 방법도 알아보았습니다. 안드로이드 앱 개발을 위해 만든 프로젝트 안에는 자동으로 만들어진 것들이 워낙 많다보니 알아야 할 것들이 아직도 많이 남아 있습니다. 하지만 무엇보다도 간단한 화면을 만들 수 있어야 이런저런 기능들을 테스트할 수 있습니다. 따라서 이 장에서는 화면에 버튼을 넣는 것처럼 간단하고 기본적인 화면 작업을 몇 가지 해보겠습니다.
안드로이드는 화면과 소스코드가 분리되어 있기 때문에 소스코드를 작성하는 방법은 잘 모르더라도 XML로 화면을 만들 수 있습니다. 만든 프로젝트의 내용을 살펴보면서 화면에 버튼이나 입력상자 등을 넣어보는 간단한 일들을 같이 해볼 것입니다.

키워드로 알아보는 자바 언어

앱 화면	앱 화면은 화면 레이아웃을 만들 수 있으며 입력상자나 버튼 등을 넣을 수 있습니다.
속성 바꾸기	화면에 추가한 텍스트뷰나 버튼의 속성을 바꿀 수 있습니다.
버튼 클릭	버튼을 눌렀을 때 동작하는 기능은 자바 코드로 만들어 추가합니다.

1 _ 글자를 버튼으로 바꾸고 싶다면 어떻게 할까?

프로젝트를 보면 소스코드를 담고 있는 파일과 화면 구성에 필요한 XML 코드가 들어있는 파일이 분리되어 있습니다. 자동으로 만들어진 첫 화면은 activity_main.xml이라는 XML 파일에 들어있는데 화면에 보이는 Hello World!라는 글자는 TextView의 text 속성에 들어있습니다.

화면을 만들 때는 단순히 글자를 넣어 표현하는 것만큼이나 버튼도 많이 사용됩니다. 그래서 이번에는 화면에 버튼을 넣는 방법을 알아보겠습니다. activity_main.xml 파일을 더블클릭해서 디자인 화면을 엽니다. 디자인 화면에는 앱의 화면이 두 개로 보입니다. 왼쪽 화면은 눈에 보이는 그대로를 보여주는 '디자인(Design) 화면'이고 오른쪽 화면은 청사진처럼 투명하게 보여주는 '청사진(Blueprint) 화면'입니다. 만약 버튼을 비슷한 위치에 여러 개 가져다 놓으면 아래쪽에 깔린 버튼이 보이지 않을 수 있는데 청사진 화면은 이런 경우에도 구분할 수 있도록 윤곽을 보여줍니다. 화면 위쪽에 있는 여러 아이콘 중에서 Select Design Surface 아이콘( )을 누르면 디자인 화면과 청사진 화면을 선택할 수 있습니다. 대부분은 디자인 화면만으로도 앱 디자인이 가능하므로 Design을 선택합니다.

▲ 디자인 화면과 청사진 화면 중 어떤 것을 보여줄지 선택하는 아이콘

흰색 배경의 디자인 화면만 표시됩니다. 가운데 있는 글자를 선택하면 왼쪽 아래에 보이는 Component Tree 창에서 TextView라는 것이 동시에 선택됩니다. 그리고 오른쪽의 Attributes 창에 선택한 TextView의 속성이 표시됩니다.

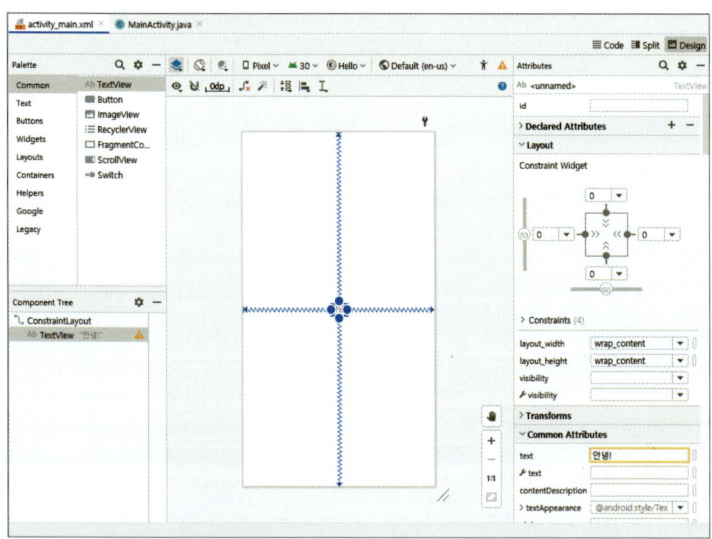

▲ 화면 가운데 있는 글자를 선택했을 때의 상태

화면에 글자를 보여주는 TextView를 화면에서 지운 후 버튼을 추가해 보겠습니다. 먼저 화면 가운데 있는 글자를 선택하고 Delete 를 누릅니다. 그리고 왼쪽 상단의 팔레트(Palette) 창에서 Button을 화면 가운데로 끌어다 놓겠습니다. 버튼을 끌어다 놓기 전에 작업화면 위쪽에 있는 자석 모양 아이콘()을 한 번 눌러주세요. 이 아이콘은 버튼이 위치한 곳의 값을 연결선으로 자동 지정하도록 만들어줍니다.

▲ 자석 모양 아이콘 풀기

화면으로 끌어다 놓는 과정에서 가이드 선이 표시되는데 가로와 세로 가이드 선이 화면 중앙을 가리킬 때 눌렀던 마우스 버튼을 뗍니다.

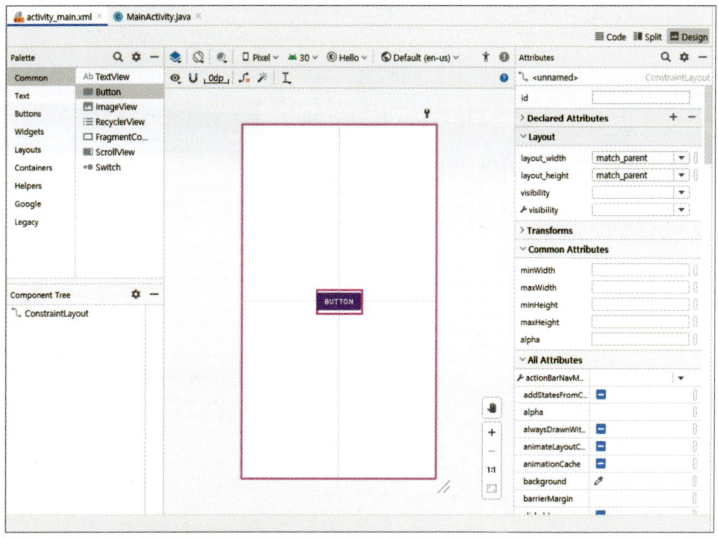

▲ 화면 가운데 있는 버튼을 추가했을 때의 상태

디자인 화면에 보이는 모양은 실제로는 원본 XML 코드를 해석한 것입니다. 디자인 화면의 오른쪽 위에 있는 세 개의 아이콘 중에서 [Code] 아이콘(Code)을 누르면 원본 XML 코드를 볼 수 있습니다. 이 코드를 살펴보면 Button이라는 글자가 들어있는 태그가 추가된 것을 확인할 수 있습니다.

```
activity_main.xml    MainActivity.java                                  Code  Split  Design
1   <?xml version="1.0" encoding="utf-8"?>
2   <androidx.constraintlayout.widget.ConstraintLayout xmlns:android="http
3       xmlns:app="http://schemas.android.com/apk/res-auto"
4       xmlns:tools="http://schemas.android.com/tools"
5       android:layout_width="match_parent"
6       android:layout_height="match_parent"
7       tools:context=".MainActivity">
8
9       <Button
10          android:id="@+id/button"
11          android:layout_width="wrap_content"
12          android:layout_height="wrap_content"
13          android:text="Button"
14          app:layout_constraintBottom_toBottomOf="parent"
15          app:layout_constraintEnd_toEndOf="parent"
16          app:layout_constraintStart_toStartOf="parent"
17          app:layout_constraintTop_toTopOf="parent" />
18  </androidx.constraintlayout.widget.ConstraintLayout>
```

▲ 원본 코드에 추가된 Button 태그

코드가 복잡하게 보이더라도 크게 걱정할 필요는 없습니다. 왜냐하면 화면 대부분은 디자인 화면에서 만들 것이기 때문입니다. 위쪽의 앱 실행 버튼(▶)을 클릭해서 앱을 실행하면 에뮬레이터에 다음과 같은 화면이 나타납니다.

주의 ▶ 에뮬레이터가 실행되었는데 검은 화면만 보인다면 에뮬레이터의 전원이 꺼진 상태일 수도 있습니다. 에뮬레이터 옆에 있는 전원 버튼(⏻)을 눌러보세요.

▲ 버튼을 추가한 후 실행한 화면

'안녕!'이라는 글자가 있던 기존의 TextView를 삭제하고 버튼을 추가했는데, 보이는 모양만 조금 다를 뿐 TextView와 Button이 갖고 있는 속성(Attribute)은 거의 동일합니다. 이것은 Button이 TextView를 약간 수정해서 만든 것이기 때문입니다. 이런 것들을 모두 '**위젯(Widget)**'이라고 부릅니다. 위젯이란 화면에 넣을 수 있는 눈에 보이는 것들을 말하는 데 Button 위젯은 TextView 위젯의 속성을 똑같이 가지고 있습니다. 단지 Button은 TextView 위젯의 속성에 추가적인 속성이 더해진 것뿐입니다. 이 둘 사이의 관계는 다음과 같이 표현할 수 있습니다.

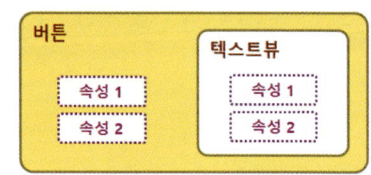

▲ Button 속성과 TextView 속성의 관계

이러한 관계는 다음과 같이 나타낼 수도 있습니다.

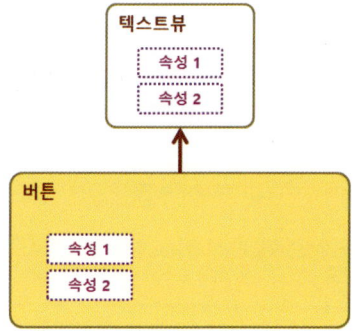

▲ Button과 TextView의 관계

처음 보면 조금 이상하게 보일지 모르겠지만 버튼에서 나온 화살표가 위에 있는 텍스트뷰를 가리키도록 표시해 놓고 '텍스트뷰의 모든 속성을 버튼이 가지고 있다'고 얘기하게 됩니다. 이런 관계를 '<mark>상속(Inheritance)</mark>'이라고 합니다. '부모가 자식에게 재산을 상속한다.'라고 할 때의 상속이라는 말과 같은 뜻이긴 하지만 좀 더 이해하기 쉽게 얘기한다면 새로 태어난 아기가 부모의 유전자를 그대로 받아서 부모와 닮게 되는 것으로 생각할 수 있습니다. 이때 새로 태어난 아기는 부모의 눈, 코, 입이나 성격을 그대로 모두 전달받게 되지만 동시에 약간 다른 점도 가지게 됩니다.

상속이 어떤 것인지는 나중에 자세히 알아보기로 하고 일단 여기서는 텍스트뷰(TextView) 위젯으로 버튼(Button) 위젯이 만들어졌다는 정도만 이해하면 충분합니다.

2 _ 글자의 크기와 색상 바꿔보기

이번에는 버튼에 표시된 글자의 크기와 색상을 바꿔볼까요? 안드로이드 스튜디오에서 [Design] 아이콘(Design)을 눌러서 디자인 화면으로 돌아가면 화면 중앙에 버튼이 보입니다. 이 버튼을 클릭하고 오른쪽 속성 창의 스크롤바를 내려서 All Attributes로 표시된 부분을 누르면 전체 속성이 모두 나타납니다. 아래쪽으로 스크롤을 내리면서 textColor 속성을 찾아봅니다. textColor 속성은 글자의 색상을 설정할 수 있는 속성입니다. 이 속성에는 색상 값을 직접 입력할 수도 있고 입력란 왼쪽에 있는 아이콘을 클릭해서 색상을 선택할 수도 있습니다. 입력란에 #ffff0000을 입력합니다.

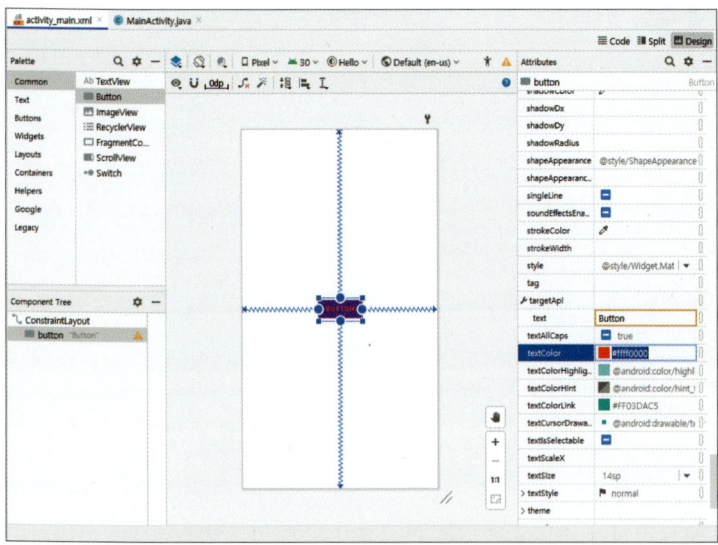

▲ 속성 창의 textColor 속성

text 속성 값을 '안녕, 안드로이드!'로 입력하면 글자와 글자 색상이 모두 바뀌게 됩니다. textColor 속성의 입력란 왼쪽에 컬러 차트 아이콘을 클릭해서 원하는 색상을 선택해봅니다.

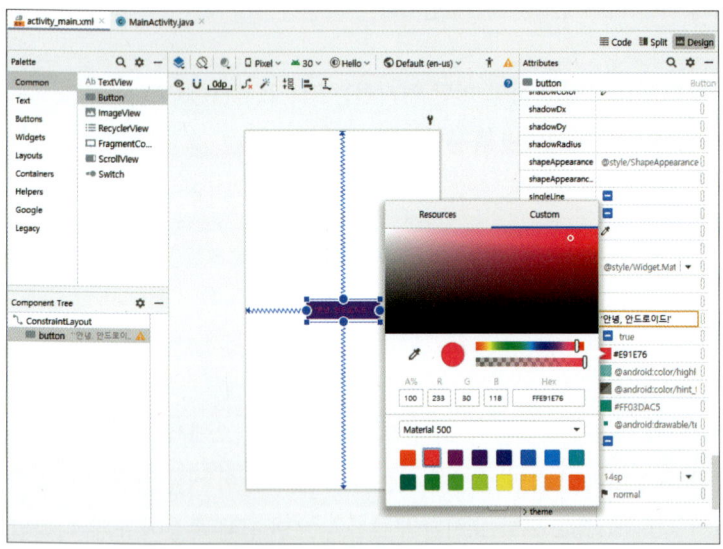

▲ textColor 속성의 아이콘을 눌러 색상 선택하기

이렇듯 디자인 화면에서는 앱 화면에 들어가는 버튼을 선택하여 속성을 바꿀 수 있고, 속성을 바꿀 때마다 화면에서 바로바로 확인할 수 있어서 매우 편리합니다. 그러면 속성 값을 바꿨을 때 XML 코드는 어떻게 바뀌는지 보겠습니다. [Code] 아이콘(≡ Code)을 눌러보면 다음과 같이 XML이 바뀐 것을 알 수 있습니다.

코드 참고 / Hello>/app/res/layout/activity_main.xml

```
<Button
    android:layout_width="wrap_content"
    android:layout_height="wrap_content"

    // 버튼의 글자 속성 값이 바뀜
    android:text="안녕, 안드로이드!"
    // 버튼의 글자색 속성 값이 바뀜
    android:textColor="#ffff0000"

    중략... />
```

[Code] 아이콘을 눌렀을 때 화면에 보이는 내용을 '원본 XML 코드'라고 합니다. 이 원본 XML 코드는 XML 파일에 들어있는 내용을 그대로 보여준 것인데 디자인 화면에서 바꾼 속성 값도 안드로이드 스튜디오에서 자동으로 XML 코드를 수정해 줍니다. 그래서 원본 XML 코드를 수정하지 않았지만 자동으로 속성이 추가된 것을 볼 수 있습니다.

글자의 색상을 바꿀 때 textColor 속성 값으로 넣은 #ffff0000은 XML 코드에서 색상을 지정하는 방법입니다. 흔히 빨강, 녹색, 파랑의 세 가지 색상을 조합하여 원하는 색을 만드는데 각각의 색상은 두 자리의 16진수로 표시됩니다. 즉, 빨강이 ff이고 녹색과 파랑이 모두 00이라하고 했을 때 이 세 가지 값을 모두 이어서 표시하면 ff0000이 됩니다. 이 세 가지가 조합된 색상이 빨강이 되는 방식입니다.

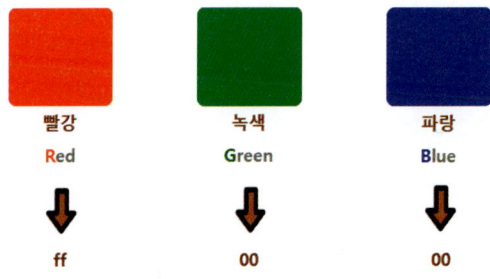

▲ RGB 값으로 글자색 지정하기

색상 값을 지정할 때는 # 기호를 앞에 붙이는데 이 기호와 RGB 색상 값 사이에 알파 값을 추가로 더 붙일 수 있습니다. 알파 값은 투명도를 조절할 때 추가하는 값으로 그 값이 00에 가까워질수록 투명해지고 FF에 가까워질수록 불투명해집니다. 예를 들어, 글자색을 #88ff0000으로 지정했다면 # 기호 뒤에 있는 두 자리의 16진수가 알파 값이 되고 나머지가 RGB 색상 값이 됩니다. 이때 색상은 빨강이지만 추가한 투명도가 00과 FF 사이의 값인 88이기 때문에 중간 정도의 투명도로 표현됩니다. 만약 바탕화면의 색상이 흰색이라면 분홍색처럼 보이게 됩니다.

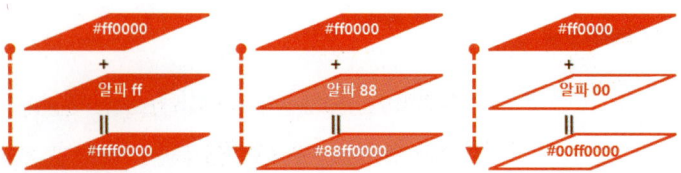

▲ 빨강색에 투명도가 적용될 때의 변화

3 _ 입력상자 추가하기

버튼에 들어있는 글자와 속성을 이것저것 바꿔보았습니다. 이번에는 [Design] 아이콘(Design)을 눌러서 다시 디자인 화면으로 돌아가서 앱 화면에 입력상자를 추가로 넣어보겠습니다. 화면에 추가할 수 있는 위젯들은 왼쪽 팔레트(Palette) 창에서 볼 수 있습니다. 여러 개의 위젯 중에서 Text 그룹을 선택하면 그 안에 포함되어 있는 여러 가지 입력상자 목록을 볼 수 있습니다. Password나 Phone이라는 것을 보면 "아마도 입력하는 글자가 어떤 것이냐에 따라 다른 입력상자를 사용할 수 있나보다."라고 짐작할 수 있습니다. 그 중에서 Plain Text 입력상자를 선택한 후 단말 화면에 있는 버튼의 아래쪽에 끌어다 놓습니다. 가이드 선을 잘 보면서 좌우의 가운데에 위치시킵니다.

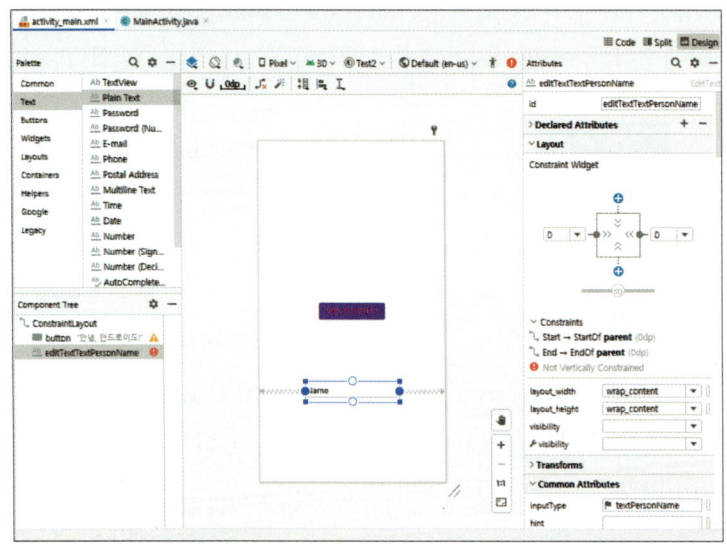

▲ 입력상자를 단말 화면에 끌어다 놓은 후의 모양

주의 ▶ 버튼 색상이 짙은 파란색으로 되어 있습니다. 이 색상은 버튼을 선택한 상태에서 background Tint 속성 창을 클릭해서 수정할 수 있어요.

버튼 아래쪽에 추가한 입력상자는 마우스로 드래그할 때마다 가이드 선이 보이면서 일정한 공간을 갖고 움직입니다. 입력상자의 상하좌우에는 작은 점이 있는데 좌우 점은 파란색으로 채워져 있고 위쪽과 아래쪽에 있는 점은 하얀색으로 비어 있습니다. 화면에 추가되는 모든 것들은 이렇게 위쪽과 아래쪽, 왼쪽과 오른쪽에 점을 가지게 되는데 이것을 '연결점'이라고 부릅니다. 이 연결점은 다른 연결점이나 이 위젯을 포함하고 있는 것의 상하좌우 벽과 연결할 수 있습니다. 입력상자의 좌우 연결점은 이미 입력상자를 담고 있는 화면 전체의 좌우 벽과 연결되어 있기 때문에 파란색으로 채워져 있는 것이고 위쪽과 아래쪽의 연결점은 아직 연결되지 않았기 때문에 하얀색으로 비어 있는 것입니다. 그러면 입력상자 위쪽의 하얀색 연결점을 끌어다가 버튼의 아래쪽에 있는 연결점과 연결합니다. 그리고 입력상자의 아래쪽에 있는 연결점은 화면의 아래쪽 벽과 연결합니다.

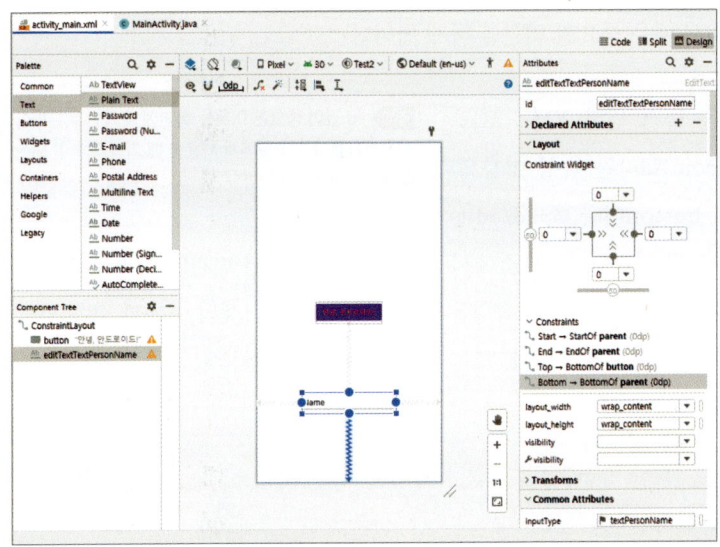

▲ 입력상자의 연결점을 연결하여 위치를 잡은 모양

입력상자를 담고 있는 것을 '레이아웃(Layout)'이라고 부르는데 일종의 그릇과 같습니다. 레이아웃은 화면에 보이지는 않지만 다른 위젯이나 또 다른 레이아웃을 담을 수 있습니다. 눈에 보이지 않으므로 디자인 화면의 왼쪽 아래에 있는 Component Tree 창에서 확인할 수 있습니다. Component Tree 창을 보면 button이라고 표시된 버튼이나 editText라고 표시된 입력상자는 ConstraintLayout 안에 들어있습니다. 레이아웃은 여러 종류가 있는데 그 중에 ConstraintLayout이 화면을 꽉 채우는 최상위 레이아웃이라는 것을 알 수 있습니다. 화면에 추가된 버튼이나 입력상자는 자신을 포함하고 있는 레이아웃을 '부모 레이아웃'이라고 부를 수 있습니다.

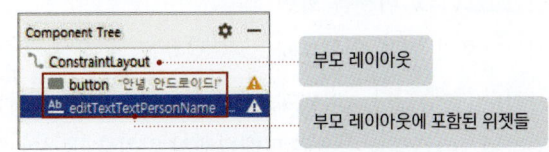

이렇게 입력상자의 연결점을 버튼의 연결점이나 부모 레이아웃의 벽과 연결하면 연결선이 생기는데 이 연결선은 입력상자의 위치를 결정하는 데 사용됩니다. 예를 들어, 왼쪽과 오른쪽의 연결선을 만들면 위젯은 그 중간에 자리를 잡습니다. 만약 왼쪽만 연결하면 왼쪽 벽에 붙습니다. 여기에서 주의할 점은 연결선이 충분하게 만들어져 있지 않으면 오류가 발생한다는 것입니다. 예를 들어, 네 개의 연결점 중에서 위쪽 연결점만 연결하면 이 입력상자가 좌우 공간의 어디에 위치해야 할지 알 수 없기 때문에 오류가 발생합니다.

다시 입력상자를 선택하면 오른쪽 속성 창에서 가장 위쪽에서 id 속성을 볼 수 있습니다. 이 속성은 입력상자를 추가하기 전에 있었던 버튼에도 추가되어 있습니다. 버튼의 id 속성 값은 button으로 되어 있고 입력상자의 id 속성 값은 editTextTextPersonName로 되어 있습니다. 이 속성 값은 자동으로 붙은 것인데, 앞으로 배울 내용에서 매우 중요한 역할을 하게 됩니다.

디자인 화면의 [Code] 아이콘을 눌러 원본 XML 코드를 살펴보면 이 id 속성이 android:id라는 속성 이름으로 들어있고 그 값은 모두 @+id/button이나 @+id/edit TextTextPersonName 형태를 띠고 있습니다. 이 값에서 @+id/ 부분을 빼면 디자인 화면에서 버튼의 id 속성 값인 button과 같습니다. 그리고 @+id 속성은 태그로 추가되는 위젯의 이름과 같은 역할을 하면서 동시에 다른 위젯에서 참조할 수 있습니다.

> **주의** id 값이 중요한 이유는 화면에 추가한 버튼이나 입력상자를 소스코드에서 사용할 때 가장 기본이 되는 구분자이기 때문입니다.

[Design] 아이콘을 눌러서 다시 디자인 화면으로 전환하세요. 이제 글자와 입력상자, 버튼을 넣어 조금 더 실제 화면처럼 보이는 로그인 화면을 만들어보겠습니다. 화면에 넣은 버튼과 입력상자를 선택하여 Delete 를 눌러서 모두 삭제한 다음 왼쪽의 팔레트에서 TextView 위젯을 화면 레이아웃의 왼쪽 윗부분에 끌어다 놓습니다. 화면에

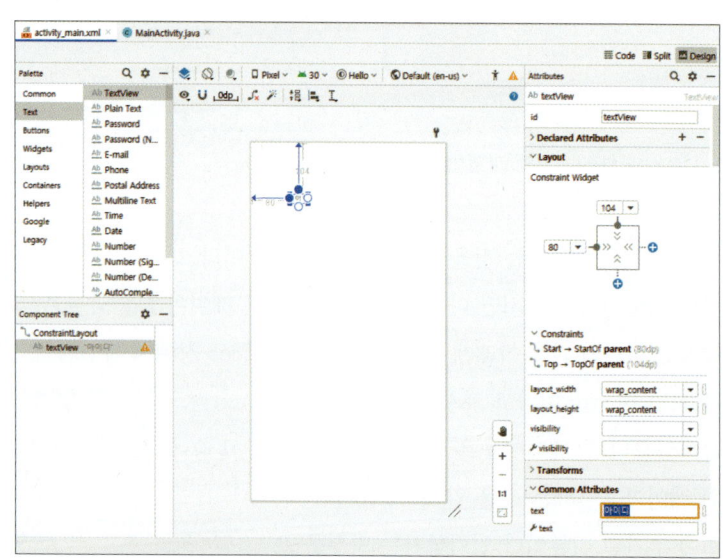

▲ TextView 위젯을 화면에 끌어다 놓은 모양

추가된 TextView 위젯은 드래그해서 위치를 변경할 수 있습니다. 오른쪽과 아래쪽 방향으로 약간 끌어다 놓은 후 text 속성의 값을 '아이디'로 변경합니다.

이번에는 입력상자 위젯인 Plain Text 위젯을 끌어다 첫 번째 TextView 위젯의 오른쪽에 놓습니다. 그리고 입력상자의 왼쪽 연결점을 TextView 위젯 오른쪽에 있는 연결점과 연결합니다. 위쪽의 연결점은 부모 레이아웃의 위쪽 벽과 연결합니다. 입력상자가 위쪽 벽에 붙으면 아래쪽으로 끌어다가 TextView 위젯 오른쪽에 배치하세요.

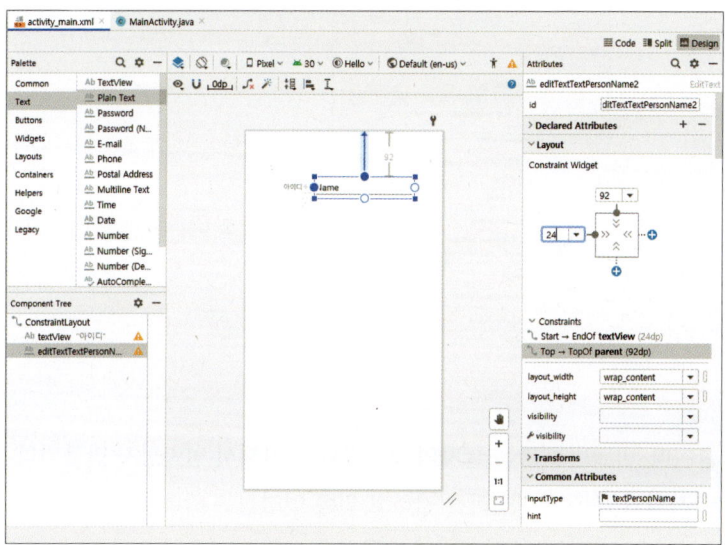

▲ 입력상자를 텍스트뷰의 오른쪽에 배치한 모양

이렇게 텍스트뷰 위젯과 입력상자 위젯을 잘 맞춰서 배치하면 하나의 제목과 입력상자가 나란히 위치하게 됩니다. 입력상자에는 Name이라는 글자가 자동으로 입력되어 있습니다. 오른쪽 속성 창에서 text 속성을 찾아서 글자를 삭제합니다.

다시 팔레트에서 TextView 위젯 하나를 끌어다가 아이디라는 텍스트뷰 아래쪽에 추가합니다. 이 위젯의 왼쪽 연결점은 부모 레이아웃의 왼쪽 벽과 연결하고 위쪽 연결점은 텍스트뷰의 아래쪽 연결점과 연결합니다. 두 개의 연결선이 만들어졌다면 텍스트뷰를 끌어다 적당한 위치에 놓고 text 속성 값을 찾아 '비밀번호'로 수정합니다.

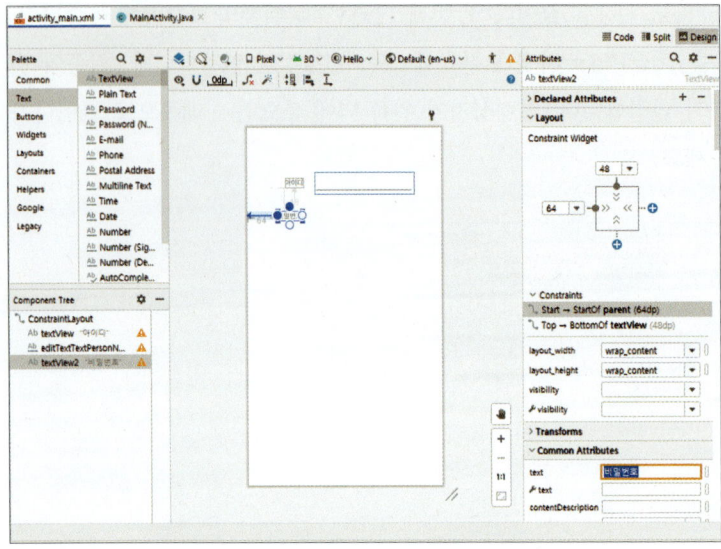

▲ 텍스트뷰 아래쪽에 다른 텍스트뷰를 추가

팔레트에서 Plain Text 위젯을 끌어다 '비밀번호'라는 글자의 오른쪽에 추가해서 입력상자 만듭니다. 그리고 왼쪽 연결점은 비밀번호 글자의 오른쪽 연결점과 연결하고 위쪽 연결점은 위쪽에 있는 입력상자의 아래쪽 연결점과 연결합니다. 두 개의 연결점이 연결되면 적당한 위치를 잡아줍니다. 입력상자의 text 속성 값은 삭제합니다.

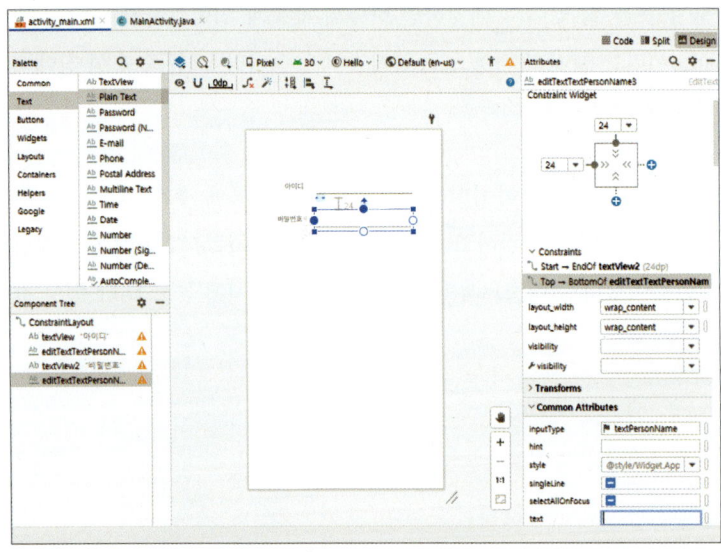

▲ 비밀번호 오른쪽에 입력상자를 추가

이제 로그인 버튼을 추가합니다. 로그인 버튼은 입력상자의 오른쪽이나 아래쪽에 넣으면 됩니다. 여기서는 입력상자가 가로 공간을 많이 차지하기 때문에 아래쪽에 배치하겠습니다. 팔레트에서 버튼을 끌어다가 두 번째 입력상자의 아래쪽 가운데에 추가합니다. 그리고 위쪽의 연결점은 두 번째 입력상자의 아래쪽 연결점과 연결한 후 위치를 적당히 떨어뜨립니다. 버튼의 text 속성 값은 '로그인'으로 수정하여 로그인 글자가 표시되도록 합니다.

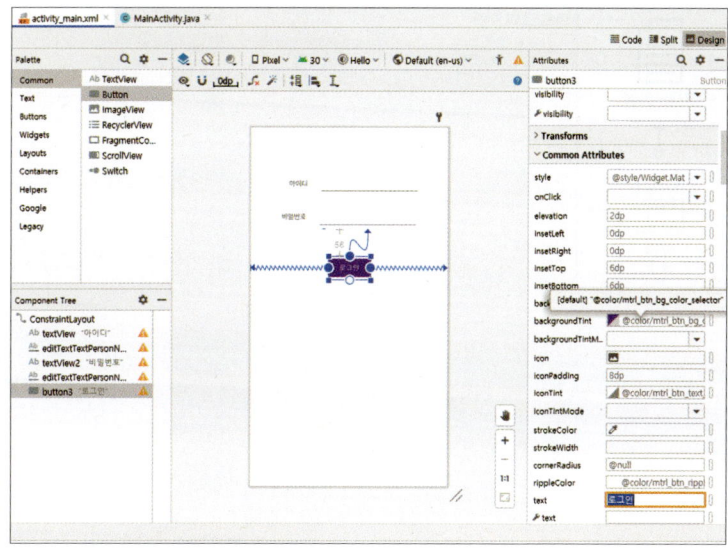

▲ 로그인 버튼을 배치한 모양

위쪽의 앱 실행 버튼(▶)을 클릭해서 앱을 실행하면 에뮬레이터에 다음과 같은 화면이 나타납니다. 입력상자에 글을 입력할 수 있는 기본적인 로그인 화면이 만들어졌습니다.

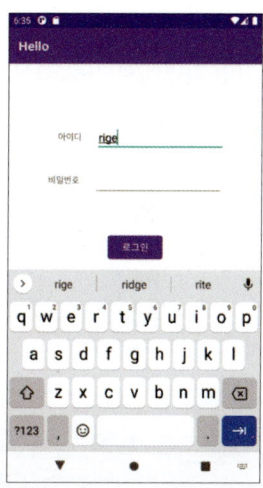

▲ 기본적인 로그인 화면

이렇게 실제 사용할 수 있는 화면을 만들어보니 어떤가요? 자바 코드는 하나도 사용하지 않았는데 앱을 실행했을 때 로그인 화면이 보인다는 사실이 놀랍지 않나요? 만약 웹페이지를 만들어본 경험이 있

둘째마당 | 앱 화면을 만들면서 자바를 하나씩 알아가기   101

다면 지금 만든 화면이 웹 화면을 만들 때와 비슷하다고 생각할 것입니다. 그 이유는 안드로이드 앱의 화면을 만들 때도 웹페이지를 만들 때처럼 화면에 보이는 부분은 소스코드가 아닌 XML이나 HTML 코드로 만들어지기 때문입니다.

결국 자바 소스코드에 대해서 잘 몰라도 화면을 먼저 만들어볼 수 있습니다.

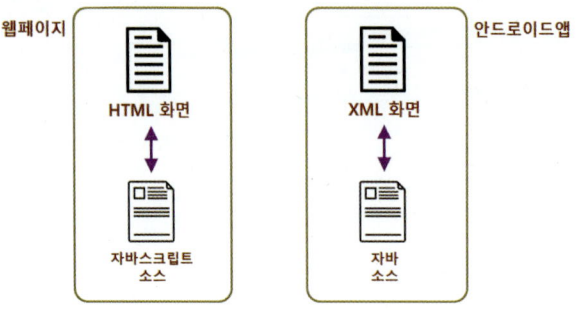

▲ 소스코드와 화면의 분리

4 _ 화면 배치 방법 바꿔보기

자바 소스코드를 잘 몰라도 화면을 만들 수 있게 되었습니다. 이 기회에 화면을 조금 더 만들어보겠습니다. 이번에는 화면을 배치하는 방법을 바꿔서 새로운 방식으로 위젯을 추가해 보겠습니다. 먼저 디자인 화면에서 가장 최상위에 있는 레이아웃을 ConstraintLayout에서 LinearLayout으로 바꿔봅니다. 이렇게 수정하는 이유는 이번에 진행하는 과정을 잘 마무리하면 자연스럽게 알게 됩니다.

먼저 화면에 추가했던 위젯들을 모두 삭제합니다. 디자인 화면의 왼쪽 하단에 있는 Component Tree 창에서 삭제하면 쉽습니다. 가장 위쪽에 있는 ConstraintLayout을 제외한 나머지 위젯을 모두 선택한 후 Delete 를 눌러 삭제합니다. 그리고 ConstraintLayout을 선택한 상태에서 마우스 오른쪽 버튼을 누릅니다. 팝업 메뉴가 보이면 [Convert view...] 메뉴를 선택합니다.

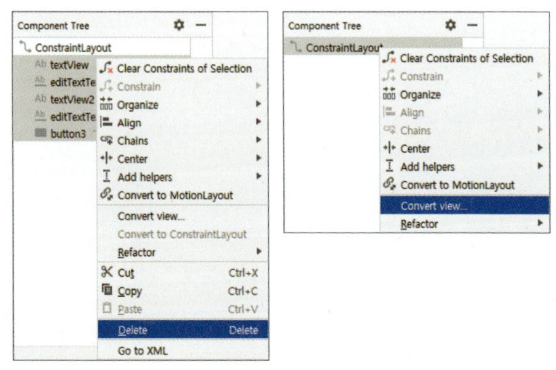

▲ 위젯을 모두 삭제한 후 최상위 레이아웃 변경

이 메뉴는 화면 전체를 구성하는 최상위 레이아웃을 바꾸는 데 사용됩니다. 대화상자가 보이면 LinearLayout을 선택하고 [Apply]를 누릅니다.

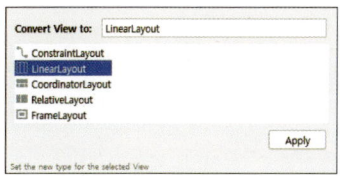

▲ 리니어 레이아웃(LinearLayout)을 선택한 화면

LinearLayout으로 변경되면 Component Tree 창의 가장 위쪽에 있는 최상위 레이아웃이 Linear Layout으로 바뀝니다. LinearLayout을 선택한 후 오른쪽 속성 창에서 orientation 속성을 찾아 값을 vertical로 변경합니다.

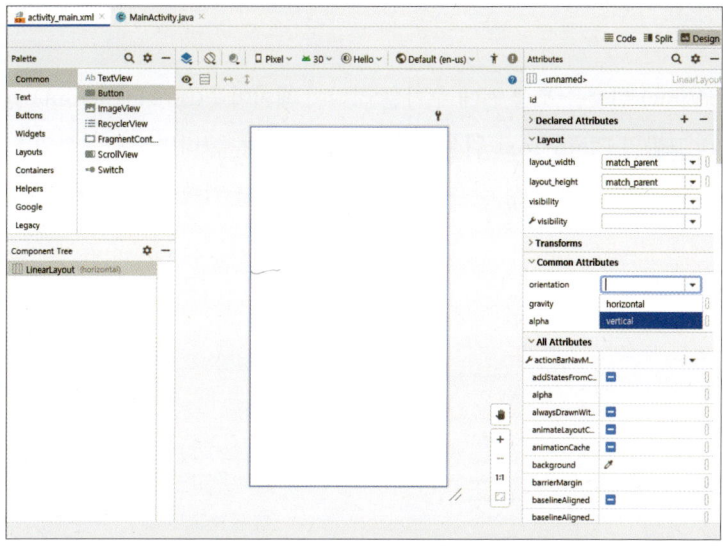

▲ 리니어 레이아웃(LinearLayout)의 orientation 속성 변경

이제 이 안에 다시 다른 위젯들을 담을 수 있는 새로운 레이아웃을 추가합니다. 왼쪽 상단의 [팔레트] 창에서 Layouts 그룹을 선택한 후 그 안에 있는 LinearLayout (horizontal)을 화면에 끌어다 놓습니다.

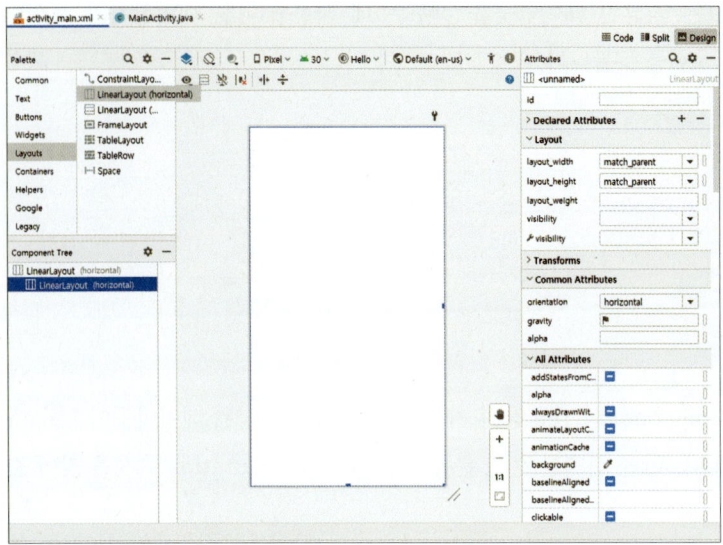

▲ Layouts 그룹의 LinearLayout (horizontal)을 끌어다 놓은 모양

Common 그룹의 텍스트뷰(TextView) 위젯을 조금 전에 추가한 리니어 레이아웃(LinearLayout) 안에 끌어다 놓습니다. 그리고 Text 그룹의 Plain Text 위젯도 끌어다 놓습니다. 그러면 텍스트뷰와 입력상자가 나란히 추가됩니다. 텍스트뷰의 text 속성 값은 '아이디'로 변경하고 입력상자의 text 속성 값은 삭제합니다.

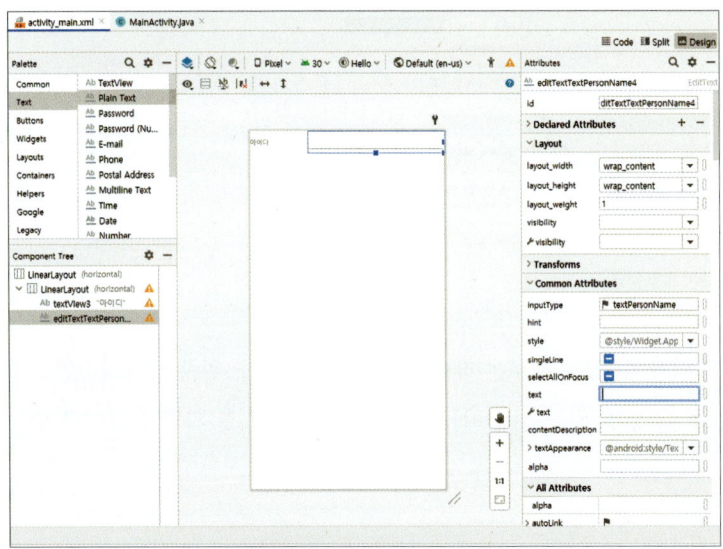

▲ 추가했던 LinearLayout 안에 텍스트뷰와 입력상자를 추가한 모양

> **정박사님 궁금해요** 위젯을 추가할 때 Component Tree 창을 활용하세요!
>
> 만약 디자인 화면에서 추가한 위젯의 위치를 구분하는 게 어렵다면 왼쪽 하단에 있는 Component Tree 창을 보면서 작업하는 것이 좋습니다. 그리고 팔레트에서 위젯을 끌어다 놓을 때도 Component Tree 창으로 끌어다 놓는 것이 더 쉬울 수 있습니다. Component Tree 창 안에서는 화면에 추가한 위젯들이 트리 형태로 보이는데 가장 위쪽에 있는 LinearLayout 안에 추가되어 있는 LinearLayout을 선택하면 해당 리니어 레이아웃이 차지하는 영역이 디자인 화면에서 파란색 테두리로 표시됩니다.

다시 한 번 LinearLayout (horizontal)을 추가한 후 그 안에 TextView와 Plain Text 위젯을 끌어다 놓는 과정을 반복해서 아래쪽에 비밀번호를 입력할 수 있는 텍스트 뷰와 입력상자를 추가합니다.

> **주의** 디자인 화면으로 레이아웃을 끌어다 놓으면 최상위 레이아웃 바로 아래에 LinearLayout이 들어가지 않을 수도 있습니다. 이때 Component Tree 창으로 레이아웃과 위젯을 끌어서 넣어보세요.

그런데 이렇게 Component Tree 창 쪽으로 잘 끌어다 놓아도 디자인 화면에서는 새로 추가한 텍스트뷰와 입력상자가 보이지 않습니다. 그 이유는 처음에 추가했던 리니어 레이아웃이 화면 전체를 차지하고 있어서 그 다음 추가한 것이 보일 공간이 없기 때문입니다. Component Tree 창에서 처음에 추가했던 리니어 레이아웃을 선택하고 오른쪽 속성 창에서 layout_height 속성을 찾아 wrap_content로 변경합니다.

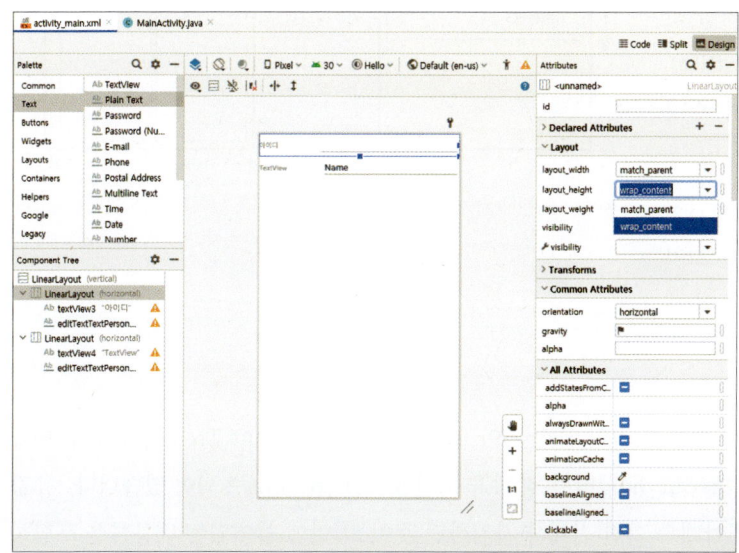

◀ 비밀번호 입력을 위한 텍스트뷰와 입력상자를 추가한 후의 모양

Component Tree 창을 보면 두 개의 LinearLayout이 나란히 추가되어 있고 그 안에 각각 텍스트뷰와 입력상자가 하나씩 들어있습니다. 두 번째 추가한 텍스트뷰의 글자는 '비밀번호'로 변경하고 입력상자에 들어있는 글자는 삭제합니다.

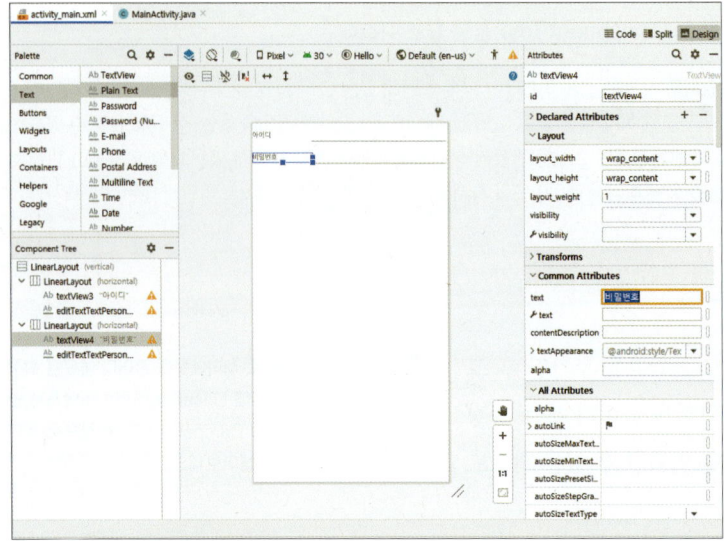

▲ 두 번째 추가한 텍스트뷰와 입력상자의 글자를 변경

'리니어 레이아웃(LinearLayout)'은 일정한 방향으로 위젯들을 배치할 수 있습니다. 따라서 가장 중요한 속성 중 하나가 바로 가로 방향으로 추가할 것인지 또는 세로 방향으로 추가할 것인지를 결정하는 '방향(Orientation)' 속성입니다. 방향 속성의 값이 수평 방향을 의미하는 horizontal이면 수평 방향인 오른쪽으로 위젯이 채워지며, 수직 방향을 의미하는 vertical이면 수직 방향인 아래쪽으로 위젯이 채워집니다.

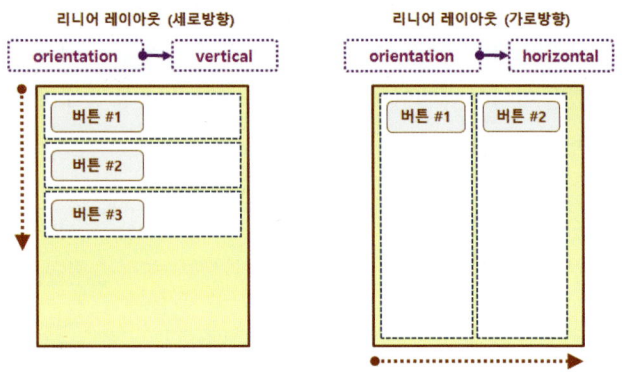

▲ 리니어 레이아웃에서 방향을 고려해서 배치하기

리니어 레이아웃의 속성 중에서 중요한 것이 아직 남아 있습니다. Component Tree 창에서 두 번째 LinearLayout을 선택한 다음 layout_height 속성 값을 보면 match_parent로 되어 있습니다. 이 값을 wrap_content로 변경하면 아래쪽 화면 전체를 차지하던 것이 그 안에 들어있는 내용물을 포함하는 공간만 차지하도록 바뀌는 것을 확인할 수 있습니다.

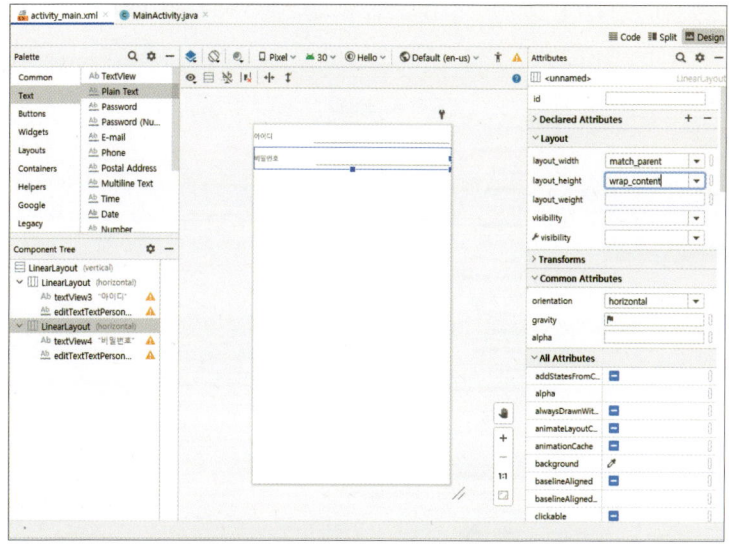

▲ LinearLayout에서 layout_height 속성 값 바꾸기

match_parent와 wrap_content 값은 가로 크기나 세로 크기를 정하는 속성 값으로 사용될 수 있습니다. layout_width나 layout_height 속성 값이 숫자가 아닌 경우에는 미리 정해진 값을 넣도록 되어 있습니다. 그 중에 wrap_content는 그 안에 들어있는 내용물인 위젯들의 크기에 맞춰 공간의 크기를 정하라는 의미이며, match_parent는 부모 레이아웃의 여유 공간을 모두 채우라는 의미입니다.

이제 마지막으로 팔레트 창에서 버튼을 끌어다가 Component Tree 창에 넣으세요. 이때 추가하는 버튼은 최상위에 있는 리니어 레이아웃에 추가합니다.

> **주의** 최상위 레이아웃 안에 추가되어 있는 두 개의 리니어 레이아웃 안에 버튼이 추가되지 않도록 조심해야 합니다.

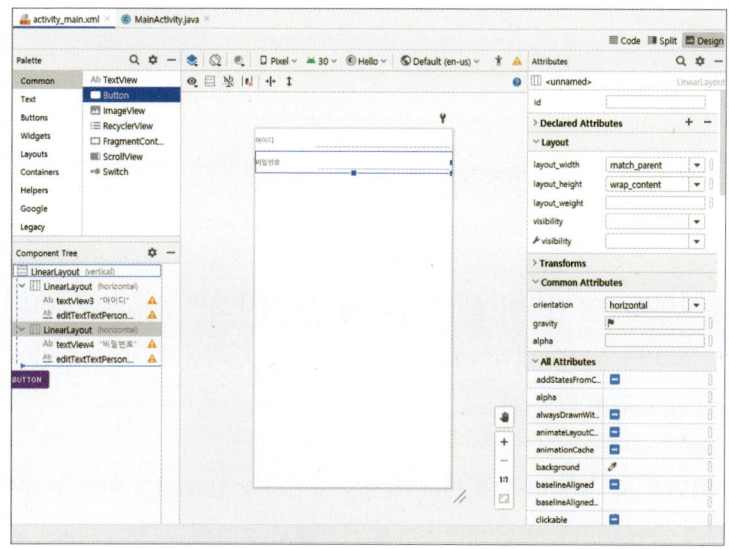

◀ Component Tree 창에 버튼을 추가

버튼의 text 속성 값은 '로그인'으로 변경합니다.

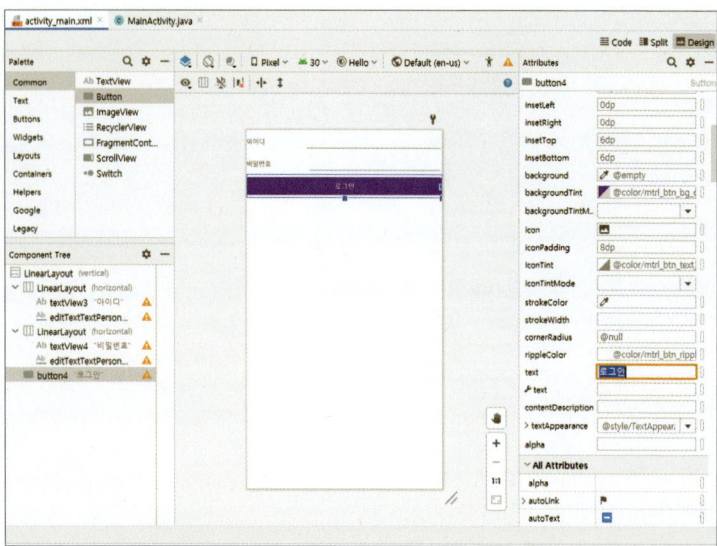

▲ [로그인] 버튼을 추가한 모양

앱 실행 버튼(▶)을 눌러 앱을 실행해서 에뮬레이터로 결과를 확인해보세요.

지금까지 리니어 레이아웃으로 로그인 화면을 만들어 보았습니다. 이 과정에서 화면 전체를 차지하는 최상위 레이아웃을 ConstraintLayout에서 다른 레이아웃으로 바꿀 수도 있고, 최상위 레이아웃 안에 다른 레이아웃을 추가할 수 있다는 것도 알게 되었습니다.

이제 어떤 레이아웃을 사용해서 화면을 배치하더라도 화면에 위젯을 끌어다 놓고 속성을 변경하면서 화면을 구성할 수 있다는 것을 알게 되었습니다. 또는 마우스만을 사용해서 화면을 구성하는 것이 조금 불편할 수도 있고, 오히려 시간이 많이 걸릴 수 있겠다는 것도 느낄 수 있습니다. 실제로 실무 앱을 만드는 단계에서는 [Code] 아이콘을 눌러서 보이는 원본 XML을 직접 수정하는 경우도 많습니다. 따라서 나중에는 원본 XML 코드를 입력하면서 직접 화면을 구성하는 방법도 살펴보게 될 것입니다.

5 _ 버튼에 클릭 속성을 넣어 간단하게 동작시키기

간단한 로그인 화면을 만들어 보았으니 화면을 만드는 일은 점점 자신감이 생기고 있을 것 같습니다. 그러면 좀 더 자신감이 생기도록 [로그인] 버튼에 기능을 넣어보겠습니다. 실제로 흔히 볼 수 있는 앱들은 단순히 버튼 위에 글자만 입힌 것이 아니라 버튼을 눌렀을 때 사용자가 무언가를 실행할 수 있게 합니다. 그러면 어떻게 해야 이 버튼을 눌렀을 때 무언가 동작하게 될까요?

디자인 화면에서 버튼을 선택한 후 속성 창에서 onClick 속성을 찾아 그 값으로 onButton1Clicked을 입력합니다.

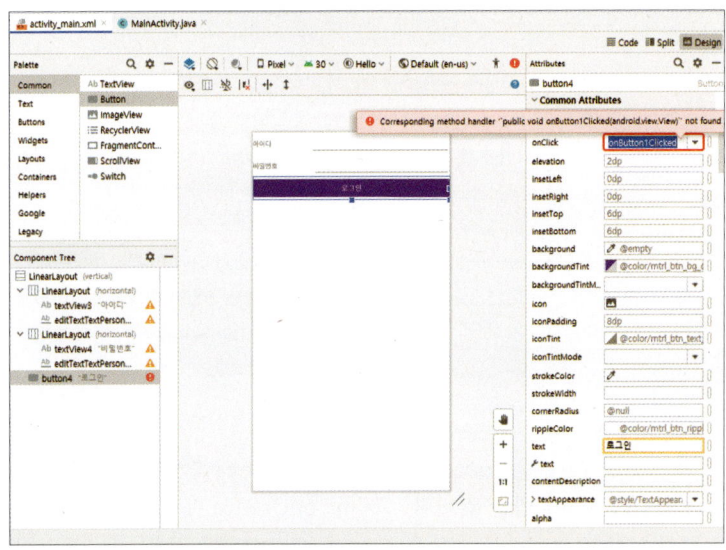

▲ 버튼의 onClick 속성 값을 입력하는 화면

입력한 속성 이름인 onClick이 의미하는 것처럼 버튼을 클릭하면 이제부터 onButton1Clicked라는 것이 동작하게 됩니다. 아직은 onButton1Clicked라는 것이 만들어져 있지 않기 때문에 빨간색으로 오류가 표시됩니다.

그럼 onButton1Clicked는 어디에 어떻게 만들어야 하는 걸까요? 이 입력 값은 여러분들이 직접 자바 소스코드로 만들어야 합니다. 입력한 이름 그대로 만들어야 하며 app/java 폴더의 패키지 폴더 안에 있는 MainActivity.java 파일을 열고 그 안에 입력해야 합니다. 이때 소스코드를 직접 입력하기 전에 먼저 설정할 것이 있습니다. 다음 팁 내용을 꼼꼼히 확인해 보세요.

> **정박사님 궁금해요**   **소스코드를 입력하기 전에 먼저 해야 할 환경 설정 변경!**
>
> [File → Settings] 메뉴를 눌러서 왼쪽 메뉴 중 [Editor → General → Auto Import]를 선택합니다. 오른쪽에 내용이 보이면 체크 박스를 모두 체크한 후 [OK]를 누릅니다.

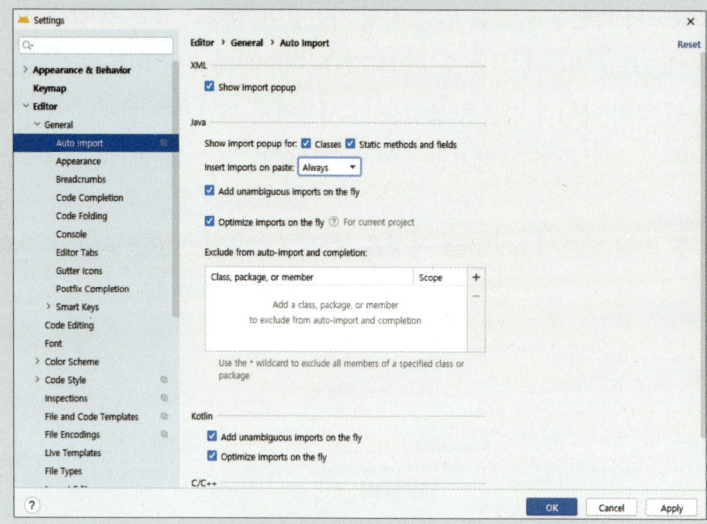

▲ 환경 설정에서 Auto Import 옵션 체크하기

이렇게 설정을 바꿔주는 이유는 자바 소스코드를 입력할 때 import 구문이 자동으로 들어가도록 하기 위함입니다. 자바는 다른 패키지에 들어있는 것들을 사용하고 싶을 때 import로 시작하는 구문을 사용해야 하는데 이것을 일일이 입력하지 않아도 안드로이드 스튜디오가 자동으로 입력하도록 만드는 설정입니다. 만약 이 설정을 변경하지 않는다면 소스코드 입력 시에 오류가 계속 표시될 수 있으니 반드시 변경해주세요.

소스코드를 변경하기 위해 [MainActivity.java] 탭을 엽니다. 그리고 onCreate 메서드로 시작하는 코드에서 중괄호가 시작했다가 끝나는 부분 아래쪽에 다음과 같이 코드를 입력합니다.

코드 참고 / Hello>/app/java/com/example/hello/MainActivity.java

```java
public class MainActivity extends AppCompatActivity {

    @Override
    protected void onCreate(Bundle savedInstanceState) {
```

```
        super.onCreate(savedInstanceState);
        setContentView(R.layout.activity_main);
    }

    public void onButton1Clicked(View v) {

    }
}
```

버튼을 클릭했을 때 이 코드가 실행됩니다. 추가한 코드가 실행되면 화면에 간단한 메시지를 띄워주는 '토스트'라는 것을 만들어 보여줄 것입니다. 새로 추가한 코드의 중괄호 안에 다음과 같이 한 줄을 더 입력합니다.

> **주의** 대소문자 구분과 띄어쓰기 그리고 콤마(,)와 세미콜론(;) 입력에 유의하면서 입력합니다.

코드 참고 / Hello>/app/java/com/example/hello/MainActivity.java

```
중략...

    public void onButton1Clicked(View v) {
        Toast.makeText(this, "버튼이 눌렸습니다.", Toast.LENGTH_LONG).show();
    }
}
```

이렇게 세 줄의 코드만 입력한 후 에뮬레이터로 앱을 실행해보세요. 화면에 있는 [로그인] 버튼을 누르면 다음과 같이 화면 아래쪽에 잠깐 동안 메시지가 보였다 사라질 것입니다.

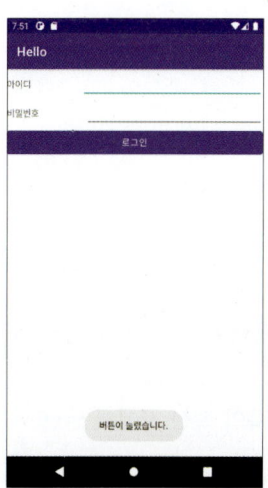

▲ 버튼을 클릭했을 때 보이는 메시지

화면에 글자만 보여주다가 버튼을 눌렀을 때 동작하는 기능까지 추가해 보았으니 이제 정말 프로그램을 만드는 것처럼 느껴질 것입니다. 지금까지 했던 작업을 돌이켜보면 두 가지밖에 없습니다. 첫 번째는 XML 레이아웃 파일인 activity_main.xml 파일의 화면에 있는 버튼에 onClick 속성 값을 넣어준 것이고, 두 번째는 MainActivity.java 라는 소스 파일에 onClick 속성 값으로 넣어준 이름과 똑같은 이름을 가진 한 개의 메서드를 세 줄로 입력한 것입니다.

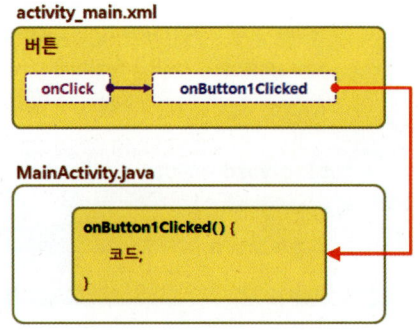

▲ 버튼을 클릭했을 때 기능이 동작하도록 하는 과정

이렇게 보면 버튼을 눌렀을 때 어떤 기능이 동작하도록 만드는 것이 그리 어렵지 않아 보입니다. 이렇게 간단하게 할 수 있는 이유는 안드로이드 스튜디오에서 화면을 만들 때 넣어준 버튼의 onClick 속성과 코드에 넣어준 onButton1Clicked라는 메서드를 알아서 연결시켜주기 때문입니다. 이 책에서는 버튼에 어떤 기능을 넣고 싶을 때 비슷한 방법을 많이 사용할 것입니다.

6 _ 화면의 버튼을 소스코드에서 찾기

버튼에 기능을 넣으려면 버튼에 onClick 속성 값을 넣어주고 그 속성 값과 똑같은 이름의 메서드를 자바 코드로 넣어주면 된다고 했습니다. 사실 이 둘 사이를 연결해주는 과정은 원래 자바 코드로 직접 입력해야 합니다. 여기서는 이 둘 사이를 연결하는 과정을 어떻게 직접 할 수 있는지 알아보겠습니다.

> **정박사님 궁금해요** 버튼과 메서드와 사이의 연결 고리를 만드는 방법도 알아야 하나요?
>
> 이것을 알아보는 이유는 버튼과 버튼을 눌렀을 때 동작하는 메서드 사이의 연결 고리를 어떻게 만드는지를 이해하는 것이 중요하기 때문입니다. 안드로이드에서는 화면과 코드가 분리되어 있기 때문에 위젯은 XML 레이아웃에 넣어두고 위젯이 동작할 때 필요한 코드는 자바 소스코드에 넣어둡니다. 이 때문에 이 둘 사이를 어떻게 연결해야 하는지 기본적으로 이해하는 것이 중요합니다.

버튼과 버튼을 눌렀을 때 동작하는 메서드를 직접 연결해주는 방법을 알아보기 위해 화면에 버튼을 하나 더 추가하고 표시되는 글자를 '도움말'로 바꿉니다. 버튼을 선택하고 오른쪽의 속성 창에서 text 속성을 찾아 그 값을 '도움말'로 입력하면 됩니다.

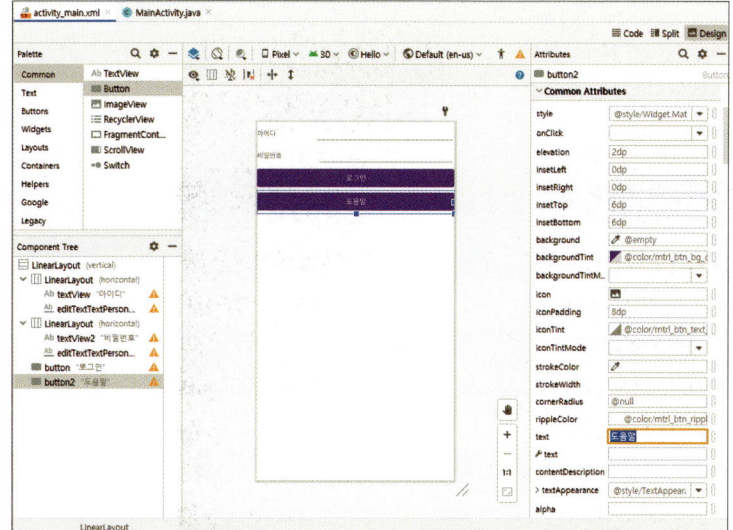

▲ 화면에 버튼을 하나 더 추가하기

주의 ▶ 지금까지 Hello 프로젝트를 이어서 만들었기 때문에 버튼이나 텍스트 뷰 등의 id 속성 값이 button4, button5처럼 순서대로 번호가 만들어졌습니다.

* 여기서부터는 코드를 수정하게 되니 왼쪽 속성 창에서 id 속성 값을 다시 순서대로 수정하세요.

새로 추가한 버튼의 id 속성 값이 button2라는 것을 확인할 수 있습니다. XML 원본 코드에서는 속성 값이 @+id/button2라고 표시되지만 디자인 화면에서는 id 속성 입력란에 button2만 표시합니다. 따라서 원래의 id 속성 값 중에서 @+id/ 뒤에 나오는 값이 버튼의 이름 역할을 하는 id라고 할 수 있습니다. 화면을 만들고 버튼을 그 안에 넣으면 버튼의 속성들 중에서 id 속성 값인 button2가 이 버튼의 이름 역할을 한다는 것을 앞에서 설명했으니 이 내용은 어느 정도 이해할 수 있을 것입니다. 그러면 이 버튼의 id 값을 잘 기억한 후 MainActivity.java 소스 파일을 열어보겠습니다.

[MainActivity.java] 탭을 눌러보면 public class MainActivity로 시작하는 부분이 있습니다. class가 보이면 클래스라는 자루처럼 생각하면 된다고 했던 내용이 기억나죠? 그 안에는 소괄호를 가지고 있는 onCreate 메서드를 확인할 수 있습니다. onCreate 메서드 안을 보면 두 줄의 코드가 들어있는데 그 중 첫 번째 코드 아래에 다음과 같이 코드를 입력합니다.

코드 참고 / Hello)/app/res/layout/activity_main.xml

```
중략...

    @Override
    protected void onCreate(Bundle savedInstanceState) {
        super.onCreate(savedInstanceState);
        setContentView(R.layout.activity_main);

        // onCreate 메서드 안에 코드 추가
```

```
        findViewById(R.id.button2);
    }

    public void onButton1Clicked(View v) {
        Toast.makeText(this, "버튼이 눌렸습니다.", Toast.LENGTH_LONG).show();
    }
}
```

화면 모양을 만들기 위해 작성한 XML 레이아웃 파일은 setContentView라는 메서드로 화면에 설정할 수 있으며 setContentView 메서드의 소괄호 안에 들어있는 R.layout.activity_main은 실제로는 프로젝트 안에 들어있는 [app → res → layout → activity_main.xml] 파일을 가리키는 것임을 이미 알고 있습니다. 이와 비슷하게 R.id.button2라는 것도 화면에 추가된 위젯의 id를 가리킵니다. button2라는 id 값은 activity_main.xml 파일 안에 들어있던 버튼의 id이며 R.id.button2라는 코드를 이용해 그 버튼을 가리킬 수 있습니다. 그리고 어떤 XML 레이아웃 파일을 화면에 설정하고 나면 그 화면 안에 들어있는 위젯은 findViewById 메서드로 찾아낼 수 있습니다. 여기서 findViewById 메서드는 말 그대로 id로 버튼을 찾기 위해 사용합니다. 그런데 왜 XML 파일에 추가한 버튼을 다시 찾는 과정이 필요한 것일까요?

안드로이드에서는 화면에 보이는 각각의 구성 요소들을 '뷰(View)'라고 부릅니다. 따라서 위젯이라고 불렀던 버튼도 뷰라고 할 수 있습니다. 그런데 ConstraintLayout(이것을 우리말로 '제약 레이아웃'이라고 부를 수 있습니다)이나 LinearLayout처럼 위젯을 담고 있던 것들을 레이아웃이라고 하면서 동시에 뷰라고도 합니다. 즉, 우리가 눈으로 구분할 수 있는 버튼이나 입력상자 이외에도 눈에 보이지 않지만 화면 배치를 위해 추가하는 레이아웃도 뷰라고 부르게 됩니다. 화면을 만들 때 필요한 모든 것을 뷰라고 부르다 보니 눈에 보이지 않는 레이아웃과 눈에 보이는 버튼을 구분하기 위해 눈에 보이는 것들을 따로 '위젯(Widget)'이라고 부릅니다. 이런 내용을 그림으로 표시하면 다음과 같습니다.

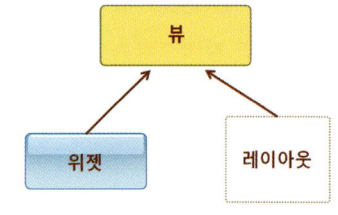

▲ 뷰, 위젯 그리고 레이아웃

간단하게 말하면, 앱에서 화면에 보이는 각각의 구성 요소는 뷰이고, 그 뷰들 중에서 다른 뷰를 담을 수 있는 것을 레이아웃, 그리고 그 안에 들어가면서 독립적으로 동작할 수 있는 것을 위젯이라고 정의할 수 있습니다. 레이아웃처럼 뷰를 담을 수 있는 것들을 '뷰그룹(ViewGroup)'이라고 하는데 말 그대로 뷰를 그룹으로 묶어 가지고 있을 수 있다는 것을 의미합니다. 레이아웃은 그 뷰들을 화면에 배치하는 기능을 포함하고 있습니다. 위의 그림을 보면 위젯이나 레이아웃이 모두 뷰쪽으로 화살표가 그려져 있으니 위젯과 레이아웃 모두 뷰의 속성을 그대로 물려받아 가지고 있다는 것을 알 수 있습니다.

그런데 화면을 만들고 그 안에 위젯들을 넣어 배치한 정보를 XML 파일로 저장하다보니 한 가지 문제가 생겼습니다. 바로 컴파일 또는 빌드라고 부르는 과정에서 생기는 문제입니다. 자바는 자바 소스코드를 만든 후 컴파일 과정을 거쳐야 .class 확장자를 가진 클래스 파일로 만들어집니다. 그리고 그 클래스 파일은 가상머신 위에서 실행할 수 있다고 앞에서 설명했습니다. 그런데 컴파일이 되는 대상은 XML이 아닌 자바 소스입니다. 즉 버튼을 XML 파일 안에 만들어 두었지만 이 XML 파일이 자바 소스는 아니라는 것입니다. 따라서 XML 파일 안에 만들어진 버튼과 같은 위젯들은 우리가 모르는 사이에 자바 소스코드로 자동 변환된 후 컴파일되어 어느 시점에서는 메모리에 올라가야 프로그램이 동작할 수 있는 준비가 됩니다. 그런데 이 과정이 자동으로 이루어지다 보니 우리가 직접 만드는 자바 소스코드에서는 메모리에 올라간 버튼이 어디에 있는지 알 수 없습니다. 따라서 그 버튼을 사용하려면 먼저 그 버튼을 찾는 과정이 필요합니다.

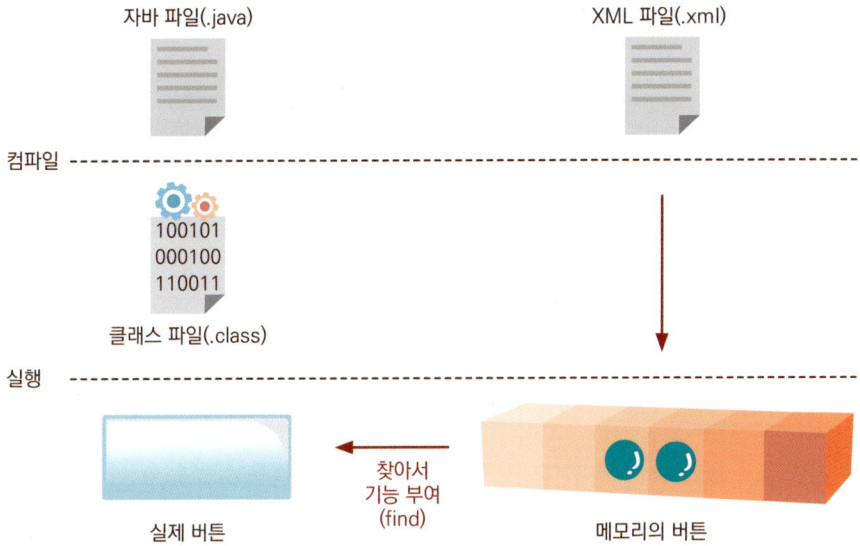

▲ 소스와 XML이 분리되면서 화면에 추가한 위젯 찾기

다시 설명하면, XML 파일 안에 정의된 〈Button〉 태그 정보는 프로그램을 실행했을 때 자동으로 버튼으로 만들어집니다. 그런 후에 메모리에 올라가므로 코드에서 버튼에 기능을 부여하려면 먼저 버튼을 찾는 과정이 필요한 것입니다. 그렇다면 XML 파일이 아닌 자바 소스코드에서 직접 버튼을 만들면 찾을 필요가 없는 걸까요? **"네 그렇습니다."**

다음과 같이 자바 소스코드에서 버튼을 만들고 그 버튼을 가리키면 버튼을 바로 사용할 수 있습니다.

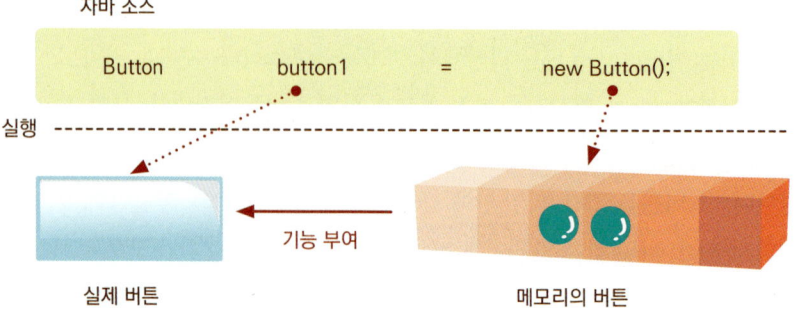

▲ 자바 소스코드에서 버튼을 만들고 메모리에 있는 버튼을 가리키기

XML에 버튼 태그를 넣어두는 것과 코드에서 버튼을 만드는 것의 차이점은 코드에서 만들 경우 찾는 과정(find 과정)이 필요하지 않다는 것입니다. 즉, 버튼을 자바 소스가 아닌 XML에서 만든 경우에만 자바 코드에서 찾아야 합니다. 만약 소스코드에서 직접 버튼을 만든다면 new라는 단어를 사용하게 됩니다. 이 new라는 단어는 메모리에 무언가를 만들기 위해 사용되는데 버튼도 이 new라는 단어를 이용해 메모리에 만들어집니다. 이 new라는 단어도 '연산자(Operator)'의 하나라고 할 수 있으며 연산자는 나중에 다시 자세하게 설명할 것입니다.

7 _ 찾아낸 버튼을 클릭했을 때 동작시키기

XML에 있는 버튼을 자바 소스코드에서 사용할 수 있게 되었으니 이제 버튼을 눌렀을 때 어떤 기능이 동작되도록 해보겠습니다. 앞에서 입력했던 findViewById() 앞에 다음과 같이 입력합니다.

코드 참고 / Hello>/app/java/com/example/hello/MainActivity.java

```java
    @Override
    protected void onCreate(Bundle savedInstanceState) {
        super.onCreate(savedInstanceState);
        setContentView(R.layout.activity_main);

        // 버튼 변수를 선언하고 변수에 할당하기
        Button button2 = findViewById(R.id.button2);
        findViewById(R.id.button2);
    }

중략...
```

버튼이 메모리의 어디에 위치하고 있는지 찾아내면 그 버튼에 기능을 부여하기 위해 그 버튼을 가리키는 변수를 만들게 됩니다. 즉, 이 코드는 XML 파일에 만들어 두었던 버튼을 찾아 그 위치를 button2라는 이름의 변수로 가리킨다는 의미입니다.

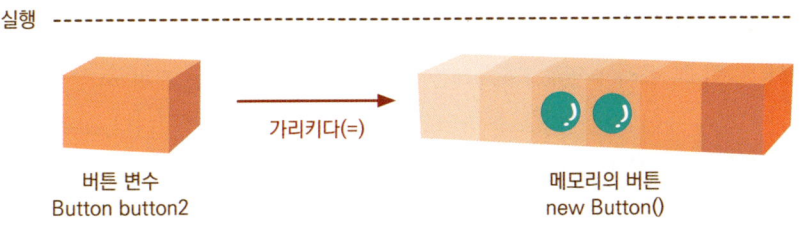

▲ XML에서 찾은 버튼을 변수로 가리키기

'변수(Variable)'란 변할 수 있는 데이터를 담아놓는 공간을 말하며 일종의 상자라고 생각하면 쉽습니다. 이 변수는 실제 버튼을 가리킬 수 있는데, button2라는 이름을 가진 변수가 메모리에 만들어진 A라는 실제 버튼을 가리킬 수도 있고 B라는 실제 버튼을 가리킬 수도 있다는 의미입니다. 변수는 어떤 버튼이든 가리킬 수 있는데 여기서는 우리가 찾은 버튼을 가리키도록 만든 것입니다. 그러면 버튼이 아닌 다른 것을 가리키게 하려면 어떻게 해야 할까요? 만약 입력상자를 가리키게 하려면 앞에서 사용했던 EditText를 변수 이름 앞에 붙여주면 됩니다.

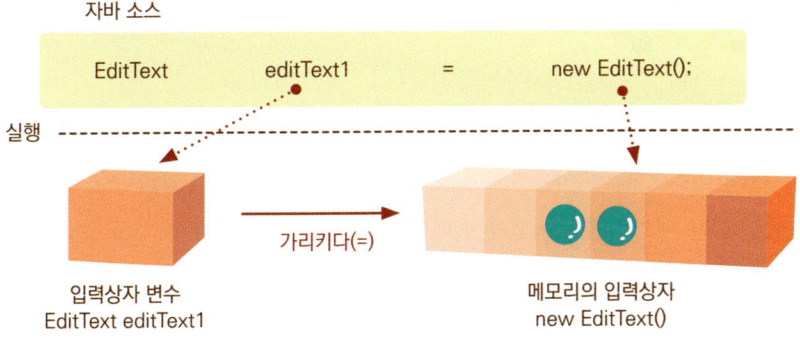

▲ XML에서 찾은 입력상자를 가리키기

여기에서 알 수 있는 것은 어떤 종류의 정보를 해당 변수가 담을 수 있는지 알려주는 단어가 변수 앞에 붙는다는 것입니다. 이것을 '자료형' 또는 '타입(Type)'이라고 합니다. 즉, 버튼 중에서 아무거나 하나를 가리킬 수 있을 때는 그 변수의 자료형을 Button이라고 해주고, 입력상자 중에서 아무거나 하나를 가리킬 수 있을 때는 그 변수의 자료형을 EditText라고 하면 됩니다.

이때 메모리에 만들어진 실제 버튼을 '버튼 객체'라고 부릅니다. 그런데 도대체 객체는 무엇이고 변수와 자료형은 또 무엇인지 답답할 것입니다. 이 내용은 다음 장에서 좀 더 자세하게 알아봅니다. 따라서 여기서는 "이 단어들이 정확히 이해되지 않더라도 이런 의미로 이런 코드가 만들어졌구나."라는 식으로만 생각하면 됩니다.

이제 소스 파일의 내용을 살펴봅니다. 소스 파일의 가장 첫 줄에 있는 package라는 것은 프로젝트를 처음 만들 때 자동으로 들어간 것으로 이 자바 소스 파일이 있는 폴더 구조와 동일하게 만들어진 것이라고 앞에서 설명했습니다. 그럼 그 아래에 있는 import는 무엇일까요? import는 자바 소스 파일이 들어있는 패키지와 다른 패키지에 들어있는 자바 소스 파일을 참조할 때 사용하는 것입니다. 표준 자바나 안드로이드는 프로그램을 만들 때 쉽게 가져다 쓸 수 있도록 미리 이런저런 자바 파일들을 많이 만들어 놓았습니다. 그런데 이 자바 파일들은 다른 사람들이 만든 것이고 다른 사람들은 package를 다른 이름으로 만들었을 것입니다. 그렇다면 자바 소스 파일이 다른 폴더에 들어있을 테니 여러분이 직접 만든 코드에서 미리 만들어진 어떤 기능을 가져다 쓰려할 때는 이 import를 이용해서 다른 패키지에 있는 것을 가져다 쓰겠다고 지정해야 합니다.

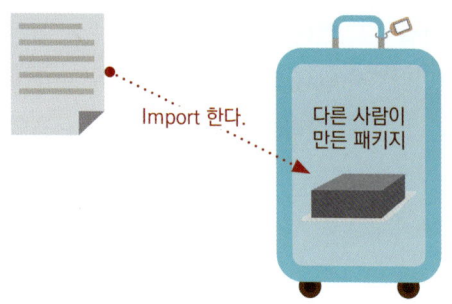

▲ 다른 패키지에 만들어둔 것을 가져다 쓰는 import

버튼의 경우도 안드로이드에서 미리 만들어놓은 자바 소스 파일이 있을 것이고 그 자바 소스 파일은 여러분이 만든 패키지가 아닌 다른 패키지에 들어있게 됩니다. 이 때문에 처음에는 Button을 사용할 수 없다고 빨간색 선으로 오류가 표시됩니다. 하지만 앞에서 안드로이드 스튜디오의 환경 설정 메뉴로 들어가 Auto Import 화면의 항목들을 모두 체크했기 때문에 자동으로 Button을 사용할 수 있는 import 문장이 들어갑니다. 즉, 안드로이드 스튜디오에서 자동으로 Button이 들어있는 패키지 이름을 import라는 단어와 함께 넣어주기 때문에 오류가 없어집니다.

그런데 소스코드에 포함된 코드 중에서 package, import, class와 같은 단어들은 색상이 모두 진한 파란색으로 표현됩니다. 이렇게 파란색으로 표시되는 단어들을 '예약어(Keyword)'라고 합니다.

주의 ▶ 예약어는 자바 언어에서 사용하기 위해 미리 지정한 단어들입니다. 코드를 입력할 때 이런 단어들 중 하나를 입력하면 무조건 자바 언어에서 미리 정해놓은 기능으로 동작합니다. 잊지 마세요!

이번 과정까지 마쳤으면 Enter 를 눌러 줄 바꿈을 한 다음 아래와 같이 코드를 입력합니다.

코드 참고 / Hello〉/app/java/com/example/hello/MainActivity.java

```java
@Override
protected void onCreate(Bundle savedInstanceState) {
    super.onCreate(savedInstanceState);
    setContentView(R.layout.activity_main);

    Button button2 = findViewById(R.id.button2);

    // 버튼 변수에 점(.)을 붙인 후 몇 가지 글자를 입력하기
    button2.setOnCl
}
```

button2라는 변수에 점(.)을 붙인 후 대소문자를 잘 구분하면서 setOnCl까지 입력하면 다음 화면처럼 이 버튼에서 사용할 수 있는 메서드들이 자동으로 나타납니다.

◀ Button에 들어있는 사용 가능한 메서드 목록이 보이는 경우

button2라는 변수는 Button 자료형으로 되어 있으므로 메모리에 만들어진 버튼을 가리킬 수 있는데 이 변수 뒤에 점(.)을 붙이면 이 버튼에 들어있는 메서드를 호출하겠다는 의미입니다. 버튼에 들어있는 메서드들은 버튼을 만든 사람이 미리 넣어둔 기능들이라고 할 수 있습니다. 이 기능들이 각각의 메서드 안에 들어있는 것이므로 이 메서드들 중의 하나를 호출하여 사용할 수 있도록 점(.)을 붙이는 것입니다. 이것을 '점 연산자(Dot operator)'라고 합니다. 안드로이드 스튜디오는 점 연산자를 사용하면 그 앞에 있는 변수의 자료형을 보고 그 자료형으로 정의된 메서드들을 자동으로 화면에 보여줍니다. 그중에서 첫 번째로 보이는 setOnClickListener 메서드를 더블클릭하거나 선택한 후 Enter 를 누르면 다음과 같이 나머지 코드가 자동으로 입력됩니다.

```
activity_main.xml    MainActivity.java
 1    package com.example.hello;
 2
 3    import ...
 9
10    public class MainActivity extends AppCompatActivity {
11
12        @Override
13        protected void onCreate(Bundle savedInstanceState) {
14            super.onCreate(savedInstanceState);
15            setContentView(R.layout.activity_main);
16
17            Button button2 = findViewById(R.id.button2);
18            button2.setOnClickListener();
19            findViewById(R.id.button2);
20        }
21
22        public void onButton1Clicked(View v) {
23            Toast.makeText( context: this, text: "버튼이 눌렸습니다.", Toast.LE
```

▲ Button에 들어있는 setOnClickListener 메서드를 선택한 경우

setOnClickListener 메서드가 자동으로 입력되면 소괄호까지 들어갑니다. 소괄호 안에 커서가 깜박이면서 필요한 내용을 입력받을 때까지 기다립니다. 소괄호 안에 다음과 같은 내용을 입력합니다.

코드 참고 / Hello〉/app/java/com/example/hello/MainActivity.java

```java
@Override
protected void onCreate(Bundle savedInstanceState) {
    super.onCreate(savedInstanceState);
    setContentView(R.layout.activity_main);

    Button button2 = findViewById(R.id.button2);

    // 소괄호 안에 입력하기
    button2.setOnClickListener(new OnCli)
}
```

소괄호 안에 new OnCli까지 입력하면 자동으로 사용 가능한 메서드들이 표시됩니다. 그 중에 View. OnClickListener 항목을 선택한 후 Enter 를 누릅니다.

```
1    package com.example.hello;
2
3    import ...
9
10   public class MainActivity extends App
11
12       @Override
13       protected void onCreate(Bundle sa
14           super.onCreate(savedInstanceS
15           setContentView(R.layout.activ
16
17           Button button2 = findViewById
18           button2.setOnClickListener(new OnCli);
19           findViewById(R.id.button2);
20       }
21
22       public void onButton1Clicked(View v) {
23           Toast.makeText( context: this,  text: "버튼이 눌렸습니다.", Toast.LEN
24       }
25   }
```

▲ 소괄호 안에 new OnCli까지 입력했을 때 보이는 팝업 화면

onClick 메서드가 자동으로 추가되었는데, 이 메서드의 중괄호 안에 코드를 입력하면 버튼을 눌렀을 때 그 코드가 실행됩니다. 다시 말하면 버튼을 눌렀을 때 onClick 메서드가 실행된다는 말입니다. 이 중괄호 안에 다음과 같이 입력합니다.

코드 참고 / Hello>/app/java/com/example/hello/MainActivity.java

```java
@Override
protected void onCreate(Bundle savedInstanceState) {
    super.onCreate(savedInstanceState);
    setContentView(R.layout.activity_main);

    Button button2 = findViewById(R.id.button2);
    button2.setOnClickListener(new View.OnClickListener() {
        @Override
        public void onClick(View v) {

            // onClick 메서드 안에 입력하기
            Toast.makeText(getApplicationContext(), "버튼이 눌렸어요.",
                    Toast.LENGTH_LONG).show();

        }
    });

}
```

Toast라는 글자를 입력하고 그 뒤에 점(.)까지 입력한 후 make라는 단어까지 입력하면 사용할 수 있는 메서드 목록이 보이게 됩니다.

▲ Toast.make까지 입력했을 때 보이는 화면

그 중에서 첫 번째 보이는 makeText를 선택한 후 Enter 를 누르면 다음과 같은 화면이 됩니다.

▲ makeText를 선택한 후 Enter 를 눌렀을 때 보이는 화면

소괄호 안에 어떤 것들이 들어갈 수 있는지를 보여주는 팝업 화면이 보입니다. 이 소괄호 안에 차례로 코드를 입력합니다. 먼저 getApplicationContext() 코드를 입력한 후 콤마(,)를 입력합니다. getA까지만 입력해도 팝업 화면이 뜨면서 getApplicationContext라는 것을 보여주기 때문에 그 항목을 선택한 후 Enter 를 누르면 쉽습니다.

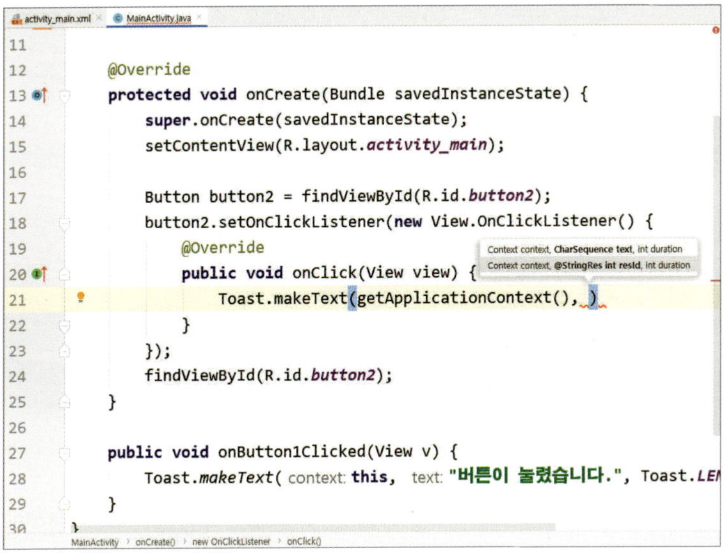

▲ 소괄호 안에 첫 번째 코드 입력하기

콤마 기호 다음에는 큰따옴표(") 안에 글자를 입력합니다. 글자는 "버튼이 눌렸어요."로 입력하고 다시 콤마(,) 기호를 입력합니다.

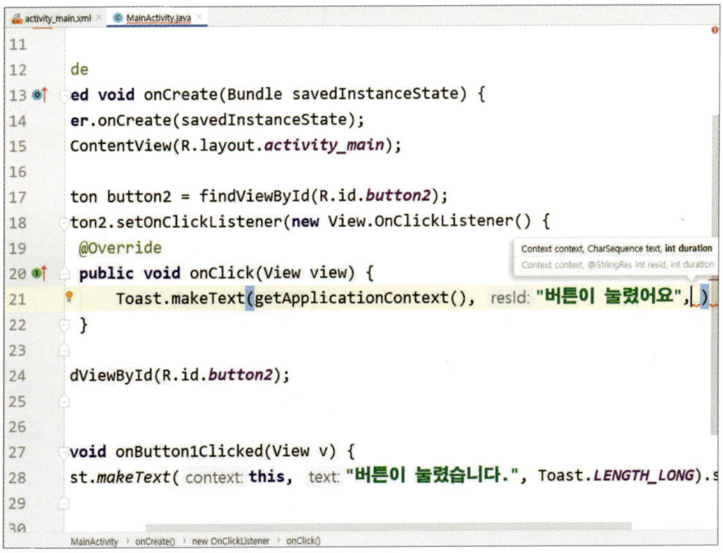

▲ 콤마 다음에 두 번째 코드 입력하기

주의 ▶ 여기서 주의할 점은 글자 앞에 resId:라는 회색 글자가 자동으로 표시된다는 것입니다. 이 글자는 여러분이 입력하는 것이 아니라 안드로이드 스튜디오가 자동으로 표시한 것이며 여러분이 바꿀 수 없게 고정되어 있습니다.

이제 콤마 뒤에 Toast. 라는 단어를 입력하면 선택 가능한 목록이 다시 보이게 됩니다.

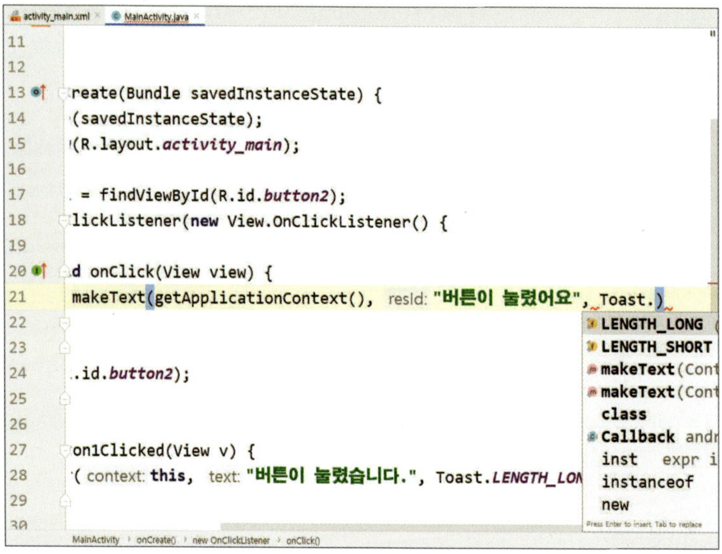

▲ 콤마 다음에 Toast. 까지 입력한 상태

LENGTH_LONG을 선택한 후 Enter를 누릅니다. 그리고 끝 소괄호를 붙인 후 .show();까지 입력하면 앞에서 보았던 코드가 완성됩니다. 이 과정에서 점(.), 세미콜론(;) 등을 똑같이 입력해야 한다는 점에 주의하세요.

▲ 완성된 코드

아직 정확히 무엇을 했는지 이해되지 않더라도 오류 표시 없이 모두 입력을 했으니 이 상태에서 지금까지 만든 것을 실행해보겠습니다. 안드로이드 스튜디오 상단의 실행(▶) 아이콘을 클릭해서 실행하면 에뮬레이터에 다음과 같은 화면이 나타납니다.

◀ 앱을 실행한 후 버튼을 클릭하여 토스트 메시지를 띄운 화면

버튼을 클릭했을 때 나타나는 토스트 메시지는 앱 화면 위에 간단하게 글자를 보여주고 싶을 때 사용하는 것으로 잠깐 보였다 사라지는 메시지입니다. 표준 자바에서 콘솔에 글자를 보여주듯이 앱 위에 간단하게 글자를 보여주고 싶을 때 사용합니다. 토스트 메시지를 보여주려면 코드로 입력했던 Toast를 사용해야 합니다. 자동으로 추가된 onClick 메서드 안에 입력한 한 줄의 코드가 '버튼이 눌렸어요.'라는 토스트 메시지를 보여준다는 것을 알았으니 이제부터 간단한 메시지는 이 코드를 이용해서 보여줄 수 있을 것입니다.

지금까지 간단한 화면을 따라하면서 만들어 보았습니다. 자바 언어의 내용이나 안드로이드의 내용을 자세히는 이해하지는 못했더라도 지금까지 한 내용을 따라하는 과정 자체는 그리 어렵지 않았을 것입니다. 처음부터 말했던 것처럼 문서 작성을 위해 워드 프로그램 사용법을 배우듯 앱의 화면을 만들기 위해 안드로이드 스튜디오라는 프로그램의 사용법을 배워야 합니다. 그리고 필요한 것 위주로 간단하게 배운다고 생각하면서 따라하셨다면 매우 잘 진행한 것입니다. 그런데 코드를 입력하면서도 생소한 단어들 때문에 이게 어떻게 동작하는지 정확히 이해되지 않는 부분들이 있지 않았나요?

아직 자바 소스코드를 이해하지 못하는 부분이 많더라도 그리 걱정할 필요는 없습니다. 어렴풋이 알게 된 메서드라는 것, 그리고 import와 같은 예약어들 이외에 다른 많은 것들을 앞으로 하나씩 이해하면서 공식적으로 어떤 말로 부르는지도 알게 될 것입니다. 지금까지 단어라고 말했던 것들이 각각 어떤 말로 바뀌어 불리는지도 보게 될 것입니다. 중요한 것은 이번에 알게 된 내용을 반복해보고 앞으로 나올 내용도 하나하나 따라해 보면서 익숙하게 만드는 것입니다.

버튼을 눌렀을 때 동작시키기

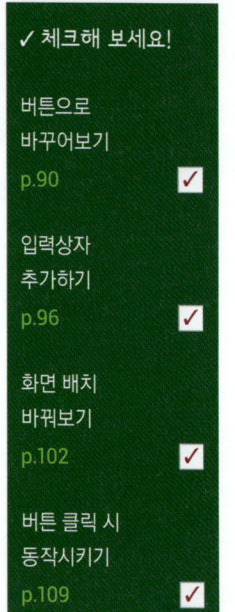

✓ 체크해 보세요!

버튼으로
바꾸어보기
p.90 ✓

입력상자
추가하기
p.96 ✓

화면 배치
바꿔보기
p.102 ✓

버튼 클릭 시
동작시키기
p.109 ✓

난이도	상		중		하	✓	소요시간	20분
목표	버튼을 눌렀을 때 잠깐 보였다 사라지는 토스트 메시지를 띄우는 방법 연습							

- 버튼을 눌렀을 때 동작하도록 만들어봅니다.
- 토스트를 이용해 메시지가 잠깐 보였다 사라지도록 만들어봅니다.

❶ 안드로이드 스튜디오에서 새로운 프로젝트를 만들고 프로젝트의 이름은 Study03, 패키지 이름은 org.techtown.study03으로 합니다.

❷ activity_main.xml 파일을 열고 화면에 버튼 2개를 추가합니다.

❸ 첫 번째 버튼에는 '저장', 두 번째 버튼에는 '닫기'로 글자를 수정합니다.

❹ 버튼의 onClick 속성 값으로 각각 onButton1Clicked와 onButton2Clicked를 입력합니다.

❺ MainActivity.java 파일을 열고 onButton1Clicked와 onButton2Clicked 메서드를 추가합니다.

❻ 첫 번째 버튼을 눌렀을 때는 '저장 버튼이 클릭되었습니다.'라는 토스트 메시지가 보이도록 합니다.

❼ 두 번째 버튼을 눌렀을 때는 '닫기 버튼이 클릭되었습니다.'라는 토스트 메시지가 보이도록 합니다.

해답 | Study03 프로젝트

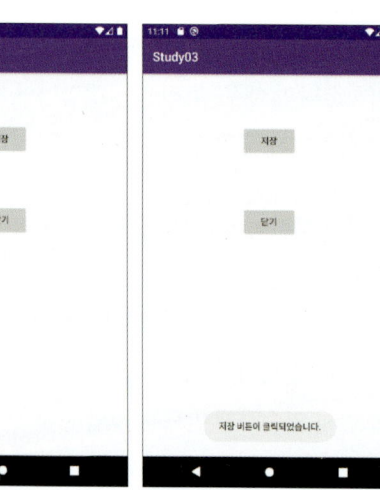
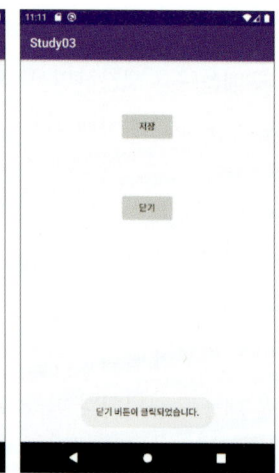

JAVA study 04

화면에 버튼들을 배치해보기

✓ 체크해 보세요!

버튼으로
바꾸어보기
p.90 ✓

입력상자
추가하기
p.96 ✓

화면 배치
바꿔보기
p.102 ✓

버튼 클릭 시
동작시키기
p.109 ✓

난이도	상	중	하 ✓	소요시간	20분
목표	화면에 한 방향으로 버튼을 여러 개 추가하고 배경색과 같은 속성을 변경하는 방법 연습				

- 화면에 여러 개의 버튼들을 한쪽 방향으로 추가한 후 위치를 정해줍니다.
- 버튼의 배경색과 같은 속성을 바꿔봅니다.

❶ 안드로이드 스튜디오에서 새로운 프로젝트를 만들고 프로젝트의 이름은 Study04, 패키지 이름은 org.techtown.study04로 합니다.

❷ activity_main.xml 파일을 열고 최상위 레이아웃을 ConstraintLayout에서 LinearLayout으로 변경합니다. 그리고 orientation 속성 값은 horizontal로 설정합니다.

❸ 화면에 가로 방향으로 버튼 3개를 추가하고 버튼 글자를 각각 '엄마', '아빠', '오빠'라고 수정합니다. 그리고 버튼의 배경색은 각각 빨간색, 녹색, 파란색으로 설정합니다.

❹ app/res/layout 폴더 안에 activity_main2.xml 파일을 새로 만듭니다. orientation 속성의 값을 vertical로 설정하고 세로 방향으로 세 개의 버튼을 추가합니다.

❺ 세 개의 버튼에는 각각 '김현수', '김태희', '박명길'이라는 글자를 표시하고 버튼의 배경색은 각각 주황색, 보라색, 하늘색으로 만듭니다.

❻ 앱을 실행했을 때 activity_main.xml 파일에서 만든 화면을 보여주려면 MainActivity.java 파일에서 아래 코드를 사용합니다.

```
setContentView(R.layout.activity_main);
```

❼ activity_main2.xml 파일에서 만든 화면을 보여주려면 MainActivity.java 파일에서 아래 코드를 사용합니다.

```
setContentView(R.layout.activity_main2);
```

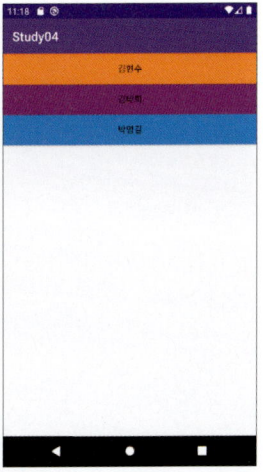

해답 | Study04 프로젝트

간단한 앱 화면 만들면서 자바 코드 살펴보기

글자나 버튼 바꿔보기

❶ 앱 화면 모양을 바꾸고 싶다면 /res/layout 폴더 안에 있는 XML 파일을 열고 수정할 수 있습니다.

❷ 화면에 보이는 위젯의 글자 크기나 색상을 바꾸고 싶다면 위젯을 선택하고 오른쪽의 속성(Properties) 창에서 textSize, background 등의 속성 값을 변경합니다.

❸ XML 원본 코드를 보고 싶다면 디자인 화면의 우측 상단에 있는 [Code] 아이콘을 누르면 됩니다.

❹ 입력상자는 EditText라는 이름으로 되어 있으며, 왼쪽의 팔레트(Palette) 창에서 Plain Text 위젯을 끌어다 놓으면 추가됩니다.

❺ 위젯을 선택하면 위젯의 상하좌우에 점이 보이는데, 이것을 다른 곳에 끌어다 연결하면 보일 위치를 설정할 수 있습니다.

LinearLayout으로 바꾸어 화면 배치하기

❶ 앱 화면의 최상위 레이아웃이 처음에는 ConstraintLayout으로 되어 있는데, 이것을 LinearLayout으로 바꾸면 가로 방향이나 세로 방향을 정하여 차례로 위젯을 추가할 수 있습니다.

❷ 최상위 레이아웃을 바꿀 때는 왼쪽 하단의 컴포넌트 트리(Component Tree) 창에서 레이아웃을 선택한 후 마우스 오른쪽 버튼을 누르고 [Convert view...] 메뉴를 선택합니다.

❸ LinearLayout은 한 방향으로 위젯을 추가하므로 orientation이라는 방향 속성이 필수 속성입니다. 가로 방향은 horizontal, 세로 방향은 vertical로 지정합니다.

버튼 클릭했을 때 동작시키기

❶ 버튼 클릭했을 때 동작시키는 가장 간단한 방법은 onClick 속성을 사용하는 것입니다. 버튼의 onClick 속성에 자바 소스코드에 추가할 메서드 이름을 입력합니다. 자바 소스 파일을 열고 onClick 속성에 입력한 메서드 이름과 동일한 메서드를 추가합니다.

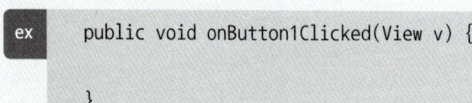

```
ex   public void onButton1Clicked(View v) {

     }
```

개발 용어 알아보기

❶ 토스트(Toast)란?

화면에 잠깐 보였다 사라지는 메시지를 보여줄 때 사용합니다.

❷ 뷰(View)란?

안드로이드에서는 화면에 보이는 각각의 구성 요소들을 가리키는 말입니다.

❸ 뷰그룹(ViewGroup)이란?

레이아웃과 같이 뷰를 담고 있을 수 있는 것들을 말하는데, 말 그대로 뷰를 그룹으로 묶어 가지고 있을 수 있다는 것을 의미합니다.

❹ 레이아웃(Layout)이란?

뷰들을 담을 수 있는 뷰그룹 중에서 화면에 배치하는 기능을 포함하고 있는 것을 말합니다.

❺ 위젯(Widget)이란?

뷰 중에서 눈에 보이지 않는 것과 눈에 보이는 버튼과 같은 것들을 구분하기 위해 눈에 보이는 것들을 따로 지칭하는 말입니다.

❻ findViewById 메서드란?

자바 소스 파일에서 버튼을 찾아낼 때 사용합니다.

→ 버튼을 찾았다면 버튼에 있는 setOnClickListener 메서드로 버튼이 클릭되었을 때 호출될 코드들을 입력합니다.

02-3
자바 변수와 자료형, 그리고 상수 이해하기 중요도 ★★★★★

버튼을 하나 만들었을 때 그 버튼을 가리키도록 만든 것이 '변수'라고 했었습니다. 변수는 물건을 담아놓는 상자라고도 생각할 수 있으며, 상자의 모양에 맞는 물건을 담을 수 있습니다. 이렇게 상자마다 다른 모양을 갖는 것을 '타입'이라고 한다는 것도 앞 장에서 간단하게 알아보았습니다. 타입은 우리말로 '자료형'이라고 부를 수 있는데, 소스코드를 만들 때 타입이라고 부르는 경우가 워낙 많기 때문에 타입과 자료형이라는 말을 함께 사용합니다.
이번 장은 데이터를 담아두는 역할을 하는 변수와 변수가 담길 상자의 모양을 결정하는 자료형, 그리고 상수가 무엇인지 좀 더 자세하게 알아보겠습니다.

키워드로 알아보는 자바 언어

변수	값을 담아 둘 수 있어야 그 값으로 계산을 하거나 화면에 보여줄 수 있습니다.
자료형	값을 담아 두는 상자의 크기를 생각하면 쉬우며 값의 종류에 따라 달라집니다.
문자열	글자가 들어가는 크기의 자료형을 문자열 자료형이라고 합니다.
형 변환	필요에 따라 자료형을 바꿀 수 있습니다.
상수	변수와 달리 한 번 넣어둔 값은 바꿀 수 없습니다.

1 _ 변수의 기본 개념 알아보기

변수를 단순하게 '데이터를 담아두는 상자'라고 생각할 수도 있지만 어떤 경우에는 상자의 모양만 만들어놓고 데이터가 있는 위치만 가리킬 때도 있습니다. 즉, 데이터를 상자 안에 넣지 않고 실제 데이터가 있는 곳을 가리키기만 하는 경우입니다.

변수를 좀 더 쉽게 이해하려면 먼저 변수를 하나 만들어서 어떤 데이터를 넣을 수 있는지 알아보는 것이 좋습니다. 변수를 알아보기 위해 새로운 자바 프로젝트를 만들어 보겠습니다. 여기서는 굳이 결과 화면을 확인할 필요가 없기 때문에 이클립스를 사용해서 자바 프로젝트를 만들 예정입니다. 이클립스를 실행한 다음 상단의 [File → New → Java Project] 메뉴를 선택해서 새로운 프로젝트를 만듭니다. 새 프로젝트를 만드는 대화상자가 보이면 이름을 MyVariable이라고 입력합니다.

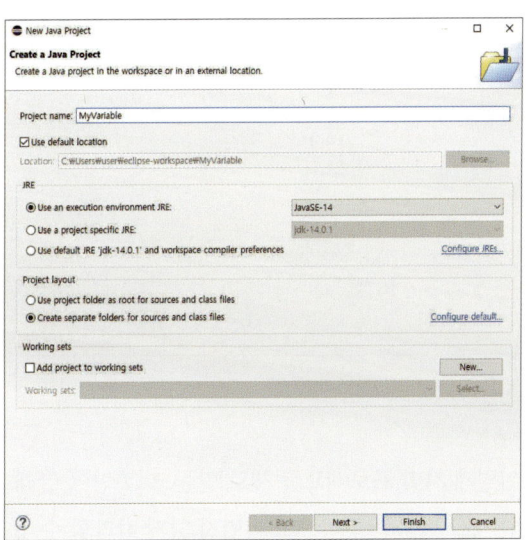

▲ MyVariable이라는 새로운 프로젝트 만들기 대화상자

[Finish]를 누르면 왼쪽의 [패키지 탐색기(Package Explorer)] 탭에 MyVariable 프로젝트가 새로 생깁니다. > 기호를 눌러서 [src] 폴더를 선택한 후 마우스 오른쪽 버튼을 클릭하여 [New → Class]를 선택합니다. 클래스를 새로 만드는 화면이 보이면 Package: 입력란에 org.techtown.variable을 입력하고 Name: 입력란에는 VarTest01을 입력합니다. public static void main(String[] args) 체크 박스를 체크한 후 [Finish]를 누릅니다.

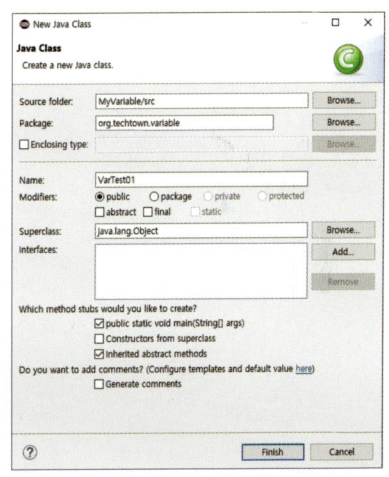

▲ VarTest01이라는 새로운 클래스 만들기 대화상자

주의 [Finish]를 누른 후 [New module-info.java] 대화상자가 보이면 [Don't Create]를 누릅니다.

MyVariable 프로젝트 안에 [org.techtown.variable] 폴더가 생기고 그 안에 자동으로 VarTest01.java 파일이 만들어진 것을 볼 수 있습니다.

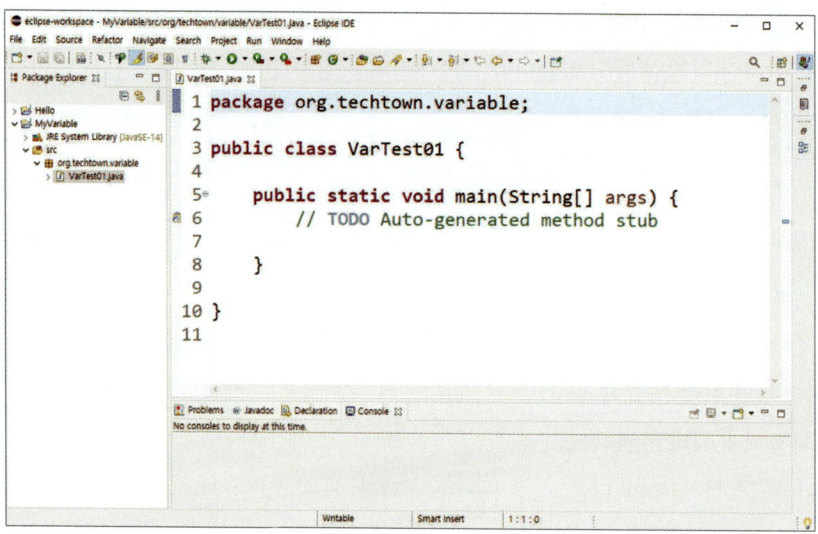

▲ VarTest01이라는 자바 파일 내용

이렇게 자바 프로젝트를 새로 만들고 그 안에 클래스라는 것을 추가하는 과정은 이미 앞에서 알아보았던 것을 반복한 것이므로 어렵지 않게 따라할 수 있을 것입니다. 이제 이 안에 다음 코드를 입력합니다.

코드 참고 / MyVariable)/src/org.techtown.variable/VarTest01.java

```java
package org.techtown.variable;

public class VarTest01 {

  public static void main(String[] args) {
    int count = 10;

    System.out.println(count);
    System.out.println(count);
  }

}
```

public static void main으로 시작하는 줄은 main 메서드라고 하며, 프로그램을 실행했을 때 시작점이 된다고 했습니다. 그렇다면 프로그램을 실행했을 때 이 main 뒤에 붙은 중괄호 안의 코드 세 줄이 실행될 것입니다. 프로젝트 안에 들어있는 VarTest01.java 파일을 선택한 후 이클립스 화면 상단의 실행(▶) 아이콘을 누릅니다. 이때 실행 전에 저장하라는 대화상자가 나타나면 자바 파일을 선택한 후 [OK]를 누르거나 Always save resources before launching 체크 박스를 체크하고 [OK]를 누릅니다. 실행하면 다음과 같은 결과를 [콘솔] 탭에서 볼 수 있습니다.

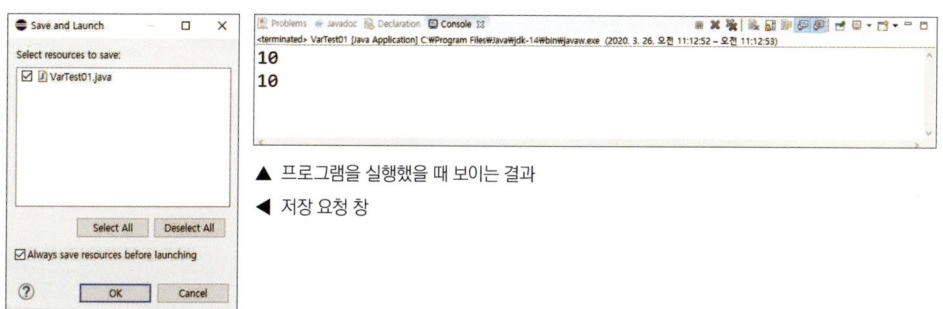

▲ 프로그램을 실행했을 때 보이는 결과
◀ 저장 요청 창

화면에 10이라는 숫자가 두 번 나타납니다. 이 10이라는 숫자는 main 메서드 안에 입력한 코드 중 첫 번째 줄에 있습니다. 그리고 이 숫자를 화면에 보여주는 부분은 두 번째와 세 번째 줄에 입력한 System.out.println 메서드입니다.

여기에서 count가 바로 변수의 이름입니다. 이름이라고 했으니 이것도 변수 중에서 어떤 변수인지를 구분하는 '식별자'라고 할 수 있습니다. 변수는 이름을 지어주면 그 이름으로 무언가를 가리킬 수 있도록 되어있는데 여기서는 count라는 이름을 지어준 것입니다. 이것을 '변수 이름(Variable Name)' 또는 '변수명'이라고 합니다. 그리고 count 변수에 등호 기호(=)를 붙인 후 그 뒤에 어떤 데이터를 넣어주면 그것이 '변수의 값(Value)'이 됩니다. 즉, 숫자 10이 count 변수에 들어있는 형태가 됩니다. 이 형태를 정리하면 다음과 같습니다.

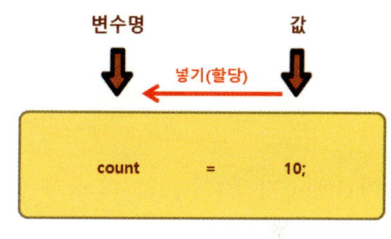

▲ 변수에 값을 할당하기

이렇게 하면 count라는 변수에 10이라는 값이 들어가게 됩니다. count 변수를 상자라고 했을 때 10이라는 값을 넣는 과정은 다음 그림처럼 생각할 수 있습니다.

▲ 변수라는 상자에 값을 넣기

변수를 상자라고 했지만 실제 컴퓨터에서는 메모리에 숫자 10을 넣을 수 있는 공간이 만들어지고 그 안에 10이라는 데이터가 저장되는 과정을 거치게 됩니다. 그런 다음 변수 이름을 사용해서 그 공간을 가리키게 됩니다. 그런데 숫자 10을 상자에 넣을 때와 '안녕!'이라는 글자를 넣을 때, 모두 같은 크기의 상자를 만든다면 메모리가 쓸데없이 낭비되는 문제가 생깁니다.

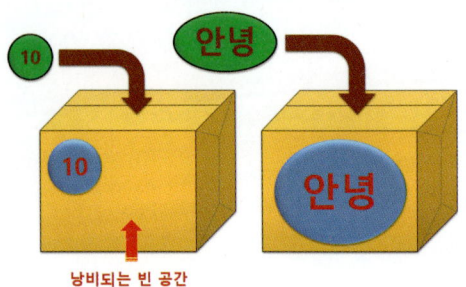

▲ 숫자와 글자를 똑같은 크기의 상자에 넣는 경우

메모리는 무한정 사용할 수 있는 공간이 아닙니다. 따라서 10이라는 숫자에는 그 크기에 맞는 상자, '안녕!'이라는 글자에는 그 크기에 맞는 상자를 사용하는 것이 효율적입니다.

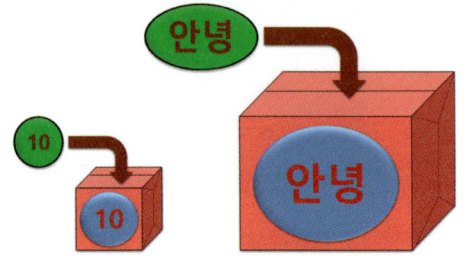

▲ 숫자와 글자를 각각의 크기에 맞는 상자에 넣는 경우

여기에서 각각 다른 크기의 상자 중에서 어떤 크기의 상자를 사용할 것인지를 결정하는 것이 타입(Type) 또는 자료형인 것입니다.

주의 타입(Type) 또는 자료형이란? 데이터를 저장하기 위해 얼마나 크고 어떤 모양을 가진 상자를 사용할 것인지를 결정하는 것입니다.

자료형은 변수 이름 앞에 쓰며, 이 자료형에 따라 변수에 저장할 수 있는 값의 크기나 형태가 달라집니다.

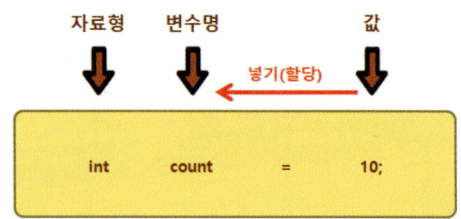

▲ 변수와 자료형

글자를 담을 수 있는 자료형으로 String이라는 것이 있습니다. 만약 '안녕!'이라는 글자를 담아두고 싶다면 다음과 같이 변수에 저장한 후 화면에 보여주는 코드를 입력해볼 수 있습니다.

코드 참고 / MyVariable>/src/org.techtown.variable/VarTest01.java

```java
package org.techtown.variable;

public class VarTest01 {

    public static void main(String[] args) {
        int count = 10;

        System.out.println(count);
        System.out.println(count);

        String hello = "안녕!";

        System.out.println(hello);
        System.out.println(hello);
    }

}
```

프로그램을 실행하면 [콘솔] 탭에 다음과 같이 '안녕!'이라는 글자도 두 번 나타나게 됩니다.

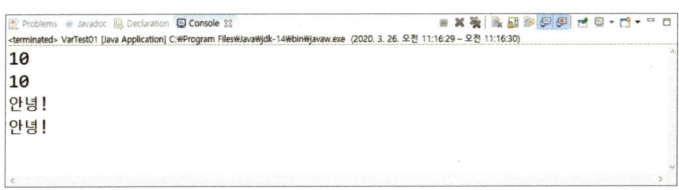

▲ 코드 추가 후 프로그램을 다시 실행했을 때 보이는 결과

이제 저장하려는 데이터의 종류에 따라 다른 자료형을 지정한다는 것을 알았습니다. 이 변수라는 것이 가리키는 데이터 저장 공간에 들어있는 데이터는 언제라도 바뀔 수 있습니다. 사실 변수라는 단어 자체도 '바뀔 수 있는 수'라는 의미를 가진 한자말입니다. 예를 들어, 다음과 같이 소스코드를 입력하고 실행해보면 처음 넣었던 데이터가 바뀌어서 화면에 나타나는 것을 알 수 있습니다.

코드 참고 / MyVariable>/src/org.techtown.variable/VarTest01.java

```java
package org.techtown.variable;

public class VarTest01 {

    public static void main(String[] args) {
        int count = 10;

        System.out.println(count);

        count = count + 10;

        System.out.println(count);

        String hello = "안녕!";

        System.out.println(hello);
        System.out.println(hello);
    }

}
```

프로그램을 실행해보면 10이었던 결과물이 그 다음 줄에서는 20으로 바뀌어 있습니다..

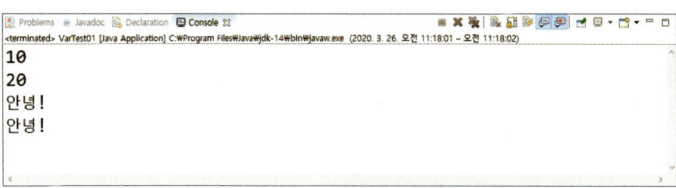

▲ 변수에 들어간 값을 바꾼 결과

이렇게 변수는 언제라도 다른 값으로 바뀔 수 있도록 하기 위해서 만듭니다. 변수의 특징은 다음과 같습니다.

❶ 변수는 데이터를 저장하기 위한 상자와 같습니다.
❷ 변수에 한 번 데이터를 넣어두면 변수가 가리키는 상자 안의 데이터를 필요할 때마다 사용할 수 있습니다.
❸ 변수에 들어있는 데이터는 언제라도 바뀔 수 있습니다.

코드에서 변수를 사용할 때는 자료형과 함께 입력할 수 있습니다. 다음과 같이 자료형과 함께 변수의 이름을 코드에 입력하는 것을 변수를 '선언한다.'라고 합니다. 변수의 '선언(Declaration)'은 메모리에 변수를 하나 만들어놓고 필요에 따라 값을 저장하거나 가져오는 데 사용됩니다.

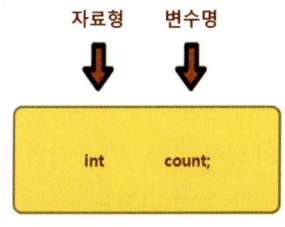

▲ 변수를 선언하기

이미 만들어진(이미 선언한) 변수에는 값을 넣을 수 있는데 이것을 '할당한다.'라고 합니다. 변수에 값을 할당하려면 변수의 이름 오른쪽에 = 기호를 붙이고 값을 입력합니다. 한 번 변수를 만들면 그 변수에는 언제라도 값을 바꿔 넣을 수 있습니다.

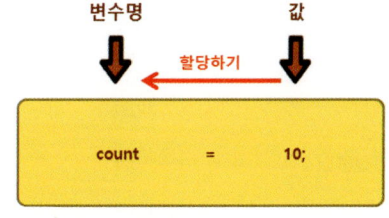

▲ 변수에 값을 할당하기

변수는 선언하면서 동시에 처음 들어갈 값을 넣어둘 수도 있습니다. 이것을 '초기화'라고 부릅니다.

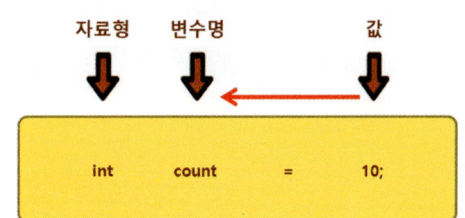

▲ 변수를 선언하면서 값을 넣어주기

2 _ 기본 자료형의 변수 사용하기

변수의 타입, 즉 자료형이라는 것을 알아보면서 정수 값을 담을 수 있는 int 키워드를 사용해 보았습니다. 그리고 문자열을 담을 때는 String 키워드도 사용해 보았습니다. 그렇다면 자료형에는 정수나 문자열을 담을 수 있는 것 말고 또 다른 것도 담을 수 있을까요? 네, 그렇습니다. 자료형은 여러 가지가 있는데 먼저 크게 나누면 '기본 자료형'과 '객체 자료형'으로 구분할 수 있습니다. 두 가지 자료형을 정의해볼까요?

- 기본 자료형(Primitive Type) 또는 기본 타입
  언어에서 미리 정의해 둔 자료형입니다. 값을 담아둘 수 있는 가장 기본이 되는 크기들을 정의한 것으로 정수, 실수 등 하나의 단위 데이터를 담을 수 있는 공간을 제공합니다.

- 객체 자료형(Object Type) 또는 객체 타입
  여러 개의 값을 한꺼번에 가지고 있는 것을 객체(Object)라고 합니다. 이 객체라는 것을 담아둘 수 있도록 직접 만든 자료형이 바로 객체 자료형입니다.

기본 자료형으로 가장 많이 쓰이는 것으로는 정수를 담아둘 때 사용하는 int, 소수를 담아둘 때 사용하는 float나 double, 그리고 참인지 거짓인지 알 수 있도록 해주는 boolean과 글자 하나를 담아둘 수 있는 char를 들 수 있습니다. 간단한 표로 정리해보면 다음과 같습니다. 정리된 표를 보면 가짓수가 많아 보이지만 각각의 자료형이 담을 수 있는 값들을 하나씩 코드로 입력해서 실행해보면 쉽게 이해할 수 있습니다.

자료형	크기	표현 범위
boolean	1비트	true/false
byte	1바이트	-128~127
short	2바이트	-32,768~32,767
int	4바이트	-2,147,483,648~2,147,483,647
long	8바이트	-9,223,372,036,854,775,808~9,223,372,036,854,775,807
float	4바이트	
double	8바이트	
char	2바이트	

먼저 boolean 자료형은 참인지 거짓인지를 담아둘 때 사용합니다. VarTest01.java 파일을 복사하여 VarTest02.java라는 파일을 만든 후 소스코드를 수정해보겠습니다. 왼쪽 패키지 탐색기 창에서 VarTest01.java 파일을 선택한 후 Ctrl+C를 눌러 복사하고 다시 org.techtown.variable이라는 패키지를 선택한 후 Ctrl+V를 누르면 붙여 넣을 수 있습니다. 붙여넣기를 할 때 같은 이름의 파일이 있으니 새로운 이름을 입력하라는 대화상자가 나타나게 됩니다. 이 대화상자에서 파일 이름을 VarTest02로 수정한 후 [OK]를 누르면 VarTest02.java라는 새로운 자바 파일이 만들어집니다.

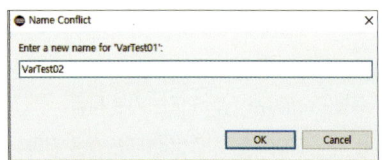

▲ 복사한 파일의 새 이름을 지정하라는 대화상자

VarTest02.java 파일을 더블클릭하여 가운데 작업 영역을 연 후, main 메서드 안에 넣었던 숫자와 문자열 관련 코드를 모두 선택합니다. 그리고 Backspace나 Delete를 누르면 선택한 코드가 삭제됩니다. 다음 코드를 새로 입력합니다.

코드 참고 / MyVariable〉/src/org.techtown.variable/VarTest02.java

```java
package org.techtown.variable;

public class VarTest02 {

    public static void main(String[] args) {

        // boolean 자료형의 isPerson 변수에 true를 저장한 경우
        boolean isPerson = true;
        System.out.println(isPerson);

        // isPerson 자료형에 false를 저장한 경우
        isPerson = false;
        System.out.println(isPerson);
    }

}
```

isPerson이라는 이름의 변수를 하나 만들고 그 자료형을 boolean으로 지정합니다. 그 변수의 값을 처음에는 true로 설정해서 콘솔에 출력한 후 다시 변수의 값을 false로 설정합니다. 실행(▶) 아이콘을 눌러서 프로그램을 실행하면 콘솔 창에서 다음과 같은 결과를 볼 수 있습니다.

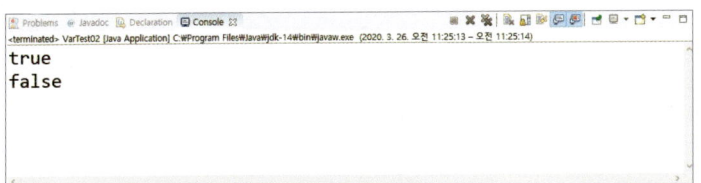

▲ boolean 자료형의 변수에 들어있는 값을 보여준 결과물

1비트라는 것은 전원 스위치처럼 0 또는 1이라는 값을 가지는 컴퓨터 연산의 가장 기본적인 단위입니다. 여기에서 0은 false를 나타내고 1은 true를 나타낸다고 할 수 있습니다. 두 가지 경우의 수밖에 없으니 이 boolean 자료형은 여러 가지 자료형들 중에서도 가장 기본적인 자료형이라고 할 수 있습니다.

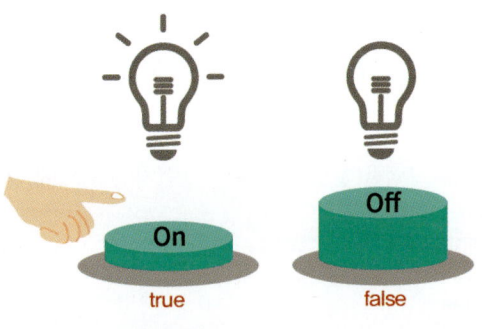

▲ boolean 자료형에 들어가는 값

isPerson 변수에 저장된 값은 메모리에서는 1비트 크기만을 차지하지만 화면에 보여줄 때는 좀 더 쉽게 이해할 수 있도록 true 또는 false라는 글자로 표시하게 됩니다.

이번에는 byte, short, int, long 값을 변수에 저장했다가 화면에 표시해보겠습니다. 앞에서 해본 것처럼 VarTest02.java 파일을 복사해서 VarTest03.java 파일로 만들고 다음과 같은 코드를 입력합니다.

코드 참고 / MyVariable>/src/org.techtown.variable/VarTest03.java

```java
package org.techtown.variable;

public class VarTest03 {

    public static void main(String[] args) {

        // byte 자료형의 변수에 값을 저장한 경우
        byte value01 = 10;
        System.out.println(value01);

        // short 자료형의 변수에 값을 저장한 경우
        short value02 = 100;
        System.out.println(value02);

        // int 자료형의 변수에 값을 저장한 경우
        int value03 = 1000;
        System.out.println(value03);

        // long 자료형의 변수에 값을 저장한 경우
        long value04 = 10000;
        System.out.println(value04);
    }
}
```

프로그램을 실행하면 다음 그림처럼 코드에 넣어주었던 값들이 그대로 화면에 표시됩니다.

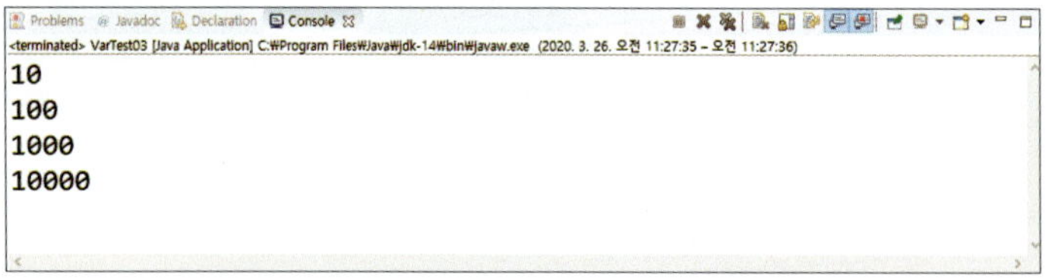

```
10
100
1000
10000
```

◀ byte, short, int, long 자료형의 변수에 들어있는 값을 보여준 결과물

예상했던 그대로의 결과가 화면에 보입니다. 그런데 만약 byte 자료형으로 만든 value01 변수에 100000이라는 값을 저장하려고 한다면 어떻게 될까요? 이클립스에서는 다음과 같이 Type mismatch 라는 오류 표시를 보여주면서 아예 입력하지 못하게 만들어 버립니다.

```
11
12      int value03 = 1000;
13      System.out.println(value03);
14
15      long value04 = 10000;
16      System.out.println(value04);
17
18      value01 = 10000;
19    }
20
21  }
22
```

▲ byte 자료형으로 된 변수에 더 큰 값을 입력하려고 했을 때 표시되는 오류

이클립스에서는 숫자를 저장할 수 있는 상자를 메모리에 만들 때 작은 상자로 만들었는지 아니면 큰 상자로 만들었는지 자료형을 보고 알 수 있습니다. 따라서 byte처럼 작은 상자로 만든 자료형은 그 크기에 맞는 숫자가 들어갔는지를 코드를 입력할 때마다 체크하게 됩니다. 이 과정을 '타입 체크(Type Check)'라고 합니다.

앞에서 byte는 1바이트의 크기로 만들어진다고 하였으므로 그 안에 들어갈 수 있는 양의 정수는 127까지이고 그렇기 때문에 10000이라는 큰 숫자는 들어갈 수 없습니다. 그렇다면 크기는 어떻게 계산되는 걸까요? byte는 8개의 bit로 이루어져 있고 하나의 bit는 0 또는 1의 값을 가지게 됩니다. 여기서 2개의 bit가 같이 있을 때 이 bit가 가질 수 있는 값들은 다음과 같습니다.

2개의 연속 bit	십진수
0 0	0
0 1	1
1 0	2
1 1	3

표를 보면 알 수 있듯이 0과 1만을 저장할 수 있는 두 개의 공간에서 나올 수 있는 경우의 수는 네 가지밖에 없습니다. 0과 1만을 저장할 수 있는 공간이 늘어날수록 경우의 수는 달라집니다. 예를 들어, 십진수라는 것도 연속된 숫자의 위치에 따라 뒤에서부터 1의 자리, 10의 자리, 100의 자리와 같이 숫자 값의 단위가 달라지는데 이진수인 bit도 뒤에서부터 가지는 숫자 값의 단위가 1의 자리, 2의 자리, 4의 자리처럼 달라진다고 생각할 수 있습니다. 간단하게 생각하면 십진수는 10씩 곱해서 단위가 달라지는 것이고 이진수는 2씩 곱해서 단위가 달라집니다.

십진수	356						
			6	1의 자리	1X1	1	100X1
		5		10의 자리	10X1	10	101X1
	3			100의 자리	10X10X1	100	102X1
이진수	101						
			1	1의 자리	1X1	1	20X1
		0		2의 자리	2X1	2	21X1
	1			4의 자리	4X1	4	22X1

이제 그 크기를 다시 생각해보면 byte는 8개의 bit로 이루어진 한 개의 byte라고 하였으니 2^8인 256가지 경우의 수가 만들어질 수 있습니다. 만약 음수와 양수를 모두 여기에 저장하고 싶다면 값의 범위는 -128부터 127까지가 됩니다. 이렇게 해서 byte라는 자료형에 저장할 수 있는 값의 범위가 나오게 됩니다. 그렇다면 이제 short, int, long에 저장할 수 있는 값의 범위도 어떻게 나오게 된 것인지 알 수 있을 것입니다. 또한 long이라는 자료형을 사용하면 아주 큰 값까지 저장할 수 있다는 것도 알 수 있습니다.

그러면 이제 소수점을 가진 값을 변수에 저장한 후 화면에 표시해보겠습니다. 기존의 파일을 복사하여 VarTest04.java 파일을 다시 만든 후 다음 코드를 입력합니다.

코드 참고 / MyVariable⟩/src/org.techtown.variable/VarTest04.java

```java
package org.techtown.variable;

public class VarTest04 {

  public static void main(String[] args) {
        // float 자료형의 변수에 값을 저장한 경우
        float value01 = 10.1f;
        System.out.println(value01);

        // double 자료형의 변수에 값을 저장한 경우
        double value02 = 100.1;
        System.out.println(value02);
  }

}
```

float와 double 모두 소수점까지 표시하는 데 사용됩니다. int 자료형이 4바이트의 메모리 공간을 차지했듯이 float도 4바이트의 저장 공간을 갖게 됩니다. 그러나 float는 소수점까지 가지고 있는 실수를 보여줄 수 있습니다. double은 8바이트의 저장 공간을 가지게 되므로 long 자료형이 8바이트의 저장 공간을 가지는 것과 유사합니다. 코드를 보면 float 자료형의 변수에 실수 값인 10.1을 넣어주었는데 숫자 뒤에 f가 붙지 않으면 오류가 표시되는 것을 알 수 있습니다. 이 f 또는 F는 10.1이라는 숫자가 float 자료형의 값이라는 것을 알려줍니다. 마찬가지로 double 자료형의 변수에 값을 넣어줄 때는 d 또는 D라는 알파벳을 숫자 뒤에 붙여줄 수 있지만 double 자료형의 경우에는 d를 붙여주지 않아도 오류 표시가 보이지 않습니다. 결국, 소수점 숫자만 사용할 때는 그 값이 double 자료형에 들어가는 값으로 자동 인식된다는 것을 알 수 있습니다.

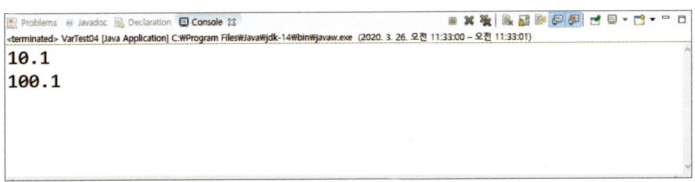

▲ float와 double 자료형의 변수에 들어있는 값을 보여준 결과물

이제 글자 하나를 저장하는 char를 알아보겠습니다. 기존 파일을 복사해서 VarTest05.java 파일을 만든 후 다음과 같은 코드를 입력합니다.

코드 참고 / MyVariable>/src/org.techtown.variable/VarTest05.java

```java
package org.techtown.variable;

public class VarTest05 {

  public static void main(String[] args) {

      // char 자료형의 변수에 값을 저장한 경우
      char value01 = '김';
      System.out.println(value01);

      // 변수의 값을 바꾼 경우
      value01 = 'A';
      System.out.println(value01);
  }

}
```

char 자료형의 변수에는 글자 하나만을 저장할 수 있으며, '안녕!' 과 같이 여러 개의 글자를 저장할 때는 일반적으로 String 자료형의 변수를 사용합니다. char 자료형은 알파벳뿐만 아니라 한글처럼 경우의 수가 많은 글자까지 표시할 수 있도록 2byte의 메모리 공간을 갖게 됩니다.

주의 char 자료형의 변수에 값을 저장할 때 글자에는 작은따옴표(')를 붙여주어야 한다는 점을 기억해두길 바랍니다.

프로그램을 실행하면 다음과 같이 콘솔 창에서 글자를 볼 수 있습니다.

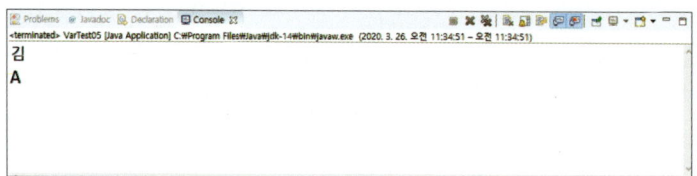

▲ char 자료형의 변수에 들어있는 값을 보여준 결과물

지금까지 기본 자료형의 코드를 입력하면서 어떤 값들을 변수에 저장할 수 있는지 살펴보았습니다. 그런데 아직 등호(=)와 같은 기호에 익숙하지 않을 수 있습니다. 여기에서 = 기호가 갖는 의미는 무엇일까요? = 기호는 '할당 연산자(Assign Operator)'라고 부릅니다. 연산자는 나중에 좀 더 자세히 알아보겠지만 여기서는 이 기호의 의미에 대해서만 간단히 알아보고 넘어가겠습니다. 일단 '할당한다.'는 말은 상자처럼 만들어진 변수에 값을 넣는다는 의미와 같습니다.

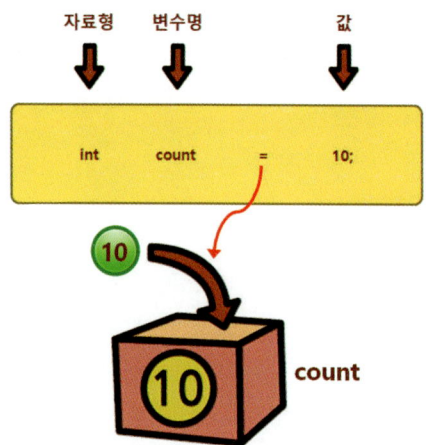

▲ '='를 이용한 할당의 의미

그런데 변수의 자료형과 이름을 같이 넣어주는 과정을 '변수를 선언한다.'라고 하였는데 위의 경우처럼 변수를 선언할 때 항상 값을 넣어주어야 하는 걸까요? 그렇지 않습니다. 변수에 값을 넣어주는 방법은 다양합니다. 먼저 변수 값을 넣지 않고 선언한 후 나중에 넣어줄 수 있습니다.

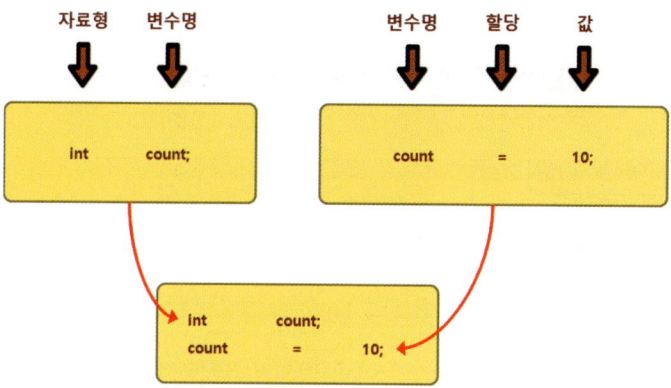

▲ 변수를 먼저 선언하고 그 다음에 값을 넣어주기

이 코드는 count 변수에 어떤 값이 들어갈지 처음에 모르는 상태에서 나중에 필요할 때 값을 넣는 경우를 보여줍니다. 그런데 각각의 줄 마지막을 보면 세미콜론(;) 표시가 항상 나옵니다. 세미콜론 표시는 하나의 '문장(Statement)'이 끝났다는 것을 알려줍니다. 우리가 말을 할 때 '안녕하세요.'라고 말하면 한 문장이 끝나듯이 소스코드도 이해할 수 있는 한 문장씩 표시하게 됩니다. 이런 식으로 한 문장이 끝날 때마다 마침표 대신 세미콜론을 붙여줍니다.

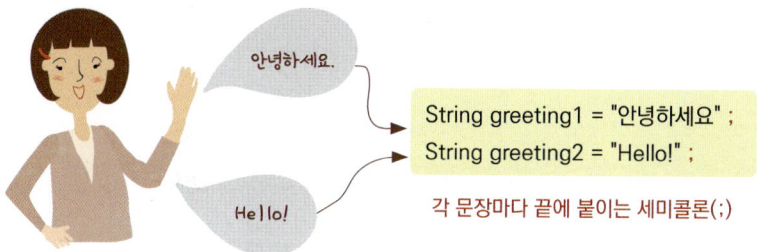

▲ 사람이 말할 때의 문장과 소스코드에서의 문장

그렇다면 정수 값이 들어가는 변수 상자를 하나 만들었다면 = 기호의 오른쪽에는 항상 정수 값인 숫자만 써야 하는 걸까요? 그렇지 않습니다. = 기호의 왼쪽은 저장될 공간, 오른쪽은 그 공간에 저장될 값을 써주는데 오른쪽에 숫자가 아닌 다른 변수를 써줄 수도 있습니다.

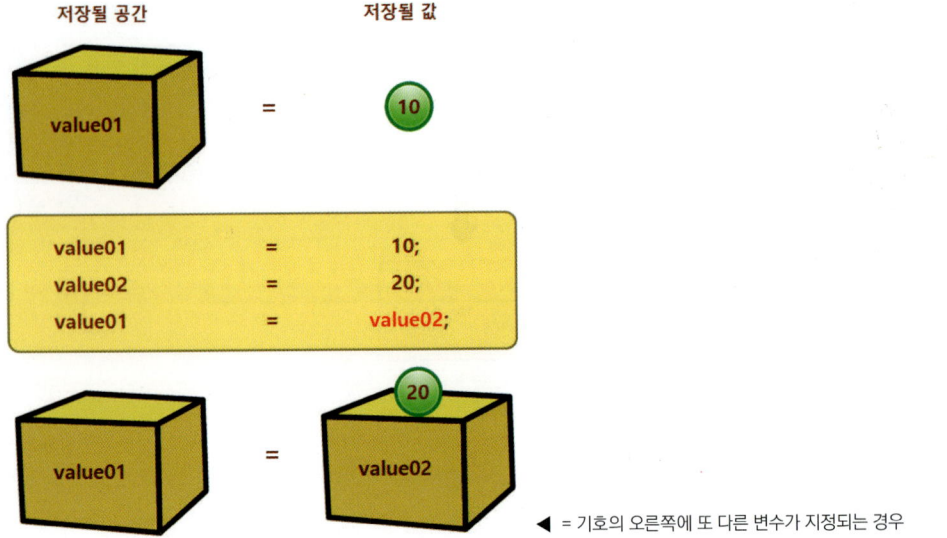

◀ = 기호의 오른쪽에 또 다른 변수가 지정되는 경우

만약 = 기호의 오른쪽에 변수를 썼다면 왼쪽의 변수에 들어가는 값은 오른쪽에 있는 변수에 저장되었던 값이 될 수도 있고, 왼쪽에 있는 변수가 단순히 오른쪽에 있는 변수를 가리키는 것이 될 수도 있습니다. 기본 자료형의 경우에는 오른쪽에 있는 변수의 값이 왼쪽의 변수에 들어가게 됩니다.

변수에 들어있던 값을 다른 변수에 넣는 코드를 만들어 보겠습니다. 기존 파일을 복사해서 VarTest06.java 파일을 만든 후 다음과 같은 코드를 입력합니다.

코드 참고 / MyVariable〉/src/org.techtown.variable/VarTest06.java

```java
package org.techtown.variable;

public class VarTest06 {

    public static void main(String[] args) {

        // 두 개의 변수에 값을 저장한 경우
        int value01 = 10;
        int value02 = 20;
        System.out.println(value01);

        // 한 개의 변수에 들어있는 값을 다른 변수에 넣은 경우
        value01 = value02;
        System.out.println(value01);
    }
}
```

프로그램을 실행해보면 value02라는 변수에 들어있던 값이 그대로 value01 변수로 들어간 것을 알 수 있습니다.

▲ 하나의 변수에 들어있던 값을 다른 변수에 넣어준 후의 결과물

3 _ 문자열 자료형의 변수 알아보기

한 글자를 넣을 수 있는 자료형 중에서 char 자료형을 알게 되었습니다. 그런데 우리가 처음 만든 프로젝트에서 '안녕!'이라는 글자를 넣었던 것처럼 실제로는 '안'이라는 글자 하나가 아니라 여러 개의 글자를 넣어두는 경우가 많습니다. 이럴 때 사용하는 자료형이 String입니다. String 자료형은 이미 우리가 사용해 보았기 때문에 생소하게 보이지는 않을 것입니다. 이 String으로 만든 변수에는 글자를 몇 개를 넣어도 상관없습니다. 왜냐하면 글자의 수가 늘어나는 만큼 자동으로 상자의 크기(메모리 크기)를 늘려주기 때문입니다.

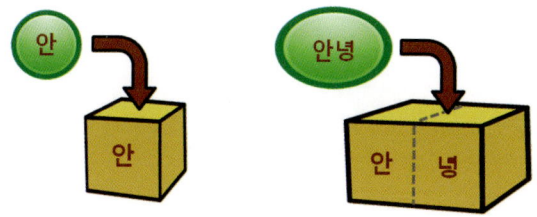

▲ 글자 수에 따라 늘어나는 String 자료형의 크기

이런 것을 보더라도 String이 기본 자료형과 조금 다르다는 생각이 들 것입니다. 당장 첫 알파벳이 대문자라는 것도 다르게 보입니다. 이 String과 같은 자료형을 '객체 자료형(Object Type)'이라고 합니다. 객체라는 말이 무엇을 의미하는 것인지는 차차 알게 되겠지만 일단은 기본 자료형과 다른 특성이 있으며, new라는 연산자를 사용해서 만든다고만 알면 됩니다.

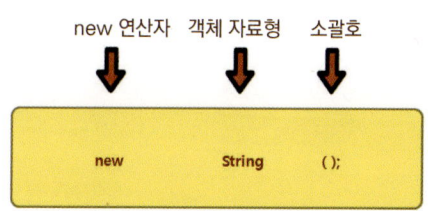

▲ 어떤 형식으로 코드를 입력해야 객체를 만들 수 있을까?

객체 자료형은 기본 자료형과 달라서 어느 정도의 크기로 메모리에 만들어야 하는지 모두 다릅니다. 예를 들어, int 자료형은 4바이트 크기로 만들어지지만 String 자료형은 얼마만큼의 크기가 될지 알 수 없습니다. String 자료형은 들어가는 값의 크기에 따라 그 크기가 결정되지만 일반적인 객체의 크기는 미리 정의한 '클래스(Class)'라는 것을 이용해서 어느 정도 알 수 있습니다. 이미 class라는 '예약어(Keyword)'를 몇 번 보았을 것입니다. 이 클래스가 어떤 의미를 가지고 있고, 어떻게 사용하는지는 차차 알아볼 것입니다. 여기서는 객체 자료형이라는 것이 '어떻게 정의하느냐.'에 따라 달라지고 '그 정의를 클래스라는 것으로 한다.'라는 정도로 어렴풋이 기억하면 됩니다. 그리고 new 연산자를 사용해서 객체가 가지는 크기만큼의 상자를 만들 수 있다고만 정의해 두겠습니다.

문자열을 넣어둘 수 있는 변수는 다음과 같이 만들 수 있습니다.

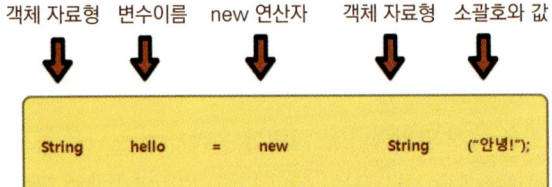

▲ 문자열 변수를 만드는 형식

그런데 String 자료형은 워낙 많이 사용되기 때문에 자바에서는 new라는 연산자를 사용하지 않고 기본 자료형처럼 바로 데이터를 넣을 수도 있습니다. 즉, 다음과 같이 직접 데이터를 넣을 수 있습니다.

▲ 문자열 변수를 만들면서 바로 데이터 넣기

이제 직접 코드를 만들어 실행해 보겠습니다. 기존의 파일을 복사하여 VarTest07.java 파일을 만든 후 다음과 같은 코드를 입력합니다.

코드 참고 / MyVariable⟩/src/org.techtown.variable/VarTest07.java

```java
package org.techtown.variable;

public class VarTest07 {

    public static void main(String[] args) {

        // 기본 자료형처럼 문자열 변수를 만든 후 변수에 글자 넣기
        String hello = "안녕!";
        System.out.println(hello);

        // 객체 자료형처럼 new 연산자로 문자열 변수를 만들면서 글자 넣기
        String hello2 = new String("안녕!");
        System.out.println(hello2);

        // 원래 변수에 있던 글자에 다른 글자 붙여넣기
        hello = hello + "여러분.";
        System.out.println(hello);

    }
}
```

프로그램을 실행하면 다음과 같이 '안녕!'이라는 글자가 두 번 표시되고, 그 아래에 '안녕! 여러분.'이라는 글자가 표시됩니다.

```
안녕!
안녕!
안녕! 여러분.
```

▲ 문자열 변수를 만들고 문자열을 넣은 후의 결과물

아무래도 new String()과 같은 형태로 문자열을 넣어주는 것보다는 "안녕!"이라는 글자를 바로 넣어주는 것이 더 쉬워 보입니다. 이 때문에 문자열은 데이터를 바로 넣어주는 방식, 다시 말하면 큰따옴표로 감싸진 글자를 변수에 바로 할당하는 방법을 더 많이 사용합니다.

그런데 마지막 줄의 "안녕! 여러분."이라는 글자를 보면 더하기 표시(+)를 이용해서 만들었습니다. 더하기 표시는 보통 숫자를 더할 때 사용한다고 생각했는데 여기서는 두 개의 글자를 붙이는 역할을 하고 있습니다.

더하기 표시는 '**더하기 연산자(Plus Operator)**'라고 하는데 양쪽에 숫자가 올 때는 숫자를 더한 값을 변수에 넣어주지만 어느 한 쪽에라도 문자가 있으면 양쪽에 있는 값을 모두 문자열로 보고 두 개의 문자열을 이어서 붙여줍니다.

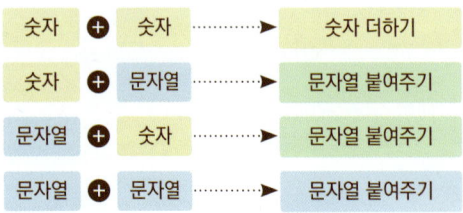

▲ 더하기 연산자의 역할

기존 파일을 복사해서 VarTest08.java 파일을 만든 후 다음과 같은 코드를 입력합니다. 그 결과를 보면 더하기 연산자의 왼쪽과 오른쪽에 오는 값이 숫자일 때와 문자열일 때의 차이가 더 확실하게 보일 것입니다.

코드 참고 / MyVariable〉/src/org.techtown.variable/VarTest08.java

```java
package org.techtown.variable;

public class VarTest08 {

  public static void main(String[] args) {

      int value01 = 10;
      int value02 = 10;

      // 더하기 연산자의 왼쪽과 오른쪽이 모두 숫자인 경우
      int count = value01 + value02;
      System.out.println(count);

      String hello = "안녕! ";

      // 더하기 연산자의 왼쪽이 문자열이고 오른쪽이 숫자인 경우
      String hello2 = hello + value01;
      System.out.println(hello2);
  }
}
```

더하기 연산자의 양쪽이 모두 숫자인 경우에는 그 결과 값도 숫자가 될 것이므로 count라는 변수의 자료형은 int로 해야 합니다. 더하기 연산자의 왼쪽에 오는 값이 문자열일 경우에는 그 결과 값이 문자열이 될 것이므로 hello2라는 변수의 자료형은 String이 되어야 합니다.

프로그램을 실행하면 다음과 같은 결과를 볼 수 있습니다.

▲ 더하기 연산자의 양쪽에 숫자가 있는 경우와 문자열이 들어간 경우를 비교한 결과물

4 _ 형 변환의 개념과 종류 알아보기

더하기 연산자의 양쪽에 문자열이 오는 경우에 더하기 연산자는 문자열을 이어서 붙여준다고 했습니다. 그런데 왼쪽에는 문자열이고 오른쪽에는 숫자일 때도 더하기 연산자는 문자열로 인식해서 붙여주었습니다. 이때 한 가지 이해되지 않는 점은 오른쪽이 숫자인데 어떻게 문자열을 붙여주도록 동작할 수 있는가 하는 것입니다.

그 이유는 자바가 오른쪽에 있는 숫자를 문자열로 바꾼 후 처리하기 때문입니다. 문자열과 숫자를 붙여주기 전에 자동으로 바꿔주는 것이죠. 이것을 '형 변환(Type Conversion)'이라고 합니다. 특히 우리가 모르는 사이에 자동으로 바꿔주는 것을 '자동 형 변환(Automatic Type Conversion)' 또는 '묵시적 형 변환(Implicit Type Conversion)'이라고 부릅니다.

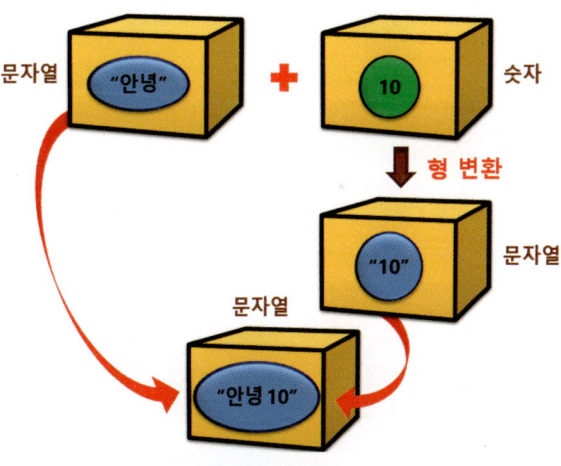

▲ 문자와 숫자를 + 연산자로 붙여줄 때의 자동 형 변환

자동 형 변환은 숫자를 문자열과 이어붙일 때만 일어나는 것은 아닙니다. 기본 자료형 중에서 상자의 크기가 작은 것에 들어있는 값은 큰 상자로 들어갈 수 있어 자동으로 형 변환이 일어날 수 있습니다. 예를 들어, byte 자료형으로 선언된 변수에 들어있던 10이라는 값은 int 자료형으로 선언된 변수에 들어갈 수 있습니다. 즉, 두 개의 변수가 다른 자료형을 가지고 있으므로 서로 다른 상자이지만 더 큰 상자에는 들어갈 수 있다는 말입니다.

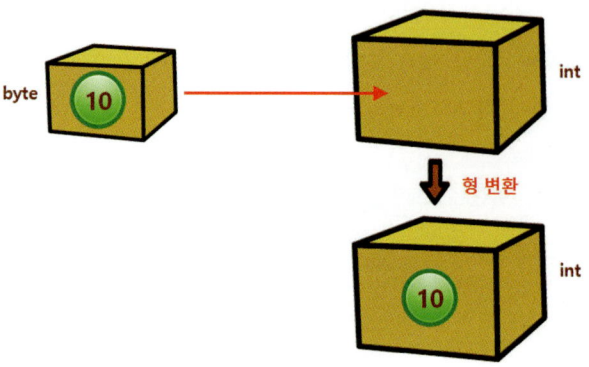

▲ 작은 상자의 값이 큰 상자로 들어가는 경우

기존 파일을 복사해서 VarTest09.java 파일을 복사하여 만든 후 다음 코드를 입력합니다.

코드 참고 / MyVariable>/src/org.techtown.variable/VarTest09.java

```java
package org.techtown.variable;

public class VarTest09 {

    public static void main(String[] args) {

        byte value01 = 10;
        int value02 = 20;

        // byte 자료형의 변수에 들어있던 값을 그대로 int 자료형의 변수에 넣은 경우

        value02 = value01;
        System.out.println(value02);
    }
}
```

프로그램을 실행해보면 다음 그림처럼 10이라는 값이 화면에 표시됩니다.

◀ byte 변수에 들어있던 값을 int 변수에 넣은 후의 결과물

코드에서 byte 자료형의 변수를 int 자료형으로 바꾸지 않았는데도 값은 정상적으로 int 자료형의 변수에 들어갑니다. 이와 반대로 int 자료형의 변수 값을 byte 자료형의 변수로 넣으려고 하면 오류 표시가 나타나게 됩니다. int 자료형의 변수에 들어있는 값은 10과 같이 byte 자료형의 변수에 충분히 들어갈 수 있는데도 불구하고 오류 표시가 나타나는데 이런 경우, 오류 표시가 보이지 않게 할 수 있는 방법이 있을까요?

자동 형 변환이 되지 않을 때 직접 자료형을 지정하여 바꿔주는 것을 '**명시적 형 변환(Explicit Type Conversion)**'이라고 하며, '**타입 캐스팅(Type Casting)**'이라고도 부릅니다. 타입 캐스팅을 하고 싶다면 변수 앞에 소괄호를 붙이고 그 안에 어떤 자료형으로 바꿔줄지 알려주어야 합니다.

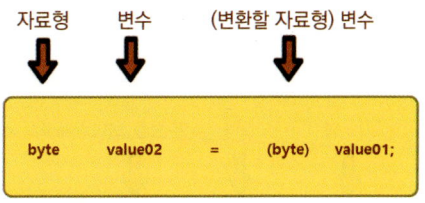

▲ 명시적 형 변환(타입 캐스팅) 방법

value01의 자료형이 int로 되어 있다면 이 자료형의 크기는 byte보다 크기 때문에 byte 크기의 상자에 들어갈 수 없습니다. 그럼에도 불구하고 소괄호를 붙여 강제로 byte 자료형으로 바꾼 후 값을 넣어 보겠습니다.

VarTest09.java 파일 안에 있던 코드를 다음처럼 수정하고 다시 실행합니다.

코드 참고 / **MyVariable**)/src/org.techtown.variable/VarTest09.java

```java
package org.techtown.variable;

public class VarTest09 {

  public static void main(String[] args) {

      byte value01 = 10;
      int value02 = 20;

      // int 자료형을 byte 자료형으로 캐스팅하는 경우
      value01 = (byte)value02;
      System.out.println(value01);   }
}
```

실행해보면 value01에 20이라는 값이 정상적으로 들어가서 화면에 표시됩니다. 이제 형 변환이 어떤 것이라는 것을 이해하겠지요?

주의 단, 주의할 점은 들어갈 수 없는 크기의 값을 넣을 때는 데이터가 잘리는 현상이 발생할 수 있다는 점입니다.

5 _ 안드로이드 앱 화면에 코드 실행한 결과물 보여주기

지금까지 변수와 자료형을 테스트하기 위해 새로운 자바 프로젝트를 만들고 코드를 입력해 보았습니다. 자바 프로젝트로 만든 프로그램은 결과물을 단순히 콘솔에만 보여주는데 이때 사용한 것이 System.out.println 메서드였습니다. 이 메서드는 시스템의 출력을 보여줄 수 있는 콘솔에 한 줄을 보여주라는 의미로 사용합니다. 여기에서 '시스템의 출력'이란 화면이나 프린터와 같이 프로그램의 동작한 결과물을 내보내는 출구와 같습니다.

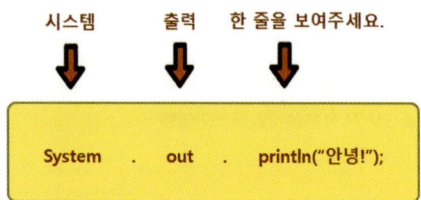

▲ 시스템의 표준 출력

System과 out 그리고 println이 점(.)으로 연결되어 있습니다. 이런 점 연산자는 어떤 객체가 있으면 그 객체에 미리 정의된 메서드를 호출할 때 주로 사용되며 마지막에 있는 println이라는 것은 out 변수에 정의되어 있는 메서드입니다. 즉, 그 메서드의 소괄호 안에 "안녕!"이라는 글자를 넣으면 그 글자가 println 메서드에 전달되어 콘솔 창에 출력됩니다.

표준 자바 프로젝트에서는 한 줄의 코드로 콘솔에 글자를 보여주지만 안드로이드 스튜디오의 프로젝트에서는 콘솔이 아닌 윈도우 화면에 글자를 보여주어야 하므로 좀 더 복잡한 구조를 가지고 있습니다. 구조는 복잡하지만 안드로이드에서 많은 코드를 자동으로 생성해주므로 프로그램을 만드는 사람이 좀 더 쉽게 기능을 추가하고 수정할 수 있습니다. 즉, 새로운 안드로이드 프로젝트를 만들 때 그렇게 많은 폴더와 파일들이 자동으로 만들어진 것은 개발자가 이런 기능들을 좀 더 쉽게 만들 수 있도록 하기 위해서입니다.

그러면 우리가 이해했던 변수와 자료형이라는 것을 잘 생각하면서 계산기의 더하기 기능을 앱으로 만들어보겠습니다. 안드로이드 스튜디오의 시작화면에서 첫 번째 메뉴인 Creat New Project 메뉴를 선택합니다. 첫 번째 화면의 유형을 선택하라는 대화상자가 보이면 Empty Activity가 선택된 상태로 두고 [Next]를 눌러 다음 화면으로 넘어갑니다. 프로젝트의 이름을 입력하라는 대화상자가 보이면 프로젝트의 이름에 MyAdd를 입력하고, 패키지 이름에는 org.techtown.add를 입력합니다.

주의 ▶ 만약 안드로이드 스튜디오의 기존 프로젝트 창이 열려 있다면 [File → Close Project]를 선택해서 먼저 닫아줍니다.

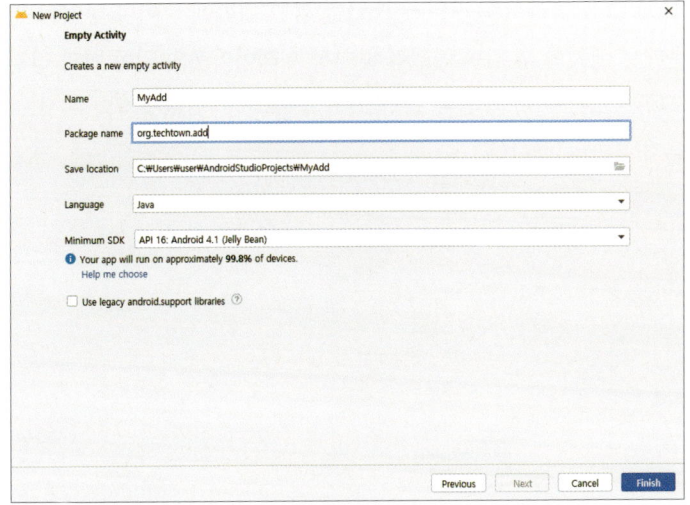

▲ 더하기 기능을 만들기 위한 MyAdd 프로젝트 만들기

[Finish]를 누르면 새로운 프로젝트가 만들어집니다. 안드로이드 프로젝트에서는 앱을 만들 때 화면을 먼저 만드는 것이 필요합니다. 우리가 만들 화면에 숫자 두 개를 입력할 수 있는 입력상자와 그 숫자 두 개를 더한 값을 보여줄 수 있는 텍스트뷰를 추가해보겠습니다.

화면의 가운데 있는 [activity_main.xml] 탭에 앱의 첫 번째 화면 모양이 들어있습니다. 그 안의 들어있는 'Hello World!'라는 글자는 사용하지 않을 것이므로 글자를 보여주는 텍스트뷰를 마우스로 선택한 후 Delete 를 눌러 삭제합니다.

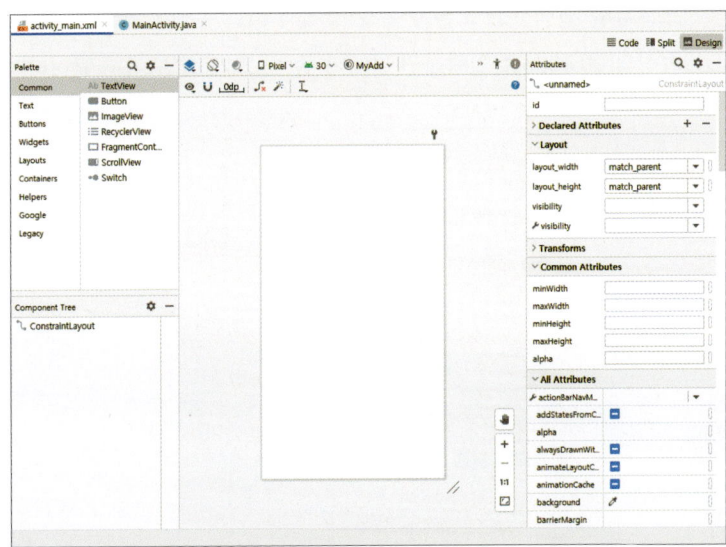

▲ 'Hello World!' 글자를 보여주는 텍스트뷰 선택하여 삭제하기

둘째마당 | 앱 화면을 만들면서 자바를 하나씩 알아가기 155

이제 왼쪽 팔레트(Palette) 창에서 Text 그룹 안에 있는 Plain Text를 화면 위쪽에 끌어다 넣어서 입력상자를 만듭니다. 화면의 위쪽 가운데로 배치한 후 위쪽 연결점을 최상위 레이아웃의 위쪽 벽과 연결합니다. 그다음 입력상자를 약간 아래쪽으로 끌어당겨 위쪽 벽과 띄어 놓습니다. 입력상자의 속성 중에서 text 속성을 찾아 입력되어 있는 값을 삭제합니다.

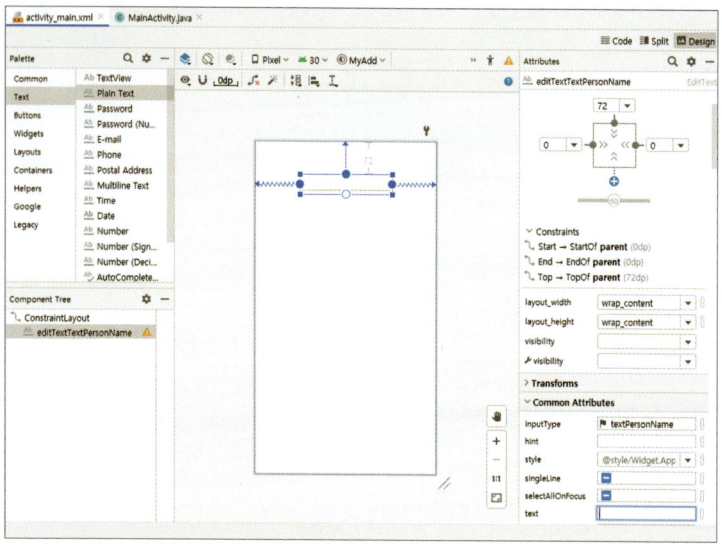

▲ 첫 번째 입력상자 배치하기

그 다음으로 왼쪽의 팔레트(Palette) 창에서 텍스트뷰(TextView)를 끌어다가 화면에 있는 입력상자 아래에 놓습니다. 텍스트뷰의 위쪽 연결점은 입력상자의 아래쪽 연결점과 연결하고 위쪽 입력상자와 약간 떨어뜨려 놓습니다. 추가한 텍스트뷰를 선택하고 오른쪽 속성 창에서 text 속성을 찾아 그 값으로 + 기호를 입력합니다. textSize 속성 값을 40sp로 입력하면 글자가 좀 더 크게 잘 보이게 됩니다.

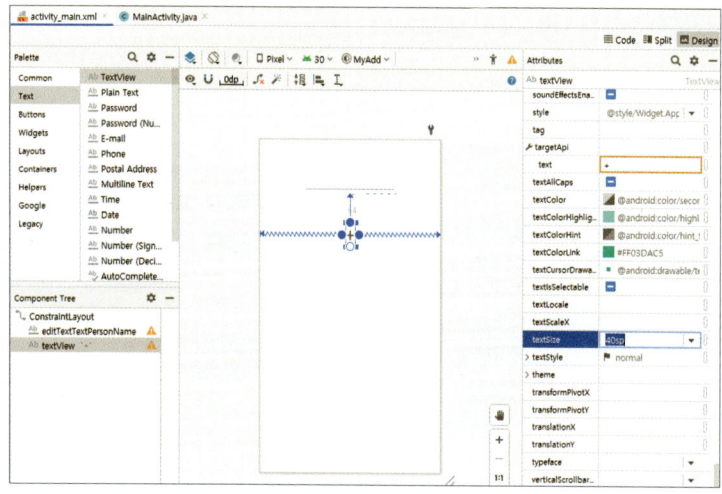

▲ 텍스트뷰를 끌어다 놓고 글자와 글자 크기 바꾸기

화면에 추가한 글자 아래쪽에는 첫 번째 입력상자를 추가했던 것처럼 Plain Text를 끌어와서 또 다른 입력상자를 끌어다 놓고 text 속성 값을 삭제합니다. 입력상자의 위쪽 연결점은 위에 있는 텍스트뷰의 아래쪽 연결점과 연결합니다. 그 아래쪽에는 다시 텍스트뷰(TextView) 위젯을 끌어다 놓습니다. 그리고 위쪽의 연결점을 위에 있는 입력상자의 아래쪽 연결점과 연결합니다. 마지막에 끌어다 놓은 텍스트뷰의 text 속성에는 아무런 글자가 보이지 않도록 지우고 textSize 속성 값을 40sp로 수정하면 다음과 같은 화면이 만들어집니다.

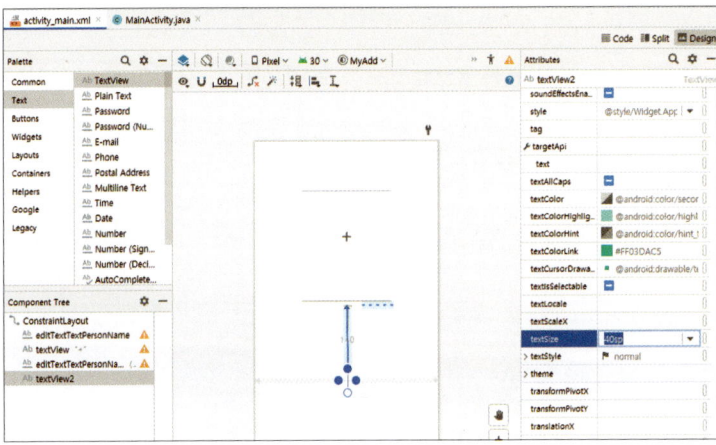

▲ 두 번째 입력상자와 두 번째 텍스트뷰 추가하기

이제 팔레트(Palette) 창에서 버튼(Button) 위젯을 끌어다가 가장 아래쪽에 추가합니다. 위쪽 연결점은 위에 있는 텍스트뷰의 아래쪽 연결점과 연결합니다. 버튼을 선택한 상태에서 오른쪽 속성 창의 text 속성 값을 '더하기'라고 입력하면 다음과 같은 화면이 완성됩니다.

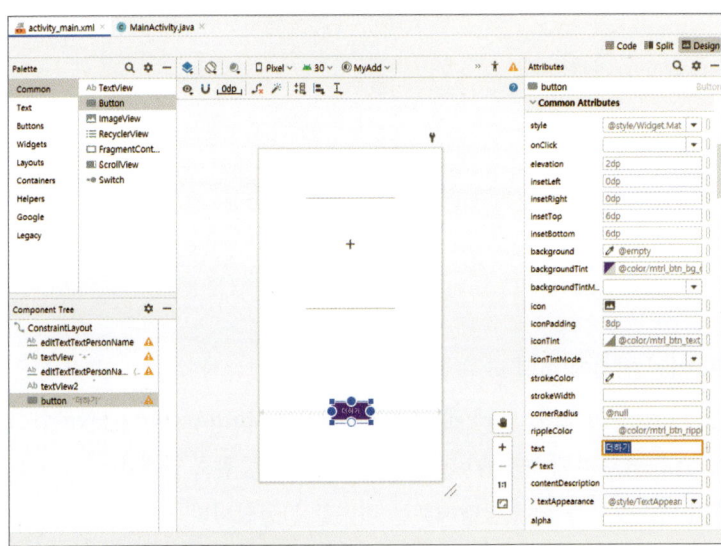

▲ 더하기를 위해 만든 화면이 완성된 모양

이 화면은 사용자가 첫 번째 입력상자와 두 번째 입력란에 숫자를 입력한 뒤 화면의 가장 아래쪽에 있는 [더하기] 버튼을 눌렀을 때 그 결과를 버튼 바로 위에 있는 텍스트뷰에 보여주기 위한 것입니다. 여러 개의 위젯들이 화면에 추가되었는데 그 중에서 관심을 가질 것은 각 위젯의 id 속성 값입니다. 안드로이드에서는 화면을 구성할 때 XML에 위젯을 추가하고, 자바 소스코드에서 그 위젯을 찾아 사용하기 위해 id 속성 값을 추가해야 한다고 했습니다. 그런데 우리가 화면을 구성하려고 끌어다 놓은 입력상자나 버튼에는 이미 자동으로 id 속성 값이 추가되어 있으므로 그 값만 잘 확인하면 소스코드에서 사용할 수 있습니다.

디자인 화면에서 [Code] 아이콘(≡ Code)을 눌러서 원본 XML 코드를 보면 상당히 복잡하게 구성되어 있습니다. 하지만 자동으로 추가된 태그와 그 id 값만 다음과 같이 추려낸 후 잘 살펴보면 원래의 위젯 이름, 즉 태그 이름에서 가장 앞에 있는 알파벳을 소문자로 만든 후 가장 뒤에 순서대로 숫자를 붙여가는 규칙을 발견할 수 있습니다.

코드 참고 / MyAdd〉/app/res/layout/activity_main.xml

```xml
<androidx.constraintLayout.widget.ConstraintLayout>

    <EditText
        android:id="@+id/editTextTextPersonName" />

    <TextView
        android:id="@+id/textView" />

    <EditText
        android:id="@+id/editTextTextPersonName2" />

    <TextView
        android:id="@+id/textView2" />

    <Button
        android:id="@+id/button" />

</androidx.constraintLayout.widget.ConstraintLayout>
```

여러분이 직접 추가한 위젯이므로 어떤 위젯에 어떤 id 속성 값이 부여되어 있는지 충분히 알 수 있을 것입니다. 이제 app/java 폴더 안의 org.techtown.add 패키지에 들어있는 MainActivity.java 소스 파일을 더블클릭하여 연 다음 소스코드를 추가해 보겠습니다. 먼저 클래스의 중괄호 안에는 화면에 추가했던 두 개의 입력상자와 한 개의 텍스트뷰를 찾아 할당해주는 변수를 선언합니다.

코드 참고 / MyAdd>/app/src/org.techtown.add/MainActivity.java

```java
public class MainActivity extends AppCompatActivity {
  EditText editText;
  EditText editText2;
  TextView textView2;

  @Override
  protected void onCreate(Bundle savedInstanceState) {
```

EditText와 TextView를 입력하면 해당 클래스가 자동으로 임포트(Import)됩니다. 이는 파일 상단에 숨겨져 있는 줄 번호 3번, import … 앞에 있는 ⊞ 기호를 눌러서 다음 두 줄을 확인하면 알 수 있습니다.

코드 참고 / MyAdd>/app/src/org.techtown.add/MainActivity.java

```java
중략…

import android.widget.EditText;
import android.widget.TextView;

public class MainActivity extends AppCompatActivity {
```

코드 아래쪽 onCreate 메서드 안에 다음 코드를 추가로 입력합니다.

코드 참고 / MyAdd>/app/src/org.techtown.add/MainActivity.java

```java
중략…
public class MainActivity extends AppCompatActivity {
중략…
  @Override
  protected void onCreate(Bundle savedInstanceState) {
    super.onCreate(savedInstanceState);
    setContentView(R.layout.activity_main);

    editText = findViewById(R.id.editTextTextPersonName);
    editText2 = findViewById(R.id.editTextTextPersonName2);
    textView2 = findViewById(R.id.textView2);

  }
}
```

이번에 입력한 코드 중 첫 번째 줄의 코드는 화면 레이아웃에 추가한 위젯 중에서 첫 번째 입력상자를 id 속성 값인 editText로 찾은 후 EditText 자료형으로 선언한 editText 변수에 넣어주는 코드입니다. 두 번째와 세 번째 줄의 코드도 각각 editText2와 textView2이라는 id 속성 값을 가진 위젯을 찾아 변수에 할당하는 역할을 합니다.

이제 버튼을 클릭했을 때 숫자를 더해주는 기능을 넣어보겠습니다. [activity_main.xml] 탭을 클릭하여 화면 레이아웃이 보이도록 한 후 버튼을 선택하고 오른쪽의 속성 창에서 onClick 속성을 찾아 onButton1Clicked라는 값을 넣어줍니다.

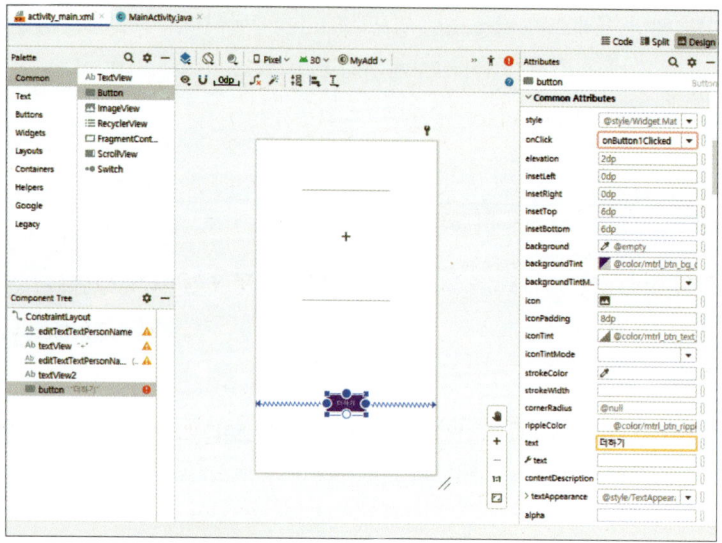

▲ 버튼의 onClick 속성에 값 입력하기

이제 버튼을 클릭하면 onButton1Clicked라는 메서드가 호출될 것입니다. 이 메서드는 [MainActivity.java] 탭을 클릭한 후 onCreate 메서드 아래쪽에 만들어줍니다.

코드 참고 / MyAdd〉/app/src/org.techtown.add/MainActivity.java

```
중략...
public class MainActivity extends AppCompatActivity {
    EditText editText;
    EditText editText2;
    TextView textView2;

    @Override
    protected void onCreate(Bundle savedInstanceState) {
        중략...
```

```
    }

    public void onButton1Clicked(View v) {

    }
}
```

버튼을 눌렀을 때 더하기 기능을 실행하려면 사용자가 입력상자에 입력한 값을 가져와야 합니다. 그런데 입력상자에 사용자가 입력한 글자를 소스코드에서 어떻게 확인할 수 있을까요? EditText의 getText 메서드를 사용하면 됩니다. 다음과 같이 한 줄을 더 추가합니다.

코드 참고 / MyAdd>/app/src/org.techtown.add/MainActivity.java

```
중략...
  public void onButton1Clicked(View v) {
    String value01 = editText.getText().toString();
  }
}
```

사용자가 입력상자에 입력한 값은 getText 메서드를 호출하여 가져올 수 있는데, 그 자료형이 Editable이라는 것으로 되어 있습니다. 이 결과물에 대해

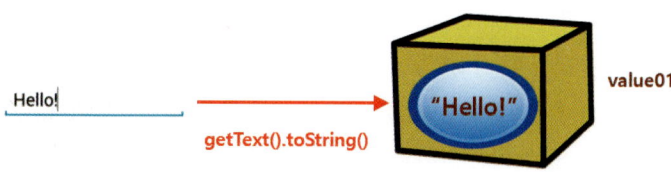

▲ 입력상자(EditText)에 입력된 값을 코드에서 참조하는 방법

toString 메서드를 한 번 더 호출해주면 입력상자에 입력한 글자를 가져와 String 자료형으로 선언된 value01 변수에 할당할 수 있습니다.

입력상자가 두 개 있으니 두 개의 입력상자에서 모두 값을 가져올 수 있도록 하겠습니다.

코드 참고 / MyAdd>/src/org.techtown.add/MainActivity.java

```
중략...
  public void onButton1Clicked(View v) {
    String value01 = editText.getText().toString();
    String value02 = editText2.getText().toString();
  }
}
```

코드가 조금 많아지더라도 걱정할 필요는 없습니다. 중요한 것은 코드가 어떤 의미를 가지고 있는지 이해하면서 입력해야 한다는 것입니다. 여러분은 이미 충분히 이해하면서 동일한 패턴으로 코드를 입력하고 있기 때문에 코드가 약간 많아지더라도 충분히 따라할 수 있습니다.

> **정박사님 궁금해요** | **기호가 있는 부분은 어떻게 이해하면 되나요?**
>
> 코드를 입력하다 보면 //로 시작하는 코드 부분을 자주 보게 됩니다. 그리고 이 안에 들어있는 코드는 회색으로 표시되면서 동작하지 않습니다. 여기에서 //라는 기호는 '주석(Comment)'이라고 부르는 설명글인데 실제 소스코드로 동작하지 않는 부분입니다. 이렇게 설명글을 넣으면 코드를 입력하는 사람이 나중에 다시 확인할 때 이 부분이 어떤 부분인지 이해할 수 있습니다. 설명글을 코드에 넣는 방법 중에 가장 대표적인 것은 /**와 */를 설명글 앞과 뒤에 붙이는 방법, 그리고 //를 한 줄의 설명글 앞에 붙이는 방법이 있습니다.
>
> | 여러 줄의 설명글 | /** 설명글 */ |
> |---|---|
> | | /* 설명글 */ |
> | 한 줄의 설명글 | // 설명글 |
>
> ▲ 설명글(Comment)을 넣는 주석의 형식과 종류
>
> 한 줄의 설명글은 한 줄이 넘어가면 다음 줄에는 효력이 발생하지 않으므로 여러 줄의 설명글을 넣을 때는 /**와 */를 사용하거나 /*와 */를 사용합니다. 코드를 수정한 후라도 이전 코드를 남겨두어 참고로 보려고 할 경우에는 이전 코드 부분에 /*와 */를 붙여 설명글로 만들어두기 바랍니다.

버튼을 눌렀을 때 두 개의 입력상자에 입력된 글자가 어떤 것인지 알 수 있게 되었으니 이제 두 개의 값을 더한 후 그 결과 값을 TextView 위젯에 보여주면 됩니다. 그렇다면 TextView 위젯에 값을 보여줄 때는 어떻게 해야 할까요? TextView 위젯에 있는 setText 메서드는 글자를 화면에 보여줄 수 있도록 합니다. 다음 코드를 사용하면 더하기 기능을 수행한 결과 값을 value03 변수에 넣은 후 텍스트뷰에 보여줄 수 있습니다.

코드 참고 / MyAdd>/src/org.techtown.add/MainActivity.java

```java
중략...
    public void onButton1Clicked(View v) {
        String value01 = editText.getText().toString();
        String value02 = editText2.getText().toString();

        String value03 = "10";
        textView2.setText(value03);
    }
}
```

textView2 객체에 들어있는 setText 메서드를 호출하는 코드를 입력했습니다. 여기서는 value03 변수에 임의로 10이라는 글자를 할당했습니다. 그러면 이제 실제 값 두 개를 더해서 결과를 보여주어야 합니다. 더하기는 + 기호를 사용하면 되니 다음 코드처럼 value03이라는 변수에 value01의 값과 value02의 값을 더한 값을 할당하는 코드를 입력합니다.

코드 참고 / MyAdd〉/src/org.techtown.add/MainActivity.java

```java
중략...
    public void onButton1Clicked(View v) {
        String value01 = editText.getText().toString();
        String value02 = editText2.getText().toString();

        String value03 = "10";
        textView2.setText(value03);
        String value03 = value01 + value02;
    }
}
```

그런데 문제가 한 가지 생겼습니다. 두 개의 입력상자에 10이라는 숫자와 20이라는 숫자를 각각 입력하고 위와 같은 코드를 실행하면 + 연산자가 숫자를 더해주는 것이 아니라, 두 개의 문자열을 붙이도록 동작한다는 점입니다. 앞에서 + 연산자의 앞과 뒤에 숫자가 올 때만 더하기가 되고 그 외에 문자열이 하나라도 오면 문자열을 붙여준다는 내용을 배웠으니 이 말을 이해하기가 어렵지는 않을 것입니다. 그렇다면 value01과 value02 변수는 String 자료형이 아니라 int 자료형이 되어야 합니다. 그런데 value01을 int 자료형으로 선언하면 오류가 발생합니다. 입력상자에서 받아온 값은 문자열인데 그 문자열을 넣어줄 변수상자의 크기는 int 크기밖에 되지 않기 때문입니다.

그렇다면 먼저 문자열을 정수로 바꿔주는 과정이 추가되어야 합니다. 문자열을 정수로 바꿔주려면 다음과 같이 Integer.parseInt 메서드를 사용합니다. 그런데 TextView 위젯에 있는 setText 메

| 문자열 | → | Integer.parseInt | → | 숫자 |
| 숫자 | → | String.valueOf | → | 문자열 |

▲ 숫자와 문자열을 서로 바꿔주는 메서드

서드를 호출하여 글자를 보여줄 때도 숫자가 아닌 문자열이 되어야 합니다. 숫자를 문자열로 바꿔줄 때는 String.valueOf 메서드를 사용합니다.

Integer.parseInt 메서드는 문자열을 전달하면 그 문자열에 숫자가 있는지 확인하여 숫자가 있을 때는 정수 자료형의 값으로 만들어줍니다. 앞서 입력한 value03 변수에 value01과 value02의 값을 더한 값을 할당하는 코드를 다음 코드처럼 수정해서 입력한 앱을 실행해 보겠습니다.

코드 참고 / MyAdd>/src/org.techtown.add/MainActivity.java

```java
중략...
  public void onButton1Clicked(View v) {
    String value01 = editText.getText().toString();
    String value02 = editText2.getText().toString();

    int input01 = Integer.parseInt(value01);
    int input02 = Integer.parseInt(value02);

    int value03 = input01 + input02;
    textView2.setText(String.valueOf(value03));
  }
}
```

앱을 실행했을 때 보이는 화면은 다음과 같습니다.

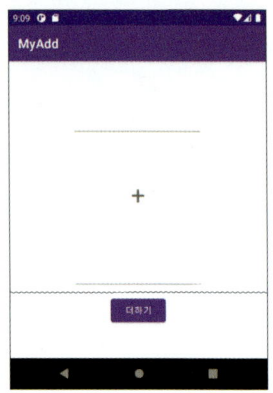

▲ 더하기 앱을 실행한 화면

두 개의 입력상자에 각각 10을 입력한 후 [더하기]를 누르면 다음과 같이 20이라는 숫자가 버튼 위에 있는 텍스트뷰에 표시되는 것을 볼 수 있습니다.

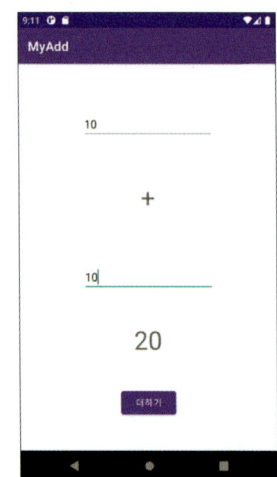

▲ 버튼을 클릭하여 두 개의 입력된 값을 더한 후 결과를 표시한 화면

화면에 보이는 입력상자에 입력한 값을 가져와 더한 후 화면에 있는 텍스트뷰에 결과 값을 보여주는 것까지 해보았습니다. 지금까지의 과정이 간단하게 보일지 모르지만 이 기능들은 앱이 동작하도록 만들 때 가장 기본적이고 중요한 내용입니다. 왜냐하면 어떤 프로그램이든 사용자에게 입력받은 값을 사용해서 다시 사용자에게 그 결과를 보여주어야 할 경우가 많기 때문입니다. 이 경우에 EditText 위젯으로 사용자에게 받은 입력 값을 사용해서 TextView로 결과 값을 보여주는 기능을 마음대로 만들 수 있다면 다양한 화면을 만들 때도 그리 어렵지 않을 것입니다.

입력상자에 숫자가 아닌 글자를 넣으면 앱이 죽어버린다거나(비정상 종료라고 합니다.) 또는 입력상자에 값을 입력하려고 할 때 보이는 키패드가 처음부터 숫자 키패드가 아니거나 하는 문제는 차차 공부하면서 보완해야 하는 내용입니다.

> **정박사님 궁금해요**　**입력상자에 글자를 넣고 버튼을 클릭하면 앱이 죽어버려요**
>
> 입력상자에 글자를 넣으면 앱이 죽어버리는 문제는 예외 처리 부분, 키패드가 처음부터 숫자 키패드가 아닌 문제는 EditText의 입력 타입 설정 부분에서 확인할 수 있습니다.

6 _ 상수의 기본 개념 알아보기

데이터를 담아둘 수 있는 상자를 하나 만들고 변수라고 선언하면 필요할 때마다 그 안에 들어가는 값을 바꿔 넣을 수 있습니다. 이 변수와는 다른 개념인 '**상수(Constant)**'라는 것도 있습니다. 상수는 값이 변하지 않는 것으로 처음 선언할 때 넣은 값은 계속 변하지 않고 유지됩니다.

자바에서 상수를 만들 때는 final이라는 키워드를 사용합니다. 앞에서 만든 더하기 화면에서 두 개의 입력상자에 넣은 값을 더한 후 100을 추가로 더해주는 방식으로 변경하고 싶다면 숫자 100을 그 값이 변하지 않는 상수로 만들 수 있습니다. 다음과 같이 두 줄의 코드를 추가로 입력하면 100을 상수를 만들어 결과 값에 100을 더 더해주게 됩니다.

코드 참고 / MyAdd〉/src/org.techtown.add/MainActivity.java

```java
중략...
  public void onButton1Clicked(View v) {
    String value01 = editText.getText().toString();
    String value02 = editText2.getText().toString();

    int input01 = Integer.parseInt(value01);
    int input02 = Integer.parseInt(value02);

    int value03 = input01 + input02;
    textView2.setText(String.valueOf(value03));

    final int value04 = 100;
    value03 = value03 + value04;

    textView2.setText(String.valueOf(value03));

  }
}
```

int 자료형으로 선언된 value04 변수에는 100이라는 값을 넣었습니다. 이 변수 앞에 final이라는 키워드를 붙이면 이 변수에 들어있는 100이라는 값은 변할 수 없는 상수 값이 됩니다. 따라서 value04에 다른 값을 넣으려고 하면 오류가 표시됩니다. 앱을 실행하고 입력상자에 10과 10을 입력한 후 [더하기]를 누르면 120이라는 숫자가 결과물로 표시되는 것을 볼 수 있습니다.

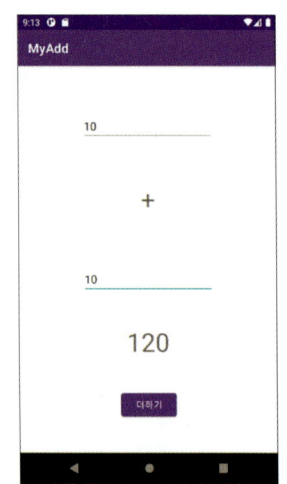

▲ 100을 상수 값으로 만들어 항상 100을 더 더하는 경우

그러면 상수는 이렇게 변수처럼 코드 중간에서만 사용할 수 있는 걸까요? 나중에 자세하게 살펴보겠지만 변수나 상수는 onCreate와 같은 메서드 안에서 사용될 수 있을 뿐만 아니라 메서드 밖에서도 선언할 수 있습니다. 다음 코드를 한 번 입력해 보겠습니다.

코드 참고 / MyAdd⟩/src/org.techtown.add/MainActivity.javaMainActivity.java

```java
중략...
public class MainActivity extends AppCompatActivity {

    int value05 = 100;
    final int value06 = 100;
    final static int value07 = 100;

    EditText editText;
    EditText editText2;
    TextView textView2;

    @Override
    protected void onCreate(Bundle savedInstanceState) {

중략...
```

value05 변수는 onButton1Clicked 메서드 안이 아니라 MainActivity 클래스 안에 있으면서 동시에 onButton1Clicked 메서드 밖에 있습니다. value06 변수 앞에 final을 붙이면 변수가 아닌 상수가 되는데 이것도 클래스 안에서 선언할 수 있습니다. 이 두 변수와 상수는 onButton1Clicked 메서드 안에 있는 코드에서 사용할 수 있지만 동시에 onButton1Clicked가 아닌 다른 메서드에서도 사용할 수 있습니다. 이것을 변수 또는 상수의 **'유효 범위(Scope)'** 라고 합니다.

어떤 마을에 공동 우물이 있다면 그 우물의 물은 어떤 집에서도 길어다 먹을 수 있습니다. 각각의 집에 있는 우물을 각각의 메서드 안에 있는 변수라고 한다면 마을 중앙에 있는 공동 우물은 클래스 안에서 선언된 변수와 같습니다.

▲ 항상 마실 수 있는 공동우물과 같이 항상 접근할 수 있는 변수와 상수

onCreate 메서드 안에서는 value05와 value06 그리고 value07을 마음대로 사용할 수 있습니다. 즉, 다음과 같은 코드에서 각각의 줄은 모두 같은 결과 값을 value03 변수에 넣어줍니다.

코드 참고 / MyAdd⟩/src/org.techtown.add/MainActivity.java

```
중략...

    textView2.setText(String.valueOf(value03));

    value03 = value03 + value04;
    value03 = value03 + value05;
    value03 = value03 + value06;
    value03 = value03 + value07;
    value03 = value03 + MainActivity.value07;

  }
}
```

그런데 마지막에 있는 value07이라는 상수는 value07을 직접 사용할 수도 있지만 MainActivity.value07처럼 사용할 수도 있습니다. 이것은 value07을 선언할 때 static 키워드를 붙였기 때문입니다. static 키워드까지 붙여주면 이 상수는 클래스 안에 있는 코드에서뿐만 아니라 다른 곳에서도 사용할 수 있습니다. 즉, 다른 사람이

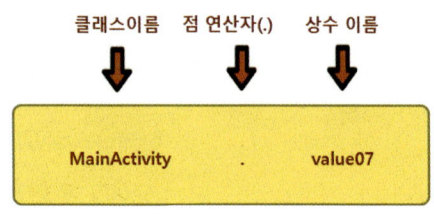

▲ 클래스 상수의 접근

만든 클래스 안에 상수가 선언되어 있다면 그 상수는 클래스 이름과 변수 이름을 이용해서 값을 참조할 수 있는 것이죠.

value07은 static과 final이라는 두 개의 키워드를 붙여주었기 때문에 MainActivity.value07이라고 입력하면 클래스 밖에서도 사용할 수 있습니다. 이때 public 키워드가 더 필요할 수도 있습니다. 이 public 키워드의 자세한 내용은 차차 설명할 것입니다. 중요한 점은 public, static, final이라는 키워드를 함께 사용하는 것은 상수라는 것을 기억해 두어야 한다는 것입니다. 그리고 상수는 변하지 않는 값이기 때문에 처음에 넣어둔 값을 계속 가지고 있게 되므로 항상 똑같은 값을 보여주거나 항상 똑같은 값을 이용해 연산하고 싶을 때 사용합니다.

지금까지 데이터를 담아두는 변수와 자료형을 살펴보았습니다. 변수니 자료형이니 하는 딱딱한 단어들이 조금 더 친숙하게 느껴진다면 이 장을 충실하게 읽고 실습했다고 할 수 있습니다. 그 과정에서 무엇보다 중요한 것은 자동으로 만들어지는 생소한 코드들을 조금씩 이해해가고 있다는 점입니다. 어렵게 느껴지는 단어들을 억지로 기억하기보다는 코드가 가지는 의미를 이해하려고 노력하기 바랍니다.

입력상자에 입력한 값 보여주기

✓ 체크해 보세요!

변수 알아보기
p.131 ✓

형 변환 알아보기
p.151 ✓

화면에 결과물
보여주기
p.154 ✓

상수 알아보기
p.165 ✓

난이도	상	중	하 ✓	소요시간	30분
목표	버튼을 눌렀을 때 입력란에 입력한 값을 확인하는 방법 연습					

- 사람 이름 등을 화면에 입력하는 기능을 만들어봅니다.
- 버튼을 눌렀을 때 입력란에 입력한 사람 이름 등을 보여주는 기능을 만들어봅니다.

❶ 안드로이드 스튜디오에서 새로운 프로젝트를 만들고 프로젝트의 이름은 Study05, 패키지 이름은 org.techtown.study05로 합니다.

❷ activity_main.xml 파일을 열고 화면에 입력상자 세 개와 버튼 두 개를 추가합니다. 첫 번째 버튼에는 '저장', 두 번째 버튼에는 '닫기'로 텍스트를 표시합니다.

❸ 입력상자의 id 속성 값은 각각 input1, input2, input3으로 하고 버튼의 id 속성 값은 saveButton과 closeButton으로 설정합니다. 사용자는 입력상자 세 개에 각각 이름, 나이, 주소를 입력할 것입니다.

❹ MainActivity.java 파일을 열고 소스코드를 수정합니다.

❺ 앱을 실행하고 세 개의 입력란에 각각 'John', '20', 'Seoul'을 입력한 후 [저장] 버튼을 누르면 '입력된 값 : John, 20, Seoul'이라는 토스트 메시지가 보이도록 코드를 입력합니다.

❻ [닫기] 버튼을 눌렀을 때는 앱을 종료하도록 코드를 입력합니다.

해답 | Study05 프로젝트

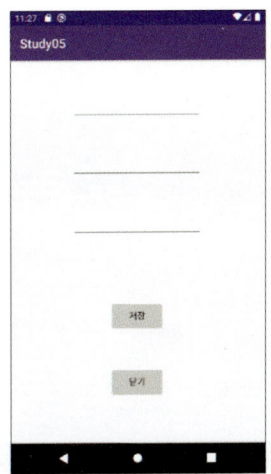
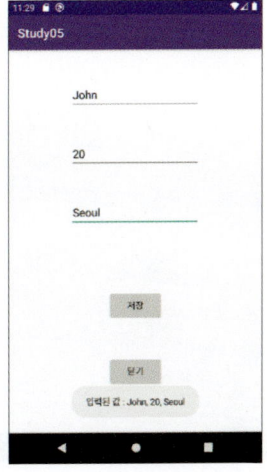

입력한 숫자 값 비교하기

난이도	상	중	✓ 하	소요시간	30분
목표	사용자가 입력한 값을 숫자로 바꾸어 비교하는 방법 연습					

- 사용자가 입력한 숫자 값을 비교하는 기능을 만들어봅니다.
- 숫자로 된 값이 일정 기준을 넘을 때와 그렇지 않을 때 각각 다른 결과를 화면에 있는 텍스트뷰에 보여주는 기능을 만들어봅니다.

❶ 앞에서 만들었던 Study05 프로젝트를 복사하여 Study06으로 만듭니다.

❷ activity_main.xml 파일을 열고 화면에 있던 입력상자 세 개와 버튼 두 개 외에 텍스트뷰 한 개를 버튼 아래쪽에 추가합니다. 텍스트뷰의 id 속성 값은 output1, 글자 크기는 30sp로 설정하고 '입력된 값'이라는 글자가 표시되도록 합니다.

❸ MainActivity.java 파일을 열고 [저장]을 눌렀을 때 입력란에 입력했던 값들을 아래쪽에 있는 텍스트뷰에 보여주도록 코드를 수정합니다. 텍스트뷰에 글자를 보여줄 때는 setText 메서드를 사용합니다.

❹ [저장] 버튼을 눌렀을 때 사용자가 입력한 나이 값을 비교하여 30보다 큰 경우에는 '나이가 30살보다 많습니다.'라는 토스트 메시지를 띄워줍니다. 만약 30과 같거나 작은 경우에는 '나이가 30살 이하입니다.'라는 토스트 메시지를 띄워주도록 코드를 수정합니다.

✓ 체크해 보세요!

변수 알아보기
p.131 ✓

형 변환 알아보기
p.151 ✓

화면에 결과물 보여주기
p.154 ✓

상수 알아보기
p.165 ✓

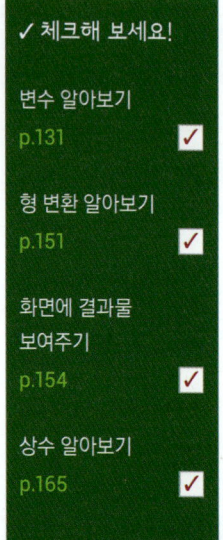

해답 | Study06 프로젝트

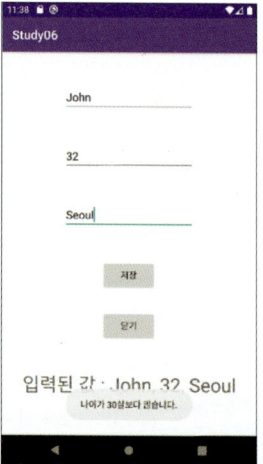
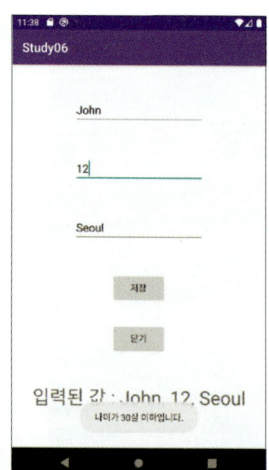

자바 변수와 자료형, 그리고 상수 이해하기

변수와 자료형

❶ **변수란?**

무엇을 담아두는 상자와 같습니다.

→ 변수 상자에 이름을 지어주면서 만들면 그 상자에 값을 담을 수 있습니다. count라는 이름으로 변수를 만들면서 등호(=) 기호를 붙인 후 그 뒤에 어떤 값을 넣어주면 그것이 변수의 값이 되어 상자로 들어갑니다.

```
ex   변수 이름 = 값;
     count = 10;
```

변수의 특징

- 변수는 데이터를 저장하기 위한 상자와 같습니다.
- 변수에 한 번 값을 넣어두면 변수 상자 안의 값을 필요에 따라 사용할 수 있습니다.
- 변수에 들어있는 값은 언제라도 바뀔 수 있습니다.

❷ **변수의 선언(Declaration)이란?**

변수 상자를 만드는 것을 말합니다.

→ 변수 상자를 만들기만 하고 값은 넣지 않을 수도 있으며 나중에 값을 넣어도 됩니다.

❸ **변수에 값을 할당한다(allocate)란?**

이미 만들어진(이미 선언한) 변수에 값을 넣는 것입니다.

→ 변수에 값을 할당하려면 변수의 이름 오른쪽에 = 기호를 붙이고 그 다음에 값을 입력합니다.

❹ **초기화(Initialization)란?**

변수를 선언함과 동시에 처음 들어갈 값을 넣어두는 것입니다.

❺ **자료형(Type)이란?**

변수가 어떤 종류의 정보를 담을 수 있는지를 알려줍니다. 값을 저장하기 위해 얼마나 크고 어떤 모양을 가진 상자를 사용할 것인지를 결정하는 것이라 할 수 있습니다.

```
ex   자료형 변수 이름 = 값;
     int count = 10;
```

기본 자료형과 객체 자료형

- **기본 자료형(Primitive Type) 또는 기본 타입**
  미리 정의해 둔 자료형입니다.
  값을 담아둘 수 있는 가장 기본이 되는 크기들을 정의한 것으로 정수, 실수 등 하나의 단위 값을 담을 수 있는 공간을 제공합니다.

둘째마당 | 앱 화면을 만들면서 자바를 하나씩 알아가기 171

- 객체 자료형(Object Type) 또는 객체 타입

    여러 개의 값을 한꺼번에 가지고 있는 것을 '객체(Object)'라고 합니다.

    이 객체라는 것을 가리킬 수 있도록 직접 만든 자료형이 바로 '**객체 자료형**'입니다.

❻ 할당 연산자란?

　= 기호를 말합니다.

→ 이 기호는 상자처럼 만들어진 변수에 값을 넣는다는 의미로 사용됩니다.

문자열 자료형

❶ String이란?

　문자열을 담기 위한 객체 자료형입니다.

❷ 객체 자료형이란?

　기본 자료형과 다른 특성이 있으며 new라는 연산자로 만든다고 생각하면 됩니다.

❸ String 자료형이란?

　new 연산자를 사용하지 않고 기본 자료형처럼 바로 값을 넣을 수도 있게 합니다.

❹ 문자열은 큰따옴표(" ") 안에 넣어줍니다.

```
ex   String name = "방탄소년단";
     String name = new String("방탄소년단");
```

❺ 더하기 연산자란?

　+ 기호를 말합니다.

→ 양쪽에 숫자가 올 때는 숫자를 더한 값을 변수에 넣어줍니다. 하지만 한 쪽에라도 문자가 있으면 양쪽에 있는 모두를 문자열로 보고 두 개의 문자열을 이어서 붙여줍니다.

❻ 형 변환이란?

　더하기 표시의 양쪽에 문자열과 숫자가 있을 때 문자열과 숫자를 붙여주기 전에 숫자를 문자열로 자동으로 바꿔줍니다.

묵시적 형 변환과 명시적 형 변환

- 묵시적 형 변환

    우리가 모르는 사이에 자동으로 바꿔주는 것을 묵시적 형 변환 또는 '**자동 형 변환(Automatic Type Conversion)**'이라고 합니다.

- 명시적 형 변환

    '자동 형 변환'이 되지 않는 경우에 직접 자료형을 지정하여 바꿔주는 것을 명시적 형 변환이라고 합니다. '**타입 캐스팅(Type Casting)**'이라고도 부릅니다. 명시적 형 변환을 하고 싶다면 변수 앞에 소괄호를 붙이고 그 안에 어떤 자료형으로 바꿔줄지 알려주어야 합니다.

더하기 앱 만들기

❶ 주석(Comment)이란?

기호를 앞에 붙인 설명글을 말합니다.

→ 실제 소스코드로 동작하지 않는 부분입니다. 이렇게 설명글을 넣으면 코드를 입력하는 사람이 나중에라도 이 부분이 어떤 부분인지 이해할 수 있습니다.

설명글(Comment)을 넣는 주석의 형식과 종류

1. 여러 줄의 설명글	/**	설명글	*/
	/*	설명글	*/
2. 한 줄의 설명글	//	설명글	

숫자와 문자열을 서로 바꿔주는 메서드

1. 문자열을 숫자로 바꾸기				
문자열	→	Integer.parseInt	→	숫자
2. 숫자를 문자열로 바꾸기				
숫자	→	String.valueOf	→	문자열

상수와 유효 범위

❶ 상수란?

값이 변하지 않는 상자라고 생각할 수 있습니다. 상자를 처음 만들 때 넣은 값은 계속 변하지 않고 유지됩니다.

❷ static과 final 키워드를 함께 사용하는 것은 상수라는 것을 기억해두어야 합니다.

❸ 유효 범위란?

변수와 상수가 메서드 안에서 선언된 경우, 메서드 안에 있는 코드에서 사용할 수는 있지만 다른 메서드에서는 사용할 수 없다는 것을 의미합니다.

❹ 변수와 상수가 메서드가 아닌 클래스 안에 선언된 경우에는 그 클래스에 들어있는 어떤 메서드에서도 사용할 수 있습니다.

02-4

이벤트 처리 및 함수와 연산자 이해하기 중요도 ★★★★☆

버튼을 눌렀을 때 토스트 메시지를 띄우는 일은 이미 몇 번 해보았기 때문에 버튼을 눌렀을 때 동작할 코드를 어떻게 만들고 어느 부분에 넣어야 하는지는 이해하고 있겠죠? 그렇다면 버튼을 클릭했을 때 어떻게 코드가 동작하는 것일까요? 버튼 클릭 말고 손가락 터치처럼 다른 방식으로 동작시킬 수 있는 방법은 없을까요? 이 장에서는 버튼을 클릭했을 때 프로그램이 어떻게 처리되는지 이해하기 위해 이벤트를 살펴보겠습니다. 버튼을 클릭했을 때 원하는 기능이 동작되도록 하려면 동작 기능을 하나의 함수로 만들고 호출해서 사용하는 방법을 알아야 합니다. 또한 서로 다른 두 변수의 값을 비교하는 경우도 생기므로 이때 사용하는 연산자도 함께 알아보겠습니다.

키워드로 알아보는 자바 언어

함수	어떤 기능을 실행하는 상자와 같으며 위로 입력되고 아래로 반환하는 값이 있습니다.
이벤트	버튼을 클릭하면 이벤트라는 것이 생기고 이것을 처리하는 것을 리스너라고 합니다.
터치 이벤트	손으로 터치하면 터치 이벤트가 생기고 눌렀을 때, 당길 때, 뗄 때를 알 수 있습니다.
연산자	더하기와 빼기를 하는 +, - 기호를 연산자라고 하며 =, == 등도 연산자입니다.

1 _ 버튼을 클릭했을 때 동작하는 과정 살펴보기

안드로이드 프로젝트를 만들고 화면에 버튼을 넣은 후 그 버튼을 눌렀을 때 토스트 메시지를 띄우는 방법은 두 가지였습니다. 첫 번째는 앱 화면 모양을 만드는 XML 레이아웃 파일에서 버튼의 onClick 속성에 onButton1Clicked 메서드 이름을 지정한 후 자바 소스코드에서 같은 이름을 가진 메서드를 만들어주는 방법이었습니다. 두 번째는 XML 레이아웃 파일에서 정의한 버튼의 id로 자바 소스코드에서 버튼을 찾아내고 그 버튼에 리스너를 등록하는 코드를 넣어주는 방법이었습니다. 버튼을 클릭했을 때 어떤 일이 생기는지를 살펴보려면 두 번째 방법이 어떻게 동작하는지 이해해야 합니다.

두 번째 방법을 다시 돌이켜보면 먼저 버튼에 들어있는 setOnClickListener 메서드를 호출해야 합니다. 이 메서드는 그 이름에서 알 수 있듯이 무언가를 설정(Set)하는 것으로 'set이라는 단어 뒤에 있는 OnClickListener라는 것을 설정한다.'라고 할 수 있습니다. 그리고 OnClickListener라는 말도 '클릭(Click)되었을 때(On)가 언제인지를 듣고 있다(Listener).'라고 해석할 수 있습니다.

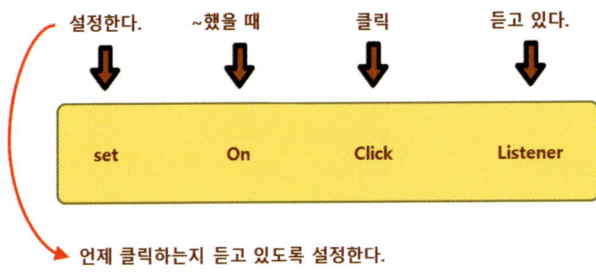

▲ setOnClickListener라는 말의 뜻

다시 말하면 버튼에 설정하는 대상은 OnClickListener라는 객체가 되고, 이 OnClickListener는 버튼을 클릭했을 때가 언제인지를 듣고 처리할 수 있는 것이 됩니다.

앞에서 문자열이나 버튼이 객체 자료형으로 되어 있고 객체 자료형은 new 연산자를 붙여서 객체로 만든다고 했습니다. OnClickListener도 객체라면 new 연산자를 붙여서 만들 수 있을 것입니다. 여러분이 이미 입력해 보았던 것처럼 new 연산자를 이용해 OnClickListener 객체를 만들면 그 안에는 onClick 메서드가 들어갈 수 있습니다.

▲ 버튼에 OnClickListener 객체를 설정한다는 의미

OnClickListener도 객체 자료형이므로 무언가를 넣을 수 있는 상자가 됩니다. 객체는 무언가를 담아둘 수도 있고 그 객체에 들어있는 메서드를 호출할 수도 있습니다. 예를 들어, 사람이라는 객체가 있으면 그 객체는 어떤 사람인지 알 수 있는 데이터를 가지고 있을 수도 있지만 '움직여!'라는 메서드도 가질 수 있고 그 메서드를 누군가 호출하면 그 메서드 안에 넣어둔 코드가 실행되도록 할 수도 있습니다.

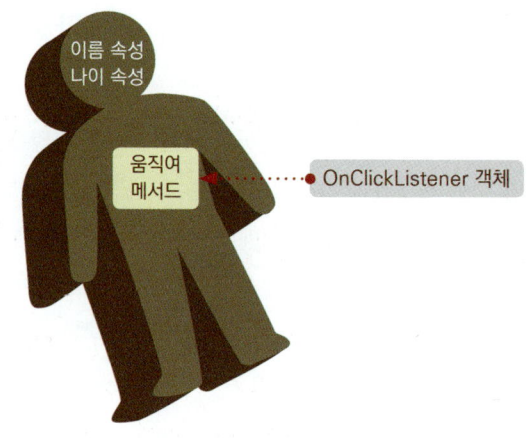

▲ 객체가 가질 수 있는 속성과 메서드

OnClickListener 객체도 onClick 메서드를 가지고 있어 필요할 때 호출할 수 있습니다. 그런데 우리는 이 메서드를 호출한 적이 없으며, 자동으로 추가된 onClick 메서드 안에 토스트 메시지를 띄우는 코드만 넣었을 뿐입니다. 그러면 호출하지도 않은 것이 어떻게 동작했을까요? 잘 생각해보면 우리가

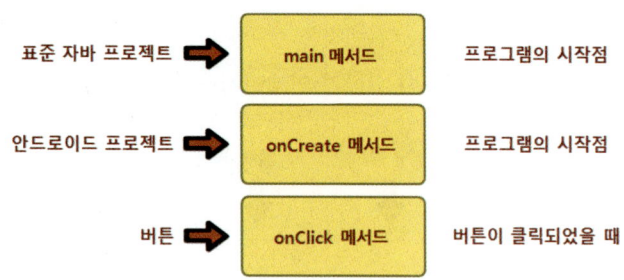

▲ 호출하지도 않은 메서드가 알아서 호출되는 경우

직접 호출하지도 않은 것이 자동으로 호출되는 것을 이미 본 것 같기도 합니다.

그렇습니다. '안녕!'이라는 글자를 콘솔에 보여주는 아주 간단한 표준 자바 프로젝트를 만들 때도 main 메서드를 코드에 추가하면 그 메서드가 프로그램의 시작점이 된다고 했던 것을 기억할 것입니다. 프로그램의 시작점이 된다는 것은 '프로그램을 시작해!'라고 컴퓨터에 명령하여 프로그램이 시작되면 컴퓨터가 자동으로 실행하는 소스코드의 처음 부분이 된다는 의미입니다.

▲ 프로그램의 시작점

안드로이드 프로젝트에서도 onCreate 메서드가 똑같이 프로그램의 시작점 역할을 합니다. 이렇게 PC나 스마트폰과 같은 컴퓨터에서 자동으로 어떤 메서드를 호출해주는 것을 '콜백(Callback)'이라고 합니다. 콜백이라는 말은 컴퓨터가 다시 여러분이 만든 메서드를 호출해 준다는 의미이며, 이런 목적으로 만든 메서드를 '콜백 메서드'라고 합니다.

▲ 콜백 메서드가 동작하는 방식

컴퓨터가 어떤 상태가 되면 알아서 호출해주는 방식이므로 프로그램이 컴퓨터에게 어떤 동작을 하라고 명령을 내리는 것과 반대 방향으로 명령이 전달되고 실행된다는 것을 알 수 있습니다. 대부분의 콜백 메서드는 어떤 상황이 생겼을 때 컴퓨터는 그 상황을 알고 있지만 프로그램이 모르는 경우, 컴퓨터가 프로그램에 그 상황을 알려주기 위해 호출합니다. 프로그램을 시작하라고 했을 때 컴퓨터가 main 메서드나 onCreate 메서드를 호출하는 것도 마찬가지입니다. 컴퓨터의 상태에 따라 프로그램이 시작되는 때가 결정될 것이고 컴퓨터는 프로그램의 어떤 부분을 먼저 실행시켜야 하므로 시작점이 되는 메서드들도 콜백 메서드가 됩니다.

이와 같은 방식으로 onClick도 버튼을 클릭했을 때 자동으로 호출되도록 정의되어 있습니다. 이 메서드가 호출될 때는 사용자가 버튼을 클릭했을 때 생기는 '이벤트(Event)'라는 것을 전달받게 됩니다.

그러면 이벤트란 무엇일까요? 화면에 버튼을 하나 만들고 사용자가 버튼을 클릭하면 스크린에서 누군가가 클릭하는 정보는 스마트폰의 화면 장치로 전달되고 이 정보는 다시 안드로이드라는 운영체제 내의 무언가가 받게 됩니다. 그리고 이때 클릭한 정보는 이벤트라는 객체, 즉 하나의 상자로 만들어져 전달되게 됩니다. 이벤트 객체는 클릭했을 때의 정보를 가지고 있는 것이니 그 안에는 언제 어디를 클릭했는지의 정보가 들어있을 것입니다. 안드로이드에는 '이벤트 핸들러(Event Handler)'라는 것이 있어 이 이벤트라는 상자를 받으면 그 상자를 열어 해석하고 처리할 수 있습니다.

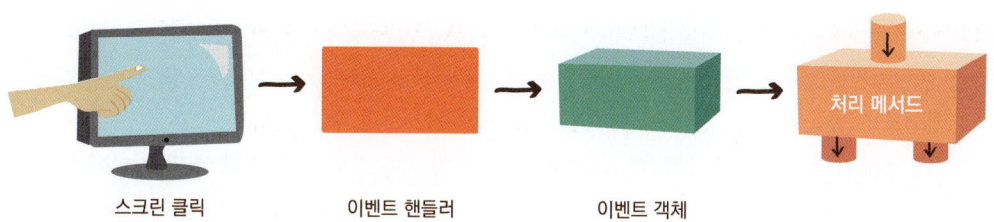
▲ 클릭했을 때의 동작

그런데 사용자가 화면에 있는 무언가를 클릭할 때마다 모든 일을 이벤트 핸들러가 다 처리해야 한다면 화면에 있는 모든 정보나 코드를 이 이벤트 핸들러라는 것에 넣어두어야 하는 불편함이 생깁니다. 이 때문에 버튼을 클릭했다면 그 버튼이 직접 일을 처리할 수 있도록 버튼에 코드를 넣어두고 콜백으로 호출하여 그 코드가 실행되도록 만들게 됩니다.

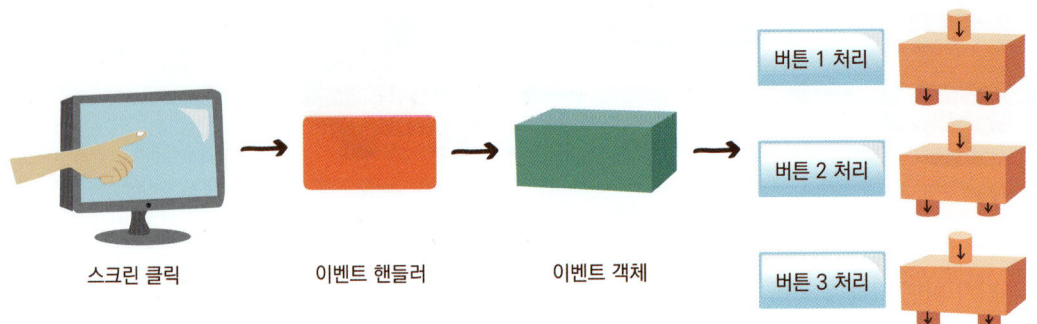

▲ 화면에 있는 각각의 버튼으로 이벤트 전달하기

예를 들어, 사용자가 화면의 어딘가를 클릭하면 이벤트 핸들러가 그 정보를 전달받습니다. 그리고 클릭된 위치에 있는 버튼 1을 찾아냅니다. 버튼 1을 확인하고 나면 버튼 1로 이벤트라는 것을 만들어 전달할 수 있게 됩니다.

이 과정을 잘 살펴보면 버튼으로 이벤트 상자가 언제 전달될지 미리 정할 수는 없다는 것을 알 수 있습니다. 사용자가 언제 스크린을 클릭할지 알 수 없으므로 버튼이 클릭되었을 때 버튼 쪽으로 이벤트 상자를 보내주기 위해 호출할 메서드는 콜백 메서드로 만들어야 하는 것입니다. 다행히 콜백 메서드라고는 하지만 일반 메서드와 크게 다르지 않습니다. 단, 콜백 메서드의 이름은 미리 정해 두어야 시스템에서 그 메서드를 호출할 수 있기 때문에 정해진 이름에 맞게 만들어야 합니다. 이전에 안드로이드 스튜디오에서 만들었던 프로젝트의 코드 일부분을 다시 살펴보면 다음과 같이 되어 있습니다.

코드 참고 / Hello>/src/com.example.hello/MainActivity.java

```
중략...
    public void onClick(View v) {
중략...
```

onClick 메서드 이름은 미리 정해진 이름이며 앞의 void라는 것과 소괄호 속에 있는 View v라는 것도 모두 미리 정해진 것들입니다. 그러면 onClick 메서드가 자동으로 호출될 때 소괄호 안에 들어있는 것은 어떤 역할을 하는 것일까요? 이것을 이해하기 위해서는 함수 또는 메서드라는 것을 좀 더 자세히 살펴보아야 합니다.

2 _ 함수를 만들고 메서드라고 부르기

먼저 1부터 10까지 더해주는 프로그램을 하나 만들어 보겠습니다. 지금까지 작성해 보았던 코드를 활용해서 이 기능을 만든다면 int 자료형의 변수를 하나 선언하고 그 변수에 1이라는 값을 넣은 다음 + 기호를 붙여 주면서 차례대로 더해주면 될 것입니다. 역시 화면이 필요 없으니 이클립스에서 진행하겠습니다.

[File → New → Java Project] 메뉴를 누르고 프로젝트 이름에 MyFunction을 입력하여 새로운 자바 프로젝트를 만듭니다. 왼쪽 패키지 탐색기에 MyFunction 패키지가 생기면 그 안에 들어있는 [src] 폴더를 마우스 오른쪽 버튼으로 클릭해서 [New → Class]를 누릅니다. 새 클래스를 만드는 대화상자에서 패키지 이름은 org.techtown.function, 클래스 이름은 Function01을 입력합니다. 아래쪽에 있는 public static void main(String[] args) 체크 박스를 체크한 후 [Finish]를 누릅니다.

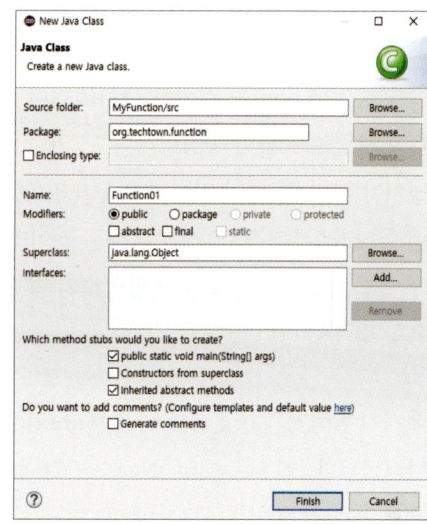

▲ Function01 클래스를 추가할 때의 대화상자

Function01.java라는 파일에 다음 코드를 입력하고 실행합니다.

코드 참고 / MyFunction>/src/org.techtown.function/Function01.java

```java
package org.techtown.function;

public class Function01 {

  public static void main(String[] args) {
    int count = 0;

    count = count + 1;
    count = count + 2;
    count = count + 3;
    count = count + 4;
    count = count + 5;
    count = count + 6;
```

```
    count = count + 7;
    count = count + 8;
    count = count + 9;
    count = count + 10;

    System.out.println(count);
  }
}
```

콘솔 창에는 55라는 결과가 나타납니다. 코드를 보면 변수를 하나 선언하고 차례대로 더하는 방식이니 아무런 문제없이 동작합니다. 그러나 코드를 입력하는 개발자 입장에서는 똑같은 코드를 반복해서 넣어야 하니 할 일이 많아지고 코드의 양도 많아지는 문제가 생깁니다. 만약 1부터 10까지 더하는 것이 아니라 1부터 1000까지 더하는 것이라면 코드의 양이 너무 많아져서 더 큰 문제가 생기겠죠. 이렇게 똑같은 코드를 반복해서 입력하지 않고 몇 줄만으로 해결하는 가장 간단한 방법으로 for 구문을 사용할 수 있습니다.

패키지 탐색기의 org.techtown.function 패키지를 마우스 오른쪽 버튼으로 클릭하면 간단한 메뉴가 나타납니다. 이 메뉴에서 [New → Class]를 눌러 Function02라는 새로운 클래스를 하나 더 추가한 후 다음과 같이 입력하고 실행합니다.

코드 참고 / MyFunction>/src/org.techtown.function/Function02.java

```
package org.techtown.function;

public class Function02 {

  public static void main(String[] args) {
    int count = 0;

    for (int i = 1; i < 11; i++) {
      count = count + i;
    }

    System.out.println(count);
  }
}
```

for 구문을 사용하면 똑같이 반복되는 것을 줄여서 표현할 수 있습니다. for 구문은 그 뒤에 소괄호를 붙이고 그 안에 조건을 넣은 후 그 뒤에 오는 중괄호 안에 반복할 문장을 넣는 형식을 가집니다. 그리고 소괄호 안에 들어가는 조건은 일반적으로 세미콜론(;)으로 구분된 세 가지 문장을 넣게 됩니다.

```
for (int i = 0;   i < 10;   i++)   { ... }
         ①          ②         ③
```

int i = 0;	➡ int 자료형으로 'i'라는 이름을 가진 변수를 만들고 '0'이라는 값을 넣음
i < 10;	➡ i 변수에 들어가 있는 값이 10보다 작은 경우 중괄호 안의 구문을 반복 실행함
i++;	➡ 중괄호 안의 구문이 한 번씩 실행될 때마다 i 값을 1씩 증가시킴

▲ for 구문의 형식

++ 기호는 숫자로 된 변수의 값을 하나씩 더해줄 때 사용합니다. 이와 반대로 -- 기호는 숫자를 하나씩 빼줄 때 사용합니다. 똑같은 코드를 반복적으로 실행하는 방법은 나중에 더 자세하게 알아볼 것입니다. 여기서는 for라는 키워드를 사용하는 대표적인 방법만 간단하게 알아본 것입니다. 여기까지 이해했다면 입력했던 코드는 i라는 변수에 1을 넣은 후 i의 값이 11보다 작을 때까지 중괄호 안의 문장들을 반복 실행한다는 것을 알 수 있을 것입니다. 그리고 중괄호 안의 문장들이 한 번씩 실행될 때마다 i 변수에 들어있는 숫자 값에 1씩 더해주게 됩니다. count 변수의 값에는 반복 실행될 때마다 i 변수에 들어있는 값이 할당되므로 1, 2, 3, ...과 같은 값들이 차례대로 더해지게 됩니다.

이전에 for 구문을 이용하지 않고 입력했던 코드에서는 1부터 10까지의 값을 count라는 변수의 값에 차례로 더해주니 55라는 결과 값이 나왔습니다. for 구문을 사용하면 이 과정을 1부터 10까지의 값을 i라는 변수에 담아 반복해서 count 변수의 값에 더해주도록 바꾸었다는 것을 알 수 있습니다. 이렇게 바꾼 프로그램을 실행해도 결과 값은 동일하게 55가 나옵니다.

그런데 만약 for 구문으로 만든 1부터 10까지 더해주는 기능을 필요할 때마다 사용하고 싶은데 이렇게 만든 코드도 복사해서 다시 사용해야 하는 문제가 생기게 됩니다. 더군다나 복사해서 사용할 때마다 1부터 10까지 더해주는 것인지 1부터 100까지 더해주는 것인지 조건이 달라진다면 코드를 복사한 후 for 구문의 소괄호 안에 들어가는 숫자까지 일일이 다시 바꿔줘야 합니다.

org.techtown.function 패키지에 만든 Function02.java 파일을 Ctrl+C를 눌러 복사한 후 Ctrl+V를 눌러 붙여넣기를 합니다. 이름이 같기 때문에 다른 이름으로 입력하라는 메시지가 나타나면 Function03으로 수정 입력한 후 [OK]를 누릅니다. Function03.java 파일로 복사되었으면 그 안에 다음과 같은 코드를 추가합니다.

코드 참고 / MyFunction⟩/src/org.techtown.function/Function03.java

```java
package org.techtown.function;

public class Function03 {

  public static void main(String[] args) {
    int count = 0;

    for (int i = 1; i < 11; i++) {
      count = count + i;
    }

    System.out.println(count);

    count = 0;

    for (int i = 1; i < 101; i++) {
      count = count + i;
    }

    System.out.println(count);
  }

}
```

프로그램을 실행하면 55와 5050이라는 값이 차례대로 콘솔에 보이게 됩니다. 1부터 10까지 더한 결과와 1부터 100까지 더한 결과이지만 코드는 똑같이 for 구문을 사용하고 소괄호 안에 들어간 숫자만 11에서 101로 바꾼 것입니다.

1부터 10까지 더하기

for (int i = 1;   i < 11;   i++)   { ... }
　　　①　　　　②　　　③

1부터 100까지 더하기

for (int i = 1;   i < 101;   i++)   { ... }
　　　①　　　　②　　　③

▲ for 구문을 복사하여 조건을 바꾸고 1부터 100까지 더하도록 한 경우

똑같은 코드 몇 줄을 그대로 복사했으니 코드의 양도 두 배로 늘어났습니다. 그런데 만약 이런 기능을 프로그램의 다른 곳에서 몇 번이고 호출하여 사용하려면 복사하여 붙여 넣고 수정하는 것만으로도 상당히 번거로울 것입니다. 이때 번거로움을 없앨 수 있도록 만든 것이 바로 '**함수(Function)**'입니다.

함수는 상자로 생각할 수 있는데, 어떤 상자에 값을 집어넣고 스위치를 눌러 동작시키면 그 결과 값이 나오게 됩니다.

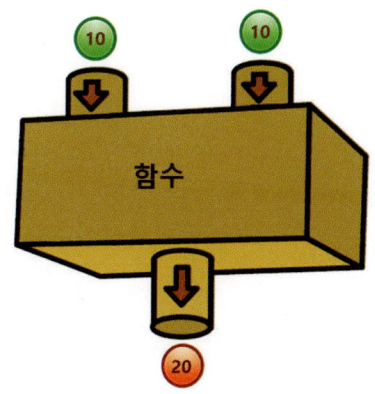

▲ 함수라는 형태의 상자

더하기를 함수로 만들면 더하기 기능을 하는 상자가 하나 있고 위쪽에 두 개의 들어가는 구멍이 있으며 아래쪽에 나오는 구멍 하나가 있는 모양이 됩니다. 두 개의 들어가는 구멍에 각각 10과 20이라는 숫자를 넣고 함수에 있는 스위치를 누르면 하나의 나오는 구멍으로 30이라는 숫자가 나오게 되는 방식입니다.

이렇게 더하기 함수를 코드로 만들고 싶다면 다음과 같이 만들 수 있습니다.

add라는 더하기 함수를 위한 코드

```
int add(int a, int b) {
    return a + b;
}
```

함수는 이름 뒤에 소괄호를 붙입니다. 예를 들어, 더하기 함수의 이름을 add라고 붙였다면 add()가 함수의 가장 기본적인 형태가 됩니다. 함수에는 위쪽에 들어가는 구멍과 아래쪽에 나오는 구멍이 있다고 생각할 수 있는데 위쪽의 들어가는 구멍에 넣을 수 있는 값들은 변수와 비슷한 모양으로 표시합니다. 즉, 10이라는 숫자를 넣을 수 있는 구멍이 있다면 어떤 숫자든 넣을 수 있도록 int 자료형으로 된 a라는 이름의 변수(또는 상수)로 선언해줍니다. 즉, int a라고 해줍니다. 이렇게 만든 후 그 구멍에 10이나 20을 넣으면 함수 상자에서는 그 값을 a라는 변수(또는 상수)로 받아 계산할 수 있습니다.

소괄호 안에서는 두 개의 구멍으로 전달되는 값을 받아야 하므로 여기서는 int a와 int b를 콤마(,)로 구분하였습니다. 이렇게 소괄호 안에 콤마로 구분된 변수들을 '**파라미터(Parameter)**'라고 부릅니다. 이 파라미터는 함수 상자로 전달된 값을 받기 위해 만든 변수(또는 상수)라고 할 수 있으며, 콤마로 구분된

주의 ▶ 파라미터란? 함수로 전달되는 값들을 받기 위해 함수 이름 뒤의 소괄호 안에 넣는 변수들을 말합니다.

여러 개의 값을 받을 수 있습니다. 함수의 이름을 아무거나 지어줄 수 있는 것처럼 파라미터의 이름도 a 또는 inputA처럼 마음대로 지어줄 수 있습니다.

그러면 함수 상자 아래쪽에 있는 구멍으로 나오는 값은 어떻게 표시할까요? 결과 값이 나오는 아래쪽 구멍의 값은 함수를 호출하는 쪽에서 사용할 것이므로 굳이 변수로 만들 필요는 없습니다. 하지만 숫자인지 문자열인지를 구분할 필요가 있으므로 함수 이름 앞에 자료형을 붙여줍니다. 즉, 더하기 함수에서는 add라는 이름 앞에 붙어있는 int라는 자료형이 결과 값이 가질 자료형이 됩니다.

함수라는 상자로 전달되는 값과 그 상자에서 나오는 결과 값을 어떻게 표시하는지 알아보았으니 이제 중괄호 안에 있는 코드들이 함수 스위치를 눌렀을 때 동작한다고 충분히 짐작할 수 있을 것입니다. 더하기 함수는 상자로 전달된 두 개의 값을 + 연산자로 합하기만 하면 되니 a + b라는 코드가 들어가게 됩니다. 여기에서 return a + b라는 코드를 볼 수 있는데 return이라는 키워드를 사용하면 그 뒤에 있는 값이 상자 아래쪽으로 나오게 됩니다. return 키워드 뒤에 있는 값이 int 자료형으로 만들어질 것이므로 int 자료형으로 된 결과 값이 호출한 쪽으로 전달됩니다.

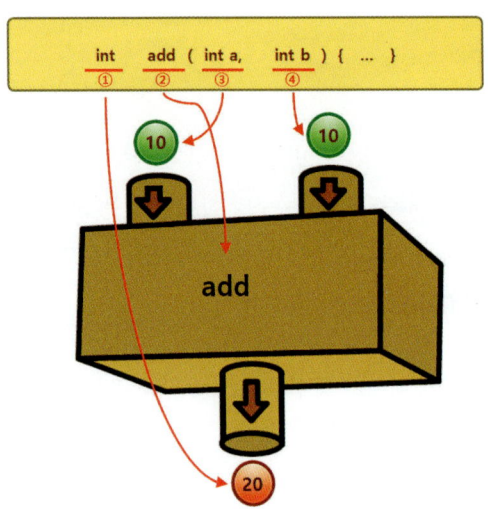

▲ 더하기 함수를 코드로 만들기

함수를 자바에서는 메서드라고 부릅니다. 메서드는 객체 지향이라는 것을 알고 나면 그 의미를 좀 더 정확히 이해할 수 있지만 이 내용은 나중에 설명할 것이므로 여기서는 함수를 만들면 그 함수를 메서드라고도 부른다는 것만 생각하도록 하겠습니다.

주의 ▶ 이 책에서는 함수, 함수 상자, 메서드를 같은 의미로 번갈아가면서 사용할 것입니다.

더하기 메서드를 보면서 함수 또는 메서드라 부르는 것을 어느 정도 알았으니 1부터 10까지 for 구문으로 더했던 코드 부분을 메서드로 만들어 보겠습니다. Function03.java 파일을 복사하여 Function04.java 파일을 만들고 그 안에 다음과 같은 코드를 추가합니다. 이 코드는 main 메서드 안에 추가하는 것이 아니라 그 바깥에 추가합니다.

주의 ▶ 새로운 메서드를 추가할 때는 중괄호가 있는 위치에 유의해야 합니다. 중괄호가 있는 위치가 달라지면 오류가 발생할 수 있기 때문입니다.

코드 참고 / MyFunction〉/src/org.techtown.function/Function04.java

```java
package org.techtown.function;

public class Function04 {

  public static void main(String[] args) {
    중략...
  }

  static int sum(int start, int end) {
    int count = 0;

    for (int i = start; i < end; i++) {
      count = count + i;
    }

    return count;
  }
}
```

1부터 10까지 더하는 메서드의 이름은 sum이라고 지었습니다. 만약 여러분이 직접 만든 메서드가 아니더라도 sum이라는 글자 뒤에 소괄호가 나온다면 이 sum을 메서드라고 해석할 수 있어야 합니다. 소괄호 안에 두 개의 변수가 콤마로 구분되어 있으니 함수라는 상자로 들어오는 구멍이 2개라고 생각할 수 있습니다. 그리고 sum이라는 이름 앞에 int라는 자료형이 쓰여 있으니 상자에서 나오는 구멍으로는 정수 값이 나와야 합니다.

그런데 메서드를 만드는 코드의 앞에 static이라는 키워드가 붙어 있습니다. 이 키워드는 변수와 상수를 설명할 때 이미 한 번 알아본 적이 있습니다. 클래스 안에서 변수를 선언할 때 static을 붙이면 클래스 변수가 되어 '클래스 이름 + . + 변수 이름'의 형식으로 다른 곳에서 사용할 수 있다고 하였습니다. 변수나 상수와 마찬가지로 클래스 안에 메서드를 만들 때도 이름 앞에 static을 붙이면 '클래스 이름 + . + 메서드 이름'의 형식으로 다른 곳에서 호출할 수 있습니다.

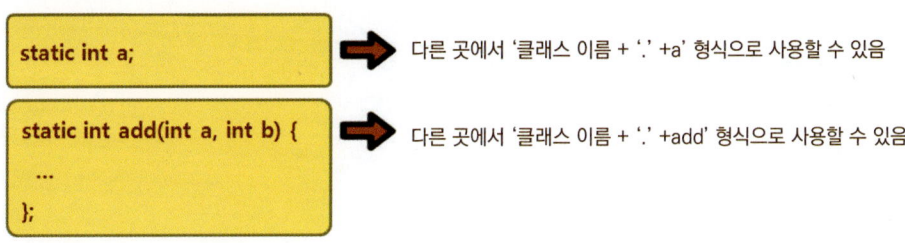

▲ 메서드에 static 키워드 사용하기

변수에 데이터를 넣어두면 다른 곳에서 변수가 있는 메모리 위치에 접근한 후 데이터를 가져가서 사용하거나 그 변수에 새로운 데이터를 넣어둘 수 있습니다. 이와 마찬가지로 함수 또는 메서드는 다른 곳에서 메서드가 있는 메모리 위치에 접근하여 호출하게 됩니다. 여기에서 static을 붙이는 이유는 그 대상이 되는 메서드를 바로 호출할 수 있기 때문입니다. 즉, main 메서드가 static으로 되어있기 때문에 그 안에서 sum 메서드를 호출하고 싶다면 sum 메서드 앞에 static을 붙여주어야 합니다.

> **주의** static이 붙어있는 메서드 안에서 같은 클래스의 다른 메서드를 직접 호출하고 싶다면 다른 메서드에도 static이 붙어 있어야 합니다.

sum 함수 안에 들어있는 코드를 보면 for 구문을 이용해서 start로 전달된 값부터 end로 끝나는 값 이전까지 계속 더해준 후 return 키워드를 사용하여 함수 밖으로 결과 값을 던져줍니다. 이렇게 만든 sum 메서드는 다음과 같이 main 메서드 안에서 호출합니다.

코드 참고 / MyFunction>/src/org.techtown.function/Function04.java

```java
package org.techtown.function;

public class Function04 {

    public static void main(String[] args) {
        int count = 0;

        count = sum(1, 11);

        System.out.println(count);
    }
    중략...
}
```

> Function02.java 파일에서 1부터 10까지 더했던 for 구문을 sum 메서드로 변경하세요.

이제 정말 간단한 코드만 입력해도 1부터 10까지 더할 수 있습니다. 만약 sum 함수를 다른 사람이 미리 만들어두었다면 복잡한 코드가 아닌 단 한 줄의 코드만으로 1부터 10까지 더할 수 있을 것입니다. 이제 1부터 100 또는 1부터 1000까지 더해서 화면에 보여주고 싶을 경우에도 아래와 같이 두 줄씩만 더 추가하면 됩니다.

코드 참고 / MyFunction〉/src/org.techtown.function/Function04.java

```java
public static void main(String[] args) {
    int count = 0;

    count = sum(1, 11);
    System.out.println(count);

    count = sum(1, 101);
    System.out.println(count);

    count = sum(1, 1001);
    System.out.println(count);
}
중략...
}
```

프로그램을 실행하면 50, 5050, 500500이라는 값들이 차례로 콘솔창에 표시됩니다. 지금까지 프로그램을 만들기 위해 소스코드를 작성할 때 함수를 왜 만드는지, 그리고 어떻게 만드는지 알아보았습니다. 이제 코드의 어느 부분이 변수이고 어느 부분이 함수인지를 구분하는 것도 좀 더 쉬워졌을 것입니다.

3 _ 이벤트와 이벤트 리스너 이해하기

함수를 알아보았으니 버튼을 클릭했을 때 처리하는 방법도 살펴보겠습니다. 사용자가 화면에 보이는 버튼을 클릭했을 때 그 정보는 이벤트라는 것으로 만들어진 후 안드로이드의 이벤트 핸들러로 전달된다고 하였습니다. 여기서 이벤트 객체 안에는 화면의 어느 곳에서 어떻게 이벤트가 발생했는지 해당 정보가 들어있습니다.

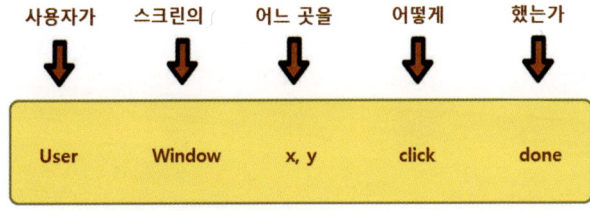

▲ 이벤트 객체에 들어가는 정보의 예

사용자가 스크린의 특정 부분을 클릭했다면 클릭 이벤트 객체가 하나 만들어집니다. 그 안에는 '손가락을 누른 것'인지 아니면 '손가락을 뗀 것'인지 그리고 클릭한 곳의 x, y 좌표 값이 들어갑니다. 이렇게 이벤트가 어떻게 행해졌는지 담아둔 정보를 '액션(Action) 정보'라고 합니다. 이 액션 정보는 클릭 (Click) 이외에도 터치(Touch), 스크롤(Scroll) 등이 있습니다.

사용자가 스크린의 버튼을 터치했다면 이벤트 핸들러는 버튼이 있는 위치에서 이벤트가 만들어졌다는 것을 알기 때문에 버튼에게 이벤트 객체를 전달해 줍니다. 이때 버튼 쪽에서 이벤트를 받아 처리하는 것이 '이벤트 리스너(Event Listener)'입니다. 이벤트 리스너란 이벤트가 전달되는지 귀를 기울이고 있다는 의미입니다. 이미 보았던 OnClickListener라는 것도 클릭 이벤트에 귀를 기울이고 있는 이벤트 리스너입니다. On이라는 단어는 '~했을 때'라는 의미를 가지고 있으므로 '클릭했을 때가 있는지 귀를 기울이고 있다.'는 말로 해석할 수 있다고 했는데 기억하죠?

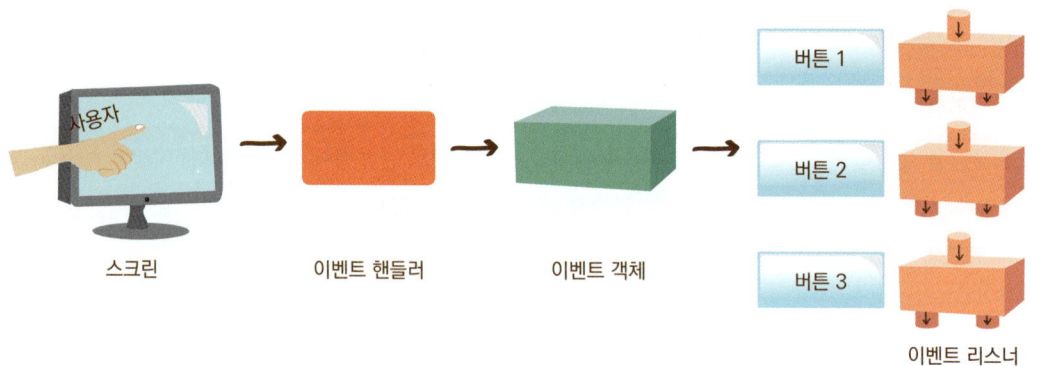

▲ 클릭 이벤트와 이벤트 리스너

이벤트 리스너를 만들어 코드에서 버튼에 추가하면 버튼으로 전달된 이벤트 객체는 이벤트 리스너로 전달됩니다. 버튼을 클릭했을 때 어떤 기능을 동작시킬 수 있는 것도 OnClickListener의 객체를 new 연산자로 만든 후 setOnClickListener 메서드로 버튼에 등록했기 때문에 가능합니다. 이렇게 등록된 OnClickListener 안에는 onClick 메서드가 들어있는데 이 메서드는 콜백 메서드입니다. 따라서 버튼에 리스너를 등록할 때 이미 onClick 메서드가 그 객체 안에 들어있다는 것을 알게 되고 이벤트가 발생하면 자동으로 onClick 메서드가 호출됩니다.

이 내용을 코드에서 살펴보면 다음과 같습니다.

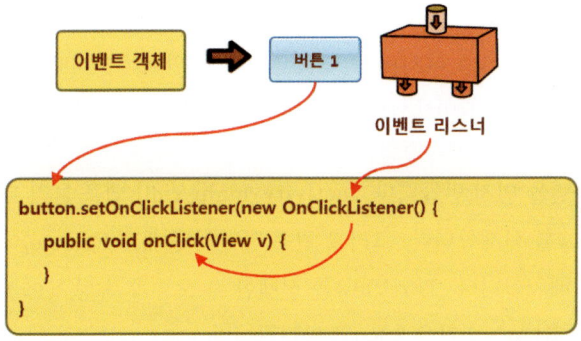

▲ 코드에서 onClick 메서드가 호출되는 과정

버튼을 클릭했을 때 동작시키는 코드 부분은 코드의 양도 많고 이 코드들을 왜 입력하는지 이해하기 힘들었는데 이제 어느 정도 그 구조를 알게 되었습니다. 그런데 '클릭한다.'는 것은 손가락으로 터치할 때 발생하는 각각의 상태를 신경 쓰지 않도록 단순하게 만든 액션 정보입니다. 즉, 손가락으로 터치할 때는 손가락을 눌렀을 때, 손가락을 누른 상태에서 끌었을 때, 그리고 손가락을 떼었을 때 등으로 나눌 수 있습니다. 하지만 이런 자세한 정보를 다루는 것보다 클릭이라는 상태만 코드로 처리하는 경우가 많아 이를 편하게 다룰 수 있도록 만든 것입니다.

4 _ 터치 이벤트 처리하기

이번에는 클릭하는 것 말고 손가락으로 터치했을 때 발생하는 각각의 상태는 어떻게 처리해야 하는지 살펴보겠습니다. 안드로이드 스튜디오의 시작화면에서 Create New Project 메뉴를 눌러 새로운 프로젝트를 만듭니다. 만약 이전에 작업한 프로젝트를 [File → Close Project]를 눌러서 닫지 않았다면 안드로이드 스튜디오에서 [File → New → New Project]를 눌러 새로

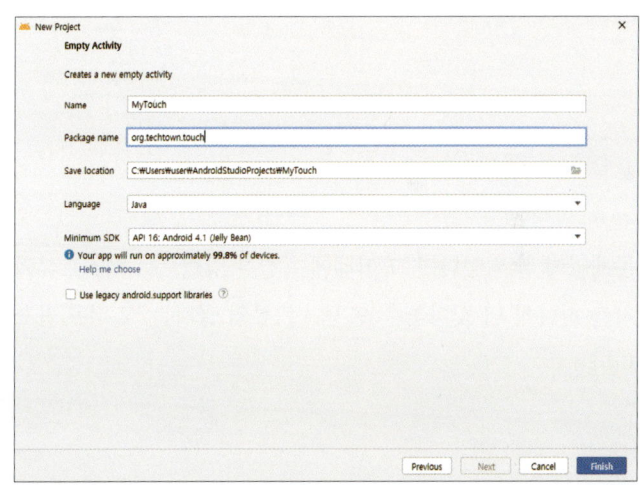

▲ MyTouch라는 새로운 안드로이드 프로젝트 만들기

운 안드로이드 프로젝트를 만듭니다. 첫 번째 대화상자에서는 Empty Activity가 선택된 상태로 두고 [Next]를 누릅니다. 대화상자가 뜨면 Name 입력란에는 MyTouch를 입력하고 Package name 입력란에는 org.techtown.touch로 수정해서 입력한 후 [Finish]를 누릅니다.

프로젝트 창이 열리면 화면 레이아웃에서 화면을 먼저 만듭니다. [activity_main.xml] 탭을 눌러 디자인 화면을 열고 화면에 들어있는 TextView를 삭제합니다. 그리고 왼쪽 상단의 팔레트(Palette)에서 TextView를 끌어다 화면의 왼쪽 상단에 배치합니다. TextView를 선택한 후 오른쪽 속성 창에서 text 속성을 찾아 'X 좌표'라고 입력하고 textSize 속성 값은 30sp로 입력합니다.

그 다음에는 왼쪽 팔레트(Palette)의 Text 그룹에서 Plain Text라고 표시된 EditText 위젯을 끌어다 기존에 추가한 X 좌표 TextView의 오른쪽에 놓습니다. TextView와 EditText 위젯의 연결점을 연결하고 적절히 배치합니다. 그리고 EditText의 text 속성 값인 name은 삭제합니다.

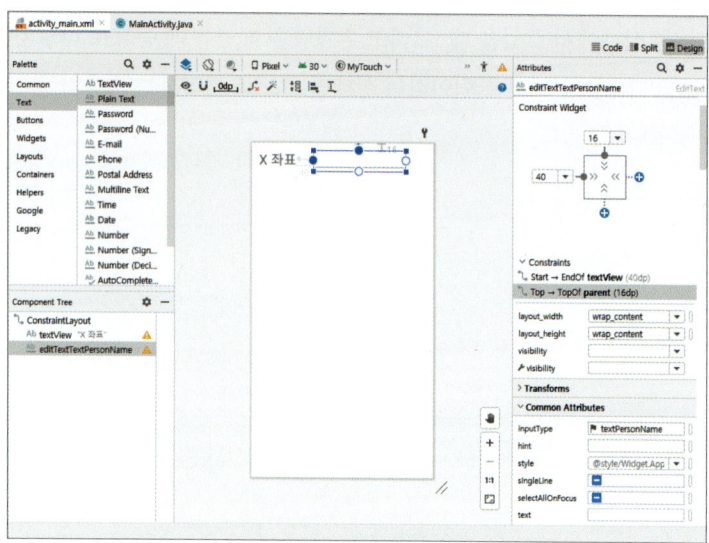

▲ TextView의 오른쪽에 입력상자인 EditText 위젯 추가하기

문제없이 잘 되었다면 그 아래에 똑같은 방법으로 텍스트뷰와 입력상자를 하나씩 더 갖다놓은 후 텍스트뷰의 글자는 'Y 좌표'라고 입력합니다.

주의 ▶ 왼쪽 Component Tree에서 TextView와 EditText 위젯을 모두 선택한 후 Ctrl을 누른 상태에서 아래쪽으로 드래그하면 바로 복사할 수 있습니다.

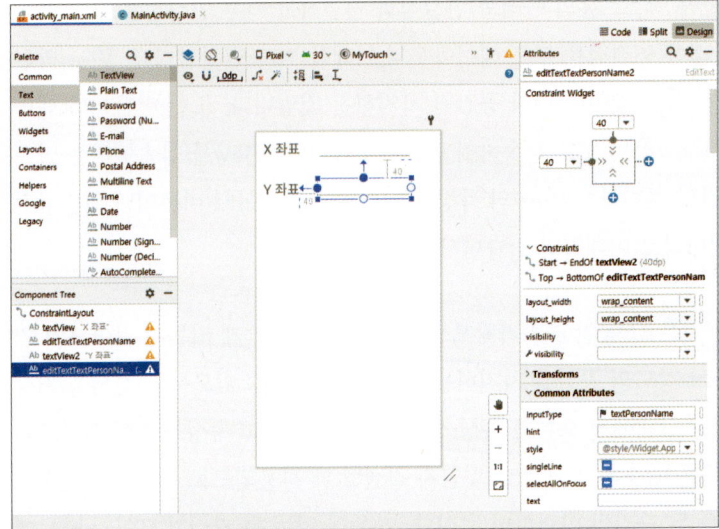

▲ 두 번째 텍스트뷰와 입력상자를 추가한 화면

두 번째 텍스트뷰와 입력상자를 추가했다면 왼쪽 팔레트(Palette)에서 Widgets 그룹을 열고 View 위젯을 화면에 끌어다 놓습니다. 만약 화면의 아래쪽 나머지 부분이 꽉 채워지지 않았다면 View 위젯의 네 귀퉁이에 조절점을 움직여서 크기를 조정하여 채우도록 합니다.

주의 View 위젯이 선택된 상태에서 오른쪽 속성 창의 layout_width과 layout_height의 dp 값을 수정해도 됩니다.

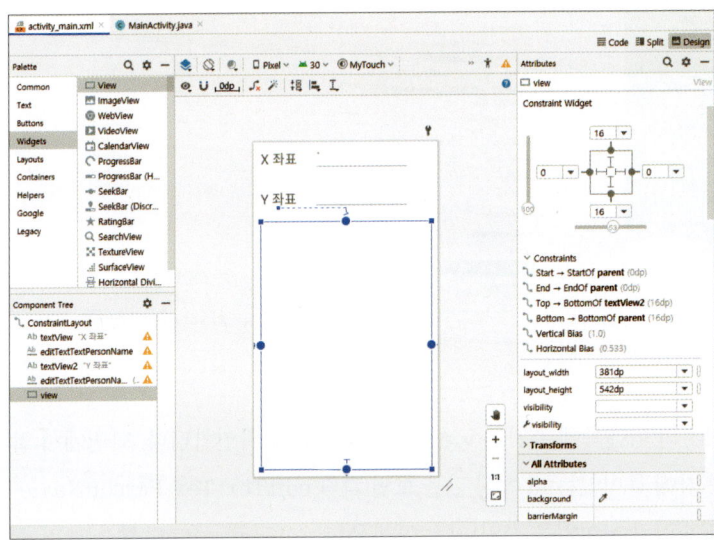

▲ View 위젯을 화면에 추가한 경우

View 위젯의 위쪽 연결점은 두 번째 텍스트뷰의 아래쪽 연결점과 연결하고 좌우 연결점은 부모 레이아웃의 양쪽 벽과 연결합니다. 아래쪽 연결점은 부모 레이아웃의 아래쪽 벽과 연결합니다. View라는 것은 버튼처럼 어떤 모양을 가지고 있는 것이 아니라 공간만 차지하는 것입니다. 또한 버튼이나 텍스트뷰 그리고 입력상자는 모두 이 View라는 것을 상속하여 만들어졌습니다. View를 상속했다는 말은 화면에서 아무것도 없이 일정 공간만 차지하는 View의 특징을 그대로 물려받아서 버튼이나 입력상자의 모양과 기능을 만들 수 있는 것이라고 이해하면 쉽습니다.

View를 화면에 꽉 채워서 추가한 것은 그 공간을 손가락으로 터치했을 때 어떻게 되는지 알아보기 위한 것입니다. 따라서 화면에서 어느 정도의 공간을 차지하는지 확실하게 알 수 있도록 배경색을 지정해주면 좋겠습니다. View를 선택한 상태에서 오른쪽 속성 창에서 background 속성을 찾아 #00ff00을 입력합니다. Background 항목은 배경을 어떻게 할 것인지 결정할 때 사용되므로 # 뒤에 16진수로 R(Red), G(Green), B(Blue) 값을 두 자리씩 입력하면 됩니다. 가운데 있는 두 자리가 ff이기 때문에 배경색은 녹색으로 보이게 됩니다.

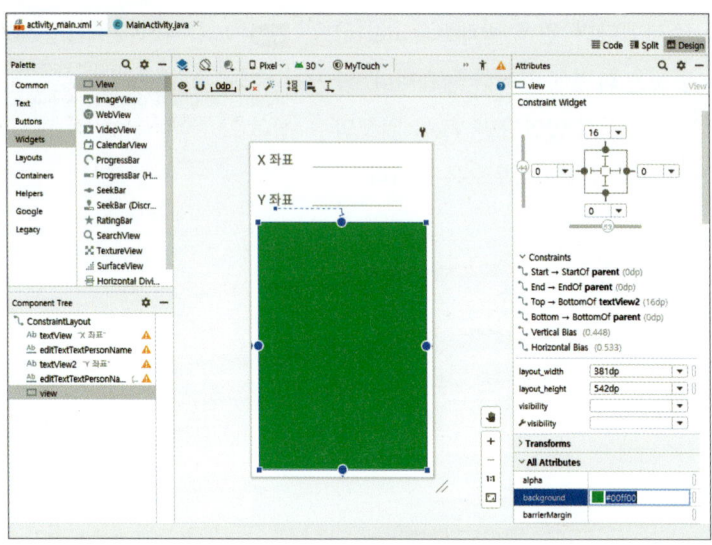

▲ View의 배경색을 녹색으로 바꾼 경우

화면을 완성했다면 두 개의 입력상자와 아래쪽에 추가된 View의 id 속성 값을 확인합니다. 화면에서 입력상자를 선택하고 오른쪽의 속성 창에 들어있는 id 속성 값을 보면 각각 editTextTextPersonName, editTextTextPersonName2, view라고 되어있을 것입니다. 이제 [MainActivity.java] 탭을 눌러 소스 파일을 열고 아래쪽의 onCreate 메서드 안에 다음 코드를 추가합니다.

코드 참고 / MyTouch>/src/org.techtown.touch/MainActivity.java

```java
public class MainActivity extends AppCompatActivity {

  @Override
  protected void onCreate(Bundle savedInstanceState) {
    super.onCreate(savedInstanceState);
    setContentView(R.layout.activity_main);

    View view = findViewById(R.id.view);
  }
}
```

이 코드는 화면에 추가한 버튼을 찾아 Button 변수에 할당할 때 보았던 것과 유사하므로 쉽게 해석할 수 있을 것입니다. 화면에 추가된 View를 찾아 view로 선언된 변수에 넣어줍니다. View가 차지하는 영역을 터치했을 때 기능이 동작하도록 만들 것이므로 추가한 코드 아래에 view를 입력한 뒤 점(.)을 붙이고 setOnT까지 입력해봅니다. 그러면 View라는 것에 들어있는 메서드 중에서 setOnTouchListener라는 것을 사용할 수 있다는 것을 알 수 있습니다.

▲ view 변수에 setOnTouchListener 메서드를 찾아서 추가

이 과정은 버튼을 눌렀을 때 동작시키기 위해 setOnClickListener라는 것을 찾아 호출하는 과정과 같습니다. setOnTouchListener 항목을 선택하고 Enter 를 누르면 소괄호가 자동으로 추가됩니다. 소괄호 안에 new View를 입력하면 OnTouchListener 항목이 보입니다. View.OnTouchListener를 선택한 후 Enter 를 누르면 필요한 코드가 자동으로 입력됩니다.

둘째마당 | 앱 화면을 만들면서 자바를 하나씩 알아가기 193

```
1   package org.techtown.touch;
2
3   import ...
8
9   public class MainActivity extends AppCompatActivity {
10
11      @Override
12      protected void onCreate(Bundle savedInstanceState) {
13          super.onCreate(savedInstanceState);
14          setContentView(R.layout.activity_main);
15
16          View view = findViewById(R.id.view);
17          view.setOnTouchListener(new View.OnTouchListener() {
18              @Override
19              public boolean onTouch(View view, MotionEvent motionEvent)
20                  return false;
21              }
22          });
23
24  }
```

◀ 자동으로 입력된 OnTouchListener 코드

자동으로 추가된 메서드는 onTouch라는 이름으로 되어 있습니다. 여러분은 이미 함수 또는 메서드라 불리는 것이 어떤 모양으로 입력되는지 알고 있습니다. 그런데 이 onTouch 메서드를 보면 메서드 이름 앞에 boolean이라는 글자가 붙어 있습니다. 따라서 함수 상자에서 결과물이 나오는 아래쪽 구멍으로는 '불린(Boolean) 자료형'의 값이 나온다는 것을 이해할 수 있습니다. 그 앞에 있는 public 키워드는 나중에 살펴보겠지만 누구라도 호출하여 사용할 수 있는 메서드라는 의미로 붙여준 것입니다.

메서드 이름 뒤에 있는 괄호 안에는 두 개의 변수가 콤마(,)로 구분되어 있는데 첫 번째는 onClick 메서드의 소괄호 안에서도 보았던 View라는 객체 자료형을 가진 변수이고 또 다른 하나는 MotionEvent라는 객체 자료형을 가진 변수입니다. 메서드를 선언한 곳의 소괄호 안에 들어있는 변수는 '파라미터'라고 하고 이 파라미터를 통해 데이터가 전달된다고 하였습니다. 이 함수 상자의 위쪽 구멍 두 개로 전달되는 파라미터를 확인해보면 어떤 데이터를 받아 처리하는 함수인지 알 수 있습니다.

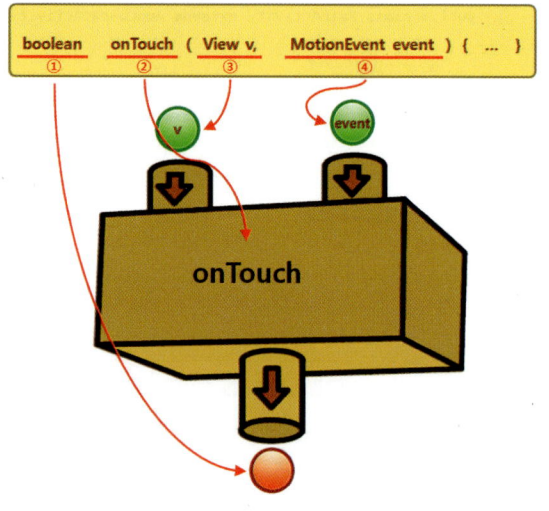

▲ onTouch 함수의 구성

첫 번째 파라미터인 View는 손가락으로 터치한 대상을 나타냅니다. 우리가 화면에 추가한 View가 터치되었을 때 이 메서드가 자동으로 호출되도록 만들었으니 이 view 변수에는 화면에 추가했던 View

객체가 들어있습니다. 두 번째 파라미터인 MotionEvent는 손가락으로 터치했을 때 안드로이드의 이벤트 핸들러가 전달해주는 이벤트 객체입니다. 이벤트 객체에는 어떻게 터치했고 화면의 어느 위치를 눌렀는지 등의 정보를 넣어서 전달한다고 했습니다. 이전에 보았던 onClick 메서드는 이런 정보들을 받아서 확인할 필요가 없기 때문에 파라미터로 전달하지 않았지만 이번 onTouch 메서드에서는 확인해야 하는 경우가 많기 때문에 전달됩니다. onTouch 메서드 안에는 터치한 곳의 좌표 값을 확인해서 화면에 있는 두 개의 입력란에 표시해주는 코드를 다음과 같이 입력합니다.

코드 참고 / MyTouch>/src/org.techtown.touch/MainActivity.java

```java
public boolean onTouch(View view, MotionEvent motionEvent) {
  float x = motionEvent.getX();
  float y = motionEvent.getY();

  return false;
}
```

이벤트 객체 자료형으로 된 event 변수에는 getX와 getY 메서드가 들어있는데 이 메서드들을 호출하면 터치한 곳의 좌표 값을 확인할 수 있습니다. X와 Y 좌표는 float 자료형으로 되어 있으므로 x와 y라는 이름으로 변수를 만들고 그 변수에 값을 넣어줍니다. X와 Y 좌표는 손가락으로 터치할 때마다 입력란에 넣어줄 것이므로 EditText 자료형으로 된 두 개의 변수를 클래스 안에 선언하고 onCreate 메서드 안에서 해당 뷰 객체들을 찾아 할당합니다.

코드 참고 / MyTouch>/src/org.techtown.touch/MainActivity.java

```java
중략...
public class MainActivity extends AppCompatActivity {
  EditText editText;
  EditText editText2;

  @Override
  protected void onCreate(Bundle savedInstanceState) {
    super.onCreate(savedInstanceState);
    setContentView(R.layout.activity_main);

    editText = findViewById(R.id.editTextTextPersonName);
    editText2 = findViewById(R.id.editTextTextPersonName2);

중략...
```

이제 onTouch 메서드 안에서 editText와 editText2 변수가 가리키는 객체를 참조할 수 있으므로 setText 메서드를 호출하여 X 좌표와 Y 좌표의 값을 EditText 객체에 넣어줍니다.

코드 참고 / MyTouch〉/src/org.techtown.touch/MainActivity.java

```java
public boolean onTouch(View v, MotionEvent motionEvent) {
    float x = motionEvent.getX();
    float y = motionEvent.getY();

    editText.setText(String.valueOf(x));
    editText2.setText(String.valueOf(y));

    return true;
}
```

EditText에 들어있는 setText라는 메서드에는 문자열을 전달해주어야 하므로 String.valueOf를 사용해서 float 자료형으로 된 x 변수의 값을 문자열로 바꿔 전달합니다. 마지막에 이 함수의 결과물로 보내지던 false 값은 true로 바꿔줍니다. 결과 값을 true로 해주면 이 onTouch 함수 안에서 코드가 정상적으로 처리되었다는 것을 이 함수를 호출한 다른 곳에서 알 수 있게 됩니다.

앱을 실행하고 녹색으로 보이는 부분을 터치하면 두 개의 입력란에 터치한 곳의 좌표 값이 보이게 됩니다.

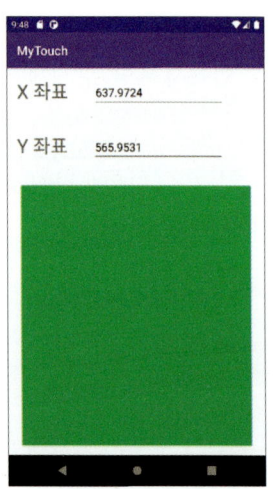

▲ 녹색 부분을 터치했을 때 입력란에 표시되는 좌표 값

손가락을 터치한 상태로 움직일 때 입력란에 좌표 값이 빠르게 변경되는 것도 확인할 수 있습니다. 단순히 버튼을 클릭했을 때뿐만 아니라 손가락으로 터치하여 누른 상태로 움직이거나 하는 경우에도 좌표 값을 일일이 확인할 수 있으니 다양한 기능을 만들 수 있는 기초가 만들어졌습니다. 이제 손가락으로 쓰는 손글씨 기능도 만들 수 있겠네요.

5 _ 연산자로 좀 더 세밀하게 이벤트 처리하기

이벤트 객체에는 손가락으로 터치했을 때 어떻게 이벤트가 발생했는지 상태를 알 수 있는 정보가 들어 있습니다. 예를 들어, 손가락으로 버튼을 클릭하는 것은 단순히 클릭이라는 것으로 넣어두고 터치한다는 것은 손가락으로 누른 상태, 눌러서 움직인 상태, 그리고 손가락을 뗀 상태로 나누어 넣어둡니다. 이런 정보는 이벤트 객체 안의 action 변수 안에 들어있습니다. 앞에서 실행해본 앱에서도 화면에 손가락을 한 번 눌렀다가 뗐을 때 실제로는 적어도 두 가지 또는 세 가지 이벤트가 발생했다고 할 수 있습니다. 그렇다면 손가락으로 터치했을 때의 상태를 좀 더 세밀하게 구분해서 처리하려면 어떻게 해야 할까요?

이번에는 손가락을 눌렀을 때만 입력란에 좌표 값이 보이도록 만들어 보겠습니다. 먼저 onTouch 메서드 안에서 첫 번째 줄에 motionEvent.getA까지 입력하면 다음 화면과 같이 MotionEvent에서 사용할 수 있는 메서드들이 보이게 됩니다.

▲ 이벤트 객체의 getAction 메서드 사용

getAction 메서드를 호출하면 정수 값이 하나 나오는데 이 정수 값은 터치했을 때의 상태를 알 수 있는 정보입니다. 만약 마우스나 손가락을 눌렀을 때는 1이라고 하고 손가락을 뗐을 때는 3이라고 미리 정해 놓았다면 다음과 같이 코드를 수정해서 구분할 수 있습니다.

코드 참고 / MyTouch>/src/org.techtown.touch/MainActivity.java

```
public boolean onTouch(View view, MotionEvent motionEvent) {
    if (motionEvent.getAction() == 1) {

    }
중략...
```

if로 시작하는 부분은 소괄호 안에 들어가는 조건을 체크하여 조건이 맞으면 중괄호 안의 코드를 실행시킵니다. if라는 말이 '만약 ~하면'이라는 의미를 가지고 있으니 다음과 같이 생각해 볼 수 있습니다.

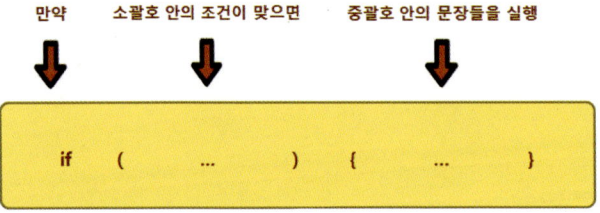

▲ if 구문의 형식

if 구문에 들어가는 조건 부분에는 '이벤트 객체에서 확인되는 액션(Action) 정보의 값이 1일 때'라고 넣고 중괄호 안의 코드 부분에는 '터치했을 때의 좌표 값을 이벤트 객체에서 꺼내어 입력란에 보여주도록'이라고 만들어 넣을 수 있습니다.

그런데 마우스나 손가락을 눌렀을 때의 상태가 정수 값 중에서 1인지 2인지, 아니면 다른 수로 정의되어 있는지 어떻게 알 수 있을까요? 이벤트 객체 안에 들어있는 액션 정보 중에서 손가락을 눌렀을 때의 상태는 1과 같은 숫자가 아니라 MotionEvent.ACTION_DOWN이라고 들어있습니다. 손가락을 눌렀을 때가 1인지 떼었을 때가 1인지 헷갈릴 때가 많기 때문에 MotionEvent 객체에 ACTION_DOWN이라는 상수로 정의해 둔 것입니다. 상수에 대해서는 앞에서도 알아보았지만 변수 앞에 final 키워드를 붙이면 처음 넣어둔 값이 계속 유지됩니다.

또한 클래스 안에서 static 키워드를 붙여주면 다른 곳에서 '클래스 이름 + . + 상수 이름'과 같은 형태로 사용할 수 있다는 것도 알고 있습니다. 그렇다면 이 MotionEvent 객체를 만든 개발자가 그 안에 ACTION_DOWN이라는 상수를 int 자료형으로 만들고 1 또는 2와 같은 값을 넣어두었기 때문에 우리가 MotionEvent.ACTION_DOWN이라는 코드를 사용할 수 있다고 이해할 수 있습니다. 이런 방식으로 상수의 이름을 사용하면 훨씬 쉽게 각각의 경우를 구분할 수 있으니 상수로 만들어 사용하는 이유를 좀 더 확실히 이해할 수 있을 것입니다. 이제 다음과 같이 코드를 수정합니다.

코드 참고 / MyTouch〉/src/org.techtown.touch/MainActivity.java

```java
public boolean onTouch(View view, MotionEvent motionEvent) {
    if (motionEvent.getAction() == MotionEvent.ACTION_DOWN) {
      float x = motionEvent.getX();
      float y = motionEvent.getY();

      editText1.setText(String.valueOf(x));
      editText2.setText(String.valueOf(y));
    }

    return true;
}
```

앱을 실행하고 녹색 부분을 손가락으로 눌러보면 좌표 값이 변하는 것을 확인할 수 있습니다. 그런데 손가락을 누를 때와 움직일 때, 그리고 뗄 때를 구분하면서 터치해보면 손가락을 누른 상태에서는 손가락을 움직이더라도 입력란에 보이는 좌표 값은 변하지 않습니다. 그런데 떼었다가 누를 때 다시 좌표 값이 변하는 것을 확인할 수 있습니다.

지금까지 입력한 코드가 바로 일반적으로 이벤트를 받아 처리할 때 만드는 코드 구조라 할 수 있습니다. 이 코드 구조를 이해하면 앞으로 손가락으로 터치할 때 이벤트를 받아 처리하는 코드를 좀 더 쉽게 입력할 수 있습니다.

이제 본격적으로 연산자를 알아볼 때가 되었습니다. 여러분이 입력한 코드 중에서 터치된 상태가 손가락을 눌렀을 때인지를 확인하기 위해 사용한 코드를 보면 == 기호가 사용되었습니다. 이 기호는 = 기호와 달라서 앞쪽과 뒤쪽에 오는 값이 같은지를 비교할 때 사용됩니다.

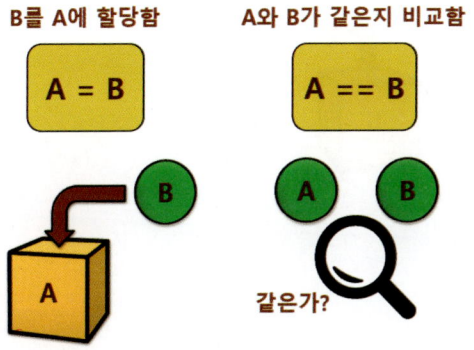

▲ = 기호와 == 기호의 의미

이와 같이 두 개의 값을 비교하는 기호를 가리켜 '비교 연산자(Com -parative Operator)'라고 합니다. 연산자라고 하는 것은 어떤 계산을 해준다는 의미이므로 비교 연산자는 말 그대로 '비교하는 기능을 수행한다.'는 뜻입니다. 자주 사용하는 대표 연산자로는 여러분이 이미 여러 번 사용해보았던 +, -, *, / 가 있습니다. 이 연산자들을 자세히 살펴보면 연산자의 앞과 뒤에 두 개의 숫자가 오는데 이 숫자들을 '피연산자(Operand)'라고 부릅니다.

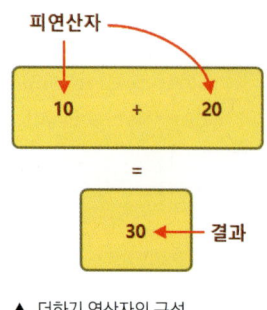

▲ 더하기 연산자의 구성

피연산자나 결과에 들어가는 값은 데이터일 수도 있고 변수일 수도 있습니다. 피연산자나 결과가 변수인 경우에는 변수 상자에 데이터를 넣어 계산하는 것과 같습니다. 피연산자를 하나만 변수에 넣어 계산할 때는 다음과 같습니다.

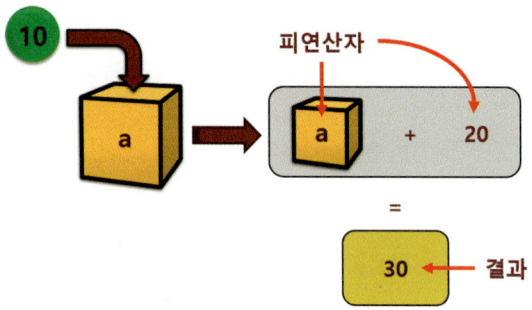

▲ 더하기 연산자에서 피연산자 값을 변수에 넣기

피연산자 값을 모두 변수에 넣어 전달할 수도 있고 결과 값을 받아 변수에 넣을 수도 있습니다. 모든 값을 변수에 넣을 때는 다음과 같습니다.

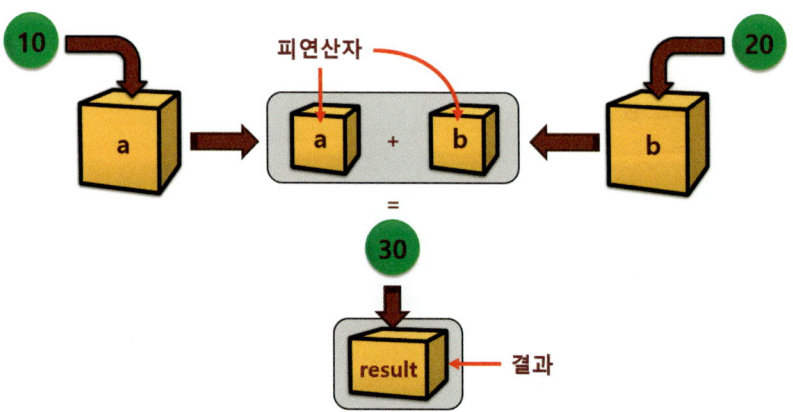

▲ 더하기 연산자에서 모든 피연산자 값을 변수에 넣기

이렇게 두 개의 값을 피연산자로 받아 계산하는 연산자 중에 % 연산자도 자주 사용합니다. % 연산자는 뒤에 나오는 값으로 앞에 있는 값을 나눈 나머지가 어떤 값인지 알려줍니다. 예를 들어, 11이라는 값을 10이라는 값으로 % 연산을 하면 11을 10으로 나눈 후 남는 나머지 값인 1이 결과 값이 됩니다.

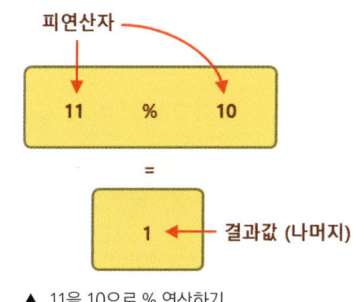

▲ 11을 10으로 % 연산하기

그러면 이미 입력해 보았던 연산자 중에 ++는 어떻게 계산되는 것일까요? 숫자를 하나 증가시키는 연산자라는 것은 이미 알고 있는데 이 연산자는 왜 피연산자가 하나뿐일까요? 피연산자는 연산자의 종류에 따라 하나일 수도 있고 두 개일 수도 있습니다. ++나 -- 연산자는 하나의 피연산자만을 가지게 되며 숫자를 하나 증가시키거나 감소시킵니다.

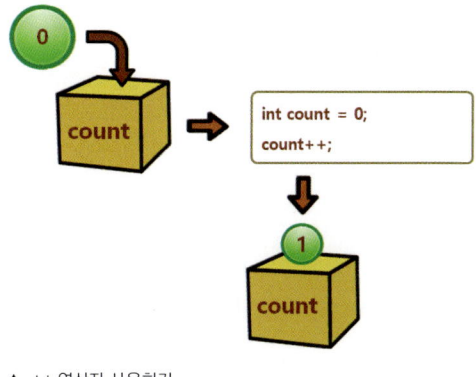

▲ ++ 연산자 사용하기

만약 ++ 연산자의 뒤쪽에 피연산자가 붙으면 똑같이 1을 증가시키지만 그 줄의 코드를 실행하기 전에 먼저 1을 증가시킵니다.

이제 == 연산자를 어느 정도 이해했을 것입니다. == 연산자는 그 앞과 뒤에 피연산자가 오고 두 개의 피연산자가 같으면 true, 다르면 false를 만들어냅니다. 이 연산자와는 다르게 두 개의 값이 다른지를 확인하는 연산자는 !=입니다. 이 연산자는 앞뒤에 있는 피연산자가 다르면 true, 같으면 false를 만들어냅니다.

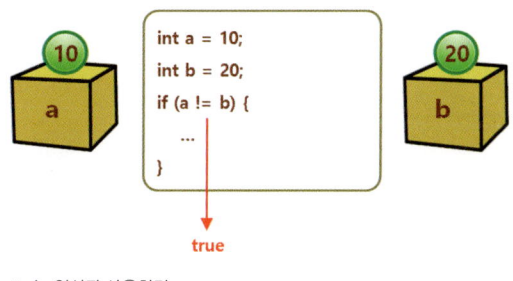

▲ != 연산자 사용하기

if 구문은 소괄호 안에 들어있는 문장의 연산 결과가 true일 때 중괄호 안에 넣어 둔 코드를 실행하게 되므로 == 연산자나 != 연산자는 if 구문에 자주 사용됩니다. 그런데 == 연산자를 사용할 때 주의할 점이 있습니다. 이 연산자는 기본 자료형에 대해서는 앞뒤에 나오는 값이 같은지를 확인하지만 객체 자료형에 대해서는 앞뒤에 나오는 값이 같은지 확인하지 못합니다. 예를 들어, 문자열을 담을 수 있는 String 자료형으로 두 개의 변수를 만들고 == 연산자로 비교하면 정확한 결과를 얻을 수 없습니다. 이 때문에 객체 자료형의 변수가 같은지를 비교하기 위해 만들어진 메서드가 equals입니다. String 자료형은 물론 그 외의 다른 객체 자료형으로 선언한 변수에 들어간 값을 비교할 때는 equals 메서드를 사용합니다.

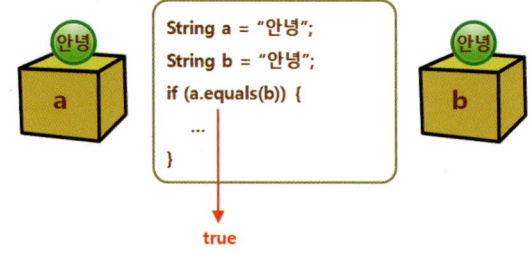

▲ equals 메서드로 비교하기

> **정박사님 궁금해요** 두 개의 문자열을 비교할 때 == 연산자를 사용하지 않도록 주의하세요!
>
> 실제 앱을 만들 때 두 개의 문자열을 ==로 비교하는 사례가 적지 않습니다. equals 메서드를 사용하지 않는 작은 차이 때문에 프로그램 전체가 잘못 동작하는 경우도 있으므로 주의해야 합니다.

그러면 if 구문 안에 자주 들어가는 연산자는 또 어떤 것들이 있을까요? 값의 크기를 비교하는 연산자로 >와 <를 들 수 있습니다. 이 기호는 아주 익숙한 기호입니다. 두 개의 숫자가 있고 왼쪽에 있는 값이 크다면 > 연산자를 썼을 때 true 값을 만들어낼 것입니다. 값을 비교할 때 >= 연산자를 쓸 수도 있는데 이것은 >와 == 연산자가 같이 붙어있는 형태입니다. 마찬가지로 <= 연산자는 <와 ==이 같이 붙어있는 형태입니다.

이와 비슷한 방식으로 +와 =을 붙이면 += 모양이 됩니다. 이 형태가 되면 변수에 값을 더한 후 다시 변수에 할당하라는 의미가 됩니다.

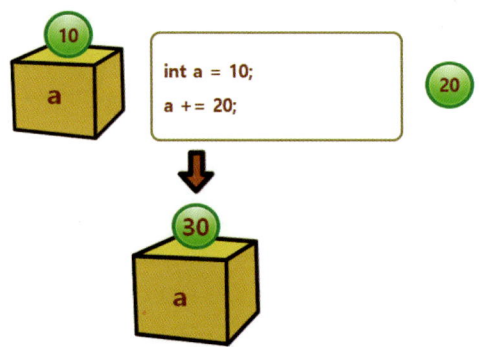

▲ += 연산자 사용하기

이 += 연산자가 실행된 결과를 보면 a = a + 20과 똑같은 결과가 나온다는 것을 알 수 있습니다. 결국 더하기를 한 결과를 동일한 변수에 다시 할당하는 것을 +=로 줄여 표현한 것이라고 할 수 있습니다.

if 구문에 들어갈 수 있는 또 다른 연산자로 &&와 ||가 있습니다. 이 두 개의 연산자는 자주 사용되는 것인데 &&는 앞뒤에 있는 두 개의 조건이 모두 맞을 경우에 true를 만들어내고 ||는 앞뒤에 있는 조건 중에 하나라도 맞을 경우에 true를 만들어냅니다. 다시 말해, 일반적인 논리 연산에서 '~이고'라고 표현하는 AND 조건이 &&이며, '~이거나'라고 표현하는 OR 조건이 ||입니다. 먼저 && 연산자를 이용해서 양쪽에 있는 두 개의 조건을 연산하는 방식은 다음과 같습니다.

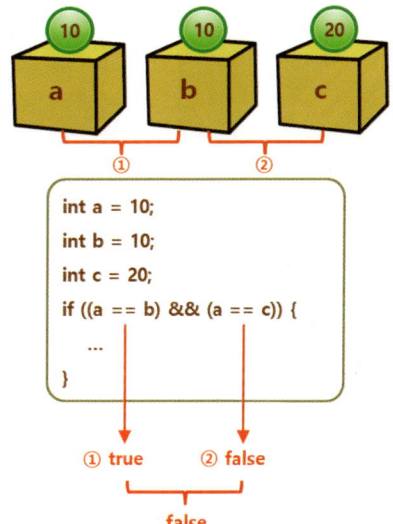

▲ && 연산자 사용하기

if 구문의 소괄호 안에는 두 개의 == 연산자가 사용된 후 && 연산자가 사용되었습니다. 이때 == 연산자가 사용된 부분에 소괄호를 붙이면 그 부분이 먼저 계산됩니다. 이것과 달리 || 연산자를 사용하면 결과가 달라집니다.

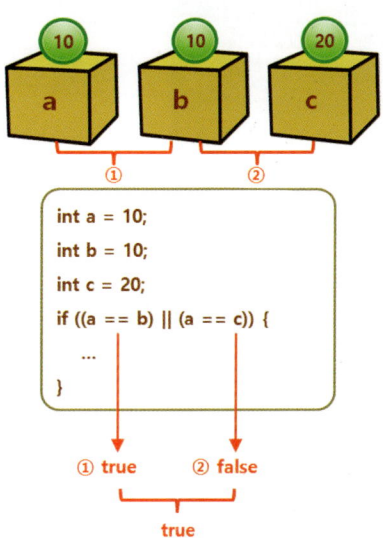

▲ || 연산자 사용하기

if 구문의 소괄호 안에서 || 연산자를 사용하니 true 결과 값이 만들어지고 중괄호 안의 코드가 실행됩니다. 이렇게 연산자라는 것을 하나하나 살펴보니 그동안 아무 생각 없이 입력했던 기호들이 의미를 가지게 됩니다. 특히 if 구문이나 for 구문을 아직 자세하게 알아보지 않았지만 어떤 논리적인 처리를 위해 입력하는 구문이고 이 구문의 중괄호 안에 들어간 코드들이 언제 실행될지를 결정하는 것이 연산자라는 것을 알게 되었습니다. 따라서 지금까지 설명한 연산자들을 잘 이해하는 것이 중요합니다.

터치 횟수 계산하여 보여주기

난이도	상	중	✓	하		소요시간	30분
목표	화면의 일정 부분을 터치했을 때 터치 횟수를 계산하여 보여주는 방법 연습						

- 화면에 있는 뷰를 터치할 때 터치한 횟수를 사용자에게 알려주는 기능을 만들어봅니다.
- 변수를 만들고 변수의 값이 상태에 따라 변경하는 기능을 만들어봅니다.

❶ 안드로이드 스튜디오에서 새로운 프로젝트를 만들고 프로젝트의 이름은 Study07, 패키지 이름은 org.techtown.study07로 합니다.

❷ activity_main.xml 파일을 열고 팔레트 창에서 뷰(View) 1개를 추가하여 화면의 대부분을 채우도록 합니다. 그리고 View의 배경색을 하늘색으로 변경합니다. View 위젯은 팔레트 창의 Widgets 그룹에 들어있습니다.

❸ 앱 화면의 가장 아래쪽에 입력상자 한 개와 버튼 한 개를 가로 방향으로 추가합니다. 버튼에는 '닫기'로 텍스트를 수정합니다.

❹ MainActivity.java 파일을 열고 소스코드를 수정합니다.

❺ 앱을 실행하고 위쪽의 뷰를 터치하면 터치할 때마다 아래쪽의 입력상자에 터치 횟수를 보여주도록 코드를 입력합니다.

❻ [닫기] 버튼을 눌렀을 때는 앱을 종료하도록 코드를 입력합니다.

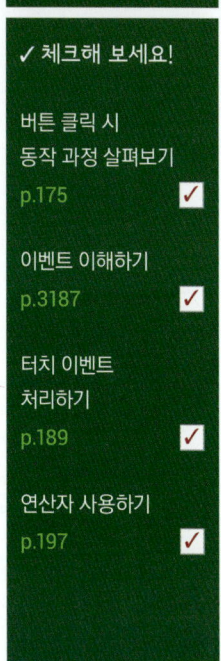

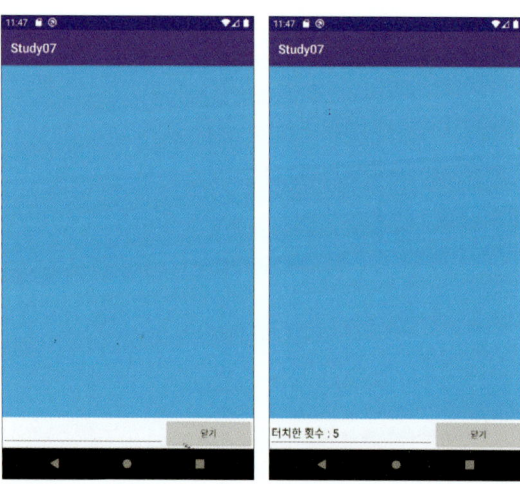

격자의 행과 열 순서 계산하기

난이도	상	중	하 ✓	소요시간	40분
목표	격자 모양으로 만들어둔 버튼들이 몇 번째 가로줄과 몇 번째 세로줄에 있는지 계산하는 방법 연습					

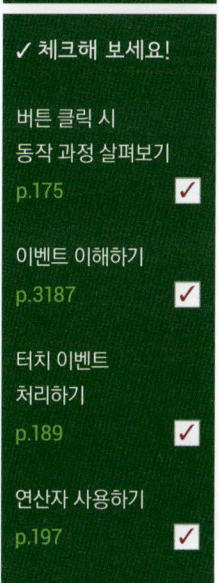

✓ 체크해 보세요!

버튼 클릭 시
동작 과정 살펴보기
p.175 ✓

이벤트 이해하기
p.3187 ✓

터치 이벤트
처리하기
p.189 ✓

연산자 사용하기
p.197 ✓

해답 | Study08 프로젝트

- 버튼을 격자 모양으로 만들고 그 버튼이 격자의 몇 번째 가로줄과 몇 번째 세로줄에 있는지 계산하는 기능을 만들어봅니다.
- 나누기 연산자와 나머지 연산자를 사용하는 방법에 익숙해지도록 연습합니다.

❶ 안드로이드 프로젝트를 만들고 프로젝트의 이름은 Study08, 패키지 이름은 org.techtown.study08로 합니다.

❷ activity_main.xml 파일을 열고 한 줄에 버튼 세 개씩을 넣어서 모두 네 줄을 만듭니다. 이렇게 하면 가로 3줄, 세로 4줄의 격자처럼 만들어집니다.

❸ 버튼에는 왼쪽부터 차례대로 0, 1, 2, 3,...과 같은 숫자를 텍스트로 표시합니다. 한 줄을 모두 표시했으면 그 다음 줄로 넘어가 계속 숫자를 텍스트로 표시합니다.

❹ 가장 아래쪽에 입력상자 두 개와 버튼 한 개를 가로 방향으로 추가합니다. 버튼에는 '닫기'로 텍스트를 수정합니다.

❺ MainActivity.java 파일을 열고 앱 화면에 추가했던 버튼 중 하나를 클릭하면 그 버튼이 있는 행(row)과 열(column)의 위치인 인덱스 값을 입력란에 보여주도록 코드를 입력합니다. 예를 들어, 두 번째 줄의 세 번째 버튼을 클릭하면 아래쪽에 있는 첫 번째 입력란에는 '행 인덱스 : 1', 두 번째 입력란에는 '열 인덱스 : 2'가 보이도록 합니다. 인덱스는 0부터 시작하는 숫자를 말하므로 두 번째 줄의 인덱스 값은 1이 되고 세 번째 열의 인덱스 값은 2가 됩니다.

❻ 나누기 연산자와 나머지 연산자를 사용하여 버튼의 위치를 계산하는 기능을 만들되 하나의 함수를 정의하여 호출하는 방식으로 만듭니다.

❼ [닫기]를 눌렀을 때는 앱을 종료하도록 코드를 입력합니다.

이벤트 처리 및 함수와 연산자 이해하기

이벤트 처리 방법

❶ 리스너(Listener)란? 사용자가 어떤 명령을 내리는지를 전달받아 처리하기 위해 대기하는 객체라고 할 수 있습니다.

❷ OnClickListener란? 사용자가 화면을 클릭했을 때 미리 넣어둔 코드를 실행할 수 있도록 해줍니다.

❸ 콜백(Callback) 메서드란? 버튼을 클릭했을 때 버튼에 미리 설정한 리스너 객체의 메서드를 호출해줍니다.

→ 이렇게 PC나 스마트폰 등 컴퓨터에서 자동으로 어떤 메서드를 호출해주는 것을 '콜백'이라고 합니다.

→ 콜백이라는 말은 컴퓨터가 다시 여러분이 만든 메서드를 호출해 준다는 의미이며, 이 때문에 이런 목적으로 만든 메서드를 '콜백 메서드'라고 합니다.

❹ 이벤트(Event)와 이벤트 핸들러(Event Handler)란?

→ 사용자가 버튼을 클릭했을 때 버튼에 미리 설정한 OnClickListener 객체의 onClick 메서드가 자동으로 호출됩니다. 이 메서드는 사용자가 버튼을 클릭했을 때 생기는 '이벤트'라는 것을 전달받게 됩니다.

→ 이벤트 객체는 클릭했을 때의 정보를 가지고 있는 것이니 그 안에는 언제 어디를 클릭했는지에 대한 정보가 들어 있을 것입니다. '이벤트 핸들러'는 이벤트를 위해 대기하고 있으며 이벤트라는 상자를 받으면 그 상자를 열어 해석하고 처리할 수 있습니다.

함수 이해하기

❶ 함수(Function)란? 기능을 동작시키는 상자와 같아서 어떤 상자에 값을 집어넣고 스위치를 눌러 동작시키면 그 결과 값이 나오는 구조를 가지고 있습니다.

❷ 함수의 파라미터(Parameter)란? 함수로 전달되는 값들을 받기 위해 함수 이름 뒤의 소괄호 안에 넣는 변수들을 말합니다.

→ 이 파라미터는 함수 상자로 전달된 값을 받기 위해 만든 것으로, 콤마로 구분하면서 넣어주면 여러 개의 값을 전달받을 수 있습니다.

❸ return 키워드란? 이 키워드를 함수 안에서 사용하면 결과 값이 함수 상자의 아래쪽으로 나오게 됩니다.

→ return 키워드 뒤에 있는 값이 int 자료형의 값이라면 int 자료형으로 된 결과 값이 함수를 호출한 쪽으로 전달됩니다.

❹ static이 붙어있는 메서드 안에서 같은 클래스의 다른 메서드를 직접 호출하고 싶다면 다른 메서드에도 static이 붙어 있어야 합니다.

이벤트 리스너와 터치 이벤트

❶ **이벤트 리스너란?** 이벤트가 전달되는지 귀를 기울이고 있다는 의미입니다. 버튼에 이벤트 리스너를 등록했다면 버튼을 클릭했을 때 만들어지는 이벤트를 받아 처리할 수 있습니다.

❷ **OnTouchListener란?** 뷰에 설정하면 터치 이벤트가 발생했을 때 이벤트 객체를 전달받아 처리할 수 있습니다.

❸ **터치 이벤트란?** 뷰를 손가락으로 눌렀을 때, 누른 상태에서 움직였을 때, 그리고 손가락을 떼었을 때 각각 발생합니다.

연산자 사용하기

❶ **비교 연산자란?** 두 개의 값을 비교하는 기호를 가리킵니다. 연산자라고 하는 것은 어떤 계산을 해준다는 의미이므로 비교 연산자는 말 그대로 '비교하는 기능을 수행한다.'는 뜻입니다.

❷ **피연산자란?** 연산자의 앞과 뒤에 두 개의 숫자가 오는 것을 볼 수 있는데 이 숫자들을 가리키는 말입니다.

❸ **% 연산자란?** 뒤에 나오는 값으로 앞에 있는 값을 나눈 나머지가 어떤 값인지 알려줍니다.

❹ **++나 -- 연산자란?** 하나의 피연산자만을 가지며 숫자를 하나 증가시키거나 감소시킵니다.

❺ **== 연산자란?** 앞과 뒤에 피연산자가 오고 두 개의 피연산자가 같으면 true, 다르면 false를 만들어냅니다.

❻ **!= 연산자란?** == 연산자와 다르게 두 개의 값이 다른지만 확인하는 연산자입니다. 이 연산자는 앞뒤에 있는 피연산자가 다르면 true, 같으면 false를 만들어냅니다.

❼ **equals 메서드란?** String 자료형은 물론이고 그 외의 다른 객체 자료형으로 선언한 변수에 들어간 값을 비교할 때 사용합니다.

→ 두 개의 문자열을 비교할 때는 == 연산자를 사용하지 않도록 주의해야 합니다. 실제 앱을 만들 때 두 개의 문자열을 == 연산자로 비교하는 사례가 적지 않습니다. equals 메서드를 사용하지 않는 작은 차이 때문에 프로그램 전체가 잘못 동작하는 경우도 있으므로 주의해야 합니다.

❽ **> 연산자란?** 두 개의 숫자가 있을 때 왼쪽 값이 크면 true 값을 만들어냅니다.

→ 값을 비교할 때 >= 연산자를 쓸 수도 있는데 이것은 > 연산자와 == 연산자가 같이 붙어있는 형태입니다. 마찬가지로 <= 연산자는 < 연산자와 ==이 같이 붙어있는 형태입니다.

❾ **+= 연산자란?** + 기호와 == 기호를 붙인 모양입니다. 이 형태가 되면 변수에 값을 더한 후 다시 변수에 할당하라는 의미가 됩니다.

❿ **&& 연산자란?** 앞뒤에 있는 두 개의 조건이 모두 맞을 경우에 true를 만들어냅니다.

⓫ **|| 연산자란?** 앞뒤에 있는 조건 중에 하나라도 맞을 경우에 true를 만들어냅니다.

02-5
클래스를 자세히 알아보기

중요도 ★★★★★

표준 자바 프로젝트나 안드로이드 프로젝트를 새로 만들어보면 그 안에 들어있는 소스 파일에서 class라는 단어를 자주 보게 됩니다. 데이터를 넣어두는 상자라고 할 수 있는 변수나 어떤 동작을 하게 만드는 메서드가 모두 이 class 뒤에 나오는 중괄호 안에 들어있습니다. 지금까지는 클래스라 부르고 무조건 클래스의 중괄호 안이나 메서드 안에 코드를 입력하곤 했는데 도대체 이 클래스가 어떤 것인지 자세하게 알아볼 차례가 되었습니다. 클래스가 무엇인지 알고 나면 소스코드의 구조를 좀 더 쉽게 이해하고 해석할 수 있을 것입니다.

키워드로 알아보는 자바 언어

클래스	클래스는 붕어빵 틀과 같아서 틀을 한 번 만들면 계속 찍어낼 수 있습니다.
new	클래스에서 인스턴스 객체를 만들어 낼 때 사용하는 연산자입니다.
생성자	클래스에서 인스턴스 객체를 만들어 낼 때 실행되는 함수입니다.
토스트	동작 결과는 화면에 잠깐 보였다 사라지는 메시지로 보여줄 수 있습니다.

1 _ 함수의 개념 다시 한 번 정리하기

이전 장에서 배운 더하기 함수는 다음 그림처럼 하나의 상자라고 생각할 수 있다고 했습니다. 상자 위쪽과 아래쪽에 구멍이 나 있어서 데이터가 위쪽으로 들어가고 아래쪽으로 나오게 된다는 것을 알아보았습니다.

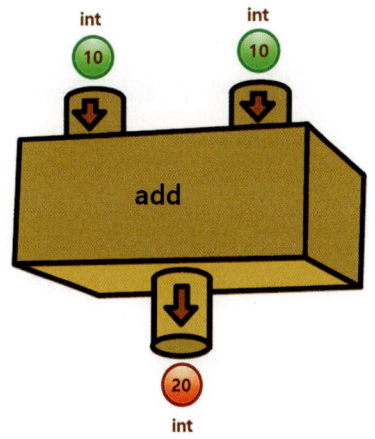

▲ 더하기를 함수 상자로 만들었을 때의 모양 다시보기

이 함수는 두 개의 숫자를 함수 상자의 위쪽에 넣어주면 아래쪽으로 하나의 숫자가 나오도록 되어 있습니다. 함수를 사용할 때는 add라는 함수 이름과 함께 그 뒤에 소괄호와 두 개의 숫자를 같이 붙여줍니다. 이번에는 더하기 함수를 사용하는 간단한 코드를 직접 만들어 보겠습니다.

이클립스를 실행해서 전에 만들었던 MyFunction 프로젝트에 파일을 추가하도록 하겠습니다. 먼저 [src] 폴더 안의 org.techtown.function 패키지에 들어있는 Function04.java 파일을 복사하여 Function05.java라는 파일을 만듭니다. 이 파일 안에 있는 코드 중에서 public static void main으로 시작하는 줄의 중괄호 안에 들어있는 코드를 모두 선택한 후 Delete 나 Backspace 를 눌러 삭제하고 다음과 같이 새로운 코드를 입력합니다.

코드 참고 / MyFunction>/src/org.techtown.function/Function05.java

```java
public class Function05 {

  public static void main(String[] args) {

  }

  static int add(int a, int b) {
    return a + b;
  }

}
```

public static void main으로 시작하는 코드 부분은 프로그램의 시작점이 된다고 하였으니 실행하려는 소스 파일 안에는 무조건 있어야 합니다. 그 아래에 우리가 알고 있는 더하기 함수를 입력합니다. static 키워드가 붙어있는 main 메서드 안에서 add 함수를 사용할 것이므로 add 함수 앞에도 static이라고 붙여 바로 사용할 수 있도록 해줍니다. 두 개의 숫자를 더하기 함수에 넣어주면 그 결과 값을 받을 수 있습니다. 두 개의 숫자를 더한 후 화면에 보여주는 코드를 다음과 같이 main 메서드 안에 입력합니다.

코드 참고 / MyFunction>/src/org.techtown.function/Function05.java

```java
public class Function05 {

  public static void main(String[] args) {
    System.out.println(add(10, 20));
  }

  static int add(int a, int b) {
    return a + b;
  }

}
```

프로그램을 실행하면 30이라는 숫자가 콘솔 창에 나타납니다. 이렇게 함수를 불러 사용하는 것을 '호출한다.'라고 합니다. 즉, 함수를 호출(Call)한다는 것은 함수 이름과 소괄호 안에 넣은 데이터가 함수의 위쪽 구멍으로 들어간 상태에서 함수가 실행된다는 것을 의미합니다.

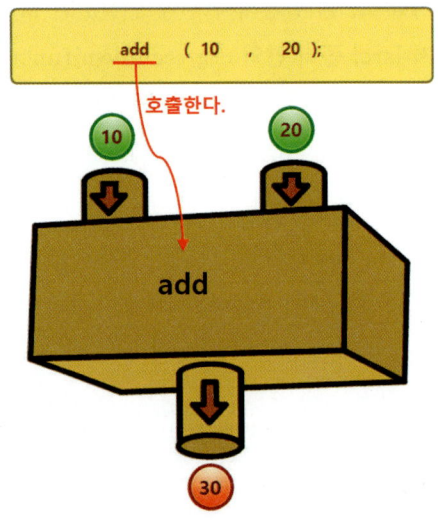

▲ add 함수의 호출

이렇게 함수를 호출한 후 그 결과 값을 받아 변수에 넣으면 변수에 들어간 값을 여러 번 사용할 수 있기 때문에 매우 유용합니다. 더하기 함수를 호출한 후 받은 결과 값을 넣어줄 변수를 하나 선언한 후 더하기 함수의 왼쪽에 = 기호를 두고 다시 그 왼쪽에 변수 이름을 두면 결과 값이 변수에 들어갑니다.

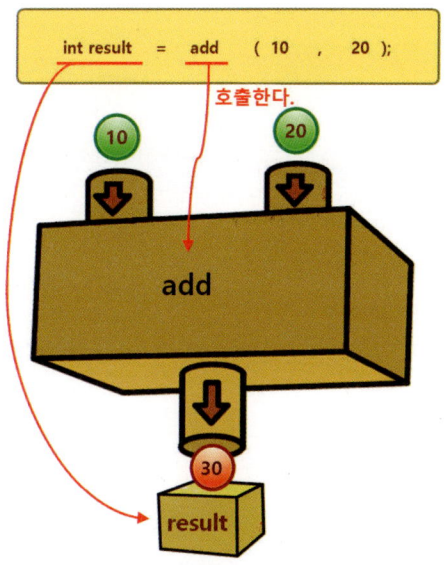

▲ 함수를 호출한 결과 값을 변수에 넣기

다음 코드처럼 수정해서 입력한 후 실행해도 이전과 똑같은 결과가 콘솔 창에 보이게 됩니다.

코드 참고 / MyFunction〉/src/org.techtown.function/Function05.java

```java
public class Function05 {

  public static void main(String[] args) {
    int result = 0;

    result = add(10, 20);
    System.out.println(result);
  }

  static int add(int a, int b) {
    return a + b;
  }

}
```

변수 상자가 하나 더 들어가면 코드를 머릿속으로 해석하면서 보아야 하니 조금 더 복잡하게 느껴질 수 있습니다. 그럴 때마다 이 코드에서 사용한 add나 result라는 것을 상자로 생각해 보세요. 그러면 좀 더 쉽게 머릿속으로 그릴 수 있을 것입니다. 함수 상자에서 나오는 값을 변수라는 또 다른 상자를 만들어 넣을 수 있는 것처럼 함수 상자의 위쪽으로 넣어주는 두 개의 숫자도 각각 변수 상자로 만들어 함수에 전달할 수 있습니다.

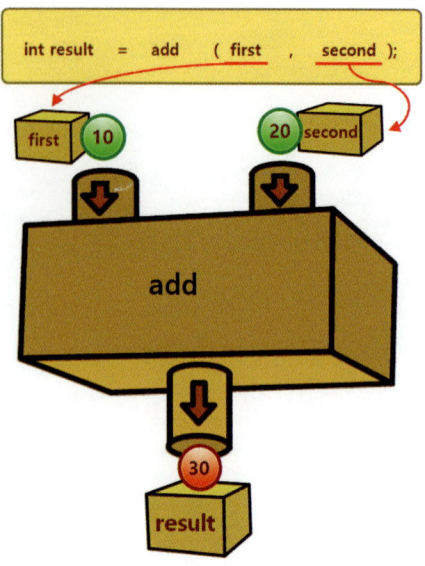

▲ 함수에 넣어주는 숫자를 변수로 만들어 전달하기

첫 번째 숫자는 first라는 상자에 넣고 두 번째 숫자는 second라는 상자에 넣은 후 add라는 함수 상자로 넣어줍니다. 이것을 다음과 같은 코드로 만들어 실행하면 이전과 똑같이 30이라는 결과가 콘솔 창에 보이게 됩니다.

코드 참고 / MyFunction〉/src/org.techtown.function/Function05.java

```java
public class Function05 {

  public static void main(String[] args) {
    int first = 10;
    int second = 20;

    int result = add(first, second);
    System.out.println(result);
  }

  static int add(int a, int b) {
    return a + b;
  }

}
```

add 함수를 만든 것처럼 main이라는 것도 함수로 만든 것입니다. 이처럼 함수라는 것은 프로그램을 동작시키는 코드를 만들 때 필요한 가장 기본적인 것 중의 하나입니다. 그런데 이 add나 main이라는 함수는 Function05라는 이름을 가진 클래스 안에 들어있습니다. 클래스라는 것과 메서드라는 것이 어떤 구조를 가지는지 알아보기 위해 이름과 소괄호 그리고 중괄호만 따로 빼서 소스코드가 만들어진 모양을 확인해보면 다음과 같습니다.

▲ 클래스와 메서드의 이름만으로 본 소스코드의 모양

클래스라는 것은 class 키워드를 사용하고 그 뒤에 클래스 이름을 넣어줍니다. 뒤에 오는 중괄호는 클래스에 들어있는 코드가 어디부터 어디까지인지를 알려주는 역할을 합니다. 그 안에 들어있는 함수는 이름 뒤에 소괄호를 두고 그 다음에 중괄호를 두어 함수의 코드가 어디부터 어디까지인지를 알려줍니다. 그런데 이 main이라는 함수 안에 넣었던 변수들은 함수 밖에 둘 수도 있습니다.

다음 코드에서처럼 result, first, second 변수를 클래스 안의 가장 위쪽으로 올리면 main 함수 바깥으로 변수가 나와 있게 됩니다. int 자료형으로 된 이 세 개의 변수는 main 함수 바깥으로 나오면 main 함수 앞에 static이라는 키워드가 붙어있기 때문에 똑같이 static을 그 앞에 붙여주어야 main 함수에서 직접 호출할 수 있습니다.

Function05.java 파일을 복사하여 Function06.java 파일을 만든 후 다음과 같이 입력합니다.

코드 참고 / MyFunction〉/src/org.techtown.function/Function06.java

```java
public class Function06 {
  static int result = 0;
  static int first = 10;
  static int second = 20;

  public static void main(String[] args) {
    result = add(first, second);
    System.out.println(result);
  }

  static int add(int a, int b) {
    return a + b;
  }
}
```

클래스 안에 있으면서 함수 바깥에 선언된 변수는 그 클래스 안의 모든 함수에서 호출하여 사용할 수 있다는 장점을 가지고 있습니다. 즉, result, first, second라는 변수는 main 함수뿐만 아니라 다른 함수에서도 호출하여 사용할 수 있습니다. 예를 들어, 다음과 같은 메서드를 추가하고 그 안에서 변수를 사용해도 문제가 없습니다.

코드 참고 / MyFunction>/src/org.techtown.function/Function06.java

```java
public class Function06 {
  static int result = 0;
  static int first = 10;
  static int second = 20;

  public static void main(String[] args) {
    result = add(first, second);
    System.out.println(result);
  }

  static void callAdd() {
    result = add(first, second);
  }

  static int add(int a, int b) {
    return a + b;
  }

}
```

이제 변수를 클래스 안쪽 어디에 두는지에 따라 다른 함수에서 그 변수에 접근할 수 있는지 없는지가 결정된다는 것을 알게 되었습니다.

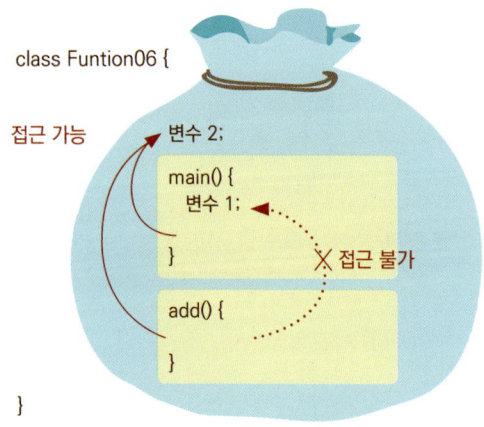

▲ 변수에 접근할 수 있는 범위

2 _ 클래스의 역할이 무엇인지 알아보기

함수를 다시 알아보면서 '프로그램이라는 것은 여러 개의 함수로 만드는 거구나.'라고 느낄지도 모르겠습니다. 실제로 프로그램을 만들 수 있는 대부분의 프로그래밍 언어에서는 이 함수라는 것이 매우 중요한 역할을 합니다. 그런데 도대체 클래스의 역할이 무엇인지 점점 더 궁금해집니다. 함수라는 것으로 코드의 기능을 구분한다는 것은 알겠는데 왜 굳이 클래스라는 것 안에 함수를 넣어야 하는 걸까요? 함수는 무조건 클래스 안에 넣어야 한다면 이 클래스는 각각의 자바 소스 파일마다 하나씩 들어가는 걸까요?

클래스라는 것은 '객체 지향 프로그래밍(Object Oriented Programming)'의 개념에서부터 출발합니다. 객체 지향이라는 말을 해석하면 '객체라는 것을 가지고 프로그램을 만든다.'는 의미가 되는데요, 이 객체라는 말은 이전에도 몇 번씩 사용했었습니다. 도대체 객체라는 것은 또 무엇일까요?

'객체(Object)'란 우리가 사는 세계에 있는 것들을 말한다고 할 수 있습니다. 우리가 사는 집, 타고 다니는 차, 그리고 걸어 다니는 사람까지도 모두 객체라고 할 수 있습니다.

▲ 객체라고 생각할 수 있는 것들

우리가 보고 느낄 수 있는 모든 것들을 객체라고 할 수 있다면 세상은 객체라는 것으로 이루어져 있다고 할 수 있겠네요. 여기까지는 이해가 되는데 이 객체라는 것을 가지고 프로그램을 만든다는 것은 무엇을 어떻게 한다는 말일까요? 이 말은 프로그램 안에도 객체라는 것들이 존재한다는 것을 의미합니다. 예를 들어, 사람을 객체라고 한다면 사람이 걷거나 뛰는 동작은 특정 기능이기 때문에 함수처럼 생각할 수 있습니다. 그렇다면 앞에서 보았던 함수를 사용해서 다음과 같은 형태의 코드를 만들면 사람이 움직이는 동작을 표현할 수 있습니다.

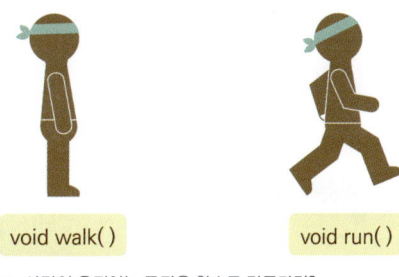

▲ 사람이 움직이는 동작을 함수로 만든다면?

두 개의 함수 앞에 있는 void라는 것은 함수 상자의 아래쪽으로 나오는 결과 값이 없을 때 붙여주는 키워드로 이것에 대해서는 이미 알고 있습니다. 그렇다면 이렇게 만든 함수를 main과 함께 프로그램의 시작점에서 호출하여 사용하기만 하면 사람이 뛰거나 걷도록 만들 수 있다는 것을 알 수 있습니다.

그런데 걷는 동작을 만드는 walk라는 함수와 뛴다는 동작을 만드는 run이라는 함수가 사람의 동작이라는 것은 어떻게 알 수 있을까요? 혹시, 강아지가 걷거나 뛰는 동작을 똑같이 만들었다면 그 동작과 어떻게 구분할 수 있을까요?

▲ 사람의 동작과 강아지의 동작을 함수 이름으로 구분하기

자바는 보통 함수의 이름 첫 글자를 소문자로 쓰고 중간에 구분할 수 있는 단어가 연속해서 이어지면 구분 가능한 단어의 첫 글자는 대문자로 써줍니다. 이 때문에 사람이 걷는다는 의미의 함수 이름은 PersonWalk나 Personwalk가 아니라 소문자와 대문자가 조합된 personWalk처럼 지어주는 것이 좋습니다.

사람과 강아지가 걷는 동작에 따라 함수의 이름을 만들어주니 잘 구분되긴 합니다. 그런데 점점 함수의 개수가 많아지면 많아질수록 사람의 동작과 강아지의 동작을 구분하는 함수들을 이름만으로 구분하는 것이 번거롭고 어렵게 느껴질 수 있습니다.

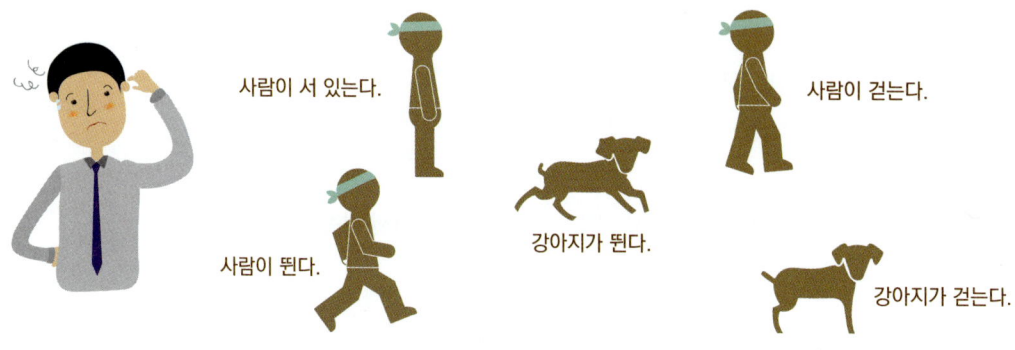

▲ 똑같은 동작을 하는 함수가 너무 많을 때

그렇다면 사람의 동작을 모두 하나로 묶고 강아지의 동작을 모두 하나로 묶어서 구분하는 방법은 없을까요? 그렇습니다. 이때 사용하는 것이 클래스라는 것인데 클래스를 사용하면 각각을 하나로 묶을 수 있습니다.

▲ 클래스를 사용해서 사람과 강아지의 동작을 구분하기

아하! 이제 클래스라는 것이 왜 만들어졌는지 조금은 이해할 수 있을 것 같습니다. 그런데 앞에서 얘기했던 객체라는 것이 세상의 모든 것을 말하는 것일 수 있다고 했으니 사람을 객체라는 것으로 보면 다음 그림처럼 해석할 수 있습니다.

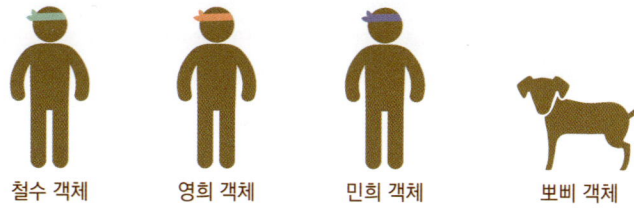

▲ 각각의 사람이나 강아지를 객체로 보기

철수, 영희, 민희라는 실제 사람들은 각각이 눈에 보이는 하나의 객체라고 할 수 있습니다. 철수는 하고 싶은 대로 뛰거나 움직일 수 있고, 영희는 철수가 시키는 대로 하는 것이 아니라 혼자 하고 싶은 대로 뛰거나 움직일 수 있습니다. 이렇게 독립적으로 동작하는 객체들이지만 이 객체들의 공통점은 사람이라는 것입니다. 즉, 사람은 사람의 모양으로 생겼고 뛰거나 걷는 동작을 할 수 있는 객체들의 모음이라고 말할 수 있습니다.

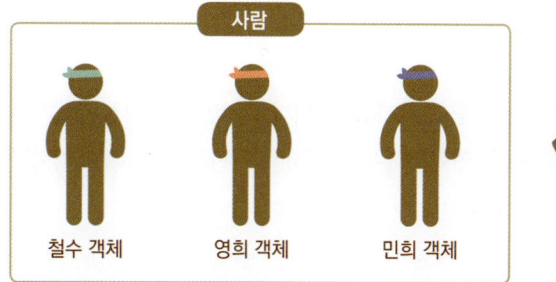

▲ 철수, 영희, 민희를 모두 사람이라고 부르기

강아지는 뛰거나 걸을 수 있지만 사람 모양을 하고 있지 않으니 사람으로 부를 수 없습니다. 이렇게 철수, 영희, 민희가 똑같이 가지고 있는 공통점을 근거로 사람이라고 구분하게 되는데 이것을 클래스라고 할 수 있습니다. '클래스(Class)'라는 단어가 가진 원래의 의미도 공통의 특징을 가진 것들을 하나로 묶어서 본다는 것입니다.

클래스는 단순히 공통된 것들을 묶어주는 역할을 하기도 있지만 자바와 같은 객체 지향 언어에서는 사람의 '원형(Prototype)'을 만드는 역할도 합니다. 원형이라는 것은 쉽게 말하면 붕어빵을 만드는 틀과 같습니다.

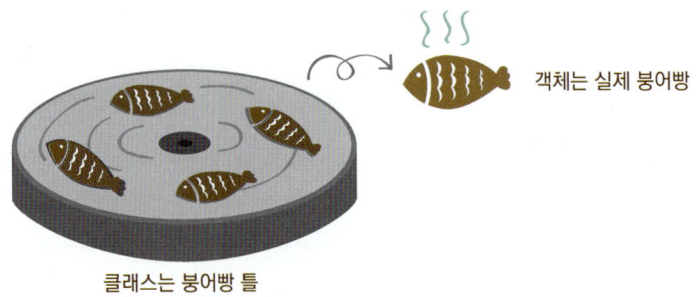

▲ 붕어빵을 만들어내는 틀 같은 역할을 하는 클래스

철수, 영희, 민희처럼 현실에서 살고 있는 실제 사람들은 엄마 뱃속에서 태어나지만 프로그램에서는 우선 사람 객체를 만들 수 있는 틀을 만들고 그 틀에서 각각의 사람을 찍어내듯이 만들게 됩니다. 이제 이것을 코드로는 어떻게 만드는지 알아보겠습니다.

3 _ 클래스와 인스턴스 만들어보기

직접 앱을 만들면서 클래스를 알아보기 위해 새로운 안드로이드 프로젝트를 만듭니다. 안드로이드 스튜디오를 열고 시작 메뉴에서 새로운 프로젝트를 만듭니다. 첫 번째 대화상자에서는 Empty Activity가 선택된 상태로 두고 [Next]를 눌러 넘어갑니다. 두 번째 대화상자에서는 Name 입력란에 MyClass를 입력하고 Package name 입력란에는 org.techtown.myclass를 입력합니다. [Finish]를 누르면 새로운 프로젝트 창이 열립니다.

> **주의** 새로운 안드로이드 프로젝트를 만드는 과정은 지금까지 몇 번 반복했으므로 익숙하겠지만 앞으로도 계속 반복하면 더 익숙하게 될 것입니다.

▲ MyClass라는 새로운 안드로이드 프로젝트 만들기

프로젝트가 자동으로 만들어지면서 app/java 폴더의 org.techtown.myclass 패키지 안에 있는 [MainActivity.java] 탭이 가운데 영역에 열립니다. 이미 여러 번 보았던 것처럼 MainActivity는 클래스 안에 onCreate 함수가 들어있습니다. 클래스라는 것이 여러 개의 함수를 안에 담고 있다는 것을 알고 있으니 클래스와 함수의 이름만을 적어 보면 클래스가 어떤 모양으로 보이는지 좀 더 확실히 볼 수 있습니다.

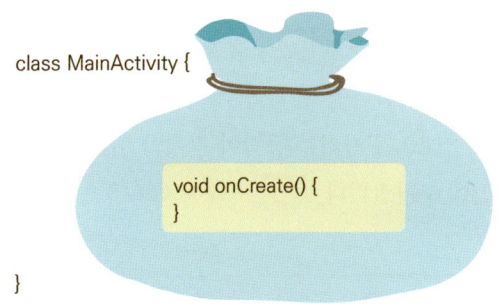

▲ MainActivity.java 파일 안에 있는 클래스의 구조

클래스의 구조는 안드로이드 스튜디오의 왼쪽 벽에 붙어있는 [Structure] 탭을 열면 잘 정리되어 있습니다. 그러나 [Structure] 탭 안에 보이는 함수들은 함수에 전달되는 파라미터나 결과 값의 자료형이 같이 표시되므로 조금 더 복잡하게 보일 수 있습니다.

▲ Structure 창에 보이는 내용

클래스는 붕어빵 틀과 같다고 했으니 철수, 영희, 민희처럼 실제 사람을 만들기 위해 Person 클래스를 만듭니다. 그리고 뽀삐와 같은 실제 강아지들을 만들기 위해 Dog 클래스를 만들 수 있습니다. 이제 Person이라는 새로운 클래스를 만들고 그 안에 몇 가지 함수들을 넣어보겠습니다. 새로운 Person 클래스를 만들기 위해서는 MainActivity라는 클래스가 끝나는 중괄호 아래에 다음과 같이 코드를 입력합니다.

코드 참고 / MyClass>/app/java/org.techtown.myclass/MainActivity.java

```java
중략...
public class MainActivity extends AppCompatActivity {

  @Override
  protected void onCreate(Bundle savedInstanceState) {
    super.onCreate(savedInstanceState);
    setContentView(R.layout.activity_main);
  }
}

class Person {

}
```

새로운 클래스는 MainActivity 클래스와 따로 떨어져 있도록 MainActivity 클래스의 바깥쪽에 만듭니다. 이 Person 클래스가 실제 사람을 만들기 위한 틀이라고 한다면 이 틀 안에 구체적인 모양을 만들기 위해 그 안에 함수를 추가할 수 있습니다. Person 클래스가 가지는 동작이 걷기와 뛰기 두 가지라면 walk와 run이라는 이름을 가진 두 개의 함수를 안에 추가합니다.

코드 참고 / MyClass>/app/java/org.techtown.myclass/MainActivity.java

```java
중략...
class Person {

    public void walk() {

    }

    public void run() {

    }
}
```

walk 함수 상자는 void 자료형을 붙여서 데이터를 받을 수 있는 위쪽 구멍도 없고 결과물도 없도록 만들었기 때문에 이름 뒤의 소괄호 안에는 아무것도 없습니다. public 키워드는 다른 클래스에서 마음대로 접근하여 사용할 수 있도록 하는 것이기 때문에 가장 앞에 붙여줍니다. run 함수 상자도 똑같은 순서대로 입력합니다. 이렇게 하면 사람의 모양을 가진 틀이 가장 간단한 형태로 만들어집니다.

그런데 걷거나 뛸 때 얼마나 빨리 걷거나 뛸 것인지를 알려주어서 그 속도로 움직이게 하고 싶다면 이 함수 상자로 속도(Speed)라는 값을 전달해줄 수 있을 것입니다. 이제 속도 값을 전달받으면 디버깅 메시지를 보여주는 코드로 수정해 보겠습니다. 표준 자바에서 사용했던 System.out.println 메서드는 안드로이드에서는 디버깅 메시지를 보여주는 LogCat이라는 창에 메시지를 보여줍니다.

> **주의** 안드로이드는 윈도우를 기본으로 사용하므로 디버깅 메시지는 사용자에게는 보이지 않으며 대신 안드로이드 스튜디오의 아래쪽 벽에 붙어있는 LogCat 창을 열면 그 안에서 볼 수 있습니다.

walk와 run 함수의 파라미터로 speed라는 정수 값을 전달받을 수 있도록 소괄호 안에 int speed를 입력합니다. 다음은 speed 변수에 들어있는 값을 이용해 디버깅 메시지를 보여주는 코드입니다.

코드 참고 / MyClass》/app/java/org.techtown.myclass/MainActivity.java

```java
중략...
class Person {

    public void walk(int speed) {
        System.out.println("사람이 " + speed + "km 속도로 걸어갑니다.");
    }

    public void run(int speed) {
        System.out.println("사람이 " + speed + "km 속도로 뛰어갑니다.");
    }

}
```

이 코드는 System.out.println 뒤에 오는 문자열이 디버깅 메시지로 보이도록 소괄호 안에 보여주고 싶은 문자열을 넣어준 것입니다. 문자열

> **주의** 문자열을 입력할 때 "사람이 "를 보면 사람이라는 문자 뒤에 공란이 있습니다. 이 부분은 문자열을 서로 붙일 때 띄어쓰기가 되어 보이도록 합니다.

은 + 기호를 이용해서 서로 붙일 수 있습니다. walk 함수 상자로 전달된 speed의 값을 + 기호를 이용해 붙인 후 넣어줍니다.

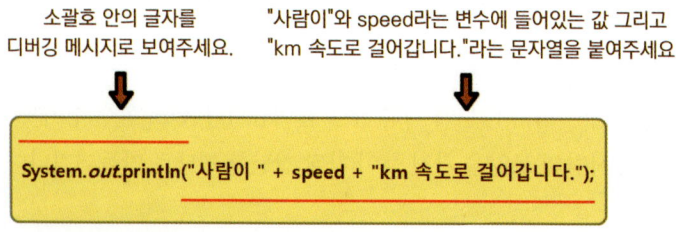

▲ 전달받은 속도 값을 붙인 문자열을 디버깅 메시지로 보여주기

speed 변수 상자에 넣어 함수 상자로 전달된 값이 8이라면 디버깅 메시지로 보여주기 전에 + 기호로 붙인 문자열은 '사람이 8km 속도로 걸어갑니다.'가 됩니다. 실제로 잘 동작하는지 확인하기 위해 MainActivity 클래스의 onCreate 함수 안에 이 Person 클래스에 들어있는 walk 함수를 호출하는 코드를 추가합니다.

onCreate 함수가 끝나는 중괄호 앞에 다음과 같이 코드를 입력합니다.

코드 참고 / MyClass>/app/java/org.techtown.myclass/MainActivity.java

```java
중략...
    protected void onCreate(Bundle savedInstanceState) {
        super.onCreate(savedInstanceState);
        setContentView(R.layout.activity_main);

        Person jack = new Person();
        jack.walk(10);
    }
중략...
```

첫 번째 줄에 나오는 new 연산자는 새로운 객체를 메모리에 만들 때 사용하는 것입니다. 이전에는 new String과 같이 문자열을 만들 때 사용해 보았는데 이 String이라는 자료형도 객체 자료형이기 때문에 new String과 같은 형태로 사용했던 것입니다. 하지만 워낙 자주 사용하는 자료형이라 큰따옴표 안에 문자열을 넣기만 해도 똑같이 메모리에 만들어줍니다.

글자에 큰 따옴표만 붙여주어도 메모리에 글자를 만들어 줌.

String hello = "안녕!";

String hello = new String("안녕!");

new 연산자의 뒤에 객체 자료형의 이름을 붙이고 소괄호 안에 글자를 넣으면 메모리에 만들어 줌.

▲ String 자료형으로 문자열을 메모리에 만든 후 변수에 넣어주기

여기서 String이라는 것도 이미 다른 개발자가 만들어둔 클래스입니다. 즉, 다음과 같은 형태로 만들어진 String이라는 클래스가 이미 만들어져 있기 때문에 우리가 사용할 수 있습니다.

```
class String {
    함수1 {
    }
    함수2 {
    }
}
```

new String("안녕!");

String 클래스를 만들면 String이라는 객체 자료형으로 사용할 수 있어요.

▲ String도 클래스로 만들어져 있어요

우리가 새로 만든 클래스는 int나 float와 같은 기본 자료형처럼 새로운 자료형으로 사용할 수 있습니다. 따라서 변수라는 상자를 만들 때도 Person이라는 모양을 가진 변수 상자로 만들어야 합니다. 즉, Person이라는 모양을 가진 변수 상자를 하나 만들어야 그 안에 실제 사람을 new Person으로 만들어 집어넣을 수 있습니다. 결국 Person이라는 상자는 사람이 들어갈 수 있는 사람 모양의 상자가 되겠네요.

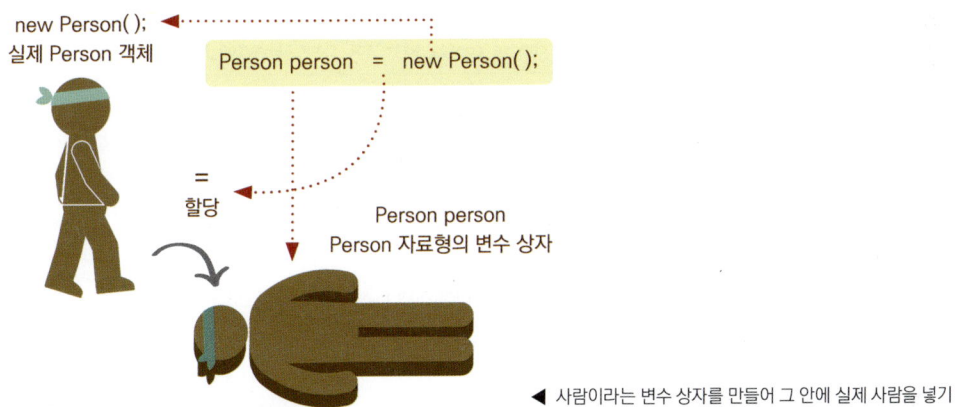

◀ 사람이라는 변수 상자를 만들어 그 안에 실제 사람을 넣기

실제 사람을 new 연산자를 이용해서 만들면 이것을 '객체'라고 부를 수 있습니다. 객체라는 것이 실제 세계에서 볼 수 있는 각각의 물체라고 했는데 코드에서도 실제 사람처럼 만들고 싶을 때 이 new 연산자를 쓰게 됩니다. 이제 첫 번째 줄의 코드가 '클래스라는 것을 이용해 객체를 만드는 코드'라고 이해했을 것입니다. 두 번째 줄의 코드에서는 사람을 걷게 만들기 위해 walk 함수를 호출합니다. 실제 사람으로 만들어져 person이라는 변수에 넣은 사람에 대해서는 점(.) 연산자를 이용해 그 안에 만들어져 있는 함수를 호출할 수 있습니다. 변수의 이름을 실제 사람의 이름과 똑같이 만들어 구분하기 위해 jack이라고 썼으니 jack으로 만들어진 사람이 walk라는 이름을 가진 함수를 호출한 것이 됩니다.

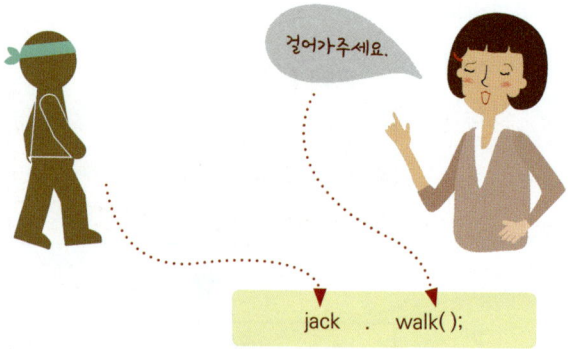

▲ 사람을 걷도록 만드는 코드

코드가 잘 입력되었는지 확인하기 위해 앱을 실행합니다. 앱을 실행하면 화면에는 Hello world!라는 글자만 들어있는 기본 화면이 보입니다. 하지만 우리가 원하는 결과는 화면이 아니라 디버깅 콘솔 창에 나타납니다. 화면 아래쪽 벽에 붙어있는 탭 중에 [Logcat] 탭을 선택하면 Logcat 창이 나타납니다. 이 안에서 다음과 같은 메시지가 나오면 코드가 잘 실행된 것입니다.

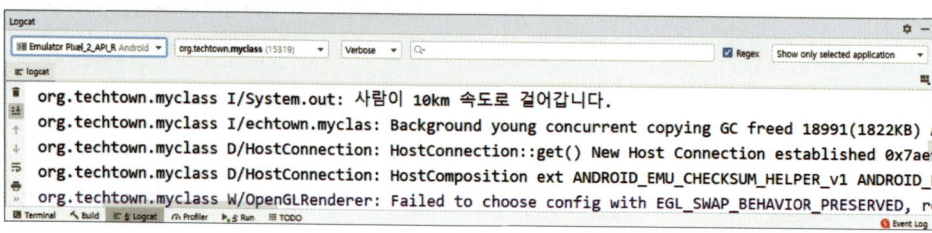

▲ [Logcat] 탭에 나타난 메시지

그런데 메시지가 너무 많습니다. 너무 많은 메시지가 출력되면 여러분이 만든 앱의 메시지를 구분하기 어렵기 때문에 지금 실행한 앱의 로그만 출력되도록 설정할 수 있는 기능이 있습니다. Logcat 창의 위쪽을 보면 왼쪽부터 차례로 단말 선택, 앱 선택, 로그 레벨 선택 콤보 박스가 보입니다.

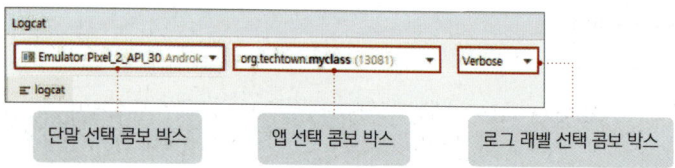

- 단말 선택 콤보 박스: 여러 에뮬레이터나 실제 단말이 동시에 실행되어 있을 수 있기 때문에 그 중 하나를 선택하기 위한 것입니다.
- 앱 선택 콤보 박스: 선택한 단말에 실행된 앱들 중에서 하나를 선택하기 위한 것입니다.
- 로그 레벨 선택 콤보 박스: 로그를 출력하는 수준을 선택하기 위한 것입니다.

단말은 현재 실행한 에뮬레이터를 선택하고 앱은 org.techtown.myclass를 선택합니다. 앱은 기본 패키지 이름으로 구분하기 때문에 여러분이 새로운 프로젝트를 만들 때 입력한 패키지 이름으로 표시됩니다. 로그 레벨은 Verbose를 선택하면 모든 로그가 출력됩니다. 오른쪽 끝에 있는 콤보 박스에서 Show only selected application 항목을 선택하면 현재 선택된 앱의 로그만 출력됩니다. 만약 로그 메시지 중에서 특정 문자열을 검색하고 싶다면 입력상자에 검색어를 입력하면 됩니다.

[Logcat] 탭에 나타난 메시지는 앱의 로그만 출력했을 때 보이는 화면입니다. 그리고 그 안에 출력된 한 줄의 메시지는 walk라는 함수가 호출되었을 때 그 안에 들어있던 System.out.println 함수가 호출되었기 때문에 보이는 것입니다.

실제 사람을 만들기 위해 Person이라는 이름으로 틀을 만드는 것을 '==클래스를 정의한다.=='라고 합니다. 틀이 있어야 무언가를 찍어낼 수 있다는 것이 객체 지향에서 클래스가 필요한 이유라고 할 수 있습니다. 따라서 실제 사람을 객체라고 했을 때 이 객체를 만들려면 클래스를 먼저 만들어야 합니다. 클래스를 먼저 만들고 이 클래스로 객체를 만들 때 사용하는 것이 new 연산자입니다. 이제 객체라는 것이 어떻게 만들어지는지 어느 정도 이해가 되었을 것입니다.

new 연산자로 사람 객체를 만들 수 있다는 것을 제대로 알게 되었습니다. 그리고 클래스라는 틀에서 찍어낼 사람이 한 명이 아니라면 new 연산자를 계속 입력해서 만들어내야 한다는 정도는 쉽게 생각할 수 있을 것입니다. 코드에 다음과 같이 입력합니다.

코드 참고 / MyClass〉/app/java/org.techtown.myclass/MainActivity.java

```java
중략...
    protected void onCreate(Bundle savedInstanceState) {
        super.onCreate(savedInstanceState);
        setContentView(R.layout.activity_main);

        Person jack = new Person();
        jack.walk(10);

        Person mike = new Person();
        mike.walk(10);

        Person sean = new Person();
        sean.walk(10);
    }

중략...
```

앱을 실행하면 [Logcat] 탭에 똑같은 메시지가 여러 줄 출력됩니다.

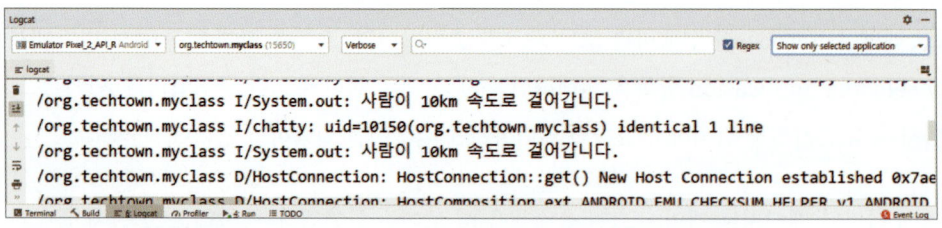

▲ 여러 개의 사람 객체를 만들고 walk 함수를 호출했을 때 보이는 디버깅 메시지

이렇게 결과물이 잘 나오는 것은 좋지만 무언가 아쉬움이 남습니다. Person이라는 것이 사람을 위해 만든 거라면 실제 사람처럼 이름도 각각의 Person 객체 안에 들어있어야 좀 더 실제와 가깝지 않을까요? 우리가 입력한 코드는 Person이라는 모양을 가진 변수 상자를 만들고 그 변수의 이름을 jack이나 mike라고 지어준 것이지 실제 그 사람 객체가 이름을 가지고 있는 것은 아니기 때문입니다. 그렇다면 Person 클래스 안에 사람 이름을 넣을 수 있을까요?

네 그렇습니다. Person 클래스 안에는 객체를 동작시키는 함수만 넣을 수 있는 것이 아니라 변수도 넣을 수 있습니다. 그리고 이것이 객체 지향에서 사용하는 클래스의 가장 중요한 특징이라고 할 수 있습니다.

❶ 클래스는 변수와 함수를 같이 가질 수 있다.   ❷ 클래스는 new 연산자를 이용해 객체로 만들어질 수 있다.

 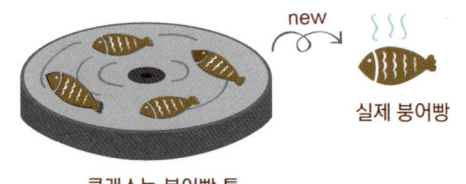

▲ 객체 지향에서 클래스의 주요 특징

클래스가 함수와 변수를 같이 가질 수 있다는 것은 사람의 동작을 나타내는 '걷다', '뛰다'와 같은 기능을 클래스 안에 넣을 수 있는 것은 물론이고, 사람의 모양을 나타내는 팔 두 개, 다리 두 개와 같은 데이터도 넣을 수 있다는 것을 의미합니다. 결과적으로 이렇게 하면 클래스라는 것이 실제 사람과 비슷하게 만들어질 수 있습니다. 즉, 동작과 데이터가 클래스라는 것 안에 같이 들어있기 때문에 사람 객체에게 걸으라는 명령을 내리면 사람이 알아서 자신의 다리를 움직여 걸을 수 있습니다. 이렇게 클래스 안에 동작과 데이터를 같이 넣어두는 것을 '캡슐화(Encapsulation)'라고 합니다. 캡슐화한 사람 객체에게 특정한 동작 명령을 내리면 사람 객체가 알아서 데이터를 찾아본 후 명령에 합당한 일을 수행합니다.

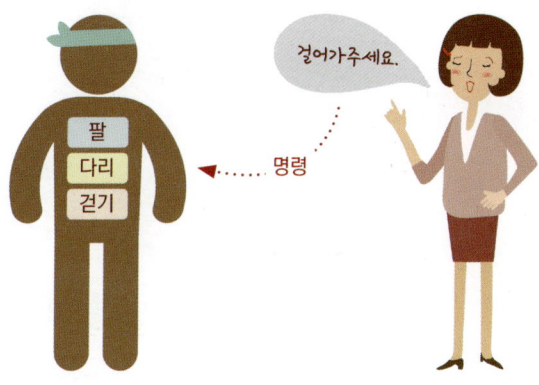

▲ 사람 객체의 캡슐화와 명령

캡슐화라는 말은 캡슐로 싸둔다는 것이며, 클래스가 데이터와 함수를 함께 싸두고 독립적으로 동작할 수 있도록 만들어준다는 의미입니다. 여기서 객체에게 명령을 내릴 때는 객체 안에 들어있는 함수를 호출하는 방식으로 이루어지므로 명령은 곧 함수의 호출이라고 할 수 있습니다. 그럼 만들어두었던 Person 클래스에 사람의 이름을 추가해 보겠습니다. 사람의 이름은 String 자료형을 가진 name 변수로 만들어 클래스 안에 선언합니다.

코드 참고 / MyClass/app/java/org.techtown.myclass/MainActivity.java

```java
중략...
class Person {
  String name;

  public void walk(int speed) {
    System.out.println("사람이 " + speed + "km 속도로 걸어갑니다.");
  }

  public void run(int speed) {
    System.out.println("사람이 " + speed + "km 속도로 뛰어갑니다.");
  }
}
```

클래스 안에 들어 있으면서도 메서드 안이 아닌 바깥에 있으므로 name 변수는 Person 클래스의 속성이 됩니다. 즉, 실제 사람의 이름은 사람마다 다르므로 이 변수 상자에 어떤 이름을 넣느냐에 따라 그 사람의 이름이 달라질 수 있도록 만든 것입니다. 사람의 이름을 변수로 추가했다면 이 변수는 점(.) 연산자를 이용해 접근할 수 있습니다. Person 객체를 만드는 코드를 다음과 같이 더 바꿔보세요.

코드 참고 / MyClass>/app/java/org.techtown.myclass/MainActivity.java

```java
중략...
    protected void onCreate(Bundle savedInstanceState) {
        super.onCreate(savedInstanceState);
        setContentView(R.layout.activity_main);

        Person person01 = new Person();
        person01.name = "철수";
        person01.walk(10);

        Person person02 = new Person();
        person02.name = "영희";
        person02.walk(10);

        Person person03 = new Person();
        person03.name = "민희";
        person03.walk(10);

    }
}
class Person {
    String name;
중략...
```

변수 이름을 jack, mike와 같이 사람 이름처럼 붙여주었던 것을 person01, person02와 같이 단순한 변수 이름으로 바꿔줍니다. 그리고 실제 사람의 이름을 변수 뒤에 점(.)을 붙인 후 name 변수에 할당합니다. 변수에 값을 넣기 위해서는 = 기호를 사용하므로 다음과 같은 형태로 클래스 안에 만들어둔 변수에 접근합니다.

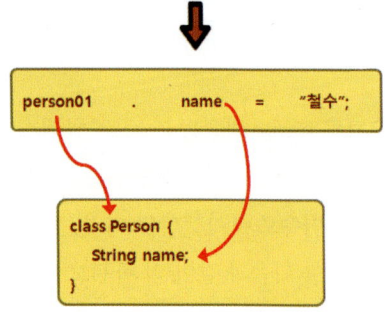

▲ 클래스 안에 정의한 변수에 접근하기

클래스라는 틀을 이용해서 실제 사람 객체가 만들어지면 그 안에 넣어둔 변수는 일반적으로 사용되는 변수 상자처럼 그 안에 값을 넣거나 가져올 수 있습니다. 따라서 new Person()을 이용해 만들어진 사람 객체 안에 들어있는 name 변수에 접근하여 각각의 사람 객체마다 실제 이름을 넣어줄 수 있습니다. 이렇게 사람 객체마다 이름을 넣어주었으니 글자가 디버깅 메시지로 보일 때도 '사람이 10km 속도로 걸어갑니다.'가 아니라 '철수가 10km 속도로 걸어갑니다.'처럼 실제 사람 이름을 함께 보이도록 수정하면 좋을 것 같습니다.

Person 클래스 안에 들어있는 walk와 run 함수 안에서 System.out.println으로 메시지를 보여줄 때 들어가는 문자열을 다음과 같이 수정합니다.

코드 참고 / MyClass〉/app/java/org.techtown.myclass/MainActivity.java

```java
중략...
class Person {
  String name;

  public void walk(int speed) {
    System.out.println(name + "이(가) " + speed + "km 속도로 걸어갑니다.");
  }

  public void run(int speed) {
    System.out.println(name + "이(가) " + speed + "km 속도로 뛰어갑니다.");
  }
}
```

walk나 run 함수 안에서는 클래스 안에 넣어둔 name 변수에 바로 접근할 수 있으므로 변수 이름만 참조하면 그 안에 들어있는 사람 이름을 확인할 수 있습니다. 단어의 색상을 잘 구분해보면 클래스 안에 넣어둔 name 변수의 색상은 파란색으로 표시됩니다. 이 파란색 변수 이름은 speed와 같이 함수 안에서 만들어진 변수의 색상과 다르게 보이기 때문에 쉽게 구분할 수 있습니다. 앱을 실행하면 디버깅 메시지로 보이는 글자가 사람마다 다른 것을 볼 수 있습니다.

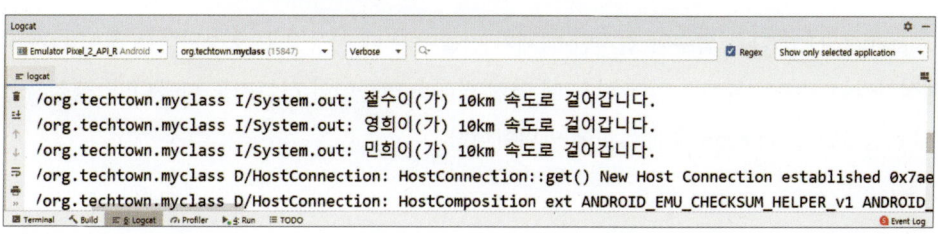

▲ 사람 객체마다 다른 이름을 넣어준 후 보여준 메시지

지금까지 객체 지향이라는 방식으로 코드를 만들어보았습니다. 객체 지향이 어떤 뜻인지 말로만 어렵게 이해하는 것보다 코드를 하나씩 바꿔가면서 어떻게 실제 사람의 특징이나 행동을 프로그램의 코드와 비슷하게 맞출 수 있는지 이해해보면 더 빨리 적응할 수 있을 것입니다.

4 _ 인스턴스 객체가 만들어질 때 초기화 기능 수행하기

객체라는 말이 실제 세계의 모든 것을 하나씩 구분하여 말하는 것이라면 실제 사람뿐만 아니라 사람을 만드는 틀인 클래스도 객체처럼 생각될 수 있습니다. 이런 문제 때문에 클래스와 그 클래스가 만든 객체를 구분하는 것이 필요합니다. 그래서 클래스가 만든 객체들만 따로 분류하여 '인스턴스' 또는 '인스턴스 객체'라고 부르기도 합니다. '인스턴스(Instance)'란 클래스가 틀에서 찍어낸 실제 객체를 의미하는 것으로 클래스로 미리 모양을 정의해 놓은 후에 new 연산자로 만든 객체를 말합니다.

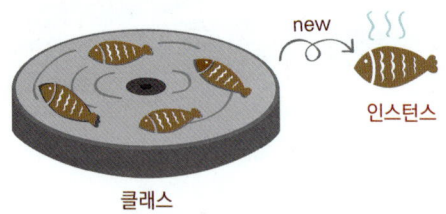

▲ 인스턴스란?

앞에서 만든 코드를 보면 new 연산자로 실제 사람 객체를 만들고 그 안에 들어있는 name 변수에 접근하여 사람 이름을 각각의 사람 객체에 할당했습니다. 그런데 새로운 사람 객체를 만드는 코드와 그 객체에 사람 이름을 넣어주는 코드가 두 줄로 되어 있습니다. 그 두 줄의 코드를 한 줄로 만들 수 있으면 좋지 않을까요? 그렇다면 new 연산자 뒤에 오는 Person 뒤의 소괄호 안에 이름 데이터를 파라미터로 넣어주는 방법은 어떨까요? 클래스에는 new 연산자로 새로운 객체를 만들 때 데이터를 같이 넣어줄 수 있도록 생성자라는 함수를 추가할 수 있습니다. 클래스가 만들어질 때 필요한 작업, 즉 일종의 '초기화 작업'을 해주는 것이죠.

'생성자(Constructor)'란 다른 함수와 같지만 객체가 만들어질 때 자동으로 호출된다는 점이 다릅니다. 또한 생성자라는 함수를 클래스 안에 만들 때 어떤 형태로 만들어야 하는지도 다릅니다. 생성자를 만들기 위해 다음 코드를 Person 클래스 안에 입력합니다.

코드 참고 / MyClass>/app/java/org.techtown.myclass/MainActivity.java

```java
중략...
class Person {
  String name;

  public Person() {

  }

  public Person(String inName) {
    name = inName;
  }

  public void walk(int speed) {
    System.out.println(name + "이(가)" + speed + "km 속도로 걸어갑니다.");
  }

  public void run(int speed) {
    System.out.println(name + "이(가) " + speed + "km 속도로 뛰어갑니다.");
  }

}
```

새로 추가한 두 개의 함수는 클래스와 똑같은 이름을 가지고 있습니다. 그 중에서 첫 번째는 함수 이름 뒤의 소괄호 안에 변수가 하나도 들어있지 않습니다. 함수 상자 안에서 전달된 데이터를 받을 때는 파라미터라고 부른다고 했으니 소괄호 안에 파라미터가 하나도 없다고 얘기입니다.

두 번째 함수의 이름 뒤에 있는 소괄호에는 한 개의 파라미터가 들어있는데 이 파라미터는 호출하는 쪽에서 전달한 이름 데이터를 받아 처리할 때 사용됩니다. 이 함수는 inName이라는 변수가 값을 전달받은 후 그 변수의 값을 그대로 클래스 안에 있는 name 변수에 넣어줍니다. 새로 추가한 이 두 개의 함수처럼 클래스의 이름과 똑같은 이름을 가진 함수를 생성자라고 부릅니다. 이 생성자는 호출하는 쪽에서 new 연산자로 객체를 만들 때 객체 이름 뒤의 소괄호 안에 데이터를 입력하면 그 데이터가 함수 상자 안으로 전달될 수 있게 합니다.

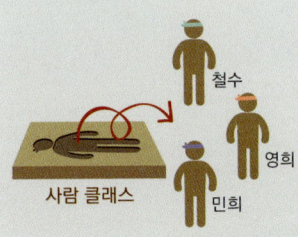

정박사님 궁금해요 — 생성자란?

❶ 객체가 만들어질 때 호출되는 함수입니다.
❷ 객체를 만들면서 객체에 데이터를 넣어주고 싶을 때 사용됩니다.
❸ 파라미터가 없는 기본 생성자는 이미 클래스에 들어있던 것과 같습니다.
❹ 생성자의 이름은 따로 이름으로 호출할 일이 없으므로 클래스의 이름과 똑같은 이름을 붙여줍니다.

첫 번째로 추가한 함수는 new Person()처럼 소괄호 안에 아무런 데이터도 넣지 않은 형태인데 이 함수가 디폴트 생성자의 역할을 한다고 할 수 있습니다. 이 생성자는 클래스를 만들 때 넣어두지 않아도 문제가 되지 않습니다. 따라서 객체가 만들어질 때 추가적으로 전달해야 하는 데이터가 있거나 동작해야 하는 기능이 필요할 때만 클래스에 추가해도 충분합니다.

생성자도 하나의 함수인데 이 함수의 이름을 클래스와 같게 만드는 이유는 생성자라는 함수는 클래스 안에 정의한 후 그 이름으로 직접 호출할 일이 없기 때문입니다. 유일하게 호출될 때는 new 연산자를 사용할 때이므로 구분하기 쉽게 클래스 이름과 똑같은 이름을 붙여줍니다. 사람 이름을 파라미터로 전달받는 생성자를 클래스 안에 하나 더 추가했으므로 새로운 Person 객체를 만드는 코드 부분은 다음과 같이 바꿀 수 있습니다.

코드 참고 / MyClass>/app/java/org.techtown.myclass/MainActivity.java

```
중략...
    Person person01 = new Person("철수");
    person01.walk(10);

    Person person02 = new Person("영희");
    person02.walk(10);

    Person person03 = new Person("민희");
    person03.walk(10);
중략...
```

두 줄의 코드가 한 줄로 바뀌었으니 코드의 양이 더 줄어들어 이해하기 쉬워졌습니다. 코드를 이렇게 수정하고 실행해도 [Logcat] 창에는 똑같은 결과가 나타납니다. 파라미터가 하나도 전달되지 않는 생성자도 넣어주고, 이름을 전달할 때 필요한 파라미터가 하나 들어있는 생성자도 같이 넣어준다면 생성자라는 함수는 같은 이름으로 두 개가 만들어져야 합니다. 생성자뿐만 아니라 함수라는 것 자체가 같은 이름을 가진 것을 여러 개 추가할 수 있는데 이 경우에 각각의 함수는 파라미터의 자료형과 개수가 서로 달라야 합니다. 이것을 함수의 '다중정의(Overloading)'라고 합니다.

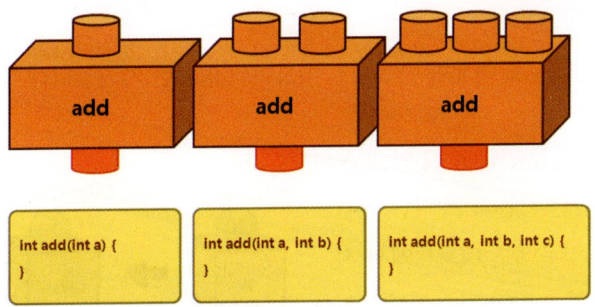

▲ 함수의 다중정의란 무엇일까요?

이렇게 보면 '함수에 전달되는 파라미터가 몇 개인지 그리고 그 각각의 자료형이 무엇인지가 함수에게는 중요한 것이겠구나.'라는 생각이 들 것입니다. 함수로 전달되는 파라미터가 어떤 것인가에 따라 함수가 처리하는 기능이 달라질 수도 있으니 파라미터는 중요할 수밖에 없습니다.

그럼 이번에는 함수 상자에 파라미터로 전달되는 값이나 함수 안에 들어있는 변수의 값을 사용할 때 눈여겨보아야 할 특징을 알아보겠습니다. 먼저 Person 자료형으로 변수를 하나 만들고 그 안에 들어있는 이름 값을 확인하는 코드를 다음과 같이 추가해 보겠습니다.

코드 참고 / MyClass>/app/java/org.techtown.myclass/MainActivity.java

```
중략...
    Person person03 = new Person("민희");
    person03.walk(10);

    Person person04 = person03;
    person04.walk(10);
중략...
```

앱을 실행한 후 [Logcat] 창의 디버깅 메시지를 살펴보면 person03 객체에 들어있는 walk 함수를 호출했을 때와 동일하게 '민희'라는 이름이 들어간 메시지가 보일 것입니다. 첫 번째 줄에 입력한 코드는 Person 자료형의 person04 변수 상자를 하나 만든 후 person03 변수에 들어있는 사람 객체를 넣어준 것이니 '민희'라는 이름이 들어간 메시지가 보이는 것이 당연합니다. 이것을 메모리에서 처리되는 방

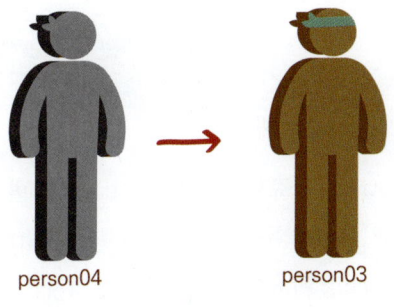

▲ 객체를 레퍼런스로 가리키는 방식

식으로 생각해 보면, person04라는 변수 상자에 실제 사람 객체가 들어있는 것이 아니라 person04라는 변수 상자에는 사람 객체가 없고 단순히 person03이라는 변수 상자에 들어있는 사람 객체를 가리키는 역할만 하고 있습니다. 이것을 '레퍼런스(Reference)'라고 합니다.

레퍼런스는 실제 객체를 담고 있는 것이 아니라 실제 객체가 만들어진 메모리의 위치만 가리킵니다.

그런데 int 자료형으로 a라는 이름의 변수 상자를 만들고 그 안에 들어가는 값을 10으로 하고, int 자료형으로 b라는 이름의 또 다른 변수 상자를 만든 후 b라는 변수에 a를 할당하는 경우에는 메모리에서 처리되는 방식이 약간 다릅니다. 즉, 지금까지 알고 있던 것처럼 메모리에서 b라는 변수 상자에도 10이라는 값이 직접 들어가게 되므로 레퍼런스가 만들어지지 않습니다. 그 이유는 자바 언어에서는 기본 자료형일 경우에는 레퍼런스를 만들지 않고 원래의 변수 상자에 있던 값을 복사해서 새로운 변수 상자에 넣어주기 때문입니다. 이런 방식을 '값(Value)으로 복사한다.'고 합니다.

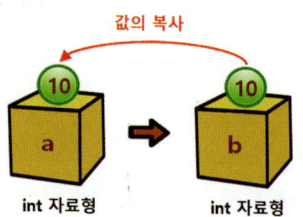

▲ 기본 자료형을 값으로 복사하는 방식

함수 상자로 전달되는 파라미터도 마찬가지여서 기본 자료형은 복사해서 전달하고 객체 자료형은 레퍼런스로 전달하게 됩니다. 복사해서 전달하는 것을 '값으로 전달한다(Pass By Value).'라고 하고 객체를 가리키는 방식으로 전달하는 것을 '레퍼런스로 전달한다(Pass By Reference).'라고 합니다.

다음과 같은 코드를 입력하고 실행하면 복사해서 전달되는 값을 확인할 수 있습니다.

코드 참고 / MyClass/app/java/org.techtown.myclass/MainActivity.java

```
중략...
    Person person04 = person03;
    person04.walk(10);

    String outName = person04.name;
    System.out.println("person04.name : " + outName);
    person03.name = "민정";

    System.out.println("person04.name : " + outName);
중략...
```

String 자료형으로 만든 outName 변수에는 person04 객체 안에 들어있는 name 변수의 값을 할당했는데 이 두 개 변수의 자료형은 String이므로 값이 복사되어 outName 변수로 들어가게 됩니다. String 자료형은 객체 자료형이지만 기본 자료형의 성격을 가지고 있어 값이 그대로 복사됩니다. 이 때문에 person04가 person03을 가리키는 상태에서 person03의 name 변수에 들어있는 값을 '민정'이라고 바꿔도 outName 변수에 들어있는 값은 변하지 않습니다. 즉, outName 변수는 값을 복사해서 받았기 때문에 person03이나 person04 안에 들어있는 변수의 값이 변하더라도 영향을 받지 않습니다.

이번에는 다른 객체를 가리키는 레퍼런스 방식으로 되어있을 때 어떻게 되는지 알아보겠습니다. Person이라는 클래스 안에 사람의 다리 속성을 변수로 추가하는데 이 변수가 또 다른 클래스의 객체를 가리키도록 해 보겠습니다. Person 클래스 아래쪽에 다음과 같이 새로운 클래스를 만듭니다.

코드 참고 / MyClass〉/app/java/org.techtown.myclass/MainActivity.java

```java
중략...
  public void run(int speed) {
    System.out.println(name + "이(가) " + speed + "km 속도로 걸어갑니다.");
  }
}

class Leg {
  String left = "왼쪽";
  String right = "오른쪽";
}
```

사람의 다리가 두 개라고 가정하고 Leg 클래스로 새로운 객체를 만든 후 Person 클래스 안에 변수로 넣어줍니다.

코드 참고 / MyClass〉/app/java/org.techtown.myclass/MainActivity.java

```java
    String outName = person04.name;
    System.out.println("person04.name : " + outName);
    person03.name = "민정";

    System.out.println("person04.name : " + outName);
  }
}

class Person {
  String name;
  Leg leg = new Leg();

  중략...
```

클래스 안의 변수를 선언할 때는 변수의 자료형과 변수 이름을 입력한 후 세미콜론을 바로 붙여줄 수도 있고, 변수의 자료형과 변수 이름을 입력한 후 = 기호를 붙여 초깃값을 변수에 할당하고 세미콜론을 붙여줄 수도 있습니다. 이렇게 하면 Person 클래스에는 Leg라는 자료형을 가진 변수가 들어가게 됩니다. 이 변수를 다른 클래스에서 참조하여 확인하는 코드를 다음과 같이 입력합니다.

코드 참고 / MyClass>/app/java/org.techtown.myclass/MainActivity.java

```java
    중략...
    person03.name = "민정";

    System.out.println("person04.name : " + outName);

    Leg outLeg = person04.leg;
    System.out.println("person04.leg : " + outLeg.left);
    person03.leg.left = "왼쪽 다리";

    System.out.println("person04.leg : " + outLeg.left);
  }
}

class Person {
  String name;
  Leg leg = new Leg();
  중략...
```

앱을 실행하고 디버깅 메시지를 보면 처음에는 '왼쪽'이라고 나오던 것이 그 다음 줄에서는 '왼쪽 다리'라고 나옵니다. Leg 자료형으로 만든 변수 outLeg는 객체 자료형을 가진 변수이므로 = 기호를 이용해 person04 객체가 가지고 있는 leg 변수를 가리키기 때문입니다. 앞에서 name이라는 String 자료형의 변수를 참조할 때 값이 복사되던 것과 다릅니다. 이 때문에 outLeg라는 변수 안에는 실제 Leg 객체가 들어있지 않고 person03 객체가 가지고 있는 leg 객체를 가리키기만 합니다. 이 상태에서 person03 객체 안의 leg 객체가 가지는 left 변수의 값을 '왼쪽 다리'로 바꾸면 'outLeg.left'로 참조한 값도 바뀌게 됩니다.

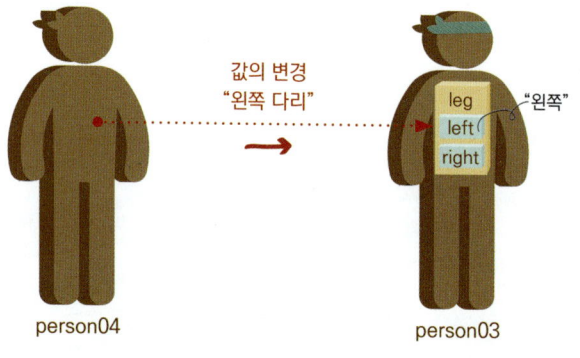

▲ 객체 자료형으로 참조한 객체 안의 변수 값을 바꿀 때

이제 = 기호로 하나의 변수를 다른 변수에 할당한다고 했을 때, (1) 그 값을 복사하는 경우도 있고 (2) 단순히 그 값을 가리키는 경우도 있다는 것을 이해했을 것입니다. 그런데 클래스를 사용하는 가장 큰 이유 중의 하나가 그 클래스에서 만든 객체들은 독립적으로 알아서 동작하면 좋겠다는 것입니다. 그렇기 때문에 그 안에 들어있는 변수에 직접 접근하여 값을 바꾸거나 확인하는 것은 권장하지 않습니다. 따라서 person03.name처럼 클래스 안에 있는 name 변수에 직접 점( ) 연산자로 접근하지 않고 getName()과 같은 함수를 만든 후 이 함수를 호출하는 경우가 많습니다. 다음 코드는 leg 변수에 직접 접근하지 않고 getLeg라는 함수를 사용해서 leg 변수를 가리키도록 수정한 것입니다.

코드 참고 / MyClass)/app/java/org.techtown.myclass/MainActivity.java

```java
    중략...
    Leg outLeg2 = person04.getLeg();
    System.out.println("person04.leg : " + outLeg2.right);
    person03.leg.right = "오른쪽 다리";

    System.out.println("person04.leg : " + outLeg2.right);

  }
}

class Person {
  String name;
  Leg leg = new Leg();

  public Leg getLeg() {
    return leg;
  }
중략...
```

이렇게 클래스 안의 변수에 직접 접근하지 않고 함수를 만들어 그 결과 값을 참조하도록 변경할 때 대부분의 함수는 단순히 return 키워드를 사용해 변수를 함수의 결과 값으로 던져줍니다. 이런 함수들을 'Getter 함수'라고 부르고 get 단어 뒤에 변수의 이름을 붙여줍니다. 거꾸로 변수에 값을 집어넣는 함수를 'Setter 함수'라고 하고 set 단어 뒤에 변수의 이름을 붙여줍니다.

클래스가 가지는 Getter와 Setter 함수 안의 코드들이 단순히 클래스 안에 있는 변수의 값을 반환하거나 파라미터로 받은 변수를 클래스 안의 변수에 할당하는 역할만 하다 보니 안드로이드 스튜디오나 이클립스에서는 이 함수들을 간단하게 만들 수 있는 방법을 제공합니다. Leg 클래스가 끝나는 중괄호 안에 커서를 두고 마우스 오른쪽 버튼을 클릭하면 [Generate → Getter and Setter]를 선택할 수 있습니다.

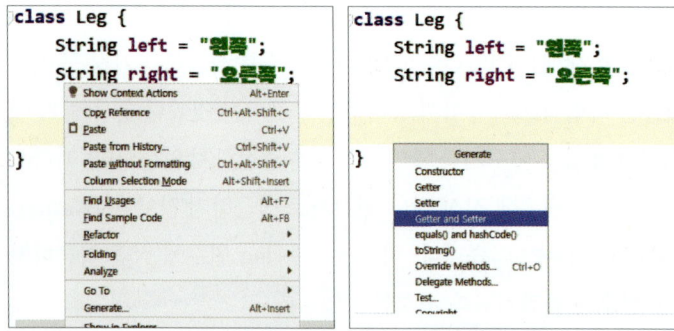

▲ Leg 클래스 안에 커서를 두고 자동으로 Getter와 Setter를 생성하는 메뉴를 선택한 경우

화면에 나타난 대화상자에는 Leg 클래스 안에 넣어둔 두 개의 변수가 보입니다. 이 두 개의 변수를 모두 선택한 후 [OK]를 누릅니다.

▲ Getter와 Setter를 자동으로 만들어 주는 대화상자

Leg라는 클래스 안에는 getLeft, setLeft와 같은 함수들이 자동으로 만들어집니다.

코드 참고 / MyClass>/app/java/org.techtown.myclass/MainActivity.java

```java
중략...
class Leg {
  String left = "왼쪽";
  String right = "오른쪽";

  public String getLeft() {
    return left;
  }
```

```java
    public void setLeft(String left) {
        this.left = left;
    }

    public String getRight() {
        return right;
    }

    public void setRight(String right) {
        this.right = right;
    }

}
중략...
```

이런 편리한 기능을 사용하면 새로운 클래스를 만들 때 변수만 여러 개 넣은 후 자동으로 함수들을 생성할 수 있습니다. 따라서 다른 코드에서 getXXX(), setXXX()와 같은 형태('XXX'는 클래스 안에 들어있는 변수의 이름)로 호출하여 사용할 수 있습니다.

5 _ 동작 결과를 화면에 이미지와 토스트로 보여주기

여러분이 만들었던 Person 클래스에는 몇 개의 메서드가 들어있는데 그 중의 하나인 walk 메서드를 호출하면 메시지를 [Logcat] 탭에 보이도록 했습니다. 이것은 코드가 실행된 후의 결과를 볼 수 있는 가장 간단한 방법이지만 앱 화면에서 볼 수 없으니 답답합니다. 그러면 어떻게 앱 화면에 보여줄 수 있을까요?

> **주의** 자바는 클래스 안에 들어있는 함수를 메서드라고 부르니 이 책에서는 함수를 메서드라고 하거나 메서드를 함수 또는 함수 상자라고 부르고 있습니다. 지금부터는 함수를 메서드로 부르는 경우가 더 많아질 것입니다.

화면에서 사용자가 직접 메시지를 볼 수 있는 가장 간단한 방법은 잠깐 나타났다 사라지는 토스트 메시지를 사용하는 것입니다. 토스트 메시지를 사용하면 코드 실행 결과를 화면에 보여줄 수 있을 것입니다. 그런데 토스트 메시지를 보여주는 코드를 walk 메서드 안에 입력해보니 첫 번째 괄호 안에 입력한 첫 번째 데이터부터 빨간색 표시가 보입니다. 우선 walk 메서드 안에 넣었던 System.out.println 부분 아래에 다음 코드를 입력하세요.

코드 참고 / MyClass>/app/java/org.techtown.myclass/MainActivity.java

```java
중략...
  public void walk(int speed) {
    System.out.println(name + "이(가) " + speed + "km 속도로 걸어갑니다.");

    Toast.makeText(getApplicationContext(), name + "이(가) " + speed
            + "km 속도로 걸어갑니다.", Toast.LENGTH_LONG).show();
  }
중략...
```

이 한 줄을 입력하는 과정은 전에 했던 방법을 그대로 따라합니다. Toast.makeT까지 입력한 후 자동으로 입력 가능한 메서드들이 팝업 화면으로 표시되면 그중에 makeText를 찾아서 선택합니다. 그리고 소괄호 안에 차례대로 필요한 정보를 입력합니다. 첫 번째는 getApplicationContext()인데 getApp까지 입력하면 필요한 메서드를 찾을 수 있습니다.

> **주의** 여기에서 안드로이드 스튜디오가 자동으로 보여주는 회색 글자는 여러분이 입력하는 부분이 아니라는 점에 주의합니다.

정박사님 궁금해요 자동 완성되는 팝업창이 나타나지 않아요

입력한 코드 중에 에러가 있을 때는 getApp 코드를 새로 입력해도 자동 완성되는 팝업창이 표시되지 않을 수 있습니다. 이때는 기존 에러를 찾아 수정한 후 입력하거나 새로운 코드를 직접 모두 입력해야 합니다. 직접 입력할 때는 띄워쓰기나 콜론(:) 기호 등을 빼먹지 않도록 주의하세요.

콤마를 입력하고 큰따옴표가 포함된 글자를 입력합니다. 여기서는 글자나 변수가 + 기호로 연결되어 있습니다. 또다시 콤마와 함께 Toast.LEN까지 입력하면 LENGTH_LONG 상수를 선택할 수 있습니다. 그 다음 커서를 움직이면서 끝 소괄호와 함께 .show();를 입력합니다.

그런데 코드를 잘 입력해도 getApplicationContext()라는 코드 아래의 빨간색 줄은 사라지지 않습니다.

```
48   class Person {
49       String name;
50       Leg leg = new Leg();
51
52       public Person() {
53
54       }
55
56       public Person(String inName) {
57           name = inName;
58       }
59
60       public void walk(int speed) {
61           System.out.println(name + "이(가) " + speed + "km 속도로 걸어갑니다.");
62
63           Toast.makeText(getApplicationContext(), name + "이(가) " + speed
64               + "km 속도로 걸어갑니다.", Toast.LENGTH_LONG).show();
65       }
```

▲ getApplicationContext 코드 부분에 표시된 오류

그 이유는 getApplicationContext라는 메서드가 없기 때문입니다. 다시 말해 getApplicationContext 메서드는 MainActivity 클래스 안에는 있지만 walk 메서드를 포함하고 있는 Person 클래스에는 들어있지 않기 때문에 사용할 수 없습니다. getApplicationContext 메서드는 다른 개발자가 미리 만들어 둔 것으로 AppCompatActivity라는 것 안에 들어있습니다. 이 메서드는 상속이라는 과정을 거치면 클래스 이름이 다르더라도 그대로 사용할 수 있습니다. 상속에 대해서는 다음 장에서 자세하게 다룰 것입니다.

지금 우리가 원하는 것은 토스트 메시지를 보여주기 위해 getApplicationContext 메서드를 사용하는 것인데, Person 클래스 안에 getApplicationContext 메서드가 들어있지 않다면 이 안에서는 아예 호출할 수 없는 걸까요? 그렇지는 않습니다. 이 메서드를 호출하고 싶다면 다음과 같이 Person 클래스로 MainActivity 객체를 전달해주면 됩니다. MainActivity 클래스는 첫 화면을 표현하기 위해 만들어진 클래스인데 앱이 실행되면 이 클래스로부터 객체가 만들어집니다. 그리고 객체는 다른 클래스로 전달해서 사용할 수 있습니다. Person 클래스로부터 객체를 만들 때 생성자를 사용하면 객체를 만들면서 동시에 데이터를 파라미터로 전달할 수 있다고 했습니다. 따라서 MainActivity 객체를 생성자의 파라미터로 전달하는 것이 가능합니다.

코드 참고 / MyClass>/app/java/org.techtown.myclass/MainActivity.java

```
중략...
class Person {
    String name;
    Leg leg = new Leg();
```

```
    MainActivity activity;

    public Leg getLeg() {
      return leg;
    }

    public Person() {

    }

    public Person(String inName) {
      name = inName;
    }

    public Person(String inName, MainActivity inActivity) {
      name = inName;
      activity = inActivity;
    }
중략...
```

Person 클래스로부터 실제 객체인 인스턴스를 만들 때 MainActivity 클래스를 전달할 수 있다면 이 클래스 안에 들어있는 getApplicationContext 메서드를 호출할 수 있습니다. 따라서 클래스 안에 MainActivity 자료형의 변수를 하나 선언하고 두 개의 파라미터를 전달받는 생성자 함수를 하나 추가하면 두 번째 파라미터를 이용해 MainActivity 객체를 전달받을 수 있습니다. 전달받은 MainActivity 객체를 Person 클래스 안에 선언한 변수에 할당하면 Person 클래스 안에 들어있는 메서드에서 언제라도 이 변수에 할당된 MainActivity 객체에 접근할 수 있습니다. 이제 Person 클래스 안에서는 어디서나 MainActivity 객체를 가리키는 activity 변수에 접근할 수 있으며 walk나 run 메서드에서도 MainActivity 객체를 사용할 수 있습니다. Person 안에 추가한 activity 변수에 getApplicationContext 메서드가 들어있으므로 walk 메서드 안의 코드는 다음과 같이 수정할 수 있습니다.

코드 참고 / MyClass>/app/java/org.techtown.myclass/MainActivity.java

```
중략...
  public void walk(int speed) {
    System.out.println(name + "이(가) " + speed + "km 속도로 걸어갑니다.");

    Toast.makeText(activity.getApplicationContext(), name + "이(가) "
```

```
                    + speed + "km 속도로 걸어갑니다.", Toast.LENGTH_LONG).show();
    }
중략...
```

이제 getApplicationContext() 코드 부분에 표시되었던 빨간색이 없어지게 됩니다. Person 클래스의 생성자에서 MainActivity 객체를 전달해줄 수 있도록 했으니 이 Person 객체를 new 연산자로 만드는 부분도 다음과 같이 수정합니다.

코드 참고 / MyClass>/app/java/org.techtown.myclass/MainActivity.java

```java
중략...
    Person person01 = new Person("철수", this);
    person01.walk(10);

    Person person02 = new Person("영희", this);
    person02.walk(10);

    Person person03 = new Person("민희", this);
    person03.walk(10);
중략...
```

Person 클래스 안에 만들어져 있는 두 개의 생성자 함수 중에서 두 번째 것이 파라미터 두 개를 전달받도록 되어 있는데 여기서는 두 번째 생성자 함수가 호출되도록 위의 코드처럼 이름을 나타내는 문자열과 함께 MainActivity 객체를 넘겨줍니다. 그런데 두 번째 파라미터에는 this라는 키워드를 입력해도 아무런 오류가 생기지 않습니다.

this 키워드는 객체 스스로를 참조하고 싶을 때 사용합니다. 영어로 나를 다른 사람에게 소개할 때 "This is John." 이라고 말하는 것처럼 this 키워드를 사용하면 본인이 된다고 생각하면 쉽습니다.

▲ this의 의미

this라는 것이 나 자신을 말하는 것이라면 나 자신은 이것(this)이 가리키는 객체가 됩니다. 그리고 이 객체가 어떤 정보를 가지고 있는지는 객체를 만들어낸 클래스를 보면 알 수 있습니다. 좀 더 자세히 말하면 이 클래스가 인스턴스로 만들어졌을 때 this는 그 인스턴스 자신을 가리킵니다. 그리고 인스턴스는 클래스로부터 만들어지므로 Person 클래스 안에서 this가 사용되었다면 this는 바로 Person 클래스가 정의했던 변수나 메서드들을 참조하는 것이라고 할 수 있습니다. 다시 말해 this가 객체 자신을 나타낸다고 했는데 객체는 클래스라는 원형(붕어빵 틀)에서 만들어지므로 객체의 기능은 클래스 안에 코드로 들어있게 됩니다. 따라서 this가 객체 자신이라는 말은 그 클래스에서 만든 변수나 메서드를 그 클래스로부터 만들어진 각각의 객체에서 사용할 수 있다는 의미를 가지고 있다고 생각할 수도 있습니다.

여러분이 입력한 코드에서는 MainActivity 클래스 안에서 this가 사용되었으므로 this는 곧 MainActivity 클래스로부터 만들어진 인스턴스 객체를 의미합니다. 이렇게 Person 객체를 만들 때 생성자에 this를 넣어주면 MainActivity라는 객체가 전달됩니다. 따라서 Person 클래스 안에서 MainActivity라는 자료형의 변수에 할당할 수 있게 됩니다.

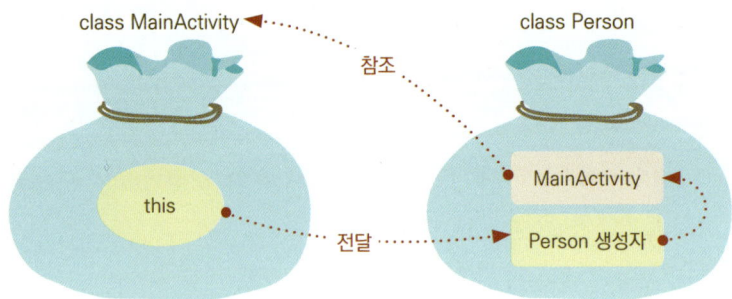

▲ 생성자에 파라미터로 전달하기

이제 Person이라는 클래스 안에서도 activity 변수를 사용하면 MainActivity가 가지고 있는 기능을 사용할 수 있습니다. 따라서 MainActivity 자료형으로 만들어진 activity라는 변수에 점(.)을 붙인 후 MainActivity 클래스 안에 들어있는 메서드의 이름을 쓰면 그 메서드를 호출할 수 있습니다. 앱을 실행하면 토스트 메시지가 화면에 보이는 것을 확인할 수 있습니다.

▲ 결과 메시지가 화면 위에 토스트로 보이도록 바꾼 경우

굳이 Logcat 창에서 확인하지 않고 앱 화면에 결과가 보이니 좀 더 편해진 것 같습니다. 하지만 아직도 메시지만 간단하게 보이는 터라 좀 더 직관적인 화면을 보여주는 것이 좋습니다. 사람 모양의 그림을 화면에 넣어서 그 사람을 클릭했을 때 사람이 어떤 동작을 하는 직관적인 화면을 만들어보면 어떨까요? 이런 화면을 만들어보면 객체 지향이라는 개념을 이해하는 데 좀 더 도움이 될 것입니다.

안드로이드 스튜디오의 시작화면에서 Create New Project 메뉴를 눌러 새로운 프로젝트를 만드세요. 프로젝트 이름은 MyClass2, 패키지 이름은 org.techtown.myclass라고 수정해서 입력합니다. 새로운 프로젝트를 만드는 과정은 계속 반복하고 있으니 이제 어느 정도 익숙해졌을 것입니다. 여러분이 직접 그 과정을 진행해보기 바랍니다.

▲ MyClass2라는 이름의 새로운 안드로이드 프로젝트 만들기

프로젝트가 만들어지면 [activity_main.xml] 탭을 열고 앱의 화면을 수정하여 새로운 화면을 만듭니다. 화면에는 입력상자 한 개와 버튼 세 개를 추가합니다. 사용자가 입력란에 사람의 이름을 입력하도록 할 것이고 이름 입력 후 첫 번째 버튼을 클릭하면 Person 클래스를 이용해 새로운 인스턴스를 만들 것입니다. 새로 만든 Person 객체의 이름은 사용자가 입력란에 입력했던 값으로 넣어줍니다. 나머지 버튼 두 개는 각각 Person 클래스에 만들어 놓은 walk 메서드와 run 메서드를 호출하는 데 사용할 것입니다. 세 개의 버튼 위에 쓰여 있는 글은 각각 '사람 만들기', '걸어가세요.', '뛰어가세요.'로 수정합니다.

입력상자와 버튼을 끌어다 놓는 것은 지금까지 했던 과정이니 쉽게 화면을 만들 수 있습니다. 연결점은 아래 도해처럼 잘 연결해서 화면을 구성해보기 바랍니다. 다음 그림과 같은 화면을 먼저 만들어봅니다.

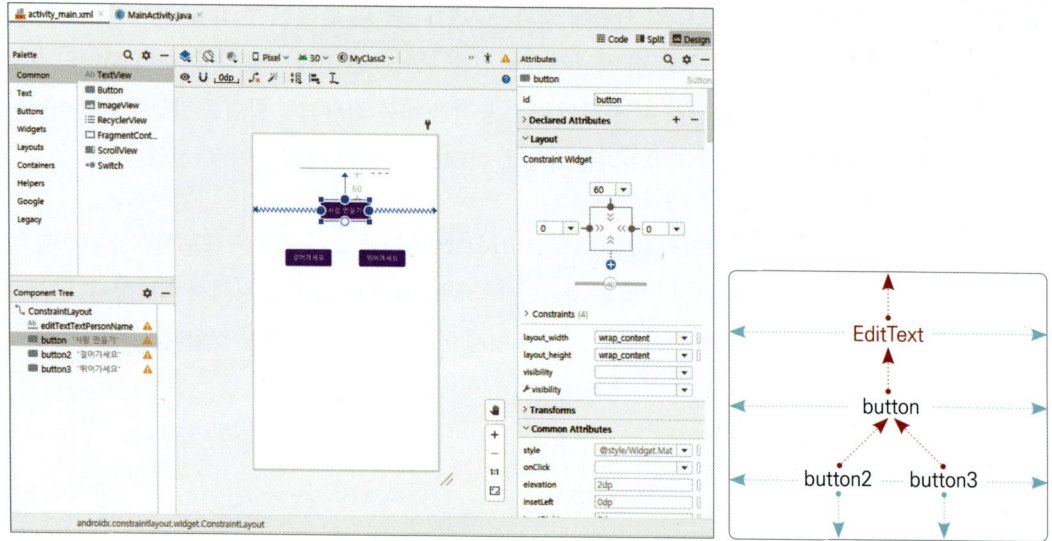

▲ 사람의 이름을 입력할 하나의 입력상자와 세 개의 버튼을 추가한 화면

세 개의 버튼은 각각 button, button2, button3이라는 id 값을 가지게 됩니다. 이 버튼들의 onClick 속성을 찾아 그 값으로 각각 onButton1Clicked, onButton2Clicked, onButton3Clicked를 입력합니다.

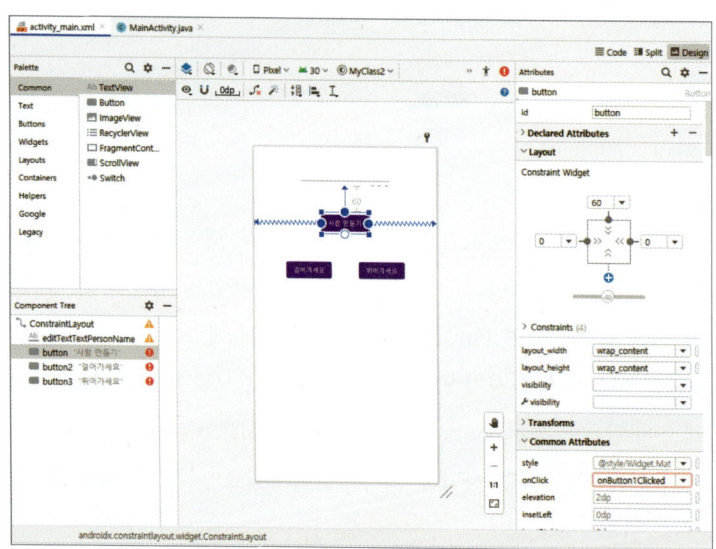

▲ 버튼을 클릭했을 때 동작할 onClick 속성 값을 입력한 경우

이제 버튼 아래쪽에 실제 사람 이미지가 보이도록 만들 것입니다. 사람 이미지는 웹에서 아무 이미지나 가져다가 사용해도 되지만 여기서는 미리 만들어둔 세 개의 이미지를 사용하겠습니다

주의▶ 샘플 이미지는 제공되는 샘플 프로젝트 (MyClass2 프로젝트)의 /app/res/drawable 폴더에 들어 있습니다.

다. 세 개의 이미지는 각각 person.png, person_walk.png, person_run.png라는 이름으로 되어 있습니다.

이미지들은 파일 탐색기(Explorer)를 열고 MyClass2 프로젝트 폴더(C://사용자/user/AndroidStudioProjects/MyClass2)로 이동한 후 그 프로젝트 아래에 /app/src/main/res/drawable 폴더를 열어서 복사합니다. 그런 다음 안드로이드 스튜디오의 왼쪽 프로젝트 영역에서 /app/res/drawable 폴더를 열어보면 조금 전에 복사한 세 개의 이미지가 보이게 됩니다.

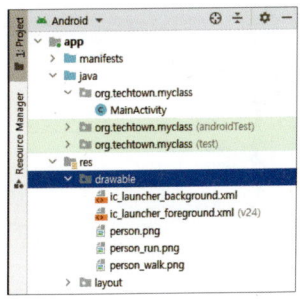

▲ [drawable] 폴더에 복사한 세 개의 이미지 파일

> **정박사님 궁금해요** **프로젝트가 만들어진 곳이 어딘지 잊어버렸을 때**
>
> 안드로이드 스튜디오나 이클립스는 지정된 폴더에 프로젝트 파일들을 만듭니다. 안드로이드 스튜디오는 자동으로 <윈도우 사용자 계정 폴더> 아래에 [AndroidStudioProjects] 폴더를 만들고 그 안에 프로젝트 파일들을 저장하지만 새로운 프로젝트를 만들 때 다른 폴더를 지정하면 폴더 위치가 변경됩니다. 이클립스는 프로그램을 실행할 때 지정하는 워크스페이스로 프로젝트 폴더를 설정합니다. 처음 지정한 폴더는 <윈도우 사용자 계정 폴더> 아래에 있는 [eclipse-workspace] 폴더가 됩니다.

그런데 파일 탐색기에서 보는 [drawable] 폴더의 경로와 안드로이드 스튜디오의 프로젝트 창에서 보는 [drawable] 폴더의 경로가 다릅니다. 파일 탐색기에서는 /app/src/main/res/drawable 폴더이지만 안드로이드 스튜디오에서는 /app/res/drawable 폴더로 보입니다. 이것은 안드로이드 스튜디오에서 파일이나 폴더를 그대로 보여주는 것이 아니라 중요한 정보만 요약해서 보여주기 때문입니다. 만약 파일 탐색기처럼 보고 싶다면 왼쪽 프로젝트 영역의 상단에 있는 콤보 박스를 선택하고 [Project Files] 항목을 선택하면 됩니다. 다시 [Android] 항목을 선택하면 원래대로 돌아옵니다.

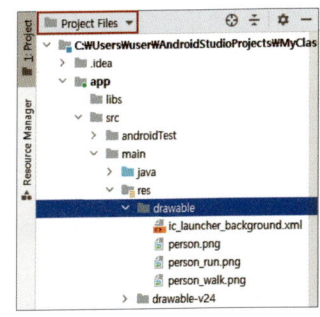

▲ 프로젝트 영역 상단에 있는 콤보 박스를 [Project Files]로 선택한 경우

프로젝트에 추가된 이미지는 화면 레이아웃을 만드는 XML 파일이나 앱에 기능을 넣어주는 자바 소스 파일에서 사용할 수 있습니다. 이제 화면 레이아웃을 수정할 수 있도록 [activity_main.xml] 탭을 다시 열고 팔레트(Palette) 창에서 ImageView 위젯을 끌어다 화면의 아래쪽에 놓습니다. ImageView 위젯은 이미지를 화면에 보여줄 때 사용하는 것으로 이것을 화면에 끌어다 놓으면 어떤 이미지를 보여줄 것인지를 물어보는 대화상자가 나타납니다.

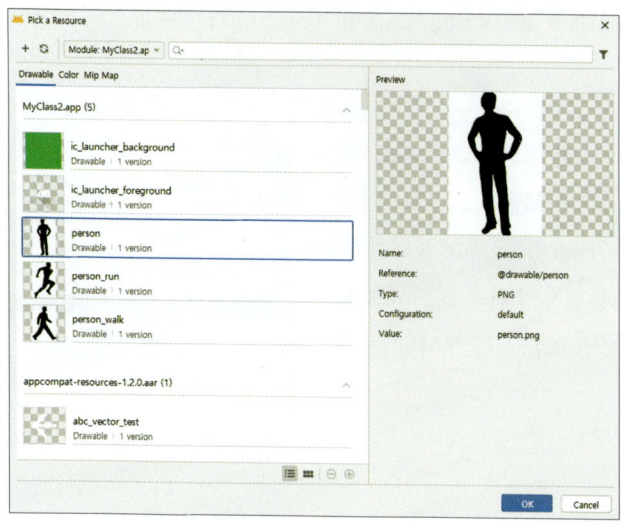

▲ 어떤 이미지를 보여줄 것인지를 묻는 대화상자

왼쪽 리스트 부분을 스크롤로 내리다 보면 여러분이 /app/res/drawable 폴더 안에 복사해 놓았던 이미지들을 볼 수 있습니다. 이 중에서 person이라는 이미지를 선택한 후 [OK]를 누릅니다. 그러면 화면 아래쪽에 사람 모양의 이미지가 추가됩니다. 상하좌우 연결점을 모두 연결한 후 이미지를 이리저리 움직이면서 적당히 위치를 맞추면 됩니다.

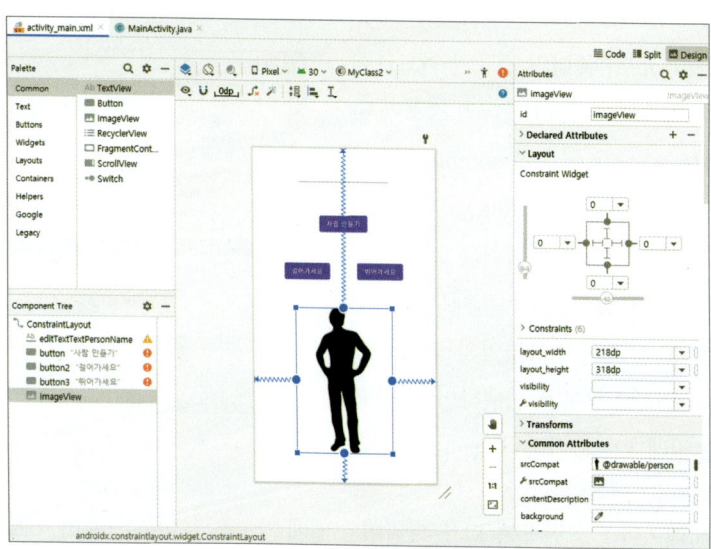

▲ 화면 아래쪽에 사람 이미지가 추가된 경우

화면에 추가된 ImageView 위젯을 선택하고 오른쪽 속성 창의 srcCompat 속성 값을 보면 @drawable/person이라는 글자가 들어있는 것이 확인됩니다. 이것은 /app/res/drawable 폴더 밑에 있는 person.png 이미지를 가리키는 것으로 이미지 파일의 확장자는 생략하고 @drawable/ 뒤에 이미지 파일의 이름을 붙여 참조한 것입니다.

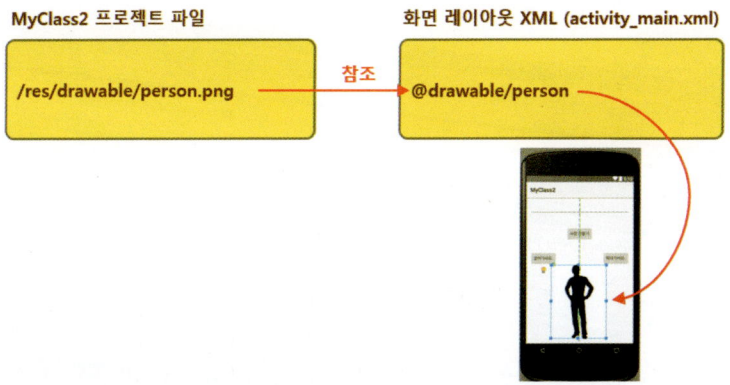

▲ 화면 레이아웃을 위한 XML에서 이미지 파일 참조하기

> **정박사님 궁금해요** 이미지 파일의 이름에 대문자가 들어가도 되나요?
>
> 이미지 파일의 이름은 소문자와 _ 기호로만 되어 있어야 합니다. 대문자가 들어가면 안드로이드 프로젝트에서 이미지 파일의 이름이 잘못되었다는 오류 표시를 하게 됩니다.

새로 추가한 ImageView 위젯의 id 값이 imageView로 되어 있는지 확인합니다. 이제 화면 구성이 끝났으니 자바 소스 파일인

> **주의** [File → Open Recent] 메뉴를 누르면 최근에 작업했던 MyClass 프로젝트를 쉽게 불러올 수 있습니다. 이때 프로젝트를 새 창에서 열기 위해 [Open Project] 대화상자에서 New Window를 선택하세요.

[MainActivity.java] 탭을 클릭해서 열고 MyClass 프로젝트에서 입력했던 내용을 그대로 복사하여 집어넣습니다.

소스 파일에서 public class로 시작하는 줄부터 마지막 부분까지 선택한 후 Ctrl+C로 복사하여 MyClass2의 MainActivity.java 파일 안의 같은 위치에 붙여넣기하면 가장 간단하게 이전 소스코드와 똑같이 넣을 수 있습니다. 화면에 추가했던 입력상자와 버튼을 소스코드에서 사용하는 방법들은 이미 여러 번 해 보았습니다. 먼저 화면에 추가한 입력상자와 버튼 그리고 이미지들을 id로 찾아 변수에 넣어주는 과정을 진행해 보겠습니다.

코드 참고 / MyClass2〉/app/java/org.techtown.myclass/MainActivity.java

```java
중략...
public class MainActivity extends AppCompatActivity {
  EditText editText;
  ImageView imageView;

  @Override
  protected void onCreate(Bundle savedInstanceState) {
    super.onCreate(savedInstanceState);
    setContentView(R.layout.activity_main);

    editText = findViewById(R.id.editTextTextPersonName);
    imageView = findViewById(R.id.imageView);
    중략...
  }
}
```

id로 입력상자와 이미지뷰를 찾는 두 줄을 입력했습니다. 여기서 findViewById 메서드로 찾아 변수로 가리키고 있는 위젯들을 다른 메서드에서도 사용할 수 있도록 하려면 변수를 onCreate 메서드 안에 두지 않도 바깥에 두는 것이 좋습니다. 이 때문에 public class MainActivity로 시작하는 코드 바로 아래에 버튼과 입력상자를 위한 변수를 먼저 선언하였습니다. 메모리에서 찾아낸 위젯을 가리킬 수 있도록 변수를 메서드 안이 아닌 클래스 안에 선언했으니 클래스 안의 어느 곳에서도 쉽게 이 변수에 접근할 수 있습니다.

MainActivity 클래스

```
public class MainActivity ... {   ① 변수 선언하기
  EditText editText;
  ...
  public void onCreate(...) {
    ...
    editText = findViewById(...);
  }                              ② ID로 뷰 객체 찾기
}
```

③ 변수로 참조하기

▲ 찾아낸 입력상자 객체를 할당하는 변수를 클래스 안에 선언하기

첫 번째 버튼을 눌렀을 때는 Person 객체를 하나 만들어줄 것이므로 MainActivity 클래스의 중괄호 안에 onButton1Clicked 메서드를 추가하고 그 안에 다음과 같은 코드를 입력합니다. 버튼을 클릭했을 때 기능을 동작시키는 코드 입력은 어떻게 해야 하는지는 여러 번 해봤으니 어렵지 않게 입력할 수 있을 것입니다.

코드 참고 / MyClass2)/app/java/org.techtown.myclass/MainActivity.java

```java
중략...
  public void onButton1Clicked(View v) {
    Person person01 = new Person("철수", this);
  }
중략...
```

onButton1Clicked 메서드 안에는 이전 프로젝트에서 Person 객체를 만들기 위해 입력했던 코드를 그대로 입력합니다. 그런데 new 연산자로 Person 객체를 만드는 코드는 앞으로 여러 번 입력할 수도 있으니 Person 객체를 만드는 새로운 메서드를 하나 정의하고 그 메서드를 호출하도록 코드를 수정할 수도 있습니다. 새로운 메서드를 하나 정의한 후 그 메서드를 호출하게 하려면 다음과 같이 코드를 수정합니다.

코드 참고 / MyClass2)/app/java/org.techtown.myclass/MainActivity.java

```java
중략...
  public void onButton1Clicked(View v) {
    createPerson("철수");
  }

  public void createPerson(String name) {
    person01 = new Person(name, this);
  }
중략...
```

new 연산자로 Person 객체를 만드는 코드는 createPerson이라는 이름을 가진 새로 만든 메서드 안으로 옮겼습니다. 그리고 createPerson 메서드는 어디서든 접근할 수 있도록 public 키워드를 앞에 붙여주었고 파라미터로는 String 자료형으로 된 이름을 받을 수 있도록 했습니다. 또한 메서드가 실행된 후 결과 값을 내어줄 필요가 없으므로 메서드 이름 앞에 void를 붙여 주었습니다. 이제 '철수'라는 문자열을 코드에서 직접 지정하지 않고 사용자가 입력란에 입력한 값을 받아 이름으로 설정하도록 바꿀 것입니다. 다음과 같이 코드를 수정합니다.

코드 참고 / MyClass2〉/app/java/org.techtown.myclass/MainActivity.java

```
중략...
  public void onButton1Clicked(View v) {
    String name = editText.getText().toString();
    createPerson(name);
  }
중략...
```

입력상자 객체를 가리키는 변수는 editText이므로 editText 객체에 정의되어 있는 getText 메서드와 toString 메서드를 연속으로 호출하면 입력란에 입력한 문자열을 가져와 name 변수에 넣을 수 있습니다. 그런데 person01 변수에 빨간색 오류 표시가 보입니다. createPerson 메서드 안에서 만든 Person 객체는 클래스 안에 선언한 person01 변수에 할당하도록 해서 이후에 다른 버튼을 눌렀을 때도 이 Person 객체 안에 만들어져 있는 메서드를 호출할 수 있도록 합니다.

코드 참고 / MyClass2〉/app/java/org.techtown.myclass/MainActivity.java

```
중략...
public class MainActivity extends AppCompatActivity {

  EditText editText;
  ImageView imageView;

  Person person01;
중략...
```

두 번째 버튼을 눌렀을 때는 사람 객체에 만들어져 있는 walk 메서드를 호출하여 사람을 걷게 만들어야 합니다. onButton1Clicked 메서드 아래에 다음과 같이 코드를 입력합니다.

코드 참고 / MyClass2〉/app/java/org.techtown.myclass/MainActivity.java

```
중략...
  public void onButton2Clicked(View v) {
    person01.walk(10);
  }
중략...
```

Person 객체는 MainActivity 클래스 안에 선언되어 있어 두 번째 버튼을 눌렀을 때 호출되는 onButton2Clicked 메서드 안에서 바로 참조할 수 있습니다. 세 번째 버튼을 눌렀을 때는 다음과 같이 run 메서드를 호출하도록 합니다.

코드 참고 / MyClass2)/app/java/org.techtown.myclass/MainActivity.java

```
중략...
  public void onButton3Clicked(View v) {
    person01.run(10);
  }
중략...
```

이제 마지막 단계가 남았습니다. 두 번째 버튼을 눌렀을 때 호출되는 walk 메서드와 세 번째 버튼을 눌렀을 때 호출되는 run 메서드 안에서 토스트 메시지를 보여줍니다. 그리고 토스트 메시지를 보여주는 코드 부분 아래에 사람 이미지를 상황에 맞게 바꿔주는 코드를 입력합니다.

먼저 walk 메서드 안에는 다음과 같이 입력합니다. Person 클래스 안에는 파라미터로 전달받아서 변수에 담아놓은 MainActivity 객체의 정보가 있으므로 그 객체 안에 들어있는 imageView 변수에 접근할 수 있습니다. 이 변수는 이미지뷰 위젯 객체를 가리키고 있으므로 그 객체에 정의된 setImageResource 메서드를 사용해서 이미지를 바꿔줍니다. setImageResource 메서드 뒤의 소괄호에는 이미지 리소스 id를 넣어주면 되는데 R.drawable.p까지 입력하면 프로젝트에서 사용할 수 있는 이미지 파일 이름들이 나열됩니다.

▲ MainActivity 객체 안에 있는 이미지뷰 위젯의 이미지 바꾸기 코드 입력

사용할 수 있는 이미지 중에서 person_walk라는 이름을 가진 이미지를 선택하면 이미지뷰에는 사람이 걸어가는 이미지가 보이게 됩니다. 여기서는 프로젝트 안에 추가된 이미지를 코드에서 사용할 때 R.drawable 뒤에 이미지 이름을 붙여주면 된다는 것을 알 수 있습니다.

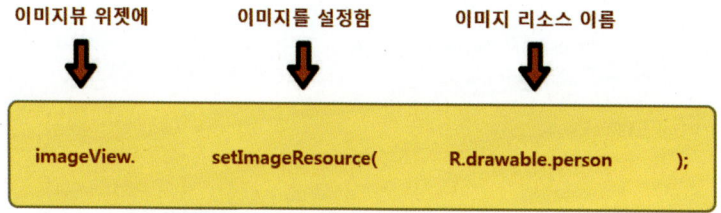

▲ 코드에서 프로젝트에 추가한 이미지 사용하기

Person 클래스 안의 run 메서드 안에서도 똑같은 방법으로 이미지뷰에 보이는 이미지를 바꿔주는데 이번에는 R.drawable.person_run이라고 입력하여 사람이 달리는 이미지가 보이도록 합니다.

코드 참고 / MyClass2〉/app/java/org.techtown.myclass/MainActivity.java

```java
중략...

    public void walk(int speed) {
        System.out.println(name + "이(가) " + speed + "km 속도로 걸어갑니다.");

        Toast.makeText(activity.getApplicationContext(), name + "이(가) "
                + speed + "km 속도로 걸어갑니다.", Toast.LENGTH_LONG).show();

        activity.imageView.setImageResource(R.drawable.person_walk);
    }

    public void run(int speed) {
        System.out.println(name + "이(가) " + speed + "km 속도로 뛰어갑니다.");

        Toast.makeText(activity.getApplicationContext(), name + "이(가) "
                + speed + "km 속도로 뛰어갑니다.", Toast.LENGTH_LONG).show();

        activity.imageView.setImageResource(R.drawable.person_run);
    }
중략...
```

이제 앱을 실행해 보겠습니다. 앱을 실행하면 다음과 같은 화면이 보입니다.

▲ 앱을 실행하면 처음에 보이는 화면

화면 가장 위쪽에 있는 입력란에 이름을 입력합니다. 여기서는 john이라고 입력하겠습니다.

▲ 입력란에 이름을 입력한 화면

이름을 입력하고 나서 아래에 있는 [사람 만들기]를 먼저 누른 후 [걸어가세요.]를 누릅니다. [사람 만들기]를 눌러야 Person 객체가 만들어지므로 반드시 [사람 만들기]를 먼저 눌러야 합니다. [걸어가세요]를 누르면 다음과 같이 사람 이미지가 걸어가는 사람 이미지로 바뀌게 됩니다.

▲ [걸어가세요]를 눌러 걸어가는 사람 이미지가 보이도록 만든 경우

이미지가 바뀌는 모습을 화면으로 보면 '사람에게 걸어가라고 얘기하니 사람이 걷게 되네.'라고 머릿속으로 이해될 것입니다. 이제 [뛰어가세요]를 누르면 뛰어가는 사람 이미지로 바뀌게 됩니다.

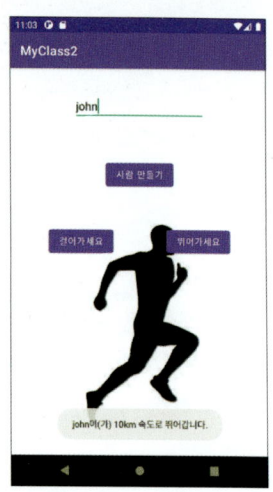

▲ [뛰어가세요]를 눌러 뛰어가는 사람 이미지가 보이도록 만든 경우

화면에 사람 이미지를 직접 보여주고 사람이라는 객체에 명령을 내렸을 때 사람 이미지가 바뀌는 모양을 보았습니다. 어떤 생각이 드나요? 이제 클래스라는 것에서 객체를 만들고 그 객체의 메서드를 호출한다는 것이 어떤 의미를 가지는지 훨씬 더 확실하게 머릿속에 기억될 것입니다.

이 장에서는 클래스라는 것과 클래스 틀로부터 만들어낼 수 있는 인스턴스를 알아보았습니다. 클래스 안에 기능을 넣어봤지만 아직은 어떻게 객체가 그 기능을 가질 수 있는지 이해하긴 어려울 겁니다. 그리고 클래스 안에 변수를 넣는 과정도 아직까지는 익숙하지 않을 수도 있습니다. 하지만 앞으로 클래스와 인스턴스를 반복적으로 보게 될 것이니 그리 걱정하지 않아도 됩니다. 다음 장에서는 상속이라는 것을 알아볼 것입니다. 상속의 내용까지 이해하고 나면 안드로이드 프로젝트에서 자동으로 만들어지는 자바 코드에 대해서는 거의 대부분 이해할 수 있습니다.

> **정박사님 궁금해요** **클래스와 인스턴스를 만드는 순서**
> ❶ 클래스의 이름을 정하고 class 키워드와 함께 클래스를 선언합니다.
> ❷ 클래스 안에 넣어둘 데이터가 있다면 변수를 선언합니다.
> ❸ 동작해야 할 기능이 있다면 메서드를 선언하고 기능을 추가합니다.
> ❹ 시작점이 되는 코드 부분에서 클래스라는 틀을 이용해 인스턴스를 만듭니다.
> ❺ 인스턴스를 만들었다면 그 객체에 들어있는 메서드를 호출하여 기능을 동작시킵니다.

> **정박사님 궁금해요** **메서드를 만드는 순서**
> ❶ 메서드의 이름을 정하고 소괄호를 붙입니다.
> ❷ 메서드로 전달되는 데이터를 받아 처리하기 위한 변수들을 소괄호 안에 콤마로 구분하면서 추가합니다.
> ❸ 메서드에서 나오는 결과 값의 자료형에 따라 메서드 이름 앞에 자료형을 붙여줍니다. 메서드에서 나오는 결과 값이 없다면 void 키워드를 붙여줍니다.
> ❹ 이 클래스가 아닌 다른 곳에서도 메서드를 사용할 수 있도록 하려면 제일 앞부분에 public 키워드를 붙여줍니다.

클래스를 정의하여 인스턴스 만들기

난이도	상	중	✓ 하	소요시간	30분
목표	클래스를 정의하고 클래스로부터 인스턴스 객체를 만드는 방법 연습				

✓ 체크해 보세요!

함수 다시 정리하기
p.209 ☑

클래스 역할
알아보기
p.215 ☑

클래스 만들어보기
p.218 ☑

초기화 기능
수행하기
p.230 ☑

동작 결과를
이미지로 보여주기
p.239 ☑

- Singer 클래스를 만들고 이 클래스에서 인스턴스 객체를 만들어봅니다.
- 화면에 Singer 객체를 위한 이미지뷰를 만들고 Singer 객체의 정보를 보여줄 수 있도록 합니다.

❶ 안드로이드 스튜디오에서 새로운 프로젝트를 만들고 프로젝트의 이름은 Study09, 패키지 이름은 org.techtown.study09로 합니다.

❷ Singer 클래스를 만들고 그 안에 name, age라는 이름의 변수를 추가합니다.

❸ name은 String 자료형, age는 int 자료형으로 정의하고, 이 두 개 속성의 값을 가져오거나 설정하기 위한 Getter와 Setter 메서드를 만듭니다.

❹ activity_main.xml 파일을 열고 앱 화면에 이미지뷰 두 개를 추가한 후 각각 가수의 사진을 보여줍니다. 가수의 사진은 어떤 이미지로 설정해도 상관없습니다.

❺ MainActivity.java 파일을 열고 각 이미지를 터치하면 토스트 메시지로 '가수의 이름 : 조용필, 가수의 나이 : 20'과 같은 글자를 보여주도록 코드를 입력합니다.

해답 | Study09 프로젝트

사용자가 입력한 정보를 객체에 설정하기

난이도	상	중 ✓	하	소요시간	40분
목표	사용자가 입력한 정보를 객체에 설정하고 이미지를 터치했을 때 그 정보를 보여주는 방법 연습					

- 사용자가 입력한 몇 가지 속성을 객체에 설정할 수 있도록 만들어봅니다.
- 객체에 정보가 잘 설정되었는지 확인할 수 있도록 이미지를 터치했을 때 정보를 보여주는 기능을 만들어봅니다.

❶ Study09 프로젝트를 복사하여 Study10으로 만듭니다.

❷ activity_main.xml 파일을 열고 가수 이미지의 아래쪽에 각각 라디오 버튼을 추가합니다. 왼쪽 팔레트(Palette) 창의 Form Widgets 그룹에서 RadioGroup 위젯을 끌어다 넣고 그 안에는 두 개의 RadioButton을 추가합니다. 이 두 개의 라디오 버튼은 이미지뷰 아래쪽에 적당히 위치시킵니다. 그 아래쪽에는 두 개의 입력상자와 한 개의 버튼을 추가합니다.

❸ 버튼에는 '설정'이라는 글자를 표시합니다.

❹ MainActivity.java 파일을 열고 코드를 추가합니다. 첫 번째 입력란에 'John'이라는 글자를 입력합니다. 그리고 두 번째 입력란에 '21'이라는 글자를 입력한 후 [설정]을 누르면 그 정보가 설정되도록 코드를 입력합니다.

이때 입력한 정보는 라디오 버튼으로 선택한 이미지뷰와 함께 Singer 객체 안에 넣어둡니다.

라디오 버튼이 선택되어 있는지 확인하려면 라디오 버튼 객체의 isChecked 메서드를 호출합니다. isChecked 메서드에서 true가 반환되면 선택되어 있는 것이고, false가 반환되면 선택되어 있지 않은 것입니다.

❺ 결과 이미지뷰를 누르면 해당 객체에 설정한 정보가 토스트 메시지로 보이게 합니다.

❻ 화면 가장 아래쪽에 [닫기] 버튼을 하나 만들고 그 버튼을 눌렀을 때는 앱을 종료하도록 합니다.

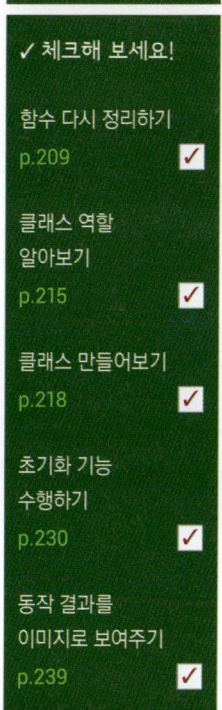

  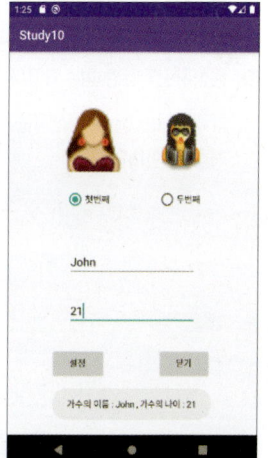

클래스를 자세히 알아보기

클래스

❶ **클래스란?** class라는 키워드를 사용하고 그 뒤에 클래스 이름을 넣어줍니다.
→ 그 뒤에 오는 중괄호는 클래스라는 것에 들어있는 코드가 어디부터 어디까지인지를 알려주는 역할을 합니다.

❷ **클래스 안에 선언된 변수는?** 그 클래스 안의 모든 함수에서 호출하여 사용할 수 있습니다.
→ 단, 함수 안쪽에 선언된 변수는 제외됩니다.

❸ **객체 지향이란?** 말 그대로 해석하면 '객체라는 것을 가지고 프로그램을 만든다.'는 의미가 됩니다. 클래스라는 것도 '객체 지향 프로그래밍(Object Oriented Programming)'의 개념에서부터 출발합니다.

❹ **객체(Object)란?** 우리가 사는 세계에 있는 것들을 말한다고 할 수 있습니다. 우리가 사는 집, 타고 다니는 차, 그리고 걸어 다니는 사람까지도 모두 객체라고 할 수 있습니다.

❺ 클래스는 단순히 공통된 것들을 묶어주는 역할을 할 수도 있지만 자바와 같은 객체 지향 언어에서는 사람의 '**원형**'을 만드는 역할을 하기도 합니다. 원형이라는 것은 쉽게 말하면 붕어빵을 만드는 틀과 같습니다.

❻ Person 클래스를 만든 후 실제 사람을 new 연산자를 이용해서 만들었다고 하면 이것을 '**객체**'라고 부를 수 있습니다.

❼ 실제 사람으로 만들어져 person이라는 변수에 넣은 사람에 대해서는 점(.) 연산자를 이용해 그 안에 만들어져 있는 함수를 호출할 수 있습니다.

클래스의 주요 특징

- 클래스는 변수와 함수를 같이 가질 수 있습니다.
- new 연산자를 이용하면 클래스로부터 객체를 만들 수 있습니다.

❽ **캡슐화란?** 클래스 안에 동작과 데이터를 같이 넣어두는 것입니다.
→ 캡슐화라는 말은 캡슐로 싸둔다는 것이며, 클래스가 데이터와 함수를 함께 싸두고 독립적으로 동작할 수 있도록 만들어준다는 의미입니다.

❾ **인스턴스란?** 클래스라는 틀에서 찍어낸 실제 객체를 의미합니다. 클래스로 미리 모양을 정의해 놓은 후에 new 연산자로 만들어진 객체를 말합니다.

❿ **생성자란?** 다른 함수와 같지만 객체가 만들어질 때 자동으로 호출된다는 점이 다릅니다.
→ 클래스에는 new 연산자를 이용해 새로운 객체를 만들 때 데이터를 같이 넣어줄 수 있도록 '**생성자**'라는 함수를 추가할 수 있습니다.

생성자의 특징
- 객체가 만들어질 때 호출되는 함수입니다.
- 객체가 만들면서 객체에 데이터를 넣어주고 싶을 때 사용됩니다.
- 파라미터가 없는 기본 생성자는 이미 클래스에 들어있는 것과 같습니다.
- 생성자의 이름은 따로 이름으로 호출할 일이 없으므로 클래스의 이름과 똑같은 이름을 붙여줍니다.

⓫ 다중 정의란? 함수는 같은 이름을 가진 것을 여러 개 만들 수 있는데 이 경우에 각각의 함수는 파라미터의 자료형과 개수가 서로 달라야 합니다. 이것을 함수의 다중 정의라고 합니다.

⓬ 레퍼런스란? 실제 객체를 담고 있는 것이 아니라 실제 객체가 만들어진 메모리에서의 위치만 가리키는 것을 말합니다.

→ 예를 들어, person01이라는 변수 상자에 사람 객체를 할당하면 실제 사람 객체가 들어있는 것이 아니라 단순히 사람 객체를 가리키는 역할만 할 수 있습니다.

⓭ 함수 간에 데이터를 전달할 때 기본 자료형은 복사해서 전달하고 객체 자료형은 레퍼런스로 전달합니다. 복사해서 전달하는 것을 '값으로 전달한다(Pass By Value).'라고 하고 객체를 가리키는 방식으로 전달하는 것을 '레퍼런스로 전달한다(Pass By Reference).'라고 합니다.

⓮ Getter 함수란? 클래스 안의 변수에 직접 접근하지 않고 함수를 이용해 접근하도록 합니다. 이런 함수들은 get이라는 단어 뒤에 변수의 이름을 붙여줍니다.

→ 거꾸로 변수에 값을 집어넣는 함수를 'Setter 함수'라고 하고 set이라는 단어 뒤에 변수의 이름을 붙여줍니다.

화면에 동작 결과 보여주기

❶ 자바에서는 클래스 안에 정의한 함수를 '메서드'라고 부릅니다. 이 책은 함수, 함수 상자, 메서드를 혼용합니다.

❷ this 키워드란? 객체 스스로를 참조하고 싶을 때 사용합니다. 영어로 나를 다른 사람에게 소개할 때 "This is John."이라고 말하는 것처럼 this라는 키워드를 사용하면 본인이 된다고 생각하면 쉽습니다.

클래스와 인스턴스를 만드는 순서
- 클래스의 이름을 정하고 class 키워드와 함께 클래스를 선언합니다.
- 클래스 안에 넣어둘 데이터가 있다면 변수를 선언합니다.
- 동작해야 할 기능이 있다면 메서드를 선언하고 기능을 추가합니다.
- 시작점이 되는 코드 부분에서 클래스라는 틀을 이용해 인스턴스를 만듭니다.
- 인스턴스를 만들면 그 객체에 들어있는 메서드를 호출하여 기능을 동작시킵니다.

메서드를 만드는 순서
- 메서드의 이름을 정하고 소괄호를 붙입니다.
- 메서드로 전달되는 데이터를 받아 처리하는 변수들을 소괄호 안에 콤마(,)로 구분하면서 추가합니다.
- 메서드에서 나오는 결과 값의 자료형에 따라 메서드 이름 앞에 자료형을 붙여줍니다. 메서드에서 나오는 결과 값이 없다면 void 키워드를 붙여줍니다.
- 이 클래스가 아닌 다른 곳에서도 메서드를 사용할 수 있도록 하려면 제일 앞부분에 public 키워드를 붙여줍니다.

02-6

반복 코드를 줄여주는 상속 알아보기

객체 지향은 어떤 점이 좋은 걸까요? 앞 장에서 살펴보았던 클래스는 기능을 한 번 만들어두면 어디서든 실제 객체인 인스턴스를 만들고 클래스에 정의해두었던 메서드를 호출하여 실행할 수 있다는 장점을 가지고 있습니다. 클래스 안에 변수를 만들어 두고 그 변수에 데이터를 저장한 뒤 필요할 때 꺼내 쓰거나 새로운 데이터를 넣을 수도 있습니다. 어떻게 보면 기능이나 데이터를 클래스 안에 한꺼번에 모아두고 필요할 때 인스턴스를 만들어 사용하기 때문에 코드의 양을 크게 줄일 수 있다는 것도 장점입니다. 그런데 새로운 클래스를 하나씩 만들 때마다 계속 반복되는 코드가 있지는 않을까요? 만약 그렇다면 똑같은 코드를 계속 입력하는 것보다는 한 번 입력했던 코드를 그대로 사용하는 것이 좋겠네요. 그럼 어떻게 해야 새로운 클래스를 정의할 때 이전에 만들었던 코드를 그대로 사용할 수 있을까요? 붕어빵을 만들기 위해 붕어빵 틀을 만들었는데 잉어빵을 만들기 위해서 또 새로운 틀을 만들어야 한다면 처음부터 다시 만들어야 하는 걸까요?

이번에 알아볼 상속은 클래스를 만들 때 처음부터 다시 만들지 않고 이미 만들어져 있는 클래스의 기능이나 데이터를 재활용하면서 필요한 부분만 바꿀 수 있습니다.

키워드로 알아보는 자바 언어

상속	클래스를 완전히 새로 만들지 않고 기존 클래스의 것을 물려받을 수 있습니다.
메서드	클래스 안에는 변수와 메서드를 추가할 수 있습니다.
instanceof	instanceof 연산자를 사용하면 객체가 어떤 클래스의 인스턴스인지 알 수 있습니다.
재정의	부모 클래스의 메서드를 다시 정의할 수 있으며 메서드 재정의라고 부릅니다.
클래스 변수	클래스에 변수를 만들고 static 키워드를 붙이면 클래스 이름으로 접근할 수 있습니다.

1 _ 상속이란 무엇일까?

'상속(Inheritance)'이란 말은 많이 들어보았을 것입니다. 일상생활에서는 재산 상속을 특히 많이 들어보았을 텐데요, 이때 사용하는 상속이라는 말은 금방 이해되죠? 한 마디로 '재산을 물려준다.'는 말입니다. 유전이라는 말도 들어보았을 것입니다. 유전은 '부모가 가지는 속성을 물려준다.'는 말입니다. 여기서 '속성(Attribute)'이라는 것은 신체적인 유전자를 얘기하는 것일 수도 있고 성격처럼 또 다른 속성을 가리키는 것일 수도 있습니다. 자바에서 말하는 상속도 이런 말들이 갖는 의미와 거의 같습니다.

▲ 상속이란?

그런데 프로그램을 만들 때 상속한다는 것은 도대체 누가 누구한테 물려준다는 말일까요?

자바에서 상속은 클래스가 그 대상입니다. 즉, 클래스에서 클래스로 물려준다는 말입니다. 클래스는 붕어빵을 만들 때의 틀과 같은 역할을 한다고 했으니 붕어빵이 아닌 잉어빵을 만들어낼 수 있는 틀을 만들 때 붕어빵 틀을 조금만 바꾸면 잉어빵 틀을 만들 수 있다는 말과 같습니다. 좀 더 구체적으로 예를 들면 앞 장에서 만들었던 Person 클래스가 사람을 나타내는 것이었는데 만약 일반적인 사람이 아니라 학생을 만들기 위해 Student 클래스를 만들고 싶다면 학생도 사람에 속하는 개체이니 처음부터 모든 코드를 새로 만들지 않고 Person에서 속성을 상속하여 Student 클래스를 만들 수 있다는 말입니다.

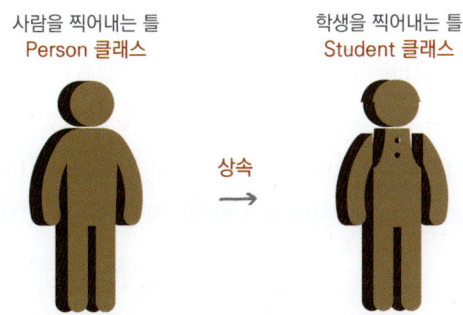

▲ Person 클래스를 상속하여 Student 클래스 만들기

이제 자바에서 사용하는 상속이 '클래스를 물려받는다.'라는 것을 알았으니 어떻게 하나의 클래스를 물려받아 다른 클래스를 만들 수 있는지 알아보겠습니다. 일단 여기에서 클래스 안에 들어있는 속성을 물려주는 클래스는 '부모 클래스(Super Class 또는 Parent Class)'라고 하고 물려받는 클래스는 '자식 클래스(Sub Class 또는 Child Class)'라고 합니다. 재산 상속을 얘기할 때 보통 부모가 자식에게 재산을 물려주는 것과 비슷하게 이름을 붙인 것입니다.

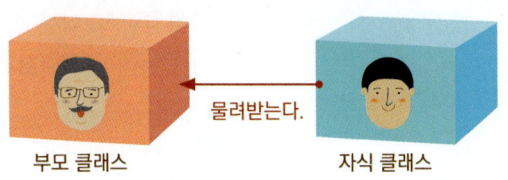

▲ 부모 클래스와 자식 클래스

이렇게 부모 클래스로부터 상속받는 자식 클래스를 만들 때 'extends 키워드'를 사용합니다. extends란 무언가를 확장한다는 말인데 풍선에 바람을 불어넣으면 풍선이 커지는 것으로 비유할 수 있습니다. 일정 크기의 풍선을 받아서 거기에 바람을 더 불어넣는다는 의미입니다. 클래스도 원래 만들어져 있던 클래스를 상속받은 후 거기에 기능을 더해줄 수 있기 때문에 만들어진 키워드라고 생각하면 쉽습니다.

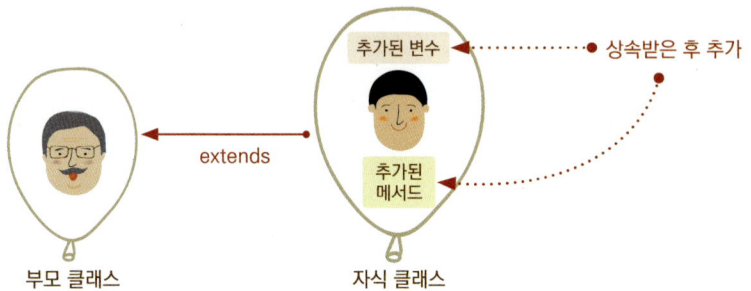

▲ 부모 클래스에서 상속받은 후 변수나 메서드를 더 추가한다는 의미

상속이 무엇인지 알았으니 이제 클래스를 상속하는 코드를 만들 수 있습니다. 앞에서 만들어보았던 Person 클래스를 상속하여 Baby라는 클래스와 GrandMother라는 클래스를 만들어 보겠습니다. 사람이 태어나면 아기라고 부르고 나이가 많이 들면 할머니라고 부르는 것을 클래스의 상속 관계로 만들어보는 것입니다. 만약 상속을 사용하지 않으면 Person 클래스와 Baby 클래스 그리고 GrandMother 클래스를 각각 독립적인 클래스로 만들어야 합니다. 그러나 아기도 사람이고 할머니도 사람이므로 사람이라는 틀을 먼저 만든 후에 약간씩만 바꾸면 됩니다.

이전에 만들었던 MyClass2 프로젝트를 복사해서 MyClass3이라는 이름을 가진 프로젝트를 만듭니다. 윈도우의 파일 탐색기를 열고 [AndroidStudioProjects] 폴더에 있는 [MyClass2] 폴더를 복사해서 [MyClass3] 폴더로 이름을 변경합니다.

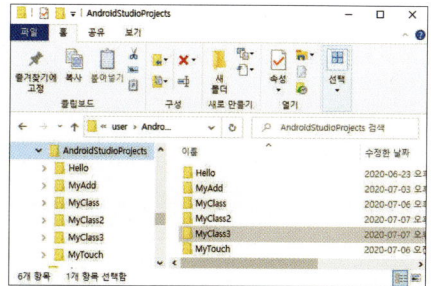

▲ 파일 탐색기에서 복사하여 만든 [MyClass3] 폴더

안드로이드 스튜디오에서 폴더를 복사해서 만든 MyClass3 프로젝트를 열어봅니다. 안드로이드 스튜디오의 시작화면에서 두 번째 메뉴인 Open an Existing Project 메뉴를 누르면 어떤 프로젝트 폴더를 열 것인지를 지정하는 대화상자를 볼 수 있습니다. 여기에서 [MyClass3] 폴더를 찾아 [OK]를 누르면 복사한 프로젝트가 열립니다.

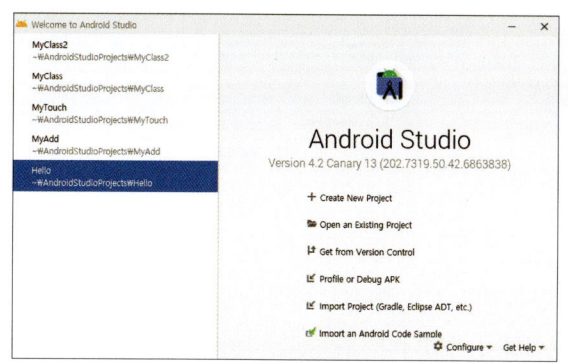

▲ 안드로이드 스튜디오 시작화면의 두 번째 메뉴　　▲ 기존 프로젝트를 열기 위해 폴더를 지정하는 대화상자

새로 복사한 프로젝트가 이전 프로젝트와 다른 앱으로 동작하기를 바란다면 복사한 프로젝트 안에 있는 패키지 이름도 바꿔야 합니다. 왜냐하면 안드로이드에서는 패키지 이름으로 앱을 구분하기 때문입니다. 다른 프로젝트에 똑같은 이름의 패키지가 있으면 안드로이드는 두 개의 프로젝트에서 각각 따로 만든 앱이라도 똑같은 앱으로 보게 됩니다.

테스트를 할 때는 똑같은 패키지 이름을 써도 되지만 여기서는 다른 패키지 이름으로 바꿔 보겠습니다. 왼쪽 프로젝트 창에서 org.techtown.myclass 패키지를 선택하고 마우스 오른쪽 버튼을 클릭하여 보이는 메뉴에서 [Refactor → Rename] 메뉴를 누르면 패키지 이름을 바꿀 수 있습니다.

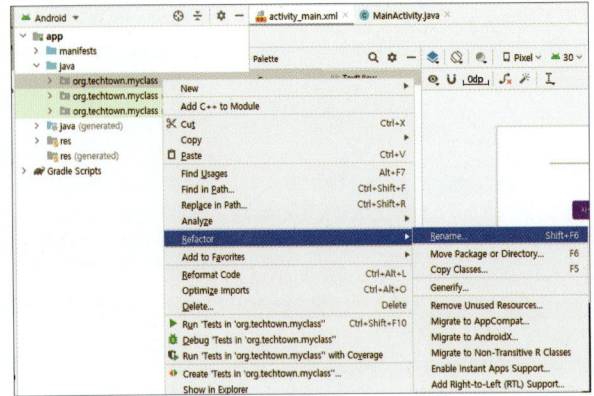

◀ 패키지 이름을 바꿀 수 있는 메뉴 선택하기

[Rename] 메뉴를 선택한 후 경고창이 나타나면 [Rename Package]를 클릭합니다. 그런 다음 대화상자에서 패키지 이름을 org.techtown.myclass3으로 수정하고 [Refactor]를 누릅니다.

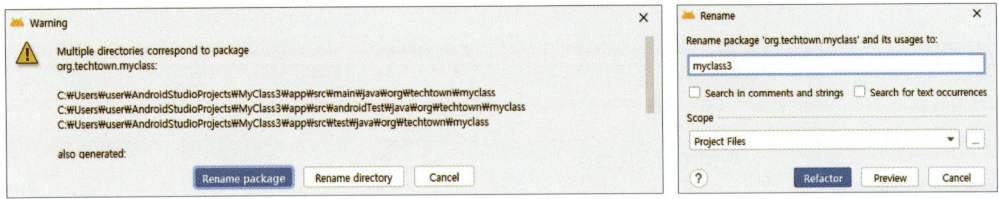

▲ 새로운 패키지 이름 입력하기

아래쪽에 Refactoring Preview 창에서 바꿀 내용을 미리 보여줍니다. 아래쪽에 있는 [Do Refactor]를 누르면 app/java 폴더 안에 들어있는 패키지 이름이 바뀝니다.

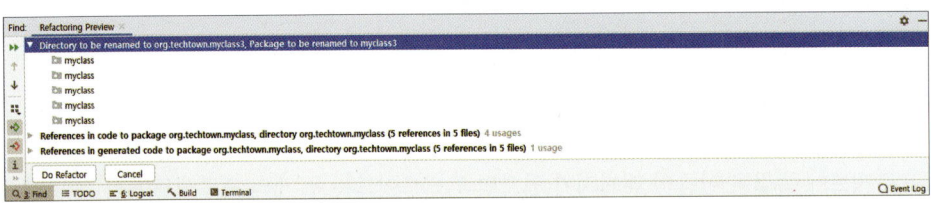

▲ 패키지 이름 변경 미리보기 창

그런데 수정하기 전의 패키지 이름이 다른 곳에도 들어있습니다. 왼쪽 프로젝트 창에서 [Gradle Scripts] 폴더 안에 들어있는 build.gradle (Module: MyClass2.app) 항목을 더블클릭하면 가운데 작업 영역에 파일이 열립니다. 이 파일은 '그래들(Gradle)'이라고 불리는 '빌드 도구의 설정 파일'입니다. 이 안에는 여러 가지 정보가 들어있는데 applicationId 값을 보면 여전히 org.techtown.myclass로 되어 있습니다. 이것을 org.techtown.myclass3으로 수정한 후 오른쪽 상단에 표시되는 [Sync Now] 링크를 클릭합니다. 그러면 안드로이드 스튜디오가 수정된 내용을 반영합니다.

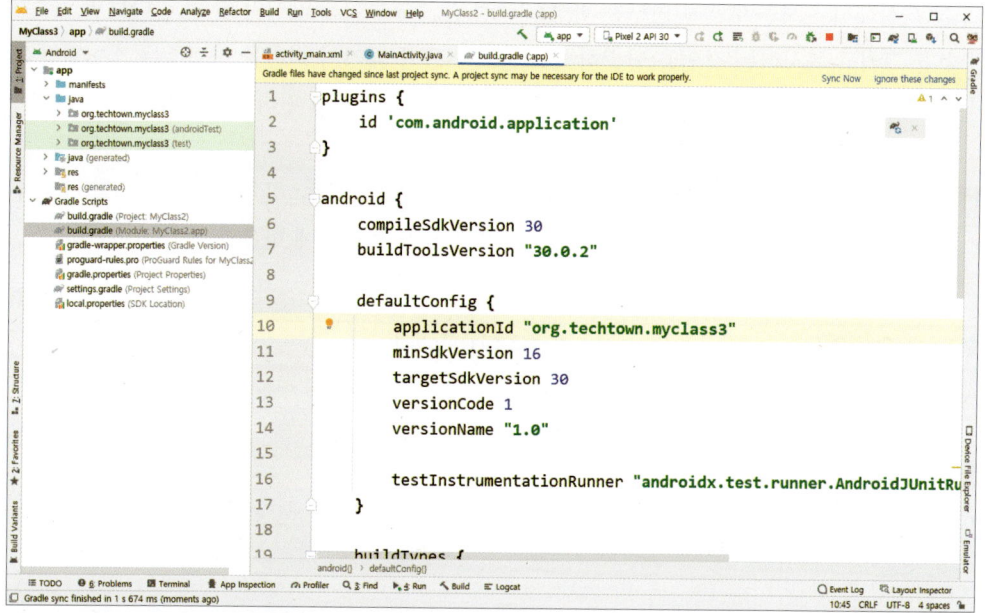

▲ build.gradle 파일에서 패키지 이름 바꾸기

앱의 패키지 이름은 매니페스트 파일에도 들어있습니다. 왼쪽의 프로젝트 창에서 app/manifests 폴더를 보면 AndroidManifest.xml 파일이 있습니다. 이 파일을 더블클릭해서 열어보면 세 번째 줄에 package 속성이 있고 그 값으로 org.techtown.myclass3이 들어있습니다. 이 값은 패키지 이름을 바꿀 때 자동으로 변경되었습니다.

매니페스트 파일은 프로젝트가 어떻게 만들어져 있는지를 스마트폰 OS쪽에 알려주는 역할을 합니다. 이것은 프로젝트가 만들어진 정보 중에 가장 중요한 것으로 '패키지의 이름', '액티비티의 정보' 등이 있습니다. '액티비티'라는 것은 프로젝트가 처음 만들어질 때 자동으로 만들어지는 화면이라고 생각하면 쉽습니다. 어떤 화면들 즉, 어떤 액티비티들이 프로젝트에 만들어져 있는지를 이 매니페스트에 넣어주면 앱이 설치된 후에 스마트폰 OS에서 이 정보를 확인할 수 있습니다.

기존 프로젝트를 복사해서 새 프로젝트를 손쉽게 만들었습니다. 그런데 단순히 프로젝트를 복사해서 새로운 앱으로 처리되게 만드는 과정도 여러 과정을 거쳐야 한다는 것을 알게 되었습니다. 지금까지 했던 프로젝트 복사 과정을 정리해보면 다음과 같습니다.

안드로이드 프로젝트를 복사하는 과정

- 이미 만들어져 있는 프로젝트를 윈도우 파일 탐색기에서 복사합니다.
- app/java 폴더 밑에 있는 패키지를 선택한 후 [Refactor → Rename] 메뉴를 선택하여 새로운 패키지 이름으로 바꿔줍니다.
- [Gradle Scripts] 폴더 안에 있는 build.gradle (Module: app) 파일을 열고 새로운 패키지 이름으로 바꿔줍니다.

프로젝트를 복사해서 새로운 앱으로 만드는 과정도 그리 간단해 보이지 않지만 몇 번 하다보면 익숙해질 것입니다. 그리고 복사하는 작업은 단순히 프로젝트 이름과 패키지 이름을 바꿔주는 것이지만 패키지 이름이 build.gradle 파일에도 들어있으니 바꿔야 할 곳이 더 생긴 것이라고 이해하면 됩니다.

프로젝트를 복사했으면 Person 클래스를 상속해서 Baby 클래스와 GrandMother 클래스를 새로 만들어 보겠습니다. MainActivity.java 파일을 열고 파일의 마지막 부분에 다음과 같이 입력합니다.

코드 참고 / MyClass3>/app/java/org.techtown.myclass3/MainActivity.java

```
중략...

class Baby extends Person {

}
```

class 키워드를 가장 처음에 쓰고 클래스 이름으로 Baby를 입력한 후 extends 키워드를 쓰면 Baby 클래스가 그 뒤에 나오는 클래스를 상속한다는 의미입니다. extends 뒤에 Person을 입력한 후 시작 중괄호와 끝 중괄호를 붙이면 중괄호 안에 있는 기능을 가진 Baby 클래스가 Person 클래스를 상속하여 만들어집니다. 여기서 부모 클래스는 Person이 되고 자식 클래스는 Baby가 된다는 것은 class와 extends 키워드가 어떻게 사용되었는지를 보면 쉽게 알 수 있습니다. 상속한다는 것은 부모 클래스의 기능이나 속성을 그대로 물려받는 것이라 하였으니 이제 이 클래스를 이용해 새로운 객체를 만든 후 walk 메서드를 호출할 수 있는지 확인해 보겠습니다.

MainActivity 클래스 안에는 [사람 만들기]를 눌렀을 때 Person 객체를 new 연산자로 만들 수 있는 createPerson 메서드가 들어있습니다. 이 메서드처럼 Baby 객체를 new 연산자로 만드는 createBaby 메서드를 새로 만들기 위해 createPerson 메서드를 찾아서 그 아래에 다음 코드를 추가합니다.

코드 참고 / MyClass3>/app/java/org.techtown.myclass3/MainActivity.java

```
중략...
    public void createPerson(String name) {
        person01 = new Person(name, this);
    }
```

```
    public void createBaby(String name) {
        baby01 = new Baby(name, this);
    }
중략...
```

그런데 입력하고 나면 new Baby 코드 아래에 빨간색 줄이 표시됩니다. 빨간색 줄이 나타난 오류에 마우스를 갖다 대면 어떤 오류인지 알 수 있습니다. 다음 화면처럼 빨간색 줄 위에 마우스를 갖다 대면 필요한 생성자가 만들어져 있지 않아 생기는 오류라고 메시지가 보입니다.

▲ 클래스 안에 필요한 생성자가 만들어져 있지 않아 보이는 오류 표시

'생성자(Constructor)'란 클래스 틀에서 new 연산자로 실제 객체를 만들어낼 때 객체가 바로 기능을 실행해야 하거나 객체에 데이터를 넣어주기 위해 만드는 메서드라고 했습니다. 이 생성자의 이름이 클래스 이름과 같다는 것도 이미 알고 있습니다. 그리고 소괄호에 들어가야 할 파라미터가 하나도 없는 기본 생성자의 경우에는 직접 만들지 않아도 된다는 것도 알고 있습니다. 그런데 여기서는 Baby 객체를 만들면서 파라미터를 두 개 전달해주려 했기 때문에 파라미터가 두 개인 생성자를 Baby 함수에 새로 추가해야 하는 문제가 생긴 것입니다.

그러면 Person 클래스 안에 만들어 둔 생성자를 복사해서 Baby 클래스 안에 넣어주면 될 것 같습니다. 생성자 부분의 코드를 복사하고 다음과 같이 Person이라는 단어를 Baby로 바꿉니다.

코드 참고 / MyClass3)/app/java/org.techtown.myclass3/MainActivity.java

```java
중략...
class Baby extends Person {

  public Baby(String inName, MainActivity inActivity) {
    name = inName;
    activity = inActivity;
  }

}
```

재미있는 것은 Baby 클래스에는 name이라는 변수를 선언하지도 않았는데 생성자의 파라미터로 전달받은 이름 데이터를 곧바로 name 변수에 할당할 수 있다는 것입니다. 이미 짐작했겠지만 이 name 변수는 Person 클래스에 들어있던 그 변수를 가리킵니다. Baby 클래스는 Person 클래스를 상속해서 만들어진 것이므로 Person 클래스 안에 넣어둔 name 변수에 그대로 접근하여 사용할 수 있습니다.

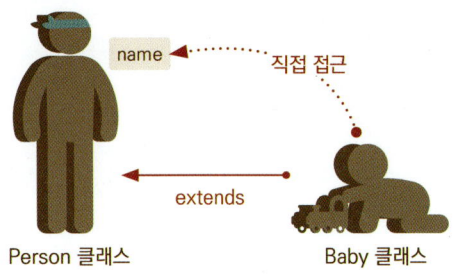

▲ Baby 클래스에서 Person 클래스의 name 변수 접근하기

name이라는 변수 상자는 Person 클래스에서 물려받았으니 Baby 클래스가 가지고 있는 것이라고 생각해도 됩니다. 하지만 상속이라는 것이 코드를 반복적으로 사용하는 것을 줄이기 위한 목적이라면 Baby 클래스에서 name 변수를 정의하지 않아도 Person 클래스 안에 들어있는 변수를 그대로 접근하여 사용할 수 있다고 생각하는 것이 더 좋습니다.

Baby 클래스를 새로 만들고 이것을 객체로 만드는 메서드도 추가했으니 버튼을 눌렀을 때 Person 객체가 아니라 Baby 객체가 만들어지도록 createPerson 메서드 호출 부분을 createBaby 메서드가 호출되도록 바꿔 보겠습니다. 그런데 createPerson 메서드 안에서 Person 객체를 만들어 person01이라는 변수 상자에 객체를 할당했으니 createBaby 메서드 안에서도 person01 변수에 할당하도록 하면 어떻게 되는지 먼저 확인해 보겠습니다. 다음과 같이 createBaby 메서드 안에서 new 연산자로 만드는 Baby 인스턴스가 person01 변수에 할당되도록 입력합니다.

코드 참고 / MyClass3>/app/java/org.techtown.myclass3/MainActivity.java

```java
public class MainActivity extends AppCompatActivity {
  중략...
  Person person01;

  중략...

  public void onButton1Clicked(View v) {
    String name = editText.getText().toString();
    createBaby(name);
  }

  중략...

  public void createBaby(String name) {
    person01 = new Baby(name, this);
  }
  중략...
```

이렇게 입력해도 오류는 발생하지 않습니다. Baby가 Person을 상속했을 때는 Baby 인스턴스를 Person 자료형으로 된 변수에 할당할 수 있기 때문입니다. 앱을 실행하고 [사람 만들기]와 [걸어가세요]를 차례로 눌러보면 코드에서 Person 객체를 만들었을 때와 Baby 객체를 만들었을 때가 별다른 차이를 보이지 않는다는 것을 알 수 있습니다.

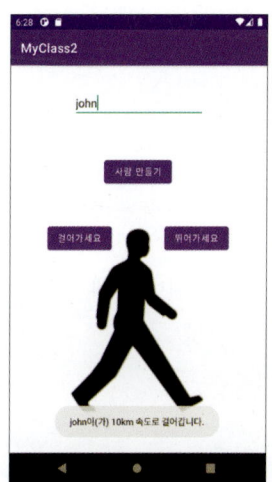

▲ Baby 객체를 만들도록 수정한 후 실행했을 때의 앱 화면

2 _ 클래스 안의 변수와 메서드를 사용할 수 있는 상속 권한

Person 클래스를 상속하니 그 안에 들어있는 name 변수를 Baby 클래스에서 그대로 사용할 수 있다는 점은 참 좋아 보입니다. 그렇다면 남들이 만들어놓은 클래스도 상속해서 그 클래스 안에 들어있는 데이터나 기능에 모두 접근할 수 있을까요? 그렇지는 않습니다. 만약 누군가 클래스를 만들었는데 그 클래스에 대해 잘 모르는 다른 사람이 그 클래스를 상속한 후에 마구잡이로 바꾸기 시작하면 클래스가 원래 동작해야 하는 기능이 엉뚱하게 동작할 수도 있습니다. 이 때문에 접근할 수 있는 권한을 구분하게 됩니다.

▲ 잘 만들어둔 클래스에 잘못 접근해서 오류가 발생할 때

오류가 발생할 수도 있다는 점 때문에 때로는 클래스 안에 넣어둔 변수나 메서드를 함부로 바꿀 수 없게 만들어야 합니다. Person 클래스 안에 들어있는 name 변수의 앞에 private이라는 키워드를 붙여 줍니다.

코드 참고 / MyClass3)/app/java/org.techtown.myclass3/MainActivity.java

```
중략...
class Person {
  private String name;
  중략...
```

이렇게 바꾸자마자 Baby 클래스 안에 오류가 있다는 표시가 생깁니다. 오류 표시가 된 부분에 마우스 커서를 올려보면 다음과 같은 메시지가 보입니다.

```
113  class Baby extends Person {
114
115    public Baby(String inName, MainActivity inActivity) {
116      name = inName;
117         'name' has private access in 'org.techtown.myclass.Person'
                Create local variable 'name'   Alt+Shift+Enter    More actions...  Alt+Enter
118    }
              org.techtown.myclass.Person
119           private String name
120  }
121
```

◀ 부모 클래스인 Person 클래스 안에서 name 속성의 접근 권한을 private으로 바꾸었을 때

이 메시지는 Person 클래스 안에 name 변수가 있긴 하지만 Baby 클래스에서는 보이지 않도록 되어 있다는 의미입니다. 보이지 않는다는 것은 Baby 클래스에서 그 변수에 접근할 수 없다는 말입니다. private 키워드는 새로 만들어 넣은 변수나 메서드를 그것들이 들어있는 클래스 안에서만 접근할 수 있도록 합니다. 따라서 Person 클래스를 상속해서 만든 Baby라는 자식 클래스에서도 부모 클래스의 변수에 접근할 수 없습니다.

▲ private 키워드를 썼을 때 접근 불가

Person 안의 name 변수 앞에 붙여 놓은 private 키워드를 public으로 바꿔주면 오류 표시가 없어집니다.

코드 참고 / MyClass3〉/app/java/org.techtown.myclass3/MainActivity.java

```
중략...
class Person {
  public String name;
중략...
```

public 키워드는 클래스 바깥의 어디서든 접근할 수 있도록 해줘서 오류가 발생하지 않았습니다. 하지만 우리가 원하지 않는 다른 곳에서도 항상 접근할 수 있기 때문에 아무나 접근해서 바꿀 수 있게 할 때만 public 키워드를 사용할 수 있습니다.

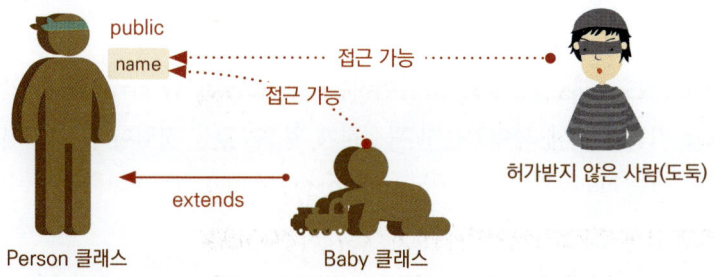

▲ public 키워드를 썼을 때 아무 곳에서나 접근 가능

만약 상속을 받은 자식 클래스에서만 바꿀 수 있도록 하고 싶다면 protected라는 키워드를 사용합니다. 한 번 만들어둔 클래스 정보를 범용으로 사용하게 만들지 않고 몇몇 개발자에게만 상속받아 바꿀 수 있게 할 때 protected 키워드가 유용합니다. Baby 클래스는 Person 클래스를 상속받은 상태이므로 다음처럼 name 변수 앞에 protected를 붙여도 오류 표시는 생기지 않습니다.

코드 참고 / MyClass3)/app/java/org.techtown.myclass3/MainActivity.java

```
중략...
class Person {
  protected String name;
중략...
```

protected라는 단어 자체가 무언가를 보호한다는 의미를 갖고 있듯이 부모로부터 상속받은 클래스가 아닌 클래스들은 접근할 수 없도록 보호한다는 의미입니다. 이런 세 가지 키워드는 클래스 안의 변수뿐만 아니라 메서드에도 그대로 사용할 수 있으며, 변수나 메서드를 다른 개발자가 사용할 수 있는지 없는지를 알려주므로 접근 권한을 알려주는 키워드라고 할 수 있습니다.

접근 권한을 알려주는 키워드
- private → 같은 클래스 안에서만 접근하여 사용할 수 있습니다.
- public → 아무 클래스에서나 접근하여 사용할 수 있습니다.
- protected → 이 클래스에서 상속받은 자식 클래스에서만 접근하여 사용할 수 있습니다.

보통 클래스 안에 메서드를 추가할 때는 아무 곳에서나 사용할 수 있도록 public을 붙이는 경우가 많으며, 변수를 추가할 때는 아무 곳에서나 사용할 수 없도록 private을 붙이거나 또는 아무것도 붙이지 않는 경우가 많습니다. 아무것도 붙이지 않으면 'public 하지 않다.'라고 보면 됩니다. 변수에 private를 붙여 접근할 수 없게 만들 때는 getXXX 또는 setXXX와 같은 형태로 변수에 접근할 수 있는 메서드를 따로 만들고 이 메서드에 접근 권한을 따로 부여하는 경우가 많습니다. 이것을 getter와 setter라고 부르며 변수의 값을 확인하거나 바꿀 수 있도록 만들어놓은 간단한 메서드들을 말합니다.

이제 안드로이드 프로젝트를 만들었을 때 자동으로 만들어지는 MainActivity.java 파일 안의 onCreate 메서드 앞에 public 키워드가 왜 붙어있는지 확실하게 알 수 있을 것입니다. 그러면 MainActivity 클래스를 만들 때 붙이는 class 키워드 앞에도 public, protected, private을 붙일 수 있을까요?

class 키워드 앞에는 public 키워드만 사용할 수 있습니다. 즉, 클래스는 다른 곳에서 접근할 수 있는지 없는지만 구분하면 되므로 public이 붙어 있으면 접근할 수 있고, public이 붙어있지 않으면 접근할 수 없습니다.

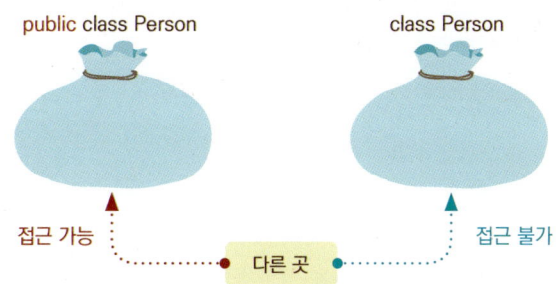

▲ 클래스의 접근 권한

그런데 우리가 만들었던 MyClass3 프로젝트를 보면 Person 클래스 앞에 public 키워드가 붙어있지 않습니다. 그래도 MainActivity 클래스에서 이 Person 클래스를 사용하는 데는 문제가 없었죠. 이것은 Person 클래스가 MainActivity 클래스와 같은 파일 안에 들어있기 때문에 가능합니다. 같은 파일이나 같은 패키지 안에 들어있는 클래스는 public 키워드가 붙어 있지 않아도 예외적으로 접근할 수 있습니다.

그런데 이 Person 클래스가 MainActivity 클래스와 같은 파일 안에 들어있어서 코드가 조금 복잡하게 보입니다. 자바에서는 하나의 파일에 하나의 클래스가 들어가도록 만드는 것을 권장합니다. 그래서 Person 클래스를 다른 자바 소스 파일로 분리해 보겠습니다.

org.techtown.myclass3 패키지를 선택하고 마우스 오른쪽 버튼을 클릭합니다. 보이는 메뉴에서 [New → Java Class]를 선택하면 새로운 클래스를 만들 수 있는 대화상자가 나타납니다. 대화상자에서 클래스 이름을 Person으로 입력하고 Class가 선택된 상태에서 Enter 를 누릅니다.

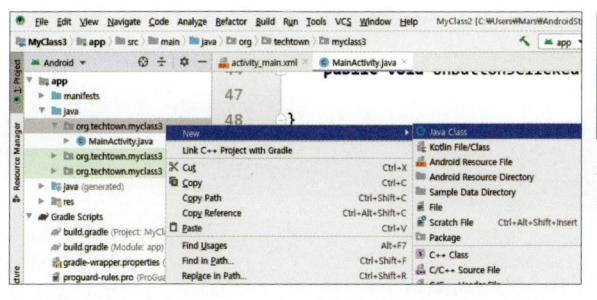 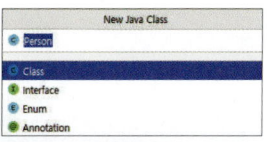

▲ Person 클래스를 만들기 위한 대화상자

◀ Person 클래스를 다른 파일로 분리하기

패키지 탐색기를 보면 [org.techtown.myclass3] 폴더 안에 Person이라는 파일이 새로 만들어졌습니다. 이 파일이 만들어지자마자 그 안에 들어있는 Person 클래스 이름에 빨간색 줄이 생깁니다.

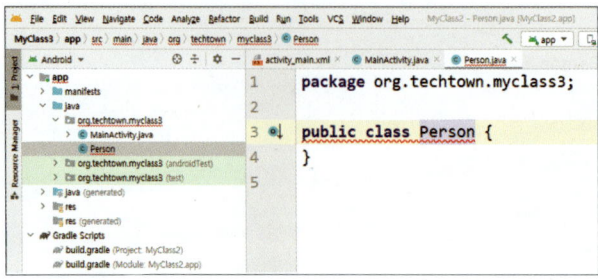

▲ Person 클래스 안에 보이는 오류 표시

이미 MainActivity.java 파일 안에 Person이라는 이름을 가진 클래스가 있으므로 똑같은 이름을 가진 클래스가 있다는 오류 표시입니다. MainActivity.java 파일 안에 있던 Person 클래스를 모두 선택한 후 Ctrl+C를 눌러 복사하고 Person.java 파일로 와서 Ctrl+V를 눌러 붙여넣기 합니다. 붙여 넣을 때 public 뒤에 복사한 class Person을 붙이세요. 그리고 MainActivity.java 파일 안에서 복사했던 Person 클래스는 모두 삭제합니다. 이렇게 하면 Person 클래스의 코드는 다음과 같은 모양이 됩니다.

코드 참고 / MyClass3)/app/java/org.techtown.myclass3/Person.java

```
package org.techtown.myclass3;

import android.widget.Toast;

public class Person {
  protected String name;
  Leg leg = new Leg();
  MainActivity activity;

  public Leg getLeg() {
    return leg;
  }

  public Person() {

  }

  public Person(String inName, MainActivity inActivity) {
    name = inName;
```

이 부분은 Person 클래스를 붙여넣기하면 자동으로 생성됩니다.

public 뒤에 복사한 Person 클래스를 붙여 넣으세요.

```
        activity = inActivity;
    }

    중략...

}
```

이렇게 Person.java라는 파일로 Person 클래스를 분리해놓아도 Person.java 파일 자체는 오류가 생기지 않습니다. 이것은 같은 패키지 안에 들어있는 클래스는 같은 파일에 있거나 또는 다른 파일에 있어도 사용할 수 있기 때문입니다.

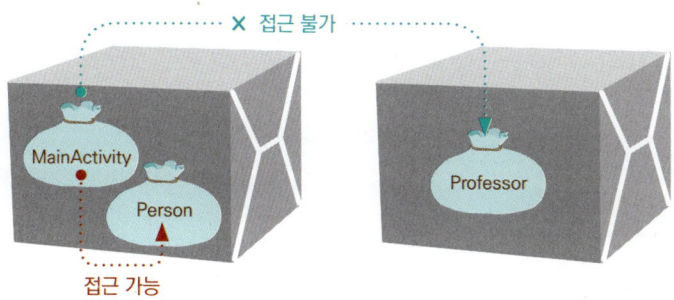

▲ 자바의 패키지

패키지의 역할은 이와 같이 클래스들을 소포 꾸러미나 여행 가방처럼 묶어주고 그 안에서는 자유롭게 접근할 수 있게 합니다. 하지만 다른 패키지의 클래스에는 접근할 수 없도록 만들어줍니다. 보통 한 개발자가 만든 클래스들은 그 개발자가 구분할 수 있는 패키지에 넣어주므로 다른 개발자는 접근할 수 없습니다. 그래서 다른 패키지에 접근할 수 있도록 넣어주는 것이 import입니다. import 키워드 뒤에 패키지와 클래스 이름을 넣어주면 다른 패키지에 있는 클래스도 접근할 수 있습니다.

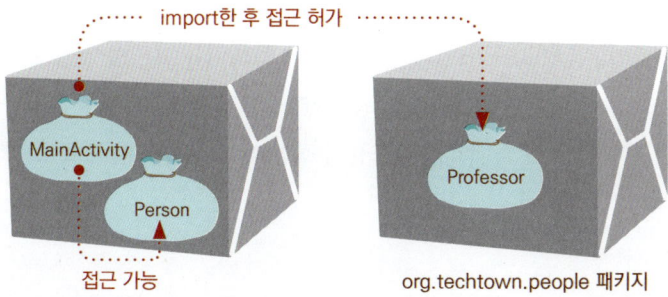

▲ import를 써서 다른 패키지의 클래스에 접근하기

결국 import 키워드는 접근할 수 없는 다른 패키지의 클래스를 사용하고 싶다고 요청하고 사용 허가를 받은 것과 같습니다. 이렇게 패키지 사이에는 장벽이 있는 것처럼 생각할 수 있는데 클래스를 하나의 소스 파일에 넣어 만들 때는 보통 class 키워드 앞에 public 키워드를 붙여주어야 다른 패키지에서 사용할 수 있습니다.

Person 클래스를 별도의 자바 소스 파일로 분리한 것처럼 Leg 클래스와 Baby 클래스도 새로운 클래스를 만들어 분리합니다. 클래스를 모두 분리한 후에는 소스 파일이 다음 그림처럼 네 개가 됩니다.

> 각각의 클래스를 분리하는 방법
> ❶ 새로운 클래스 생성(myclass3 패키지 마우스 오른쪽 버튼 클릭 → New → Java Class 선택)
> ❷ [New Java Class] 대화상자에 자바 클래스 이름 입력 후 Enter
> ❸ MainActivity.java 파일 안에서 관련 클래스 복사 또는 잘라내기
> ❹ 새로 분리한 자바 파일에서 public 뒤에 붙여넣기
> ❺ MainActivity.java 파일 안에서 복사한 클래스 삭제

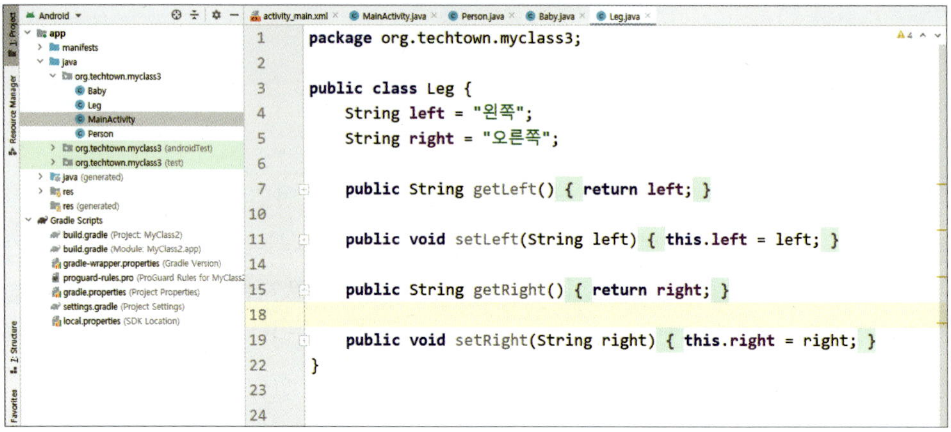

▲ 클래스를 모두 각각의 파일로 분리한 후의 프로젝트 안의 소스 파일들

클래스를 각각의 소스 파일로 분리시키고 나면 MainActivity.java 파일에 들어있는 코드의 양이 줄어들어 좀 더 간단한 프로그램이 된 듯 느껴질 것입니다. 이렇게 새로운 클래스를 만들 때 새로운 소스 파일을 만들고 그 안에 넣어두면 나중에 클래스 안에 들어있는 코드를 수정할 때도 같은 이름의 소스 파일을 더블클릭하여 수정하면 되므로 코드 수정이 편리해집니다.

3 _ 클래스 별로 다른 이미지 보여주기

Person 클래스라는 틀을 만들고 그 틀로 실제 사람 객체를 만든 후 walk 메서드를 호출했던 것을 기억할 것입니다. walk 메서드를 호출하면 사람이 서 있는 이미지에서 사람이 걸어가는 이미지로 바뀌었습니다. 이것은 코드에서 Person이라는 이름으로 클래스를 만들었기 때문에 이미지도 일부러 사람 모양의 이미지를 넣어 보여주었던 것입니다. 그러면 Baby라는 클래스를 추가했으니 Baby 클래스로부터 객체가 만들어졌을 때는 아기 모양의 이미지를 보여주는 것은 어떨까요? 그렇게 하면 지금 만든 객체가 사람인지 아기인지 쉽게 구별할 수 있을 것 같습니다.

이전에 이미지 파일을 프로젝트의 /app/res/drawable 폴더에 추가했던 것처럼 샘플로 제공되는 프로젝트 파일에서 /app/res/drawable 폴더를 찾은 후 baby.png, baby_cry.png, baby_walk.png 그리고 grandmother.png 파일을 여러분이 만든 MyClass3 프로젝트의 /app/res/drawable 폴더로 복사합니다.

> **주의** 파일 탐색기에서 파일을 복사한 다음 안드로이드 스튜디오의 왼쪽 프로젝트 창에서 /app/res/drawable 폴더를 선택한 후 붙여 넣을 수도 있습니다.

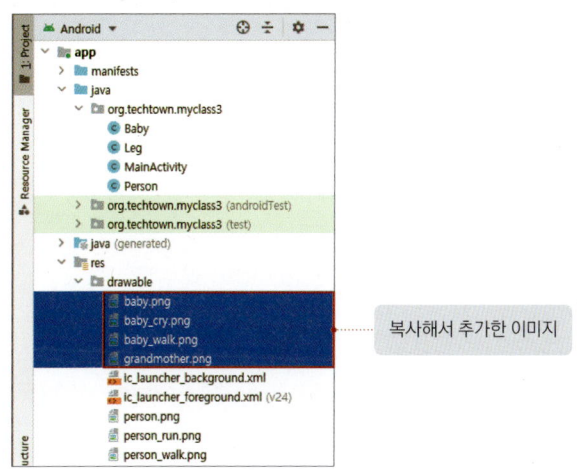

▲ 새로운 이미지 파일 4개를 프로젝트에 추가한 경우

이렇게 추가한 이미지 중에서 baby.png 파일은 Baby 클래스로부터 새로운 객체가 만들어질 때 화면에 보여줄 것입니다. new Baby라는 코드가 들어있는 부분이 MainActivity.java 파일 안의 createBaby 메서드이므로 이 메서드 안에 다음과 같이 코드를 입력합니다.

코드 참고 / MyClass3)/app/java/org.techtown.myclass3/MainActivity.java

```
중략...
  public void createBaby(String name) {
    person01 = new Baby(name, this);
    imageView.setImageResource(R.drawable.baby);
  }
중략...
```

이미지를 보여주는 ImageView 자료형의 변수는 MainActivity 클래스 안에 들어있습니다. 따라서 Person 클래스에서 이미지를 바꿔주고 싶을 때는 생성자를 이용해 MainActivity 객체를 전달받은 후 사용해야 합니다. MainActivity 객체는 activity 변수에 할당되었으므로 이 activity 변수를 사용했습니다. 하지만 createBaby 메서드는 MainActivity 안에 들어있으므로 그 메서드 안에서는 imageView라는 변수를 바로 사용할 수 있습니다.

이제 앱을 실행하고 [사람 만들기]를 누르면 아기 이미지로 바뀌는 것을 볼 수 있습니다.

▲ [사람 만들기]를 눌렀을 때 보이는 이미지

그런데 만약 [사람 만들기]를 클릭하지 않고 [걸어가세요]를 먼저 누르면 어떻게 될까요? 안드로이드 스튜디오 위쪽에 있는 중단 아이콘(■)을 눌러 앱을 종료했다가 다시 앱을 실행합니다. 그리고 실제로 [걸어가세요]를 바로 눌러보면 앱이 갑자기 죽어버립니다. 혹시 앱이 죽어버리지 않았다고 해도 내부에서 오류가 생겼을 것입니다. 프로그램이나 앱을 실행하다가 갑자기 죽었을 때를 '비정상 종료되었다.'라고 부르는데 왜 비정상 종료되었는지 해당 정보를 [Logcat] 탭에서 확인할 수 있습니다. [Logcat] 탭을 보면 빨간색으로 보이는 글자들이 오류가 생겼을 때 표시되는 글자들인데 'NullPointerException'이라는 글자가 보입니다.

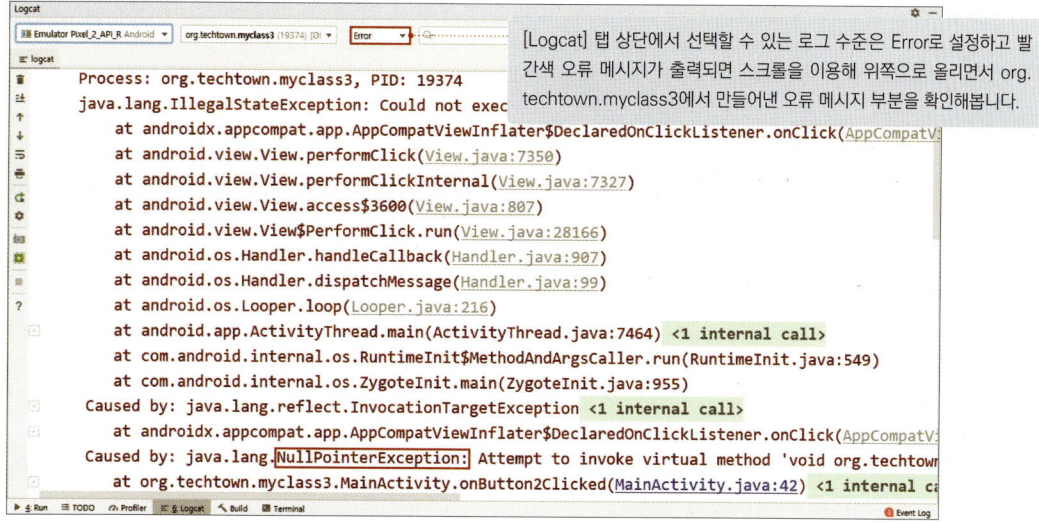

▲ [걸어가세요]를 눌렀을 때 [Logcat] 탭에 보이는 오류 메시지

'널(Null)'이라는 것은 객체 자료형으로 선언된 변수가 가리키는 값이 메모리에 없을 때 발생합니다. 자료형을 얘기할 때 기본 자료형으로 만든 변수에는 데이터가 복사되어 들어가지만 객체 자료형으로 만든 변수는 객체가 만들어진 메모리 위치를 가리킨다고 했었습니다. 즉, 객체 자료형의 변수는 실제 객체를 가지고 있다기보다는 객체의 위치를 가리키는 것이 되는데요, 이것을 '포인터(Pointer)'라고 부릅니다. 예를 들어, Person 클래스를 만들고 그 클래스로부터 실제 객체인 인스턴스를 만들면 메모리에 그 객체가 만들어집니다. Person 자료형으로 된 person01 변수를 만든 후 이 객체를 할당하면 person01 변수가 메모리에 만들어진 Person 객체를 가리키게 됩니다.

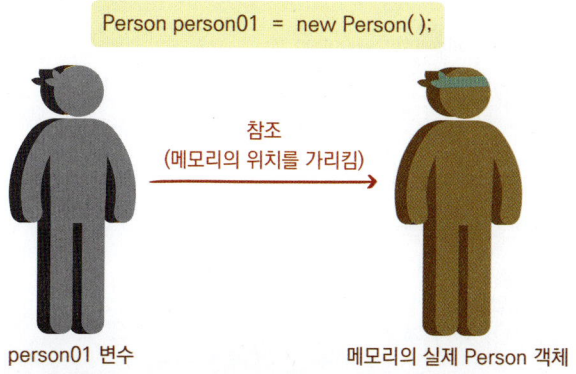

▲ 객체 자료형의 변수와 메모리의 실제 객체를 가리키는 포인터

그런데 person01이라는 변수가 가리키는 사람 객체가 아직 메모리에 만들어져 있지 않다면 어떻게 될까요? 이때 그 값을 '널 값'이라고 합니다. 객체 자료형의 변수를 처음 선언했을 때도 아직 실제 객체를 할당하지 않았으므로 널 값을 가지는 것과 같습니다. 객체 자료형의 변수를 선언할 때 직접 null이

라는 값을 할당해주면 널 값을 가지는 것이 좀 더 확실해집니다. 또한 널 값은 코드 중간에 할당될 수도 있습니다.

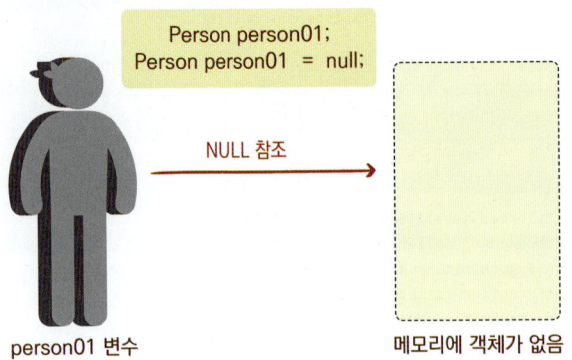

▲ 객체 자료형의 변수가 널 값을 가지는 경우

객체 자료형으로 된 변수를 처음 선언할 때만 해도 그 변수는 아무것도 가리키지 않으므로 'null 값을 가지고 있다.'라고 말하는 것은 아무런 문제가 되지 않습니다. 하지만 만약 그렇게 비어있는 변수에게 walk 메서드를 실행해 달라고 호출하면 문제가 됩니다. 즉, 아무것도 가리키고 있지 않은 빈 변수에 '걸어가세요.'라는 명령을 내리면 그 호출을 받을 대상이 없으므로 앞에서 보았던 NullPointerException이라는 오류가 생깁니다. NullPointerException은 말 그대로 포인터가 널 값을 가리키기 때문에 오류가 생겼다는 말입니다.

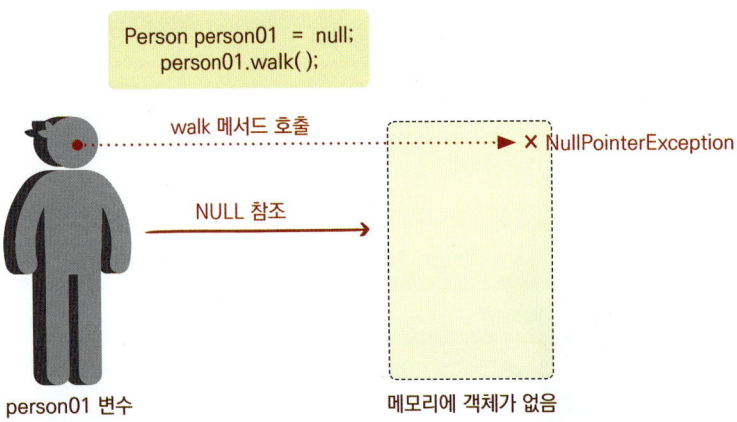

▲ 객체 자료형의 변수가 널 값을 가리킬 때 발생하는 오류

그렇다면 코드에서 변수가 가지는 값이 널 값이 아닌 경우에만 walk 메서드를 호출할 수 있도록 바꿔야 합니다. 또한 앱이 처음 실행되었을 때 사람 이미지가 바로 보이는 것이 아니라 처음에는 아무것도 보이지 않도록 하는 것이 더 좋습니다. 그래야 아직 [사람 만들기]를 누르지 않았기 때문에 Person 객체가 만들어지지 않았다는 것을 바로 알 수 있기 때문입니다. [사람 만들기]를 누를 때 만들 수 있는 객

체는 Person과 Baby 두 가지이므로 화면에서 사람을 만들 것인지 아기를 만들 것인지를 사용자가 직접 선택할 수 있는 기능도 추가해 보겠습니다.

먼저 화면에 보이는 사람 이미지는 ImageView 위젯의 속성을 바꾸면 보이거나 안 보이게 할 수 있습니다. [activity_main.xml] 탭을 선택하여 디자인 화면을 엽니다. 사람 이미지가 들어있는 ImageView 위젯을 선택하고 오른쪽 속성 창을 살펴봅니다. ImageView 위젯의 속성 중에서 visibility 속성을 찾은 후 속성 값 중에서 invisible을 선택합니다.

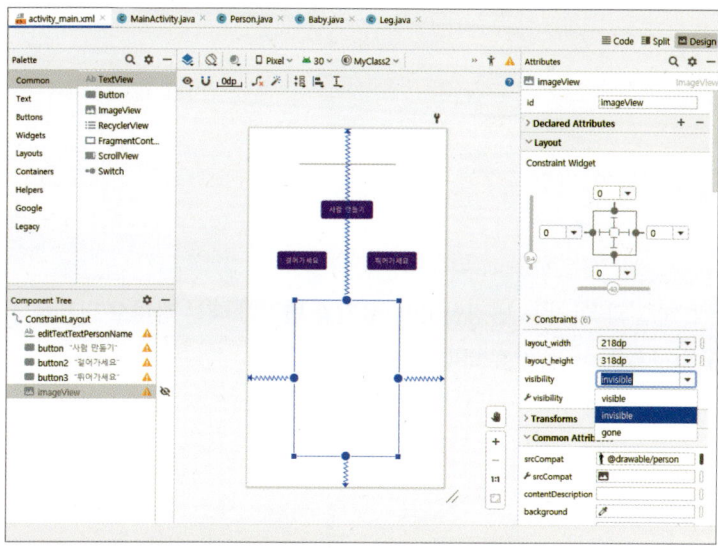

▲ visibility 속성 값을 invisible로 설정하기

이 속성은 화면에 들어있는 뷰가 보이게 만들거나 안 보이도록 만듭니다. ImageView와 같은 위젯을 화면에 추가하면 이 속성을 직접 설정하지 않아도 처음에는 visible 값이 들어간 것처럼 되어 위젯이 화면에 보이지만 invisible로 해두면 화면에 보이지 않습니다. 이렇게 사람 이미지가 보이지 않도록 만들었다면 그 다음에는 [사람 만들기]를 눌렀을 때 사람을 만들 것인지 아니면 아기를 만들 것인지 선택하는 라디오 버튼을 넣어 보겠습니다.

activity_main.xml 화면에서 [사람 만들기]를 왼쪽으로 옮기고 팔레트(Palette) 창의 Buttons 그룹 안에 있는 RadioGroup 위젯을 끌어다 [사람 만들기] 오른쪽에 놓습니다. 그리고 그 안에 Radio Button 두 개를 끌어다 놓습니다. 디자인 화면 안에 끌어다놓기 힘들면 왼쪽의 Component Tree 창에서 RadioGroup을 찾고 그 안에 끌어다 놓습니다. RadioGroup의 왼쪽 연결점은 왼쪽에 있는 [사람 만들기] 버튼의 오른쪽 연결점과 연결하고 위쪽 연결점은 위에 있는 입력상자의 아래쪽 연결점과 연결합니다. 그리고 간격을 적당히 띄우면 되는데 RadioGroup을 잡아끌기 힘들다면 오른쪽에 있는 속성 창에서 Constraint Widget의 위쪽과 왼쪽 입력상자에 각각 50 정도의 값을 입력합니다.

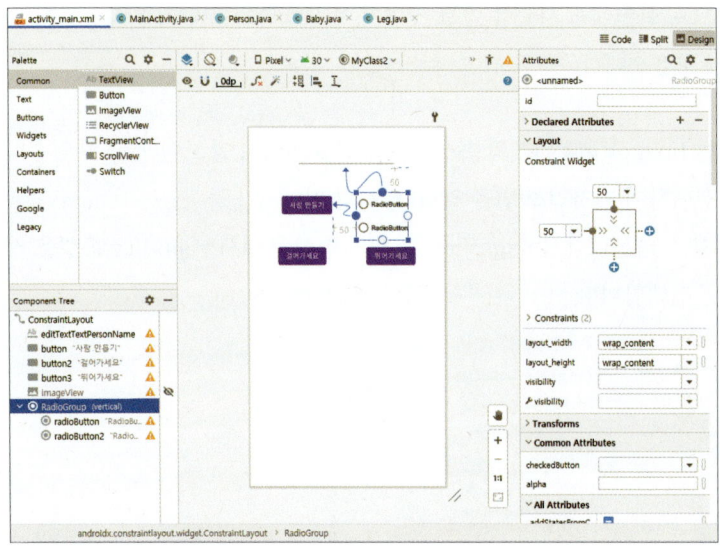

▲ 라디오 버튼을 추가하고 위치 정하기

라디오 버튼에 표시된 글자를 각각 '사람'과 '아기'로 변경합니다. 글자를 변경할 때는 라디오 버튼을 선택한 후 오른쪽 속성 창에서 text 속성을 찾아 그 값을 바꾸면 됩니다.

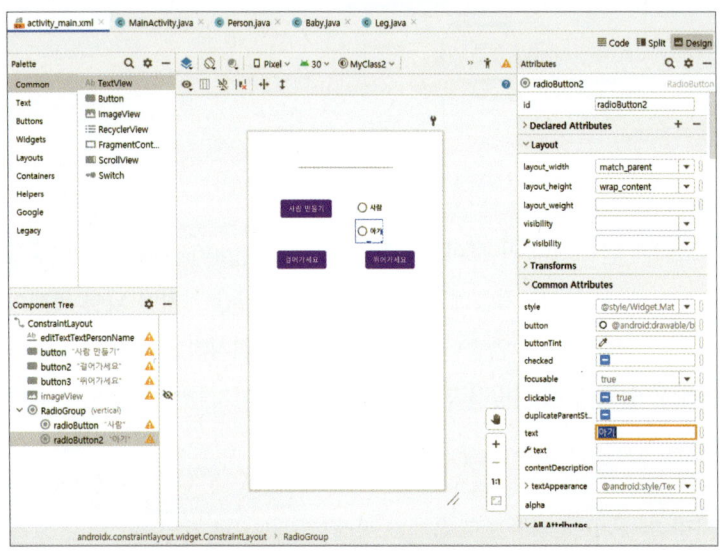

▲ 라디오 버튼의 글자 바꾸기

라디오 버튼은 몇 개의 값 중에서 하나를 선택할 수 있도록 하는 위젯으로 하나를 선택하면 다른 것은 자동으로 선택 해제됩니다. '사람'이라는 글자를 넣은 첫 번째 라디오 버튼은 radioButton이라는 id 속성 값을 가지고 있고, 두 번째 라디오 버튼은 radioButton2라는 id 속성 값을 가지고 있습니다.

이제 화면은 다 바꾸었으니 [MainActivity.java] 탭을 눌러 소스 파일을 수정하겠습니다. 먼저 [사람 만들기]를 눌렀을 때 어떤 라디오 버튼이 선택되었는지 확인한 후 그것에 맞는 이미지를 보여주도록 바꿔야 합니다. 라디오 버튼 중에서 어떤 것이 선택되었는지는 라디오 버튼이 가지고 있는 isChecked 메서드를 호출하면 알 수 있습니다.

코드 참고 / MyClass3>/app/java/org.techtown.myclass3/MainActivity.java

```java
중략...
    public void onButton1Clicked(View v) {
        String name = editText.getText().toString();

        RadioButton radioButton = findViewById(R.id.radioButton);
        boolean personChecked = radioButton.isChecked();

    }

중략...
```

화면 레이아웃에 추가했던 첫 번째 라디오 버튼의 id가 radioButton이므로 findViewById 메서드를 호출하여 라디오 버튼 객체를 찾은 후 radioButton 변수에 할당합니다. 라디오 버튼의 isChecked 메서드를 호출하여 확인한 값은 boolean 자료형을 가진 personChecked 변수를 만들어 그 안에 넣어둡니다. 이 personChecked 변수에는 '사람'이라고 쓰인 첫 번째 라디오 버튼이 선택되어 있으면 true, 그렇지 않으면 false 값이 들어갑니다. 만약 '아기'라고 쓰인 두 번째 버튼이 선택되면 첫 번째 라디오 버튼에서 나온 값은 false가 되므로 이 변수에 들어있는 값만 알아도 어떤 라디오 버튼이 선택된 것인지 알 수 있습니다.

> **주의** 우선 createBaby(name);이라는 코드는 삭제합니다. 나중에 사람과 아기 라디오 버튼 중에서 하나를 선택했을 때 어떤 메서드를 호출할지 조건을 만드는 if 구문을 추가할 예정입니다.

이 코드 아랫부분에는 다음과 같이 personChecked 변수에 들어있는 값이 true인지 아니면 false인지에 따라 createPerson 또는 createBaby 메서드를 호출하는 코드를 입력합니다.

코드 참고 / MyClass3>/app/java/org.techtown.myclass3/MainActivity.java

```java
중략...
    public void onButton1Clicked(View v) {
        String name = editText.getText().toString();

        RadioButton radioButton = findViewById(R.id.radioButton);
```

```
    boolean personChecked = radioButton.isChecked();

    if (personChecked) {
      createPerson(name);
    }else
      createBaby(name);
    }

  }

  중략...
```

어떤 값을 비교해서 맞으면 이 기능을 실행하고 맞지 않으면 다른 기능을 실행시키는 구문이 if 구문입니다. 따라서 if (personChecked)라는 코드를 쓰면 '사람 라디오 버튼이 선택되어 true 값이 personChecked 변수에 들어있으면'이라는 말로 해석할 수 있습니다. 또한 그렇지 않다는 것은 '사람 라디오 버튼이 아니라 아기 라디오 버튼이 선택되어 있을 때'와 같은 의미로 해석되므로 이때는 createBaby 메서드를 호출합니다.

버튼을 눌렀을 때 Person이나 Baby 객체를 새로 만들도록 코드를 추가했습니다. 이제 사람이나 아기 이미지를 보여줄 이미지뷰 위젯이 화면에 보이도록 해야 합니다. XML 레이아웃에서는 visibility라는 속성을 사용했지만 자바 코드에서는 setVisibility라는 메서드를 사용하도록 만들어져 있습니다.

코드 참고 / MyClass3>/app/java/org.techtown.myclass3/MainActivity.java

```
  중략...
  public void onButton1Clicked(View v) {
    String name = editText.getText().toString();

    RadioButton radioButton = findViewById(R.id.radioButton);
    boolean personChecked = radioButton.isChecked();

    if (personChecked) {
      createPerson(name);
    }else
      createBaby(name);
    }

    imageView.setVisibility(View.VISIBLE);
```

```
    }

중략...
```

setVisibility 메서드 뒤의 소괄호에는 위젯을 보이게 할지 아니면 보이지 않도록 할지 설정하는 값이 하나 전달되어야 합니다. 보이게 만드는 값은 이미 View라는 클래스에 VISIBLE이라는 상수

> **주의** 소스코드에서 이미지를 참조할 때는 R.drawable. 뒤에 확장자를 제외한 이미지 이름을 붙이도록 합니다.

로 정의되어 있기 때문에 View.VISIBILE이라고 넣어주면 이미지뷰가 화면에 보이게 됩니다. 마지막으로 createPerson 메서드가 호출되었을 때도 사람 이미지가 이미지뷰에 설정되도록 해야 합니다. createBaby 메서드에 넣었던 코드를 복사하여 createPerson 안에 넣고 이미지뷰에 설정하는 이미지 파일의 이름을 baby.png에서 person.png로 바꿔줍니다.

코드 참고 / MyClass3>/app/java/org.techtown.myclass3/MainActivity.java

```java
중략...
    public void createPerson(String name) {
        person01 = new Person(name, this);
        imageView.setImageResource(R.drawable.person);
    }
중략...
```

앱을 실행하면 다음 그림처럼 화면 아래쪽의 이미지뷰가 보이지 않습니다.

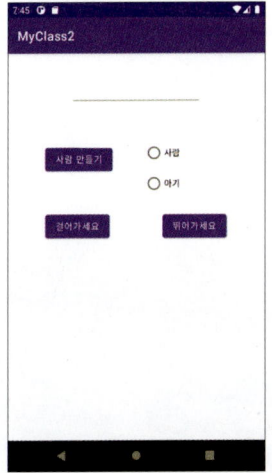

▲ 앱을 실행했을 때 보이지 않는 이미지뷰

사람 라디오 버튼을 선택하고 입력란에 john을 입력합니다. [사람 만들기]를 누르면 아래쪽에 사람 이미지가 보이게 됩니다.

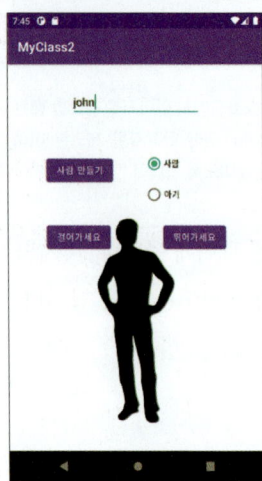

▲ 사람 객체가 만들어지고 이미지가 보인 경우

우리는 이미 화면에서뿐만 아니라 실제 객체도 new Person() 코드가 실행되어 사람 객체가 만들어진다는 것을 알고 있습니다. 이제 아기 라디오 버튼을 선택하고 [사람 만들기]를 누르면 이미지가 아기 사진으로 바뀝니다.

▲ 아기 객체가 만들어진 경우

적은 양의 코드지만 상황에 따라 다르게 동작하는 훌륭한 앱이 만들어졌습니다. 여기서 훌륭하다는 말은 남들이 만든 코드를 그대로 복사해서 갖다 넣는 수준이 아니라 하나씩 이해하면서 필요한 부분에 필요한 코드를 넣으면서 여러분이 직접 만든 과정을 칭찬하는 말입니다.

이제 [걸어가세요]와 [뛰어가세요]를 눌렀을 때 동작하는 기능을 수정해보겠습니다. 앞에서 실제 객체가 만들어져 있지 않은 상태에서 [걸어가세요]를 누르면 앱이 비정상적으로 동작하거나 종료되는 현상을 보았으므로 walk 메서드와 run 메서드 안에 혹시라도 Person이나 Baby 객체가 만들어져 있지 않은지를 확인하는 코드를 추가로 넣어 보겠습니다.

코드 참고 / MyClass3>/app/java/org.techtown.myclass3/MainActivity.java

```java
중략...
  public void onButton2Clicked(View v) {
    if (person01 != null) {
      person01.walk(10);
    }
  }


  public void onButton3Clicked(View v) {
    if (person01 != null) {
      person01.run(10);
    }
  }

중략...
```

두 번째 버튼과 세 번째 버튼을 눌렀을 때 호출되는 onButton2Clicked와 onButton3Clicked 메서드 안의 코드를 수정합니다. person01 변수가 실제 객체를 가리키는지 아니면 널 값인지를 확인하는 if 구문이 하나 더 추가되었습니다. '널 값이라면 ~ 한다.'라는 형태로 하려면 == 기호를 넣어주고, '널 값이 아니라면 ~ 한다.'라는 형태로 하려면 != 기호를 넣어줍니다. 여기서 != 기호는 'not'의 의미를 가지고 있습니다.

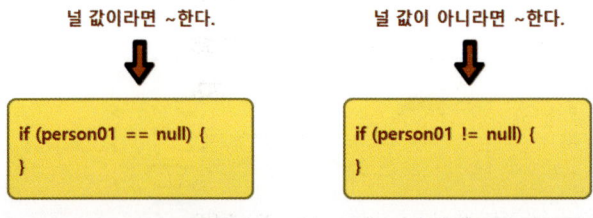

▲ 널 값인지를 확인하는 구문

앱을 실행한 후 [사람 만들기]를 누르지 않고 곧바로 [걸어가세요]나 [뛰어가세요]를 누르면 아무런 반응도 하지 않지만 앱은 더 이상 비정상 종료되지 않는다는 것을 알 수 있습니다.

4 _ 객체가 어떤 클래스의 인스턴스인지 알아보는 연산자

이제 본격적으로 함수로 동작하는 기능을 더 추가해 보겠습니다. 지금 여러분이 수정해서 입력한 코드는 Baby 클래스가 Person 클래스를 상속해서 만들었기 때문에 필요한 코드들이었습니다. Baby 클래스만 갖고 있는 이미지가 따로 있으므로 그 이미지를 보여주고 싶었던 것이지요. 그런데 만약 이미지뿐만 아니라 '아기가 운다.'와 같이 Person 클래스에 들어있지 않은 동작을 Baby 클래스에만 추가하고 싶을 때는 어떻게 해야 할까요?

Baby 클래스가 Person 클래스를 상속했지만 Person이 아닌 Baby 클래스에 새로 추가한 메서드는 Person 클래스에 영향을 미치지 않으므로 Baby 클래스에 새로운 메서드로 추가하면 됩니다. Baby.java 파일을 더블클릭해서 연 다음 Baby 클래스에 다음과 같은 코드를 입력합니다.

코드 참고 / MyClass3>/app/java/org.techtown.myclass3/Baby.java

```java
중략...
    public void cry() {
        Toast.makeText(activity.getApplicationContext(),
                name + "이(가) 웁니다.", Toast.LENGTH_LONG).show();
        activity.imageView.setImageResource(R.drawable.baby_cry);
    }
}
```

cry 메서드는 Person 클래스 안에 추가했던 다른 메서드와 형태가 비슷하지만 울 때는 속도 값이 필요 없으므로 이 메서드의 소괄호 안에는 파라미터를 아무것도 넣지 않습니다. 토스트 메시지를 보여주는 부분에서는 단순히 '~가 웁니다.'라는 메시지를 보여주고 사람 모양의 이미지에는 아기가 우는 이미지인 baby_cry.png가 보이도록 합니다.

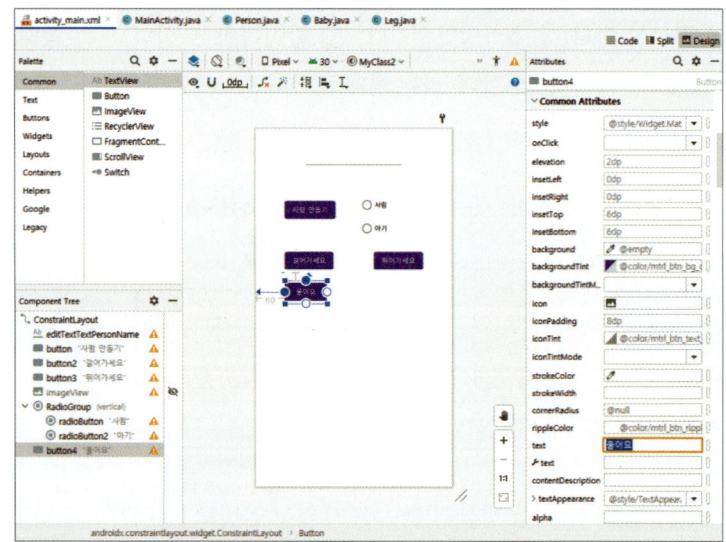

▲ 새로운 버튼을 하나 더 추가하고 '울어요'라는 글자로 바꾼 화면

[activity_main.xml] 탭을 눌러 디자인 화면을 열고 아기가 우는 모양의 이미지를 보여줄 수 있도록 버튼을 하나 더 추가하고 '울어요'라는 글자가 보이도록 수정합니다.

화면에 버튼을 추가하면 연결점을 연결해 적당한 위치를 잡아줍니다. 그리고 오른쪽 속성 창에서 text 속성을 찾아 값을 입력하는 것이 이제는 그리 어렵지 않을 것입니다. 버튼의 onClick 속성 값은 onButton4Clicked로 입력합니다.

화면을 수정했으면 [MainActivity.java] 탭을 눌러 소스코드를 연 후 코드를 수정합니다. 먼저 createBaby 메서드를 보면 Baby 클래스를 이용해 객체를 만든 후 person01 변수에 할당했는데 그 자료형은 Person입니다. Baby 클래스는 Person 클래스에서 상속받은 것인데 상속받았다는 것은 아기도 사람이라는 것을 의미합니다. 따라서 Baby 클래스로 실제 아기 객체를 만들었다면 그 아기 객체도 사람 모양으로 만든 변수 상자에 들어갈 수 있습니다. 다

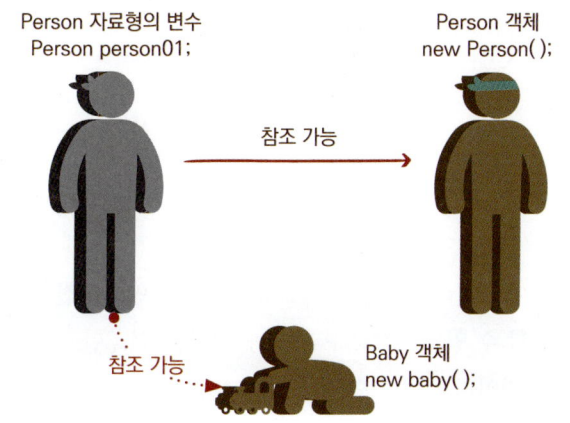

▲ 자식 객체를 부모 클래스의 자료형으로 만든 변수 상자로 가리키기

시 말하면 Person이라는 부모 클래스를 이용해 만든 실제 객체는 Baby라는 자식 클래스를 자료형으로 지정하여 만든 변수 상자에 들어갈 수 없지만 Baby라는 자식 클래스를 이용해 만든 실제 객체는 부모 클래스를 자료형으로 지정하여 만든 변수 상자에 들어갈 수 있습니다.

이제 다음과 같이 네 번째 버튼을 클릭했을 때 cry 메서드가 호출되는 코드를 입력합니다.

코드 참고 / MyClass3>/app/java/org.techtown.myclass3/MainActivity.java

```
중략...
  public void onButton4Clicked(View v) {
    if (person01 != null) {
      person01.cry();
    }
  }
}
```

그런데 이렇게 코드를 추가하고 onButton4Clicked 메서드 안에서 person01 객체의 cry 메서드를 호출하면 오류가 표시됩니다. person01 객체는 버튼을 눌렀을 때 만들어지고 라디오 버튼 중에서 '아기'

를 선택한 후 [사람 만들기]를 누르면 Baby 객체가 만들어지도록 되어 있습니다. 하지만 person01의 자료형은 Person이므로 cry 메서드가 Person 클래스에 들어있지 않다는 오류가 발생하는 것입니다. 그렇다면 person01 변수의 자료형을 Baby로 바꿔야 합니다.

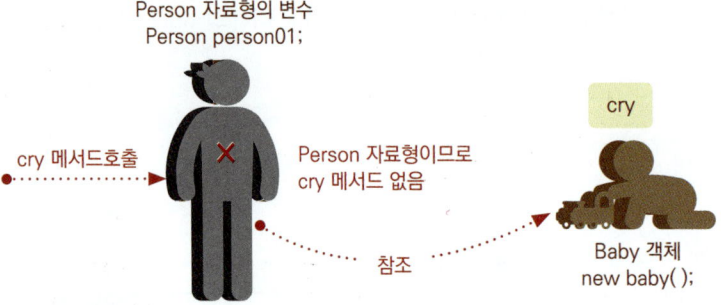

▲ 부모 클래스의 객체 자료형으로 만들어진 변수에 메서드가 들어있지 않을 때

그런데 Baby가 아니라 Person이 객체로 만들어진 경우에는 또 어떻게 할까요? 이 문제를 가장 쉽게 해결할 수 있는 방법은 Person 클래스의 인스턴스로 만든 것인지 아니면 Baby 클래스의 인스턴스로 만든 것인지 확인한 후 그에 맞는 자료형으로 바꿔주는 것입니다. 객체가 어떤 클래스의 인스턴스인지 확인할 수 있는 연산자는 instanceof입니다. ==객체가 어떤 클래스의 인스턴스인지 확인하고 싶을 때 instanceof 앞에 오는 객체가 뒤에 오는 클래스의 인스턴스이면 true 값을 반환하게 됩니다.== cry 메서드를 호출하는 곳에서 person01 변수가 가리키는 객체가 Baby 클래스의 인스턴스일 때만 cry 메서드를 호출하도록 다음과 같이 수정합니다.

코드 참고 / MyClass3>/app/java/org.techtown.myclass3/MainActivity.java

```java
중략...
    public void onButton4Clicked(View v) {
        if (person01 != null) {
            if (person01 instanceof Baby) {
                Baby baby01 = (Baby) person01;
                baby01.cry();
            } else {
                Toast.makeText(getApplicationContext(),
                        "Baby 객체가 아니어서 cry 메서드를 호출할 수 없습니다.",
                        Toast.LENGTH_LONG).show();
            }
        }
    }
}
```

if 구문을 사용하여 person01 변수가 가리키는 객체가 Baby 클래스의 인스턴스인지 확인한 후 맞으면 cry 메서드를 호출합니다. cry 메서드는 Person 클래스가 아닌 Baby 클래스에 들어있으므로 cry 메서드를 호출하기 전에 Baby 자료형으로 객체를 '형 변환(Type Casting)'해야 합니다. 형 변환한 객체는 Baby 자료형의 baby01 변수에 할당합니다. 이렇게 하면 cry 메서드는 아무 문제없이 호출할 수 있습니다. person01 변수가 가리키는 객체가 Person 클래스의 인스턴스이면 토스트 메시지를 띄우고 'Baby 객체가 아니어서 cry 메서드를 호출할 수 없습니다.'라고 보여줍니다. 토스트 메시지를 띄우는 코드는 이미 잘 알고 있으므로 그 안에 들어갈 문자열만 잘 입력하면 문제없이 토스트 메시지를 띄울 수 있습니다.

앱을 실행하고 아기 라디오 버튼을 선택한 상태에서 [사람 만들기]를 누르면 아기 이미지가 보이게 됩니다. 그 다음 [울어요]를 누르면 아기가 우는 이미지가 보이게 됩니다.

▲ 아기 라디오 버튼을 선택하고 [사람 만들기]를 누른 후 [울어요]를 눌렀을 때 보이는 화면

이번에는 사람 라디오 버튼을 선택하고 [사람 만들기]를 누른 후 [울어요]를 누릅니다.

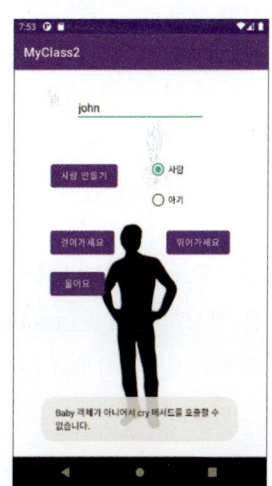

▲ 사람 라디오 버튼을 선택하고 [사람 만들기]를 누른 후 [울어요]를 눌렀을 때 보이는 화면

토스트 메시지만 나타나며 아기가 우는 이미지로 바뀌지는 않습니다. 이렇게 하면 Person 객체에는 cry 메서드가 없고 Baby 객체에만 cry 메서드가 있다는 것을 명확하게 알 수 있습니다.

Person 클래스와 Baby 클래스는 서로 다른 클래스지만 Baby 클래스가 Person 클래스를 상속했기 때문에 실제 객체를 만들었을 때는 Baby 객체를 Person 자료형으로 만든 변수에 할당하는 경우가 자주 생길 수 있습니다. 왜냐하면 두 개의 클래스에서 만든 인스턴스들을 하나의 변수에 할당할 수 있다면 선언해놓을 변수의 개수가 적어지기 때문입니다. 또한 한 줄 코드지만 좀 더 큰 프로그램을 만들 때는 코드의 양이 적고 머릿속으로 생각하기에도 쉬운 방식으로 코드를 만들려하기 때문에 부모 클래스 자료형으로 된 변수에 자식 클래스의 객체를 할당하곤 합니다.

따라서 이럴 때 instanceof 연산자를 사용하면 new 연산자로 실제 객체를 만들 때 어떤 클래스를 틀로 하여 만들었는지 체크하거나 형 변환하기 좋습니다. 부모 클래스의 자료형에서 실제 객체(인스턴스)의 클래스 자료형으로 바꿔주는 경우가 많다는 것을 꼭 기억하기 바랍니다.

5 _ 메서드 재정의하기

Person 클래스에서 상속받아 Baby 클래스를 만들었을 때 cry 메서드가 Baby 클래스에만 필요한 기능이기 때문에 앞 단락에서 Baby 클래스에 cry 메서드를 집어넣은 후 몇 가지 수정이 필요한 코드들을 바꿔 보았습니다. 코드를 바꿔 보니 cry 메서드가 Person 클래스에 들어있지 않기 때문에 문제가 생겼습니다. 이를 해결하기 위해 new 연산자로 만든 실제 객체가 어떤 자료형을 가지고 있는지 확인하는 과정을 거쳐야 했습니다.

그런데 이 문제는 부모 클래스인 Person에 cry 메서드가 들어있지 않아 생긴 것이므로 이 메서드를 Person 안에 넣어서 문제를 해결하는 방법도 있지 않을까요? Person 클래스 안에 들어있더라도 아무 동작을 안 하게 하고 Baby 클래스에서만 동작하게 만들 수 있는 방법이 있으면 좋겠네요.

일단 Person 클래스에 cry 메서드를 추가하는 것으로 코드를 바꿔 보겠습니다. MyClass3 프로젝트를 복사하여 MyClass4 프로젝트를 만들고 패키지 이름은 org.techtown.myclass로 변경합니다. 프로젝트를 복사하고 패키지 이름을 바꾸는 과정은 이미 몇 번 해 보았으니 간단히 설명하겠습니다.

> **프로젝트 복사해서 패키지 이름 바꾸기**
> ❶ 윈도우 탐색기에서 MyClass3 프로젝트를 복사해서 MyClass4 프로젝트 생성
> ❷ 안드로이드 스튜디오 시작화면의 [Open an Existing Project] 선택해서 MyClass4 프로젝트 불러오기
> ❸ 안드로이드 스튜디오의 왼쪽 프로젝트 창에서 org.techtown.myclass3 패키지를 선택
> ❹ 마우스 오른쪽 버튼을 클릭하여 보이는 메뉴에서 [Refactor → Rename] 메뉴 선택 후 패키지 이름 수정
> ❺ 왼쪽 프로젝트 창에서 [Gradle Scripts] 폴더 안에 들어있는 build.gradle (Module: MyClass2.app) 항목을 더블클릭
> ❻ applicationId "org.techtown.myclass3"에서 myclass3을 myclass로 수정 후 Sync Now 링크 클릭

새로 만든 프로젝트에서 app/java/org.techtown.myclass 폴더 안에 있는 Person.java 파일을 더블클릭하여 열고 cry 메서드를 코드 마지막에 추가합니다.

코드 참고 / MyClass4>/app/java/org.techtown.myclass/Person.java

```
중략...
  public void cry() {

  }
}
```

새로운 메서드를 추가할 때 패키지 밖에서도 이 메서드를 사용할 수 있도록 public 키워드를 붙여줍니다. cry 메서드는 함수 상자의 아래쪽으로 나오는 결과 값이 없으므로 메서드 이름 앞에 void 자료형임을 명시합니다. 함수 상자로 들어가는 파라미터도 없으니 소괄호 안에도 아무런 값을 넣지 않습니다. 이렇게 만들고 나서 Person 클래스와 Baby 클래스의 내용을 비교해보면 똑같은 cry 메서드가 들어있는데 오류가 발생하지 않는 것을 알 수 있습니다.

Baby 클래스는 Person 클래스의 자식 클래스이므로 모든 속성을 다 물려받는다고 했는데 Person 클래스에 들어있는 cry 메서드와 똑같은 모양을 가진 cry 메서드가 Baby 클래스에도 들어있습니다. 이렇게 이미 상속받은 메서드도 필요에 따라 자식 클래스에서 다시 정의할 수 있습니다. 이것을 '메서드 재정의(Override)'라고 합니다.

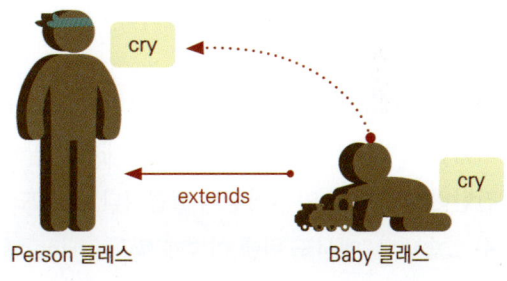

▲ 메서드 재정의란?

메서드 재정의란 다시 정의한다는 말인데 이때 함수 상자에 들어가는 파라미터와 함수 상자에서 나오는 값의 자료형은 똑같아야 합니다. 왜냐하면 함수 상자로 들어가는 값의 자료형이나 함수 상자에서 나오는 값의 자료형이 다르면 다른 메서드로 인식하기 때문입니다. 그러면 똑같이 만든 cry 메서드 중에 어떤 것이 그 클래스에 적용되는 걸까요? 만약 Person 클래스로 실제 객체를 만들었다면 Person 클래스에 들어있는 cry 메서드가 호출되고 Baby 클래스로 실제 객체를 만들었다면 Baby 클래스에 들어있는 cry 메서드가 호출됩니다.

이제 어떤 클래스로 실제 객체를 만들어도 cry 메서드를 호출할 수 있게 되었습니다. 따라서 MainActivity.java 파일에서 cry 메서드를 호출할 때 객체 자료형을 instanceof로 확인하던 if 구문을 없앨 수 있습니다. 다음 코드처럼 수정합니다.

코드 참고 / MyClass4>/app/java/org.techtown.myclass/MainActivity.java

```java
중략...
    public void onButton4Clicked(View v) {
        if (person01 != null) {
            person01.cry();
        }

    }
중략...
```

person01 변수가 가리키는 실제 객체가 Person 클래스의 객체인지 아니면 Baby 클래스의 객체인지 확인할 필요가 없으므로 코드가 훨씬 간단해졌습니다. 앱을 실행해서 아기 라디오 버튼을 선택하고 [사람 만들기]를 누른 후 [울어요]를 누르면 이전처럼 아기가 우는 이미지로 바뀝니다. 그런데 사람 라디오 버튼을 선택하고 [사람 만들기]를 눌러 Person 클래스의 인스턴스를 만들면 이전과 다르게 [울어요]를 눌러도 아무런 반응이 없습니다.

앱을 실행해보면 알 수 있는 것처럼 어떤 클래스를 상속해서 새로운 클래스를 만들었을 때 메서드 재정의라는 방법을 사용해서 자식 클래스에게만 필요한 기능을 만들면 이 메서드를 호출하는 코드도 훨씬 간단하게 만들 수 있는 장점이 있습니다. 메서드 재정의 방식으로 만든 메서드에는 @Override를 붙일 수 있습니다. 메서드 위에 이렇게 @Override 코드를 넣어두면 이 메서드가 부모 클래스에 있는 메서드와 똑같은 것인데 상속한 후에 새로운 기능을 넣으려고 만들었다는 것을 쉽게 알 수 있습니다. 그리고 빌드 프로그램도 이 정보를 이용합니다.

그런데 만약 부모 클래스에 넣어둔 기능을 없애지 않고 그 기능도 사용하면서 추가로 무언가를 실행하고 싶을 때는 어떻게 할까요? 먼저 분리해 놓았던 Person.java 파일을 엽니다. Person 클래스 안에 추가했던 cry 메서드 안에 토스트 메시지를 띄우는 코드를 입력하고 사용자에게 보일 메시지를 '우는 방법을 모릅니다.'라고 입력합니다.

코드 참고 / MyClass4>/app/java/org.techtown.myclass/Person.java

```java
중략...
  public void cry() {
    Toast.makeText(activity.getApplicationContext(),
              "우는 방법을 모릅니다.", Toast.LENGTH_LONG).show();
  }
중략...
```

이렇게 Person 클래스 안에 추가한 토스트 메시지를 Baby 클래스로 만든 객체의 cry 메서드가 호출될 때도 화면에 보여주고 싶다면 다음과 같이 super라는 키워드를 사용합니다. 이번에는 분리해 놓았던 Baby.java 파일을 수정합니다.

코드 참고 / MyClass4>/app/java/org.techtown.myclass/Baby.java

```java
중략...
  @Override
  public void cry() {
    super.cry();

    Toast.makeText(activity.getApplicationContext(),
              name + "이(가) 웁니다.", Toast.LENGTH_LONG).show();
    activity.imageView.setImageResource(R.drawable.baby_cry);
  }
중략...
```

super 키워드는 자식 클래스에서 사용하는 것이며, 부모 클래스를 가리킵니다. 따라서 부모 클래스의 cry 메서드를 호출하는 코드는 super.cry()와 같은 형태가 됩니다. 즉, this 키워드가 객체 자신을 가리키는 것이라면 super는 부모 객체를 가리킵니다.

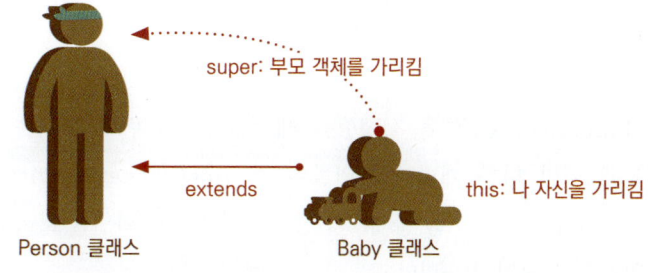

▲ super 키워드를 이용해 부모 클래스 가리키기

이제 안드로이드 프로젝트를 처음 만들었을 때 자동으로 만들어진 MainActivity.java 파일 안의 코드를 다시 보면서 해석해 보겠습니다.

코드 참고 / MyClass4>/app/java/org.techtown.myclass/MainActivity.java

```java
중략...
public class MainActivity extends AppCompatActivity {

  중략...

  @Override
  protected void onCreate(Bundle savedInstanceState) {
    super.onCreate(savedInstanceState);

  중략...
```

MainActivity.java는 앱을 만들었을 때 처음 보이는 화면을 나타내는 자바 소스 파일이라고 할 수 있습니다. 그 안에는 MainActivity 클래스가 들어있습니다. 보통 하나의 자바 소스 파일 안에 똑같은 이름을 가진 하나의 클래스가 들어있게 되는데 이 자바 소스 파일에서도 그렇습니다. MainActivity가 클래스이니 클래스 이름 앞에 class 키워드가 붙었고 아무 곳에서나 접근할 수 있도록 public 키워드를 붙여 주었습니다.

클래스 이름 뒤에 extends 키워드가 있으니 이 클래스는 AppCompatActivity라는 클래스를 상속한 것이네요.

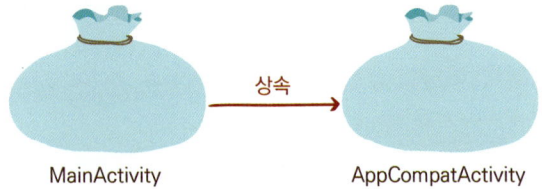

▲ MainActivity는 AppCompatActivity 클래스를 상속하여 만들어진 것

MainActivity는 앱을 실행했을 때 보이는 첫 번째 화면을 위한 것인데 이 화면에 필요한 코드들은 이미 다른 개발자가 만들어 둔 AppCompatActivity 클래스 안에 들어있습니다. 따라서 AppCompatActivity 클래스를 상속하기만 해도 화면을 보여주는 코드를 직접 건드리거나 입력하는 일은 할 필요가 없습니다.

중괄호 안을 보면 onCreate 메서드가 있습니다. 그 뒤에 소괄호가 붙어 있으니 메서드라는 것은 쉽게 알 수 있습니다. 메서드의 앞에는 void 키워드가 붙어 있어 함수 상자에서 나오는 값이 없다는 것도 알 수 있습니다. 그 앞에 있는 protected라는 키워드는 다른 클래스에서는 접근할 수 없지만 이 클래스를 상속한 클래스에서는 사용할 수 있으므로 일단 아무나 onCreate라는 메서드를 호출할 수 없다는 것으로 이해됩니다. 실제로 이 메서드는 프로그램의 시작점 역할을 하므로 여러분이 직접 호출하는 것이 아니라 안드로이드 OS 쪽에서 호출해주게 됩니다.

onCreate 메서드 위에는 @Override라는 글자가 있습니다. 우리가 이미 알아본 것처럼 부모 클래스의 메서드와 똑같은 이름으로 만들어주면서 새로운 코드를 넣기 위한 '메서드 재정의' 방법을 사용할 때 메서드 위에 넣어줄 수 있는 글자입니다. 이걸 보면 부모 클래스인 AppCompatActivity 클래스 안에 이미 onCreate라는 메서드가 만들어져 있고 그 메서드를 재정의한다는 것을 알 수 있습니다. onCreate 메서드 안에 들어있는 코드 중 첫 번째 줄의 코드에는 super 키워드가 있습니다. super 키워드가 부모 클래스를 가리키는 것이라고 했으니 부모 클래스의 onCreate 메서드를 먼저 호출해서 그 기능을 먼저 실행하도록 한 것입니다.

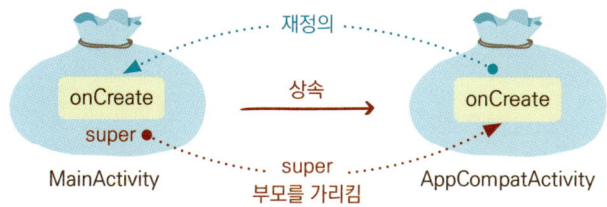

▲ MainActivity의 onCreate 메서드 안에서 사용된 super 키워드

상속을 익히면서 안드로이드 프로젝트를 만들 때부터 궁금했던 MainActivity.java 파일 안의 코드들을 어느 정도 이해할 수 있게 되었습니다. onCreate 메서드 뒤의 소괄호 안에 들어있는 한 개의 파라미터는 대부분의 앱에서 잘 사용되지 않으므로 나중에 천천히 알아보아도 괜찮습니다. '앱을 처음 만들려고 할 때부터 메서드 재정의와 super라는 것을 이해해야 했다니…'라고 생각해보면 이런 내용들을 이해하지 않은 상태에서 이것저것 따라한 것이 신기하게 느껴지지 않으세요?

모든 것을 이해하지 않고도 무언가를 만들 수 있지만 더 많은 것을 이해하고 해석할 수 있을 때 뒤를 돌아보면 코드가 쏙쏙 눈에 들어올 것입니다. 또한 코드를 만들 때 이해하고 만드는 것이 훨씬 더 빠르고 확실하게 프로그램을 만드는 방법이라는 것도 점점 느낄 수 있을 것입니다.

6 _ 클래스 변수와 클래스 메서드 정확히 구분하기

클래스는 다른 클래스를 상속하여 만들 수 있다고 하면서부터 더 많은 내용을 이해할 수 있게 되었습니다. 하지만 클래스 안에 넣어둔 변수와 메서드를 클래스 안에서만 사용하는 게 아니라 다른 클래스에서도 사용할 수 있다는 점과 상속받은 클래스에서만 사용할 수도 있다는 것들을 알게 되면서 반대로 더 복잡하게 느껴질 수도 있습니다. 그래도 클래스와 관련된 내용을 하나씩 더 알아 가면 복잡하던 것이 좀 더 쉬워질 것입니다.

이번에는 변수나 메서드에 접근하는 방법을 살펴보면서 좀 더 많은 내용을 익혀보겠습니다. 먼저 Person 클래스 안에 다음과 같이 int 자료형을 가진 total이라는 변수를 넣어 보겠습니다.

> **주의** ▶ Person 클래스 안이라고 함은 구분해 놓았던 4개의 자바 파일 중에서 Person.java 파일을 가리키는 말입니다. Baby 클래스는 Baby.java가 되겠죠. 헷갈리지 마세요.

코드 참고 / MyClass4>/app/java/org.techtown.myclass/Person.java

```
중략...
public class Person {
  public static int total = 0;
중략...
```

total이라는 변수 이름 앞에는 int라는 자료형이 붙어 있고 맨 앞에는 어디서든 접근하여 사용할 수 있도록 public 키워드가 붙어 있습니다. 그리고 이 변수 상자를 만들면서 그 안에 0이라는 값도 채워 넣었습니다. 그런데 public과 int 사이에 static이라는 키워드가 하나 더 있습니다. 이렇게 static이라는 키워드를 붙이면 이 변수는 '<mark>클래스 변수</mark>'가 됩니다. 클래스 변수란 클래스라는 틀을 이용해 만든 실제 객체들이 가지는 변수가 아니라 클래스라는 틀에 들어있는 변수를 말합니다.

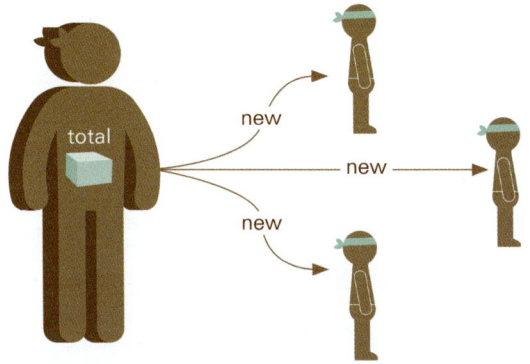

▲ 인스턴스가 아닌 클래스에 들어있는 클래스 변수

보통 클래스 안에 변수를 넣어두면 그 변수는 인스턴스 변수라고 하며 이 클래스를 이용해 실제 객체를 만든 후에는 각각의 실제 객체에서 사용됩니다. 따라서 하나의 객체에서 1이라는 숫자를 만들어 사용한다고 해서 다른 객체가 그 숫자를 가져다 쓰지는 못합니다. 그러나 클래스 변수가 있는 위치는 각각의 실제 객체가 아니라 클래스이므로 세 개의 객체를 만들었다고 해도 변수는 한 개가 그대로 유지됩니다. 따라서 클래스 변수는 모든 실제 객체가 그 값을 사용하거나 그 값을 바꿀 수 있습니다. 또한 클래스 안에 들어있기 때문에 클래스 이름 뒤에 점(.) 연산자를 붙인 후 변수 이름을 붙이면 어디서든 그 변수를 참조하여 사용할 수 있습니다.

> **정박사님 궁금해요** **클래스 변수의 특징**
>
> 모든 실제 객체에서 접근하여 그 값을 사용하거나 바꿀 수 있습니다.
> '클래스 이름 + . + 변수 이름'의 형태로 어디서든 접근할 수 있습니다. 예) Person.total = 2;

다음과 같이 Person 클래스 안에 int 자료형으로 된 age 변수를 하나 더 만들고 그 변수에는 static 키워드를 붙이지 않습니다.

코드 참고 / MyClass4>/app/java/org.techtown.myclass/Person.java

```java
중략...
public class Person {
  public static int total = 0;
  public int age = 0;
중략...
```

이제 Person 클래스를 이용해 실제 객체를 만들려고 넣은 코드 다음에 다음과 같이 Person 클래스 안에 들어있는 total 값을 하나씩 크게 만들어줍니다. 이렇게 하면 new 연산자로 만든 실제 사람 객체가 몇 개인지 total 변수에 들어있는 값을 사용해서 알 수 있습니다. 화면에서 아기 라디오 버튼을 선택하고 [사람 만들기]를 눌렀을 때는 age 변수의 값을 1로 바꿔주고, 사람 라디오 버튼을 선택하고 [사람 만들기]를 눌렀을 때는 age 변수의 값을 20으로 바꿔줍니다.

코드 참고 / MyClass4>/app/java/org.techtown.myclass/MainActivity.java

```java
중략...
  public void createPerson(String name) {
    person01 = new Person(name, this);
    imageView.setImageResource(R.drawable.person);

    person01.age = 20;
    Person.total = Person.total + 1;
  }
```

```
public void createBaby(String name) {
    person01 = new Baby(name, this);
    imageView.setImageResource(R.drawable.baby);
    
    person01.age = 1;
    Person.total = Person.total + 1;
}
중략...
```

age 변수는 다른 변수들처럼 int 자료형 표시 앞에 public 키워드만 붙여주었으므로 '인스턴스 변수'라고 하며, 실제 객체로 만든 후에 점(.) 연산자를 붙여 접근할 수 있습니다.

클래스 변수	인스턴스 변수
❶ static 키워드를 붙입니다.	❶ static 키워드 없습니다.
❷ 클래스라는 틀 안에 들어있는 변수입니다.	❷ 실제 객체 안에 들어있는 변수입니다.
❸ '클래스 이름 + . + 변수 이름'으로 접근합니다.	❸ '실제 객체 + . + 변수 이름'으로 접근합니다.

▲ 클래스 변수와 인스턴스 변수

따라서 new 연산자로 만들어진 후 person01 변수로 가리키는 실제 객체에 점을 붙이고 age 변수를 지정한 후 1이라는 값을 넣어 주었습니다. 인스턴스 변수에 값을 넣는 방법은 다음과 같습니다.

person01	.	age	=	1;
실제 객체	점	인스턴스 변수	할당	값;

total 변수에는 static 키워드가 붙어있으므로 클래스 변수가 되고 이 클래스 변수는 각각의 실제 객체에서 모두 접근할 수 있습니다. 그리고 클래스 이름 뒤에 점을 붙이고 total이라는 변수 이름을 붙인 후 값을 할당할 수 있습니다. 객체가 만들어질 때 하나씩 값을 크게 만들어주어야 하므로 Person.total로 값을 확인한 후 1을 더하여 Person.total 변수에 다시 넣어줍니다.

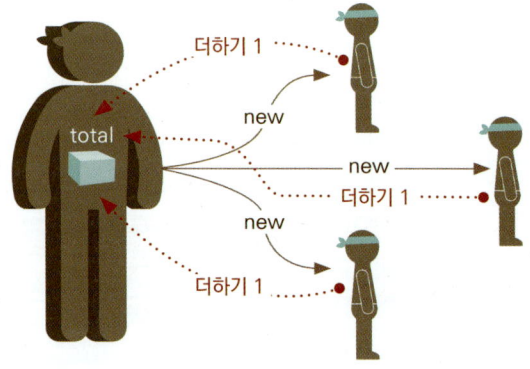

▲ 클래스 변수에 1 더하기

실제 객체가 만들어질 때마다 total 변수 상자에 들어있는 값을 하나씩 크게 만들어줄 것이므로 이 값을 화면에서도 볼 수 있게 화면을 바꾸겠습니다. [activity_main.xml] 탭을 클릭하여 디자인 화면을 열고 팔레트(Palette) 창에서 TextView를 끌어다 화면의 [울어요] 오른쪽에 넣습니다. 텍스트뷰를 선택한 상태에서 오른쪽 속성 창의 text 속성 값을 '0 명'으로 입력합니다. textSize 속성 값은 25sp로 입력합니다. 연결점을 연결하는 것도 잊지 마세요! 그런 다음 사람 이미지와 겹치지 않도록 오른쪽으로 옮깁니다.

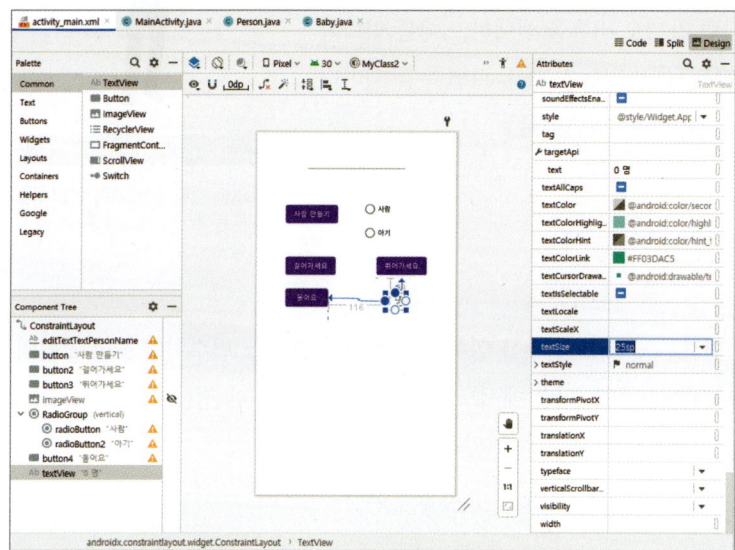

◀ 텍스트뷰를 하나 추가하고 그 위에 보이는 글자를 '0 명'으로 바꾼 화면

가장 위쪽에 보이는 id 속성 값을 확인해보면 id가 textView라는 것을 알 수 있습니다. 이제 [MainActivity.java] 탭을 선택하고 코드를 입력합니다. [사람 만들기]를 눌렀을 때 total 변수에 들어간 값을 텍스트뷰에 보여주도록 합니다.

코드 참고 / MyClass4>/app/java/org.techtown.myclass/MainActivity.java

```java
중략...
    public void onButton1Clicked(View v) {
        중략...
        TextView textView = findViewById(R.id.textView);
        textView.setText(Person.total + " 명");


    }
    중략...
```

XML 레이아웃에 추가한 TextView 위젯을 찾아 변수에 할당하는 코드는 onButton1Clicked 메서드 안이 아닌 onCreate 메서드 안에 넣을 수도 있습니다. 하지만 여기서는 새로 추가되는 코드를 확실

하게 볼 수 있도록 모두 onButton1Clicked 메서드의 마지막 부분에 넣었습니다.

텍스트뷰 위젯의 setText 메서드를 호출하고 파라미터로 Person 클래스 안에 들어있는 total 변수의 값을 넣어줍니다. total 변수의 뒤에 + 기호를 붙이고 '명'이라고 하는 문자열을 붙여주면 + 기호 앞에 있는 숫자를 문자열로 바꿔 붙여주므로 몇 명인지 알 수 있는 글자가 텍스트뷰에 보이게 됩니다. 앱을 실행해서 사람 라디오 버튼을 선택하고 이름 입력상자에 john을 입력합니다. 그런 다음 [사람 만들기]를 누르면 누를 때마다 사람 수가 하나씩 증가하는 것을 확인할 수 있습니다.

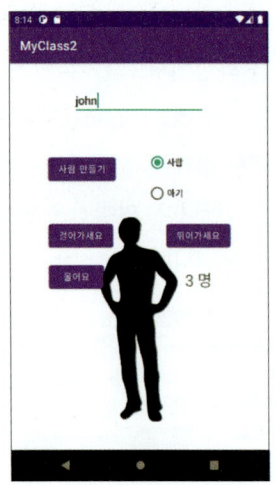

▲ 앱을 실행하고 [사람 만들기]를 누를 때마다 하나씩 증가하는 사람 수

지금까지 static 키워드를 붙여 만드는 클래스 변수를 알아보았습니다. 클래스 변수처럼 static 키워드를 붙인 메서드를 '클래스 메서드'라고 하고 이런 메서드들도 클래스 이름 뒤에 점(.) 연산자를 붙인 후 메서드를 이름을 붙이면 어느 객체에서든 접근할 수 있습니다.

클래스 메서드	인스턴스 메서드
❶ static 키워드를 붙입니다. ❷ 클래스라는 틀 안에 들어있는 메서드입니다. ❸ '클래스 이름 + . + 메서드 이름'으로 접근합니다.	❶ static 키워드 없습니다. ❷ 실제 객체 안에 들어있는 메서드입니다. ❸ '실제 객체 + . + 메서드 이름'으로 접근합니다.

▲ 클래스 메서드와 인스턴스 메서드

클래스 변수나 클래스 메서드는 아무 객체에서나 접근할 있도록 클래스 이름 뒤에 점(.) 기호를 붙이게 됩니다. 그런데 아무 객체에서나 접근하여 변경할 수 있다면 어떤 경우에는 '동시 접근(Simultaneous Access)'의 문제가 생길 수도 있습니다. 예를 들어, Person 클래스 안에 들어있는 객체 자료형 변수인 leg를 static으로 선언한 후 new 연산자로 만들어지는 두 개의 객체가 동시에 그 안에 들어있는 '왼쪽 다리' 값을 바꾸려고 한다면 프로그램은 어떤 것을 먼저 바꿔야할지 몰라서 멈추게 됩니다.

프로그램이라는 것이 워낙 빨리 실행되다 보니 동시에 무언가를 할 때 프로그램 안에서 동시에 실행했다고 하더라도 실제로는 완전히 똑같은 시간에 실행되는 경우가 그렇게 많지 않습니다. 하지만 이러한 동시 접근의 문제는 static으로 선언된 변수를 정확히 이해하지 않고 사용할 경우 의외로 자주 발생할 수 있습니다. 따라서 객체 자료형의 변수를 static으로 선언할 때는 이런 문제가 생기지는 않을지 주의해야 합니다.

클래스 변수를 사용할 때 주의해야 할 또 다른 한 가지는 static으로 선언된 클래스 변수는 객체 안에 들어있는 인스턴스 메서드에서 마음대로 접근할 수 있지만 static으로 선언된 클래스 메서드는 객체 안에 들어있는 인스턴스 변수를 마음대로 접근할 수 없다는 사실입니다.

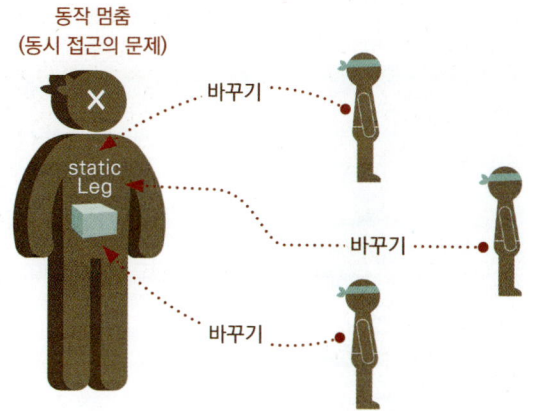

▲ 객체 자료형의 클래스 변수를 동시 접근할 때의 문제

단순하게 생각해 보아도 실제 객체들 안에 들어 있어 각자가 모두 다른 데이터 값을 가지게 되는 인스턴스 변수를 클래스라는 틀 안에 정의된 메서드에서 접근하여 변경할 수 있으면, 모든 실제 객체들의 변수를 한꺼번에 변경할 수 있을 것입니다. 그런데 이 경우에 원하지 않는 인스턴스 변수들의 값까지 모두 바뀔 수 있어 자바에서는 이런 방식의 접근은 불가능하게 만들어 놓았습니다.

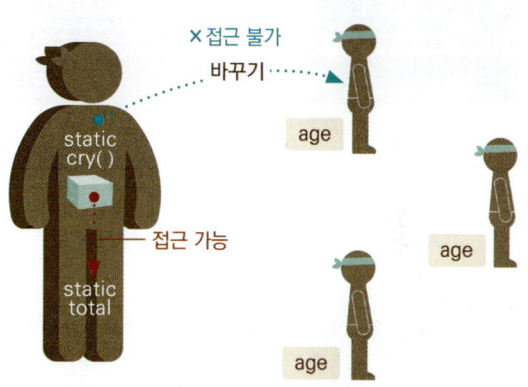

▲ 클래스 메서드에서 인스턴스 변수 접근 불가

이제 클래스라는 틀 안에 있으면서 실제 객체들이 접근할 수 있는 클래스 변수와 클래스 메서드를 이해했을 것입니다. 그러나 static 키워드를 사용하여 선언하고 이것들을 사용하는 코드를 만드는 것은 생각만큼 쉽지 않은 경우가 많습니다. 왜냐하면 개발자가 코드를 보면서 프로그램을 만들 때 클래스 변수로 만들든지 인스턴스 변수로 만들든지에 상관없이 코드에서는 모두 클래스 안에 변수나 메서드를 넣어둘 수밖에 없기 때문입니다. 이 때문에 어떤 변수가 클래스 변수인지 아닌지를 코드 자체만 보아서는 헷갈릴 수 있습니다. 따라서 실제 프로그램을 만들어갈 때는 클래스 변수와 인스턴스 변수, 그리고 클래스 메서드와 인스턴스 메서드를 머릿속으로 구분하면서 코드를 만드는 것이 좋습니다.

이 내용은 앞으로 코드를 만들면서 또다시 접해볼 기회가 있으므로 비슷한 방식으로 사용되는 코드를 볼 때마다 이 장에서 해 보았던 것들을 되새겨 보기 바랍니다.

부모 클래스를 상속하고 인스턴스 객체 만들기

난이도	상	중	하 ✓	소요시간	30분
목표	클래스를 상속하고 부모 클래스나 자식 클래스로부터 인스턴스 객체를 만드는 방법 연습					

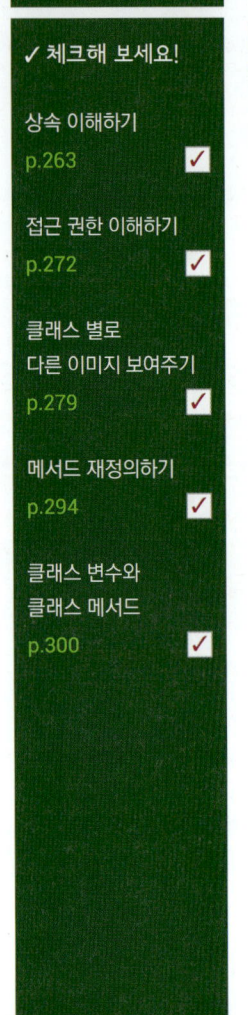

✓ 체크해 보세요!

상속 이해하기
p.263 ✓

접근 권한 이해하기
p.272 ✓

클래스 별로
다른 이미지 보여주기
p.279 ✓

메서드 재정의하기
p.294 ✓

클래스 변수와
클래스 메서드
p.300 ✓

해답 | Study11 프로젝트

- 부모 클래스를 상속하여 새로운 클래스를 만들어봅니다.
- 사용자의 선택에 따라 부모 클래스로부터 인스턴스 객체를 만들거나 자식 클래스로부터 인스턴스 객체를 만드는 코드를 사용해봅니다.

❶ 안드로이드 스튜디오에서 새로운 프로젝트를 만들고 프로젝트의 이름은 Study11, 패키지 이름은 org.techtown.study11로 합니다.

❷ 이전에 만들었던 Study10 과제와 마찬가지로 Singer 클래스를 만들고 Singer 클래스를 상속한 GirlGroupSinger 클래스도 만듭니다.

❸ activity_main.xml 파일을 열고 화면에 두 개의 입력상자와 두 개의 버튼을 추가합니다.

❹ 첫 번째 버튼에는 '가수 추가'라는 글자를 표시하고 두 번째 버튼에는 '걸 그룹 추가'라는 글자를 표시합니다.

❺ MainActivity.java 파일을 열고 Singer 자료형으로 된 두 개의 변수를 선언합니다. 첫 번째 입력란에 '조용필'이라는 글자를 입력하고 두 번째 입력란에 50이라는 글자를 입력한 후 [가수 추가]를 누르면 Singer 자료형으로 된 인스턴스 객체를 생성한 후 첫 번째 변수에 할당합니다. 그 다음에는 토스트로 '가수 추가됨 : 조용필, 가수의 나이 : 50'과 같은 글자를 보여주도록 코드를 입력합니다.

❻ 첫 번째 입력란에 '소녀시대'라는 글자를 입력하고 두 번째 입력란에 25이라는 글자를 입력한 후 [걸 그룹 추가]를 누르면 GirlGroupSinger 자료형으로 된 인스턴스 객체를 생성한 후 두 번째 변수에 할당합니다. 그 다음 토스트 메시지로 '걸 그룹 추가됨 : 소녀시대, 걸 그룹의 나이 : 25'와 같은 글자를 보여주도록 코드를 입력합니다.

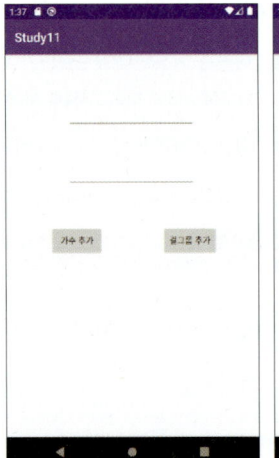
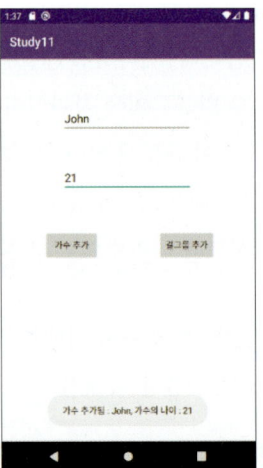
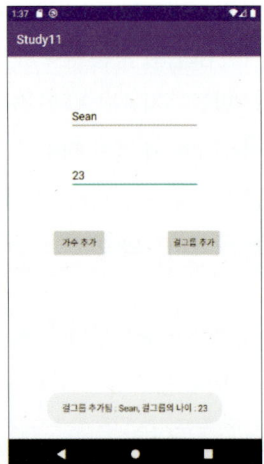

클래스 변수에
인스턴스의 개수 저장하기

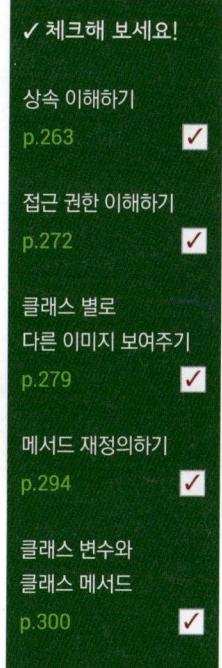

난이도	상	중	하 ✓	소요시간	30분
목표	클래스 변수를 만들고 인스턴스 객체가 만들어질 때마다 클래스 변수의 값을 하나씩 증가시키는 방법 연습					

- 클래스 변수를 만들어 어떤 코드에서든 접근할 수 있도록 만들어봅니다.
- 인스턴스 객체가 만들어지면 전체 인스턴스의 개수를 담고 있는 클래스 변수의 값을 하나씩 증가시키는 기능을 만들어봅니다.

❶ Study11 프로젝트를 복사하여 Study12로 만듭니다.

❷ activity_main.xml 파일을 열고 아래쪽에 텍스트뷰를 한 개 추가합니다.

❸ Singer.java 파일을 열고 Singer 클래스에 total이라는 클래스 변수를 추가한 후 이 속성의 값을 가져오거나 설정하기 위한 Getter와 Setter 메서드를 만듭니다. 이 total 변수에는 새로 만들어진 모든 인스턴스들의 합계를 저장할 것입니다.

❹ Singer 클래스의 생성자 안에 인스턴스가 만들어질 때 total 변수의 값이 1 증가되도록 코드를 입력합니다.

❺ MainActivity.java 파일을 열고 [가수 추가] 또는 [걸 그룹 추가]를 누를 때마다 지금까지 만든 가수나 걸 그룹의 전체 인원수를 화면의 텍스트에 보여주도록 합니다.

> 예) 추가된 가수의 총 수 : 5

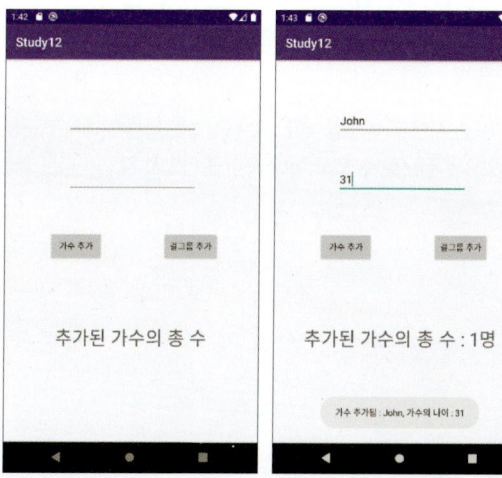

반복 코드를 줄여주는 **상속** 알아보기

상속

❶ **상속이란?**
재산 상속이라고 할 때 특히 많이 들어보았을 텐데요, 한 마디로 '재산을 물려준다.'는 말입니다. 프로그래밍 언어에서는 이미 만들어져 있는 클래스의 변수나 함수를 그대로 물려주는 것을 의미합니다.

❷ **부모 클래스(Super Class 또는 Parent Class)란?**
속성을 물려주는 클래스를 말합니다. 자식 클래스(Sub Class 또는 Child Class)란? 물려받는 클래스를 말합니다.

❸ **extends 키워드란?**
부모 클래스로부터 자식 클래스가 만들어지게 할 때 사용합니다.

안드로이드 프로젝트를 복사하는 과정

- 파일 탐색기 창에서 이미 만들어져 있는 프로젝트 폴더를 선택하고 복사한 후 이름을 변경합니다.
- settings.gradle 파일을 열고 rootProjectName 속성 값을 새로운 프로젝트 이름으로 변경합니다.
- [src] 폴더 밑에 있는 패키지를 선택한 후 마우스 오른쪽 버튼을 클릭합니다. 나타나는 메뉴 중에서 [Refactor → Rename] 메뉴를 선택하여 새로운 패키지 이름으로 바꿔줍니다.
- 매니페스트 파일을 더블클릭해서 열고 새로운 패키지 이름으로 바꾼 후 저장합니다.

❹ **public 키워드란?**
클래스 바깥의 어디에서든 접근할 수 있도록 만들어줍니다.

❺ **protected 키워드란?**
상속을 받은 자식 클래스에서만 바꿀 수 있도록 하고 싶다면 사용합니다.

접근 권한을 알려주는 키워드

- private → 같은 클래스 안에서만 접근하여 사용할 수 있습니다.
- public → 아무 클래스에서나 접근하여 사용할 수 있습니다.
- protected → 이 클래스에서 상속받은 자식 클래스에서만 접근하여 사용할 수 있습니다.

❻ class 키워드 앞에는 public 키워드만 사용할 수 있습니다. 즉, 클래스는 다른 곳에서 접근할 수 있는지 없는지만 구분하면 되므로 public이 붙어 있으면 접근할 수 있고, public이 붙어있지 않으면 다른 패키지에서는 접근할 수 없습니다.

❼ import란?

이미 만들어져 있는 다른 클래스에 접근할 수 있도록 넣어주는 것입니다.

→ import 키워드 뒤에 패키지와 클래스 이름을 넣어주면 다른 패키지에 있는 클래스도 접근할 수 있습니다.

클래스에 따라 다른 이미지 보여주기

❶ 널(Null)이란?

객체 자료형으로 선언된 변수가 가리키는 값이 메모리에 없을 때를 말합니다. 아무것도 가리키고 있지 않은 변수에 '걸어가세요.'라는 명령을 내리면 그 명령을 받을 대상이 없으므로 'NullPointerException'이라는 오류가 생깁니다.

❷ '널 값이라면 ~ 한다.'라는 형태로 하려면 == 기호를 넣어주고, '널 값이 아니라면 ~ 한다.'라는 형태로 하려면 != 기호를 넣어줍니다.

```
ex    if (person01 == null) { }
      if (person01 != null) { }
```

❸ instanceof 연산자란?

객체가 어떤 클래스의 인스턴스인지 확인할 수 있는 연산자입니다.

→ 객체가 어떤 클래스의 인스턴스인지 확인하고 싶을 때 instanceof 앞에 오는 객체가 뒤에 오는 클래스의 인스턴스이면 true 값을 반환합니다.

❹ super 키워드란?

자식 클래스에서 사용하는 것으로 부모 클래스를 가리킵니다.

❺ MainActivity란?

Activity 클래스를 상속하여 만들어진 것이므로 다음과 같은 모양의 코드가 만들어집니다.

```
ex    class MainActivity extends Activity { }
```

❻ 클래스 변수란?

클래스라는 틀을 이용해 만든 실제 객체들이 가지는 변수가 아니라 클래스라는 틀에 들어있는 변수를 말합니다. static이라는 키워드를 변수 앞에 붙이면 이 변수는 '클래스 변수'가 됩니다.

클래스 변수의 특징

- static 키워드를 붙입니다.
- 클래스라는 틀 안에 들어있는 변수입니다.
- '클래스 이름' + '.' + '변수 이름'으로 접근합니다.

```
ex    Person.total = 2;
```

인스턴스 변수의 특징

- static 키워드 없습니다.
- 클래스로부터 만들어진 실제 객체 안에 들어있는 변수입니다.
- '실제 객체' + '.' + '변수 이름'으로 접근합니다.

> ex   person01.age = 20;

❼ 인스턴스 변수에 값 넣을 때는 점 연산자와 = 기호를 사용합니다.

> ex   person01   .   age   =   1;
>   실제 객체   점   인스턴스 변수   할당   값;

클래스 메서드의 특징

- static 키워드를 붙입니다.
- 클래스라는 틀 안에 들어있는 메서드입니다.
- '클래스 이름' + '.' + '메서드 이름'으로 접근합니다.

인스턴스 메서드의 특징

- static 키워드 없습니다.
- 실제 객체 안에 들어있는 메서드입니다.
- '실제 객체' + '.' + '메서드 이름'으로 접근합니다.

02-7
여러 데이터를 논리에 맞게 처리하기 중요도 ★★★☆☆

사람이라는 클래스를 만들고 그 클래스로부터 실제 사람 객체를 만들어내는 과정은 이제 익숙해졌습니다. 그런데 프로그램을 만들 때 new 연산자를 이용해 실제 사람 객체를 만들다보면 한 명이 아닌 여러 명을 만들게 됩니다. 이때 각각의 사람 객체가 가진 이름과 나이가 모두 다르면 데이터가 많아질 수밖에 없습니다. 이렇게 많은 데이터를 어떻게 사용하는 것이 효율적일까요? 여러 이름을 한꺼번에 넣어둘 수 있는 변수가 있다면 어떨까요? 아니면 이름과 나이를 가진 사람 객체들을 모두 하나의 변수에 넣을 수는 없을까요?

여러 개의 객체를 담아둘 수 있는 객체 자료형으로는 '배열'과 '리스트'라는 것이 있습니다. 이 장에서는 한 개가 아닌 여러 개의 데이터를 다룰 때 어떻게 해야 하는지, 그리고 그런 데이터를 다루면서 논리에 맞게 처리할 때는 어떤 구문들이 사용되는지 알아보겠습니다.

키워드로 알아보는 자바 언어

배열	여러 객체들을 고정 길이로 만들어진 하나의 변수에 넣어둘 수 있습니다.
리스트	여러 객체들을 순서대로 붙여주는 하나의 변수에 넣어둘 수 있습니다.
인덱스	배열이나 리스트 안에 들어있는 객체들을 가리키는 숫자로 0부터 시작합니다.
switch 구문	if ~ else if ~ else 구문을 switch 구문으로 바꿀 수 있습니다.
해시테이블	이름을 붙이면서 여러 객체들을 넣어둘 수 있습니다.

1 _ 여러 데이터를 하나의 변수에 넣어두고 싶다면?

프로그램을 만들다보면 여러 개의 문자열을 특정 변수에 담아두고 싶을 때가 많습니다. 사람을 표현하기 위해 Person 클래스를 만들고 그 안에 사람 이름을 String 자료형의 name 변수에 넣어두고 싶다면 사람들의 이름을 모두 알고 있어야 합니다. 그래야 이름을 이용해서 하나씩 실제 객체로 만들 수 있기 때문입니다. 그런데 이렇게 많은 사람들의 이름을 미리 어떤 변수에 보관해야 한다면 어떻게 해야 할까요? 쉽게 생각할 수 있는 것은 String 자료형을 가진 여러 개의 변수를 만들고 그 안에 각각의 이름을 넣어두는 방법을 생각할 수 있습니다. 여러분은 이미 문자열을 String 자료형으로 만들 수 있다는 것을 알고 있으니 이제 String 자료형의 변수를 만들고 그 변수에 값을 넣는 것이 그리 어렵지 않을 것입니다.

안드로이드 스튜디오에서 MyData라는 이름의 새 프로젝트를 만들고 패키지 이름은 org.techtown.mydata로 만드세요.

> **주의** 새 프로젝트는 전에 만든 프로젝트를 복사해서 만드는 것이 아니니 안드로이드 스튜디오에서 작업 중이던 프로젝트는 [File → Close Project]를 누른 후 진행하면 됩니다.

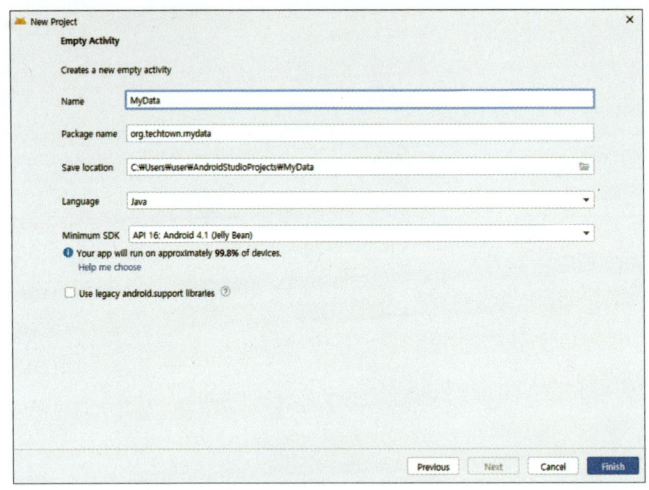

▲ MyData라는 새로운 안드로이드 프로젝트 만들기

새로 만든 프로젝트의 화면에 [사람 만들기] 버튼을 추가하고 클릭하면 새로 만든 사람 객체의 이름을 순서대로 볼 수 있도록 스크롤뷰를 추가할 것입니다. [activity_main.xml] 탭을 클릭해서 디자인 화면을 연 후 화면에 들어있던 TextView를 선택하여 삭제합니다. 그리고 왼쪽 상단의 팔레트(Palette)에서 Button을 끌어다 화면 상단에 놓습니다. 버튼의 text 속성 값은 '사람 만들기'로 입력합니다.

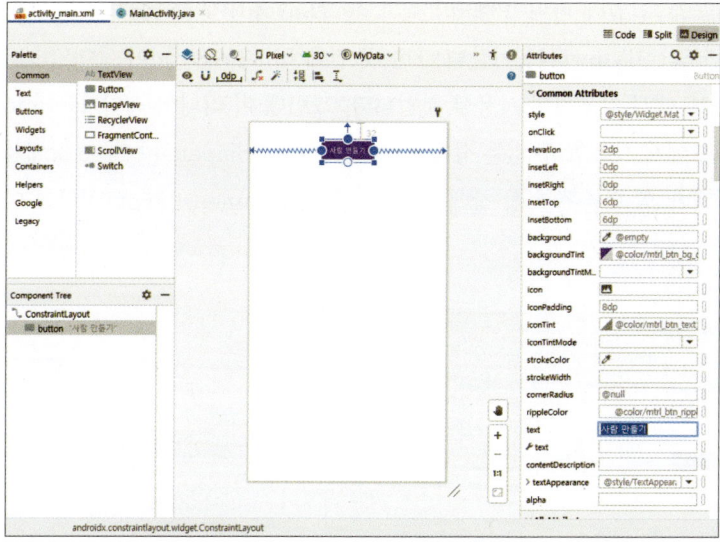

▲ [사람 만들기] 버튼을 추가한 화면

버튼의 아래쪽에 스크롤뷰를 추가합니다. 스크롤뷰는 화면에 보이는 내용이 너무 많을 때 스크롤을 만들어주는 것입니다. 왼쪽의 팔레트(Palette)에서 ScrollView라는 위젯을 끌어다 화면에 갖다 놓고 버튼의 아래쪽이 꽉 채워지도록 연결점을 연결하고 마우스로 끌어 조정합니다.

주의 ScrollView 위젯의 크기를 조절할 때 추가한 위젯의 오른쪽 상단에 있는 사각형 조절점을 드래그하면 쉽게 크기를 변경할 수 있습니다.

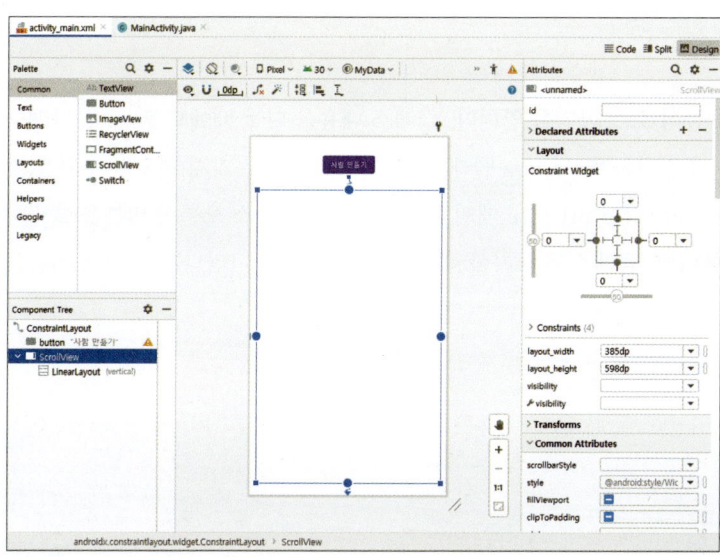

▲ 버튼 아래에 스크롤뷰를 추가한 화면

둘째마당 | 앱 화면을 만들면서 자바를 하나씩 알아가기 313

스크롤뷰는 스크롤만 만들기 때문에 그 안에 리니어 레이아웃(LinearLayout)이 자동으로 추가됩니다. Component Tree 창을 보면 ScrollView라는 이름을 가진 것 안에 LinearLayou이 들어있습니다. 이 리니어 레이아웃은 소스코드에서 참조하여 사용할 것입니다. 그런데 이 리니어 레이아웃의 id 속성 값이 들어있지 않아 소스코드에서 사용할 수 없는 상태입니다. 따라서 Component Tree 창에서 LinearLayout (vertical)을 선택한 후 오른쪽 속성 창에서 id 속성을 찾아 linearLayout이라고 입력합니다.

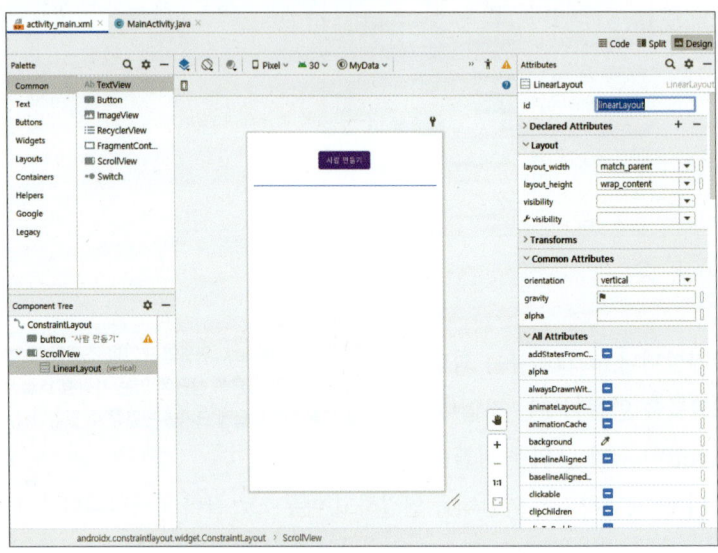

▲ 스크롤뷰 안에 있는 리니어 레이아웃에 Id를 추가한 화면

이제 [MainActivity.java] 탭을 눌러 소스 파일을 엽니다. 클래스 내용을 다룰 때에도 Person 클래스를 만들어보았지만 이번에는 좀 더 간단하게 Person 클래스를 만들고 안에 두 가지 변수만 추가할 것입니다. 왼쪽 탐색기 창에서 org.techtown.mydata 패키지를 선택하고 마우스 오른쪽 버튼을 클릭하여 [New → Java Class]를 누릅니다. 클래스를 추가할 수 있는 대화상자가 나타나면 클래스 이름을 Person이라고 입력하고 Enter 를 누릅니다.

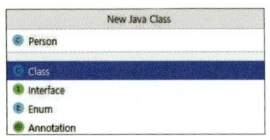

▲ Person 클래스 만들기

Person.java 파일이 생깁니다. Person 클래스 안에 이름을 담아둘 수 있는 String 자료형의 name 변수와 나이 값을 담아둘 수 있는 int 자료형의 age 변수를 추가합니다.

코드 참고 / MyData〉/app/java/org.techtown.mydata/Person.java

```java
package org.techtown.mydata;

public class Person {

    String name;

    int age;

}
```
이 부분을 마우스 오른쪽 버튼으로 클릭하세요!

name 변수를 선언하는 코드와 age 변수를 선언하는 부분은 Enter 를 쳐서 한 줄씩 띄워주면 좀 더 보기 좋습니다. 그런데 Person 클래스에서 실제 객체를 만들었을 때 그 안에 들어있는 변수를 직접 접근하여 사용하기보다는 Getter와 Setter 메서드를 이용하는 것이 더 좋다고 설명했었습니다. 따라서 getName이나 setName과 같은 메서드를 추가한 후 그 메서드를 사용하는 게 좋겠습니다.

get과 set으로 시작되는 메서드들을 만들기 위해 Person 클래스의 중괄호 안에서 마우스 오른쪽 버튼을 클릭합니다. 나타나는 메뉴에서 [Generate...]를 클릭한 다음 [Getter and Setter] 메뉴를 누르면 다음과 같은 대화상자가 나타납니다. 대화상자에는 Person 클래스 안에 넣어둔 name 변수와 age 변수가 보입니다. 두 개의 변수를 모두 선택하고 [OK]를 누릅니다.

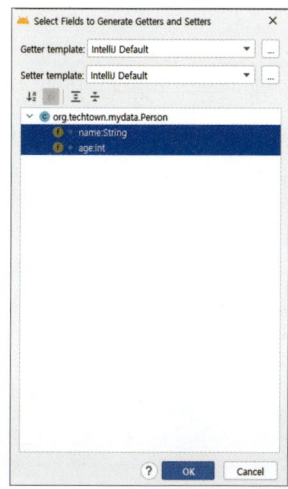

▲ Getter와 Setter 메서드들을 만드는 대화상자

다음과 같이 getName, setName 메서드가 자동으로 만들어집니다.

코드 참고 / MyData>/app/java/org.techtown.mydata/Person.java

```java
package org.techtown.mydata;

public class Person {

  String name;

  int age;

  public String getName() {
    return name;
  }

  public void setName(String name) {
    this.name = name;
  }

  public int getAge() {
    return age;
  }

  public void setAge(int age) {
    this.age = age;
  }
}
```

한꺼번에 만들어지는 코드들을 보면 안드로이드 스튜디오라는 개발 도구를 왜 쓰는지 이유를 알 수 있을 것입니다. 만약 변수가 두 개가 아닌 수십 개라면 이렇게 자동으로 코드를 만들어주는 기능이 정말 유용하겠죠? Person 클래스의 속성과 메서드를 만들었는데 이 클래스를 사용해서 새로운 객체를 만들 때도 편리하게 사용하려면 데이터를 넣어주거나 기능을 실행하기 위해 만들어주는 생성자도 필요할 것 같습니다. Person 클래스에 넣어준 변수들 아래에 다음과 같이 생성자를 추가합니다.

코드 참고 / MyData>/app/java/org.techtown.mydata/Person.java

```java
중략...
public class Person {
  중략...

  public Person() {

  }
```

```java
    public Person(String inName) {
        name = inName;
    }

    public Person(String inName, int inAge) {
        name = inName;
        age = inAge;
    }
}
```

객체가 만들어질 때 자동으로 호출되는 생성자는 클래스 이름과 똑같은 이름을 가진 메서드이며, 함수 상자의 아래쪽으로 나오는 값은 없으니 메서드 이름 앞에 public 키워드만 붙이고 소괄호 안에 아무것도 들어가지 않는 메서드를 먼저 만듭니다. 이 기본 생성자 외에 이름 값을 전달받는 String 자료형의 파라미터가 하나 들어가는 생성자와 나이 값을 전달받는 int 자료형의 파라미터까지 두 개의 파라미터가 들어가는 생성자를 추가합니다. 각각의 생성자 안에서는 전달받은 데이터를 클래스 안에 들어있는 변수에 할당합니다.

Person 클래스를 만들었으니 [사람 만들기]를 눌렀을 때 Person 클래스로부터 실제 객체가 만들어지도록 MainActivity 클래스에 코드를 넣어 보겠습니다. 버튼에 OnClickListener 객체를 설정하는 방법을 사용합니다.

코드 참고 / MyData>/app/java/org.techtown.mydata/MainActivity.java

```java
중략...

    @Override
    protected void onCreate(Bundle savedInstanceState) {
        super.onCreate(savedInstanceState);
        setContentView(R.layout.activity_main);

        Button button = findViewById(R.id.button);
        button.setOnClickListener(new View.OnClickListener() {

            @Override
            public void onClick(View v) {

            }
        });
    }
}
```

화면에 추가했던 버튼의 id 속성 값이 button이니 findViewById 메서드로 버튼을 찾을 때 소괄호 안에 R.id.button을 넣어줍니다. 찾아낸 버튼을 Button 자료형으로 만든 button 변수가 가리키도록 만든 후 setOnClickListener 메서드를 호출합니다. OnClickListener라는 리스너 객체를 만든 후 버튼에 설정하면 버튼을 클릭했을 때 onClick 메서드가 자동으로 호출됩니다. 이렇게 코드를 추가하는 과정은 이전에도 해보았는데요, 사용 가능한 메서드가 표시되면 필요한 것을 선택하면서 입력합니다.

이제 onClick 메서드 안에 Person 객체를 새로 만드는 코드를 넣어야 합니다. 사람들의 이름과 나이로 새로운 Person 객체들을 만들려면 코드를 어떻게 넣어야 할까요? 다음과 같이 사람 이름을 넣어둘 여러 개의 변수를 추가해 보겠습니다.

코드 참고 / MyData>/app/java/org.techtown.mydata/MainActivity.java

```java
중략...

public class MainActivity extends AppCompatActivity {

    String name01 = "철수";
    String name02 = "영희";
    String name03 = "민희";
    String name04 = "수지";
    String name05 = "지민";

    int count = 0;

    Person person01;

    @Override
    protected void onCreate(Bundle savedInstanceState) {
    중략...
```

다섯 명의 이름을 알고 있다면 다섯 개의 변수를 만들고 이름 값을 각각의 변수에 넣어둡니다. 버튼을 누를 때마다 반복하여 사람 객체를 만들 것이므로 몇 번이나 버튼을 눌렀는지 알아내기 위해 count라는 변수를 같이 넣어둡니다. 만든 사람 객체를 담아둘 변수 상자도 person01이라는 이름으로 만듭니다.

버튼을 눌렀을 때 호출되는 onClick 메서드 안에는 다음처럼 if 구문으로 버튼이 몇 번 눌린 것인지 확인한 후 각 버튼이 눌릴 때마다 새로운 사람 객체를 만들도록 합니다. if 구문은 각각의 경우를 비교할 수 있도록 if ~ else if ~ else 구문의 형태를 사용합니다.

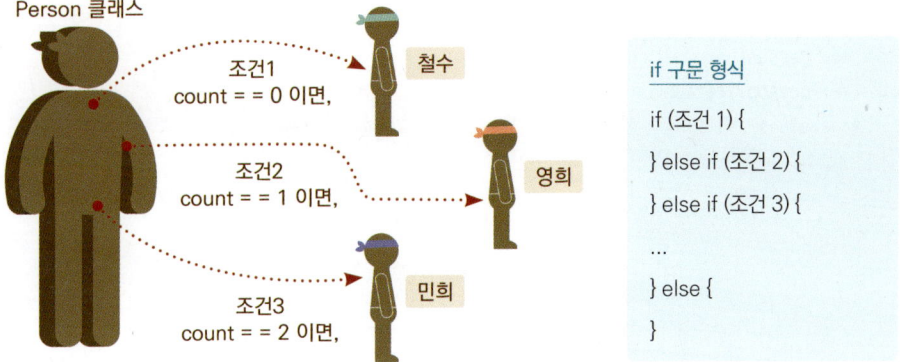

▲ 여러 개의 조건이 있을 경우 if 구문 사용하기

if 구문 뒤의 소괄호 안에 들어가는 조건이 여러 개일 경우 if 구문을 연속으로 쓸 수 있으나 첫 번째 것이 아닌 경우에는 else를 같이 붙여줍니다. 이 때문에 if ~ else if ~ else if와 같은 형태로 계속 반복할 수 있으며, 아무런 조건에도 해당하지 않으면 else를 써줄 수도 있습니다.

버튼을 누를 때마다 count 변수의 값을 하나씩 더해주면 그 다음 버튼을 누를 때는 count 변수의 값이 달라져 있으므로 각각 다른 이름을 가진 사람 객체를 만들 수 있습니다. onClick 메서드 안에 다음과 같이 코드를 입력합니다.

코드 참고 / MyData>/app/java/org.techtown.mydata/MainActivity.java

```java
중략...
  @Override
  public void onClick(View v) {
    if (count == 0) {
      person01 = new Person(name01);
      Toast.makeText(getApplicationContext(),
        "사람 " + name01 + "이 만들어졌습니다.", Toast.LENGTH_LONG).show();
    } else if (count == 1) {
      person01 = new Person(name02);
      Toast.makeText(getApplicationContext(),
        "사람 " + name02 + "이 만들어졌습니다.", Toast.LENGTH_LONG).show();
    } else if (count == 2) {
      person01 = new Person(name03);
      Toast.makeText(getApplicationContext(),
        "사람 " + name03 + "이 만들어졌습니다.", Toast.LENGTH_LONG).show();
    } else if (count == 3) {
      person01 = new Person(name04);
      Toast.makeText(getApplicationContext(),
        "사람 " + name04 + "이 만들어졌습니다.", Toast.LENGTH_LONG).show();
```

```
    } else if (count == 4) {
      person01 = new Person(name05);
      Toast.makeText(getApplicationContext(),
        "사람 " + name05 + "이 만들어졌습니다.", Toast.LENGTH_LONG).show();
    }

    count++;
  }
중략...
```

코드의 양이 많아 보이지만 잘 보면 똑같은 내용으로 만들어진 두 줄의 코드가 계속 반복되고 있습니다. 처음 버튼이 눌려질 때는 count 변수의 값이 0이므로 if (count == 0)이라는 코드를 입력합니다. 즉, count 변수에 들어있는 값이 0일 때라는 조건이 들어가고 그 안에서 name01 변수에 들어있는 사람 이름으로 Person 객체를 만듭니다. new 연산자로 Person 객체를 만들 때 소괄호 안에 사람 이름이 들어있는 변수를 넣어 해당 사람 이름이 객체에 들어가도록 합니다. 그 밑에는 토스트 메시지를 보여주는 코드가 들어있는데 사람 이름도 같이 메시지로 보이도록 글자를 넣어줍니다. 가장 아래쪽에는 ++ 연산자로 count 변수에 들어있는 숫자를 하나 더 크게 만들어줍니다.

앱을 실행하고 [사람 만들기]를 누르면 매번 사람 이름이 다른 Person 객체를 만들어낸다는 것을 토스트 메시지로 알 수 있습니다.

▲ [사람 만들기]를 눌러 Person 객체를 만들고 토스트 메시지를 보여준 경우

버튼을 다섯 번 이상 누르면 그 다음부터는 count 변수에 들어있는 값이 5 이상이 되므로 토스트 메시지가 보이지 않습니다. 다섯 개의 이름을 다섯 개의 변수에 넣어두고 사용하는 데는 그리 큰 불편함은 없지만 아무래도 코드의 양은 조금 많은 듯합니다. 만약 만들어야 할 사람 객체가 다섯 개가 아닌 백 개

라면 코드는 엄청나게 많아질 것입니다. 이렇게 많아지는 코드를 좀 더 간단하게 만들려면 먼저 이름을 각각의 변수에 넣어두는 것이 아니라 하나의 변수에 넣어둘 수 있어야 합니다.

MainActivity 클래스 안에서 String name01부터 String name05까지 각각의 이름 값을 담아두었던 다섯 개의 변수를 다음과 같이 하나의 변수로 바꿔줍니다.

코드 참고 / MyData>/app/java/org.techtown.mydata/MainActivity.java

```java
중략...
public class MainActivity extends AppCompatActivity {

  String[] names = {"철수", "영희", "민희", "수지", "지민"};

  int count = 0;
중략...
```

여러 개의 문자열을 하나의 변수 상자에 담아두려면 String name;과 같은 코드처럼 변수의 자료형과 변수 이름을 써 주면서 변수의 자료형 뒤에 대괄호[ ]를 붙여 줍니다. 대괄호는 하나의 문자열이 아니라 여러 개의 문자열이 있다는 것을 알려주는 역할을 합니다. 이런 모양으로 변수를 선언하면 변수 선언과 동시에 값을 바로 넣

▲ 여러 개의 문자열을 하나의 변수 상자에 담기

어줄 수도 있는데 이 변수에 할당하는 값은 중괄호 안에 콤마(,)로 구분하여 넣어줍니다.

이런 모양으로 만든 것을 '배열(Array)'이라고 합니다. 배열을 처음 선언할 때는 중괄호 안에 데이터를 직접 넣어줄 수 있습니다. 다시 말하면, String 자료형의 변수를 선언하면서 = 연산자 뒤에 문자열을 넣어주면 그 문자열이 초깃값으로 변수에 들어가는 것과 같은 방식입니다.

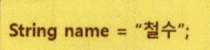

▲ 배열을 선언하면서 초깃값 넣기

그렇다면 String 자료형으로 새로운 문자열 객체를 만들 때 new 연산자를 사용하는 것처럼 배열도 new 연산자를 이용해서 만들 수 있을까요? 초깃값을 넣어주지 않아도 된다면 new 연산자로 배열을 하나의 객체로 만들 수 있습니다.

코드 참고 / MyData>/app/java/org.techtown.mydata/MainActivity.java

```
중략...
public class MainActivity extends AppCompatActivity {

  String[] names = new String[5];

  int count = 0;
중략...
```

이 코드에서처럼 new 연산자로 String 자료형의 객체를 만들면서 대괄호[ ]를 붙여주면 그 대괄호 안에 들어가는 숫자의 개수만큼 변수를 넣을 수 있는 공간이 서로 붙어있는 상태로 만들어집니다. 예를 들어, 대괄호 안에 숫자 5가 들어가면 다섯 개의 문자열을 저장할 수 있는 연속된 상자가 만들어지며, 그 상자는 똑같이 대괄호를 이용해 만든 변수로 가리킬 수 있습니다. 이렇게 배열이라는 것은 여러 개의 데이터를 각각의 변수로 나누어 가리키는 것이 아니라 똑같은 자료형을 가진 여러 개의 데이터를 하나의 변수로 한꺼번에 가리킬 수 있는 객체라고 할 수 있습니다.

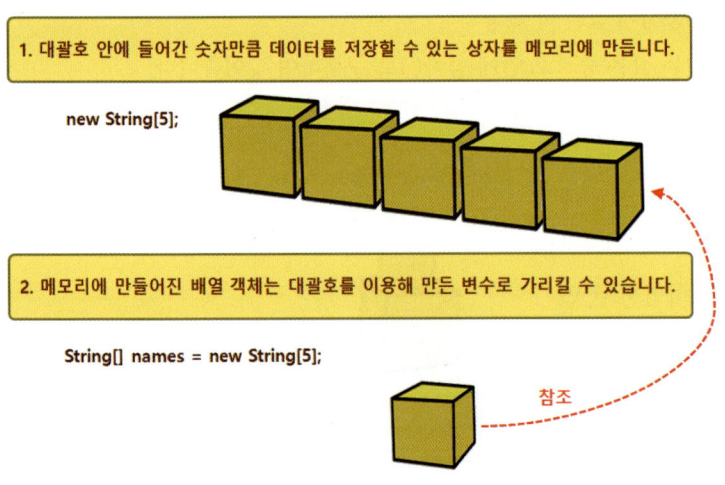

▲ 배열이란?

배열이란 new 연산자 뒤에 자료형을 지정한 후 대괄호와 그 안에 숫자를 넣어 만드는 객체입니다. 즉, 배열이라는 것은 변수 상자 여러 개를 일렬로 늘어놓은 것과 같습니다. 이는 각각의 변수 상자를 하나씩 만드는 것과 비슷하지만 여러 개의 변수 상자를 한꺼번에 하나의 변수로 가리킬 수 있으니 '기본 자료형'이 아닌 '객체 자료형'이라고 할 수 있습니다.

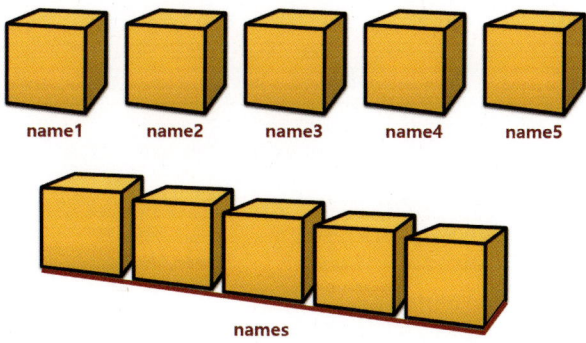

▲ 여러 개의 변수를 만드는 것과 하나의 배열을 만드는 것의 차이

이렇게 배열은 객체로 만들어지며 배열 객체를 가리키는 배열 변수는 메모리에 만들어진 배열 객체를 가리키는 '레퍼런스(Reference)'라 할 수 있습니다.

배열을 선언하면서 동시에 초깃값을 넣어주지 않으면 다음 코드처럼 직접 하나씩 데이터를 넣어야 합니다. 이때 대괄호 안에 들어가는 숫자를 '인덱스(Index)'라고 합니다.

코드 참고 / MyData>/app/java/org.techtown.mydata/MainActivity.java

```java
중략...
public class MainActivity extends AppCompatActivity {

    String[] names = new String[5];

    int count = 0;

    Person person01;

    @Override
    protected void onCreate(Bundle savedInstanceState) {
        중략...
        names[0] = "철수";
        names[1] = "영희";
        names[2] = "민희";
        names[3] = "수지";
        names[4] = "지민";
    중략...
```

인덱스라는 숫자는 0부터 시작하며 배열의 크기보다 작아야 합니다. 즉, 변수 상자가 다섯 개밖에 없는데 여섯 번째 변수 상자에 데이터를 담으려고 하면 변수 상자를 찾을 수 없어 오류가 생기게 됩니다.

▲ 배열의 인덱스

각각의 변수를 만들어 여러 개의 이름을 저장하지 않고 하나의 변수에 이름을 저장하면 코드를 많이 줄일 수 있다고 했었습니다. 그런데 이렇게 직접 데이터를 하나씩 넣어야 한다면 각각의 변수를 만들어주는 것과 크게 다를 바가 없어 보입니다. 따라서 배열로 된 변수를 선언하는 경우에는 처음 했던 것처럼 배열을 만들면서 초깃값을 같이 넣어주는 것이 좋습니다. 그리고 배열에 데이터를 미리 넣어두는 방식으로 프로그램을 만들면 코드의 양을 줄일 수도 있습니다. 배열 변수를 선언하는 부분을 처음에 했던 것처럼 다시 바꿉니다. 그리고 버튼을 클릭했을 때 실행되는 onClick 메서드 안에서 이름을 이용해 사람 객체를 만드는 if ~ else 구문의 코드 부분을 다음과 같이 수정합니다.

코드 참고 / MyData>/app/java/org.techtown.mydata/MainActivity.java

```java
중략...
    button.setOnClickListener(new View.OnClickListener() {

        @Override
        public void onClick(View v) {
            person01 = new Person(names[count]);
            Toast.makeText(getApplicationContext(),
                    "사람 " + names[count] + "이 만들어졌습니다.",
                    Toast.LENGTH_LONG).show();

            count++;
        }
    });
중략...
```

놀랍네요! 버튼이 몇 번 눌렀는지 비교하려고 if 구문을 여러 줄로 입력했던 부분이 두 줄로 확 줄었습니다. 잘 살펴보면 버튼이 몇 번 눌렀는지를 알기 위해 넣어둔 count 변수의 값이 하나씩 커지는데 마침 그 값이 0부터 시작하고 버튼이 눌릴 때마다 1씩 커지므로 names 변수의 인덱스와 똑같은 값이 됩니다. 이 때문에 일일이 이 count 변수의 값을 비교하지 않아도 names[count]를 입력하면 곧바로 names 변수 안에 있는 값 중에서 현재 버튼을 눌렀을 때 사용해야 할 이름 값이 무엇인지 알 수 있습니다.

앱을 실행하고 토스트 메시지가 잘 보이는지 확인해봅니다.

▲ 배열을 사용하도록 코드를 바꾼 후 앱을 실행했을 때의 정상 동작 화면

배열을 사용하도록 바꾼 코드도 별다른 문제는 발생하지 않았습니다. 그런데 버튼을 클릭하다보면 여섯 번째 클릭했을 때 앱이 죽어버리는 것을 볼 수 있습니다. 왜 그런 것인지 알아보기 위해 [Logcat] 탭의 빨간색 디버깅 메시지를 확인합니다.

▲ 버튼을 여섯 번 눌렀을 때 앱이 종료되면서 볼 수 있는 오류 메시지

빨간색으로 보이는 오류 메시지를 보면 아주 심각한 오류라는 뜻입니다. 앱이 갑자기 죽어버렸으니 심각한 오류임을 아주 쉽게 짐작할 수 있습니다. 앱이 비정상 종료되었으니 아주 큰 문제겠죠? 중요한 것은 어떤 이유로 앱이 죽었는지를 알아내는 일입니다. 두 번째 줄을 보면 java.lang.ArrayIndexOutOfBoundsException이라는 글자가 있습니다.

Exception이란 자바에서 발생한 예외 상황을 의미하는데 일종의 오류라고 생각하면 쉽습니다. 프로그램이 해야 할 일을 하지 않는 상황이므로 예외 상황이 발생하면 어떤 종류의 예외인지 알 수 있도록 Exception이라는 객체를 받아 확인할 수 있습니다. 예를 들어, 자동차는 도로로 달려야 하는데 운전자가 실수로 도로 밖으로 차를 몰면 사고가 나게 되고, 이 사고 정보는 방송이나 다른 사람에게 알려지게 됩니다. 이때 사고가 나는 것이 '예외 상황'이고 다른 사람에게 알려주기 위해 만드는 정보가 '예외 객체'입니다.

▲ 예외란?

- 예외 상황 → 프로그램이 원래해야 할 일이 아닌 다른 기능을 할 때
- 예외 객체 → 어떤 예외 상황인지 알 수 있도록 정보를 넣어 전달해주는 객체

이러한 예외 상황은 자동차가 사고를 내는 것처럼 일반적으로 쉽게 예상할 수 있는 예외 상황이 있고 자동차가 하늘로 날아가서 비행기와 부딪치는 전혀 예상할 수 없는 예외 상황도 있습니다. 자동차가 하늘로 날아가는 상황은 아마도 프로그램을 만든 개발자도 예상하지 못하는 상황일 테니 매우 심각한 오류입니다. 그에 반해 자동차가 사고를 낸다는 것은 아주 정상적인 교통 상황에서도 언제든지 발생할 수 있는데 이 ArrayIndexOutOfBoundsException이라는 것도 언제든지 발생할 수 있는 경우라고 할 수 있습니다.

배열은 크기가 정해져 있고 그 크기 이상의 데이터를 담아둘 수 있는 변수 상자를 가지고 있지 않으므로 인덱스의 값을 변수 상자의 개수 이상으로 크게 만들어 데이터를 가져오려고 하면 예상할 수 있는 예외가 발생하게 됩니다. 그런데 이 오류는 메모리에서 아무것도 없는 곳을 가리킬 수도 있기 때문에 프로그램이 더 이상 동작할 수 없는 상태를 만들게 되어 프로그램은 비정상 종료될 수밖에 없습니다. 따라서 예상 가능한 오류라고는 하지만 그 결과는 매우 심각하게 됩니다. 이 때문에 배열을 만들어 사용할 때는 항상 이 인덱스의 값이 배열의 크기보다 크지 않도록 확인하는 것이 필요합니다.

코드를 다음과 같이 수정하면 배열의 인덱스가 배열의 크기보다 크지 않을 때만 기능을 실행하도록 만들 수 있습니다.

코드 참고 / MyData>/app/java/org.techtown.mydata/MainActivity.java

```java
중략...
button.setOnClickListener(new View.OnClickListener() {

  @Override
  public void onClick(View v) {
    if (count < names.length) {
      person01 = new Person(names[count]);
      Toast.makeText(getApplicationContext(),
              "사람 " + names[count] + "이 만들어졌습니다.",
              Toast.LENGTH_LONG).show();
    } else {
      Toast.makeText(getApplicationContext(),
              "사람 이름이 없습니다.",
              Toast.LENGTH_LONG).show();
    }

    count++;
  }

});
중략...
```

배열 객체에는 length라는 변수가 들어있습니다. 배열 객체를 만들 때 자동으로 만들어지는 이 변수에는 배열의 길이 값이 들어있어 배열 안에 몇 개의 데이터를 넣을 수 있는지 그 크기를 알 수 있게 해줍니다. 따라서 하나씩 숫자가 커지는 count 변수의 값이 배열의 length보다 작은지 if 구문으로 비교하면 알 수 있습니다. count의 값이 배열의 length보다 작지 않은 경우에는 토스트 메시지를 띄워 '사람 이름이 없습니다.'라는 메시지를 화면에 보여주도록 하는 if ~ else 구문이 사용되었습니다.

이제 앱을 실행하고 [사람 만들기]를 다섯 번 이상 눌러도 토스트 메시지만 보일 뿐 앱이 죽어버리지는 않습니다.

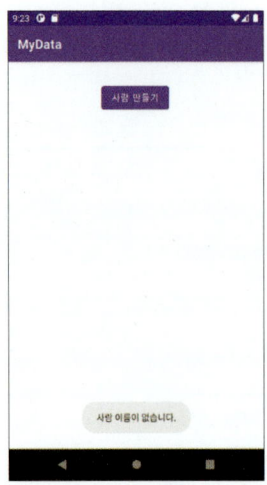

▲ 버튼을 여섯 번째 눌렀을 때 앱이 종료되지 않으면서 보이는 토스트 메시지

여러 데이터를 배열로 바꿔 저장하니 코드가 많이 줄어들어 효율적이라는 생각이 들 것입니다. 하지만 코드가 줄어든 만큼 인덱스 값을 계산하거나 변수에 들어있는 값이 몇 번째 값인지를 머릿속으로 충분히 생각해야 오류가 없는 코드를 만들 수 있습니다. 따라서 배열을 사용하는 코드를 자주 만들어보고 오류가 생기는 부분은 없는지 반복적으로 연습해서 익숙해지는 것이 좋습니다.

2 _ 배열에 들어있는 객체들을 화면에 보여주기

배열에 들어있는 이름들을 모두 확인하고 싶다면 0부터 시작하는 인덱스 값을 이용해 배열의 길이만큼 하나하나 꺼내보면 됩니다. 반복적인 어떤 일을 할 때 사용하는 것이 for 구문인데 for 구문은 그 안에 처음 값을 넣고 그 값이 어떤 조건에 맞을 때까지 반복해서 기능을 실행합니다.

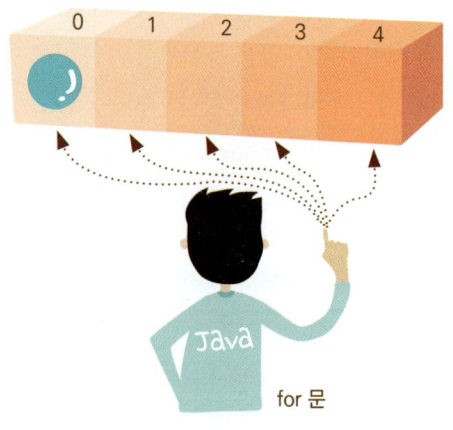

▲ for 구문으로 배열의 데이터를 모두 확인하기

버튼을 눌렀을 때 실행되는 onClick 메서드 안에 다음과 같이 코드를 추가합니다.

코드 참고 / MyData>/app/java/org.techtown.mydata/MainActivity.java

```java
중략...
button.setOnClickListener(new View.OnClickListener() {

  @Override
  public void onClick(View v) {
    중략...

    count++;

    for (int i = 0; i < names.length; i++) {
      System.out.println(i + " : " + names[i]);
    }
  }
});
중략...
```

여기에서 입력한 for 구문의 모양은 정해진 크기로 만들어진 배열의 값을 하나씩 알아볼 때 가장 많이 사용되기 때문에 익숙해질 때까지 반복해서 입력해보는 것이 좋습니다. for 구문의 뒤에 오는 괄호 안에는 세미콜론을 사용해서 세 개의 문장을 넣을 수 있습니다. 첫 번째는 변수 선언이나 변수에 초기 값을 넣어주는 부분, 두 번째는 for 구문의 코드가 실행될 조건을 넣어주는 부분, 그리고 세 번째는 for 구문의 코드가 한 번씩 실행될 때마다 함께 실행되는 부분입니다.

소괄호 안의 첫 번째 부분에서는 int 자료형을 가진 i 변수를 하나 만들고 그 안에 들어가는 값으로 0을 넣어줍니다. 두 번째 부분에서는 i 변수에 들어있는 값이 names라는 배열의 길이보다 작은지를 확인합니다. 이 조건에서 true 값이 나올 때만 for 구문 안에 있는 코드가 실행되고 false 값일 때는 for 구문이 끝나게 됩니다. 결국 세 번째 부분에서 i 변수의 값이 하나씩 증가하는 것 때문에 i 변수에 들어있는 값이 배열의 길이와 같거나 커질 때 for 구문 안에 있는 코드의 실행이 끝나게 됩니다.

for 구문 안에서는 배열 안에 들어있는 모든 값을 한 번씩 [Logcat] 탭에 보이는 디버깅 메시지로 보여줍니다. 앱을 실행하고 [사람 만들기]를 다섯 번 이상 누른 후 [Logcat] 탭을 살펴봅니다.

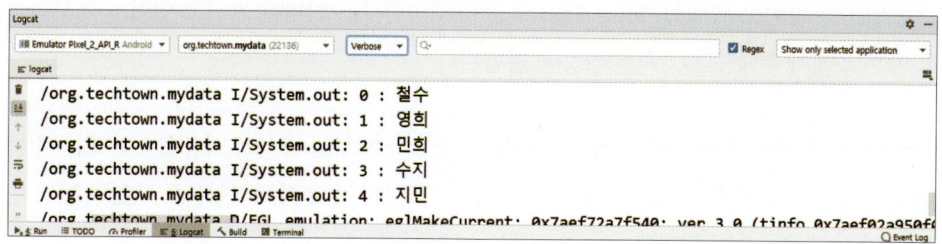

▲ 버튼을 눌렀을 때 배열의 값이 보이는 [Logcat] 탭 화면

이름이 한 줄씩 잘 나오는 것을 보니 배열 안에 들어있는 값들을 한꺼번에 확인하거나 그 값을 이용해서 무언가를 할 때 for 구문이 아주 유용하게 쓰인다는 것을 알 수 있습니다. 버튼을 누를 때 배열에 들어 있는 모든 값을 확인하도록 해두었으니 버튼을 누를 때마다 다섯줄이 반복해서 보이게 됩니다. 그런데 버튼을 누를 때마다 new 연산자를 이용해 만들어지는 Person 객체는 person01 변수가 가리키도록 되어 있으므로 person01 변수는 새로 만들어진 객체를 가리키면서 동시에 이전에 만들어졌던 Person 객체의 정보는 잃어버리게 됩니다.

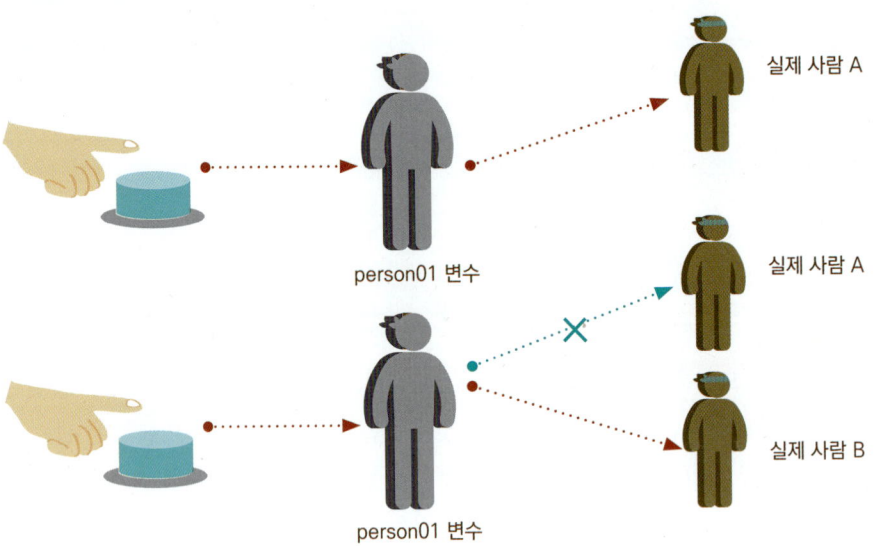

▲ 버튼을 누를 때마다 새로운 Person 객체만 가리키는 문제

Person 자료형으로 만들어진 person01 변수는 한 번에 하나의 Person 객체만 가리킬 수 있으므로 이전에 메모리에 만들었던 Person 객체는 잃어버리게 되는 것입니다. '잃어버린다.'라는 의미는 더 이상 이 객체를 사용할 수 있는 변수가 없다는 것으로 프로그램이 실행되는 동안에 버튼을 사용할 수 있는 방법이 없다는 것입니다. 이렇게 잃어버린 객체는 '자바 버추얼 머신(VM)'에서 메모리 공간을 좀 더 아껴서 사용할 수 있도록 자동으로 없애줍니다.

이것을 '가비지 컬렉션(Garbage Collection)'이라고 하는데 메모리에 실제 객체를 만들었지만 변수로 가리키지 않아 더 이상 사용할 수 없게 된 객체를 모아서 없애버리는 기능을 말합니다. 가비지라는 단어가 쓰레기를 말하는 것이고 컬렉션이라는 단어가 모아서 버린다는 의미를 가지고 있어서 메모리에서 사용하지 않는 쓰레기 객체를 청소하는 기능을 말합니다.

지금까지는 String 자료형으로 된 사람 이름들을 배열 객체에 넣어 두는 방식을 사용했습니다. 그런데 Person 객체도 배열로 만들면 어떨까요? Person 클래스도 하나의 객체 자료형이므로 배열로 만들 수 있습니다. 다음과 같이 코드를 입력합니다.

코드 참고 / MyData>/app/java/org.techtown.mydata/MainActivity.java

```
중략...
public class MainActivity extends AppCompatActivity {
  String[] names = {"철수", "영희", "민희", "수지", "지민"};
  int count = 0;

  Person[] persons = new Person[5];

중략...
```

person01 변수를 없애고 다섯 개의 Person 객체를 담아둘 수 있는 배열 객체를 하나 만듭니다. new Person 코드 뒤에 대괄호를 붙이고 5라는 숫자를 넣어주면 Person 자료형의 객체가 다섯 개 들어갈 수 있는 배열 객체가 만들어집니다. 이렇게 만든 배열 객체를 persons라는 이름으로 만든 변수가 가리키도록 합니다. persons 변수의 자료형은 Person이 아닌 Person[]이 됩니다.

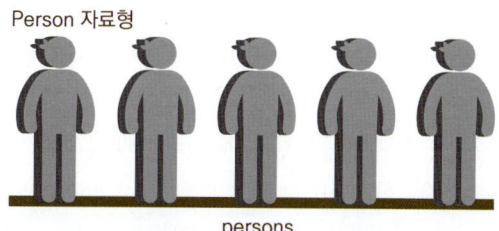

▲ Person 객체 다섯 개를 담아둘 수 있는 배열 객체 만들기

Person 객체들을 담아 두려고 만든 배열 객체는 선언만 해둔 것이기 때문에 그 안의 저장 공간에 데이터가 들어있지 않습니다. 버튼을 클릭했을 때 비어있는 각각의 공간에 Person 객체를 할당하도록 다음과 같이 코드를 수정합니다.

코드 참고 / MyData>/app/java/org.techtown.mydata/MainActivity.java

```
중략...
button.setOnClickListener(new View.OnClickListener() {

  @Override
  public void onClick(View v) {
    if (count < names.length) {
      persons[count] = new Person(names[count]);
      Toast.makeText(getApplicationContext(),
              "사람 " + names[count] + "이 만들어졌습니다.",
              Toast.LENGTH_LONG).show();
중략...
```

하나의 Person 변수에만 할당하던 person01이라는 Person 객체를 배열 변수에 들어있는 다섯 개의 Person 객체에 차례대로 할당하도록 만들었습니다. 이제 앱을 실행하고 버튼을 클릭하면 화면에는 보이지 않지만 하나의 Person 객체가 아니라 배열로 만들어진 다섯 개의 Person 객체가 메모리에 만들어집니다. 그런 다음 배열을 인덱스로 접근하면 각각의 Person 객체를 사용할 수 있습니다.

그런데 Person 객체가 들어있는 배열 객체는 항상 5라는 크기로 고정되어 있습니다. 배열이라는 것 자체가 몇 개의 데이터나 객체가 들어갈 수 있는지를 크기로 고정하도록 되어 있기 때문입니다. 그렇다면 고정된 크기의 배열에는 그 이상의 데이터나 객체를 넣을 수 없는 것일까요? 만약 다섯 개보다 많은 Person 객체를 새로 만들어 넣고 싶다면 다섯 개를 넘어갈 때마다 배열 객체를 새로 만들면 됩니다. 그런데 배열 객체를 새로 만들었다는 것은 배열 객체가 두 개라는 것이므로 데이터가 들어있는 배열 객체의 데이터를 새로운 배열 객체로 복사해 넣어주어야 합니다.

다음은 새로 만들어지는 Person 객체의 개수가 다섯 개를 넘어가면 새로운 배열 객체를 만들고 이전 배열 객체의 데이터를 새로운 배열 객체에 복사해 넣어주는 코드입니다.

코드 참고 / MyData>/app/java/org.techtown.mydata/MainActivity.java

```java
중략...
    button.setOnClickListener(new View.OnClickListener() {

        @Override
        public void onClick(View v) {
            if (count >= persons.length) {
                Person[] tempPersons = new Person[persons.length + 5];
                System.arraycopy(persons, 0, tempPersons, 0, persons.length);
                persons = tempPersons;
            }

            int nameIndex = count % 5;
            persons[count] = new Person(names[nameIndex]);
            Toast.makeText(getApplicationContext(),
                    "사람 " + names[nameIndex] + "이 만들어졌습니다.",
                    Toast.LENGTH_LONG).show();

            count++;

            for (int i = 0; i < count; i++) {
                System.out.println(i + " : " + persons[i].getName());
            }
        }
중략...
```

버튼을 한 번씩 누를 때마다 count 변수에 들어있는 숫자 값이 배열의 길이 값보다 작은 경우, 새로운 객체를 만들어 넣도록 하던 if 구문은 이제 필요하지 않습니다. 배열의 크기가 필요에 의해 더 크게 늘어난다고 생각하면 무조건 Person 객체를 만들어서 배열에 넣으면 되기 때문입니다. 문제는 배열 객체의 길이 값이 count 변수 안에 들어있는 숫자 값과 같거나 작을 때 배열을 새로 만들어야 한다는 점입니다.

if 구문 안을 보면 배열의 길이 값과 같거나 커지는 경우에 기존 배열 객체의 길이보다 5가 더 커진 배열 객체를 새로 만들고 있습니다. 새로운 배열 객체를 만들고 나면 기존 배열 객체에 들어있던 데이터를 새로운 배열 객체에 그대로 넣어주어야 하는데 이때 System.arrayCopy 메서드를 사용할 수 있습니다. 이 메서드는 두 개의 배열 객체가 있을 때 한 배열 객체에 들어있던 데이터를 다른 배열 객체에 복사하여 넣어줍니다. 참고로 여기에서 사용한 메서드는 원래의 배열 객체에 들어있는 데이터 중에서 어느 인덱스에 있는 데이터부터 복사할 것인지를 알려주고 새로운 배열 객체 쪽의 어느 위치에 몇 개를 복사할 것인지도 알려줄 수 있습니다.

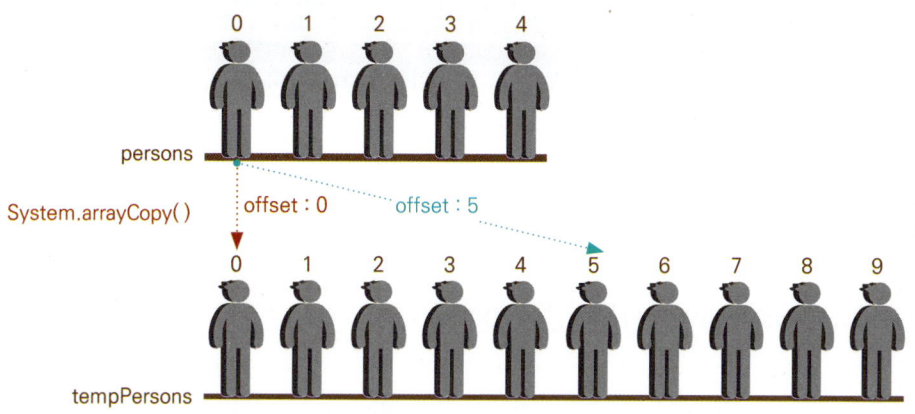

▲ 배열에 들어있는 데이터를 다른 배열로 복사하기

- System.arrayCopy(원래 배열 객체, 시작 인덱스, 새로운 배열 객체, 시작 인덱스, 길이);

새로운 배열 객체에 데이터를 모두 복사했으면 새로운 배열 객체를 persons 변수에 할당해줍니다. 이렇게 하면 이전 배열 객체는 변수로 가리키던 정보가 없어지므로 메모리에서 잃어버리게 되고 자바에서 가비지 컬렉션 과정을 거칠 때 알아서 없애게 됩니다.

new 연산자로 Person 객체를 만드는 부분에서도 한 가지 바뀐 것이 있습니다. Person 객체는 계속 만들어지는데 사람 이름은 다섯 개밖에 없으므로 사람 객체를 만들 때 사람 이름의 배열에 count 변수를 인덱스 값으로 사용하던 부분은 이제 더 이상 사용할 수 없습니다. 왜냐하면 count 변수의 값은 5 이상으로 계속 커질 것이고 이 값으로 이름이 저장되어 있는 배열의 데이터를 참조하면

NullPointerException이 발생할 것이기 때문입니다. 이 때문에 사람 이름을 사용할 수 있도록 새로운 인덱스 값을 계산해야 합니다. % 연산자는 일정한 수로 나누었을 때의 나머지 값을 알 수 있도록 해주므로 count 변수 뒤에 % 연산자를 붙여주고 그 뒤에 5라는 값을 붙여주면 5로 나눈 나머지 값을 알 수 있습니다. count 값이 계속 커지더라도 5로 나눈 나머지 값은 0부터 4 사이의 값이 되므로 이름 값을 가지고 있는 배열에 인덱스로 사용할 수 있습니다.

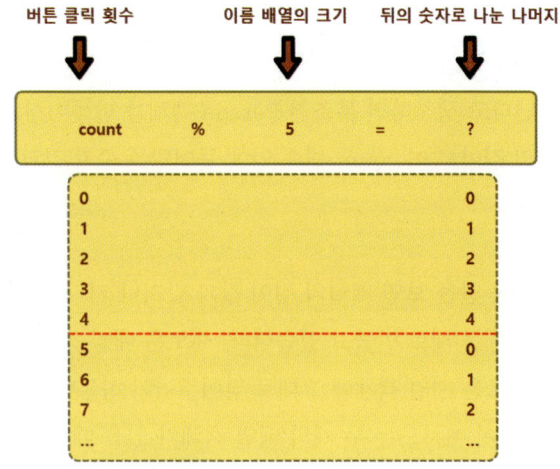

▲ % 연산자로 이름 값을 가지는 배열의 인덱스 계산하기

이렇게 만들어보니 % 연산자는 배열의 크기보다 작은 인덱스 값을 알아내는 방법이라는 것을 이해할 수 있습니다.

이제 버튼을 누를 때마다 새로운 객체를 계속 만들고 만들어진 Person 객체도 모두 배열에 저장할 수 있도록 만들었습니다. 그런데 도대체 몇 개나 만들어졌는지 알 수 없으니 답답합니다. [activity_main.xml] 탭을 눌러 화면 레이아웃을 위한 디자인 화면을 엽니다. 그리고 [사람 만들기] 버튼 옆에 텍스트뷰를 하나 추가합니다. 텍스트뷰 위젯을 선택한 상태에서 오른쪽 속성 창에서 text 속성을 찾은 후 그 값을 '0 명'이라고 입력하고 textSize 속성 값은 30sp를 입력합니다. 새로 추가한 텍스트뷰 위젯의 id 속성 값은 textView로 자동 설정되어 있을 것입니다.

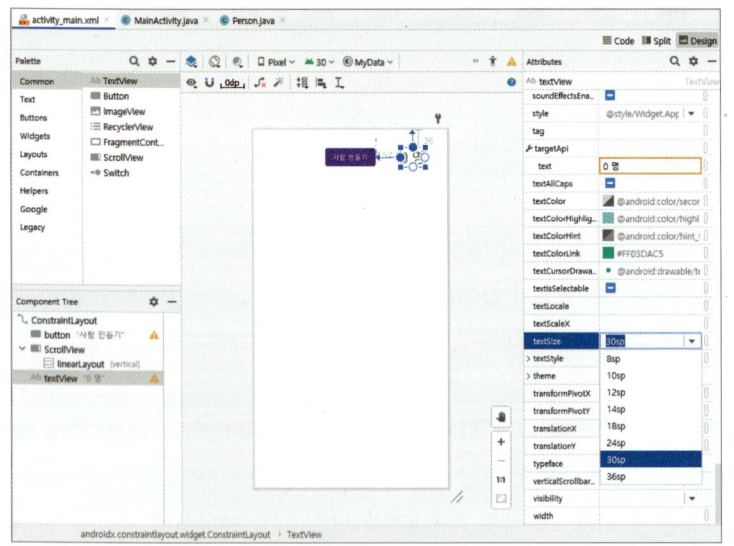

▲ 화면에 몇 명이 만들어졌는지 표시할 수 있는 텍스트뷰 추가하기

[MainActivity.java] 탭으로 돌아와 버튼을 눌렀을 때 텍스트뷰 위젯에 몇 개의 사람 객체가 만들어졌는지 볼 수 있도록 수정합니다.

코드 참고 / MyData>/app/java/org.techtown.mydata/MainActivity.java

```java
중략...
public class MainActivity extends AppCompatActivity {
    중략...
    Person[] persons = new Person[5];

    TextView textView;

    @Override
    protected void onCreate(Bundle savedInstanceState) {
        중략...
        textView = findViewById(R.id.textView);

        Button button = findViewById(R.id.button);
        button.setOnClickListener(new View.OnClickListener() {

            @Override
            public void onClick(View v) {
                중략...
                count++;

                textView.setText(count + " 명");
중략...
```

count 변수의 숫자 값은 버튼을 클릭하여 Person 객체가 만들어질 때마다 하나씩 커지도록 ++ 연산자를 사용합니다. 그 아래에 텍스트뷰의 setText 메서드를 호출하는 코드를 넣어 count 변수의 값을 텍스트뷰에 표시하도록 하면 사람 객체가 몇 명이 만들어졌는지 화면에서 확인할 수 있습니다. 앱을 실행하고 버튼을 클릭하면 다음과 같이 숫자가 하나씩 올라가는 것을 볼 수 있습니다.

▲ 버튼을 눌렀을 때 표시되는 사람 객체 수

화면에 사람 객체의 개수를 표시할 수 있으니 이전보다 좋아지긴 했습니다. 그런데 이번에는 만들어진 사람의 이름을 디버깅 메시지가 아닌 화면에 보여주면 더 좋을 것 같습니다. 만들어진 사람 객체의 이름을 하나의 문자열로 만든 후 setText 메서드를 호출하여 텍스트뷰나 입력란에 보여주면 한 사람의 이름을 화면에 보여주는 기능을 쉽게 만들 수 있습니다. 그런데 그렇게 하는 것이 아니라 이름 하나하나를 각각의 텍스트뷰로 만들어 보여주는 방법은 없을까요?

우리가 처음 추가했던 스크롤뷰와 그 안에 들어있는 리니어 레이아웃이라는 것을 사용하면 가능합니다. 리니어 레이아웃은 위젯을 담을 수 있는 상자와 같은데 그 상자 안에 텍스트뷰 위젯을 차곡차곡 쌓아 화면에 보여줄 수 있습니다. 특히 리니어 레이아웃은 가로 방향이나 세로 방향으로 차곡차곡 보여줄 수 있게 하므로 텍스트뷰를 하나씩 추가하면 차례대로 볼 수 있습니다.

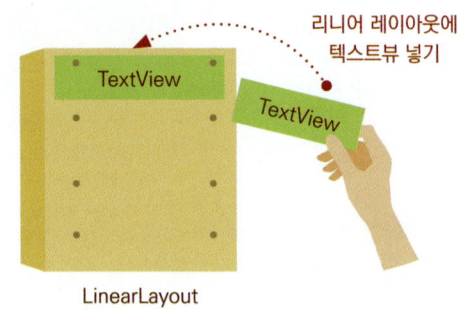

▲ 리니어 레이아웃에 텍스트뷰 추가하기

그런데 한 가지 문제는 텍스트뷰 위젯을 XML 레이아웃에 미리 추가할 수는 없다는 점입니다. 왜냐하면 우리가 화면에서 보려고 하는 사람 이름은 사람 객체가 먼저 만들어져야 알 수 있기 때문에 XML 레이아웃에 미리 추가해 놓을 수 없습니다.

이런 경우에는 소스코드에서 직접 화면에 위젯을 추가해야 합니다. 즉, Person 객체가 만들어질 때 TextView 위젯을 직접 new 연산자로 만든 후 리니어 레이아웃이라는 상자에 넣으면 코드에서도 텍스트뷰를 추가할 수 있습니다. 이제 화면에 추가했던 스크롤뷰 속 리니어 레이아웃 안에 텍스트뷰 위젯을 하나씩 추가해 보겠습니다. 먼저 XML 레이아웃에 추가했던 ScrollView 안의 LinearLayout을 소스코드에서 찾아 변수에 할당합니다.

코드 참고 / MyData>/app/java/org.techtown.mydata/MainActivity.java

```java
중략...
public class MainActivity extends AppCompatActivity {
  중략...
  TextView textView;

  LinearLayout linearLayout;

  @Override
  protected void onCreate(Bundle savedInstanceState) {
    super.onCreate(savedInstanceState);
```

```
    setContentView(R.layout.activity_main);

    linearLayout = findViewById(R.id.linearLayout);
중략...
```

이 LinearLayout에는 사람 이름을 표시할 TextView 위젯을 하나씩 넣을 것입니다. 버튼을 눌렀을 때 호출되는 onClick 메서드 안에 다음과 같은 코드를 추가합니다. count 변수에는 Person 객체를 만든 후 그 값이 하나씩 커지도록 ++ 연산자를 사용합니다. 따라서 count++이라는 코드가 있는 부분 앞에서 텍스트뷰를 추가해야 한다는 점에 주의합니다.

코드 참고 / MyData>/app/java/org.techtown.mydata/MainActivity.java

```
중략...
    button.setOnClickListener(new View.OnClickListener() {

        @Override
        public void onClick(View v) {
            중략...
            String curName = persons[count].getName();
            TextView nameTextView = new TextView(getApplicationContext());
            nameTextView.setText(curName);
            nameTextView.setTextSize(TypedValue.COMPLEX_UNIT_SP, 30);

            LinearLayout.LayoutParams params = new LinearLayout.LayoutParams(
                    LinearLayout.LayoutParams.MATCH_PARENT,
                    LinearLayout.LayoutParams.WRAP_CONTENT);

            linearLayout.addView(nameTextView, params);

            count++;
중략...
```

onClick 메서드 안에서는 새로 만든 Person 객체를 persons[count]라는 코드로 참조한 후 getName 메서드를 호출하여 어떤 사람 이름이 들어있는지를 확인합니다. 사람 이름은 curName 변수에 들어가는데 curName이라는 이름은 Current Name(현재 이름 값)의 영문을 줄여서 표시한 것이며, 변수 이름은 첫 글자를 보통 소문자로 하기 때문에 curName이라고 이름을 붙였습니다.

이렇게 알아낸 Person 객체의 이름을 텍스트뷰에 표시해주어야 하므로 먼저 텍스트뷰 객체를 만듭니다. String 자료형의 객체를 만들거나 Person 객체를 만들 때 new 연산자를 사용했던 것처럼 화면에 추가하는 위젯이라는 것도 new 연산자를 이용해 만듭니다. 대신 new 연산자로 객체를 처음 만들 때 자료형 이름 뒤에 오는 소괄호 안에 콘텍스트(Context) 객체를 넣어주어야 합니다. 콘텍스트 객체가 무엇인지는 나중에 천천히 알아도 됩니다. 여기서는 우선 화면에 보이는 뷰들은 모두 처음 만들어질 때 콘텍스트 객체를 전달받아야 한다는 사실만 기억합니다. 콘텍스트 객체라는 것은 토스트 메시지를 만들 때 사용했던 getApplicationContext 메서드를 호출하면 넣어줄 수 있습니다.

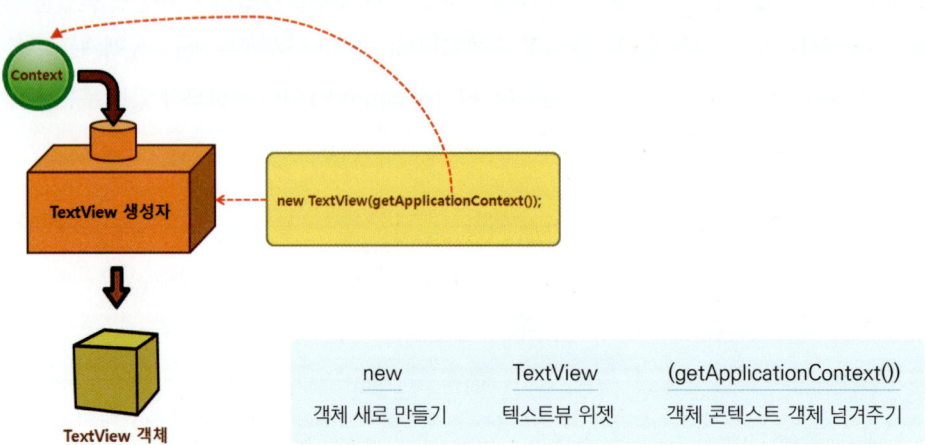

▲ 코드에서 뷰 객체 만들기

디자인 화면에서 텍스트뷰를 선택했을 때 오른쪽 속성 창에 보이던 text 속성을 기억할 것입니다. 이 text 속성의 값을 코드에서 직접 넣고 싶다면 setText라는 메서드를 호출하면 됩니다. 마찬가지로 textSize라는 속성은 setTextSize라는 메서드를 호출하면 됩니다. 글자의 크기 값은 30이라는 숫자 값뿐만 아니라 sp라는 단위도 붙여주는데, 소스코드에서 단위를 붙여주고 싶다면 두 개의 파라미터를 전달하면서 첫 번째 파라미터에 TypedValue.COMPLEX_UNIT_SP라고 넣어줍니다.

리니어 레이아웃이라는 상자에 뷰 객체를 넣어줄 때는 addView라는 메서드를 사용할 수 있습니다. addView 메서드는 뷰를 추가하는 것이므로 소괄호 안에 뷰 객체를 넣어주면 되는데 뷰 객체 이외에 파라미터를 하나 더 넣을 수 있습니다. 그것은 뷰 객체가 화면에서 어느 정도 영역을 차지하는지를 알려주는 파라미터(Parameter)인데 XML 레이아웃에서 match_parent라는 속성 값은 부모 레이아웃의 여유 공간을 모두 차지한다는 의미이고 wrap_content라는 속성 값은 뷰의 내용물 크기만큼만 공간을 차지한다는 의미입니다.

여기에서 중요한 것은 new 연산자로 위젯 객체를 만든 후 레이아웃이라는 상자에 addView로 추가했다는 것입니다.

코드의 양이 많더라도 코드가 들어가는 부분이 정해져 있어 해석하는 데는 그리 오래 걸리지 않습니다.

앱을 실행하고 버튼을 클릭해보면 화면에 이름이 추가되어 보이게 됩니다. 이제 어떤 사람 이름을 이용해 Person 객체가 만들어졌는지 확실하게 알 수 있습니다.

◀ 버튼을 눌렀을 때 추가되는 사람 이름을 화면에 보여준 결과

사람 이름이 텍스트뷰에 표시되고 그 텍스트뷰가 리니어 레이아웃이라는 것에 추가된다는 것을 이해하면서 보면 좀 더 신기하게 보일 것입니다. 버튼을 더 많이 눌러 계속 Person 객체의 이름을 화면에 추가하고 이름이 보이는 부분을 마우스로 드래그해보면 스크롤이 만들어지면서 추가된 모든 이름을 훑어볼 수 있습니다.

◀ 사람 객체를 많이 추가한 후 스크롤하기

이것은 화면에 추가된 스크롤뷰라는 것이 리니어 레이아웃이라는 것을 담고 있기 때문입니다. 리니어 레이아웃의 크기가 점점 커지면서 화면에 보이지 않을 때까지 커지면 스크롤뷰라는 것이 화면에 보이지 않는 부분을 스크롤 영역으로 계산하여 스크롤할 수 있게 합니다.

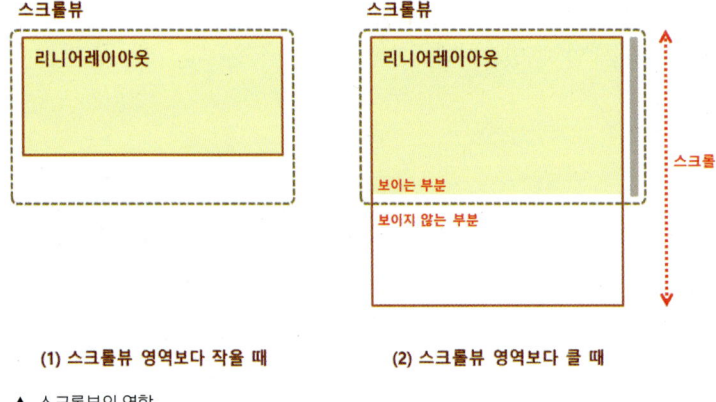

▲ 스크롤뷰의 역할

3 _ 배열 안에 배열 객체들이 들어간 2차원 배열

지금까지 여러 개의 데이터를 담아둘 수 있는 배열을 사용하면서 그 안에 어떤 데이터나 객체가 들어 있는지 그리고 객체의 정보를 모두 확인하면서 하나씩 화면에 보여주는 것까지 해보았습니다. 그러면 사람을 그룹으로 분류해서 넣어두고 싶을 때는 어떻게 할 수 있을까요? 예를 들어, 전화번호부를 만들고 싶다면 가족, 친구와 같은 그룹을 만들고 그 안에 Person 클래스로 만든 객체를 넣어둘 수 있을 것입니다. 물론 Person 클래스 안에는 전화번호를 넣어둘 수 있는 문자열 자료형의 변수가 하나 더 추가되어야 하겠지요. 이 경우에는 2차원 배열을 사용할 수 있습니다. '2차원 배열'이란 바둑판처럼 만들고 그 안에 데이터를 저장하는 것으로 이해하면 쉽습니다.

> **주의** 이번 단락에서 다루는 2차원 배열에 대해 알아가다가 너무 어려운 것 같다면 건너뛰어도 됩니다. 일반적인 프로그램을 만들 때 2차원 배열이 자주 사용되지는 않기 때문입니다.

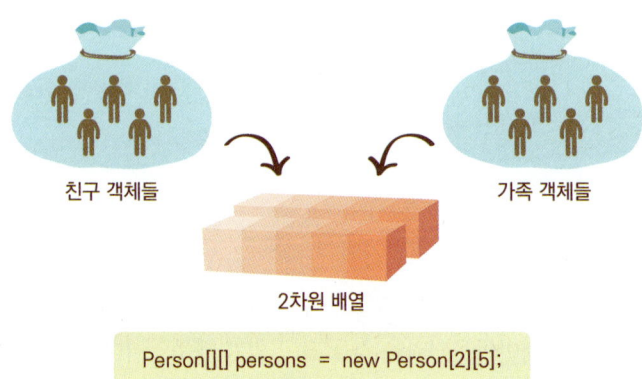

▲ 2차원 배열로 데이터를 그룹화하기

다섯 명의 친구가 있고 다섯 명의 가족이 있다면 먼저 친구 다섯 명을 가로로 쭉 늘어뜨린 변수 상자를 만들어 넣어둡니다. 그다음 가족 다섯 명을 가로로 늘어뜨린 변수 상자를 만들어 넣어둡니다. 이렇게 하면 가로 길이가 다섯 개, 세로 길이가 두 개인 격자 모양이 만들어집니다. 그러면 이 격자의 가로는 그룹을 나타내고 세로는 각각의 데이터를 나타내게 됩니다.

이런 모양으로 배열 객체를 만들 때는 자료형 뒤에 대괄호를 두 번 입력하고 각각의 상자 안에 개수를 입력합니다. 첫 번째 대괄호에는 몇 줄의 그룹이 있는지 입력하고, 두 번째 대괄호에는 각각의 그룹에 들어있는 데이터가 몇 개인지 입력합니다. 이때 다섯 개의 데이터를 가진 줄이 두 개 있다는 의미로 넣어주는 [2][5]라는 코드 부분을 잘 보고 이해해야 합니다. 이런 방식으로 이름을 넣어둘 수 있는 2차원 배열을 만든 후 만들어진 정보를 보여주는 코드를 만들어 보겠습니다.

먼저 2차원 배열로 문자열들을 넣을 수 있는 변수를 선언합니다. 변수의 이름은 phonebook으로 하고 그룹의 개수는 2, 각 그룹에 들어있는 데이터의 개수는 5로 정합니다.

코드 참고 / MyData>/app/java/org.techtown.mydata/MainActivity.java

```java
중략...
public class MainActivity extends AppCompatActivity {
  중략...
  String[][] phonebook = new String[2][5];

  @Override
  protected void onCreate(Bundle savedInstanceState) {
```

전화번호부는 영어로 PhoneBook이니 전화번호부 안에 넣어두는 사람들의 정보를 문자열 자료형의 배열로 만든 후 phonebook이라는 변수 이름을 붙였습니다. 이렇게 만든 배열에 데이터를 넣을 때는 다음과 같이 입력합니다.

코드 참고 / MyData>/app/java/org.techtown.mydata/MainActivity.java

```java
중략...
  protected void onCreate(Bundle savedInstanceState) {
    super.onCreate(savedInstanceState);
    setContentView(R.layout.activity_main);

    String[] friends = {"철수", "영희", "민희", "수지", "지민"};
    phonebook[0] = friends;
```

```
    String[] family = {"할머니", "할아버지", "엄마", "아빠", "동생"};
    phonebook[1] = family;
```

중략...

friends라는 변수는 다섯 개의 문자열을 가지는 변수로 되어 있으며 일반적인 배열을 만들 때의 형태와 같으니 '1차원 배열'이라고 할 수 있습니다. 이렇게 만든 배열은 다섯 개의 변수 상자가 나란히 있는 것과 같으니 phonebook 배열의 첫 번째 줄에 가져다 놓으려면 1차원 배열로 만들어진 변수를 phonebook 배열의 첫 번째 인덱스 위치에 두면 됩니다.

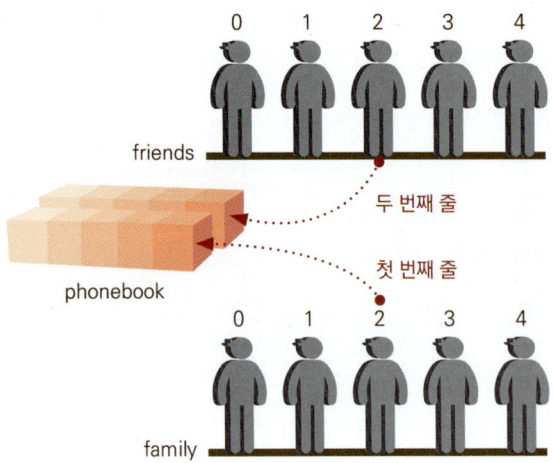

▲ 이차원 배열에 일차원 배열 변수 할당하기

여러 개의 변수 상자로 만들어진 1차원 배열 객체는 2차원 배열 객체의 한 인덱스 값으로 들어갈 수 있습니다. 책이 진열되어 있는 서가의 한 칸을 차지하는 것을 생각해보면 쉽게 이해됩니다. 2차원 배열은 첫 번째 줄의 배열 객체를 한꺼번에 접근할 때는 대괄호를 하나만 붙이고, 격자로 생각했을 때 각각의 변수 상자에 접근할 때는 대괄호를 두 개 붙입니다. 따라서 friends 변수를 phonebook 변수에 할당할 때는 대괄호를 하나만 붙이고 인덱스 값을 0으로 해줍니다. family 변수도 1차원 배열 객체로 만들고 phonebook 변수에 할당하는데 인덱스 값을 1로 해줍니다. 이렇게 하면 바둑판같은 격자 안에 사람들의 이름이 차례로 들어있는 모양이 됩니다.

2차원 배열을 만들고 나서 이 배열에 들어있는 모든 데이터를 한 번씩 모두 접근하고 싶다면 for 구문을 두 번 사용하면 됩니다. 이전에 입력했던 for 구문 아래쪽에 다음과 같이 입력합니다.

코드 참고 / MyData>/app/java/org.techtown.mydata/MainActivity.java

```java
중략...
    count++;

    textView.setText(count + " 명");

    for (int i = 0; i < count; i++) {
      System.out.println(i + " : " + persons[i].getName());
    }

    String outNames = "";
    for (int i = 0; i < phonebook.length; i++) {
      outNames = outNames + ("\n" + i + " 인덱스의 그룹 : ");
      for (int j = 0; j < phonebook[i].length; j++) {
        outNames = outNames + phonebook[i][j];
        if (j < (phonebook[i].length-1)) {
          outNames = outNames + ",";
        }
      }
    }

    System.out.println(outNames);
중략...
```

1차원 배열에 들어있는 모든 데이터를 한 번씩 접근할 때는 for 구문을 한 번만 사용했습니다. 그러나 격자 모양으로 되어 있는 2차원 배열의 데이터를 한 번씩 접근할 때는 각 행(Row)의 인덱스로 접근하기 위한 첫 번째 for 구문과 그 안에서 각 열(Column)의 인덱스로 접근하기 위한 두 번째 for 구문이 함께 사용됩니다. 이 형태는 약간 복잡해 보이지만 2차원 배열에 들어있는 데이터를 모두 확인하고 싶을 때 자주 사용되는 코드의 형태이니 잘 기억해두는 것이 좋습니다.

이렇게 격자 모양으로 된 2차원 배열을 접근할 때는 i와 j 변수의 값이 다음과 같습니다.

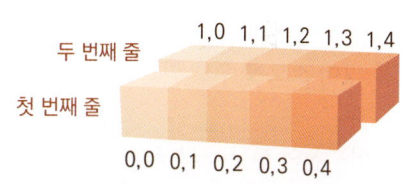

▲ 2차원 배열의 각 인덱스

이렇게 보면 i의 값이 세로 줄의 인덱스 값이 되고 j의 값은 가로 줄의 인덱스 값이 된다는 것이 더 확실하게 보일 것입니다. for 구문 안에 다시 for 구문이 사용되도록 하고 그 안에서 하나의 문자열에 계속 문자열을 붙여나간 후 마지막으로 만들어진 문자열의 값을 디버깅 메시지로 보여줍니다. 앱을 실행하면 다음과 같이 [Logcat] 탭에 2차원 배열 안에 들어있는 데이터들이 나타납니다. 결과물을 System.out.println으로 출력했으므로 앱의 화면이 아니라 [Logcat] 탭으로 출력됩니다.

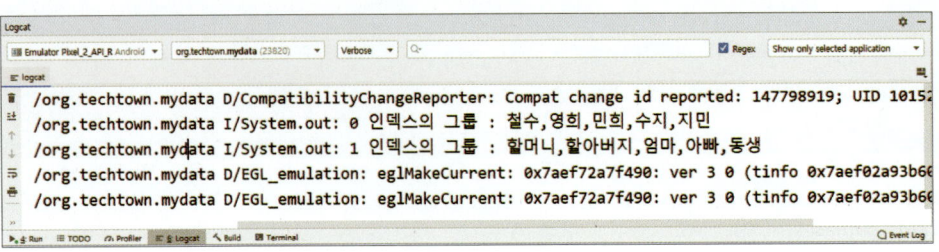

▲ 2차원 배열에 넣어두었던 그룹별 이름을 디버깅 메시지로 표시한 화면

1차원 배열도 그랬지만 2차원 배열은 머릿속으로 어떤 모양의 변수 상자가 만들어져 있고 그 안에 있는 데이터를 어떻게 가져오거나 넣을 수 있는지를 잘 생각해야 합니다. 처음에는 조금 복잡하게 느껴지겠지만 몇 번 입력해보다 보면 점점 익숙해질 것입니다.

4 _ 여러 데이터를 순서대로 붙여주는 리스트

10이라는 크기를 가진 String 자료형의 배열을 만들면 메모리에 문자열을 저장할 수 있는 공간 10개가 만들어집니다. 이 공간은 배열을 만들 때 미리 만들어지는데 만약 여기에 넣어둘 사람 이름이 2개밖에 없다면 나머지 공간 8개는 괜히 만든 것이 됩니다. 그런데 배열 안에 넣어둘 데이터가 몇 개인지 정확하게 알 수 없고 그 개수가 자주 변할 수 있다면 이렇게 낭비되는 공간이 점점 더 많아질 수 있습니다. 또한 10개 이상의 이름을 저장해야 한다면 이미 만들어둔 배열 객체를 사용할 수 없으므로 10개 이상의 이름을 넣어둘 수 있는 배열 객체를 새로 만들고 그쪽으로 데이터를 복사해서 넣어야 합니다. 이때 코드가 복잡해지기도 하고 데이터를 모두 복사하는데 PC나 스마트폰의 뇌에 해당하는 CPU나 메모리를 많이 소모할 수도 있습니다.

스마트폰의 성능이 워낙 좋아지다 보니 CPU나 메모리가 많이 쓰이는 데 별로 관심이 없을 수도 있습니다. 하지만 코드를 입력할 때 배열을 새로 만들고 기존 배열의 데이터를 System.arrayCopy 메서드로 복사해 넣는 일도 복잡하게 보이므로 배열의 크기를 일일이 다시 늘려주는 일은 그리 달갑지 않습니다.

이런 문제는 리스트라는 것을 사용하면 없앨 수 있습니다. '리스트'는 데이터를 차례대로 연결해놓은 것과 같습니다. 기차를 생각해보면 차량이 순서대로 연결되어 있는데 어떨 때는 맨 뒤의 차량을 뗄 수도 있고 더 붙일 수도 있습니다.

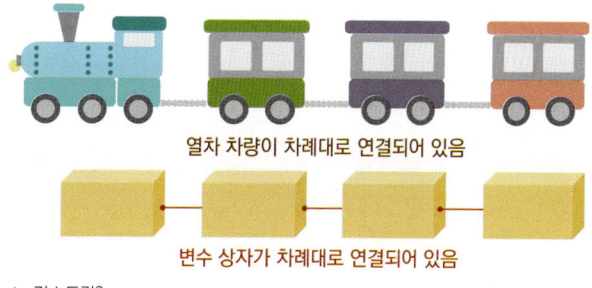

▲ 리스트란?

리스트를 사용하는 것이 배열보다 더 나은지 아니면 더 불편한지는 이전에 만들었던 코드를 수정해보면 쉽게 알 수 있습니다. 프로젝트를 복사하여 MyData2라는 프로젝트로 만들고 패키지 이름은 수정하지 않습니다. 패키지 이름을 수정하지 않으면 안드로이드가 이전에 만들었던 프로젝트와 같은 프로젝트로 인식하게 되지만 우리가 간단한 테스트를 진행하는 데는 문제가 없습니다.

자바에서 미리 만들어 제공하는 리스트는 여러 가지가 있지만 가장 많이 사용하는 것이 ArrayList입니다. 이름에 Array라는 것이 들어갔으니 '배열인가?' 하고 생각할 수도 있지만 배열은 아닙니다. 리스트로 사용할 수 있도록 만드는데 그 내부에서 배열이 사용되었기 때문에 이름에 Array라는 말이 들어간 것뿐입니다. 따라서 여러분이 직접 사용할 때는 배열과 다릅니다. 이 ArrayList라는 클래스는 어떤 자료형의 객체라도 그 안에 넣거나 뺄 수 있으며, 그 크기는 미리 정할 필요가 없어 많은 데이터를 언제라도 추가할 수 있습니다.

ArrayList 객체를 만들 때는 new 연산자를 사용하는데 그 뒤에 꺾쇠 기호를 넣으면 그 안에 넣을 객체의 자료형을 처음부터 정할 수 있습니다. 이런 저런 자료형의 객체를 한꺼번에 가지고 있는 것보다 하나의 자료형을 정해두면 처리하는 속도가 훨씬 더 빨라지는 장점이 있습니다.

Person 객체를 만들어 저장하는 역할을 했던 persons 변수를 배열이 아니라 ArrayList로 바꾸려면 다음과 같이 수정해서 입력합니다.

코드 참고 / MyData2>/app/java/org.techtown.mydata/MainActivity.java

```java
중략...
  int count = 0;

  ArrayList<Person> persons = new ArrayList<Person>();

  TextView textView;
중략...
```

new 연산자로 객체를 만드는 다른 자료형처럼 입력한다면 new ArrayList()가 되어야 합니다. 하지만 ArrayList와 소괄호 사이에 꺾쇠 표시가 하나 더 들어가고 그 안에 Person이라는 자료형이 들어있습니다. ArrayList도 꺾쇠 없이 만들 수 있는데 그 경우에는 여러 가지 자료형의 객체를 넣을 수 있는 리스트가 되며, 지금처럼 Person 자료형을 꺾쇠 안에 넣어주면 Person 자료형의 객체만 들어갈 수 있습니다. persons 변수에는 Person 객체만 넣어도 충분하므로 꺾쇠 안에 Person 자료형을 넣었습니다.

이렇게 바꿨으니 버튼을 눌렀을 때 Person 객체를 만들고 그 객체를 배열 안에 넣어두던 코드 부분을 바꿔야 합니다.

코드 참고 / MyData2>/app/java/org.techtown.mydata/MainActivity.java

```java
중략...
button.setOnClickListener(new View.OnClickListener() {

  @Override
  public void onClick(View v) {
    int nameIndex = count % 5;
    Person curPerson = new Person(names[nameIndex]);
    persons.add(curPerson);
    Toast.makeText(getApplicationContext(),
            "사람 " + names[nameIndex] + "이 만들어졌습니다.",
            Toast.LENGTH_LONG).show();

    String curName = curPerson.getName();
    TextView nameTextView = new TextView(getApplicationContext());
    nameTextView.setText(curName);
    nameTextView.setTextSize(TypedValue.COMPLEX_UNIT_SP, 30);

    LinearLayout.LayoutParams params = new LinearLayout.LayoutParams(
            LinearLayout.LayoutParams.MATCH_PARENT,
            LinearLayout.LayoutParams.WRAP_CONTENT);
중략...
    count++;

    textView.setText(count + " 명");

    for (int i = 0; i < count; i++) {
      System.out.println(i + " : " + persons.get(i).getName());
    }
```

배열을 사용했을 때는 버튼을 누른 횟수를 계산해서 배열의 크기를 넘어서면 새로운 배열을 만들어주
도록 했었는데 그런 코드 부분은 이제 필요 없습니다. 리스트는 단순히 객체를 추가하기만 하면 되는데
add라는 메서드를 호출하면 객체를 추가할 수 있습니다. 이렇게 리스트를 사용하는 방식으로 바꾸니
훨씬 간단해진 것을 알 수 있습니다. 리스트에 객체를 추가
할 때는 add, 객체를 가져올 때는 get 메서드를 사용합니다.
객체를 가져올 때는 배열과 마찬가지로 인덱스 값을 사용할
수 있습니다. 또한 배열에서는 그 원소의 개수를 length라
는 변수로 확인하는 것과 달리 리스트에서는 size라는 메서
드를 호출하여 확인합니다.

구분	내용
add( )	추가합니다.
get( )	가져옵니다.
size( )	크기 값을 알 수 있습니다.

▲ ArrayList에서 사용하는 대표적인 메서드

그러면 이전에 만들었던 화면을 약간 바꿔 사람 이름을 입
력란에 입력하고 [사람 추가하기]를 클릭하면 화면에 그 이
름이 추가되도록 만들어 보겠습니다. 리스트에 Person 객
체를 추가하는 방식으로 코드를 바꾸었으니 이렇게 기능을 바꾸는 것도 그리 어렵지 않습니다. 먼저
[activity_main.xml] 탭을 눌러 디자인 화면을 띄우고 화면 레이아웃을 수정합니다. 입력상자를 하나
화면에 가져다 놓고 버튼도 하나 추가한 후 버튼에 보이는 글자를 '사람 추가하기'로 바꿉니다.

주의 ▶ 입력상자와 버튼을 화면에 넣기 전에 스크롤
뷰를 선택해서 크기와 위치를 다음 그림처럼 변경해
주는 것이 좋습니다.

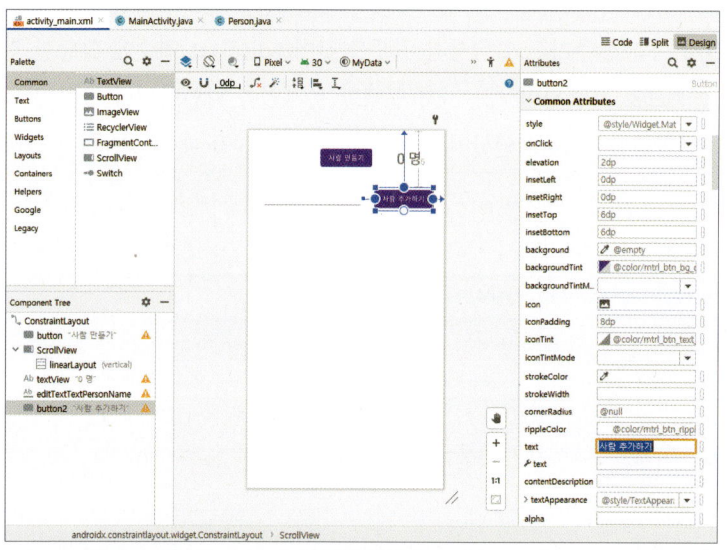

▲ 사람 이름을 직접 입력하여 추가할 수 있도록 화면 바꾸기

[사람 만들기]와 그 아래의 스크롤뷰와는 간격이 많이 떨어져 있지 않았으므로 그 사이에 입력상자와
버튼을 더 추가하면 화면 배치가 조금 이상할 수도 있습니다. 간격을 잘 조정하여 위와 같은 모양이 되
도록 합니다. 새로 추가한 입력상자의 id 값은 editTextTextPersonName이며, 새로 추가한 버튼의
id 값은 button2입니다.

[MainActivity.java] 탭을 눌러 소스 파일을 열고 [사람 추가하기] 버튼을 클릭했을 때 필요한 코드 부분을 먼저 입력합니다. 첫 번째 버튼의 코드 아래쪽에 추가한 두 번째 버튼의 코드를 추가하면 됩니다.

코드 참고 / MyData2>/app/java/org.techtown.mydata/MainActivity.java

```java
중략...
    System.out.println(outNames);
  }
});

Button button2 = findViewById(R.id.button2);
button2.setOnClickListener(new View.OnClickListener() {

  @Override
  public void onClick(View v) {

  }
});
중략...
```

첫 번째 버튼을 입력했을 때와 달라진 것은 id 값뿐이므로 위의 코드는 비교적 빨리 입력할 수 있습니다. onClick 메서드 안에서는 먼저 화면에 추가한 입력상자 위젯을 찾아 editText 변수에 할당한 후 getText와 toString 메서드를 연속으로 호출하여 사용자가 입력한 문자열을 확인합니다. 입력란에 입력한 문자열을 curName 변수에 할당한 후 new 연산자로 Person 객체를 만들 때 생성자의 파라미터로 전달합니다.

코드 참고 / MyData2>/app/java/org.techtown.mydata/MainActivity.java

```java
중략...
Button button2 = findViewById(R.id.button2);
button2.setOnClickListener(new View.OnClickListener()

  @Override
  public void onClick(View v) {
    EditText editText = findViewById(R.id.editTextTextPersonName);
    String curName = editText.getText().toString();
```

```
        Person curPerson = new Person(curName);
        persons.add(curPerson);
        Toast.makeText(getApplicationContext(),
                "사람 " + curName + "이 만들어졌습니다.",
                Toast.LENGTH_LONG).show();


        TextView nameTextView = new TextView(getApplicationContext());
        nameTextView.setText(curName);
        nameTextView.setTextSize(TypedValue.COMPLEX_UNIT_SP, 30);

        LinearLayout.LayoutParams params = new LinearLayout.LayoutParams(
                LinearLayout.LayoutParams.MATCH_PARENT,
                LinearLayout.LayoutParams.WRAP_CONTENT);

        linearLayout.addView(nameTextView, params);



    );
중략...
```

Person 객체들을 담아둘 수 있는 persons 변수는 이미 리스트로 바뀌어 있으므로 단순히 add 함수만 호출하면 리스트에 추가할 수 있습니다. 그 밑에 있는 부분은 첫 번째 버튼을 눌렀을 때와 동일합니다. 바로 Person 객체의 이름을 텍스트뷰 객체로 만들어서 화면의 스크롤뷰 안에 들어있는 리니어 레이아웃이라는 상자에 넣어주는 기능입니다.

앱을 실행하고 입력란에 아무 이름이나 넣은 후 [사람 추가하기]를 누르면 리스트에도 추가되고 화면에도 잘 보이는 것을 확인할 수 있습니다.

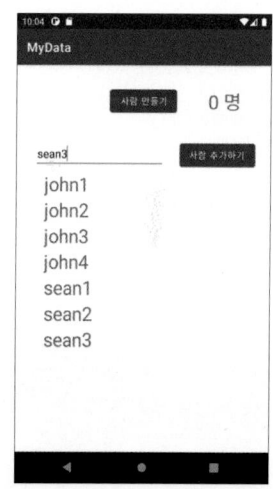

▲ 사람 이름을 직접 입력하여 추가하기

[사람 추가하기]를 눌러 사람 객체를 추가할 때는 count 변수의 값이 증가되거나 화면의 텍스트뷰에 바뀐 값이 표시되도록 만들지 않았습니다. 이때 숫자도 같이 바뀌게 만들고 싶다면 count 변수의 값을 증가시키기보다는 텍스트뷰에 표시할 때 persons 객체의 size 메서드를 호출하여 표시하는 것이 좋습니다. 왜냐하면 count 변수는 5개의 사람 이름이 들어있는 배열 객체에서 값을 가져올 때 인덱스로도 사용되기 때문입니다. 즉, 다음과 같이 코드를 추가하면 [사람 추가하기]를 눌렀을 때도 지금까지 만든 사람 객체의 수를 화면에 보여줄 수 있습니다.

코드 참고 / MyData2>/app/java/org.techtown.mydata/MainActivity.java

```
중략...
    linearLayout.addView(nameTextView, params);

    textView.setText(persons.size() + " 명");
중략...
```

앱을 다시 실행하고 [사람 추가하기]를 누르면 몇 명이나 추가되었는지 텍스트에 표시됩니다. 배열은 그 크기가 고정되어 있지만 리스트는 고무줄처럼 늘었다 줄었다 할 수 있습니다. 따라서 리스트 객체의 size 메서드만 이용해도 현재까지 추가된 객체의 개수를 바로 확인할 수 있으니 편리합니다.

그러면 사람 객체를 여러 개 담고 있는 persons 객체 안의 데이터를 확인하고 싶을 때는 어떻게 할까요? 다음과 같이 코드를 수정하면 ArrayList 안에 들어있는 모든 Person 객체의 이름을 보여줄 수 있습니다.

코드 참고 / MyData2>/app/java/org.techtown.mydata/MainActivity.java

```
중략...
    textView.setText(persons.size() + " 명");

    for (int i = 0; i < persons.size(); i++)
        System.out.println(i + " : " + persons.get(i).getName());
중략...
```

for 구문을 사용하여 여러 번 코드를 만들어 보았으니 for 구문을 사용하면 반복하여 코드를 실행할 수 있다는 것을 이제 확실히 이해했을 것입니다. 리스트 안의 모든 객체들을 꺼내어 확인하고 싶다면 for 구문을 사용하여 하나씩 확인하는 방식도 있지만 '이터레이터(Iterator)'라는 것을 사용하는 방식도 있습니다. 이터레이터는 줄줄이 비엔나소시지와 비슷해서 리스트 안의 모든 객체를 확인하기 위해 이터레이터를 만들어달라고 하면 리스트가 그 안에 들어있는 모든 객체를 순서대로 확인할 수 있도록 Iterator 객체를 던져주게 됩니다.

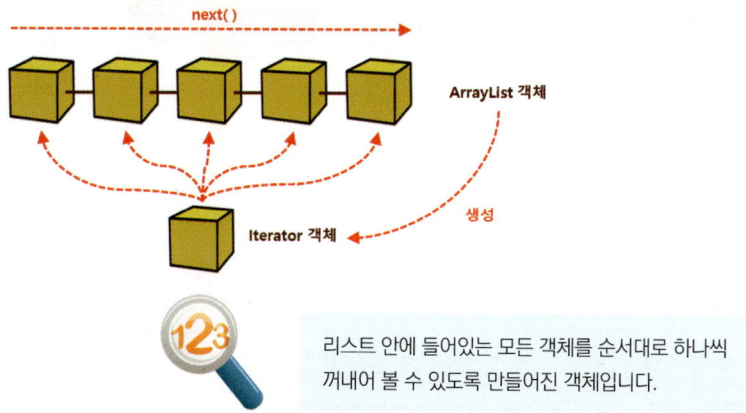

리스트 안에 들어있는 모든 객체를 순서대로 하나씩 꺼내어 볼 수 있도록 만들어진 객체입니다.

▲ 이터레이터(Iterator)란?

Iterator는 ArrayList에 들어있는 iterator 메서드를 호출하면 받을 수 있습니다. Iterator도 뒤에 꺾쇠 표시를 붙이고 그 안에 자료형을 입력하면 하나의 자료형만으로 만들어지게 할 수 있습니다. 다음과 같이 코드를 입력합니다.

코드 참고 / MyData2>/app/java/org.techtown.mydata/MainActivity.java

```java
중략...
    Iterator<Person> iter = persons.iterator();
    int outIndex = 0;
    while(iter.hasNext())
        Person outPerson = iter.next();
        System.out.println(outIndex + " : " + outPerson.getName());
        outIndex++;

중략...
```

Iterator에는 hasNext와 next라는 중요한 두 가지 메서드가 있습니다. hasNext는 다음 순서의 객체가 있는지를 알려주는데 연결되어 있는 소시지의 마지막인지 아닌지를 알 수 있습니다. next 메서드를 호출하면 그 다음 객체를 받아 변수에 넣을 수 있습니다.

구분	내용
hasNext	다음 순서의 객체가 있는지 알려줍니다.
next	다음 객체를 받을 수 있습니다.

▲ 이터레이터(Iterator)의 두 가지 메서드

Iterator는 인덱스 값을 이용해서 객체를 확인하는 방식이 아니므로 보통 for 구문보다는 while 구문으로 처리합니다. while 구문은 그 안의 코드를 반복해서 처리하는데 while 바로 뒤에 있는 소괄호 안에 입력한 조건만 확인합니다. 이 조건이 맞으면 계속 반복하고 그렇지 않으면 while 구문 밖으로 나가게 됩니다. 이때 while 구문의 소괄호 안에 있는 조건이 항상 true이면 끝나지 않고 계속 반복하게 되는데 이것을 '무한 루프'라고 합니다.

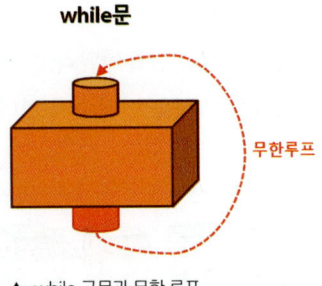

▲ while 구문과 무한 루프

예를 들어, int 자료형으로 만든 outIndex 변수의 값을 0으로 해놓고 while 구문 뒤의 소괄호 안에 outIndex〈1을 입력했다면 while 구문 안의 코드는 끝나지 않고 계속 반복됩니다. 왜냐하면 outIndex 변수에 들어있는 값은 계속 0으로 되어 있기 때문입니다. 이 때문에 반복 실행되는 코드를 끝내고 싶다면 outIndex 변수의 값을 1과 같거나 크도록 코드 안에서 바꿔주어야 합니다. 만약 바꾸는 코드를 깜박 잊어버렸다면 이 프로그램은 무한 루프를 반복하면서 프로그램이 영원히 멈추지 않아 시스템에 부담을 주는 상황을 맞게 됩니다. 이 부분이 while 구문을 사용할 때 주의할 점입니다. 물론 for 구문도 이런 상황에 처할 수 있지만 for 구문은 몇 번 반복할 것인지를 처음부터 머릿속으로 생각하면서 입력하는 경우가 많아 while 구문보다는 문제가 생길 확률이 적다고 할 수 있습니다. 다시 정리하자면 while 구문을 사용할 때는 while 구문 안의 코드에서 while 구문을 끝낼 수 있는 코드를 넣어야 한다는 것을 기억해야 합니다.

Iterator를 이용해 리스트 안에 들어있는 객체를 하나씩 꺼내오는 것이므로 hasNext 메서드를 소괄호 안에서 호출하여 true 값이 리턴되는 경우에만 while 구문 안의 코드가 실행되도록 만들면 무한 루프에 빠지지 않습니다. 마지막 순서에 있는 객체 다음에는 false 값이 반환되기 때문에 while 구문 안의 조건은 객체가 있을 때까지만 true 값을 반환합니다. while 구문 안의 코드를 보면 next 메서드를 호출하여 Person 객체를 가져오는 것을 알 수 있습니다.

리스트에서 자주 사용하는 메서드는 리스트 안에 들어있는 객체를 하나씩 가져오는 get 메서드나 새로운 객체를 추가할 수 있는 add 메서드가 있습니다. 그 외에도 set, remove, clear, contains 메서드가 있습니다.

구분	내용
set	인덱스를 이용해 리스트 안의 특정 위치에 객체를 집어넣습니다. ex) nameList.set(2, "광수");
remove	인덱스를 이용해 리스트 안의 객체를 없애줍니다. ex) nameList.remove(2);
clear	리스트 안의 모든 객체를 없애줍니다. ex) nameList.clear();
contains	객체가 있는지를 찾아줍니다. ex) nameList.contains("광수");

◀ 리스트의 또 다른 메서드 정의

contains 메서드는 어떤 객체가 들어있는지 없는지를 쉽게 알 수 있게 합니다. 따라서 이 메서드를 이용하면 배열을 사용할 때보다 더 편리하게 리스트를 사용할 수 있습니다.

5 _ 데이터 값을 빨리 찾는 해시테이블

전화번호부처럼 만들고 싶을 때 리스트 안에 다시 리스트를 넣는 방식을 사용할 수 있습니다. 그런데 첫 번째 그룹이 '친구' 그룹이고 두 번째 그룹이 '가족' 그룹이라는 것을 코드에서 어떻게 알 수 있을까요?

문자열 자료형으로 된 배열을 하나 만들고 그 안에 그룹의 이름을 넣어둘 수 있습니다. 그리고 문자열을 담을 수 있는 ArrayList 객체를 하나 더 만들고 그 안에 그룹의 이름을 넣어둘 수도 있습니다. 이렇게 하면 객체가 들어있는 순서를 알 수 있으므로 인덱스를 사용하면 그 그룹 안에 들어있는 사람들의 이름을 쉽게 찾을 수 있습니다.

파일 탐색기에서 MyData2 프로젝트를 복사하여 MyData3로 만듭니다. 그리고 안드로이드 스튜디오에서 MyData3 프로젝트를 연 다음 MainActivity.java 파일을 엽니다. MainActivity 클래스 안에서 문자열 자료형의 배열을 만듭니다.

코드 참고 / MyData3>/app/java/org.techtown.mydata/MainActivity.java

```java
중략...
  String[][] phonebook = new String[2][5];

  String[] groups = "친구", "가족";

  @Override
  protected void onCreate(Bundle savedInstanceState)
중략...
```

사용자가 이 두 개의 그룹 중 하나를 선택하면 그 안에 들어있는 이름들을 화면에서 볼 수 있도록 만들겠습니다. [activity_main. xml] 탭을 선택하여 화면 레이아웃을 띄우고 왼쪽 상단의 팔레트 (Palette) 창에서 Containers 그룹의 스피너(Spinner)를 끌어다 화면에 추가합니다.

> **주의** 스피너를 넣은 후 오른쪽 속성 창에서 layout_width는 151dp, layout_height는 26dp를 입력해서 크기를 조정하세요.

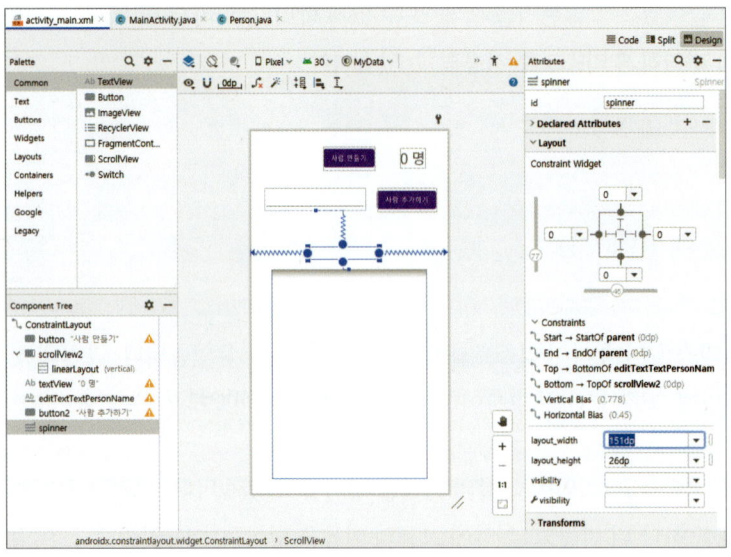

▲ 화면에 스피너(Spinner) 추가하기

스피너(Spinner)는 보통 콤보 박스라고 부르는 위젯인데 여러 개의 데이터 중에서 하나를 선택할 수 있게 합니다. 새로 추가한 Spinner 위젯의 id가 spinner로 되어 있는 것을 확인한 후 [MainActivity.java] 탭을 더블클릭하여 소스코드를 입력합니다. 먼저 화면에 추가한 Spinner 위젯을 찾아 Spinner 자료형으로 선언한 spinner 변수에 할당합니다. 화면 레이아웃에서 Spinner 위젯의 id가 spinner이었으므로 findViewById 메서드 안에는 R.id.spinner라고 입력합니다.

코드 참고 / MyData3>/app/java/org.techtown.mydata/MainActivity.java

```java
중략...
    @Override
    protected void onCreate(Bundle savedInstanceState)
        super.onCreate(savedInstanceState);
        setContentView(R.layout.activity_main);

        Spinner spinner = findViewById(R.id.spinner);
중략...
```

스피너를 추가하는 과정도 화면 레이아웃에 넣어 둔 버튼 위젯을 찾아 변수에 할당하던 것과 크게 다르지 않습니다. 이 Spinner 위젯은 여러 개의 데이터 중에서 하나를 선택할 수 있다고 하여 '<mark>선택 위젯</mark>'이라고 합니다. 선택 위젯은 특별히 어댑터라는 것에 데이터를 넣도록 되어 있습니다. 선택 위젯은 나중에 설명하므로 여기서는 스피너를 사용하기 위해 다음과 같은 코드가 사용된다는 것만 알아도 충분합니다.

코드 참고 / MyData3>/app/java/org.techtown.mydata/MainActivity.java

```java
중략...
    Spinner spinner = findViewById(R.id.spinner);

    ArrayAdapter<String> adapter = new ArrayAdapter<String>(
                    this,
                    android.R.layout.simple_spinner_item,
                    groups);

    adapter.setDropDownViewResource(
                    android.R.layout.simple_spinner_dropdown_item);
중략...
```

대부분의 스피너는 그 안에 선택할 수 있는 글자들만 넣어두는 경우가 많아 위의 코드로도 충분할 때가 많습니다. 첫 줄의 코드는 ArrayAdapter를 만든 것입니다. Array는 배열을 의미하고, Adapter는 스피너에 데이터를 보여주려고 만드는 것인데, Adapter라는 것이 내부적으로 배열을 이용해 데이터를 관리하기 때문에 붙여진 이름입니다. 그 안에 넣는 데이터가 String 자료형이므로 꺾쇠 안에 String을 입력합니다. 첫 번째 파라미터로는 this 키워드가 들어가는데 MainActivity 클래스 안에 있으므로 MainActivity 자신을 의미합니다.

두 번째 파라미터는 안드로이드에서 미리 만들어둔 화면을 사용한다는 의미로 특별한 경우가 아니면 항상 이렇게 사용한다고 생각해도 됩니다. 세 번째 파라미터는 우리가 미리 만들어둔 그룹 이름을 위한 배열 객체가 전달됩니다. 이렇게 하면 그룹 이름이 들어있는 배열 객체의 이름들이 스피너에 보이게 됩니다. 그 다음 줄에서는 스피너를 눌렀을 때 보이는 화면을 어떤 모양으로 할지 설정하는데 이 부분도 거의 항상 이렇게 입력한다고 보아도 됩니다. 마지막으로 다음 코드를 입력합니다.

코드 참고 / MyData3>/app/java/org.techtown.mydata/MainActivity.java

```java
중략...
    adapter.setDropDownViewResource(
                    android.R.layout.simple_spinner_dropdown_item);

    spinner.setAdapter(adapter);
중략...
```

어댑터에 데이터를 넣은 후 Spinner 위젯에 설정하는 과정은 setAdapter 메서드를 사용합니다.

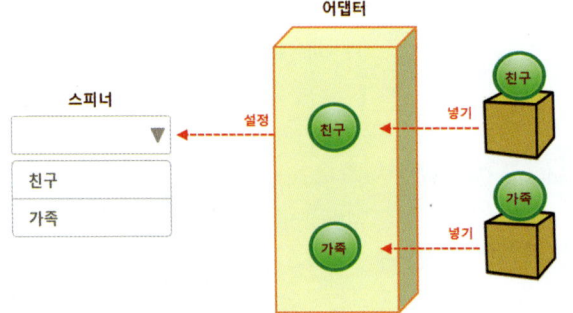

▲ 그룹 이름을 스피너에 보여주는 과정

왜 어댑터를 사용하는지는 나중에 차차 알아볼 것입니다. 지금은 바로 앱을 실행하여 화면에 무엇이 보이는지 확인해보겠습니다.

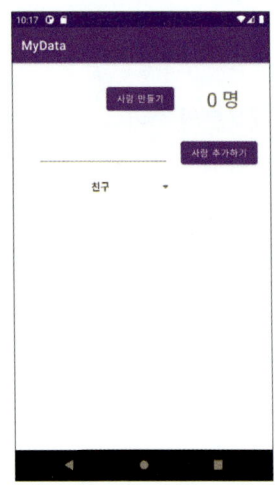

▲ 화면에 보이는 스피너

[사람 추가하기] 아랫줄에 스피너가 추가되었고 친구와 가족 그룹 중에서 친구가 먼저 보입니다. 이 스피너를 눌러보면 그 아래에 작은 패널이 나타납니다. 패널 안에는 groups 변수에 넣어두었던 친구와 가족을 선택할 수 있게 순서대로 들어가 있습니다.

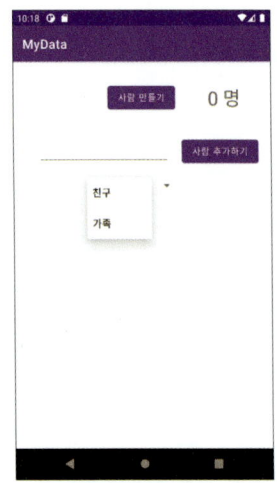

▲ 화면에 보이는 스피너를 눌렀을 때의 화면

이제 스피너라는 것을 화면에 보여주는 것까지는 완성했습니다. 그러면 이 스피너에 들어있는 것 중에서 하나를 선택했을 때 그 아래에 선택한 그룹의 사람 이름을 보여주고 싶다면 어떻게 해야 할까요? 버튼을 눌렀을 때 자동으로 호출되는 OnClickListener를 만들어 버튼에 설정했듯이 스피너도 그 안에 들어있는 것 중 하나가 선택되었을 때 자동으로 불러지는 OnItemSelectedListener라는 것을 설정할 수 있습니다.

spinner 변수에 점(.)을 붙이고 setOnItemS까지 입력하면 다음처럼 팝업 화면이 보이면서 setOnItemSelectedListener를 선택할 수 있습니다.

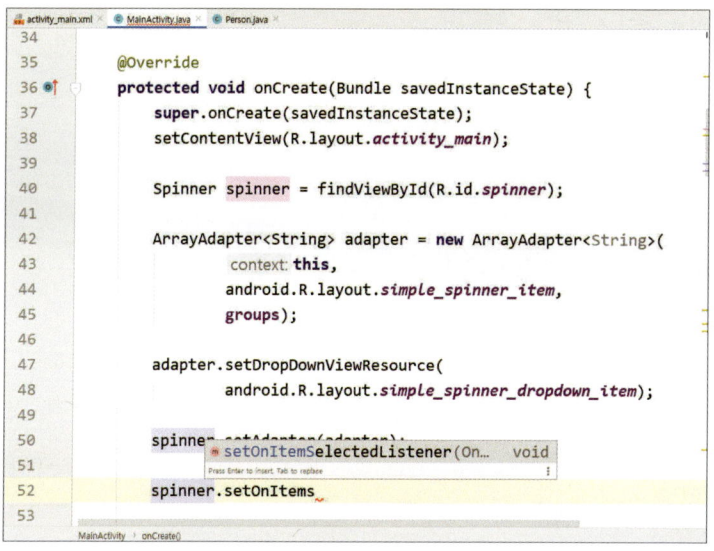

▲ 스피너에 리스너를 설정하기 위한 코드 입력 화면

리스너를 선택하고 [Enter]를 누르면 선택한 코드가 입력됩니다. 소괄호 안에는 new OnItemSel까지 입력합니다. 그러면 팝업 화면에 선택할 수 있는 항목들이 보입니다. 그중에서 OnItemSelectedListener 항목을 선택하면 필요한 코드들이 자동으로 입력합니다.

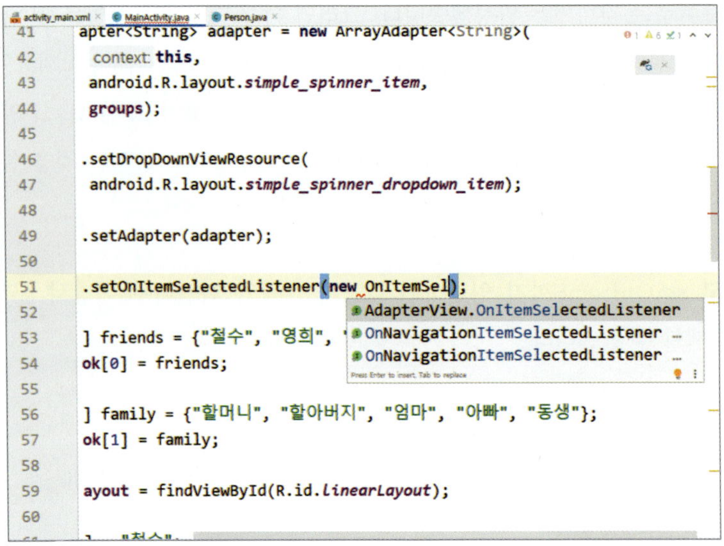

▲ 소괄호 안에 입력하도록 선택된 화면

자동으로 입력된 코드의 양이 조금 많습니다. OnItemSelectedListener 객체의 중괄호 안에는 필수로 사용되는 메서드들이 들어있습니다.

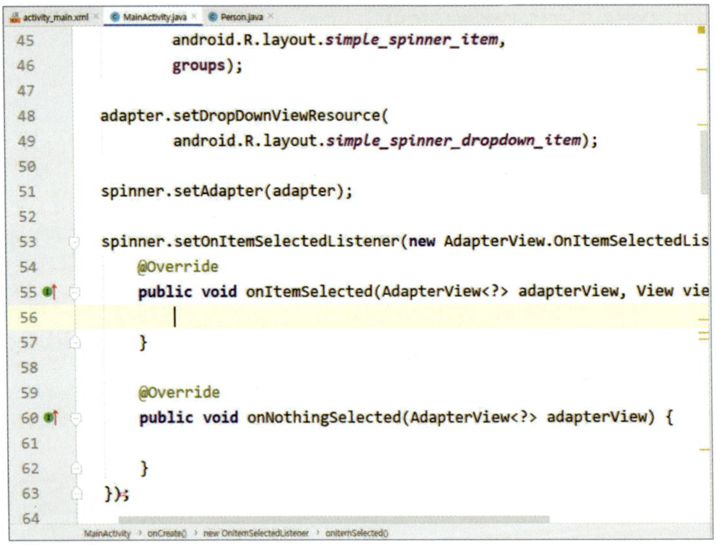

▲ 자동으로 입력된 코드

자동으로 입력된 코드에서 onItemSelected 메서드는 스피너에 들어있는 것 중 하나가 선택되었을 때 자동 호출됩니다. onItemSelected 메서드 안에 토스트 메시지를 띄우는 코드를 넣어 스피너의 아이템이 선택되었을 때 메시지가 나타나게 합니다.

코드 참고 / MyData3>/app/java/org.techtown.mydata/MainActivity.java

```java
중략...
  spinner.setOnItemSelectedListener(new AdapterView.OnItemSelectedListener() {

    @Override
    public void onItemSelected(AdapterView<?> adapterView, View view, int position, long id) {
      Toast.makeText(getApplicationContext(),
              "선택된 아이템 인덱스 : " + position,
              Toast.LENGTH_LONG).show();
    }

    @Override
    public void onNothingSelected(AdapterView<?> adapterView)

    }
  });
중략...
```

onItemSelected 메서드로 전달되는 파라미터 중 세 번째 파라미터는 몇 번째 것이 선택되었는지 알려줍니다. 즉, 현재 선택된 아이템의 인덱스라고 얘기할 수 있는데 아이템이란 한 위젯에 들어있는 여러 개의 위젯 각각을 말합니다. 이 아이템이 몇 번째 것인지 인덱스 값으로 전달해주므로 이 값을 메시지로 보여주면 아이템을 선택할 때마다 값이 달라집니다.

앱을 실행하고 스피너에 들어있는 값을 선택하면 토스트 메시지가 뜨는 것을 볼 수 있습니다.

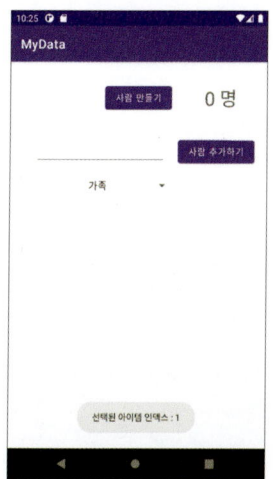

▲ 스피너의 아이템을 선택했을 때 보이는 메시지

onItemSelected 메서드로 전달되는 파라미터 중에서 세 번째 것이 현재 선택된 아이템의 인덱스라는 것을 알았습니다. 그럼 이 인덱스를 이용해서 groups 배열에서 값을 확인하면 어떤 그룹인지 그 이름을 알 수 있습니다. 이제 선택된 이름의 인덱스로 phonebook 변수에서 그 안에 들어있는 ArrayList 객체를 꺼내오면 그 안에 들어있는 이름들을 화면에 보여줄 수 있게 되었습니다.

그런데 만약 인덱스 값이 아니라 스피너에서 선택한 문자열만으로 그룹을 찾을 수 있는 방법은 없을까요? 지금은 groups 배열에 들어간 문자열의 순서와 똑같은 순서로 각 아이템이 들어있는 스피너에서 선택했기 때문에 인덱스 값이 다르지 않았습니다. 하지만 만약 스피너에 들어간 문자열의 순서가 groups 배열에 넣어둔 문자열의 순서와 다르다면 어떻게 phonebook 안에 들어있는 ArrayList 객체를 찾아낼 수 있을까요?

이런 경우에 '해시테이블(Hashtable)'이라는 것을 사용할 수 있습니다. 해시테이블은 사전처럼 어떤 단어를 이용해 그 설명을 찾아볼 수 있는 구조입니다. 예를 들어, 국어사전에서 '산'이라는 단어를 찾으면 그 단어의 설명을 볼 수 있는 것과 같습니다. 해시테이블에서도 '키(Key)'라는 것을 두고 그 키 값에 맞는 '데이터(Value)'를 서로 연결해줄 수 있습니다.

▲ 해시테이블이란?

해시테이블을 이용하면 무언가를 빨리 찾을 수 있습니다. 대신 주의할 점은 키(Key)에 들어갈 수 있는 값은 모두 달라야 한다는 것입니다. 만약 똑같은 값이 들어가면 이전에 들어갔던 값을 덮어쓰게 됩니다.

전화번호부에 들어갈 이름을 넣어줄 phonebook 변수를 다음과 같이 만듭니다. 이전에 이차원 배열로 만들었던 phonebook 변수는 삭제합니다.

코드 참고 / MyData3>/app/java/org.techtown.mydata/MainActivity.java

```
중략...
public class MainActivity extends AppCompatActivity
  중략...

  String[][] phonebook = new String[2][5];

  String[] groups = "친구", "가족";

  HashMap<String, ArrayList<String>> phonebook =
                        new HashMap<String, ArrayList<String>>();

중략...
```

HashMap이라는 자료형 변수를 사용했으며 그 안에 ArrayList도 사용되었습니다. 자바에서 해시테이블을 사용하고 싶다면 Hashtable 클래스를 쓸 수도 있지만 HashMap 클래스를 사용하는 경우도 많습니다. 어떤 것을 사용해도 상관없지만 여기서는 HashMap을 사용합니다. ArrayList를 사용할 때는 그 안에 객체만 추가했지만 HashMap을 사용할 때는 각각의 객체에 이름을 붙여주는 것처럼 키 값을 붙여주기 때문에 꺾쇠 안에 두 개의 자료형을 콤마(,)로 구분하면서 넣어줍니다. 키(Key)에 해당하는 것은 자료형이 String으로 되어 있고, 값(Value)에 해당하는 것은 자료형이 ArrayList<String>으로 되어 있습니다. 이렇게 만든 phonebook 변수에 이름 데이터를 넣을 때도 각각의 그룹 이름과 똑같은 값을 넣어줍니다. 값을 넣어줄 때는 HashMap에 들어있는 put 메서드를 사용합니다. 리스트에서처럼 get 메서드를 사용하면 객체를 꺼내올 수 있는데 put이나 get 메서드를 사용할 때 인덱스가 아닌 키(Key)를 사용한다는 것을 기억해야 합니다.

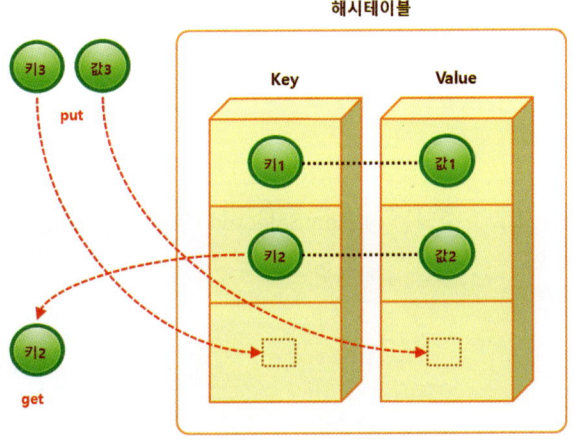

put → 키를 주면서 객체를 집어넣습니다.
get → 키를 이용해 객체를 가져옵니다.

▲ 해시테이블의 두 가지 메서드

이전에 만들었던 배열인 friends와 family는 삭제하고 ArrayList 자료형으로 새로 만듭니다.

코드 참고 / MyData3>/app/java/org.techtown.mydata/MainActivity.java

```java
중략...
    @Override
    public void onNothingSelected(AdapterView<?> adapterView) {

    }
});

ArrayList<String> friends = new ArrayList<String>();
friends.add("철수");
friends.add("영희");
friends.add("민희");
friends.add("수지");
friends.add("지민");

phonebook.put("친구", friends);

ArrayList<String> family = new ArrayList<String>();
family.add("할머니");
family.add("할아버지");
family.add("엄마");
family.add("아빠");
family.add("동생");

phonebook.put("가족", family);
중략...
```

해시테이블에 데이터를 집어넣는 코드 부분을 보면 리스트에서 사용하던 add 메서드가 put 메서드로 바뀌어 있습니다. 그리고 friends나 family 변수만 파라미터로 전달하는 것이 아니라 그 앞에 키(Key)의 역할을 하는 그룹 이름도 같이 넣어 전달합니다.

스피너에 들어있는 한 아이템을 선택했을 때 자동으로 호출되는 onItemSelected 메서드 안의 코드는 다음과 같이 입력합니다.

코드 참고 / MyData3>/app/java/org.techtown.mydata/MainActivity.java

```java
중략...
    spinner.setOnItemSelectedListener(new AdapterView.OnItemSelectedListener() {

        @Override
        public void onItemSelected(AdapterView<?> parent, View view, int position, long id) {
            Toast.makeText(getApplicationContext(),
                    "선택된 아이템 인덱스 : " + position,
                    Toast.LENGTH_LONG).show();

            String curGroup = groups[position];
            ArrayList<String> nameList = phonebook.get(curGroup);
            중략...
        }

중략...
```

세 번째 파라미터가 아이템의 인덱스 값이므로 groups 배열에 있는 그룹 이름을 확인하려면 groups[position]을 입력합니다. 이렇게 선택한 그룹의 이름을 확인했다면 이 이름을 이용해서 phonebook 변수에서 이름이 들어있는 ArrayList 객체를 찾아냅니다. 이름과 함께 넣었던 객체는 이름으로 찾을 수 있는데 get 메서드를 호출하면서 그룹 이름을 파라미터로 전달하면 됩니다. get 메서드의 결과 값으로 나온 객체는 ArrayList<String> 자료형을 가지고 있습니다. 그리고 이 리스트의 모든 값을 하나씩 꺼내어 텍스트뷰 객체로 만든 후 화면에 추가하는 코드 부분은 [사람 만들기]를 눌러 Person 객체를 추가할 때와 같습니다.

코드 참고 / MyData3>/app/java/org.techtown.mydata/MainActivity.java

```java
중략...
    spinner.setOnItemSelectedListener(new AdapterView.OnItemSelectedListener() {

        @Override
        public void onItemSelected(AdapterView<?> parent, View view, int position, long id) {
            Toast.makeText(getApplicationContext(),
                    "선택된 아이템 인덱스 : " + position,
                    Toast.LENGTH_LONG).show();

            String curGroup = groups[position];
            ArrayList<String> nameList = phonebook.get(curGroup);
            for (int i = 0; i < nameList.size(); i++) {
                String curName = nameList.get(i);
```

```java
            TextView nameTextView = new TextView(getApplicationContext());
            nameTextView.setText(curName);
            nameTextView.setTextSize(TypedValue.COMPLEX_UNIT_SP, 30);

            LinearLayout.LayoutParams params =
                                    new LinearLayout.LayoutParams(
                        LinearLayout.LayoutParams.MATCH_PARENT,
                        LinearLayout.LayoutParams.WRAP_CONTENT);

            linearLayout.addView(nameTextView, params);

            textView.setText(persons.size() + " 명");
        }
    }
중략...
```

for 구문에서는 리스트의 크기 값보다 작을 때까지 i 값을 하나씩 증가시키면서 리스트에 들어있는 이름 문자열을 꺼내옵니다. 그 아래에서는 이름을 이용해 텍스트뷰 객체를 만들고 리니어 레이아웃이라는 것에 addView 메서드로 추가하는 과정을 볼 수 있습니다. 그런데 이렇게 했더니 텍스트뷰를 new 연산자로 만들고 리니어 레이아웃이라는 것에 추가하는 코드는 버튼을 눌렀을 때와 똑같아 반복되는 코드가 되어 버렸습니다. 함수 상자를 알아볼 때 반복되는 코드는 함수 상자로 만들어 호출하는 방식으로 바꾸면 코드가 줄어든다는 것을 알아보았었습니다. 여기서도 이 부분을 메서드로 정의하고 호출하는 방식으로 바꿔보겠습니다. OnItemSelectedListener 객체 중괄호 안의 마지막에 addPersonTextView 메서드를 하나 추가해서 만들고 String 자료형의 이름을 파라미터로 받도록 합니다.

코드 참고 / MyData3>/app/java/org.techtown.mydata/MainActivity.java

```java
중략...
    @Override
    public void onNothingSelected(AdapterView<?> adapterView) {

    }

    public void addPersonTextView(String curName) {
        TextView nameTextView = new TextView(getApplicationContext());
        nameTextView.setText(curName);
        nameTextView.setTextSize(TypedValue.COMPLEX_UNIT_SP, 30);
```

```
            LinearLayout.LayoutParams params = new LinearLayout.LayoutParams(
                    LinearLayout.LayoutParams.MATCH_PARENT,
                    LinearLayout.LayoutParams.WRAP_CONTENT);

            linearLayout.addView(nameTextView, params);
        }
    중략...
```

스피너의 한 아이템이 선택되었을 때 자동으로 호출되는 onItemSelected 메서드 안에 넣었던 코드 중에서 텍스트뷰 객체를 만들고 리니어 레이아웃이 추가하는 코드만 이 메서드 안으로 옮깁니다. onItemSelected 메서드 안의 코드가 있던 위치에서는 이 메서드를 호출하는 한 줄짜리 코드로 바꿉니다.

코드 참고 / MyData3>/app/java/org.techtown.mydata/MainActivity.java

```
중략...
    spinner.setOnItemSelectedListener(new AdapterView.OnItemSelectedListener() {

        @Override
        public void onItemSelected(AdapterView<?> parent, View view, int position, ong id) {
            중략...
            for (int i = 0; i < nameList.size(); i++) {
                String curName = nameList.get(i);

                addPersonTextView(curName);      ......... 이 부분을 한 줄로 처리하기

                textView.setText(persons.size() + " 명");
            }
중략...
```

이렇게 바꾸면 코드가 훨씬 간단해진 것을 알 수 있습니다. 버튼을 눌렀을 때 처리하는 코드 부분도 이렇게 메서드를 호출하는 한 줄의 코드로 바꾸면 전체 코드의 양이 많이 줄어든 느낌이 들 것입니다. 앱을 실행하고 화면에 스피너가 보일 때부터 화면 아래쪽의 스크롤뷰에는 다섯 개의 이름이 추가됩니다. 사용자가 선택하기 이전에 이미 '친구'라는 그룹 이름이 선택되어 onItemSelected 메서드가 자동 호출되므로 화면이 보이자마자 추가됩니다. 스피너의 아이템을 '가족'으로 선택하면 그 아래에 다시 다섯 개의 이름이 추가됩니다.

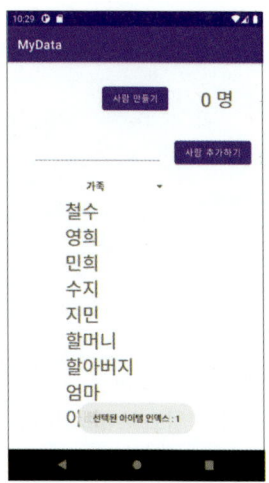

▲ 스피너의 아이템을 선택했을 때 화면에 추가된 텍스트뷰

그룹 이름을 선택할 때마다 텍스트뷰가 추가되는 과정은 원래 생각했던 대로 잘 동작하지만 한 가지 아쉬운 점이 보입니다. 바로 스피너를 선택할 때마다 스크롤뷰에 이름을 보여주는 텍스트뷰가 추가되기만 하여 계속 손가락으로 스크롤을 해야 보인다는 점입니다. 그룹 이름을 하나 선택할 때마다 그 안에 들어있는 이름들만 텍스트뷰에 표시하여 추가되도록 하려면 우선 이전에 추가되었던 텍스트뷰 객체들을 모두 없애주면 됩니다. 리니어 레이아웃에서 그 안에 들어있던 모든 위젯들을 없애려면 다음과 같이 removeAllViews 메서드를 호출합니다. for 구문으로 모든 이름의 텍스트뷰를 만들어 추가하기 전부분에 이 한 줄의 코드를 입력합니다.

코드 참고 / MyData3>/app/java/org.techtown.mydata/MainActivity.java

```
중략...
    String curGroup = groups[position];
    ArrayList<String> nameList = phonebook.get(curGroup);

    linearLayout.removeAllViews();

    for (int i = 0; i < nameList.size(); i++) {
        String curName = nameList.get(i);
중략...
```

앱을 다시 실행하면 다음과 같이 스피너의 그룹 이름을 선택할 때마다 그 그룹 안의 이름들만 보이는 것을 확인할 수 있습니다.

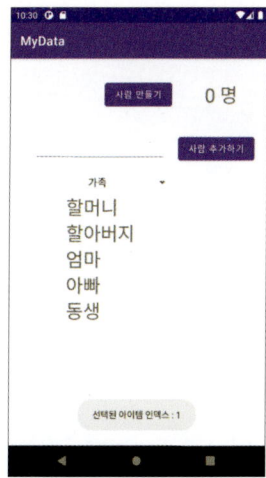

▲ 스피너에서 선택할 때 이전에 추가된 텍스트뷰를 모두 없애고 새로 추가한 화면

이제 phonebook 변수를 2차원 배열로 만들었을 때 그 안에 들어있는 모든 객체를 하나씩 꺼내서 정보를 확인하던 for 구문을 바꿔보겠습니다. phonebook 변수가 HashMap 자료형으로 만들어져 있는데 이 HashMap은 어떤 키(Key)들을 포함하고 있는지 먼저 살펴봐야 합니다. 모든 키는 HashMap 객체의 keySet 메서드를 호출하면 반환됩니다. 그런데 리스트와 달리 순서대로 들어있지 않기 때문에 Set 자료형으로 되어 있습니다. Set이란 하나의 자루와 같아서 그 안에 들어있는 아이템의 순서는 없으며 하나씩 꺼내거나 넣을 수만 있습니다.

▲ 세트(Set)란?

자루와 같아서 순서에 상관없이 아이템을 넣거나 뺄 수 있는 것입니다.

이 Set 자료형도 그 안에 들어있는 원소(또는 아이템)가 똑같은 자료형을 가지고 있다면 꺾쇠 안에 원소의 자료형을 넣어줄 수 있습니다. 따라서 Set<String>이라는 자료형은 Set 안에 들어있는 원소들이 모두 String 자료형을 가지고 있는 것입니다.

키들이 들어있는 Set 객체에는 iterator 메서드가 있습니다. 이 메서드를 호출하면 Iterator 객체를 받을 수 있으며, 그 안에 키들을 순서대로 확인할 수 있는 hasNext와 next 메서드가 들어있습니다. Iterator 객체에 다음 아이템이 있는지를 알아볼 수 있는 hasNext 메서드를 while 구문의 소괄호 안에 넣고, while 구문 안의 코드에서 키 값을 하나씩 꺼낼 수 있습니다.

코드 참고 / MyData3>/app/java/org.techtown.mydata/MainActivity.java

```java
중략...
  count++;

  textView.setText(count + " 명");

  String outNames = "";
  Set<String> keys = phonebook.keySet();
  Iterator<String> iter = keys.iterator();
  while(iter.hasNext()) {
    String curGroup = iter.next();
    outNames = outNames + ("\n" + curGroup + "그룹 : ");
    ArrayList<String> nameList = phonebook.get(curGroup);
    for (int j = 0; j < nameList.size(); j++) {
      outNames = outNames + nameList.get(j);
      if (j < (nameList.size()-1)) {
        outNames = outNames + ",";
      }
    }
  }

  System.out.println(outNames);
중략...
```

해시테이블로 전화번호부의 그룹 이름과 각각의 그룹 안에 들어있는 사람들의 이름을 매칭(Matching)하는 방법을 알아보았습니다. 이름으로 무언가를 찾을 수 있고 빨리 찾아볼 수 있다는 점은 해시테이블이 가지는 가장 큰 장점입니다. 따라서 HashMap 클래스로 객체를 만들고 그 안에 이름과 함께 객체를 집어넣거나 하나씩 확인하는 기능도 잘 기억하기 바랍니다.

6 _ 데이터를 논리에 맞게 처리할 때 사용하는 문장 알아보기

앞에서 if 구문과 for 구문은 이미 여러 번 사용해 보았습니다. if 구문은 '~라면'이라는 조건을 주고 그 조건이 맞으면 중괄호 안의 코드가 실행되도록 만드는 문장입니다. 이런 문장을 '조건문(Conditional Statement)'이라고 합니다. 조건문이란 조건을 주고 그 조건이 맞으면 해당 코드가 실행되도록 만드는 문장입니다.

if 구문의 가장 간단한 형태는 다음과 같습니다.

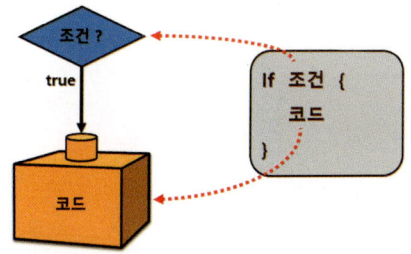

▲ if 구문의 가장 간단한 형태

이미 사용해 보았던 코드처럼 조건문 안에 == 연산자를 두고 어떤 변수에 들어있는 값이 지정한 값과 같은지를 비교한 후 같으면 코드가 실행되도록 만드는 것이 가장 흔한 형태입니다.

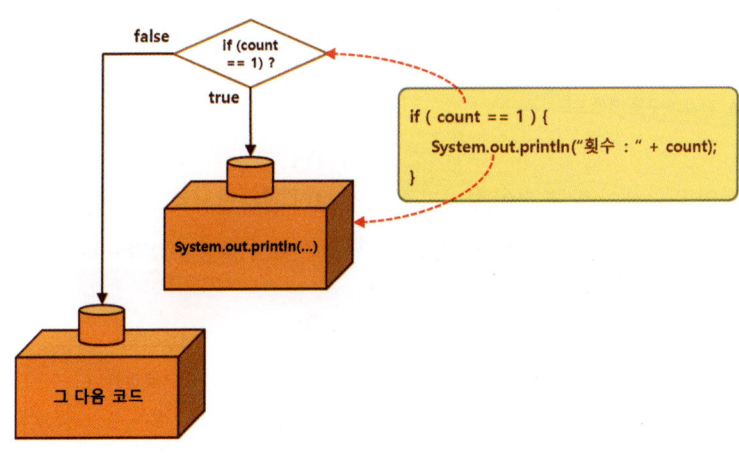

▲ if 구문 예제 코드

if 구문 뒤에 오는 소괄호 안의 조건이 true이면 그 안에 있는 코드들이 실행되고 false이면 if 구문 바깥으로 그냥 나오게 하는 이 문장은 조건이 true일 경우에만 실행됩니다. 그런데 조건이 true일 때와 false일 때 모두 실행할 코드가 있는 경우가 있습니다. 이때는 else라는 키워드를 추가하면 됩니다.

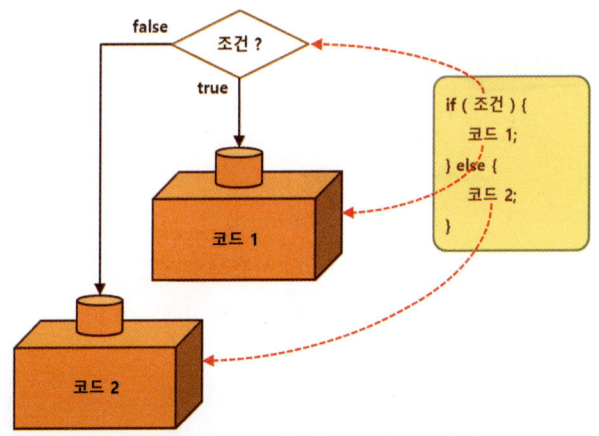

▲ if 구문에서 조건이 true일 때와 false일 때 모두 실행할 코드가 있는 경우

이렇게 하면 어떤 경우에도 코드는 항상 실행됩니다. if 구문의 조건에 == 연산자를 사용하면서 변수에 들어있는 값이 같을 때와 같지 않을 때에 해당하는 코드를 실행되게 하는 코드의 형태는 다음과 같습니다.

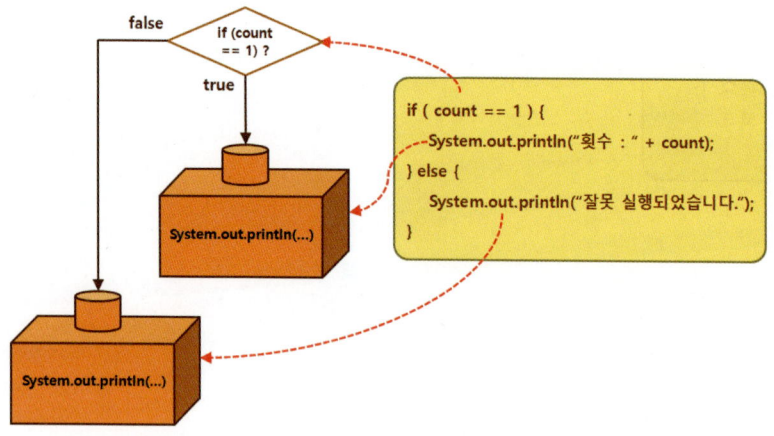

▲ if~else 구문 예제 코드

만약 비교해야 할 조건이 하나가 아니라 여러 개라면 if로 비교하는 조건 다음에 else if를 추가할 수 있습니다. 이 else if는 원하는 만큼 추가할 수 있지만 항상 if와 else 사이에 있어야 합니다.

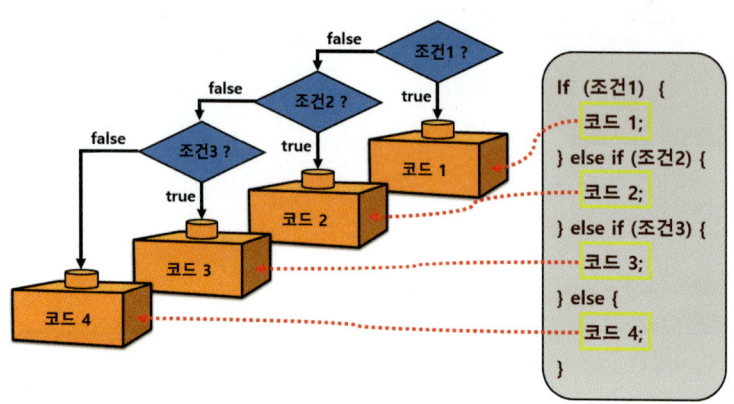

▲ if 구문에 비교할 조건이 여러 개인 경우

if 구문 다음에 else if가 두 번 사용되었다면 이 if 구문에서 사용되는 조건은 세 가지입니다. 각각의 조건에 맞는 코드들은 중괄호 안에서 실행되며 마지막에 else가 있을 경우에는 모든 조건이 false일 때 실행됩니다.

그동안 '~이면'이라고만 생각했던 if 구문이 이렇게 다양하게 사용될 수 있다는 것을 알았으니 조건을 주고 비교할 때는 항상 'if 구문을 쓰면 될까?'라고 생각할 수 있을 것입니다. 그런데 if 구문에 else if가 여러 번 들어가기 시작하면 그 모양이 조금 복잡해집니다. 비교할 조건이 많을 때 그 형태를 조금 단순하게 만드는 것이 switch 구문입니다.

switch 구문은 어떤 변수에 들어있는 값을 비교하긴 하지만 ==와 같은 연산자를 사용하지 않습니다.

왜냐하면 변수는 항상 int 자료형으로 만들고 그 변수 값만 조건으로 설정하면 굳이 == 연산자로 비교할 필요가 없기 때문입니다. 이렇게 하면 == 연산자를 사용하지 않을 수 있어 코드도 더 간단해집니다.

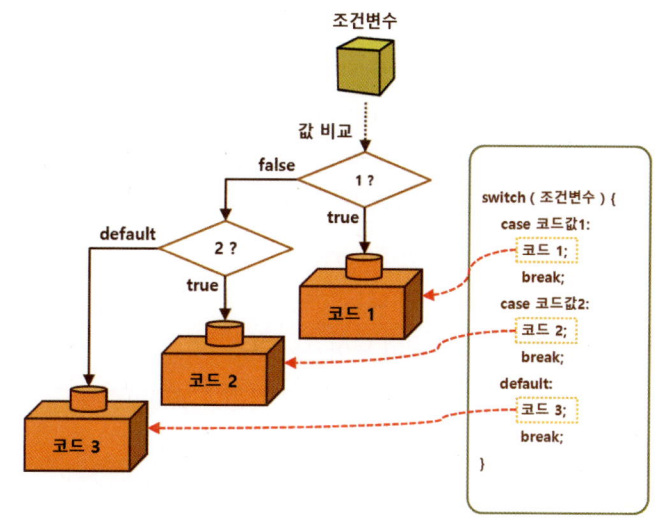

▲ switch 구문을 사용하는 경우

switch 구문의 모양은 앞에서 보았던 if~else if~else의 모양과 같습니다. 대신 조건식을 일일이 비교하지 않고 switch 구문 뒤에 나오는 소괄호 안에 변수만 넣은 후 case 키워드 뒤에 그 변수의 값을 두면 자동으로 비교되는 형태입니다. 그런데 switch 구문을 보면 if~else if~else 구문과 다르게 각각의 조건에 맞는 코드를 실행할 때 중괄호로 둘러싸인 코드 블록을 볼 수 없습니다. 이것은 switch 구문 안의 코드들이 모두 하나의 코드 블록 안에 있다는 의미입니다. 따라서 아래쪽 코드를 실행하고 싶지 않다면 break라는 키워드를 사용해야 합니다.

break 키워드는 어떤 코드 블록을 더 이상 실행하지 않을 때 사용하며, 그 아래쪽 코드는 실행시키지 않고 중괄호 밖으로 나가도록 도와줍니다. 만약 case 뒤에 온 변수 값 1의 조건이 맞아서 그 아래에 있는 코드1이 실행되었다면 그 아래의 코드2나 코드3이 실행되지 않아야 하므로 break 키워드를 써서 중괄호 밖으로 나가야 합니다.

switch 구문 예제 코드

```
switch (count) {
  case 1:
      System.out.println("한 번 실행됨.");
      break;
  case 2:
      System.out.println("두 번 실행됨.");
      break;
  case 3:
      System.out.println("세 번 실행됨.");
      break;
  default:
      System.out.println("잘못 실행됨.");
      break;
}
```

default 조건은 if~else if~else 구문에서의 else와 같습니다. switch 구문이 실행되는 코드를 잘 살펴보면 case 뒤의 첫 번째 조건이 true일 때 그 아래쪽 코드가 실행된 후 break를 이용해 switch 구문 밖으로 빠져 나옵니다. 하지만 false일 때는 비교하지 않습니다. false일 때는 그냥 그 아래쪽 코드를 실행하기 위해 넘어가는 구조이므로 switch 구문 안에 들어있는 조건은 항상 true인 경우만 비교합니다. 이 때문에

switch 구문의 첫 번째 case에서 변수를 만들면?
```
switch (count) {
  case 1:
      boolean isPerson = true;
      System.out.println("한 번 실행됨.");
      break;
  case 2:
      System.out.println("isPerson: " + isPerson);
      break;
  ...
}
```

생길 수 있는 문제는 switch 구문 안의 변수를 선언할 때입니다. 만약 첫 번째 case문 안에서 isPerson처럼 boolean 자료형의 변수를 하나 만들었다면 그 변수는 switch 구문이 끝날 때까지 아래쪽에서 똑같이 참조하게 됩니다. 따라서 if~else if~else 구문에서 각 조건에 맞는 코드가 실행될 때 그 부분만을 위한 변수를 만들어 사용하던 방식이면 오류가 발생합니다.

switch 구문을 사용할 때 자주 사용하는 방법 중 하나로 상수를 사용하는 경우를 들 수 있습니다. switch 구문의 소괄호 안에 들어가는 변수가 int 자료형이고 case로 비교하는 것이 그 변수에 들어있는 값이다 보니 case 뒤의 값을 상수로 정의하고 각각의 경우에 코드가 실행되도록 하면 상수 이름으로 코드를 읽기가 더 쉬워집니다.

switch 구문에 상수 적용하기
```
public static final int TYPE_ONE = 1;
public static final int TYPE_ONE = 2;
...
switch (count) {
  case TYPE_ONE:
      System.out.println("한 번 실행됨.");
      break;
  case TYPE_TWO:
      System.out.println("두 번 실행됨.");
      break;
  ...
}
```

상수는 클래스 안에서 public static final int 키워드를 넣어서 만듭니다. 이렇게 상수를 만들 때 대문자로 상수의 이름을 만들어주면 그 이름만 case 뒤에 사용할 수 있어 코드를 해석할 때 좀 더 확실해집니다.

지금까지 알아본 if와 switch 구문은 어떤 조건을 비교할 때 대표적으로 사용하는 것들입니다. 그렇다면 이미 여러 번 사용해보았던 for 구문은 어떨까요? for 구문과 while 구문은 **반복문**이라고 합니다.

반복문이란 중괄호로 된 코드 블록을 여러 번 반복할 수 있는 문장입니다. 똑같은 코드가 반복되지만 그 안에서 변수와 조건문을 사용하면 값만 바꿔가면서 여러 번 실행할 수 있습니다.

for 구문과 while 구문에는 항상 조건이 붙습니다. 왜냐하면 조건 없이 무한정 반복하면 프로그램이 정상적으로 동작할 수 없기 때문입니다. for 구문은 그 뒤에 나오는 소괄호 안에 조건을 넣고, 그 조건이 맞으면 중괄호 안의 코드들이 동작하도록 만듭니다. for 구문의 소괄호 안에는 세미콜론(;)으로 구분된 세 가지 수식이 들어갈 수 있습니다. 그 중에 조건식은 두 번째 있으며 이 조건을 비교한 후 true 값이 나오면 반복합니다.

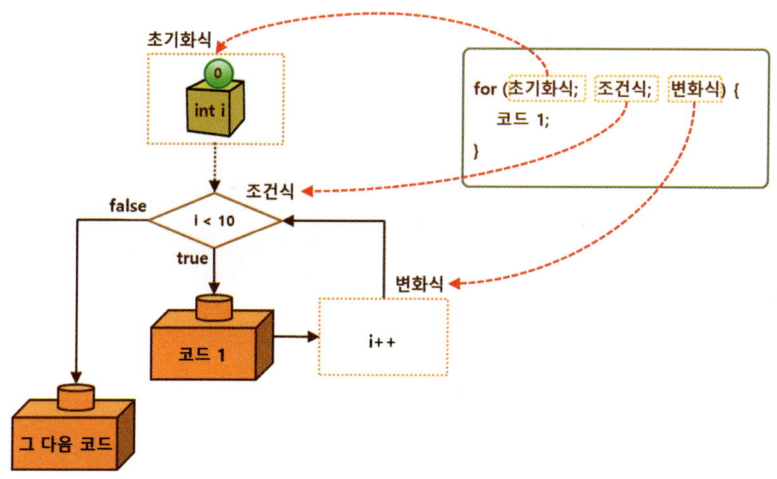

▲ for 구문을 사용하는 경우

for 구문의 소괄호 안에 들어가는 첫 번째 수식은 '**초기화식**'입니다. for 구문 안에서 사용할 새로운 변수를 만들고 그 변수에 초기 값을 넣어두는 수식을 넣을 수 있습니다. 예를 들어, for 구문 안에 i라는 변수를 이용해 비교하는 조건을 넣었다면 i라는 변수는 for 구문 밖에서 만들어져야 합니다.

하지만 i라는 변수는 for 구문 안에서만 사용할 것이므로 for 구문 안의 소괄호에 넣는 것이 훨씬 더 간단해 보입니다.

for 구문에서 초기화식을 사용하지 않는 경우
```
int i = 0;
for (; i < 5;) {
  System.out.println("i: " + i);
  i++;
}
```

for 구문에서 초기화식을 사용하는 경우
```
for (int i = 0; i < 5;) {
  System.out.println("i : " + i);
  i++;
}
```

이렇게 보면 바깥에 있던 변수 선언 코드가 for 구문의 소괄호 안으로 들어온 것이 초기화식이라고 할 수 있습니다. 그리고 마지막에 있는 변화식은 for 구문 안의 코드가 한 번씩 실행될 때마다 변수의 값이 변하는 경우에 넣을 수 있는 수식입니다. 코드의 마지막 부분에 들어있는 i++;이라는 코드는 for 구문이 한 번씩 실행될 때마다 i 변수의 값을 하나씩 증가시키는데 이 코드가 소괄호 안의 변화식으로 들어올 수 있습니다.

> for 구문에서 변화식을 사용하는 경우
> ```
> for (int i = 0; i < 5; i++) {
>   System.out.println("i: " + i);
> }
> ```

이렇게 만들어보면 for 구문은 소괄호 안에 조건을 포함한 세 가지 수식을 넣어둔 모양이 됩니다. 소괄호 안이 조금 복잡해 보일지 모르지만 그 대신 실행할 코드 부분이 좀 더 단순하고 명확하게 보인다는 것이 장점입니다.

이에 반해 while 구문은 코드를 무작정 반복합니다. 즉, 조건을 주고 그 조건이 맞으면 반복하고 아니면 중괄호 밖으로 나가는 식입니다.

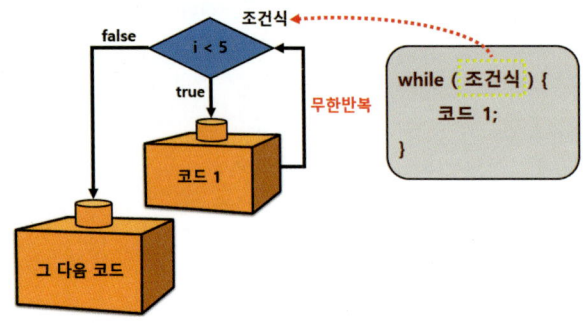

▲ while 구문을 사용하는 경우

while 구문이 실행되는 형태를 보면 for 구문과 완전히 똑같습니다. 그러나 for 구문과 달리 소괄호 안에 조건식 이외에 초기화를 위한 수식이나 변화되는 값을 위한 수식을 넣을 수는 없습니다. while 구문의 소괄호에는 조건식만 넣을 수 있으므로 while 구문 안에서 사용되는 변수의 선언, 값의 증가나 감소 등의 코드는 while 구문 안에 그대로 넣어야 합니다.

> while 구문을 이용하는 코드
> ```
> int i = 0;
> while (i < 5) {
>   System.out.println("i: " + i);
>   i++;
> }
> ```

가장 많이 사용되는 while 구문의 코드를 보면 처음 보았던 for 구문의 코드와 거의 똑같다는 것을 알 수 있습니다. 만약 while 구문 안에서 어떤 조건이 성립되었을 때 중지하고 싶다면 break를 사용합니다.

while 구문 안에서 break를 사용하는 코드

```
int i = 0;
int i = 0;
while (i < 5) {
  System.out.println("i: " + i);

  if (i == 3) {
    break;
  }

  i++;
}
```

break 키워드를 사용하면 더 이상 반복하지 않고 바로 중괄호 밖으로 나와 버립니다. 이와는 다르게 continue 키워드는 while 구문 안의 아래쪽 코드를 더 이상 실행하지 않고 다음번 반복으로 넘어가도록 합니다.

while 구문 안에서 continue를 사용하는 코드

```
int i = 0;
while (i < 5) {
  System.out.println("i: " + i);

  if (i == 3) {
    continue;
  }
  ...
  i++;
}
```

지금까지 if나 switch를 사용하는 조건문과 for나 while이 사용되는 반복문을 알아보았습니다. 이 문장들은 앞으로도 앱을 만들 때 여러 번 사용될 것입니다. 이번 단락에서는 그 형태 위주로 정리해 본 것이므로 어떤 모양으로 사용되는지를 잘 기억했다가 앱을 위한 코드를 입력할 때 사용해보기 바랍니다.

객체를 만들어 리스트 변수에 추가하기

난이도	상	중 ✓	하	소요시간	40분
목표	여러 개의 객체를 만들어 리스트 변수에 넣어두는 방법 연습					

- 학생 객체를 여러 개 만들어 리스트 변수에 넣어두도록 만들어봅니다.
- 사용자가 학생 정보를 추가하면 학생 객체를 만들고 그 객체를 리스트 변수에 추가합니다.

❶ 새로운 프로젝트를 만들고 프로젝트의 이름은 Study13, 패키지 이름은 org.techtown.study13 으로 합니다.

❷ Student 클래스를 만들고 그 안에 String 자료형으로 된 name, int 자료형으로 된 age 속성을 추가합니다. 그리고 생성자 함수와 함께 이 두 개의 속성 값을 가져오거나 설정하기 위한 Getter 와 Setter 메서드를 만듭니다.

❸ School 클래스를 만들고 그 안에 name, students라는 속성을 갖도록 변수를 선언합니다. students 변수는 선언과 동시에 new 연산자를 이용해 객체를 만들어 할당합니다.

❹ name은 String 자료형, students는 ArrayList 자료형으로 선언하고 이 두 개의 속성 값을 가져오거나 설정하기 위한 Getter와 Setter 메서드를 만듭니다. 리스트 변수에 Student 객체를 추가할 수 있는 addItem 메서드와 리스트 변수에 들어있는 Student 객체들의 전체 개수를 알 수 있는 size 메서드를 추가합니다.

❺ activity_main.xml 파일을 열고 앱 화면에 입력상자 두 개와 버튼 한 개 그리고 그 아래에 텍스트 뷰 한 개를 추가합니다. 버튼에는 '추가'라는 글자가 표시되도록 text 속성 값을 설정합니다.

❻ MainActivity.java 파일에 코드를 입력합니다. 사용자가 첫 번째 입력란에 '김현수'라는 글자를 입력하고 두 번째 입력란에 15를 입력한 다음 [추가]를 누르면 Student 객체를 하나 만들고 그 객체를 students 변수에 추가하도록 합니다.

❼ 객체를 리스트 변수에 추가한 후 토스트 메시지로 '학생 객체가 리스트에 추가됨 : 김현수, 학생의 나이 : 15'를 보여줍니다. 아래쪽 텍스트뷰에는 추가된 학생의 총 수가 보이도록 코드를 입력합니다. 추가된 학생의 총 수는 리스트 변수의 size 메서드를 호출하여 알아내도록 합니다.

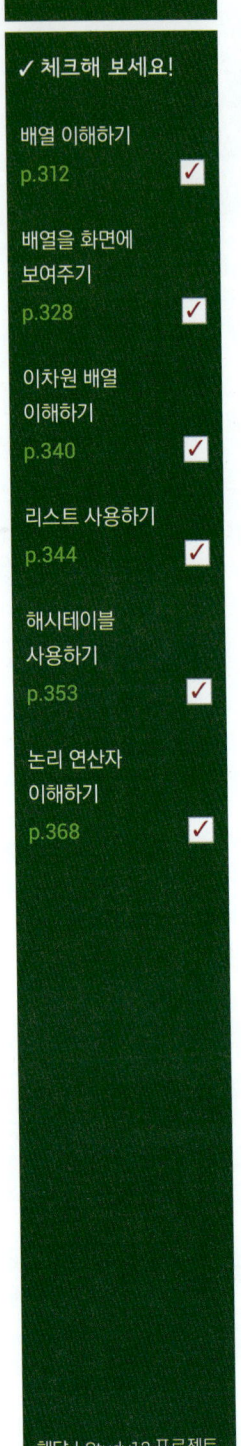

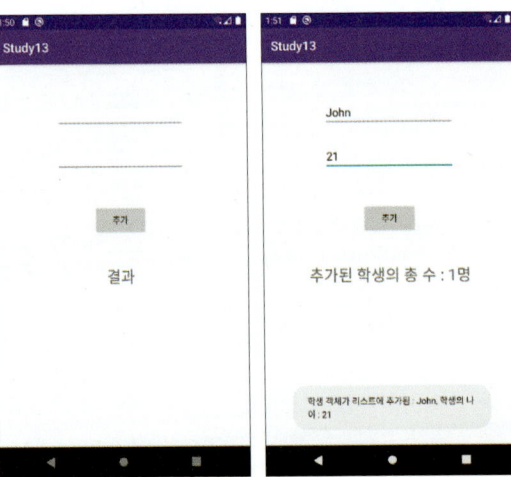

리스트 변수에 값들을 하나의 텍스트로 보여주기

난이도	상	중	하 ✓	소요시간	30분
목표	리스트 변수에 들어있는 아이템들의 정보를 하나의 텍스트로 만들어 화면에 보여주는 방법 연습					

- 리스트 변수에 들어있는 아이템들의 정보를 하나씩 확인할 수 있도록 만들어봅니다.
- 리스트 변수의 값들을 하나의 텍스트로 만든 후 화면에 보여줄 수 있도록 해봅니다.

❶ Study13 프로젝트를 복사하여 Study14로 만듭니다.

❷ School 클래스에 toString이라는 메서드를 추가합니다. 이 메서드는 students라는 변수에 들어 있는 Student 객체들의 정보를 하나의 문자열로 변환하는 역할을 하도록 코드를 넣어줍니다. 다음 줄로 넘어가게 하는 문자는 '\n'이므로 이 문자를 이용해 각각의 Student 정보가 한 줄에 하나씩 보이도록 만들어줍니다.

❸ activity_main.xml 파일을 열고 앱 화면에 '학생 리스트 보기'라는 버튼을 하나 더 추가합니다.

❹ 버튼의 아래쪽에는 텍스트뷰 한 개를 추가합니다.

❺ MainActivity.java 파일을 열고 버튼을 누르면 School 객체의 toString 메서드를 호출하여 학생 정보를 문자열로 바꾼 후 텍스트뷰에 표시하도록 코드를 입력합니다.

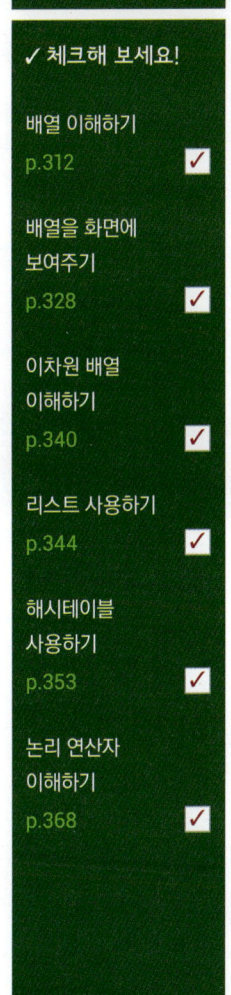

JAVA 총정리

여러 데이터를 논리에 맞게 처리하기

배열과 리스트

❶ **if 구문이란?**

조건에 따라 분기하여 코드를 실행해줍니다.

→ 여러 개의 조건이 있을 경우 다음과 같은 모양으로 만들어집니다.

```
ex  if (조건 1) {

    } else if (조건 2) {

    } else if (조건 3) {

    중략...

    } else {

    }
```

❷ **배열(Array)이란?**

여러 개의 값을 하나의 변수로 한꺼번에 가리킬 수 있는 객체입니다. 배열을 처음 선언할 때는 중괄호 안에 데이터를 직접 넣어줄 수 있습니다.

❸ **예외 상황이란?**

프로그램이 정상적으로 해야 할 일이 아닌 예상하지 못했던 기능을 할 때를 말합니다. 이때 만들어지는 예외(Exception) 객체는 어떤 예외 상황인지 알 수 있도록 정보를 넣어 전달해줍니다.

❹ **배열의 길이란?**

length라는 속성으로 알 수 있습니다.

❺ **for 구문이란?**

반복적으로 어떤 일을 하기 위해 사용하는 구문입니다.

→ for 구문의 소괄호 안에 값을 초기화하여 넣고 그 값이 어떤 조건에 맞을 때까지 반복하여 기능을 실행하도록 해줍니다. for 구문의 뒤에 오는 괄호 안에는 세미콜론(;)이 사용되면 세 개의 문장이 들어갈 수 있습니다.

- 첫 번째 문장 → 변수 선언이나 변수에 초기 값을 넣어주는 부분
- 두 번째 문장 → for 구문의 코드가 실행될 조건을 넣어주는 부분
- 세 번째 문장 → 반복 실행되는 부분

❻ System.arrayCopy 메서드란?

배열을 복사할 때 사용할 수 있습니다.

❼ 2차원 배열이란?

배열 안에 배열이 들어있는 형태를 말합니다.

2차원 배열의 값을 for 구문으로 확인하는 방법

- 두 개의 for 구문이 사용됩니다. 각 행(Row)의 인덱스로 접근하기 위한 첫 번째 for 구문과 그 안에서 각 열(Column)의 인덱스로 접근하기 위한 두 번째 for 구문이 함께 사용됩니다.

```
ex   for (int i = 0; i < phonebook.length; i++) {
       중략...
       for (int j = 0; j < phonebook[i].length; j++) {
         중략...
       }
     }
```

❽ 리스트란?

고정된 길이가 아니라 값을 연결하여 계속 추가할 수 있는 것을 말합니다. 가장 많이 사용되는 리스트 객체로 ArrayList를 들 수 있습니다.

ArrayList에서 사용하는 대표적인 메서드

- add → 원소를 추가합니다.
- get → 원소를 가져옵니다.
- size → 원소의 총 개수를 알 수 있습니다.

❾ 이터레이터(Iterator)란?

리스트에 들어있는 값을 하나씩 확인할 수 있도록 도와주는 객체입니다.

이터레이터의 주요 메서드 두 가지

- hasNext → 다음 순서의 객체가 있는지 알려줍니다.
- next → 다음 객체를 받을 수 있습니다.

❿ while 구문이란?

조건에 맞을 때 중괄호 안의 코드를 반복해서 처리합니다.

→ while 바로 뒤에 있는 소괄호 안에 입력한 조건만 확인합니다. 이 조건이 맞으면 계속 반복하고 그렇지 않으면 while 구문 밖으로 나가게 됩니다.

⑪ 해시테이블(Hashtable)이란?

키(Key)라는 것을 두고 그 키에 맞는 값(Value)을 서로 연결해줍니다.

→ 해시테이블의 기능을 사용하는 가장 대표적인 클래스가 HashMap입니다.

해시테이블의 대표적인 메서드
- put → 키를 주면서 객체를 집어넣습니다.
- get → 키를 이용해 객체를 가져옵니다.

⑫ 세트(Set)란?

하나의 자루와 같아서 그 안에 여러 개의 객체들을 넣을 수 있습니다. 들어있는 아이템의 순서는 없으며, 하나씩 꺼내거나 넣을 수만 있습니다.

조건문의 유형

❶ 조건문이란?

조건을 주고 그 조건이 맞으면 해당 코드가 실행되도록 만드는 문장을 말합니다.

❷ if 구문 다음에 else if가 두 번 사용되었다면 이 if 구문에서 사용되는 조건은 세 가지가 됩니다.

❸ switch 구문이란?

어떤 변수에 들어있는 값을 비교합니다. 변수는 항상 int 자료형으로 만들고 그 변수의 값을 case 키워드로 비교합니다.

ex
```
switch(type) {
    case 1:
        중략...
    case 2:
        중략...
    case 3:
        중략...
    default:
        중략...
}
```

❹ switch 구문에 사용되는 상수란?

클래스 안에서 public static final int 키워드를 주면서 만들 수 있습니다.

→ 이렇게 상수를 만들 때 대문자로 상수의 이름을 만들어주면 그 이름만 case 뒤에 사용할 수 있어 코드를 해석할 때 좀 더 확실해집니다.

❺ for 구문은 그 뒤에 나오는 소괄호 안에 조건을 넣고, 그 조건이 맞으면 중괄호 안의 코드들이 동작하도록 만듭니다. for 구문의 소괄호 안에는 세미콜론(;)으로 구분된 세 가지 수식이 들어갈 수 있습니다.

❻ while 구문의 소괄호에는 조건식만 넣을 수 있으므로 for 구문 안에서 사용되던 변수의 선언, 값의 증가나 감소 등의 코드는 while 구문 이전 또는 while 구문의 중괄호 안에 넣어야 합니다.

02-8
화면을 직접 만들어서 띄우기 중요도 ★★★★☆

버튼을 눌렀을 때 간단한 메시지를 띄우려면 미리 버튼에 리스너를 등록해두고 이벤트가 발생했을 때 리스너 메서드가 자동으로 호출되도록 만들어야 합니다. 그렇다면 버튼을 눌렀을 때 새로운 화면을 띄우려면 어떻게 해야 할까요? 여러분이 직접 화면을 만들어 띄우려면 어떤 방법을 써야 하는지 궁금하죠? 이 장에서는 여러분이 직접 만든 화면을 띄우는 방법과 함께 다른 사람이 이미 만들어 둔 앱의 화면을 띄우는 방법을 알아보겠습니다.

키워드로 알아보는 자바 언어

화면 추가	앱 화면을 새로 하나 추가하고 싶다면 액티비티를 추가할 수 있습니다.
인텐트	화면을 띄울 때 시스템으로 전달하는 객체로 여러 가지 역할이 있습니다.
부가 데이터	다른 화면으로 데이터를 전달할 때 인텐트 안에 넣어 보내는 데이터입니다.
수명주기	앱 화면의 상태에 따라 메서드가 자동으로 호출되며 onCreate도 그중 하나입니다.
스택	자루 안에 물건을 넣으면 꺼낼 때는 가장 나중에 넣은 것을 먼저 꺼내게 됩니다.
큐	파이프로 물건을 넣으면 꺼낼 때는 처음에 넣은 것을 가장 먼저 꺼내게 됩니다.

1 _ 스마트폰 기본 앱을 화면에 띄우기

스마트폰으로 전화를 걸거나 받을 때에는 단말에 들어있는 통화 앱을 사용합니다. 문자를 주고받을 때는 문자 앱을 사용하고 웹사이트를 보고 싶다면 웹 브라우저 앱을 띄우고 사이트 주소를 입력합니다. 이런 앱들은 모두 단말에 기본적으로 들어있는 앱입니다. 스마트폰 단말을 처음 샀을 때 들어있는 기본 앱들을 보면 안드로이드를 만든 구글에서 만들어 넣은 앱도 있고 제조사가 만들어 넣은 앱도 있습니다.

사용자에게 화면을 보여주고 싶다면 이렇게 단말에 이미 들어있는 앱의 화면을 띄울 수도 있고 화면을 새로 만들어 띄울 수도 있습니다.

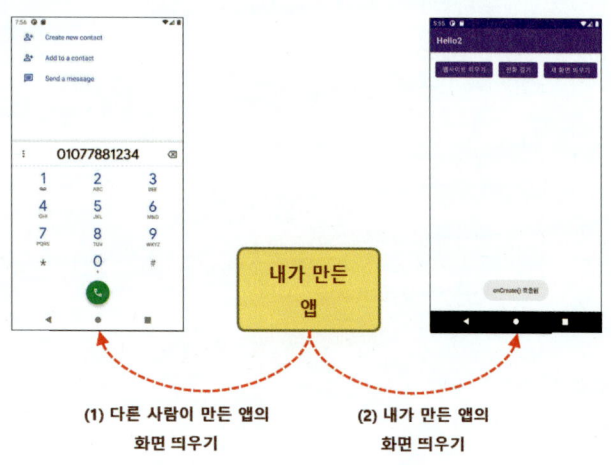

▲ 화면을 띄우는 두 가지 경우

여기서는 스마트폰에 탑재되어 있는 기본 앱을 화면에 띄우는 방법을 알아보겠습니다. 안드로이드 스튜디오에서 새로운 프로젝트를 만듭니다. 프로젝트의 이름은 Hello2로 하고 패키지 이름은 org.techtown.hello로 합니다. 프로젝트 창이 열리면 [activity_main.xml] 탭을 눌러 화면 레이아웃을 띄웁니다. 디자인 화면 중앙에 있는 텍스트뷰를 삭제한 다

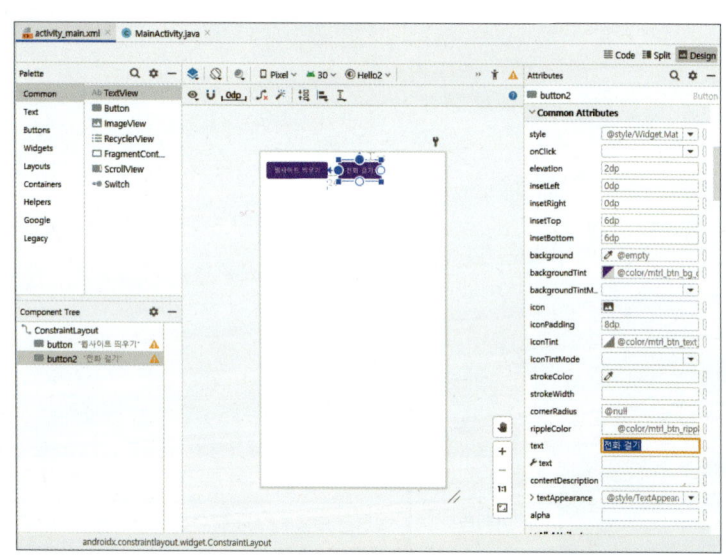

▲ 화면에 두 개의 버튼을 추가한 경우

음 팔레트(Palette) 창에서 버튼을 끌어다 화면에 버튼 두 개를 추가합니다. 이 과정은 이미 여러 번 해 봤으니 자세한 설명은 하지 않겠습니다. 새로 추가한 두 개의 버튼에 표시되는 글자를 '웹사이트 띄우기'와 '전화 걸기'라고 바꿉니다.

새로 추가한 두 개의 버튼을 선택한 후 오른쪽 속성 창에서 id 속성 값을 살펴봅니다. '웹사이트 띄우기'라는 글자가 표시된 첫 번째 버튼은 button, '전화 걸기'라고 글자가 표시된 버튼은 button2를 id 값으로 갖고 있습니다. 첫 번째 버튼을 눌렀을 때는 웹사이트를 보여주고 두 번째 버튼을 눌렀을 때는 전화 걸기 화면을 보여주도록 할 것입니다.

[MainActivity.java] 탭을 눌러 소스 파일을 연 후 다음과 같이 클릭 이벤트를 처리할 리스너를 등록합니다.

코드 참고 / Hello2>/app/java/org.techtown.hello/MainActivity.java

```java
중략...
  @Override
  protected void onCreate(Bundle savedInstanceState) {
    super.onCreate(savedInstanceState);
    setContentView(R.layout.activity_main);

    Button button = findViewById(R.id.button);
    button.setOnClickListener(new View.OnClickListener() {

      @Override
      public void onClick(View v) {

      }
    });

    Button button2 = findViewById(R.id.button2);
    button2.setOnClickListener(new View.OnClickListener() {

      @Override
      public void onClick(View v) {

      }
    });
  }
}
```

첫 번째 버튼과 두 번째 버튼에 OnClickListener 객체를 설정하는 코드를 입력했습니다. 버튼을 눌렀을 때 OnClickListener의 중괄호 안에 들어있는 onClick 메서드가 실행된다는 것을 여러분은 이미 알고 있습니다. 첫 번째 버튼을 위한 onClick 메서드 안에 다음과 같은 두 줄의 코드를 입력합니다.

코드 참고 / Hello2〉/app/java/org.techtown.hello/MainActivity.java

```java
중략...

  Button button = findViewById(R.id.button);
  button.setOnClickListener(new View.OnClickListener() {

    @Override
    public void onClick(View v) {
      Intent intent = new Intent(Intent.ACTION_VIEW,
              Uri.parse("http://m.naver.com"));
      startActivity(intent);
    }
  });
중략...
```

조금 생소하게 보이는 두 줄의 코드이지만 'http'로 시작하는 문자열이 있고 그 내용이 웹사이트 주소라는 것은 알 수 있습니다. 잘 이해가 안 되더라도 일단 앱을 실행해봅니다.

▲ 앱을 실행한 화면

첫 번째 버튼을 클릭하면 다음과 같이 코드에서 입력했던 웹사이트가 보이게 됩니다. 웹브라우저를 처음 실행시킨 것이라면 동의를 원하는 화면이 보일 수 있습니다. [Accept & continue]를 누르면 다음 화면으로 넘어갑니다. 그다음 화면에서는 [No thanks]를 누르면 웹브라우저가 웹사이트를 띄우게 됩니다. 이 과정은 여러분들이 실제 단말기를 처음 사서 사용할 때도 겪는 부분입니다. 한 번 설정하고 나면 그다음부터는 웹사이트를 바로 띄울 수 있습니다.

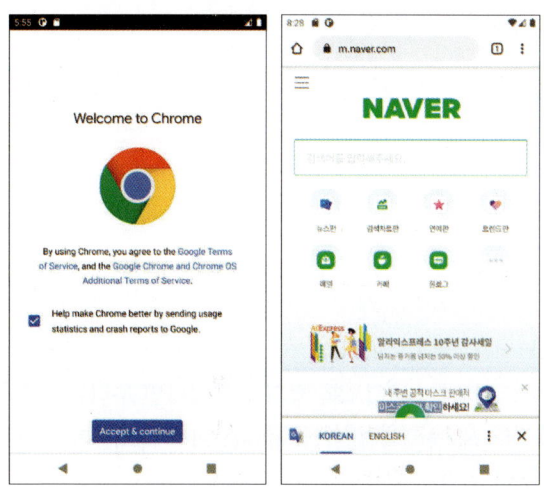

▲ 첫 번째 버튼을 클릭하여 웹브라우저 화면을 띄운 경우

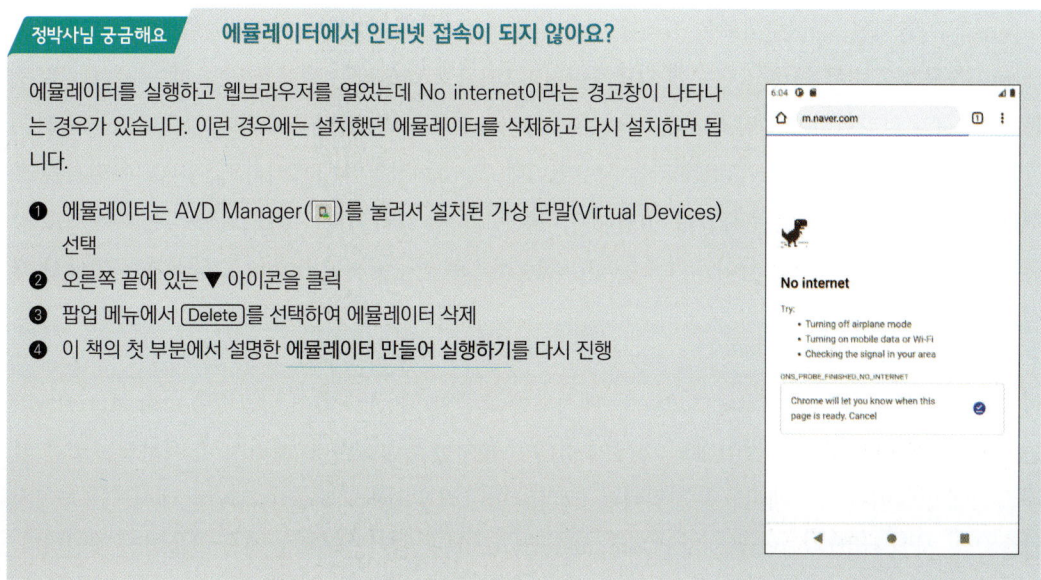

정박사님 궁금해요 **에뮬레이터에서 인터넷 접속이 되지 않아요?**

에뮬레이터를 실행하고 웹브라우저를 열었는데 No internet이라는 경고창이 나타나는 경우가 있습니다. 이런 경우에는 설치했던 에뮬레이터를 삭제하고 다시 설치하면 됩니다.

❶ 에뮬레이터는 AVD Manager( )를 눌러서 설치된 가상 단말(Virtual Devices) 선택
❷ 오른쪽 끝에 있는 ▼ 아이콘을 클릭
❸ 팝업 메뉴에서 Delete 를 선택하여 에뮬레이터 삭제
❹ 이 책의 첫 부분에서 설명한 에뮬레이터 만들어 실행하기를 다시 진행

단 두 줄의 코드만으로 웹브라우저 화면을 띄우고 그 안에 우리가 입력한 웹사이트를 보여줄 수 있다는 것이 놀랍습니다. 이 웹브라우저 화면은 스마트폰에 있는 웹브라우저 앱을 실행했을 때의 화면과 똑같은 화면입니다. 따라서 우리가 넣은 두 줄은 스마트폰의 웹브라우저 앱을 띄워서 요청한 사이트를 불러오라고 한 것임을 알 수 있습니다. 그런데 코드를 잘 살펴보면 웹브라우저 화면을 띄우라는 명령처럼 보이는 단어가 없습니다. 예를 들어, 웹브라우저를 버튼처럼 하나의 객체로 만들어서 보여줘야 한다면 다음과 같은 코드를 사용해야 할 것입니다.

일반적인 언어에서 웹브라우저를 화면에 보여줄 때 사용하는 가상 코드
```
WebBrowser browser = new WebBrowser();
browser.show();
```

만약 웹브라우저가 WebBrowser라는 것으로 만들어져 있다면 메모리에 버튼을 하나 만들 때처럼 new 연산자로 메모리에 객체를 만들 수 있을 것입니다. 그리고 그 브라우저에 show 메서드가 들어있을 것이고 그 메서드를 호출했을 때 화면에 웹브라우저 화면이 보이도록 정의해 두었다면 우리는 단순히 WebBrowser 자료형으로 선언된 browser라는 변수에 점(.)을 붙인 후 show()라는 메서드를 호출하는 코드를 입력해서 웹브라우저를 화면에 띄울 수 있을 것입니다.

그런데 우리가 입력한 코드는 WebBrowser가 아닌 Intent라는 객체를 하나 만들고 있습니다. new Intent라고 입력된 코드는 새로운 객체를 메모리에 하나 만드는 것이니 이렇게 만든 Intent 객체는 Intent 자료형으로 된 intent 변수에 할당됩니다. 그리고 Intent라는 객체를 만들 때는 콤마(,)로 구분된 두 개의 파라미터가 전달됩니다. 하나는 Intent.ACTION_VIEW라고 되어 있으니 Intent라는 클래스 안에 선언한 ACTION_VIEW라는 상수입니다. 의미를 정확히 모르더라도 '아마도 무언가를 보겠다는 의미인가보다.'라고 추측할 수 있을 것입니다. 그 다음 파라미터는 Uri.parse라는 메서드로 전달되는 사이트 주소입니다. 사이트 주소는 Uri라는 것으로 만들어져야 Intent를 해석하는 쪽에서 해석할 수 있습니다.

이렇게 만든 Intent 객체는 startActivity 메서드를 호출할 때 전달됩니다. 그런데 startActivity라는 것이 메서드를 호출하는 것인데도 그 앞에 점(.)이 붙어있지 않습니다. 따라서 이 메서드는 같은 클래스 안에 만들어져 있는 메서드일 것입니다. 그러나 아무리 찾아봐도 startActivity 메서드는 보이지 않습니다. 사실 startActivity는 AppCompatActivity라는 다른 클래스 안에서 만들어진 것입니다. 그리고 그 클래스를 이 MainActivity 클래스가 상속했기 때문에 같은 클래스 안에서 만든 메서드처럼 점(.)을 붙이지 않고도 호출할 수 있습니다. 이 내용에 대해서는 나중에 더 자세히 알아볼 것입니다.

2 _ 안드로이드 시스템에서 인텐트의 역할은 무엇일까?

앞에서 설명한 내용을 이어가 보겠습니다. 우리는 웹브라우저를 의미하는 객체를 만들지 않았다고 했습니다. 그런데 어떻게 startActivity 메서드를 호출할 때 사이트 주소만 넘겨주어도 웹브라우저 화면이 나타나는 걸까요? 그 비밀은 startActivity 메서드가 인텐트(Intent)라는 것을 시스템으로 전달했다는 데 있습니다.

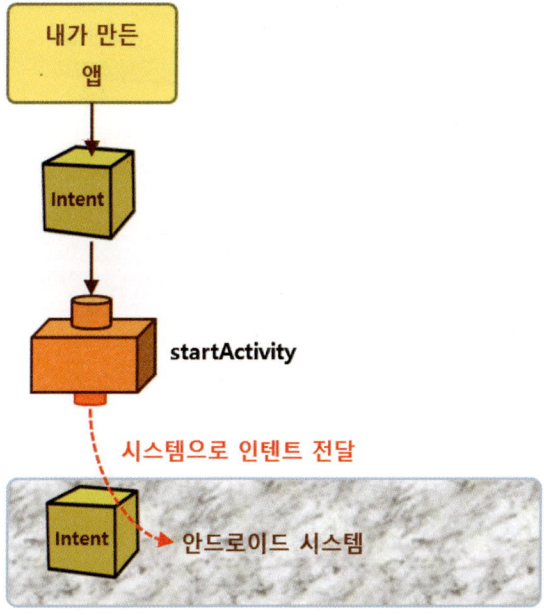

▲ 시스템으로 전달되는 Intent

Intent는 앞으로도 많이 나올 테니 이제부터 우리말로 '인텐트'라고 부르겠습니다. 인텐트는 startActivity 함수 상자로 들어가는 객체라고 생각할 수 있으니 데이터를 전달하려고 만든 객체 자료형이라고 할 수 있습니다. 그렇다면 항상 인텐트를 만들어서 사용해야 할까요? 안드로이드는 시스템이 이해할 수 있는 공통 자료형으로 인텐트라는 것을 새로 만들었습니다. 따라서 이런 형태의 인텐트는 표준 자바에는 없고 안드로이드에서만 사용할 수 있습니다. 인텐트는 안드로이드 시스템에서 해석할 수 있어서 시스템으로 전달하면 시스템에서 해석한 후 필요한 일을 합니다.

즉, 여러분이 입력했던 startActivity 함수 상자 안에서는 시스템으로 인텐트를 전달하고 시스템은 전달받은 인텐트 안에 웹사이트 주소가 들어있다는 것을 알게 됩니다. 웹사이트 주소 앞에 전달했던 파라미터가 Intent.ACTION_VIEW라는 상수였는데 이 상수는 무엇인가를 보고 싶을 때 사용하는 것입니다. 해석하면 '웹사이트를 보고 싶어요.'라는 정보를 인텐트 안에 넣어서 시스템에 전달한 것이죠.

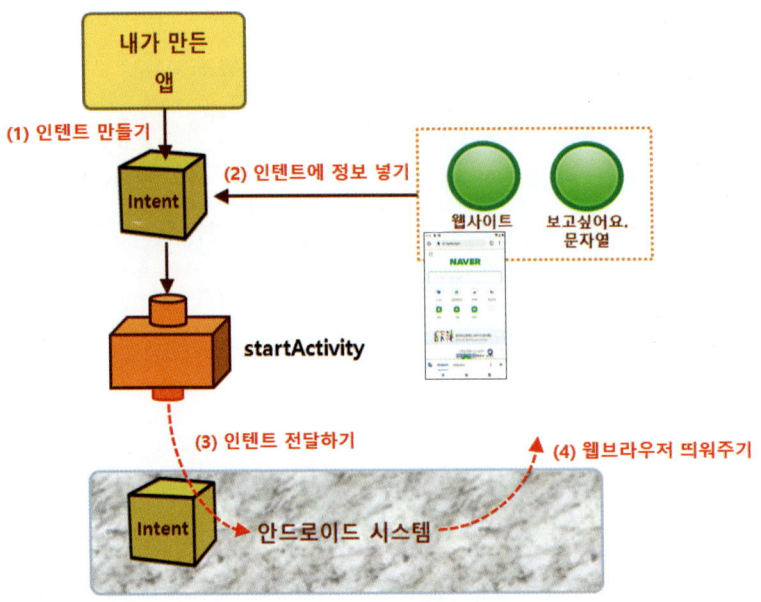

▲ 웹브라우저 화면을 띄우는 과정

이 과정을 보고나면 다른 언어를 사용할 때와 달리 WebBrowser라는 코드가 왜 안 보이는지 알 수 있을 것입니다. 웹사이트 주소만 인텐트에 넣어 전달하면 웹브라우저 화면을 찾아서 띄우는 역할은 시스템이 알아서 진행하기 때문에 우리가 입력한 코드에는 보이지 않습니다. 그렇다면 웹브라우저 화면을 띄울 때만 이렇게 할 수 있는 것일까요? 아닙니다. 이렇게 띄울 수 있는 화면은 많습니다. 왜냐하면 이미 다른 사람들이 만들어놓은 다른 앱의 화면 정보만 알아도 대부분 그대로 띄울 수 있기 때문입니다. 다음 코드는 스마트폰에 들어있는 통화 앱의 화면을 띄우면서 전화를 걸 수 있도록 해줍니다.

코드 참고 / Hello2〉/app/java/org.techtown.hello/MainActivity.java

```java
중략...

  Button button2 = findViewById(R.id.button2);
  button2.setOnClickListener(new View.OnClickListener() {

    @Override
    public void onClick(View v) {
      Intent intent = new Intent(Intent.ACTION_VIEW,
               Uri.parse("tel:01077881234"));
      startActivity(intent);
    }

  });
중략...
```

두 번째 버튼을 동작시키려고 입력한 코드를 보면 첫 번째 버튼을 위해 입력했던 코드 부분에서 http로 시작하는 웹사이트 주소를 tel로 시작하는 전화번호로 바꿔주기만 했습니다.

앱을 실행하고 두 번째 버튼을 클릭하면 다음과 같이 전화걸기 화면이 보이게 됩니다.

▲ 두 번째 버튼을 클릭하여 전화걸기 화면을 띄운 경우

웹사이트도 띄워보고 전화걸기 화면도 띄워보니 인텐트 안에 http 또는 tel이라는 것으로 시작하는 정보를 넣어 시스템으로 보내면 시스템이 이 정보를 해석해서 거기에 맞는 화면을 띄워준다는 것을 충분히 알 수 있었습니다. 이렇게 http나 tel과 같이 데이터 앞에 붙여주는 구분자를 'MIME 자료형'이라고 부릅니다. 이것은 보통 웹서버에서 문서의 종류를 구분할 때 사용하는 방법이며 여러 가지 문서의 종류가 미리 정해져 있습니다.

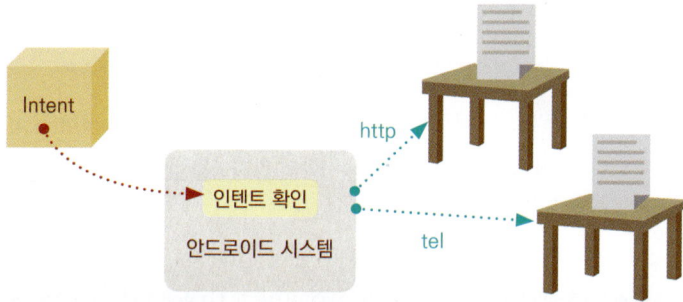

▲ 시스템에서 MIME 자료형으로 인텐트 안의 데이터 구분하기

이렇게 인텐트라는 것을 이용해서 띄울 수 있는 화면은 얼마나 많을까요? 자주 사용하는 화면 중에는 카메라를 이용한 사진 찍기 화면도 있습니다. 하지만 사진 찍기 화면은 사진을 찍을 때 어떻게 찍을 것인지도 알려주어야 하고 찍은 사진을 가져와서 화면에 보여주는 등의 기능도 더 붙여야 해서 훨씬 더 많은 코드를 입력해야 합니다. 이 부분에 대해서는 나중에 충분한 시간을 갖고 알아가는 것이 좋습니다.

3 _ 새로운 앱 화면 추가하기

안드로이드에서는 일반적으로 하나의 화면을 '**액티비티(Activity)**'라고 부릅니다. 새로운 프로젝트를 만들 때 보았던 것처럼 앱을 새로 만들면 액티비티 소스 파일 하나와 화면 레이아웃 파일 하나가 자동으로 생성됩니다. 프로젝트 안에는 첫 화면이 자동으로 만들어지기 때문에 MainActivity.java 파일과 activity_main.xml 파일이 자동으로 만들어지고 이 두 개 파일이 내부적으로 연결되어 있어 하나의 화면을 구성합니다.

이때 중요한 점은 화면들이 각각 독립적으로 동작할 수 있다는 것입니다. 예를 들어, 카페테리아에서 음식을 주문할 때 주문하는 사람은 한 곳에 있는 계산대에서 주문하지만 거기서 여러 식당의 음식을 한꺼번에 주문할 수 있습니다. 이 경우에 식당 구분은 그리 중요하지 않고 어떤 음식을 먹을 것인가가 중요해집니다.

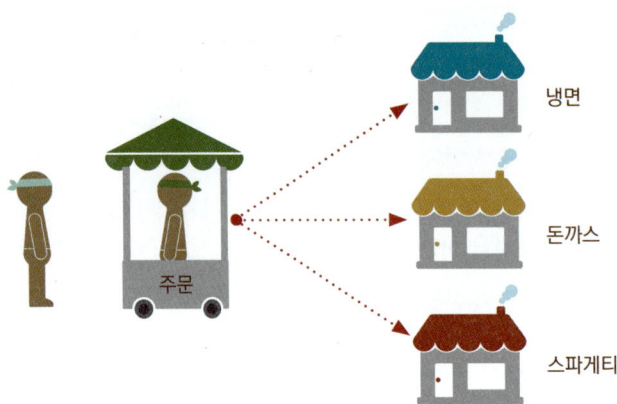

▲ 카페테리아에서 음식 주문하기

여기서는 음식을 스마트폰의 화면, 식당을 앱이라고 비교할 수 있습니다. 어떤 음식을 먹을지가 중요한 것처럼 어떤 화면을 보고 싶은지가 중요한 것이니 어떤 앱에서 만든 화면인지 상관없이 화면을 보여줄 수 있으면 좋을 것 같습니다. 이런 하나의 화면 단위가 액티비티입니다.

카페테리아에서 여러 식당의 음식을 한 계산대에서 모두 주문할 수 있으려면 계산대에 있는 사람이 음식 정보를 모두 알아야 합니다. 그리고 어떤 음식을 주문했는지 각 식당에 알려주어야 합니다. 카페테리아의 계산대와 같은 역할을 하는 것이 '**안드로이드 시스템**'입니다. 그렇다면 안드로이드 시스템도 어떤 앱이 어떤 화면들을 가지고 있는지 알아야 하고 누군가가 그중의 한 화면을 보고 싶다고 할 때 그 정보를 앱에 알려주어야 합니다. 왜냐하면 이렇게 해야 앞에서 해보았던 것처럼 여러분이 직접 만든 앱에서 다른 사람이 만든 웹브라우저 앱의 화면을 띄워줄 수 있기 때문입니다. 이 경우에 여러분이 만든 앱이 카페테리아의 손님이고 계산대의 역할을 하는 것이 안드로이드 시스템, 그리고 웹브라우저 앱이 식당의 역할을 하게 됩니다.

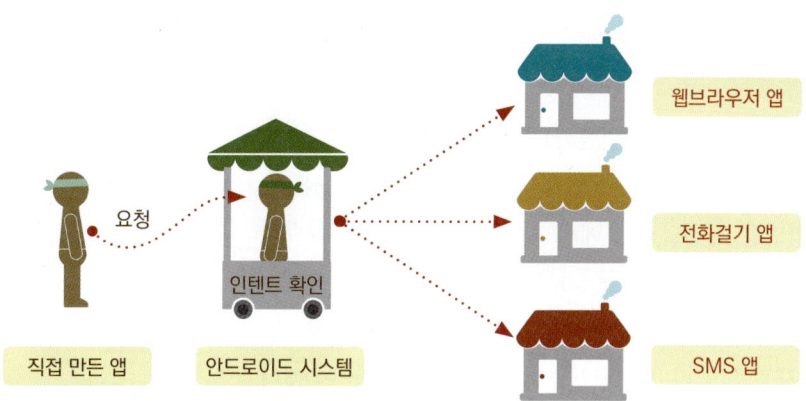

▲ 직접 만든 앱에서 웹브라우저 화면 띄우기

계산대 역할을 하는 것이 안드로이드 시스템이므로 계산대의 사람이 각 식당의 음식을 모두 알아야 합니다. 결국 스마트폰 단말에 설치된 앱 안에는 어떤 화면들이 있는지를 안드로이드 시스템이 알고 있어야 합니다.

안드로이드 시스템은 여러분이 만든 앱을 설치할 때 그 안에 어떤 화면이 있는지 확인합니다. 한 화면이 액티비티라고 했으므로 AppCompatActivity라는 클래스를 상속한 것이 있는지 자동으로 확인할 수 있게 만들 수도 있습니다. 하지만 안드로이드에서는 어떤 화면을 추가했는지 확실히 하기 위해서 매니페스트라는 것에 화면 정보를 등록하도록 합니다. 즉, 안드로이드 시스템은 앱을 설치했을 때 그 앱의 매니페스트 정보를 보면 앱에 어떤 화면들이 들어있는지 알 수 있게 됩니다.

▲ 앱의 화면 정보를 담고 있는 매니페스트

카페테리아에 새로운 식당이 오픈했다면 그 식당에서 만들게 될 음식 정보를 계산대에서 새로 받아야 합니다. 이때 식당에서 종이에 쓴 음식 정보를 계산대에 전달하도록 되어 있다면 이 종이가 매니페스트의 역할을 하는 것입니다. 여기서 '매니페스트'란 프로젝트 안에 들어있는 AndroidManifest.xml 파일입니다. 이 파일 안에는 어떤 화면이 만들어져 있는지의 정보 이외에도 다양한 정보가 들어가 있습니다.

앱 화면을 안드로이드 시스템에서 독립적으로 띄울 수 있다는 것은 매우 중요합니다. 왜냐하면 화면을 띄울 때 그 화면을 앱에서 직접 띄우는 것이 아니라 안드로이드 시스템으로 요청해야 하기 때문입니다. 이는 카페테리아에서 음식을 주문할 때 손님이 각각의 식당에 직접 주문할 수 없는 것과 마찬가지입니다.

그러면 여러분이 직접 만든 앱 안에서는 어떨까요? 그것도 마찬가지입니다. 하나의 앱을 만들고 그 안에 여러 개의 화면을 추가했더라도 그 화면들은 안드로이드 시스템으로 화면을 띄워달라는 메시지를 보내야 띄울 수 있습니다. AndroidManifest.xml 파일 안에 들어가는 정보 중에서 화면 정보는 <activity> 태그에 들어갑니다. 이 태그는 여러분이 만든 액티비티의 정보를 포함하고 있으며, 만약 새로운 액티비티를 만들어 앱에 추가한다면 이 매니페스트 파일에 그 액티비티 정보를 추가해야 합니다.

매니페스트

▲ 매니페스트 안의 화면 정보

화면을 액티비티라고 부르기 때문에 화면을 띄울 때 사용하는 메서드는 startActivity라는 이름으로 되어 있습니다. 실제 앱을 구성하다 보면 화면을 여러 개 만들 때가 많으므로 이 메서드는 자주 사용됩니다. 그런데 새로운 화면을 띄웠다가 다시 원래의 메인 화면으로 돌아올 때 바뀐 데이터를 새로 적용해야 할 때도 자주 생깁니다. 즉, 단순히 액티비티를 띄워주는 것이 아니라 띄웠던 액티비티로부터 응답을 받아 처리하는 코드도 필요합니다. 이런 문제 때문에 액티비티를 띄울 때는 startActivity 만큼이나 startActivityForResult도 자주 사용합니다.

> **Reference**
> startActivityForResult(Intent intent, int requestCode)

startActivityForResult 메서드에 전달되는 파라미터는 인텐트와 정수로 된 코드 값인데 이 코드 값은 일반적으로 각각의 액티비티를 구분하려고 사용됩니다. 하나의 액티비티에서 다른 액티비티를 띄우기만 할 때는 크게 문제될 것이 없지만 띄웠던 액티비티에서 원래의 액티비티로 응답을 보내온다면 새로 띄웠던 여러 액티비티 중에 어떤 것으로부터 온 응답인지 구분해야 하기 때문에 이 메서드를 사용하는 경우가 많습니다. 이 내용을 좀 더 알아보기 위해 새로운 화면을 하나 만들고 그 화면을 띄웠다가 다시 돌아오는 기능을 추가해 보겠습니다.

새로운 화면을 액티비티라는 것으로 만든다고 했는데 안드로이드 스튜디오에서는 새 화면 만들기 메뉴를 사용하면 액티비티를 자동으로 만들어줍니다. 만약 이 정보들을 직접 만들겠다면 다음과 같은 과정을 거쳐야 합니다.

새로운 화면을 위한 정보들을 직접 만들어 띄우는 과정
❶ 새로운 액티비티 만들기
❷ 새로운 레이아웃 만들기
❸ 매니페스트에 액티비티 정보 추가하기
❹ 새로운 액티비티 띄우기

이런 과정이 자동으로 수행되기 때문에 우리는 안드로이드 스튜디오에서 새로운 액티비티를 만들 수 있는 메뉴를 이용하기만 하면 됩니다. 왼쪽 프로젝트 창에서 [app] 항목을 선택하고 마우스 오른쪽 버튼을 누릅니다. 팝업 메뉴가 보이면 [New → Activity → Empty Activity]를 선택합니다.

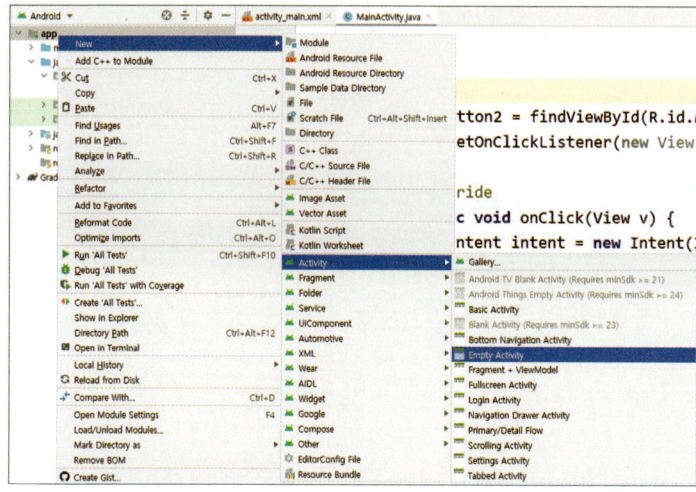

▲ 새로운 화면을 만들기 위한 메뉴

대화상자가 보이면 Activity Name 입력란에는 NewActivity를 입력합니다. 그러면 Layout Name 입력란에는 activity_new라는 이름이 자동으로 입력됩니다.

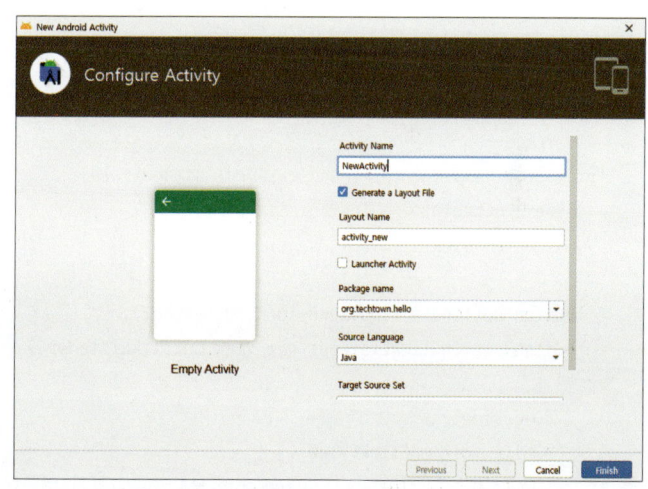

▲ 새로운 화면을 만들기 위한 대화상자

[Finish]를 누르면 NewActivity.java 파일과 activity_new.xml 파일이 만들어지면서 가운데 작업 영역에 두 개의 파일이 열립니다. [activity_new.xml] 탭을 눌러 디자인 화면을 연 후 화면 레이아웃을 바꿉니다. 새로운 액티비티에는 하나의 버튼만 보이도록 할 것이므로 다음과 같이 화면 가운데에 버튼을 하나 추가하고 text 속성 값에 '돌아가기'라는 글자를 입력합니다. 버튼의 id 속성 값을 확인합니다. 여기서는 버튼의 id가 button3으로 자동 입력되어 있습니다.

> **주의** 여러분이 버튼을 여러 번 삭제하고 다시 갖다 놓으면 이 id 속성 값이 계속 바뀔 수 있다는 점에 주의하세요!

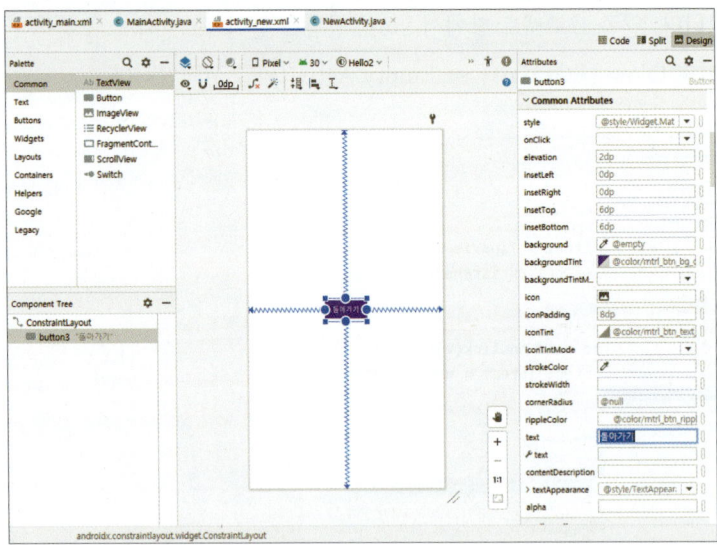

▲ 새로운 화면 레이아웃에 버튼 추가하기

이제 [NewActivity.java] 탭을 눌러 소스 파일을 열고 버튼을 눌렀을 때 동작할 코드를 입력합니다.

코드 참고 / Hello2〉/app/java/org.techtown.hello/NewActivity.java

```java
중략...
    @Override
    protected void onCreate(Bundle savedInstanceState) {
        super.onCreate(savedInstanceState);
        setContentView(R.layout.activity_main);

        Button button3 = findViewById(R.id.button3);
        button3.setOnClickListener(new View.OnClickListener() {

            @Override
            public void onClick(View v) {
                Toast.makeText(getApplicationContext(), "돌아가기 버튼이 눌렸어요.", Toast.LENGTH_LONG).show();
                finish();
```

```
      }
    });
  }
}
```

finish 메서드는 이 화면을 없애는 역할을 합니다. 현재 사용자의 눈에 보이던 화면을 없애면 어떻게 될까요? 안드로이드는 앱을 실행할 때 띄운 첫 번째 화면에서 다른 화면을 띄우면 원래의 화면은 뒤에 중지시켜 두고 새로 띄운 화면을 그 앞에서 보여줍니다. 이 때문에 새로 띄운 화면을 없애면 이전 화면이 다시 보이게 됩니다.

이제 새로운 화면을 하나 만들었습니다. 다시 한 번 되짚어보면, XML 파일에 들어있는 화면 레이아웃을 바꾼 후 자바 소스 파일을 수정하였습니다. 새로운 액티비티를 만들고 나면 매니페스트 안에 화면 정보가 자동으로 추가됩니다. 왼쪽 프로젝트 창에서 AndroidManifest.xml 파일을 찾아 더블클릭해서 내용을 살펴보면 두 개의 <activity> 태그가 보입니다.

코드 참고 / Hello2>/app/manifests/AndroidManifest.xml

```
중략...

  <application
    중략...
  >
    중략...
    <activity android:name="NewActivity"></activity>
    <activity android:name="MainActivity">
      중략...
    </activity>
  </application>
</manifest>
```

하나는 프로젝트를 만들 때 같이 만들어진 첫 번째 화면을 위한 것이고 또 하나는 조금 전에 추가된 NewActivity라는 화면을 위한 것입니다. 이전에도 간단하게 알아보았던 것처럼 꺾쇠의 시작 부분 뒤에 바로 / 기호가 오면 꺾쇠의 끝나는 부분이 됩니다. 즉, 태그는 시작 태그와 끝 태그가 함께 오게 되는데 <.../>의 형태이면 시작 태그이

종류	내용
태그	시작 태그와 끝 태그로 이루어집니다. 예) <...> ... </...>
줄임 표시 태그	시작 태그와 끝 태그를 줄여서 하나로 표시할 수 있습니다. 예) <.../>

▲ 태그의 구성

고 </...>의 형태이면 끝 태그가 됩니다. 시작 태그와 끝 태그가 같이 있는 경우에는 <.../>로 줄여서 쓸 수 있습니다.

시작 태그와 끝 태그 사이에는 글자들을 넣을 수 있지만 XML 코드를 만들 때는 그 사이에 글자를 넣지 않고 태그의 속성만 넣어줍니다. '태그의 속성'이란 시작 태그에 들어가는 태그의 이름 다음에 공백을 넣은 후 입력할 수 있는 정보입니다. 예를 들어, 화면을 새로 만들고 그 화면을 나타내는 액티비티를 등록할 때는 다음과 같이 넣게 됩니다.

> 액티비티를 XML에 등록하기
> <activity android:name="*NewActivity*"></activity>
>
> <activity>   → 시작 태그
> </activity>   → 끝 태그
> android:name   → 속성
> "NewActivity" → 속성 값

activity라는 단어를 꺾쇠 표시 안에 넣으면 태그의 이름이 됩니다. 태그 이름은 시작 태그와 끝 태그에 모두 들어가게 되고 시작 태그의 꺾쇠 기호 중에서 > 기호가 나오기 전에 공백을 두고 android:name이라고 입력하면 이것이 그 태그의 속성이 됩니다. 속성 값은 다음과 같이 '속성 이름=속성 값'과 같은 형태로 넣을 수 있습니다.

> 태그에 속성 넣기
> 속성 이름   =   속성 값
> android:name =   "NewActivity"

하나의 태그 안에는 여러 개의 속성을 넣을 수 있어서 속성 다음에 공백을 넣은 후 바로 다음 속성을 넣을 수 있습니다. XML로 만든 파일은 모두 이런 형식이라서 화면 레이아웃을 구성하는 XML 파일인 activity_main.xml 파일을 열어보아도 이렇게 만들어져 있습니다.

> **주의** 이미 알고 있듯이 디자인 화면에서 원본 코드를 보고 싶다면 오른쪽 상단에 있는 [Code] 아이콘을 눌러야 합니다.

속성 앞에 항상 따라오는 android:라는 단어는 이미 안드로이드에서 만들어 제공하는 정보인 경우에 붙여줍니다. 여러분이 직접 만든 속성이라면 android:가 아니라 app:과 같은 다른 단어를 붙여주지만 거의 대부분은 미리 만들어둔 것을 사용하기만 해도 되기 때문에 android:를 붙이게 됩니다. 이것 때문에 XML 코드의 양이 더 많아지긴 하지만 이 단어는 큰 의미가 없다고 생각하면서 보면 훨씬 XML 코드를 읽는 것이 쉬워집니다.

'돌아가기'라고 쓰인 버튼이 하나 들어있는 새로운 화면을 만들고 안드로이드 시스템이 알 수 있도록 매니페스트에 등록된 부분까지 확인했습니다. 그러면 이제 이 화면을 필요할 때 띄우기만 하면 됩니다.

앱을 실행했을 때 뜨는 처음 화면을 '메인 액티비티'라고 부르는데 그 이름이 MainActivity입니다. [activity_main.xml] 탭을 눌러

> **주의** [activity_new.xml] 탭이 아니라 [activity_main.xml] 탭입니다. 헷갈리지 마세요!

디자인 화면을 열고 버튼을 하나 더 추가합니다. 그리고 '새 화면 띄우기'라는 글자가 보이도록 text 속성을 찾아 입력합니다.

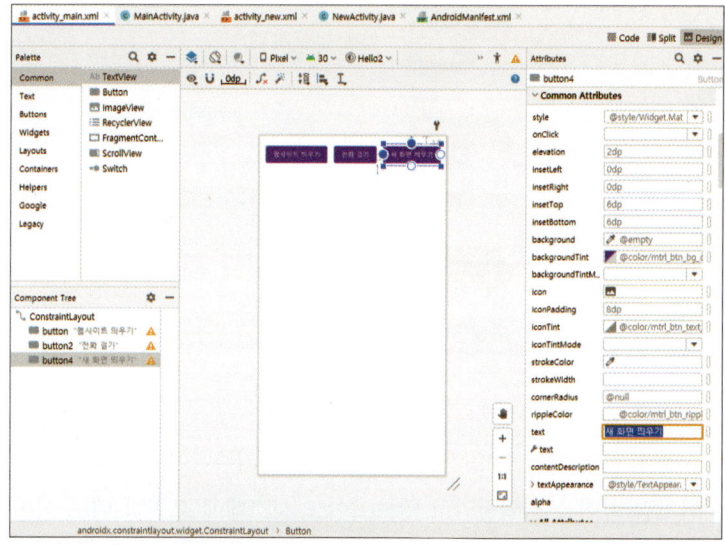

▲ 메인 액티비티에 '새 화면 띄우기' 버튼 추가하기

버튼의 id가 button4인지 확인한 후 [MainActivity.java] 탭을 눌러 소스 파일을 엽니다. 그리고 버튼을 클릭했을 때 동작할 코드를 button2 아래쪽에 입력합니다.

코드 참고 / Hello2〉/app/java/org.techtown.hello/MainActivity.java

```
중략...

    Button button4 = findViewById(R.id.button4);
    button4.setOnClickListener(new View.OnClickListener() {

      @Override
      public void onClick(View v) {
        Intent myIntent = new Intent(getApplicationContext(), NewActivity.class);
        startActivity(myIntent);
      }
    });
  }
}
```

startActivity 메서드가 화면을 띄우고 싶을 때 사용하는 메서드라는 것은 이미 알고 있습니다. 그리고 이 메서드를 사용하면 띄우고 싶은 화면에 직접 명령을 내리는 것이 아니라 안드로이드 시스템 쪽으로 화면을 띄워달라고 요청하는 것이라는 것도 알고 있습니다.

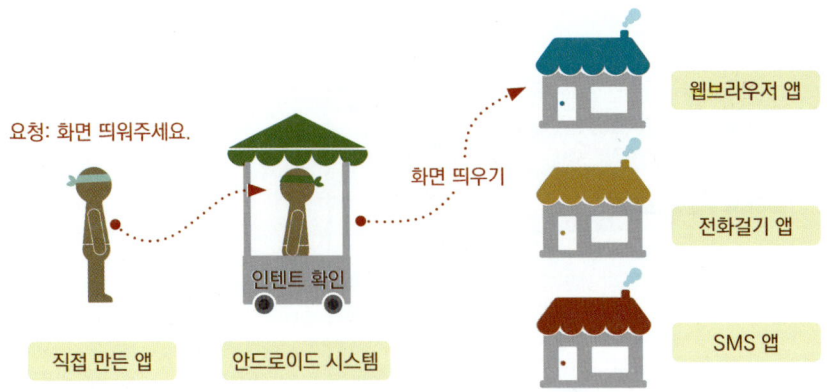

▲ 화면을 띄우는 과정 다시 생각해보기

카페테리아에 있는 계산대에서 음식을 주문할 때는 어떤 음식인지 정확히 알려주어야 계산대에 있는 종업원이 알아들을 수 있습니다. 이처럼 화면을 띄워달라고 안드로이드 시스템에 요청할 때도 이미 정해진 형식을 갖춘 정보를 보내야 안드로이드 시스템이 알아들을 수 있을 것입니다. 이렇게 안드로이드 시스템이 알아들을 수 있는 것이 '인텐트'라는 객체입니다. 그런데 이 인텐트에는 앞에서 본 것처럼 웹사이트의 주소를 직접 넣을 수도 있고 지금 본 코드처럼 새로 만든 액티비티의 정보를 넣어줄 수도 있습니다.

액티비티를 새로 만들었을 때 그 액티비티의 이름이 NewActivity라면 인텐트 객체를 만들 때 두 번째 파라미터로 NewActivity.class를 넣어줍니다. NewActivity가 클래스 이름인데 그 이름을 그대로 쓰고 점(.)을 붙였으니 그 뒤에 나오는 class라는 것은 클래스 변수가 됩니다. 이 클래스 변수는 새로운 클래스를 만들 때마다 자바에서 자동으로 만들어주는 변수이며 클래스 객체를 나타냅니다. '클래스 객체'란 클래스가 틀의 역할을 하므로 실제 사용할 수 있는 객체가 아닌데도 불구하고 실제 객체처럼 그 정보를 전달하고 싶을 때 사용됩니다.

> **정박사님 궁금해요**   **클래스 객체란?**
>
> 클래스를 하나 정의할 때 자바에서 자동으로 만들어줍니다. 그리고 클래스라는 틀을 하나의 객체처럼 전달할 수 있게 해줍니다.

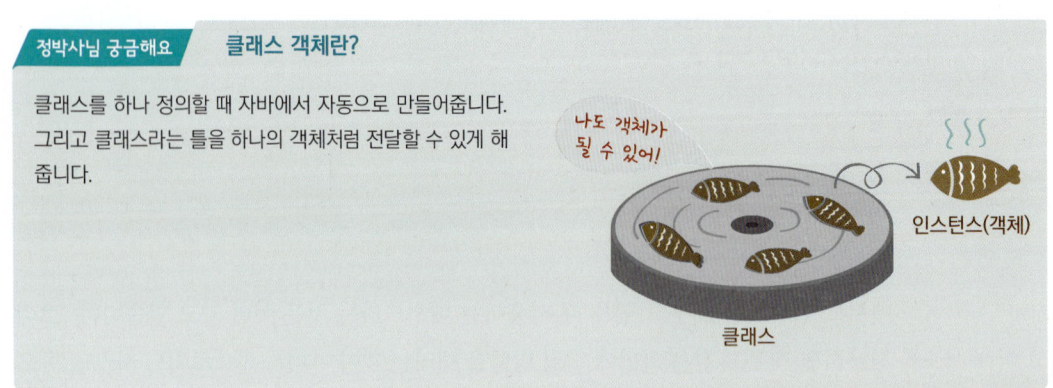

클래스 객체에 대해서는 자세하게 이해하지 않아도 될 정도로 사용되는 경우가 많지 않습니다. 따라서 안드로이드에서는 새로운 화면을 띄울 때 사용된다는 정도로만 이해하는 것이 좋습니다.

new 연산자로 새로운 인텐트 객체를 만들 때 들어가는 첫 번째 파라미터는 콘텍스트 객체가 되므로 토스트 메시지를 보여줄 때처럼 getApplicationContext 메서드를 호출합니다.

여기서 콘텍스트(Context)가 무엇인지 알아볼까요?

'콘텍스트'란 어떤 객체의 주변 환경이 어떤지를 알려줍니다. 예를 들어, 친구와 스타벅스 커피숍에서 오후 2시에 만나 아메리카노를 한 잔 마신다고 한다면 '나'라는 사람은 단순히 '아메리카노를 한 잔 마신다.'라는 동작을 한다고 얘기할 수 있습니다. 이 동작을 코드로 만들면 '마신다.'라는 함수 상자로 만들 수 있고, 그 대상이 되는 '아메리카노'와 '한 잔'이라는 정보가 데이터로 들어있는 변수를 만들 수 있습니다. 그런데 스타벅스 커피숍에서 만난다는 정보와 오후 2시에 만난다는 정보는 어떻게 해야 할까요? 물론 똑같이 변수로 만들어 저장할 수 있지만 '나'라는 사람이 직접 하는 동작이나 '나'라는 사람이 하는 동작과 직접 관련된 정보는 아니라고 할 수 있습니다. 이런 정보들은 모두 콘텍스트라는 것에 넣어 생각할 수 있습니다.

▲ 어떤 객체의 주변 환경 정보를 가지고 있는 객체, 콘텍스트

커피숍의 위치 정보나 몇 시에 만나는지의 정보들을 모두 콘텍스트 객체를 만들고 그 안에 넣어두면 이 정보를 하나의 객체에서 관리할 수 있습니다. 그렇기 때문에 '친구와 만난 커피숍이 어디니?'라고 누군가가 물어본다면 그 정보를 콘텍스트 객체에서 꺼내볼 수 있을 것입니다.

그렇다면 화면에 들어있는 버튼은 어떨까요? 화면 레이아웃에 버튼을 추가하면 그 버튼 정보는 리니어 레이아웃과 같은 레이아웃 상자에 들어가게 됩니다. 보통 관심이 가는 정보는 이 버튼에 어떤 글자가 쓰여 있고 '이 버튼을 눌렀을 때 어떻게 동작하는지?'입니다. 따라서 이 버튼이 어떤 레이아웃 안에 들어있고 그 레이아웃은 또 어떤 화면에서 보이는지 해당 정보를 콘텍스트에 넣어둘 수 있습니다. 하나의 화면은 하나의 액티비티로 만들어진다고 했으므로 액티비티라는 것이 콘텍스트의 역할을 할 수 있다면 이 액티비티에도 그런 정보를 넣어둘 수 있습니다.

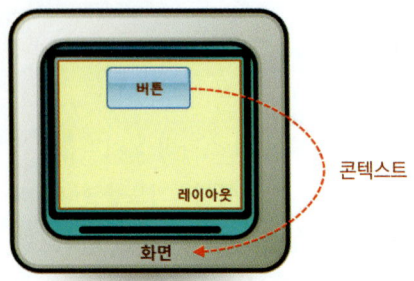

▲ 버튼의 콘텍스트는 무엇일까?

버튼 객체에게 버튼을 담고 있는 레이아웃이나 화면이 어떤 거냐고 물어보려면 버튼이 이 콘텍스트라는 객체를 알고 있어야 그 안에 들어있는 정보를 꺼내볼 수 있습니다. 이 때문에 안드로이드의 모든 뷰는 new 연산자로 만들어질 때 콘텍스트 객체를 생성자로 전달하도록 되어 있습니다. 이렇게 전달된 콘텍스트 객체는 버튼이 필요할 때마다 참조하여 사용합니다.

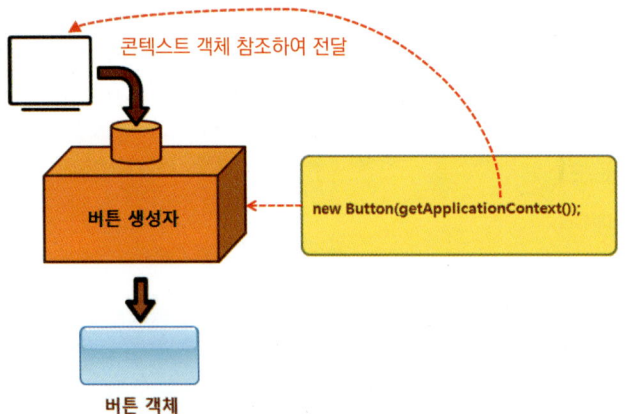

▲ 버튼이 만들어질 때 콘텍스트 객체 전달하기

액티비티 안에 들어있는 버튼이 화면 어디에 위치하고 있는지 등의 정보는 액티비티에서 관리할 수 있으므로 일반적으로 액티비티가 버튼의 콘텍스트 역할을 합니다. 따라서 new 연산자로 버튼 객체를 만들 때 액티비티 자체를 콘텍스트로 넣어줄 수 있습니다. 이 때문에 액티비티의 코드 블록 안에서 new 연산자를 이용하여 직접 버튼과 같은 위젯 객체를 만들 때는 파라미터로 this 키워드를 사용하는 경우가 많습니다. 만약 버튼을 클릭했을 때처럼 this 키워드로 액티비티를 가리킬 수 없다면

getApplicationContext 메서드를 이용하여 앱에서 사용할 수 있는 콘텍스트 객체를 가져다 전달할 수 있습니다.

이렇게 수정한 앱을 실행한 후 추가한 [새 화면 띄우기] 버튼을 누르면 새로 만든 NewActivity 화면이 나타납니다. 새 화면 중앙에 있는 [돌아가기] 버튼을 누르면 화면이 닫히면서 토스트 메시지와 함께 그 뒤에 있던 메인 액티비티가 다시 보이게 됩니다.

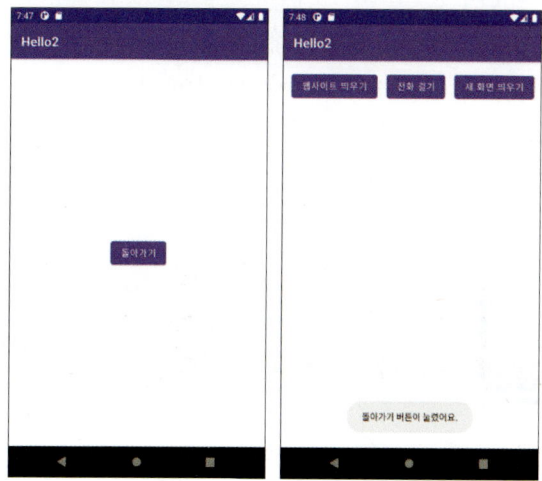

▲ [새 화면 띄우기] 버튼을 눌렀을 때 나타나는 NewActivity 화면

다른 사람이 만든 화면이 아니라 여러분이 직접 만든 화면을 앱에 추가하고 띄울 수 있게 되었습니다. 이제부터는 머릿속으로 생각한 화면을 새로운 액티비티로 만들어 띄울 수 있을 것입니다.

4 _ 다른 화면으로 데이터 전달하기

새로운 화면을 만들고 그 화면을 띄웠다가 이전 화면으로 되돌아가는 것까지 알아보았으니 여러 개의 화면이 필요하더라도 그것들을 만들고 보여주는 데는 문제가 없게 되었습니다. 그런데 화면을 여러 개 만들고 메인 액티비티에도 버튼을 여러 개 넣어두어 그것들을 클릭했을 때 화면을 띄웠다가 다시 원래 화면으로 돌아오면서 띄웠

▲ 전화번호부에서 한 사람을 선택했을 때 어떻게 알 수 있을까요?

던 화면에서 보내온 데이터를 알아야 한다면 어떻게 해야 할까요? 예를 들어, 메인 화면에서 전화번호부 화면을 띄웠다면 전화번호부 화면에서 한 사람을 선택했을 때 선택한 사람의 이름과 전화번호를 다시 메인 화면에서 받을 수 있어야 전화를 걸거나 메시지를 전달할 수 있을 것입니다. 이렇게 하려면 전화번호부 화면에서 메인 화면으로 데이터를 전달할 수 있어야 합니다.

만약 여러 개의 화면이 있다면 그중에서 전화번호부 화면을 띄웠을 때 받은 데이터라는 것도 확실하게 구분할 수 있어야 합니다. 그래야만 잘못해서 다른 화면의 정보를 보여주는 경우가 없을 것입니다. 그렇다면 화면 간에 데이터를 주고받기 위해 어떻게 해야 할까요? 만약 메인 화면에서 새로 만든 화면을 직접 띄울 수 있다면 그리 어렵지 않게 데이터를 전달할 수 있을 것입니다. 왜냐하면 메서드를 호출할 때 파라미터로 데이터를 전달할 수 있는 방법이 있기 때문입니다.

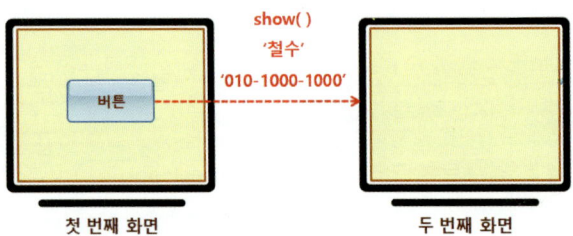

▲ 메서드 호출하면서 데이터 전달하기

그런데 안드로이드에서 화면을 띄울 때는 인텐트라는 것을 만들어 안드로이드 시스템 쪽으로 보낸 후 해석한 정보를 화면을 띄워주는 방식을 사용하기 때문에 메서드의 파라미터로 전달해줄 수는 없습니다. 이런 경우를 대비해서 시스템으로 전달되는 인텐트 객체 안에 데이터를 넣을 수 있는 방법을 따로 만들어 두었습니다. 인텐트 안에 넣을 수 있는 사용자 데이터를 '부가 데이터(Extra Data)'라고 부릅니다. 부가 데이터는 시스템에서 해석하지 않고 필요한 화면으로 전달하기만 합니다.

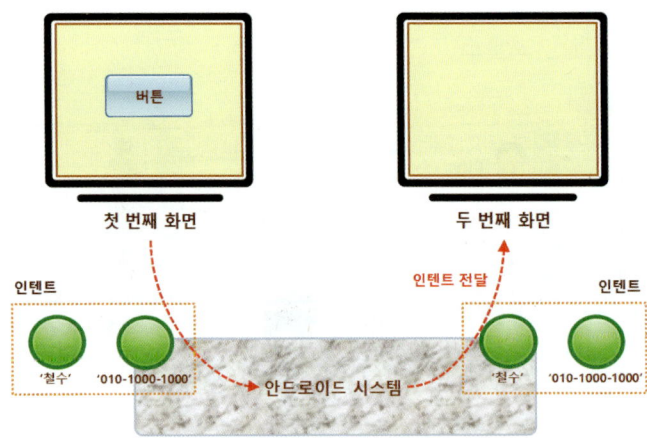

▲ 인텐트에 부가 데이터 넣어서 전달하기

이제 부가 데이터를 인텐트 안에 넣어 다른 화면으로 보내고 받는 과정을 같이 알아보겠습니다. 파일 탐색기에서 Hello2 프로젝트를 복사하여 Hello3이라는 프로젝트로 만듭니다. 안드로이드 스튜디오에서 Hello3 프로젝트를 열고 [MainActivity.java] 탭을 클릭합니다. 세 번째 버튼을 눌렀을 때 동작하는 코드 부분에서 startActivity 메서드를 startActivityForResult로 바꾸고 101이라는 파라미터를 추가합니다. 이 메서드가 하는 역할은 startActivity처럼 다른 화면을 띄우는 것이지만 다른 화면으로부터 응답을 받고 싶을 때 사용합니다.

코드 참고 / Hello3>/app/java/org.techtown.hello/MainActivity.java

```java
중략...
  Intent myIntent = new Intent(getApplicationContext(), NewActivity.class);
  startActivityForResult(myIntent, 101);
중략...
```

startActivityForResult 메서드를 호출할 때 전달하는 파라미터를 보면 인텐트 객체 이외에 숫자가 하나 더 들어갑니다. 이 숫자는 지금 띄

> **주의** 숫자 앞에는 requestCode:라는 회색 글자가 자동으로 표시되는데 이 글자는 여러분이 직접 입력하는 것이 아니라 안드로이드 스튜디오에서 자동으로 보여주는 것이라는 점에 유의하세요!

우고 있는 화면이 어떤 화면인지 구분하기 위한 것으로 다른 화면을 띄울 때는 다른 숫자를 넣어주면 됩니다. 이 숫자는 나중에 새로 띄운 화면에서 응답이 돌아올 때 같이 전달되기 때문에 응답을 보내주는 화면이 어떤 것인지를 구분하는 데 사용됩니다.

이제 [NewActivity.java] 탭을 클릭하여 열고 [돌아가기]를 눌렀을 때 동작하는 코드 부분을 수정합니다.

코드 참고 / Hello3>/app/java/org.techtown.hello/MainActivity.java

```java
중략...
button3.setOnClickListener(new View.OnClickListener() {

  @Override
  public void onClick(View arg0) {
    Toast.makeText(getApplicationContext(),
                "돌아가기 버튼이 눌렸어요.",
                Toast.LENGTH_LONG).show();

    Intent intent = new Intent();
    intent.putExtra("name", "mike");
```

```
        setResult(RESULT_OK, intent);

        finish();
    }
});
중략...
```

finish 메서드로 이 화면을 닫기 전에 동작할 코드가 세 줄 추가되었습니다. 첫 번째 줄에서는 인텐트 객체를 만듭니다. 인텐트 객체를 만들 때 파라미터는 하나도 전달하지 않았습니다. 이것만 보면 다른 사람이 만든 앱의 화면을 띄우는 것도 아니고 여러분이 직접 만든 화면을 띄우는 것도 아닌 것 같다고 생각될 것입니다. 다음 줄에서는 putExtra 메서드를 호출하는데 그 안에 name과 mike라는 문자열을 넣었습니다.

인텐트에 들어있는 이 메서드를 호출하면 앞에서 설명했던 부가 데이터를 넣을 수 있습니다. 즉, 인텐트라는 객체 안에 name이라는 속성을 넣을 수 있습니다. 세 번째 줄에서는 setResult라는 메서드를 호출합니다. 이 메서드의 파라미터로 인텐트 객체가 전달되는데 이렇게 전달된 인텐트 객체는 시스템으로 보내지며, 시스템에서는 원래 이 화면을 띄웠던 메인 액티비티 쪽으로 인텐트 객체를 전달하게 됩니다.

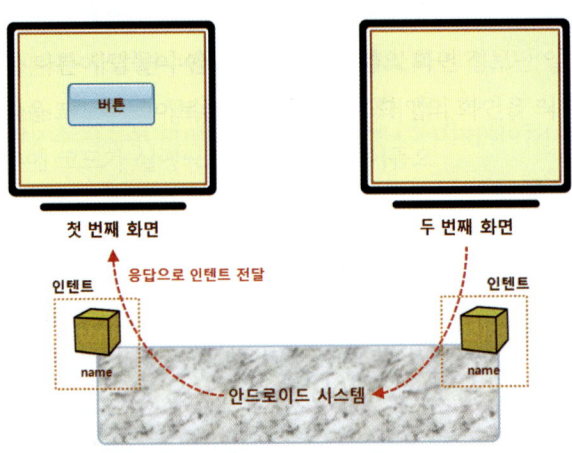

▲ 응답으로 인텐트 객체 보내기

인텐트라는 것이 화면 사이를 왔다 갔다 한다는 것을 이해한다면 setResult 메서드가 이전 화면으로 인텐트라는 것을 보내는 역할이 그리 낯설지 않을 것입니다. 이 인텐트 안에 name 속성을 넣었으니 이 속성을 메인 액티비티에서 받아볼 수 있습니다.

이제 다시 [MainActivity.java] 탭을 눌러 메인 액티비티 소스 파일을 열고 그 안에 있는 MainActivity 클래스의 중괄호 안에 커서를 둔 후 마우스 오른쪽 버튼을 클릭합니다. 메뉴 중에서 [Generate]를 누르면 다음과 같은 작은 팝업창이 나타납니다. 여기서 [Override Methods] 메뉴를 누르면 대화상자가 보입니다.

이 대화상자는 상속을 알아볼 때 이미 보았던 것입니다. 부모 클래스로부터 상속받은 클래스에서 부모 클래스의 메서드를 다시 정의하여 새로운 기능을 넣고 싶을 때 사용하던 대화상자입니다. 여기에 보이는 메서드들은 모두 부모 클래스에 들어있는 것이므로 MainActivity의 부모 클래스인 AppCompatActivity 클래스 안에 정의된 것들이라고 할 수 있습니다.

대화상자의 상단에 보이는 아이콘들 중에서 왼쪽에서 두 번째 아이콘을 누르면 알파벳순으로 정렬됩니다. 이 중에서 onActivityResult 메서드를 찾아 선택한 후 [OK]를 누릅니다.

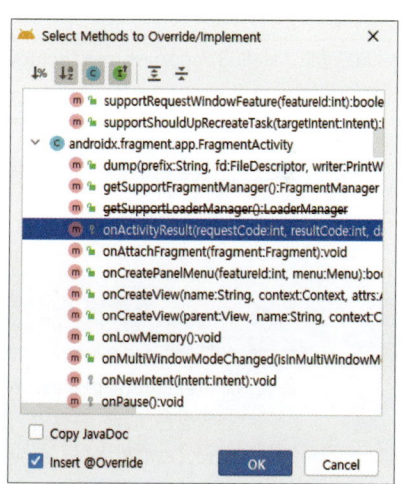

▲ 부모 클래스의 메서드를 재정의하는 대화상자

자동으로 추가된 onActivityResult 메서드를 보면 protected라는 키워드가 맨 앞에 붙어 있어 상속한 클래스에서만 수정할 수 있다는 것을 알 수 있습니다. 그 안에는 super 키워드를 사용하고 그 뒤에 점(.)과 함께 메서드 이름과 동일한 메서드를 호출하고 있습니다. 따라서 부모 클래스에 있는 같은 이름의 메서드를 먼저 동작시킨 후 이 메서드에 추가적인 기능을 넣어주는 것이라는 것도 알 수 있습니다.

이 메서드의 첫 번째 파라미터는 액티비티를 띄울 때 사용했던 숫자와 같으며, 어떤 액티비티로부터 응답이 온 것인지 구분할 때 사용됩니다. NewActivity를 띄우기 위해 startActivityForResult 메서드를 호출할 때 101이라는 숫자를 넣어 주었으므로 여기에서도 101이라는 숫자가 requestCode 파라미터로 전달됩니다. 두 번째 파라미터는 NewActivity와 같이 응답을 보내는 쪽에서 보내는 숫자 값으로 응답 상태를 나타냅니다. 성공일 때는 일반적으로 Activity.RESULT_OK라는 상수를 넣어 보내게 되는데 성공일 때는 200, 실패일 때는 400처럼 숫자 값이 가지는 의미를 정하여 보낼 수도 있습니다. 세 번째 파라미터는 응답을 보내는 쪽에서 setResult 메서드를 호출할 때 넣었던 인텐트 객체가 됩니다.

구분	내용
요청 코드	액티비티를 띄울 때 사용했던 숫자 값을 그대로 돌려받습니다.
응답 코드	다른 액티비티에서 응답 상태를 알려주기 위해 보내온 숫자 값을 받습니다.
인텐트 객체	다른 액티비티에서 setResult 메서드를 이용해 보내온 인텐트 객체입니다

▲ onActivityResult로 받는 파라미터들

중요한 것은 마지막 파라미터인 인텐트입니다. 그 안에는 다른 액티비티에서 넣은 부가 데이터가 들어 있기 때문입니다. NewActivity에서 인텐트를 만들고 그 안에 name 속성을 넣었으니 여기에서 name 속성의 값을 확인할 수 있습니다. onActivityResult 메서드 안에 다음과 같이 if 구문의 코드를 입력합니다.

코드 참고 / Hello3>/app/java/org.techtown.hello/MainActivity.java

```java
중략...

@Override
protected void onActivityResult(int requestCode, int resultCode, @Nullable Intent data) {
    super.onActivityResult(requestCode, resultCode, data);

    if (data != null) {
        String outName = data.getStringExtra("name");
        Toast.makeText(getApplicationContext(),
                "전달받은 name 속성의 값: " + outName,
                Toast.LENGTH_LONG).show();
```

오류가 생기면 여기에 자동으로 추가된 @org.jetbrains.annotation.Nullable 은 삭제하고 진행하세요.

```
    }
  }
중략...
```

인텐트 객체에는 get으로 시작하는 메서드 중에 getStringExtra라는 메서드가 있습니다. 여기에서 Extra는 부가 데이터를 의미하는 것이고 부가 데이터를 넣어줄 때 String 자료형의 값을 넣어주었다면 그 속성의 값은 getStringExtra라는 메서드로 가져올 수 있습니다. 만약 부가 데이터의 속성 값을 정수인 int 자료형으로 넣어주었다면 getIntExtra 메서드를 사용합니다.

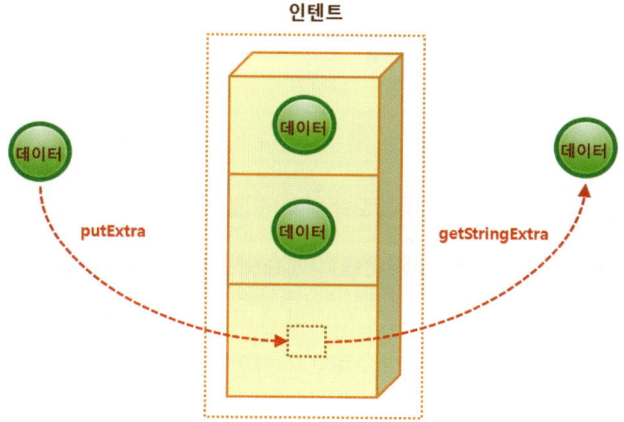

▲ 인텐트에 String 자료형의 부가 데이터를 넣거나 뺄 때

인텐트 객체에서 꺼낸 name 속성의 값을 outName이라는 변수로 받은 후 토스트 메시지로 보여줍니다. 앱을 실행하고 새로운 화면을 띄웠다가 되돌아오면 다음과 같은 토스트 메시지가 순서대로 나타납니다.

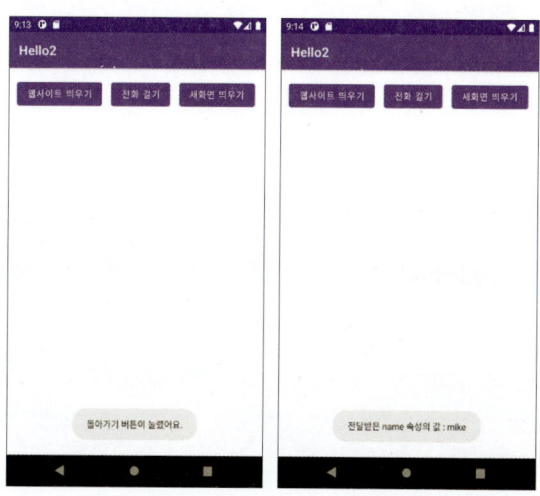

◀ 새로 띄웠던 화면에서 전달받은 데이터

새로 띄웠던 화면에서 데이터를 받을 수 있으니 화면 간에 데이터를 주고받는 것이 가능하다는 것을 알게 되었습니다. 그렇다면 처음 보이는 메인 액티비티 화면에서 새로 띄

> **주의** startActivity를 startActivityForResult로 바꾸고 101이라는 파라미터를 추가한 코드 위에 부가 데이터를 한 줄 추가하세요.

우는 화면으로 데이터를 건네주려면 어떻게 해야 할까요? 새로 띄우는 화면으로 데이터를 전달할 때도 인텐트 안에 부가 데이터를 넣어주어야 합니다. 새로 화면을 띄울 때는 이미 인텐트 객체를 만들어서 넘겨주기 때문에 그 인텐트 객체에 부가 데이터를 넣어주기만 하면 전달할 수 있습니다.

코드 참고 / Hello3>/app/java/org.techtown.hello/MainActivity.java

```java
중략...
    Intent myIntent = new Intent(getApplicationContext(), NewActivity.class);
    myIntent.putExtra("loginName", "김준수");
    startActivityForResult(myIntent, 101);
중략...
```

메인 액티비티의 첫 번째 버튼을 눌렀을 때 호출되는 코드에서 인텐트 객체에 부가 데이터를 넣고 있습니다. 부가 데이터를 넣을 때는 속성 이름을 loginName이라고 입력하고 그 값으로 김준수라는 문자열을 넣어 주었습니다. 이 인텐트 객체는 시스템으로 보내진 후 새로운 화면을 띄워주면서 그 화면을 위해 만든 액티비티로 전달됩니다. [NewActivity.java] 탭을 눌러 소스 파일을 열고 onCreate 메서드 안에 다음과 같은 코드를 추가합니다.

코드 참고 / Hello3>/app/java/org.techtown.hello/NewActivity.java

```java
중략...
    @Override
    protected void onCreate(Bundle savedInstanceState) {
        super.onCreate(savedInstanceState);
        setContentView(R.layout.activity_main);

        Intent passedIntent = getIntent();
        if (passedIntent != null) {
            String loginName = passedIntent.getStringExtra("loginName");
            Toast.makeText(getApplicationContext(),
                    "새로운 화면에서 받은 loginName : " + loginName,
                    Toast.LENGTH_LONG).show();
        }

        Button button3 = findViewById(R.id.button3);
        button3.setOnClickListener(new View.OnClickListener() {
중략...
```

getIntent 메서드를 사용하면 시스템에서 화면 쪽으로 보낸 인텐트 객체를 확인할 수 있습니다. 이 메서드를 호출했을 때 전달받은 인텐트 객체를 passedIntent라는 변수에 넣은 후 getStringExtra 메서드를 호출하여 메인 화면에서 전달한 데이터를 가져옵니다. 메인 화면에서 속성의 이름을 loginName이라고 넣었으니 똑같은 속성 이름으로 그 값을 확인한 후 토스트 메시지로 보여줍니다. 앱을 실행하고 메인 화면의 [새 화면 띄우기] 버튼을 클릭하여 새로운 화면을 띄우면 다음과 같이 토스트 메시지가 뜨는 것을 볼 수 있습니다.

▲ 새로운 화면으로 보낸 데이터

화면을 띄우는 역할은 시스템에서 담당합니다. 따라서 이렇게 시스템으로 보내거나 받을 수 있는 인텐트 안에 부가 데이터를 넣어 보내거나 받는 것이 가장 좋은 방법입니다. 그런데 이것보다 훨씬 더 간단한 방법도 있습니다. 바로 '클래스 변수'를 이용하는 방법입니다. 새로운 클래스를 하나 만들고 그 안에 클래스 변수를 넣어두면 한 화면에서 그 변수에 넣어둔 값을 다른 화면에서 가져다 사용할 수 있습니다.

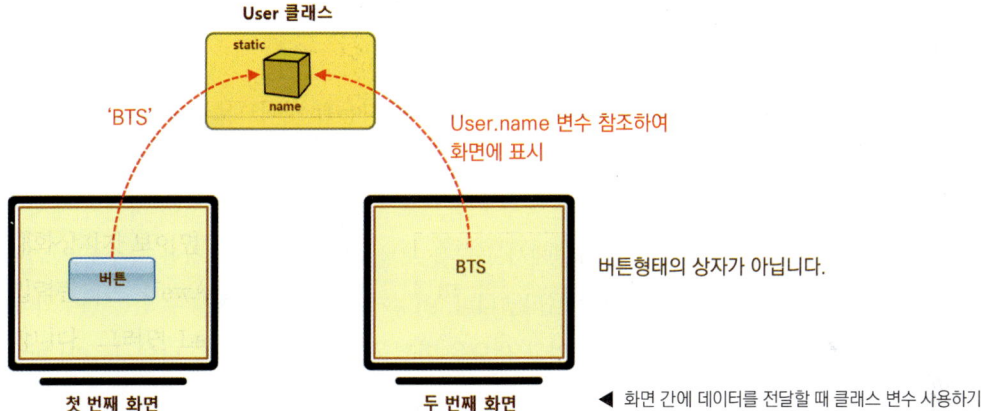

◀ 화면 간에 데이터를 전달할 때 클래스 변수 사용하기

이렇게 여러 화면이 공통으로 사용할 수 있는 클래스를 만들어두면 그 안에 변수뿐만 아니라 상수도 정의하여 사용할 수 있습니다.

프로젝트 창에서 app/java 폴더 안의 org.techtown.hello 패키지를 선택한 상태에서 마우스 오른쪽 버튼을 클릭하여 [New → Java Class] 메뉴를 선택합니다. 새로운 클래스를 만드는 대화상자가 나타나면 Name 입력란에 User를 입력하고 Enter 를 누릅니다.

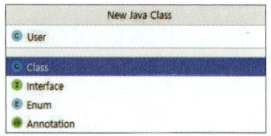

▲ 새로운 User 클래스를 만드는 대화상자

새로운 클래스가 만들어지면 그 클래스 안에 다음과 같이 static 키워드를 사용하는 변수 하나와 static final 키워드를 사용하는 상수 세 개를 만듭니다.

코드 참고 / Hello3>/app/java/org.techtown.hello/User.java

```java
중략...
public class User {

  public static String loginName;

  public static final int REQ_CODE_PHONEBOOK = 101;

  public static final int RES_CODE_SUCCESS = 200;
  public static final int RES_CODE_FAILURE = 400;

}
```

User 클래스 안에 넣어둔 것들은 여러 화면에서 바로 접근하여 사용할 것이므로 모두 public 키워드를 앞에 붙여줍니다. 세 개의 상수 중에서 첫 번째 것은 새로운 화면을 띄울 때 사용했던 101이라는 숫자를 상수로 정의합니다. 이렇게 정의한 이유는 상수 이름으로 쉽게 구분할 수 있도록 하기 위해서입니다. 두 번째와 세 번째 것은 새로 띄워진 화면에서 응답을 보낼 때 필요한 정수 값을 상수로 정의한 것이며, 성공일 때와 실패일 때의 응답 상태를 나타냅니다. 이렇게 공통으로 사용할 수 있는 변수와 상수를 만들었다면 MainActivity.java 파일을 열고 새로운 화면을 띄워주는 코드를 다음과 같이 바꿀 수 있습니다.

코드 참고 / Hello3>/app/java/org.techtown.hello/MainActivity.java

```java
중략...
    Button button4 = findViewById(R.id.button4);
    button4.setOnClickListener(new View.OnClickListener() {

      @Override
      public void onClick(View v) {
        User.loginName = "김하늘";
```

```
        Intent myIntent = new Intent(getApplicationContext(), NewActivity.class);
        startActivityForResult(myIntent, User.REQ_CODE_PHONEBOOK);
    중략...
```

새로 띄우는 화면으로 전달할 데이터는 인텐트 객체에 넣지 않고 User 클래스에 들어있는 loginName 이라는 클래스 변수에 넣어둡니다. 새로운 액티비티를 띄울 때도 startActivityForResult 메서드의 파라미터로 넘겨주었던 101이라는 숫자 대신에 User 클래스 안에 넣어두었던 상수를 사용합니다.

NewActivity.java 소스 파일에서도 onCreate 안에서 메인 액티비티로부터 전달받은 데이터를 확인하던 부분을 바꿉니다.

코드 참고 / Hello3〉/app/java/org.techtown.hello/NewActivity.java

```
    중략...
        Intent passedIntent = getIntent();
        if (passedIntent != null) {
        String loginName = User.loginName;
        Toast.makeText(getApplicationContext(),
                "새로운 화면에서 받은 loginName : " + loginName,
                Toast.LENGTH_LONG).show();
    중략...
```

전달받은 인텐트 객체를 확인하거나 그 안에 들어있는 부가 데이터를 확인하는 것은 이제 필요 없습니다. 단순히 User 클래스 안에 들어있는 loginName 변수의 값만 가져와 메시지로 보여주면 됩니다. 이렇게 공통으로 사용할 수 있는 클래스 변수가 있다는 것은 아주 편리합니다. 실제로 자바나 다른 언어에서 많이 사용하는 방법이므로 이렇게 사용하는 것은 아주 자연스러운 코드 작성 방법입니다. 하지만 안드로이드에서는 이와 같은 형태로 코드를 만들었을 때 다른 사람이 만든 앱의 화면에서 보내오는 데이터는 확인할 수 없다는 문제가 생길 수 있습니다. 즉, 다른 사람이 만든 화면에서는 인텐트 객체만 받을 수 있기 때문에 인텐트 안에 부가 데이터를 넣거나 가져오는 방법도 잘 알고 있어야 합니다.

NewActivity 안에서 [돌아가기]를 눌렀을 때 setResult 메서드로 응답을 보내주는 부분도 다음과 같이 바꿉니다.

코드 참고 / Hello3〉/app/java/org.techtown.hello/NewActivity.java

```java
중략...
    Toast.makeText(getApplicationContext(),
                   "돌아가기 버튼이 눌렸어요.",
                   Toast.LENGTH_LONG).show();

    Intent intent = new Intent();
    intent.putExtra("name", "mike");

    setResult(User.RES_CODE_SUCCESS, intent);
중략...
```

이렇게 하면 MainActivity 클래스 안에 있는 onActivityResult 부분의 코드를 다음과 같이 바꿀 수 있습니다.

코드 참고 / Hello3〉/app/java/org.techtown.hello/MainActivity.java

```java
중략...
    @Override
    protected void onActivityResult(int requestCode, int resultCode, @Nullable Intent data) {
        super.onActivityResult(requestCode, resultCode, data);

        if (requestCode == User.REQ_CODE_PHONEBOOK) {
            if (resultCode == User.RES_CODE_SUCCESS) {
                if (data != null) {
                    String outName = data.getStringExtra("name");
                    Toast.makeText(getApplicationContext(),
                        "전달받은 name 속성의 값: " + outName,
                        Toast.LENGTH_LONG).show();
                }

            } else {
                Toast.makeText(getApplicationContext(), "실패하였습니다.", Toast.LENGTH_LONG).show();
            }
        }
중략...
```

requestCode 파라미터로 전달된 값이 어떤 것인지 if 구문으로 먼저 비교합니다. 새로운 화면을 띄울 때 사용했던 상수와 같은지를 비교하면 또 다른 화면에서 온 응답인지 아닌지를 구분할 수 있습니다. 만약 새로운 화면에서 보내온 응답이 성공 응답인지 실패 응답인지 구분하고 싶다면 resultCode 파라미터의 값을 if 구문으로 비교합니다. 새로운 화면에서 setResult 메서드로 보내온 상수 값이 User. RES_CODE_SUCCESS이었으므로 그 값일 때는 인텐트 객체에 들어있는 부가 데이터를 꺼내어 메시지로 보여주고 그렇지 않을 때는 실패했다는 메시지를 보여주도록 합니다.

이렇게 상수를 정의하여 사용하는 방식으로 바꿔보면 코드에 글자가 많이 들어가긴 하지만 상수의 이름으로 구분할 수 있으므로 나중에 코드를 해석하고 수정하는 것이 훨씬 쉬워집니다.

5 _ onCreate 메서드의 정체는 무엇일까?

새로운 화면을 만들 때마다 AppCompatActivity라는 클래스를 상속한 새로운 클래스를 만듭니다. 그런데 클래스는 항상 onCreate 메서드를 가지고 있습니다. 메인 액티비티에서는 onCreate 메서드가 시작점 역할을 한다고 했던 것처럼 각각의 화면이 띄워질 때 onCreate 메서드가 화면의 시작점 역할을 하게 됩니다.

우리는 처음부터 onCreate에 어떤 코드를 넣으면 '화면이 뜨기 전에 그 코드가 실행된다.'라고 배웠고 이렇게 생각하더라도 일반적으로는 큰 무리 없이 화면을 만들 수 있었습니다. 하지만 이제는 onCreate 메서드의 진짜 정체를 알 때가 된 것 같습니다. 이 메서드의 정체를 알아보기 위해 Hello3 프로젝트를 복사하여 Hello4 프로젝트로 만든 후 그 안의 코드를 바꿔 보겠습니다.

파일 탐색기에서 프로젝트를 복사했으면 안드로이드 스튜디오에서 Hello4 프로젝트를 엽니다. 그리고 [MainActivity.java] 탭을 클릭하여 연 후 MainActivity 클래스의 중괄호가 끝나기 전 부분에 마우스 커서를 갖다놓고 마우스 오른쪽 버튼을 클릭합니다. [Generate → Override Methods]를 누르면 부모 클래스에 들어있는 메서드들을 보여주는 대화상자를 나타냅니다. 이 메뉴를 누르면 부모 클래스의 메서드를 재정의할 수 있다는 것을 이제는 잘 알고 있을 것입니다.

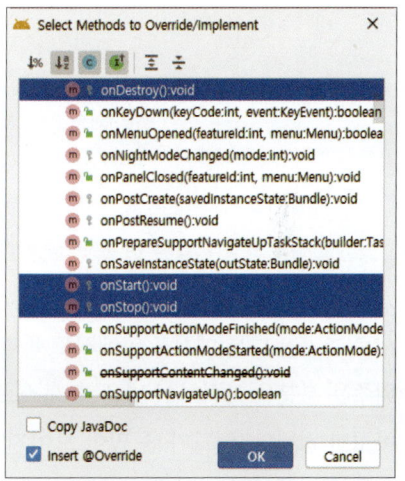

▲ 메서드를 재정의하도록 부모 클래스의 메서드를 보여주는 대화상자 열기

대화상자에 보이는 여러 개의 메서드 중에서 'on'으로 시작하는 메서드 여섯 개의 메서드를 찾아 선택합니다.

> **대화상자에서 선택할 메서드들**
> onDestroy()
> onPause()
> onRestart()
> onResume()
> onStart()
> onStop()

[OK]를 누르면 메서드들이 자동으로 추가됩니다. 자동으로 추가된 코드들을 보면 모두 부모 클래스의 메서드 기능을 그대로 실행하면서 추가 기능을 넣기 위해 super 키워드를 사용하고 있습니다. 예를 들어, onDestroy 메서드를 살펴보면 super 키워드 뒤에는 부모 클래스에 들어있는 이름과 똑같은 onDestroy 메서드가 입력되어 있습니다. 각각의 메서드 안에서 토스트를 띄워주면서 그 메서드가 호출되었다는 메시지를 보여주도록 코드를 입력합니다. 예를 들어, onDestroy 메서드 안의 코드는 다음과 같이 입력합니다.

코드 참고 / Hello4>/app/java/org.techtown.hello/MainActivity.java

```java
중략...
    @Override
    protected void onDestroy() {
        super.onDestroy();

        Toast.makeText(getApplicationContext(),
                "onDestroy() 호출됨",
                Toast.LENGTH_LONG).show();
    }
중략...
```

새로 추가한 다른 메서드 안에서도 똑같은 방식으로 토스트 메시지를 추가합니다. 토스트 메시지를 띄워주는 부분을 복사하여 넣은 후 토스트에서 보여주는 메시지 부분만 각각의 메서드 이름이 보이도록 바꾸면 됩니다. 코드가 좀 많아 보이지만 똑같은 형태로 만들어지므로 그리 어렵지는 않을 것입니다. 모두 입력했다면 이번에는 토스트 메시지를 보여주는 코드 부분만 onCreate 안에 추가하고 보여 줄 메시지를 'onCreate() 호출됨'으로 바꿉니다.

코드 참고 / Hello4>/app/java/org.techtown.hello/MainActivity.java

```java
중략...
public class MainActivity extends AppCompatActivity {

  @Override
  protected void onCreate(Bundle savedInstanceState) {
    super.onCreate(savedInstanceState);
    setContentView(R.layout.activity_main);

      중략...

    Toast.makeText(getApplicationContext(),
                "onCreate() 호출됨",
                Toast.LENGTH_LONG).show();
  }

중략...
```

앱을 실행하면 이전처럼 메인 화면이 뜨고 아래쪽에 토스트 메시지가 보이게 됩니다.

▲ 메인 화면이 뜰 때 보이는 토스트 메시지

그런데 화면의 아래쪽에 보이는 토스트 메시지를 잘 살펴보면 다음과 같은 순서대로 보이는 것을 알 수 있습니다.

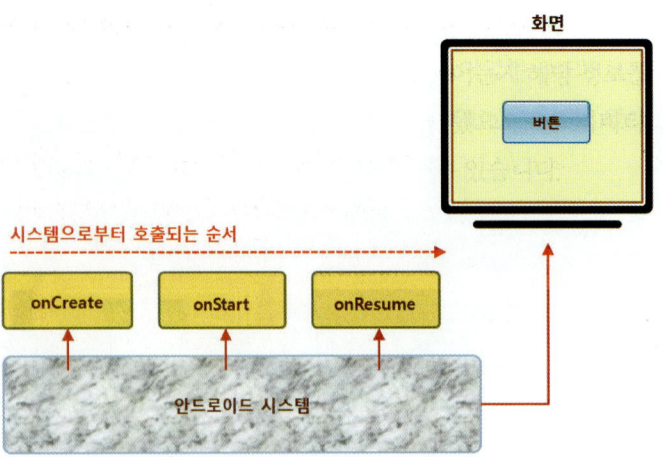

▲ 메인 화면이 뜰 때 호출되는 메서드의 순서

토스트로 보이는 메시지는 여러분이 직접 입력한 것입니다. 그런데 어떻게 이렇게 차례차례 하나씩 보이는 걸까요? 이 메서드들은 화면의 상태를 알 수 있게 해주는데 화면이 지금 만들어졌는지, 기능이 시작되었는지, 그리고 화면이 보일 준비가 끝났는지를 알려줍니다.

이러한 각각의 상태는 음악 프로그램이 TV에서 진행될 때 가수들이 한 명 또는 한 팀씩 나와서 공연하는 것과 비슷합니다. 예를 들어, 어떤 가수가 무대 뒤에서 준비를 할 것이고 준비가 다 되면 무대로 올라와 공연을 시작할 것입니다. 공연이 끝나면 다시 무대 뒤로 들어가게 되는데 이 과정이 액티비티라는 화면이 우리 눈에 보이는 것과 같습니다.

▲ 음악 프로그램에서 가수들의 공연

이렇게 가수가 무대 위로 올라가 노래를 부르기까지의 과정은 사람이 직접 움직이는 일이기도 하지만 무대 진행을 하는 스태프들이 지시하는 것을 따르는 것이기도 합니다. 스태프들이 그 가수에게 노래하러 올라가라고 하면 올라가는 것이고 내려오라면 내려오게 되는 것이죠. 그런데 앞에서 먼저 노래를 불러야 하는 사람이 갑자기 안 왔다거나 노래를 부르는 중간에 마이크가 안 나와서 중단되면 노래를 부르는 사람의 의지와는 상관없이 무대를 내려가야 할 수도 있습니다.

이와 비슷하게 스마트폰도 그 안에서 실행되는 앱이 혼자서 모든 것을 하는 것이 아니라 앱이 실행되는 순서가 바뀌거나 갑자기 긴급 상황이 발생할 때 시스템의 명령에 따라야 하는 경우가 많습니다. 특히 스마트폰은 전화기라서 앱의 기능보다도 중요한 것이 통화 기능입니다. 이 때문에 전화가 왔을 때는 앱을 중단시켜서라도 전화를 받을 수 있도록 해야 합니다.

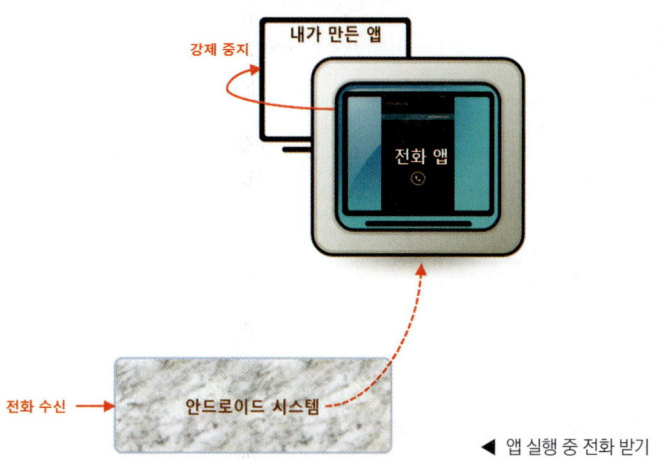

▲ 앱 실행 중 전화 받기

이렇게 앱이 원하는 상황이 아니라 시스템이 강제로 지시하는 상황이 생길 수 있으므로 그 때마다 앱에게 그 상황을 알려주어 필요한 일들을 할 수 있도록 만들게 되는데 이것을 '수명 주기 또는 생명 주기(Life Cycle)'라고 합니다. 만약 어떤 화면을 보여주고 싶다면 그 화면은 먼저 메모리에 만들어져야 하고 기능을 실행할 준비를 해야 하며, 화면에 보여주기 전에 준비를 끝내는 과정을 거치게 됩니다. 이 각각의 과정마다 시스템은 앱의 화면인 액티비티에게 알려주려 하는데 미리 정해둔 메서드를 콜백 형태로 호출하게 됩니다.

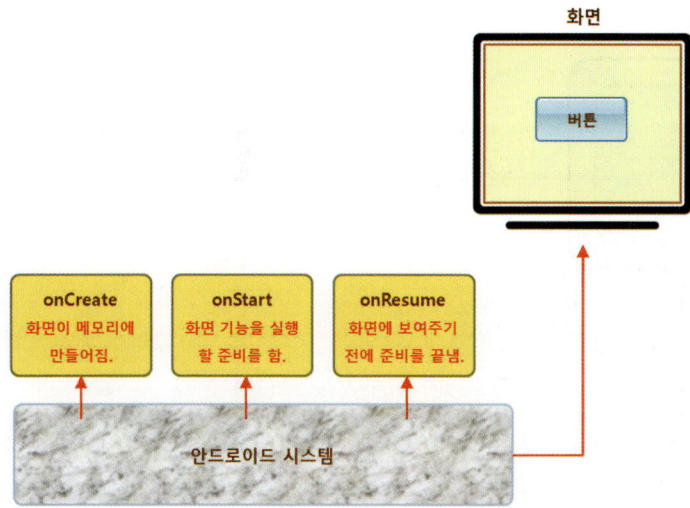

▲ 화면이 보이기까지 자동 호출되는 메서드

이제 onCreate의 정체를 알게 되었습니다. onCreate도 화면의 상태에 따라 자동으로 호출되는 메서드 중 하나인데 화면이 메모리에 객체로 만들어질 때 호출되는 첫 번째 메서드이므로 '액티비티의 시작점'이라고 부르게 된 것입니다. 또한 여러 화면들 중에서 메인 액티비티가 앱이 실행될 때 처음으로 뜨게 되므로 MainActivity 클래스 안에 들어있는 onCreate 메서드가 앱의 시작점이라고 부르게 됩니다.

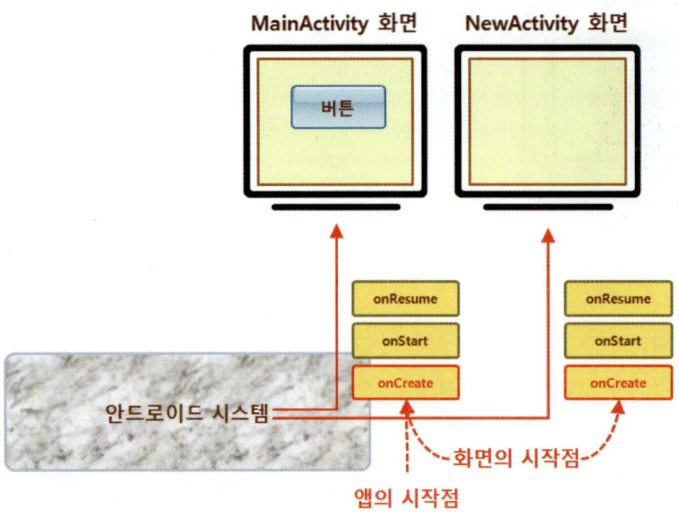

▲ 화면의 시작점과 앱의 시작점

화면이 뜨기까지 이 세 가지 메서드가 차례대로 호출된다면 화면이 없어질 때는 어떨까요? 가수가 무대 위로 올라가서 노래를 부르고 내려올 때처럼 화면이 없어질 때도 똑같은 과정을 거치게 됩니다. 이 각각의 과정을 거치면서 다음과 같은 세 가지 메서드가 자동으로 호출됩니다.

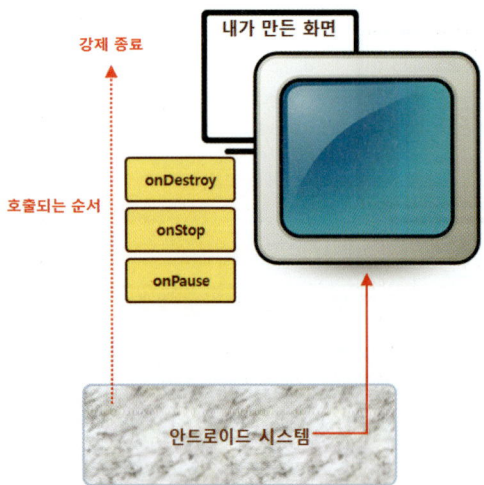

▲ 화면이 없어질 때 호출되는 메서드의 순서

onPause 메서드는 화면에서 보이지 않도록 하면서 바로 호출되며, onStop 메서드는 화면의 기능을 중지시키는 과정에서 호출됩니다. 화면을 메모리에서 아예 없애버리는 과정에서는 onDestroy가 호출됩니다.

결국 수명 주기라는 것은 화면을 의미하는 액티비티가 어떻게 만들어지고 어떻게 없어지는지 알 수 있게 합니다. 사람이 태어나고 자라서 죽을 때까지의 과정과 비슷하다고 하여 수명 주기라고 하는 것이죠. 이렇게 화면이 보이거나 보이지 않게 될 때 자동으로 호출되는 수명 주기 메서드들 중에서 가장 중요한 것은 onResume과 onPause 메서드입니다. 왜냐하면 이 두 개의 메서드는 화면이 보이거나 안 보이게 될 때 항상 호출되는 메서드로 앱의 상태를 저장하거나 다시 복구하고 싶을 때 사용되어야 하기 때문입니다.

예를 들어, 고스톱과 같은 게임을 하다가 쓰리고에 피박이 됐는데 갑자기 전화가 와서 앱이 중단되었고 그 후에 통화를 끝내고 앱을 다시 시작했는데 지금까지 진행되던 상태가 없어졌다면 게임을 하던 사람은 화가 나서 전화기를 던져버릴지도 모릅니다. 이렇게 앱이 갑자기 중단되거나 메모리에서 없어져버리는 상황이 될 때 onPause 메서드가 항상 호출되므로 이 메서드 안에서 게임의 단계나 지금까지 얻은 점수를 단말에 저장할 수 있습니다. 이렇게 저장한 데이터는 다시 게임이 시작되어 화면이 보이게 될 때 호출되는 onResume 메서드 안에서 읽어와 원래의 상태로 만들 수 있습니다.

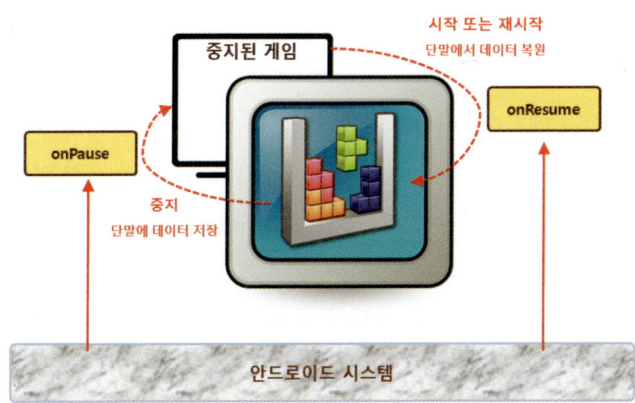

▲ 앱의 상태를 저장하거나 복원하는 중요 메서드

단말에 데이터를 저장하거나 가져오는 방법은 나중에 알아볼 수 있습니다. 여기서는 앱이 갑자기 중지될 때 어느 메서드에서 데이터를 저장하고 다시 복원할 때는 어느 메서드 안에 코드를 넣어야 하는지만 기억하면 됩니다.

6 _ 스택과 큐 알아보기

이제 메인 화면에서 다른 화면을 띄울 때 메인 화면은 어떻게 되는지 좀 더 생각해 보겠습니다. 메인 화면은 새로운 화면이 보이면 그 뒤로 들어가게 됩니다. 이 때문에 새로 띄웠던 화면이 없어지고 나면 뒤에 숨어있던 메인 화면이 다시 보이게 된다고 할 수 있습니다. 이 과정을 스택이라는 것으로 설명해 보겠습니다.

'스택(Stack)'이란 입구가 하나만 있는 자루와 같아서 먼저 넣은 것이 더 깊숙이 들어가고 나중에 넣은 것이 입구에 가까이 쌓이는 구조를 말합니다. 이런 구조 때문에 가장 나중에 넣은 것을 먼저 꺼내려고 할 때 사용합니다.

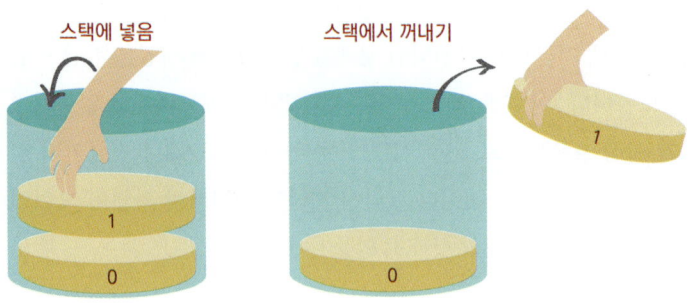

▲ 스택의 구조

가장 많이 볼 수 있는 예가 웹브라우저를 띄우고 웹사이트를 볼 때입니다. 만약 학교 사이트 주소를 입력해서 사이트의 내용을 보다가 은행 사이트 주소를 입력하여 열고 그다음 또 다른 포털 사이트를 열었다면 [뒤로]를 눌러 이전 사이트인 은행 사이트로 돌아갈 수 있습니다. 이때 포털 사이트를 열기 전에 열었던 두 개의 사이트 주소는 스택이라는 자루 안에 들어가는데 학교 사이트 주소가 먼저 들어가고 은행 사이트 주소가 그 다음에 들어갔으니 자루에 손을 넣어 꺼내보면 은행 사이트 주소가 나오게 됩니다. 결국 스택이란 것을 사용하면 가장 최근의 정보를 알 수 있습니다.

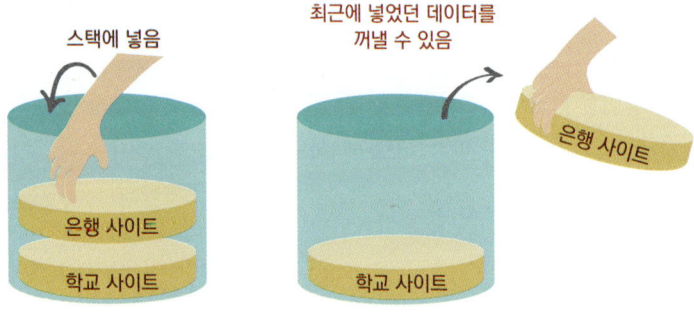

▲ 가장 최근에 본 사이트를 알아내는 방법

안드로이드의 액티비티도 이와 같아서 화면에 띄웠던 액티비티가 다른 액티비티에 가려져 중지되면 스택 안에 들어가게 됩니다. 스택에 순서대로 들어갔다가 화면에 보이던 다른 액티비티가 없어지면 그 다음에 스택에서 하나씩 꺼내게 되는데 가장 최근에 넣었던 액티비티를 꺼내어 보여주므로 화면이 차례대로 뒤에 숨어있는 모양과 같습니다.

▲ 안드로이드의 액티비티 스택

스택을 좀 더 자세하게 알아보기 위해 새로운 안드로이드 프로젝트를 만들고 그 안에 스택을 사용하는 코드를 넣어보겠습니다.

안드로이드 스튜디오의 시작화면에서 Creat New Project를 눌러 새로운 안드로이드 프로젝트를 만드는 대화상자를 띄웁니다. 첫 번째 대화상자에서는 [Next]를 눌러 넘어가고 두 번째 대화상자에서 Name 입력란에 MyStack을 입력하고 Package Name 입력란에는 org.techtown.stack을 입력합니다. [Finish]를 누르면 새로운 프로젝트 창이 열립니다.

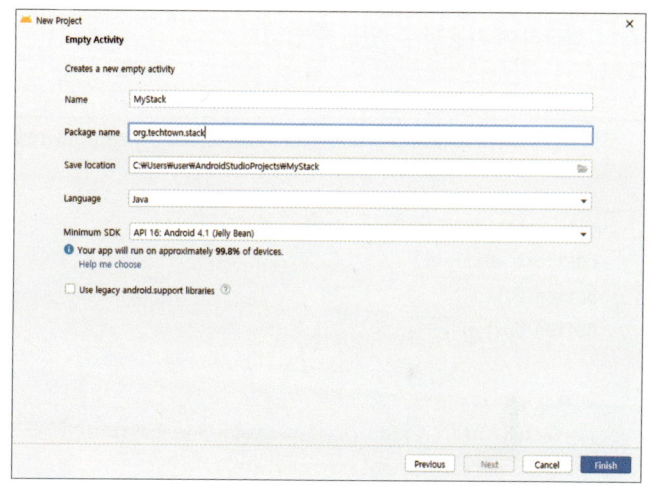

▲ MyStack이라는 새로운 안드로이드 프로젝트 만들기 대화상자

화면 레이아웃을 수정하기 위해 [activity_main.xml] 탭을 누르고 버튼 두 개와 입력상자 하나를 추가합니다. 첫 번째 버튼에 보이는 글자는 '스택에 넣기'로 바꾸고 두 번째 버튼에 보이는 글자는 '스택에서 빼기'로 바꿉니다. 입력상자는 버튼 아래쪽에 남는 공간을 모두 채우도록 합니다.

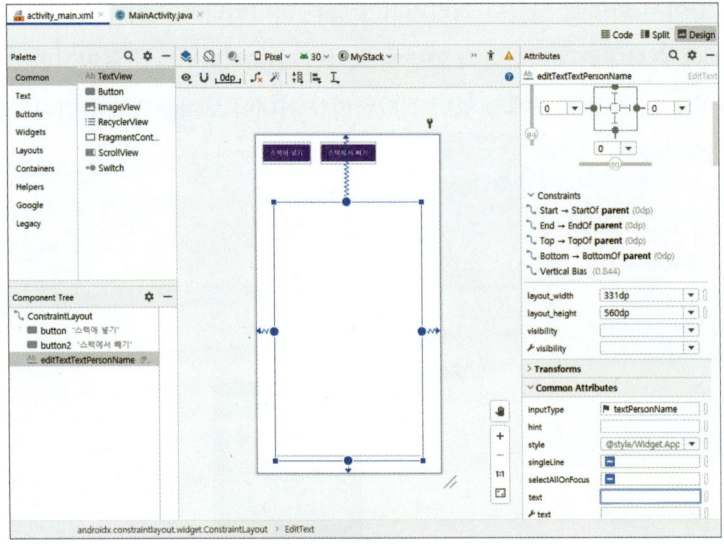

▲ 버튼 두 개와 입력상자 하나를 넣은 화면 레이아웃

화면 레이아웃을 만들었으니 [MainActivity.java] 탭을 누르고 소스코드를 입력합니다. 한 개의 입력 상자와 두 개의 버튼을 findViewById 메서드로 찾아 변수로 참조하는 코드를 onCreate 메서드 안에 입력합니다. EditText와 Button 자료형으로 된 변수를 클래스 안에 선언하여 클래스 안의 어느 곳에서나 접근하여 사용할 수 있도록 합니다.

코드 참고 / MyStack>/app/java/org.techtown.stack/MainActivity.java

```java
중략...
public class MainActivity extends AppCompatActivity {
  EditText editText;
  Button button;
  Button button2;

  @Override
  protected void onCreate(Bundle savedInstanceState) {
    super.onCreate(savedInstanceState);
    setContentView(R.layout.activity_main);

    editText = findViewById(R.id.editTextTextPersonName);
    button = findViewById(R.id.button);
    button2 = findViewById(R.id.button2);
  }
중략...
```

이제 첫 번째 버튼을 눌렀을 때 필요한 코드를 입력할 수 있도록 앞에서 입력한 코드 아래 줄에 OnClickListener 객체를 설정하는 코드를 입력합니다.

코드 참고 / MyStack>/app/java/org.techtown.stack/MainActivity.java

```
중략...
  button.setOnClickListener(new View.OnClickListener() {

    @Override
    public void onClick(View v) {

    }
  });
  중략...
```

첫 번째 버튼을 눌렀을 때는 스택이라는 것에 숫자를 하나 추가한 후 스택에 들어있는 데이터를 입력란에 보여주도록 할 것입니다. 그러면 먼저 스택이라는 것을 클래스 안에 넣어야 합니다. 자바에서는 Stack 클래스를 미리 만들어 두었기 때문에 이 클래스를 사용하면 스택이라는 구조를 쉽게 사용할 수 있습니다. 클래스 안에 다음 코드를 입력합니다.

코드 참고 / MyStack>/app/java/org.techtown.stack/MainActivity.java

```
중략...
public class MainActivity extends AppCompatActivity {
  중략...
  Stack<Integer> stack = new Stack<Integer>();
  int count = 0;

  @Override
  protected void onCreate(Bundle savedInstanceState) {
  중략...
```

리스트처럼 스택 안에도 객체를 넣을 수 있는데 그 객체가 모두 똑같은 자료형일 때는 꺾쇠(<>) 표시 안에 자료형을 적을 수 있습니다. 지금은 정수 값을 하나씩 넣거나 뺄 것이므로 <Integer>라고 입력합니다. stack이라는 이름으로 된 스택 객체는 선언과 동시에 new 연산자로 객체를 하나 만들어 할당합니다. 이렇게 하면 클래스 안에서 항상 이 스택을 사용할 수 있습니다. 그 밑에는 스택에 차례대로 넣기 위한 숫자를 변수로 하나 만듭니다.

이 변수의 값은 [스택에 추가]를 누를 때마다 1씩 증가하도록 만들어 각각 다른 숫자가 스택에 들어가도록 하는 역할을 합니다. 클래스 위쪽에서 임포트(Import)된 클래스들을 살펴보면 Stack 클래스가 java.util 패키지 안에 들어있다는 것을 알 수 있습니다.

이제 버튼을 눌렀을 때 자동으로 호출되는 onClick 메서드 안에서 스택 객체에 숫자를 하나 추가해 보겠습니다. 숫자를 추가한 후 입력란에 추가했다는 메시지를 보여주고 그 아래에는 스택 안에 들어있는 데이터를 보여줍니다. 스택 객체를 문자열로 바꿔주면 그 안에 있는 toString 메서드가 호출되면서 스택 안에 들어있는 모든 데이터를 볼 수 있도록 하였습니다. 그러면 한 줄의 코드만으로도 그 안에 들어있는 모든 데이터를 볼 수 있습니다.

코드 참고 / MyStack/app/java/org.techtown.stack/MainActivity.java

```java
중략...
  button.setOnClickListener(new View.OnClickListener() {

    @Override
    public void onClick(View v) {
      stack.push(count);
      editText.setText("\n스택에 추가함 : " + count);

      count++;

      editText.append("\n스택 : " + stack);
    }
  });
중략...
```

스택에 데이터를 넣을 때는 push 메서드를 사용합니다. push 메서드로 전달하는 파라미터는 어떤 객체라도 상관없지만 여기서는 count 변수 안에 들어있는 숫자를 넣을 것이므로 소괄호 안에 count 변수를 넣습니다. 입력란에는 지금 추가한 숫자를 알 수 있도록 setText 메서드를 호출하여 메시지를 보여줍니다. 그 밑에서는 count 변수의 값을 ++ 연산자로 하나 증가시킨 후 스택에 들어있는 모든 데이터를 입력상자로 보여줍니다. 입력란에 추가로 메시지를 보여줄 때는 append 메서드를 사용하면서 메시지 앞에 줄 바꿈 기호(\n)를 같이 넣어줍니다.

이제 두 번째 버튼의 기능을 넣을 차례입니다. 두 번째 버튼은 스택에서 데이터를 가져와 입력란에 보여주어야 하므로 pop 메서드를 사용합니다.

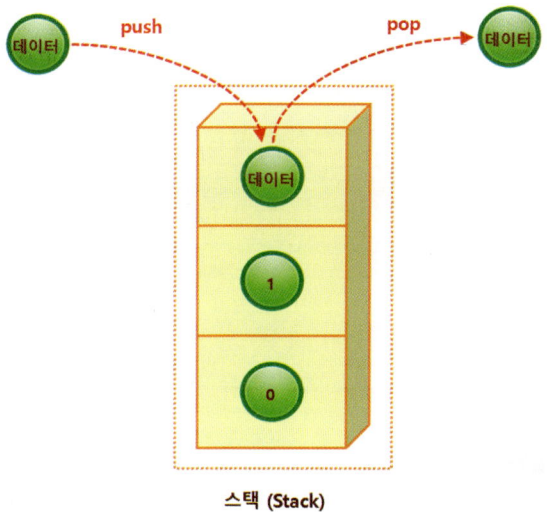

▲ 스택에서 사용하는 push와 pop

즉, 스택은 객체를 집어넣을 때 push 메서드를 사용하고 객체를 뺄 때는 pop 메서드를 사용합니다. 두 번째 버튼을 클릭했을 때 스택에서 숫자를 꺼내서 보여주도록 다음 코드를 추가로 입력합니다.

코드 참고 / MyStack>/app/java/org.techtown.stack/MainActivity.java

```java
중략...
  button2.setOnClickListener(new View.OnClickListener() {

    @Override
    public void onClick(View v) {
      int outValue = stack.pop();
      editText.setText("\n스택에서 가져옴 : " + outValue);

      editText.append("\n스택 : " + stack);
    }
  });
중략...
```

앱을 실행하고 [스택에 넣기]를 몇 번 누른 후 [스택에서 빼기]를 누르면 가장 마지막에 넣은 값을 가져 오는 것을 확인할 수 있습니다.

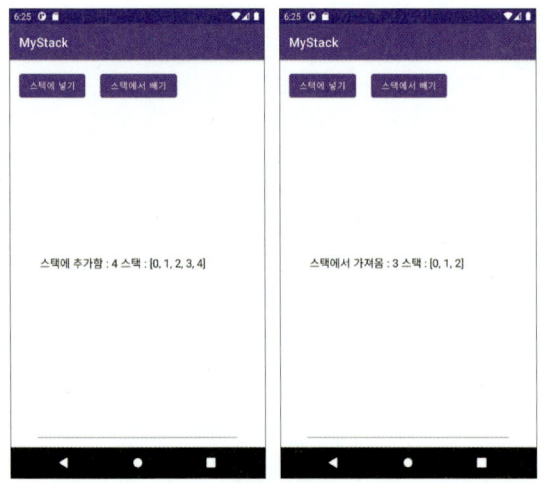

▲ 앱을 실행하고 스택에 숫자를 넣었다 빼는 화면

만약 스택에 더 이상 뺄 수 있는 객체가 없을 때 pop 메서드를 호출하면 스택이 비어있다는 예외 상황이 발생합니다. 이 예외 상황을 처리해야 한다면 try-catch 구문을 추가하고 스택이 비어있을 때는 '스택이 비어 있습니다.'라는 메시지를 띄워주면 됩니다.

스택이 어떻게 동작하는지 이해했다면 안드로이드의 화면인 액티비티들이 내부에서 어떻게 처리되는지도 이해할 수 있을 것입니다. 하지만 안타깝게도 액티비티 스택은 코드에서 직접 접근할 수 없도록 되어 있습니다. 필요하다면 디버깅 목적으로 액티비티 스택에 들어간 정보를 확인할 수는 있습니다. 하지만 제약이 많아 큰 의미가 없으므로 머릿속으로만 생각해 볼 수 있습니다. 다음은 액티비티 스택이 내부에서 어떻게 처리되는지를 그림으로 그려본 것입니다.

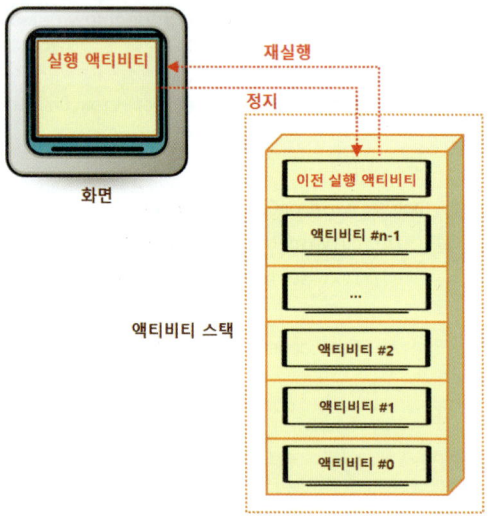

▲ 액티비티 스택이 처리되는 방식

스택을 이용해 어떻게 최근 화면을 다시 볼 수 있는지 알게 되었으니 안드로이드의 화면이 보이는 순서가 어떻게 결정되는지도 알게 되었습니다. 앱을 만들 때 눈에 보이는 가장 기본적인 것이 화면이므로 화면이 스택이라는 것에 차례로 들어가고 나오는 과정을 이해하면 그 다음 단계에서 좀 더 섬세한 작업을 진행할 수 있습니다.

스택이 가장 최근에 넣었던 것을 꺼내볼 수 있도록 만든 것이라면 '큐(Queue)'는 들어간 순서와 똑같은 순서대로 꺼낼 수 있도록 도와줍니다. 큐는 하나의 통로와 같아서 입구로 들어간 아이템은 반대편 출구로 나오게 됩니다. 큐를 사용하는 가장 대표적인 예로 프린터를 들 수 있습니다.

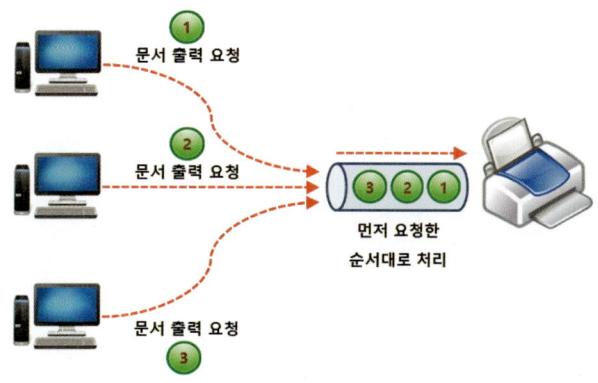

▲ 프린터에서 문서 출력을 위해 사용하는 큐

여러 대의 컴퓨터에서 동시에 문서를 출력하기 위해 프린터로 문서를 보냈을 때 프린터가 모든 문서를 한꺼번에 출력할 수는 없기 때문에 프린터 큐라는 것에 문서를 차곡차곡 쌓게 됩니다. 결국 프린터 큐라는 것이 문서의 통로 역할을 하면서 보내온 순서대로 출력할 수 있도록 도와줍니다.

그러면 자바에서는 어떤 이름의 클래스를 사용할 수 있을까요? 자바에서는 ConcurrentLinkedQueue라는 클래스를 사용합니다. 이 클래스에는 데이터를 넣기 위한 offer 메서드와 가장 처음에 들어간 데이터를 꺼내기 위한 poll 메서드가 정의되어 있습니다.

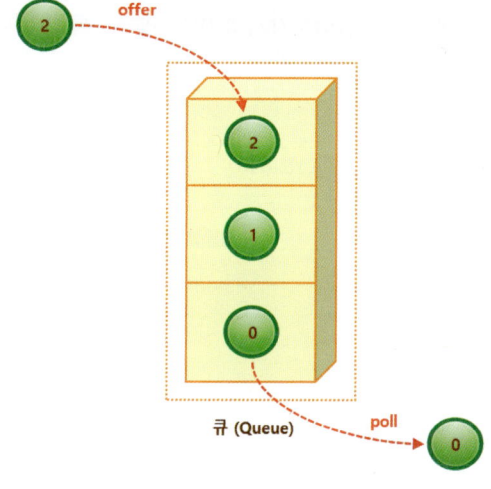

▲ 자바의 큐에서 사용하는 offer와 poll

즉, 큐라는 것은 객체를 집어넣을 때 offer 메서드를 사용하고 객체를 뺄 때는 poll 메서드를 사용합니다.

큐가 어떤 것인지 알았습니다. 이제 안드로이드 프로젝트를 만들고 앞에서 스택에 객체를 넣고 빼면서 어떻게 동작하는지 확인했던 기능을 큐로 바꾼 후 어떻게 동작하는지 알아보겠습니다. 안드로이드 스튜디오에서 새로운 프로젝트를 만들고 그 이름은 MyQueue, 패키지 이름은 org.techtown.queue로 합니다.

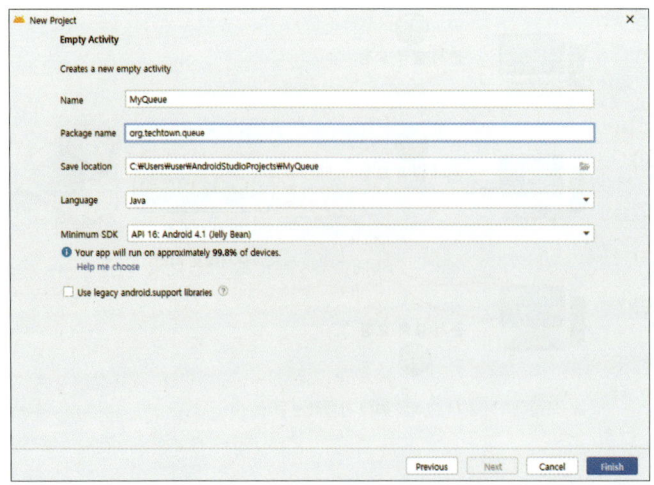

▲ MyQueue라는 새로운 안드로이드 프로젝트 만들기

새 프로젝트가 만들어지면 MyStack 프로젝트에서 만들었던 화면과 동일하게 화면 레이아웃을 구성합니다. 상단에는 버튼 두 개를 넣고 각각 '큐에 넣기', '큐에서 빼기'라는 글자가 보이도록 합니다. 버튼 아래쪽에는 입력상자가 화면을 채우도록 만듭니다.

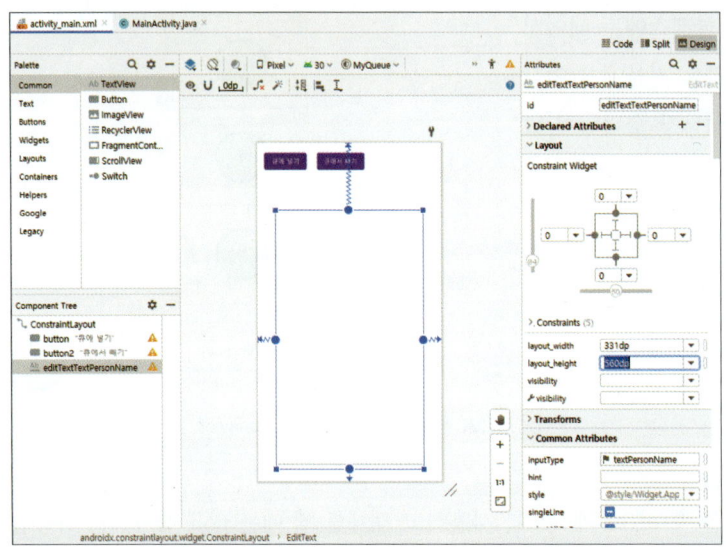

▲ MyQueue의 화면 레이아웃 모양

화면 레이아웃을 수정했다면 [MainActivity.java] 탭을 눌러 소스 파일을 열고 ConcurrentLinkedQueue를 사용하도록 코드를 입력합니다. 다음은 MainActivity 클래스 안에 선언되고 초기화된 ConcurrentLinkedQueue 자료형의 변수를 보여줍니다.

코드 참고 / MyQueue〉/app/java/org.techtown.queue/MainActivity.java

```java
중략...
public class MainActivity extends AppCompatActivity {
  EditText editText;
  Button button;
  Button button2;

  ConcurrentLinkedQueue<Integer> queue = new ConcurrentLinkedQueue<Integer>();
  int count = 0;


  @Override
  protected void onCreate(Bundle savedInstanceState) {
    super.onCreate(savedInstanceState);
    setContentView(R.layout.activity_main);

    editText = findViewById(R.id.editTextTextPersonName);
    button = findViewById(R.id.button);
    button2 = findViewById(R.id.button2);
  }
}
```

큐 안에 들어갈 객체가 Integer 자료형이므로 꺾쇠(◇) 표시 안에 Integer라는 자료형 정보가 입력되어 있습니다. 이제 버튼을 눌렀을 때 자동으로 호출되는 onClick 메서드 안의 코드도 queue 변수에 객체를 넣도록 합니다.

코드 참고 / MyQueue〉/app/java/org.techtown.queue/MainActivity.java

```java
중략...
    button2 = findViewById(R.id.button2);

    button.setOnClickListener(new View.OnClickListener() {

      @Override
      public void onClick(View v) {
        queue.offer(count);
        editText.setText("\n큐에 추가함 : " + count);

        count++;

        editText.append("\n큐 : " + queue);
      }
```

```
    });
중략...
```

이 코드를 보면 큐에 객체를 넣을 때는 offer 메서드를 사용한다는 것을 알 수 있습니다. 두 번째 버튼을 클릭했을 때 스택에서 숫자를 꺼내서 보여주기 위한 코드도 다음과 같이 입력합니다.

코드 참고 / MyQueue/app/java/org.techtown.queue/MainActivity.java

```
중략...
  button2.setOnClickListener(new View.OnClickListener() {

    @Override
    public void onClick(View v) {
      int outValue = queue.poll();
      editText.setText("\n큐에서 가져옴 : " + outValue);

      editText.append("\n큐 : " + queue);
    }
  });
중략...
```

앱을 실행하고 [큐에 넣기]를 몇 번 누른 후 [큐에서 빼기]를 누르면 가장 처음에 넣은 값을 가져오는 것을 확인할 수 있습니다.

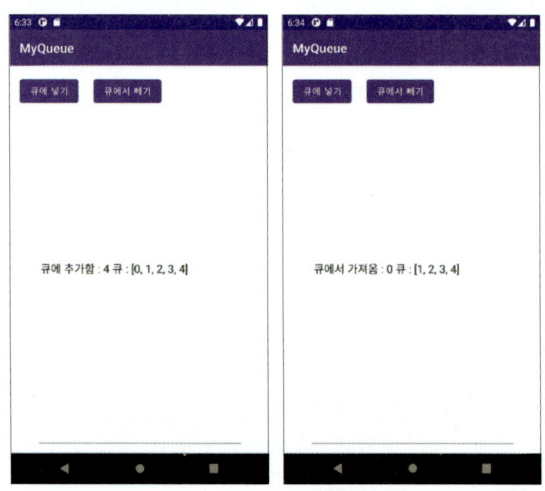

▶ 앱을 실행하고 큐에 숫자를 넣었다 빼는 화면

스택과 큐는 데이터를 어떤 순서로 넣어두었다가 처리할지 결정할 때 유용합니다. 간단한 자바 프로그램이나 앱을 만들 때는 필요하지 않지만 실제 앱을 만들 때는 자주 사용되니 꼭 알아야 할 클래스들입니다. 다음 장에서는 화면 안에 위젯들을 어떻게 배치할 수 있는지 하나씩 살펴볼 것입니다.

메인 화면에서 추가한 내용, 새로운 화면에서 보여주기

난이도	상	중	✓	하		소요시간	40분
목표	인텐트 객체에 부가 데이터를 넣어 다른 화면으로 전달하는 방법 연습							

✓ 체크해 보세요!

인텐트 이해하기
p.387 ✓

새로운 앱 화면 추가하기
p.390 ✓

다른 화면으로 데이터 전달하기
p.401 ✓

onCreate 이해하기
p.413 ✓

스택과 큐 살펴보기
p.420 ✓

- 메인 화면에서 입력한 내용을 새로운 화면으로 넘겨주도록 만들어봅니다.
- 인텐트 객체에 부가 데이터를 넣어 다른 화면으로 데이터를 전달하는 코드를 만들어봅니다.

❶ 안드로이드 스튜디오에서 새로운 프로젝트를 만들고 프로젝트의 이름은 Study15, 패키지 이름은 org.techtown.study15로 합니다.

❷ School 클래스 Student 클래스는 앞 장의 Self-Study NO14에서 만들었던 것을 그대로 복사하여 사용합니다.

❸ 메인 화면 외에 하나의 화면을 추가로 만들고 그 이름은 StudentInfoActivity로 합니다. 새로운 액티비티를 만들 면 StudentInfoActivity.java 파일과 activity_student_info.xml 파일이 같이 만들어집니다.

❹ StudentInfoActivity 화면에는 학생 정보를 보여줄 수 있도록 이름과 나이를 표시할 수 있는 위젯들을 추가하고 그 아래쪽에 [닫기] 버튼을 만듭니다.

❺ 메인 화면에는 두 개의 입력상자와 하나의 버튼을 추가하고 버튼에는 '추가'라는 텍스트가 표시되도록 합니다.

❻ MainActivity.java 파일을 열고 코드를 입력합니다. 사용자가 첫 번째 입력란에 'John'이라는 글자를 입력하고 두 번째 입력란에 21을 입력한 후 [추가] 버튼을 누르면 새 화면이 뜨면서 이름과 나이가 보이도록 코드를 만들어줍니다. 새로 띄운 화면에서 [닫기] 버튼을 누르면 메인 화면으로 다시 돌아가도록 합니다.

❼ 메인 화면에서 새로운 화면을 띄울 때 인텐트 객체에 이름과 나이를 넣어 전달합니다.

해답 | Study15 프로젝트

스택에 학생 정보를 담아두었다가 보여주기

난이도	상	중 ✓	하	소요시간	30분
목표	학생 객체를 만들어 스택에 추가했다가 가장 최근에 추가된 학생 객체를 꺼내어 확인하는 방법 연습					

✓ 체크해 보세요!

인텐트 이해하기
p.387 ✓

새로운 앱 화면 추가하기
p.390 ✓

다른 화면으로 데이터 전달하기
p.401 ✓

onCreate 이해하기
p.413 ✓

스택과 큐 살펴보기
p.420 ✓

- 학생 정보를 추가했을 때 만들어진 학생 객체를 스택에 넣어둘 수 있도록 만들어봅니다.
- 스택에 들어있는 학생 객체들 중 가장 최근에 추가된 학생 객체를 꺼내어 확인할 수 있도록 만들어봅니다.

❶ Study15 프로젝트를 복사하여 Study16으로 만듭니다.

❷ 이번에는 최근 등록한 학생을 조회하는 기능을 만들어볼 것입니다.

❸ activity_main.xml 파일을 열고 '최근 추가한 학생 보기'라는 버튼을 하나 더 추가합니다.

❹ MainActivity.java 파일을 열고 코드를 입력합니다. 사용자가 메인 화면에서 두 개의 입력란에 학생의 이름과 나이를 입력하고 [추가] 버튼을 누르면 화면 아래쪽의 텍스트뷰에 학생의 이름을 표시하도록 코드를 추가합니다. 클래스 안에 Stack 자료형으로 된 변수를 하나 만들고 새로 추가되는 Student 객체를 그 변수에 추가합니다.

❺ 아래쪽에 있는 [최근 추가한 학생 보기] 버튼을 누르면 가장 마지막에 추가했던 학생 정보를 StudentInfoActivity 화면이 뜨면서 나타나도록 합니다. 가장 마지막에 추가했던 학생 객체는 Stack 자료형으로 된 변수에서 가져올 수 있습니다.

해답 | Study16 프로젝트

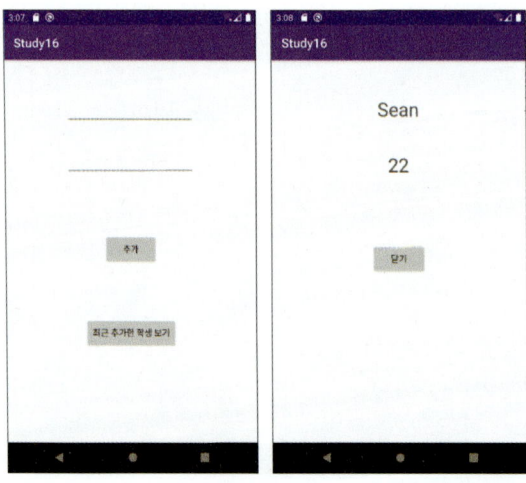

화면을 직접 만들어서 띄우기

인텐트와 액티비티

❶ 인텐트(Intent)란?
데이터를 시스템에 전달하기 위해 만들어 둔 객체라고 할 수 있습니다. 화면을 띄울 때 사용되는 startActivity라는 함수를 실행하면서 파라미터로 전달하면 시스템으로 전달됩니다.

❷ MIME 자료형이란?
http나 tel처럼 데이터 앞에 붙여주는 구분자를 말합니다. 이것은 보통 웹서버에서 문서의 종류를 구분할 때 사용하는 방법이며 여러 가지 문서의 종류가 미리 정해져 있습니다.

❸ 액티비티(Activity)란?
하나의 화면을 일컫는 말입니다. 이 화면들은 모두 독립적으로 동작할 수 있게 만들어져 있으며 시스템에서 관리합니다. 따라서 앱이 설치되면 그 안에 어떤 화면들이 들어있는지를 시스템이 확인합니다.

❹ 매니페스트란?
앱에 어떤 화면을 추가했는지 알려주기 위해 등록한 화면 정보입니다. 매니페스트는 프로젝트 안에 들어있는 AndroidManifest.xml 파일을 가리키며, 그 안에는 어떤 화면이 만들어져 있는지 등의 다양한 정보가 들어있습니다.

❺ AndroidManifest.xml 파일 안에 들어가는 정보 중에서 화면 정보는 〈activity〉 태그에 들어갑니다.

❻ 화면 레이아웃이란?
화면을 구성하고 있는 XML 파일을 말하며, 태그로 구성됩니다.

시작 태그와 끝 태그로 이루어 모양

| ex | 〈...〉 ... 〈/...〉 |

시작 태그와 끝 태그를 줄여서 하나로 표시한 모양

| ex | 〈.../〉 |

태그에 속성을 넣을 때는 이름과 값으로 구성함

| ex | 속성 이름 | = | 속성 값 |
| | android:name | = | "NewActivity" |

❼ 콘텍스트(Context)란?
어떤 객체의 주변 환경 정보를 가지고 있는 객체입니다.

→ 액티비티 안에 들어있는 버튼이 화면의 어디에 위치하고 있는지 등의 정보를 관리하며 일반적으로 액티비티는 버튼의 콘텍스트 역할을 할 수 있습니다.

다른 화면으로 데이터 전달하기

❶ 부가 데이터(Extra Data)란?

인텐트 객체에 넣어둘 수 있는 값을 말합니다. 시스템은 이 데이터를 해석하지 않고 대상 화면으로 전달하기만 합니다.

❷ onActivityResult 함수는 새로 띄웠던 액티비티로부터 응답을 받을 때 자동으로 호출됩니다.

- 요청 코드 → 액티비티를 띄울 때 사용했던 숫자 값을 그대로 돌려받습니다.
- 응답 코드 → 다른 액티비티에서 응답 상태를 알려주기 위해 보내온 숫자 값을 받습니다.
- 인텐트 객체 → 다른 액티비티에서 setResult 메서드를 이용해 보내온 인텐트 객체를 받습니다.

액티비티를 없애고 싶을 때	원래의 액티비티로 응답을 보내고 싶을 때
→ finish 메서드를 사용하면 됩니다.	→ setResult 메서드를 사용하면 됩니다.

❸ 화면 간에 데이터 전달할 때는 새로운 클래스를 하나 만들고 그 안에 static 키워드를 사용한 클래스 변수를 만들어 사용할 수도 있습니다.

❹ 수명 주기(Life Cycle) 또는 생명 주기란?

화면의 상태가 바뀔 때마다 앱에게 그 상태를 알려주어 필요한 일들을 할 수 있도록 하는 것을 말합니다.

→ 이때 onResume 메서드는 액티비티가 화면에 보이기 전에 호출되고, onPause 메서드는 액티비티가 화면에서 사라지기 전에 호출됩니다.

스택과 큐

❶ 스택(Stack)이란?

입구가 하나만 있는 자루와 같아서 먼저 넣은 것이 더 깊숙이 들어가고 나중에 넣은 것이 입구에 가까이 있는 구조를 말합니다.

스택에 데이터를 넣을 때	스택에서 데이터를 가져올 때
→ push 메서드를 사용합니다.	→ pop 메서드를 사용합니다.

❷ 큐(Queue)란?

통로와 같아서 먼저 넣은 순서대로 반대편에서 꺼내어 사용할 수 있는 구조를 말합니다.

큐에 데이터를 넣을 때	큐에서 데이터를 가져올 때
→ offer 메서드를 사용합니다.	→ poll 메서드를 사용합니다.

02-9
레이아웃으로
화면 배치하기 중요도 ★★☆☆☆

안드로이드 스튜디오의 디자인 화면에서는 화면에 버튼이나 입력상자를 넣고 적절하게 위치를 잡아줄 수 있습니다. 위젯을 가져다 화면에 넣은 후 그 위치를 잡아줄 때 연결점을 연결하고 마우스로 끌기도 했는데 좀 더 섬세하게 위치를 잡고 싶을 때는 마우스로 끌어당기는 것만으로는 부족합니다. 이 때문에 섬세한 화면 레이아웃을 만들기 위해 원본 XML 코드를 직접 수정하는 경우도 많습니다. 따라서 원하는 화면 레이아웃을 만들려면 XML에 들어가는 속성의 의미를 잘 이해하고 사용할 줄 알아야 합니다.

이 장에서는 화면에 들어가는 위젯을 잘 배치할 수 있도록 도와주는 몇 가지 레이아웃들을 알아보겠습니다. 레이아웃을 살펴보고 나면 디자인 화면에서 위젯들을 추가했을 때 레이아웃마다 다르게 보이는 이유를 알 수 있을 것입니다. 화면에서 마우스로 위젯의 위치와 크기를 조정하는 방법 말고도 원본 XML을 직접 다루는 방법도 조금씩 알아보겠습니다.

키워드로 알아보는 자바 언어

레이아웃	앱 화면을 만들 때 눈에 보이지 않으면서 다른 뷰들을 담는 것이 레이아웃입니다.
크기 속성	뷰의 가로 크기는 layout_width, 세로 크기는 layout_height 속성으로 설정합니다.
방향 속성	리니어 레이아웃은 orientation 속성을 이용해 가로 또는 세로 방향을 설정합니다.
상대 레이아웃	부모 레이아웃의 위아래에 뷰를 붙이거나 다른 뷰의 위아래에 붙일 수 있습니다.
뷰의 중첩	프레임 레이아웃을 이용해 뷰를 중첩시킨 후 그중 원하는 것만 보여줄 수 있습니다.

1 _ 위젯과 레이아웃은 어떤 관계일까?

새로운 안드로이드 프로젝트를 만들고 XML 레이아웃 파일을 열어보면 화면에 위젯을 넣고 위치를 조정할 수 있습니다. 이렇게 위젯들이 있는 위치와 그 크기를 조정하는 것을 '화면을 배치한다.'라고 합니다.

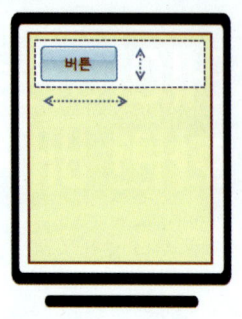

▲ 화면에 배치하는 방법

디자인 화면의 왼쪽 상단에 있는 팔레트(Palette) 창에는 버튼이나 텍스트뷰만 있는 것이 아니라 Layouts 그룹 안에 RelativeLayout이나 LinearLayout (vertical), LinearLayout (horizontal)과 같은 레이아웃들도 들어있습니다. 레이아웃은 XML 파일이 처음 만들어질 때부터 기본으로 하나 들어가게 됩니다. 이것을 '최상위 레이아웃'이라고 부르는데 이 레이아웃은 눈에 보이지는 않으면서 그 안에 들어가는 위젯들을 배치하는 역할을 합니다. 다시 말해, 레이아웃의 역할은 눈에는 보이지 않으면서 그 안에 들어가는 위젯들을 배치하는 것입니다.

▲ 레이아웃의 역할

그런데 재미있는 것은 처음부터 추가되어 있던 레이아웃 안에 버튼과 같은 위젯만 넣을 수 있는 것이 아니라 레이아웃도 넣을 수 있다는 것입니다. 레이아웃 안에 레이아웃이 들어가서 화면 중 일부만 다시 눈에 보이지 않는 레이아웃으로 채우고 그 안에 버튼이나 텍스트뷰와 같은 것들을 넣어 위치와 크기를 잡아줄 수 있습니다. 어떻게 이것이 가능한 것일까요? 화면 레이아웃을 쓰기만 하는 입장에서는 그렇게 해도 된다고 생각하고 아무 생각 없이 작업을 하면 되겠지만 여기서 한 가지 이해해야 할 내용이 있습니다. 바로 위젯과 레이아웃의 관계입니다.

안드로이드는 화면에 보이는 모든 것을 '뷰(View)'라고 부릅니다. 버튼이나 텍스트뷰와 같이 눈에 보이는 것들을 모두 뷰라고 부르는데 심지어 눈에 보이지 않는 레이아웃도 뷰라고 부릅니다. 이것은 단순히 그렇게 부르는 데서 끝나는 것이 아니라 실제로도 레이아웃 클래스는 뷰 클래스를 상속받아 만들었습니다. 레이아웃은 화면 배치를 위해 만든 것이지만 여러 개의 뷰들을 단순히 담아둘 수 있는 그릇과 같은 것을 '뷰그룹(ViewGroup)'이라는 클래스로 먼저 만들었습니다.

그 다음 뷰들을 담아둘 수 있는 뷰그룹 중에서 그 안에 들어가는 위젯들을 배치할 수 있는 것들만 레이아웃이라는 이름으로 만든 것입니다.

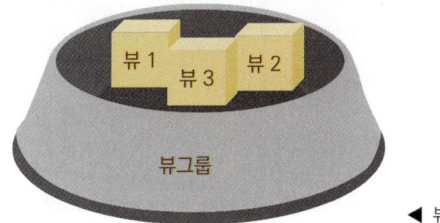

◀ 뷰들을 담고 있는 그릇인 뷰그룹

다시 말하면 뷰는 화면을 만들 때 사용되는 모든 것을 말하는 것이죠. 그 중에서 버튼이나 텍스트 뷰와 같이 사용자에게 직접 보이는 것들을 '위젯(Widget)'이라는 말로 구분하고 뷰들을 담고 있는 뷰그룹 중에서 화면 배치를 담당하는 것들을 '레이아웃(Layout)'이라는 말로 구분합니다.

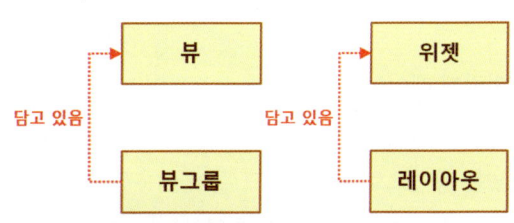

▲ 뷰와 뷰그룹, 위젯과 레이아웃

어떻게 보면 뷰와 뷰그룹은 화면에 들어가는 것들을 구분하기 위한 가장 기본적인 기능들만 가지고 있는 클래스라고 할 수 있습니다. 여기까지만 보면 단순히 뷰들을 담는 그릇으로 뷰그룹을 생각하면 되는데 클래스를 상속할 때 뷰그룹이 뷰를 상속하도록 만들면 재미있는 일이 생깁니다. 바로 뷰그룹이 뷰가 될 수 있다는 점입니다. 즉, 레이아웃도 뷰를 상속했기 때문에 뷰가 될 수 있다는 것인데요, 이미 알고 있는 것처럼 상속이라는 것은 부모 클래스의 속성을 그대로 전달받는 것이므로 레이아웃도 뷰의 속성을 그대로 가지게 됩니다. 예를 들어, 사람에게서 태어난 아기는 아기의 속성을 가지고 있지만 사람에게서 태어난 것이므로 사람의 속성을 기본적으로 먼저 가진 상태에서 아기의 속성을 추가한 것과 같습니다.

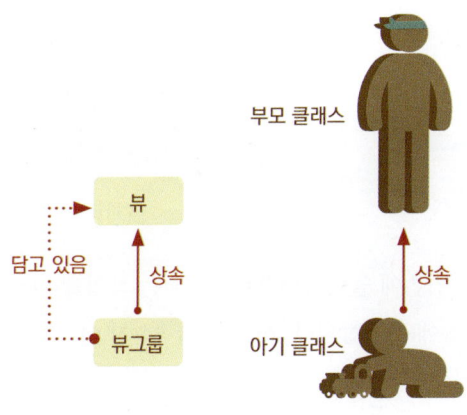

▲ 뷰와 뷰그룹의 관계

레이아웃이 뷰가 될 수 있으니 화면 레이아웃 안에 하나의 뷰가 추가될 수 있다면 그 곳에 또 다른 레이아웃도 추가할 수 있게 됩니다. 또 다른 레이아웃 안에는 버튼이나 텍스트뷰와 같은 위젯 말고도 다시 또 레이아웃을 추가할 수 있습니다. 이것이 바로 복잡한 화면 구조를 만들 수 있는 비밀입니다.

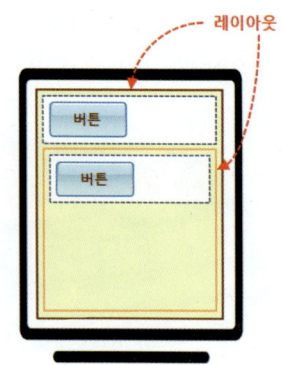

▲ 레이아웃 안에 레이아웃 추가하기

이렇게 레이아웃을 뷰에서 상속받아 만들었기 때문에 레이아웃 안에 레이아웃을 추가할 수 있게 된 것입니다. 실제 앱을 만들 때도 아주 복잡한 화면을 만들어야 할 때 대부분은 레이아웃 안에 레이아웃을 넣는 방법으로 만들어지므로 이 내용을 이해하는 것이 중요합니다. 그러면 레이아웃 안에 레이아웃을 추가하여 그 내용이 어떻게 원본 XML로 만들어지는지 확인해 보겠습니다.

안드로이드 스튜디오에서 새로운 프로젝트를 만들고 그 이름은 MyLayout, 패키지 이름은 org.techtown.layout으로 합니다.

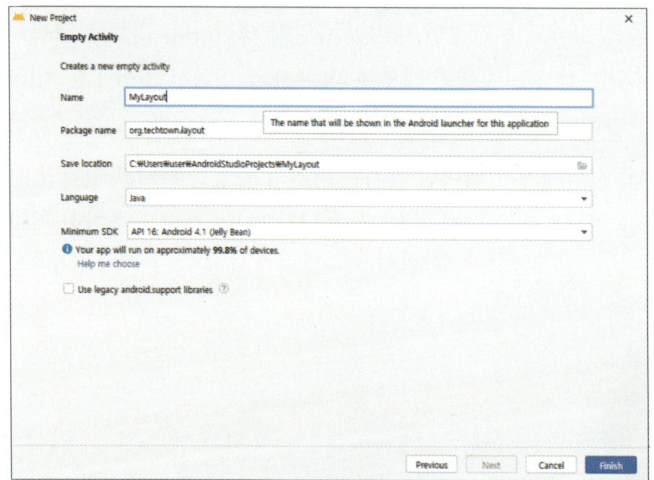

▲ MyLayout이라는 새로운 안드로이드 프로젝트를 만들 때의 대화상자

프로젝트 창이 열리면 [activity_main.xml] 탭을 누르고 기존에 들어있던 TextView는 삭제합니다. 화면 상단에 버튼 하나를 추가하고 입력상자를 버튼 오른쪽에 추가합니다. 버튼과 입력상자 아래쪽에는 RelativeLayout을 추가합니다. RelativeLayout은 왼쪽 팔레트(Palette) 창의 Legacy 그룹에 들어있습니다. RelativeLayout으로 아래 공간을 모두 채우도록 조정합니다.

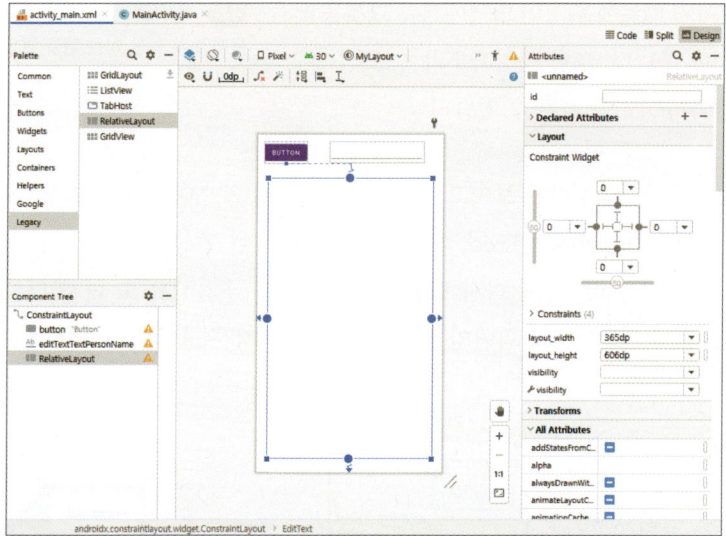

◀ 레이아웃 안에 RelativeLayout을 넣었을 때의 화면 레이아웃

입력상자에 들어있던 글자는 삭제합니다. 이렇게 화면 레이아웃을 만든 후 왼쪽 하단에 보이는 Component Tree 창을 보면 가장 위에 ConstraintLayout이 있고 그 안에 버튼, 입력상자 그리고 RelativeLayout이 들어있습니다. RelativeLayout은 지금까지 사용해보았던 ConstraintLayout과 비슷하면서도 조금 더 단순한 기능을 가진 레이아웃입니다. '상대 레이아웃'이라고도 부르며 그 안에 추가한 위젯들은 부모 레이아웃의 상하좌우 또는 가운데에 위치시키거나 또는 다른 위젯의 상하좌우에 위치시킬 수 있습니다. ConstraintLayout을 사용하기 전까지는 상대 레이아웃을 많이 사용했으나 지금은 상대 레이아웃보다는 ConstraintLayout을 권장하기 때문에 몇 가지 간단한 레이아웃을 만들 때 주로 사용합니다. 새로 추가한 RelativeLayout 안에 다시 버튼 하나를 추가하고 그 아래에 또 다른 RelativeLayout을 추가합니다.

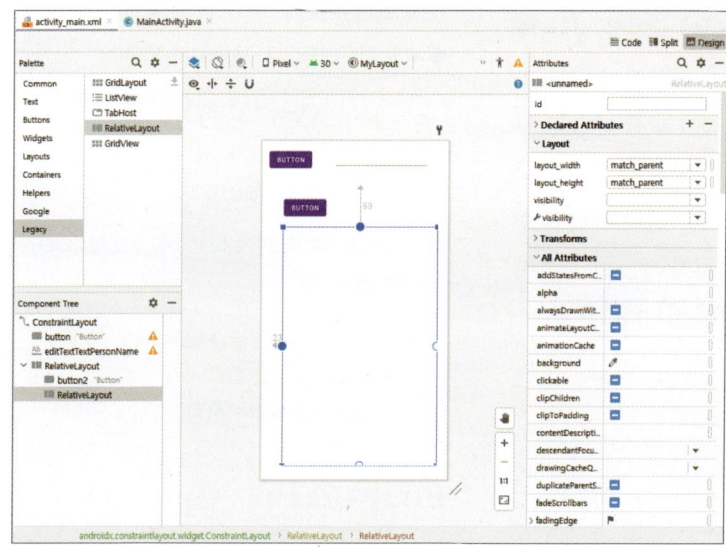

◀ 레이아웃 안에 레이아웃을 넣었을 때의 화면 레이아웃

레이아웃은 눈에 보이지 않는 것이기 때문에 디자인 화면에서는 그것을 선택할 때마다 파란색 선으로 표시해 줍니다. 또한 상하좌우와 각 모서리에 네모난 모양의 작은 핸들들이 있어서 크기를 바꿀 수 있습니다.

> **주의** 여기서 '핸들'이란 만져서 움직일 수 있는 작은 점을 말합니다.

그런데 레이아웃은 선택한 것만 파란색 테두리가 보이고 다른 것은 보이지 않으니 보이지 않는 레이아웃을 선택할 때는 왼쪽 하단의 Component Tree 창에서 선택하는 것이 훨씬 편리합니다. 이렇게 최상위 레이아웃인 ConstraintLayout 안에 다시 RelativeLayout을 추가하고 또 다시 다른 RelativeLayout을 그 안에 넣는 것이 가능하므로 화면의 일부 영역을 아주 작은 크기의 다양한 위젯으로 채우는 것도 가능합니다.

이제 디자인 화면의 우측 상단에 있는 세 개의 아이콘 중 [Code] 아이콘을 눌러 원본 XML로 이동합니다. 그 안에는 아주 복잡하게 보이는 XML 코드들이 들어있습니다. /app/res/layout 폴더 안에 만들어지는 파일들은 화면 레이아웃을 위한 파일들이며 이렇게 XML 코드들이 들어있는 파일입니다. 이 파일은 윈도우의 메모장에서 열어도 읽을 수 있는 일반적인 텍스트 파일입니다. 이 파일의 내용을 읽어

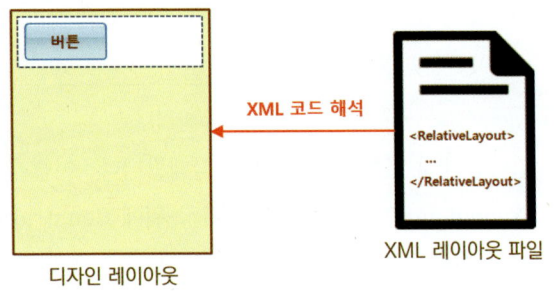

▲ 디자인 레이아웃에서 원본 XML 코드를 보여주기

와서 화면 모양으로 볼 수 있는 것은 디자인 화면이 XML 코드를 해석한 후 화면에 그 모양을 보여주기 때문입니다.

XML 코드는 웹페이지를 만들 때 사용하는 HTML이란 것과 비슷해서 꺾쇠(◇) 기호 안에 글자를 넣고 '태그(Tag)'라는 이름으로 부른다는 것은 이미 알고 있습니다. 그리고 그 태그는 시작 태그와 끝 태그로 구성되는데 시작 태그의 안에 속성을 넣을 수 있도록 되어 있습니다. 시작 태그와 끝 태그는 하나로 합칠 수도 있어서 끝 태그를 쓰지 않고 시작 태그의 오른쪽 꺾쇠(◇) 표시 앞에 / 기호를 붙이면 됩니다.

XML 코드의 구성

❶ XML 코드는 태그로 구성됩니다.
  꺾쇠(◇) 기호 안에 글자를 넣은 것이 태그입니다.

❷ 태그는 시작 태그와 끝 태그로 구성됩니다.
  `<Button></Button>`

❸ 시작 태그와 끝 태그를 하나로 합칠 수도 있습니다.
  `<Button />`

❹ 시작 태그에 속성을 넣을 수 있습니다.
  ```
  <Button
      android:text="시작" >
  </Button>
  ```

❺ 태그 안에 태그를 넣을 수 있습니다.

태그 안에 태그를 넣을 수도 있는데 이렇게 하면 Component Tree 창에서 본 것처럼 트리 모양의 구조가 만들어집니다. 디자인 화면에서는 레이아웃에 뷰를 넣을 수 있으므로 태그 안에 태그를 넣는다는 것은 가장 바깥의 태그가 레이아웃의 이름이어야 한다는 것을 의미합니다. 간단히 정리하면 안드로이드의 화면 레이아웃은 XML 코드로 만들어지는데 XML 코드의 태그 이름에는 뷰의 이름이 들어갑니다. 또한 Button과 같은 위젯도 뷰이므로 Button과 동일한 뷰 이름을 태그 안에 넣고 그 안에 다시 속성을 넣게 됩니다.

XML 원본 파일에 들어있는 내용을 속성 없이 태그로만 다시 구성해보면 다음과 같은 모양이 됩니다.

코드 참고 / MyLayout〉/app/res/layout/activity_main.xml

```
<ConstraintLayout>
    <Button />
    <EditText />
    <RelativeLayout>
        <Button />
        <RelativeLayout>
        </RelativeLayout>
    </RelativeLayout>
</ConstraintLayout>
```

이렇게 보니 Component Tree 창에서 본 구조와 같습니다. 대신 XML 원본 코드에서는 시작 태그와 끝 태그가 다 보이지만 Component Tree 창에서는 그런 구분을 두지 않고 트리 모양으로 어떤 태그가 있는지 그리고 태그 안에 어떤 태그들이 들어있는지를 표시한다는 점이 다릅니다.

XML 코드가 어떻게 만들어져 있는지 간단하게 보았으니 태그 안에 들어가는 속성도 간단하게 살펴보겠습니다. 먼저 화면 레이아웃 파일이 만들어지면 자동으로 들어가는 가장 위의 〈ConstraintLayout〉 태그에는 상당히 많은 보라색 속성들이 추가되어 있습니다.

코드 참고 / MyLayout〉/app/res/layout/activity_main.xml

```
<?xml version="1.0" encoding="utf-8"?>
<androidx.constraintlayout.widget.ConstraintLayout
    xmlns:android="http://schemas.android.com/apk/res/android"
    xmlns:tools="http://schemas.android.com/tools"
    xmlns:app="http://schemas.android.com/apk/res-auto"
    android:layout_width="match_parent"
    android:layout_height="match_parent"
    tools:context=".MainActivity">
```

그러나 이 속성들이 모두 중요한 것은 아닙니다. 이 속성들 중에서 어떤 것들이 중요한 것인지 알아보겠습니다. 첫 번째 보이는 xmlns:android라는 속성은 화면 레이아웃 파일마다 만들어지는 가장 상위의 레이아웃 태그에 꼭 붙어야 하는 정보입니다. 따라서 이 속성은 각 파일마다 하나씩 들어있다고 생각하면 됩니다. 그 아래에 있는 android:로 시작하는 속성들은 android:라는 것이 안드로이드에서 미리 만들어 둔 속성이라는 의미이므로 실제 속성은 이름 뒤에 나오는 단어라고 보면 됩니다. 이런 내용을 염두에 두고 그 아래의 속성들을 보면 속성 이름이 좀 더 명확하게 눈에 들어올 것입니다. 아래에 있는 속성들 중에서 layout_width와 layout_height라는 속성은 뷰의 기본 크기를 설정하는 속성이므로 화면에 추가하는 모든 뷰가 반드시 가지고 있어야 하는 속성입니다.

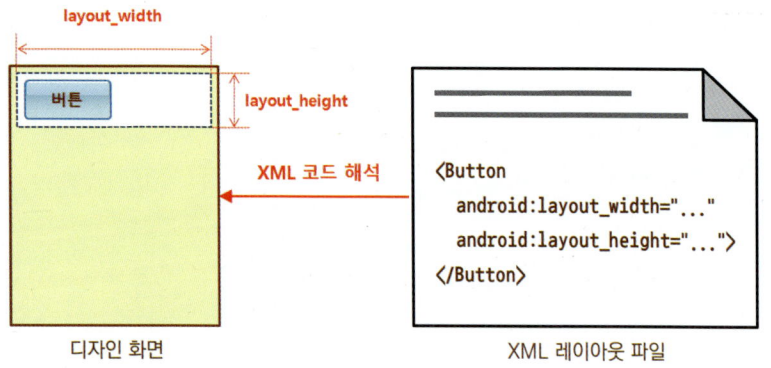

▲ 뷰의 크기를 설정하는 속성

다른 속성들이 반드시 들어가야 하는 것은 아닙니다. 따라서 꼭 들어가야 하는 속성만 남겨두면 다음과 같은 모양이 됩니다.

코드 참고 / MyLayout/app/res/layout/activity_main.xml

```
<ConstraintLayout
  xmlns:android="http://schemas.android.com/apk/res/android"
  android:layout_width="match_parent"
  android:layout_height="match_parent" >
```

이렇게 바꾸니 훨씬 간단해졌습니다. 꼭 필요한 속성만 남겨두더라도 디자인 화면에서 보이는 모양은 크게 달라지지 않습니다.

이제 화면 레이아웃을 만들 때 레이아웃 안에 레이아웃을 넣을 수 있는 이유도 알았습니다. 그리고 원본 XML 코드가 어떻게 만들어져 있는지도 알아보았습니다. 이제 여러 가지 레이아웃이 어떤 방법으로 위젯들을 배치하는지 알아보겠습니다.

2 _ 뷰의 공통 속성 알아보기

화면에 추가된 뷰는 가로 크기와 세로 크기를 알 수 있어야 하므로 반드시 layout_width 속성과 layout_height 속성을 가져야 한다고 했습니다. 이렇게 뷰가 가질 수 있는 대표적인 속성들 중에서 몇 가지는 잘 알아두는 것이 좋습니다. 알아둘 필요가 있는 대표적인 뷰의 속성으로는 layout_width, layout_height 외에 id와 background를 들 수 있습니다.

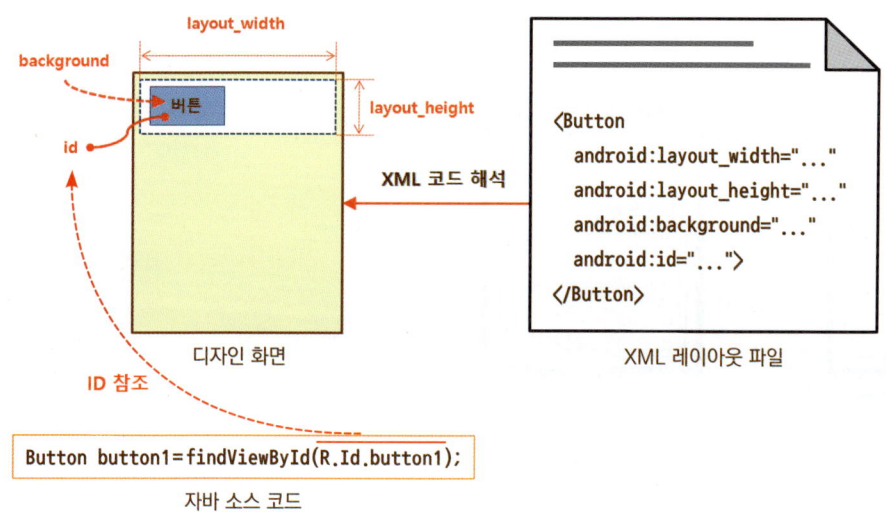

▲ 뷰의 대표적인 속성

구분	내용
❶ 뷰의 가로 크기와 세로 크기	layout_width, layout_height
❷ 뷰의 ID	id
❸ 뷰의 배경색	background

◀ 뷰의 대표적인 속성 정의

뷰의 대표 속성 | layout_width, layout_height

먼저 뷰의 가로와 세로 크기는 뷰가 레이아웃 안에 놓이면서 결정됩니다. 이때 얼마만큼 크게 할 것인지를 이 두 개의 속성으로 알려줍니다. 따라서 이 두 개 속성은 필수 속성입니다. 이 두 개의 속성이 가질 수 있는 값은 match_parent, wrap_content 그리고 정수 값과 크기 단위 중 하나입니다.

match_parent 속성은 이 뷰를 포함하고 있는 레이아웃의 여유 공간을 모두 채우라는 뜻입니다. wrap_content 속성은 뷰 안에 들어있는 내용물의 크기를 보고 그 크기만큼만 채우라는 뜻입니다. 그렇다면 뷰를 포함하고 있는 레이아웃의 '여유 공간'이란 무엇일까요? 이제부터는 뷰를 포함하는 레이아웃을 그 뷰의 '부모 레이아웃'이라고 하겠습니다. 왜냐하면 Component Tree 창의 트리 구조에서 보면 뷰를 포함하는 레이아웃이 상위 레벨에 있기 때문입니다. 부모 레이아웃의 여유 공간은 레이아웃의 종류에 따라 다릅니다. 하지만 가장 상위에 있는 기본 레이아웃에 버튼을 추가할 때는 그 레이아웃 전체 공간이 부모 레이아웃의 여유 공간이 됩니다. 만약 그 여유 공간을 모두 채우지 않고 일부만 채운 후 나머지 공간에 또 다른 버튼을 추가한다면 새로 추가한 버튼은 남아있는 공간을 여유 공간으로 가지게 됩니다.

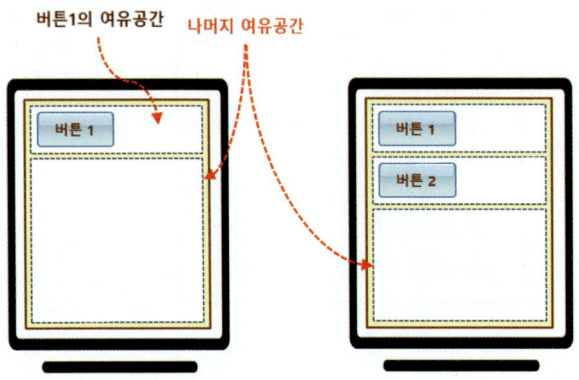

▲ 부모 레이아웃의 여유 공간

그러면 match_parent와 wrap_content를 속성 값으로 설정했을 때 위젯이 레이아웃의 여유 공간을 어떻게 차지하는지 살펴보겠습니다. 왼쪽 프로젝트 창에서 /app/res/layout 폴더를 선택하고 마우스 오른쪽 버튼을 클릭한 다음 보이는 메뉴에서 [New → Layout Resource File]을 선택합니다.

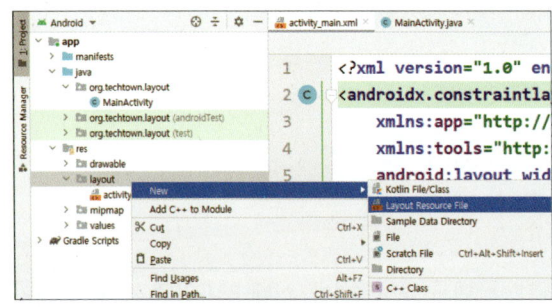

▲ 새로운 XML 레이아웃 파일을 만들기 위한 메뉴

화면을 만드는 XML 레이아웃 파일들은 /app/res/layout 폴더에 들어있는데 이 메뉴를 선택하면 폴더에 새로운 XML 레이아웃 파일을 추가할 수 있습니다. 대화상자가 나타나면 File name 입력란에는 button_layout을 입력하고 Root element 입력란에는 LinearLayout을 입력한 후 [OK]를 누릅니다.

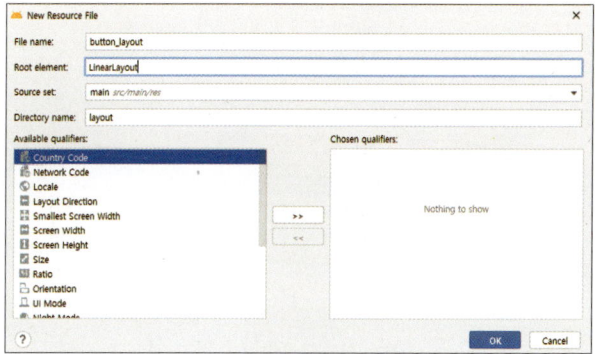

▲ 새로운 XML 레이아웃 파일 만들기 대화상자

새로운 XML 레이아웃 파일이 추가되면 가운데 작업 영역에 그 파일이 열립니다. 디자인 화면에서 왼쪽 하단의 Component Tree 창을 살펴보면 최상위 레이아웃으로 LinearLayout이 들어가 있습니다. 여러분이 직접 XML 레이아웃 파일을 만들 때 LinearLayout을 Root element로 지정하면 〈LinearLayout〉이라는 태그가 자동으로 최상위 레이아웃으로 추가됩니다. 또한 가장 위에 〈?xml로 시작하는 코드가 한 줄 더 있는 것을 볼 수 있는데 이 코드는 이 파일이 XML 파일이라는 것을 알려주는 것으로 있어도 되고 없어도 됩니다.

코드 참고 / MyLayout〉/app/res/layout/button_layout.xml

```xml
<?xml version="1.0" encoding="utf-8"?>
<LinearLayout
    xmlns:android="http://schemas.android.com/apk/res/android"
    android:orientation="vertical"
    android:layout_width="match_parent"
    android:layout_height="match_parent">

</LinearLayout>
```

다시 오른쪽 상단에 있는 [Design] 아이콘을 눌러 디자인 화면으로 바꾼 후 왼쪽 팔레트(Palette) 창에서 버튼 하나를 끌어다 화면에 추가합니다. 새로 추가한 버튼은 화면의 어느 곳에 끌어다 놓던 간에 화면의 가장 위쪽에 추가됩니다. 그리고 가로 방향으로 꽉 채운 모양으로 보입니다.

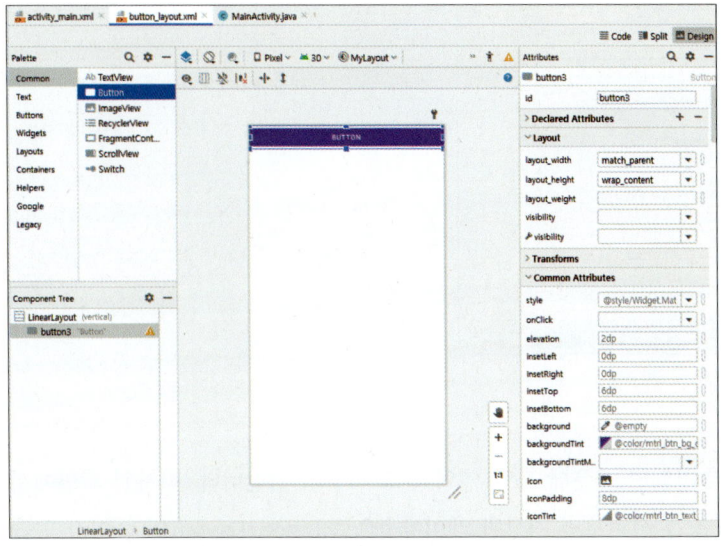

▲ 리니어 레이아웃 안에 버튼을 추가했을 경우

버튼을 선택하고 오른쪽 속성 창을 보면 layout_width의 속성 값은 match_parent, layout_height 의 속성 값은 wrap_content로 되어 있습니다. 가로 크기는 부모 레이아웃을 꽉 채우도록 하고 세로 크 기는 내용물인 Button이라는 글자에 맞추라는 의미입니다. layout_width 속성 값을 wrap_content 로 바꾸면 가로 크기가 버튼에 들어있는 글자의 크기에 맞게 조정됩니다.

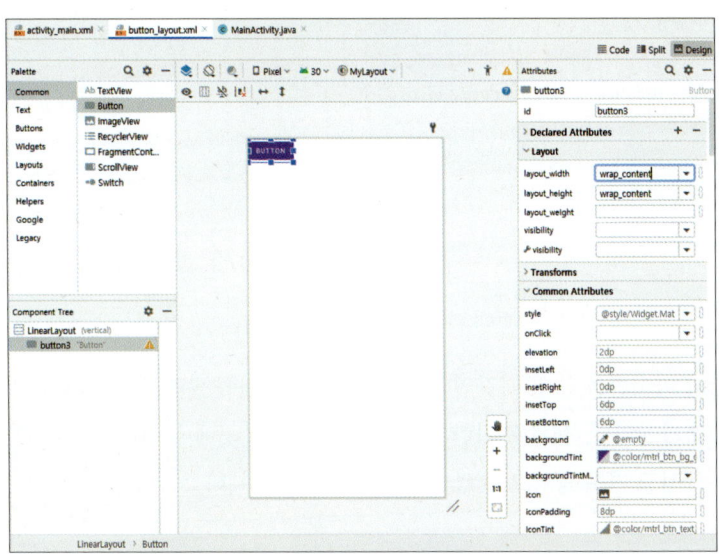

▲ wrap_content 속성을 가로 크기와 세로 크기 모두에 적용한 경우

wrap_content 속성 값은 위젯 안에 들어있는 내용물의 크기에 맞추도록 하는데, 버튼이나 텍스트뷰에 들어있는 내용물은 글자가 되고 이미지뷰에 들어있는 내용물은 이미지가 됩니다. 그러면 layout_width와 layout_height의 속성 값을 모두 match_parent로 설정해봅니다. 그러면 어떻게 될까요?

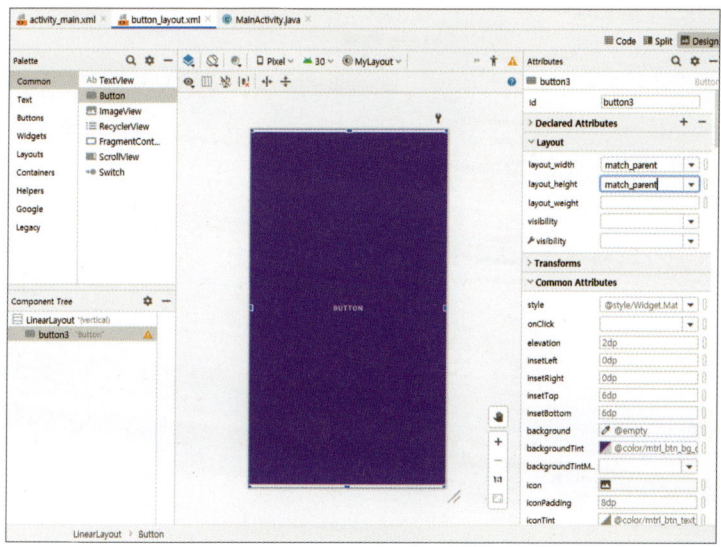

▲ 가로 크기와 세로 크기를 모두 match_parent로 바꾼 경우

예상했던 대로 가로 방향과 세로 방향 모두 부모 레이아웃의 공간을 모두 채웠습니다. 다시 가로 방향의 크기를 설정하는 속성인 layout_width의 값을 wrap_content로 바꾸면 세로 방향으로만 화면을 꽉 채운 모양이 됩니다.

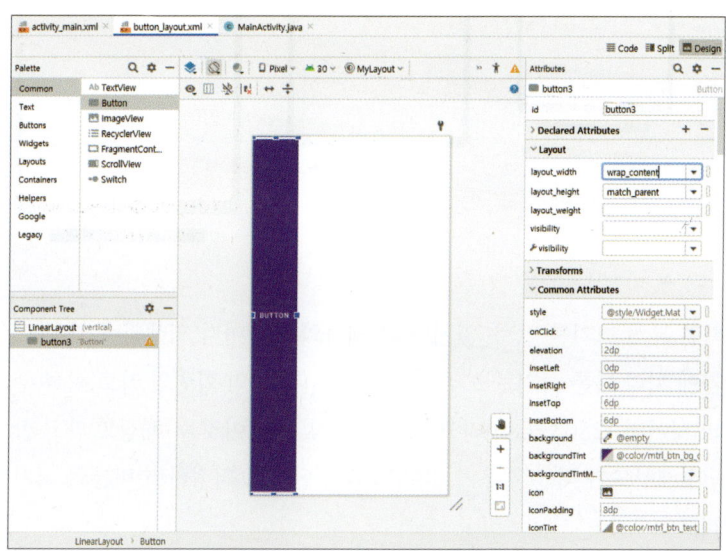

▲ 세로 크기만 match_parent로 한 경우

이제 부모 레이아웃에 추가한 위젯의 layout_width와 layout_height가 하는 역할을 조금 이해했을 것입니다. 뷰의 크기는 정수 값으로 직접 지정할 수도 있습니다. 다음과 같이 layout_height 속성의 값을 200dp로 입력합니다.

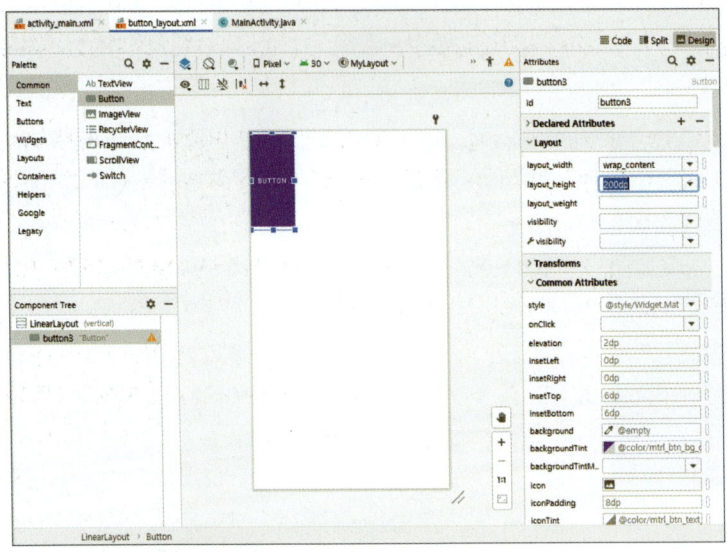

▲ 세로 크기를 200dp로 설정한 경우

200이라는 숫자가 크기를 의미하는 것은 알겠는데 dp라는 단위는 무엇일까요? 우리가 보는 스크린 화면은 보통 픽셀이라는 값으로 표시할 수 있습니다. '픽셀(Pixel)'이란 모니터를 확대해서 보았을 때 하나하나의 색상을 보여줄 수 있는 작은 사각형이라고 할 수 있습니다. 이 픽셀들이 모여서 우리 눈에 화상이 보이는 것

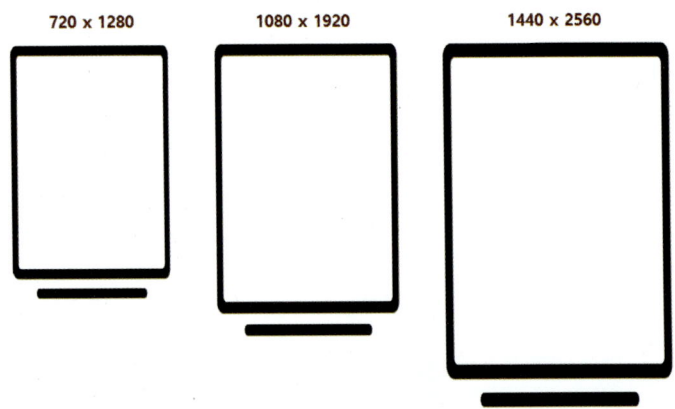

▲ 화면마다 다른 해상도

이죠. 보통 이 픽셀 단위로 지정하면 뷰의 크기를 알 수 있지만 각 제품의 화면마다 픽셀의 수가 다르기 때문에 어떤 단말을 사용하는가에 따라 다른 크기로 보일 수도 있습니다. 만약 화면의 가로 픽셀 수가 1280개이고 세로 픽셀 수가 768개이면 1280X768이라고 표시할 수 있는데 이것을 '해상도'라고 합니다. 안드로이드는 단말에 따라 이 해상도가 다른 경우가 많아서 픽셀 단위로 지정하면 버튼의 크기가 단말마다 다르게 보이게 됩니다.

화면마다 다른 해상도와 상관없이 똑같은 크기의 버튼으로 보이게 만드는 방법은 화면의 비율을 이용하는 것입니다. 예를 들어, '가로로 50%, 세로로 50% 크기로 버튼을 만들어주세요.'라고 얘기한다면 어떤 화면이든 똑같은 비율을 가진 버튼으로 보이게 됩니다.

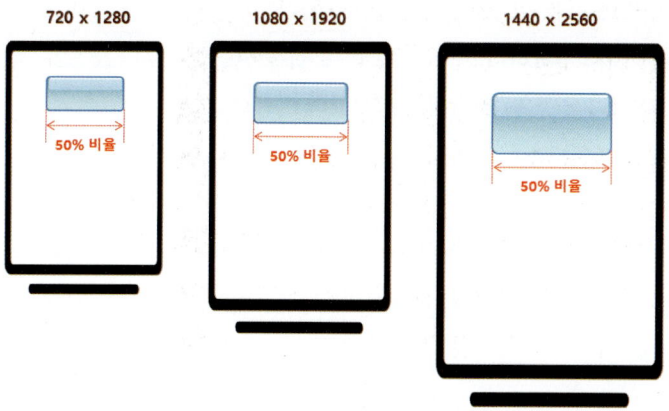

▲ 화면마다 다른 해상도에서 버튼을 같은 비율로 보기

이렇게 비율로 뷰의 크기를 표시할 수 있는 단위가 dp입니다. 뷰의 크기를 정수 값으로 지정하는 경우에는 크기의 단위를 같이 사용하며 사용 가능한 단위와 그 의미는 다음과 같습니다.

단위	단위 표현	설명
px	픽셀	화면 픽셀
dp 또는 dip	밀도 독립적 픽셀 (density independent pixel)	160dpi 화면을 기준으로 한 픽셀 예) 1인치 당 160개의 점이 있는 디스플레이 화면에서 1dp는 1px와 같음 1인치당 320개의 점이 있는 디스플레이 화면에서 1dp는 2px와 같음
sp 또는 sip	축척 독립적 픽셀 (scale independent pixel)	가변 글꼴을 기준으로 한 픽셀로 dp와 유사하나 글꼴의 설정에 따라 달라짐
in	인치	1인치로 된 물리적 길이
mm	밀리미터	1밀리미터로 된 물리적 길이
em	텍스트 크기	글꼴과 상관없이 동일한 텍스트 크기 표시

이 단위들은 뷰의 크기뿐만 아니라 글자(Text)의 크기를 지정할 때도 사용됩니다. 글자의 크기로는 sp 단위를 권장하는데, sp또는 sip는 글꼴을 기준으로 한 텍스트 크기를 나타내므로 뷰의 크기에는 사용되지 않습니다.

뷰의 대표 속성 | id

뷰의 id 값이 왜 필요한지는 이미 잘 알고 있습니다. 화면에 추가한 뷰 객체는 XML 파일 안에 들어있는 것이라서 이 파일 안에 있는 뷰의 정보를 이용해 메모리에 실제 객체로 만들어집니다. 그런 다음 소스코드에서 그것을 사용하려면 메모리의 어디에 있는지 찾는 과정이 필요하고 그 때 이 id 값이 사용됩니다. 화면에 추가했던 뷰를 찾는 과정에서 필요하다는 것은 첫 번째 앱을 만들면서부터 코드로 직접 보았던 내용입니다. 그러면 id라는 것을 다시 한 번 정리해 보겠습니다.

XML 레이아웃에 들어간 뷰들은 눈에 보이지는 않지만 프로젝트 파일이 빌드될 때 내부적으로 해석되어 자바 코드에서 new 연산자로 객체를 만들게 됩니다. 이렇게 메모리에 객체로 만드는 객체화 과정을 '**인플레이션(Inflation)**'이라고 합니다. 자바 소스코드에서는 메모리의 어느 위치에 객체가 만들어져 있는지 알 수 없으므로 id를 지정한 후 이 id로 소스코드에서 객체를 찾아냅니다.

XML 레이아웃에 정의된 뷰의 id 속성은 자바 코드에서 참조될 수 있으며, R.id.[ID]와 같은 형태로 참조합니다. 즉, ID는 각 뷰 객체가 메모리의 어디에 만들어져 있는지를 가리키는 포인터처럼 생각할 수 있는데 이때 XML 레이아웃에서 사용하는 형식은 @+id/...가 됩니다. + 기호는 새로운 id 값을 추가하는 의미로 사용되지만 복잡하게 생각할 것 없이 여러분이 새로 정의하는 뷰의 id 값은 XML 원본 코드에서 항상 이런 형식으로 사용된다고 생각해도 무방합니다. XML 레이아웃에 정의한 버튼에 id 속성을 추가한 예는 다음과 같습니다.

```xml
...
<Button
    android:id="@+id/button"
    android:layout_width="match_parent"
    android:layout_height="match_parent"
    android:text="Button"
    />
...
```

이렇게 설정한 id 속성을 자바 코드에서 참조하는 방법은 다음과 같습니다.

```java
Button button = findViewById(R.id.button);
```

액티비티에 정의된 setContentView 메서드는 XML 레이아웃에 정의된 뷰들을 메모리에 객체화하고 화면에 설정하는 역할을 합니다. 다시 말하면 activity_main.xml 파일에 화면 레이아웃 정보를 넣어두고 그 정보를 MainActivity.java 파일의 소스코드와 합쳐서 하나의 화면으로 보여주고 싶다면 setContentView 메서드가 그 역할을 합니다. 내부적으로 XML 레이아웃 파일의 내용을 메모리에 객체화하고 그것을 MainActivity 소스 파일의 화면에 설정하는 것이죠.

이렇게 화면을 구성하는 XML 레이아웃이 메모리에 객체화되고 나면 그 안에 들어있는 버튼은 findViewById 메서드를 이용해 찾아낼 수 있습니다. 이 때 findViewById 메서드의 파라미터로 R.id.button을 전달합니다. 이때 사용된 R.id 뒤의 button이 XML 레이아웃에서 버튼 태그의 속성으로 정의된 id 속성 값과 같습니다.

뷰의 대표 속성 | background

뷰는 기본적으로 배경이 먼저 그려지고 그 위에 각 뷰마다 필요한 정보들이 그려지게 됩니다. 따라서 배경을 어떻게 그릴 것인지를 알려주기 위해 background 속성 값을 지정하는 경우가 많습니다. 이 속성을 지정하지 않으면 디폴트 배경을 그리게 되는데 이것이 버튼만 그냥 추가했을 때 보이는 회색 배경입니다. 이 배경은 여러 가지 형태로 지정할 수 있는데 가장 쉽게 지정할 수 있는 것이 색상입니다. XML 레이아웃에서 색상을 지정할 때는 # 기호를 앞에 붙인 후 ARGB(A: Alpha, R: Red, G: Green, B: Blue)의 순서대로 색상의 값을 기록합니다. 16진수 값을 지정할 때는 여러 가지 포맷을 사용할 수 있는데 색상을 기록하는 방법은 다음과 같습니다.

> 색상을 지정하는 16진수 값의 형태
> #RGB
> #ARGB
> #RRGGBB
> #AARRGGBB

이 방식은 다른 언어나 웹에서도 일반적으로 사용하는 방식이므로 그리 어렵게 느껴지지는 않을 것입니다. 예를 들어, #ff0000으로 값을 지정하면 빨간색이며, #00ff00으로 지정하면 녹색이 됩니다. 여기에 알파 값을 지정하면 투명도를 조절할 수 있는데 만약 알파 값으로 ff를 추가하여 색상을 #ffff0000으로 지정하면 그대로 빨간색으로 보이지만 88을 추가하여 #88ff0000으로 지정하면 빨간색이 반투명으로 보이게 됩니다. 물론 #00ff0000이 되면 투명해지므로 아무것도 보이지 않게 됩니다. 배경으로는 이미지를 지정하거나 배경을 그릴 수 있는 다른 객체를 지정할 수도 있습니다.

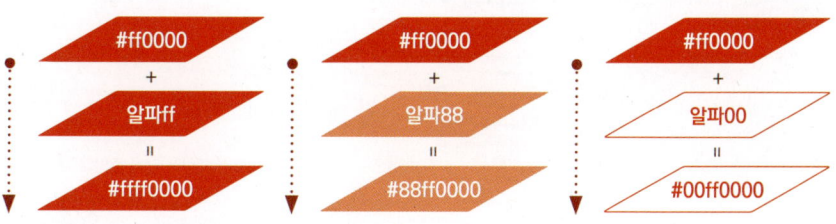

▲ 배경색에 알파 값을 적용하여 투명도를 조절하는 경우

배경으로 이미지를 지정하려면 background 속성에 이미지의 위치를 값으로 설정하면 됩니다. 이미지 리소스는 /app/res/drawable 폴더에 들어가므로 만약 그 폴더에 tiger.png라는 이미지 파일이 들어있다면 다음과 같은 형태로 속성을 설정할 수 있습니다.

`android:background="@drawable/tiger"`

물론 디자인 화면의 속성 창에서는 @drawable/tiger라는 값만 background 속성 값으로 입력하면 됩니다. 이 방법에 대해서는 뒷부분에서 자주 볼 수 있습니다.

뷰가 가질 수 있는 속성들을 몇 가지 더 살펴보겠습니다. 먼저 뷰가 차지하는 영역은 테두리선을 중심으로 안쪽 내용물 간의 간격을 padding이라 하고 다른 뷰와의 간격을 layout_margin이라고 합니다. padding은 문서에 글자를 넣으면 글자와 테두리 사이에 생기는 여백입니다.

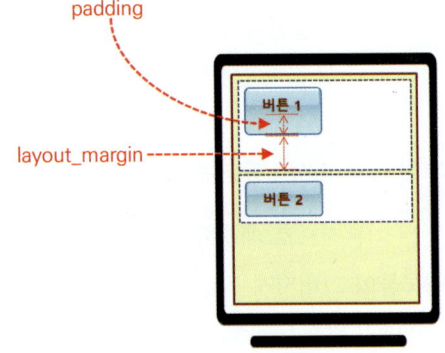

▲ 뷰의 padding과 layout_margin

앞에서 화면에 추가했던 버튼을 선택하고 layout_width와 layout_height 속성의 값을 모두 wrap_content로 바꿉니다. 그리고 padding 속성을 찾습니다. 속성 앞에 ▶ 기호를 누르면 padding 속성이 다섯 가지로 구분되어 있습니다. 그 중에서 padding 속성에 100dp를 입력합니다. 그러면 테두리와 글자 사이의 간격이 넓어집니다.

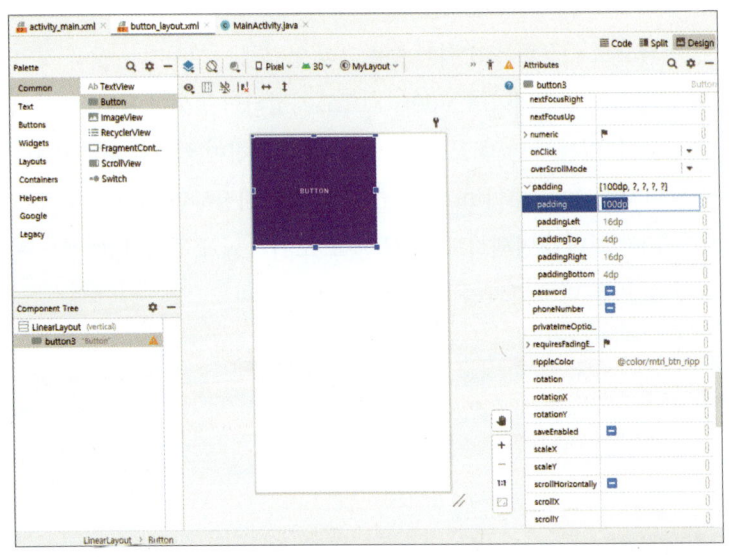

◀ padding 속성에 값을 주었을 때 글자와의 간격이 넓어진 모양

이번에는 padding 속성의 값을 50dp로 수정한 후 layout_margin 속성을 찾아 100dp라고 입력합니다. 그러면 테두리를 기준으로 버튼과 부모 레이아웃 간의 간격이 벌어집니다.

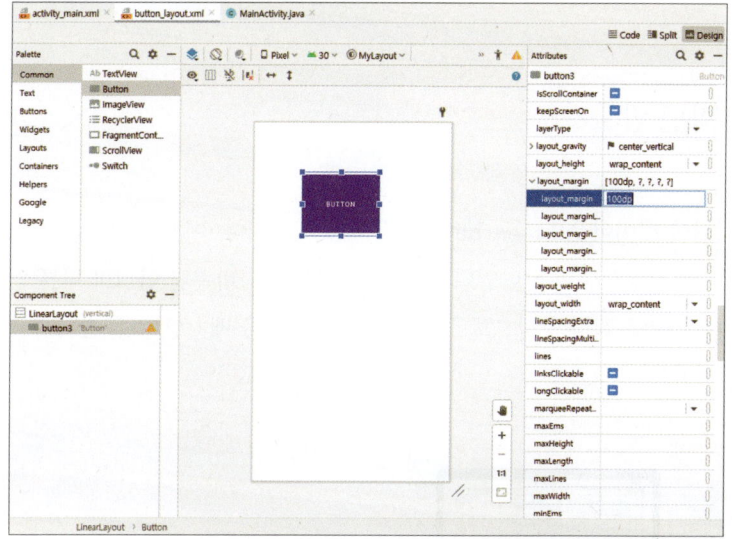

◀ layout_margin 속성 값을 주었을 때 버튼 바깥에 간격이 벌어진 모양

이렇게 속성에 값을 넣으면 원본 XML 파일에는 값을 설정한 속성들이 추가됩니다. padding과 layout_margin 속성은 상하좌우 중에서 한 방향에만 값을 줄 수도 있습니다.

이번에는 뷰 안에 들어있는 글자를 정렬하는 방법을 알아보겠습니다. 버튼 안의 글자를 정렬할 때는 gravity 속성을 사용합니다. 버튼을 선택하고 layout_width와 layout_height 속성 값을 모두 200dp로 변경한 후 padding 속성 값은 삭제합니다. gravity 속성을 찾아 top과 left 항목을 체크하면 버튼 안에 들어있는 글자가 왼쪽 상단으로 이동하게 됩니다.

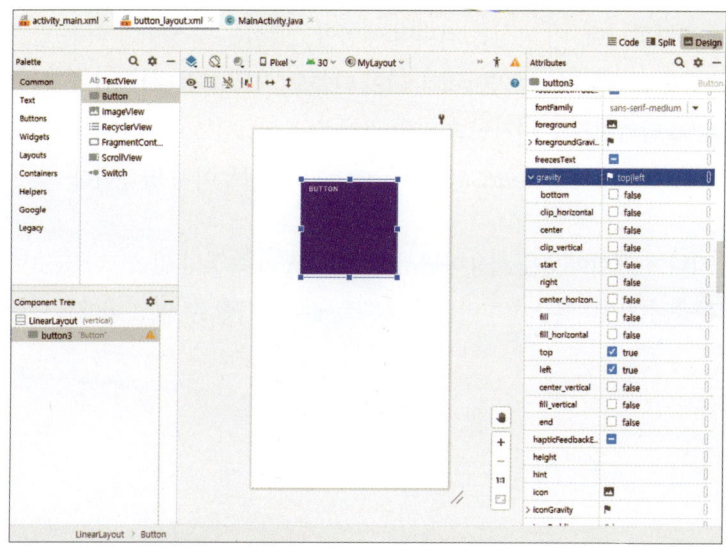

◀ gravity 속성에 값을 주었을 때 글자가 옮겨간 모양

지금까지 버튼이나 텍스트뷰와 같은 기본 위젯들에게 공통으로 적용되는 속성들 몇 가지를 알아보았습니다.

3 _ 리니어 레이아웃으로 화면 만들기

앞에서 만든 화면 레이아웃은 리니어 레이아웃(LinearLayout)을 사용했습니다. 이 레이아웃은 실제 앱을 만들 때 가장 많이 사용되는 레이아웃 중의 하나입니다. 이 레이아웃은 자바뿐만 아니라 다른 언어에서도 가장 기본이 되는 레이아웃으로 일정 방향으로 상자를 쌓듯이 뷰들을 배치할 수 있습니다.

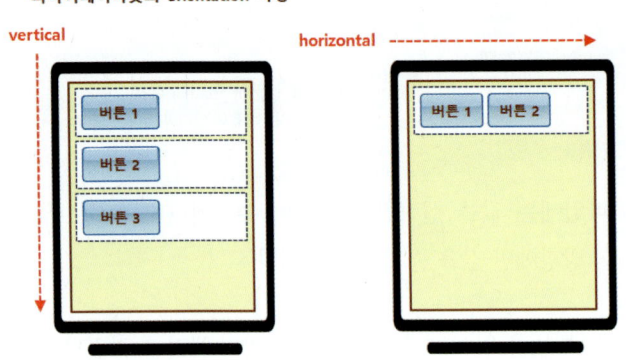

▲ 리니어 레이아웃의 특성

리니어 레이아웃은 위젯의 영역을 표시하는 상자를 어느 방향으로 쌓아나갈 것이냐에 따라 달라지는데 방향 정보는 orientation 속성으로 설정합니다. orientation 속성의 값이 horizontal이면 가로 방향, vertical이면 세로 방향으로 뷰를 추가합니다. 이 속성은 리니어 레이아웃에서는 꼭 넣어야 하는 필수 속성입니다. 만약 orientation 속성을 설정하지 않으면 vertical이 디폴트(기본 설정 값)입니다. 방향 속성에 따라 화면에 배치되는 모양이 달라지므로 디자인 화면의 팔레트(Palette) 창에서 Layouts 그룹을 살펴보면 LinearLayout (horizontal)과 LinearLayout (vertical)로 나누어져 있습니다.

이전에 버튼을 추가했던 화면은 리니어 레이아웃을 사용하면서 orientation 속성의 값을 vertical로 설정한 상태였기 때문에 다른 버튼을 추가할 때는 기존 버튼의 오른쪽에는 추가할 수 없고 아래쪽으로만 추가할 수 있습니다.

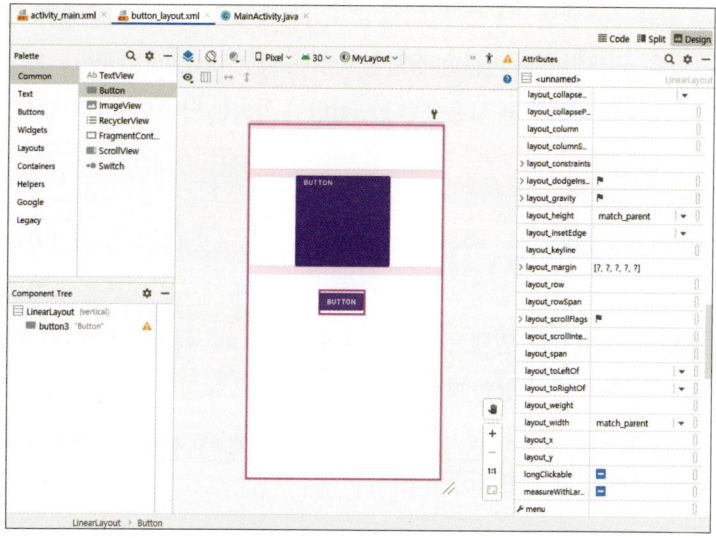

▲ 세로 방향으로 설정된 리니어 레이아웃에서 새로운 버튼을 추가하는 경우

세로 방향으로만 추가할 수 있기 때문에 이미 추가한 버튼의 오른쪽 공간은 이미 추가한 버튼의 여유 공간으로 계속 남아있게 되어 새로 추가하는 버튼은 그 공간에 추가할 수 없습니다. 방향을 가로 방향으로 설정하면 어떻게 될까요?

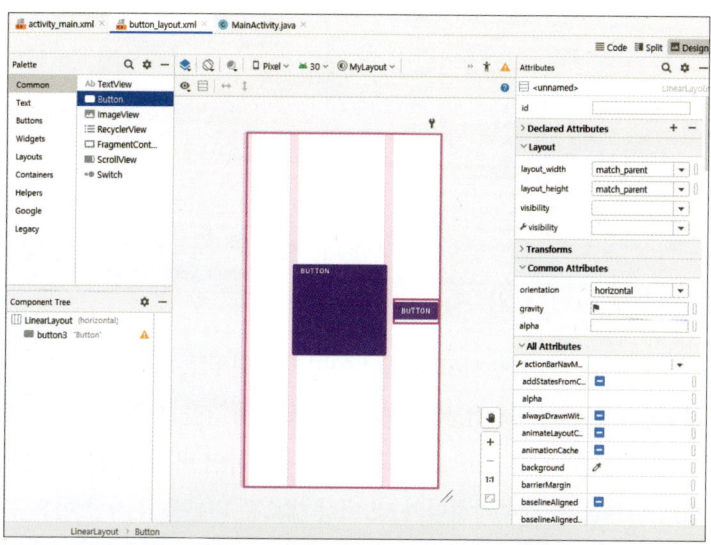

▲ 가로 방향으로 설정된 리니어 레이아웃에서 새로운 버튼을 추가하는 경우

왼쪽 하단의 Component Tree 창에서 LinearLayout을 선택하고 orientation 속성을 horizontal로 설정합니다. 이렇게 가로 방향으로 설정하면 이미 추가되어 있던 버튼의 오른쪽으로 추가됩니다. 이 경우에는 이미 추가되어 있던 버튼의 아래쪽 공간은 이미 추가되어 있던 버튼의 여유 공간이 됩니다.

만약 새로운 버튼을 하나 추가한 후 처음 추가했던 버튼을 세로 방향의 가운데로 보내고 싶다면 어떻게 해야 할까요? 버튼이 가질 수 있는 여유 공간 안에서 버튼을 정렬하고 싶을 때는 layout_gravity 속성을 사용합니다. 이 속성은 버튼 안의 글자를 정렬할 때 사용했던 gravity 속성과는 달라서 버튼 자체가 여유 공간 안에서 움직여 정렬되도록 합니다.

첫 번째 버튼의 layout_width, layout_height 속성 값을 모두 wrap_content로 바꿉니다. 그리고 gravity 속성 값과 padding, layout_margin 속성 값을 모두 삭제합니다. 이제 새로운 버튼을 추가하면 새로운 버튼은 오른쪽 공간을 채우게 됩니다. 두 번째 버튼을 선택하고 layout_weight라는 속성을 찾아보면 1로 설정되어 있는데 이것은 남은 공간이 있을 때 모두 두 번째 버튼으로 할당하는 역할을 합니다. 일단 이 layout_weight 속성 값을 삭제합니다. 첫 번째 버튼을 선택한 후 layout_gravity 속성의 값을 center_vertical로 설정하면 다음과 같이 화면이 바뀝니다.

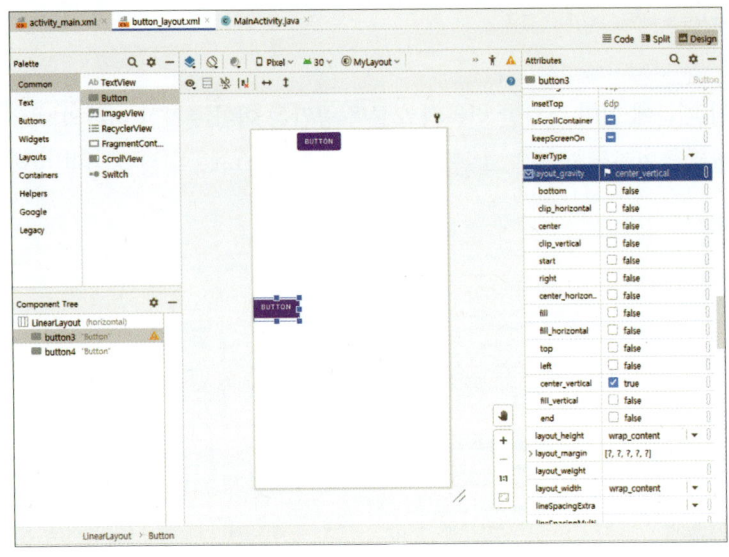

◀ 첫 번째 버튼의 layout_gravity 속성 값을 center_vertical로 바꾼 경우

리니어 레이아웃이 가로 방향으로 버튼이 추가되도록 하고 있으니 이미 추가된 버튼의 아래쪽 영역은 그 버튼의 여유 공간이 됩니다. 이 때문에 첫 번째 버튼은 세로 방향으로 모든 공간을 여유 공간으로 가지게 되고 그 상태에서 layout_gravity 속성의 값을 center_vertical로 설정하면 버튼이 세로 방향의 가운데로 정렬되는 것입니다. 그런데 버튼을 계속 추가하다가 더 이상 새로운 버튼을 추가할 여유 공간이 없으면 어떻게 될까요? 이럴 때는 화면에는 보이지 않습니다. XML 코드에는 추가되어 있지만 이렇게 화면에 보이지 않는 경우가 있을 수 있으므로 XML에 추가한 뷰들이 얼마만큼의 여유 공간을 차지하는지 잘 이해해야 합니다.

뷰 안에 들어있는 글자를 정렬하거나 뷰 자체를 여유 공간 안에서 정렬할 때 사용할 수 있는 값들은 다음과 같습니다.

정렬 속성 값	설 명
top	• 대상 객체를 위쪽 끝에 배치하기
bottom	• 대상 객체를 아래쪽 끝에 배치하기
left	• 대상 객체를 왼쪽 끝에 배치하기
right	• 대상 객체를 오른쪽 끝에 배치하기
center_vertical	• 대상 객체를 수직 방향의 중앙에 배치하기
center_horizontal	• 대상 객체를 수평 방향의 중앙에 배치하기
fill_vertical	• 대상 객체를 수직 방향으로 여유 공간만큼 확대하여 채우기
fill_horizontal	• 대상 객체를 수평 방향으로 여유 공간만큼 확대하여 채우기
center	• 대상 객체를 수직 방향과 수평 방향의 중앙에 배치하기
fill	• 대상 객체를 수직 방향과 수평 방향으로 여유 공간만큼 확대하여 채우기
clip_vertical	• 대상 객체의 상하 길이가 여유 공간보다 클 경우에 남는 부분을 잘라내기 • top|clip_vertical로 설정한 경우 아래쪽에 남는 부분 잘라내기 • bottom|clip_vertical로 설정한 경우 위쪽에 남는 부분 잘라내기 • center_vertical|clip_vertical로 설정한 경우 위쪽과 아래쪽에 남는 부분 잘라내기
clip_horizontal	• 대상 객체의 좌우 길이가 여유 공간보다 클 경우에 남는 부분을 잘라내기 • right|clip_horizontal로 설정한 경우 왼쪽에 남는 부분 잘라내기 • left|clip_horizontal로 설정한 경우 오른쪽에 남는 부분 잘라내기 • center_horizontal|clip_horizontal로 설정한 경우 왼쪽과 오른쪽에 남는 부분 잘라내기

▲ 정렬을 위해 layout_gravity 또는 gravity 속성에 지정할 수 있도록 정의된 값

이 값들 중에 적당한 값을 선택해서 사용하면 됩니다. 만약 두 개의 값을 같이 사용하고 싶다면 | 기호를 붙여줍니다. | 기호를 붙여줄 때는 공백이 없어야 합니다. 예를 들어, center_vertical과 center_horizontal을 같이 사용하고 싶다면 center_vertical|center_horizontal로 입력합니다.

4 _ 상대 레이아웃으로 화면 만들기

리니어 레이아웃이 순서대로 뷰를 추가할 수 있기 때문에 아주 간단하다고 생각할 수 있지만 화면 배치를 할 때 항상 좋은 것은 아닙니다. 반면에 상대 레이아웃은 순서와 상관없이 새로 추가하는 뷰가 부모 레이아웃이나 다른 뷰의 어딘가에 붙을 수 있도록 도와줍니다. 특히 앞에서 얘기했던 것처럼 뷰를 계속 추가하다보면 새로운 뷰를 추가할 여유 공간이 없어서 XML 코드에는 보이지만 화면에는 보이지 않는 문제를 쉽게 해결할 수 있습니다.

/app/res/layout 폴더 안에 새로운 XML 레이아웃 파일을 만듭니다. 폴더를 선택한 상태에서 마우스 오른쪽 버튼을 클릭하여 보이는 메뉴에서 [New → Layout Resource File] 메뉴를 누르면 새로운 XML 레이아웃 파일을 추가할 수 있습니다. File name 입력란에는 button_layout2라고 입력하고 Root element 입력란에는 RelativeLayout을 입력한 후 [OK]를 누릅니다.

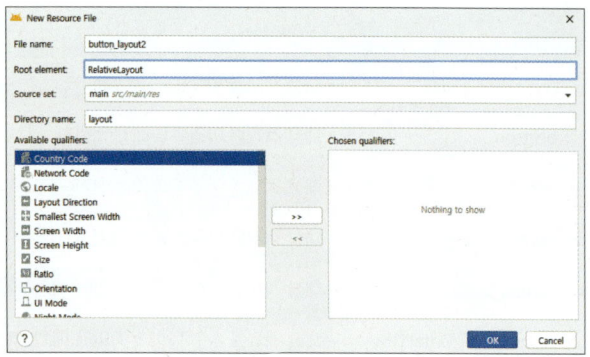

▲ RelativeLayout으로 된 새로운 XML 레이아웃 파일 만들기 대화상자

새로운 XML 레이아웃 파일이 만들어지면 디자인 화면을 수정합니다. 화면의 왼쪽 상단에 버튼 하나를 추가합니다. 버튼을 선택한 상태에서 오른쪽 속성 창을 살펴보면 layout_alignParent로 시작하는 속성들이 있습니다. 이 속성은 상대 레이아웃이라고 불리는 RelativeLayout 안에 들어간 뷰들이 가질 수 있는 속성입니다. layout_alignParentTop 속성은 부모 레이아웃의 위쪽에 붙이라는 속성이며 layout_alignParentLeft는 부모 레이아웃의 왼쪽에 붙이라는 속성입니다. 이 두 개의 속성 값이 true로 설정되어 있으므로 버튼은 왼쪽 상단에 배치됩니다.

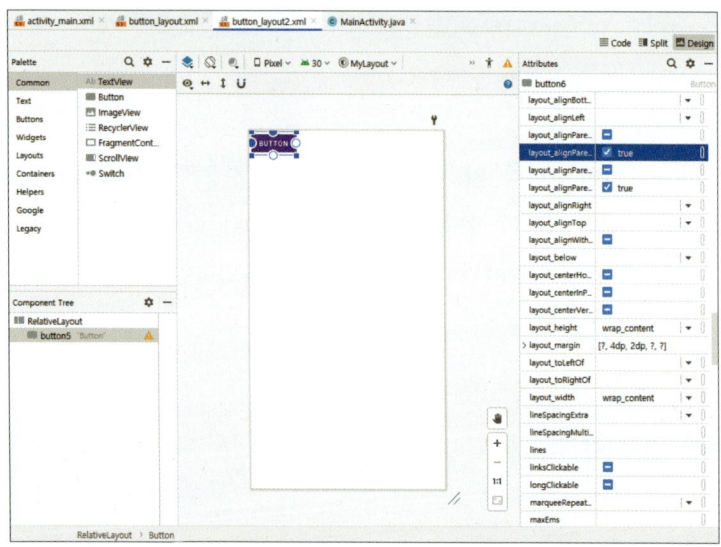

◀ 화면 상단에 버튼 하나가 추가된 모양

버튼의 layout_width 속성 값을 match_parent로 변경하여 가로 방향으로 꽉 채웁니다. 그런 다음에는 또 다른 버튼을 화면 왼쪽 하단에 추가합니다. 이 버튼을 선택하고 오른쪽 속성 창에서 layout_alignParent로 시작하는 속성들을 살펴보면 layout_alignParentLeft와 layout_alignParentBottom 속성의 값이 true로 설정되어 있습니다. 두 번째 버튼을 선택한 후 layout_width 속

성 값을 match_parent로 설정하여 가로 방향으로 꽉 채워지도록 크기를 수정합니다.

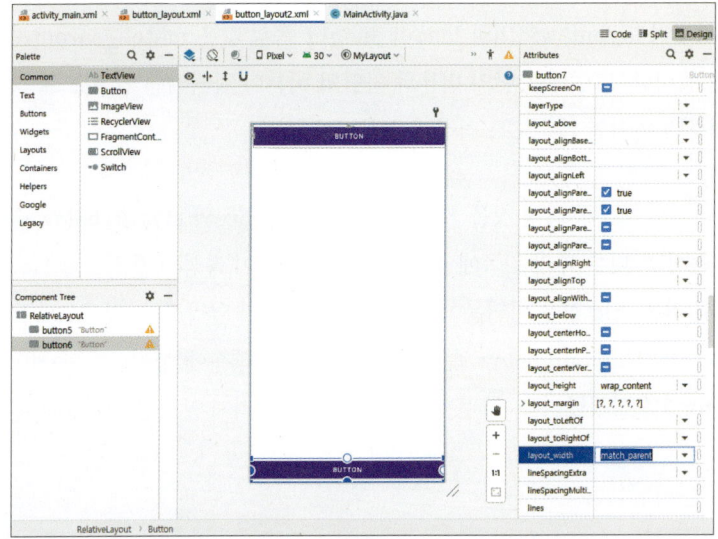

◀ 화면 하단에 두 번째 버튼 추가

마지막으로 가운데 부분에 리스트가 보이도록 만듭니다. 리스트는 RecyclerView라는 것을 이용해 만듭니다. 여기서는 단순히 화면 레이아웃에 추가해서 어떤 모양으로 보이는지만 확인해볼 것입니다. RecyclerView는 팔레트(Palette) 창의 Containers 그룹에 있습니다. 그런데 Recyclerview 항목의 오른쪽에 다운로드 아이콘이 보입니다. 이것은 이 위젯을 사용하는 데 필요한 외부 라이브러리가 없다는 의미입니다. RecyclerView는 외부 라이브러리를 사용하기 때문에 현재 설치된 안드로이드 스튜디오에는 그 기능이 없습니다. 따라서 다운로드 아이콘을 눌러 먼저 외부 라이브러리를 설치해야 사용할 수 있습니다. RecyclerView 오른쪽에 있는 다운로드 아이콘을 클릭합니다. 그러면 대화상자가 뜨면서 라이브러리를 다운로드하여 추가할 것인지 물어봅니다.

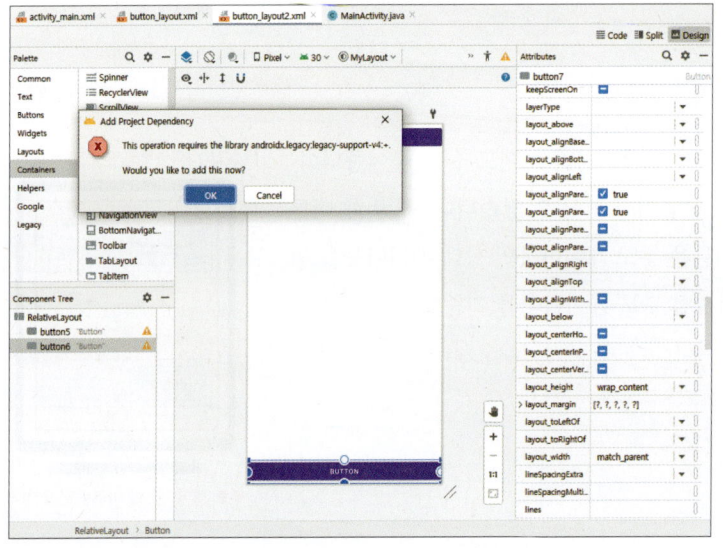

주의 만약 RecyclerView에 다운로드 아이콘이 없다면 이미 설치되어 있는 것이니 그냥 사용하면 됩니다.

◀ RecyclerView의 다운로드 아이콘을 눌렀을 때 보이는 대화상자

[OK]를 누르면 외부 라이브러리가 설치됩니다. 설치가 끝나면 RecyclerView 위젯을 끌어다가 넣습니다. 리싸이클러뷰(RecyclerView) 위젯은 화면에 추가하면 자동으로 그 안에 리스트 아이템이 있는 것처럼 화면에 표시합니다. 이 위젯의 layout_width와 layout_height 속성 값은 match_parent로 설정되어 있어 화면을 꽉 채우게 됩니다. 그런데 상단의 버튼과 하단의 버튼이 가려지면 안 되므로 상단 버튼의 아래쪽과 하단 버튼의 위쪽까지만 채우도록 설정해야 합니다.

리싸이클러뷰 위젯을 선택한 상태에서 오른쪽 속성 창을 살펴보면 layout_above와 layout_below 속성이 있습니다. 'layout_above 속성'은 다른 뷰의 위쪽에 붙이라는 속성이며 이 속성의 값으로 @+id/button6을 설정합니다. 여기에서 버튼의 id 값은 여러분이 버튼을 넣을 때마다 달라질 수 있으므로 id 값을 꼭 확인한 후 설정하기 바랍니다. 'layout_below 속성'은 다른 뷰의 아래쪽에 붙이라는 속성이며 이 속성의 값으로 @+id/button5를 설정합니다. 이렇게 하면 버튼들을 가리지 않으면서 가운데 부분을 꽉 채우게 됩니다.

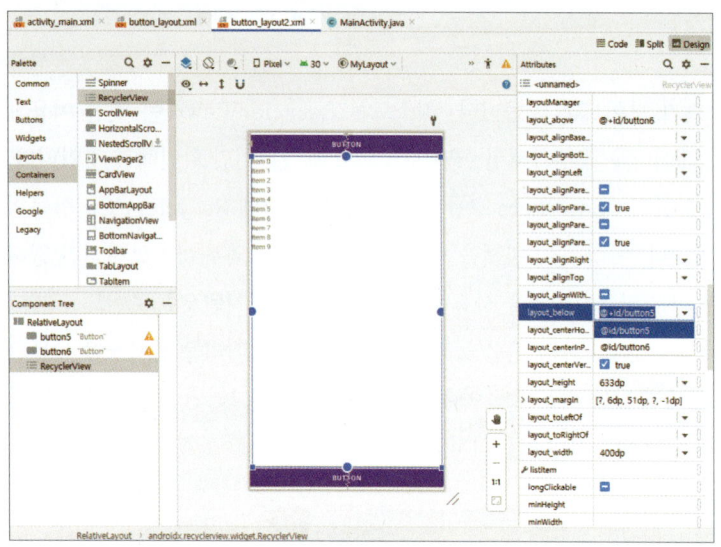

▲ 가운데를 채운 리싸이클러뷰

상대 레이아웃은 아래쪽 버튼의 바로 위까지만 보이도록 잘 붙여줍니다. 이것이 상대 레이아웃이 가지는 장점이라고 할 수 있습니다. 첫 번째 버튼과 두 번째 버튼을 추가할 때 버튼은 부모 레이아웃인 상대 레이아웃을 위쪽과 아래쪽에 붙게 됩니다. 이처럼 부모 레이아웃을 기준으로 위치를 잡는 것을 '상대적 위치'라고 부릅니다.

실제 앱에서는 이런 모양으로 화면을 배치하는 경우가 많습니다. 지금 여기서는 위쪽에 타이틀, 아래쪽에 메뉴 그리고 가운데에 리스트가 있는 화면 모양으로 위쪽과 아래쪽을 버튼으로 간단하게 채워본 것입니다. 그러면 우측 상단에 있는 [Code] 아이콘을 눌러 원본 XML 코드를 열어보겠습니다. XML 코드의 윗부분에는 〈RelativeLayout〉이라는 태그가 들어있고 그 안에 xmlns라는 속성이 있습니다. 이 속성은 파일 하나에 한 번씩 들어가는 속성이므로 큰 의미 없이 추가하면 되는 속성입니다. 그 다음에는 가로 크기와 세로 크기를 설정하는 layout_width와 layout_height가 있습니다. 상대 레이아웃은 리니어 레이아웃처럼 방향 설정이 필요 없으므로 이 두 가지 속성만 있어도 충분합니다.

코드 참고 / MyLayout〉/app/res/layout/button_layout2.xml

```xml
<?xml version="1.0" encoding="utf-8"?>
<RelativeLayout
    xmlns:android="http://schemas.android.com/apk/res/android"
    android:layout_width="match_parent"
    android:layout_height="match_parent" >
    중략...
</RelativeLayout>
```

그 안에는 버튼 두 개와 리싸이클러뷰 하나가 추가되어 있습니다. 버튼 두 개를 위해 만들어진 태그를 보면 가로 크기와 세로 크기를 설정하는 속성과 id 속성 그리고 글자를 표시하는 text 속성이 있습니다.

주의 여러분이 직접 화면에 추가하고 배치한 버튼의 위치 정보가 조금씩 달라서 아래 소스코드와 달라질 수 있습니다. 다르다면 아래 소스코드처럼 수정하면 됩니다.

코드 참고 / MyLayout〉/app/res/layout/button_layout2.xml

```xml
중략...
<Button
    android:id="@+id/button5"
    android:layout_width="match_content"
    android:layout_height="wrap_content"
    android:layout_alignParentLeft="true"
    android:layout_alignParentTop="true"
    android:text="Button" />

<Button
    android:id="@+id/button6"
    android:layout_width="match_content"
    android:layout_height="wrap_content"
    android:layout_alignParentBottom="true"
```

```
        android:layout_alignParentLeft="true"
        android:text="Button" />
    중략...
```

그 외에 각각 두 개의 속성을 더 가지고 있는데 첫 번째 속성은 layout_alignParentTop이라는 속성입니다. 이 속성의 값이 true이면 부모 레이아웃의 위쪽으로 붙여줍니다. 두 번째 버튼에는 layout_alignParentBottom이라는 속성이 있으며 이 속성은 부모 레이아웃의 아래쪽에 붙여줍니다. 이 속성들은 모두 Parent라는 단어가 이름에 들어갑니다. 여기서 Parent라는 단어의 의미가 이 위젯을 포함하고 있는 부모 레이아웃을 가리킨다는 것을 짐작할 수 있을 것입니다.

코드 참고 / MyLayout>/app/res/layout/button_layout2.xml

```
중략...
<androidx.recyclerview.widget.RecyclerView
    android:layout_width="match_parent"
    android:layout_height="match_parent"
    android:layout_above="@+id/button6"
    android:layout_below="@+id/button5"

중략...
```

RecyclerView 태그를 보면 속성 이름에 Parent가 들어가지 않은 두 개의 속성을 볼 수 있습니다. layout_below 속성은 다른 위젯의 아래쪽에 붙이라는 속성인데 그 속성 값으로 id가 들어있는 것을 볼 수 있습니다. 첫 번째 버튼의 id 속성이 그대로 들어가면 첫 번째 버튼 아래에 붙이라는 의미가 됩니다. layout_above 속성은 이와 반대로 다른 위젯의 위쪽에 붙이라는 속성인데 두 번째 버튼의 id가 들어가면 두 번째 버튼의 위에 붙이게 됩니다. 첫 번째 버튼과 두 번째 버튼의 아래와 위에 붙으면서 리싸이클러뷰는 화면의 가운데 부분을 꽉 채우게 됩니다.

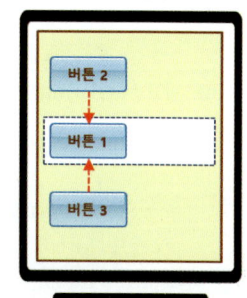

위젯에 추가하는 id 속성의 값은 @+id/ 뒤에 그 위젯의 id를 붙이는 형태가 됩니다. 이 id 속성은 지금 본 것처럼 상대 레이아웃에서 다른 뷰를 가리킬 때도 사용됩니다.

id 속성에 들어가는 값의 형태		
	@+id/	그 뷰의 id
ex)	@+id/	button1

상대 레이아웃에서 부모 컨테이너와의 상대적 위치를 이용해 뷰를 배치할 수 있는 속성들은 다음과 같습니다.

속성	설명
layout_alignParentTop	• 부모 컨테이너의 위쪽과 뷰의 위쪽을 맞춤
layout_alignParentBottom	• 부모 컨테이너의 아래쪽과 뷰의 아래쪽을 맞춤
layout_alignParentLeft	• 부모 컨테이너의 왼쪽 끝과 뷰의 왼쪽 끝을 맞춤
layout_alignParentRight	• 부모 컨테이너의 오른쪽 끝과 뷰의 오른쪽 끝을 맞춤
layout_centerHorizontal	• 부모 컨테이너의 수평 방향 중앙에 배치함
layout_centerVertical	• 부모 컨테이너의 수직 방향 중앙에 배치함
layout_centerInParent	• 부모 컨테이너의 수평과 수직 방향 중앙에 배치함

▲ 상대 레이아웃에서 부모 컨테이너와의 상대적 위치를 이용하는 속성

속성	설명
layout_above	• 지정한 뷰의 위쪽에 배치함
layout_below	• 지정한 뷰의 아래쪽에 배치함
layout_toLeftOf	• 지정한 뷰의 왼쪽에 배치함
layout_toRightOf	• 지정한 뷰의 오른쪽에 배치함
layout_alignTop	• 지정한 뷰의 위쪽과 맞춤
layout_alignBottom	• 지정한 뷰의 아래쪽과 맞춤
layout_alignLeft	• 지정한 뷰의 왼쪽과 맞춤
layout_alignRight	• 지정한 뷰의 오른쪽과 맞춤
layout_alignBaseline	• 지정한 뷰와 내용물의 아래쪽 기준선(baseline)을 맞춤

▲ 상대 레이아웃에서 다른 뷰와의 상대적 위치를 이용하는 속성

화면 레이아웃을 만들 때 간단한 화면은 마우스로 끌어다 붙이면 됩니다. 그리고 복잡한 화면을 위해 XML 코드를 직접 편집할 때에도 각각의 태그에 속성을 추가하려면 작은 팝업 화면이 보이면서 추가할 수 있는 속성을 알려주기 때문에 레이아웃을 위한 속성들을 모두 외워둘 필요는 없습니다. 다만 실제 앱을 만들 때는 짧은 시간 안에 화면을 구성해야 하는 경우가 많으므로 구성하려고 하는 화면을 생각한 후 XML 코드로 바로 입력하면 원하는 화면 모양을 빠른 시간 내에 만들 수 있습니다.

5 _ 뷰를 중첩한 화면 만들기

'프레임 레이아웃(FrameLayout)'은 가장 단순한 레이아웃입니다. 프레임 레이아웃을 화면에 추가하고 그 안에 위젯을 하나 넣으면 그 위젯 하나가 프레임 레이아웃을 채우게 됩니다. 즉, 한 번에 하나의 뷰만을 보여주는 단순한 레이아웃입니다. 레이아웃이라는 것은 그 안에 들어있는 위젯을 배치하는 역할을 한다고 했었는데 이 레이아웃은 사실 배치한다고 할 수도 없을 정도로 간단합니다. 하지만 실제 앱에서는 상당히 자주 사용됩니다. 언제 어떤 경우에 유용하기에 자주 사용되는 것일까요?

프레임 레이아웃은 뷰를 하나 이상 추가할 경우 추가된 순서대로 차곡차곡 쌓아둡니다. 가장 먼저 추가한 뷰가 가장 아래쪽에 쌓이고 그 다음에 추가한 뷰는 그 위에 쌓이게 됩니다. 이렇게 프레임 레이아웃은 한 번에 하나의 뷰만 보여주게 되며, 결국 가장 나중에 쌓인 뷰만 보이게 됩니다.

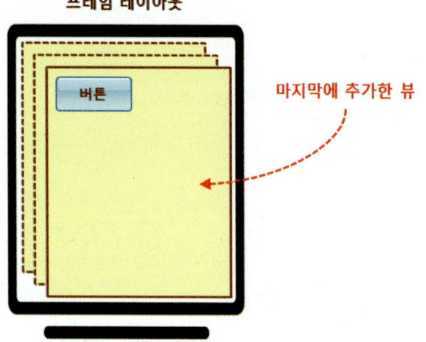

▲ 프레임 레이아웃이 뷰를 배치하는 방법

이때 가장 위에 있는 뷰가 보이지 않도록 설정하면 그 다음 뷰가 보이게 됩니다. 이런 특성은 첫 번째 뷰를 보이지 않도록 하면서 그 다음 뷰가 보이도록 전환할 때 사용할 수 있습니다. 상대 레이아웃이라는 것도 뷰를 추가하고 다른 위젯과 붙여두지 않으면 차례대로 쌓이긴 하지만 프레임 레이아웃이 가장 단순하므로 이것을 이용해 뷰를 중첩시키는 경우가 많습니다. 여기서 뷰의 '가시성(Visibility)'이란 뷰가 보이거나 보이지 않도록 하는 속성으로 디자인 화면에서는 visibility라는 이름으로 표시됩니다.

안드로이드 스튜디오에서 MyLayout2라는 이름과 org.techtown.layout2라는 패키지 이름으로 새로운 프로젝트를 만듭니다. 이 프로젝트에서는 세 개의 이미지를 중첩시킨 후 버튼을 누를 때마다 번갈아가면서 뷰를 보여주는 기능을 만들 것입니다.

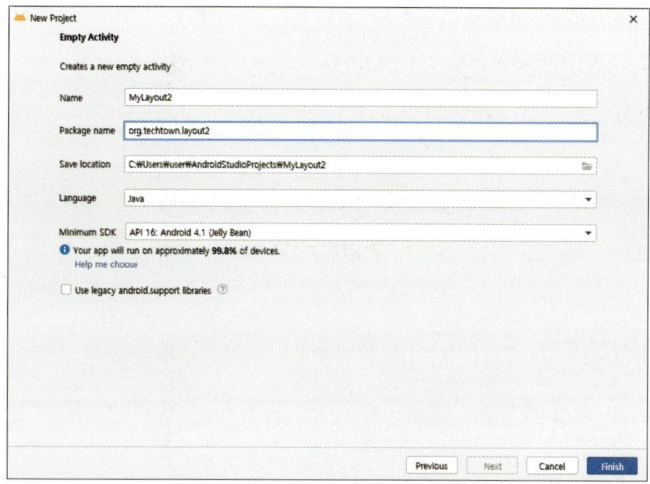

▲ MyLayout2라는 새로운 안드로이드 프로젝트 만들기 대화상자

프로젝트 창이 열리면 이 책에서 제공하는 Github 사이트의 프로젝트 소스에서 세 개의 이미지를 복사합니다. 세 개의 이미지 파일은 각각 landscape01.png, landscape02.png, landscape03.png이며 이미지를 넣을 폴더는 프로젝트 창에 보이는 /app/res/drawable 폴더입니다.

▲ 프로젝트에 추가한 세 개의 이미지

[activity_main.xml] 탭을 눌러 화면 레이아웃을 띄운 후 이미 들어있는 TextView는 삭제하고 버튼 하나를 화면 위쪽 중앙에 추가합니다. 버튼에 표시되는 글자는 '바꾸기'로 설정합니다. 그 다음에는 팔레트(Palette) 창의 Layouts 그룹에서 FrameLayout을 끌어다 버튼 아래쪽에 놓습니다. 프레임 레이아웃은 화면에는 보이지 않으므로 왼쪽 하단에 있는 Component Tree 창에서 FrameLayout을 선택하여 어느 정도의 영역을 차지하고 있는지 확인합니다. 프레임 레이아웃의 좌우 연결점과 아래쪽 연결점은 부모 레이아웃의 벽에 붙입니다. 위쪽 연결점은 위에 있는 버튼의 아래쪽 연결점과 연결하고 프레임 레이아웃 모서리에 있는 핸들을 잡아당겨 크기를 약간 줄여줍니다.

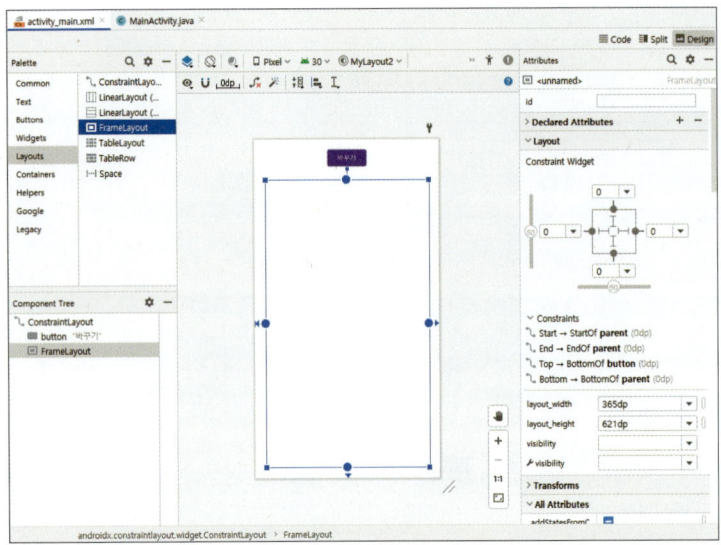

▲ 버튼과 프레임 레이아웃을 추가한 화면

프레임 레이아웃 안에는 세 개의 ImageView 위젯을 끌어다 추가합니다. 먼저 첫 번째 ImageView 위젯을 프레임 레이아웃 안에 끌어다 놓으면 이미지를 선택하라는 대화상자가 나타납니다. landscape01을 선택한 후 [OK]를 눌러서 이미지뷰를 추가합니다.

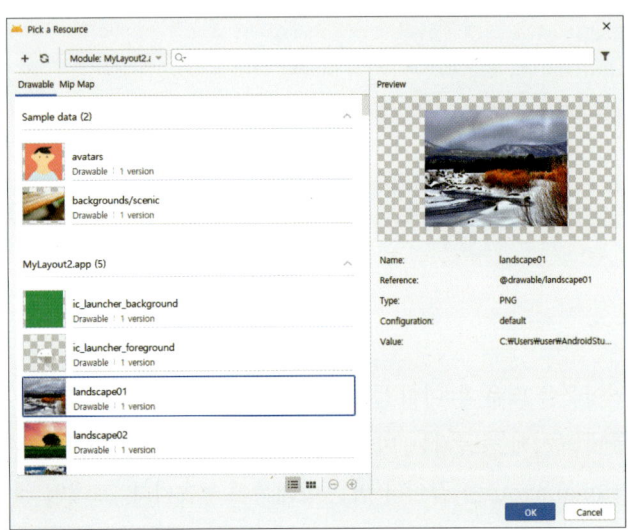

▲ 이미지뷰에 보일 이미지를 선택하는 대화상자

이미지가 이미지뷰에 보일 때는 이미지뷰 영역 중의 일부에만 보이게 됩니다. 이미지 크기와 이미지뷰의 크기가 정확히 일치하는 경우는 별로 없기 때문이죠. 이제 차례대로 두 번째와 세 번째 이미지뷰를 추가합니다. 두 번째 이미지뷰에는 landscape02, 세 번째 이미지뷰에는 landscape03 이미지를 설정합니다.

프레임 레이아웃 안에 세 개의 이미지뷰가 추가되면 화면에 보이는 것은 하나의 이미지뷰이더라도 왼쪽 하단의 Component Tree 창에서는 모두 볼 수 있습니다.

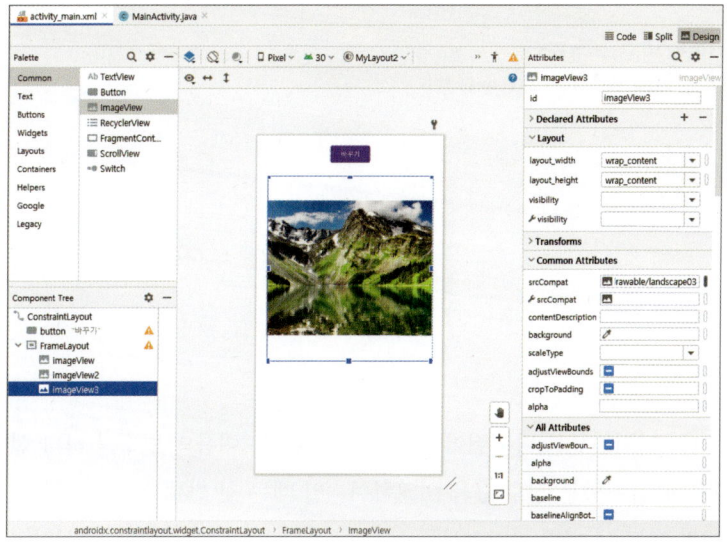

▲ FrameLayout 안에 세 개의 이미지뷰가 추가된 화면 레이아웃

화면 레이아웃을 완성했으니 [MainActivity.java] 탭을 눌러 소스 파일을 열고 소스코드를 수정합니다. 먼저 화면에 추가한 세 개의 이미지뷰를 클래스 안의 어떤 곳에서도 접근할 수 있도록 클래스 안에 변수로 선언합니다. 그런 다음 onCreate 메서드 안에서는 findViewById 메서드를 이용해 이미지뷰 객체를 찾아서 변수에 할당합니다. 화면에 추가한 버튼도 찾아서 버튼을 클릭했을 때 코드를 넣을 수 있는 리스너를 등록합니다.

코드 참고 / MyLayout2>/app/java/org.techtown.layout2/MainActivity.java

```java
중략...
public class MainActivity extends AppCompatActivity {
    ImageView imageView;
    ImageView imageView2;
    ImageView imageView3;

    int index = 0;

    @Override
    protected void onCreate(Bundle savedInstanceState) {
        super.onCreate(savedInstanceState);
        setContentView(R.layout.activity_main);
```

둘째마당 | 앱 화면을 만들면서 자바를 하나씩 알아가기 467

```
        imageView = findViewById(R.id.imageView);
        imageView2 = findViewById(R.id.imageView2);
        imageView3 = findViewById(R.id.imageView3);

        Button button = findViewById(R.id.button);
        button.setOnClickListener(new View.OnClickListener() {
            @Override
            public void onClick(View v) {

            }
        });
    }
}
```

버튼을 클릭할 때마다 화면에 보이는 이미지뷰를 바꿔줘야 하므로 index라는 이름의 변수를 하나 선언합니다. 버튼을 클릭하면 이 변수에 들어있는 정수 값을 비교하여 0일 때는 첫 번째 이미지뷰를 보여주고 1일 때는 두 번째 그리고 2일 때는 세 번째 이미지뷰를 보여줍니다. 이미지를 보여주고 싶다면 setVisibility 메서드를 호출하면서 파라미터로 View.VISIBLE 상수를 전달합니다. 하나의 이미지뷰를 보이게 만들면 다른 두 개의 이미지뷰는 보이지 않도록 View.GONE 상수를 전달합니다.

코드 참고 / MyLayout2)/app/java/org.techtown.layout2/MainActivity.java

```
중략...
button.setOnClickListener(new View.OnClickListener() {
    @Override
    public void onClick(View v) {
        if (index == 0) {
            imageView.setVisibility(View.VISIBLE);
            imageView2.setVisibility(View.GONE);
            imageView3.setVisibility(View.GONE);
        } else if (index == 1) {
            imageView.setVisibility(View.GONE);
            imageView2.setVisibility(View.VISIBLE);
            imageView3.setVisibility(View.GONE);
        } else if (index == 2) {
            imageView.setVisibility(View.GONE);
            imageView2.setVisibility(View.GONE);
            imageView3.setVisibility(View.VISIBLE);
        }

        index++;
        if (index > 2) {
```

```
            index = 0;
        }
    }
});
중략...
```

마지막 부분에서는 index의 값을 하나 증가시 킨 후 2보다 큰 값이 되면 다시 0 값을 넣도록 하여 index 변수의 값이 항상 0부터 2 사이의 값이 되도록 만듭니다. 이제 기능을 모두 완성 했으니 앱을 실행하고 버튼을 클릭해봅니다.

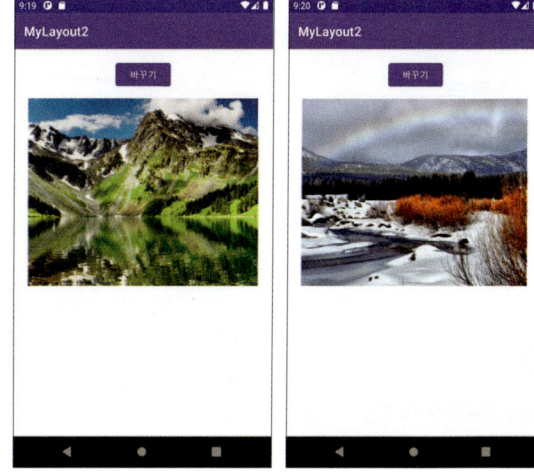

▲ 앱을 실행하고 버튼을 클릭해서 이미지를 바꿔보는 화면

프레임 레이아웃에 여러 개의 뷰를 추가한 후 그중 하나만 보이게 하는 방법으로 화면의 일부 영역만 전환하도록 하면 여러 액티비티들을 만들어 화면 전체를 전환하는 것보다 훨씬 간단하게 여러 가지 것 들을 보여줄 수 있습니다. 여기서는 이미지뷰를 전환해서 보여주었지만 최상위 레이아웃 안에 레이아 웃을 여러 개 중첩하여 넣어두었다가 전환하여 보여주면 액티비티를 전환하는 것과 똑같은 모양이 되 면서도 훨씬 빠르고 가벼운 프로그램을 만들 수 있습니다.

지금까지 대표적인 몇 가지 레이아웃을 알아보았습니다. 자주 사용하는 레이아웃들을 정리하면 다음 과 같습니다.

레이아웃 이름	설 명
리니어 레이아웃	• 일정한 방향으로 뷰를 추가합니다. • 뷰가 차지하는 사각형 영역들을 이용해 화면을 구성합니다.
상대 레이아웃	• 부모 레이아웃이나 다른 뷰의 어디에 붙일 것인지 정보를 가지고 배치합니다.
프레임 레이아웃	• 한 번에 하나의 뷰만 보여주므로 여러 개의 뷰를 중첩시킬 수 있습니다. • 뷰를 중첩한 후 그 중 하나의 뷰만 보여주는 방식으로 뷰를 전환할 수 있습니다.

▲ 자주 사용하는 레이아웃 세 가지

6 _ 버튼과 같은 기본 위젯들의 속성 더 살펴보기

화면 레이아웃을 만들 때 위젯들을 어떻게 배치하는지 알아보았습니다. 그러면 지금까지 반복적으로 화면에 넣었던 몇 가지 기본 위젯들을 좀 더 살펴보겠습니다. 위젯에 더 익숙해지려면 실제 앱 화면에 추가하고 속성들을 바꾸면서 실행해보는 것이 가장 좋습니다. 따라서 이번 단락의 설명을 읽어본 후 한 두 가지 속성을 직접 설정하여 눈으로 확인해보도록 합니다.

텍스트뷰

프로젝트를 처음 만들었을 때부터 볼 수 있었던 텍스트뷰는 화면을 만들 때 가장 많이 사용되는 위젯입니다. 이 텍스트뷰는 잘 알고 있는 것처럼 화면에 글자를 보여주는 역할을 하는데 다음과 같은 몇 가지 속성들이 자주 사용됩니다.

❶ text

텍스트뷰에 보이는 글자를 설정할 수 있습니다. 텍스트뷰는 표시될 문자열이 없으면 텍스트뷰가 차지하는 영역도 알 수 없으므로 문자열은 반드시 지정해야 합니다. 소스코드에서는 setText 메서드를 사용하면 글자를 설정할 수 있고 getText 메서드를 사용하면 표시된 글자를 확인할 수 있습니다.

❷ textColor

텍스트뷰에서 표시하는 문자열의 색상을 설정합니다. 색상 설정은 #AARRGGBB 포맷을 일반적으로 사용하며 각각 Alpha, Red, Green, Blue를 의미합니다. 투명도를 나타내는 Alpha 값의 경우에는 투명하지 않게 색상만 표현할 때 FF, 완전히 투명한 경우에 00, 그리고 반투명인 경우에는 88 값을 사용합니다.

❸ textSize

텍스트뷰에서 표시하는 문자열의 크기를 설정합니다. 폰트 크기라고 생각할 수 있으며 크기의 단위인 dp나 sp 또는 px 등의 단위 값을 사용할 수 있습니다. 폰트 크기대로 표시할 때는 sp 단위를 일반적으로 사용합니다.

❹ textStyle

텍스트뷰에서 표시하는 문자열의 스타일 속성을 설정합니다. normal, bold, italic 등의 값을 지정할 수 있으며, | 기호를 사용하는 경우에는 여러 개의 속성 값을 함께 지정할 수 있습니다.

❺ typeFace

텍스트뷰에서 표시하는 문자열의 폰트를 설정합니다.

❻ singleLine

텍스트뷰에서 표시하는 문자열이 한 줄로만 표시되도록 설정합니다. 여러 줄을 표시할 수 있는 멀티라인과는 반대되는 속성으로 한 줄의 영역을 넘어가면 ... 표시가 뒤에 붙게 됩니다. 디폴트 값은 false이므로 이 속성을 true로 설정하지 않으면 여러 줄로 표시하게 됩니다.

버튼

버튼도 화면에 자주 추가하는 위젯입니다. 버튼은 텍스트뷰를 상속하여 만들어졌기 때문에 텍스트뷰가 갖는 속성을 그대로 가지고 있습니다. 버튼은 다양한 유형이 있습니다. 체크 박스나 라디오 버튼의 경우에도 버튼의 속성을 그대로 가지고 있으면서 동시에 사용자가 설정한 상태 값을 가지도록 정의되어 있습니다.

체크 박스와 라디오 버튼의 경우에는 단순히 클릭 이벤트만 처리하는 것이 아니라 상태 값을 저장하고 선택/해제 상태를 표시합니다. 값이 선택되어 있는지는 isChecked 메서드를 호출하면 알 수 있으며 코드에서 직접 선택되도록 만들려면 setChecked 메서드를 사용합니다. 만약 상태가 바뀔 경우에는 다음과 같은 메서드가 호출됩니다.

> **Reference**
> void onCheckedChanged(CompoundButton buttonView, boolean isChecked)

라디오 버튼의 경우에는 하나를 선택하면 다른 것들은 선택이 해제되는 동작을 수행하여야 하므로 RadioGroup을 이용해서 하나의 그룹으로 묶어주게 됩니다. XML 레이아웃에서 정의할 때는 RadioGroup 태그 안에 포함된 RadioButton은 모두 같은 그룹 안에 있는 라디오 버튼으로 해석됩니다.

입력상자

입력상자의 역할을 하는 EditText 위젯은 일반적으로 사용자의 입력을 받기 위해 사용됩니다. 사용하기 쉽긴 하지만 사용자가 글자를 입력하기 위해 커서를 둘 때마다 소프트 키패드가 화면에 나타나기도 하고 한글, 영문, 숫자 등 입력하는 문자의 유형도 다양하므로 키패드를 어떻게 설정하는지에 대해서는 알아두는 것이 좋습니다.

hint 속성을 적용하면 글자를 입력하기 전에 간단한 안내글이 입력란에 표시되게 되는데 이 글자는 사용자의 입력이 진행되면 사라집니다. inputType 속성을 이용하면 입력되는 글자의 유형을 정할 수 있으며 글자를 입력할 때 보이는 키패드도 그 유형에 맞추어 보이게 됩니다. 예를 들어, inputType을 숫자만 입력할 수 있는 number 값으로 지정하면 키패드도 숫자를 입력할 수 있는 키패드가 보이게 됩니다.

이미지뷰

이미지뷰는 의미 그대로 이미지를 화면에 표시합니다. 이미지뷰에 이미지를 설정하기 위해서는 /app/res/drawable 폴더 안에 이미지 파일을 집어넣은 후 리소스에서 가져오는 방법을 사용할 수 있습니다. 그리고 이 파일을 직접 로딩하여 비트맵으로 만든 후 설정할 수도 있습니다. 이미지뷰의 대표적인 속성들은 다음과 같습니다.

❶ src 또는 srcCompat

원본 이미지를 설정합니다. 텍스트뷰에서 text 속성을 설정하지 않으면 뷰를 위한 영역을 확인할 수 없는 것처럼 이미지뷰의 경우에도 이 속성을 설정하지 않으면 영역을 확인할 수 없으므로 반드시 설정해야 합니다.

❷ maxWidth, maxHeight

이미지가 화면에 표시될 때의 최대 크기를 설정합니다. 이 속성을 설정하지 않으면 원본 이미지의 크기 그대로 보이게 되므로 너무 큰 이미지의 경우에는 이 속성을 이용해 최대 크기를 제한할 수 있습니다.

❸ scaleType

이미지뷰가 가지는 공간과 이미지의 크기가 서로 다를 경우가 많기 때문에 이미지가 어떻게 보일지 설정하는 것이 필요합니다. 일반적으로는 이미지뷰의 가로 또는 세로 크기 비율에 맞추어 이미지가 표시됩니다. 하지만 fitXY, centerCrop, centerInside 등 여러 가지 값이 미리 정의되어 있으므로 이 값들을 이용해 꽉 채우면서 보여줄 것인지 이미지 크기대로 이미지뷰 안에 넣어둘 것인지를 결정할 수 있습니다.

안드로이드에서는 화면의 해상도에 따라 서로 다른 이미지를 로딩할 수 있는 방법을 제공합니다. 예를 들어, /app/res/drawable 폴더에 이미지를 넣게 되면 일반적으로 사용되는 이미지로 인식되지만 /app/res/drawable-xxhdpi에 넣은 이미지는 아주 고해상도 화면에서, /app/res/drawable-mdpi에 넣은 이미지는 중간 해상도 화면에서 자동으로 적용됩니다. 단말마다 갖고 있는 다른 해상도에 따라 안드로이드가 알아서 이미지를 찾게 되는데 단말의 해상도에 맞는 이미지가 그 폴더에 없다면 다른 폴더에 있는 이미지를 찾아 로딩합니다.

학생 프로필 입력 화면을 레이아웃으로 만들기

난이도	상	중	하 ✓	소요시간	20분
목표	리니어 레이아웃과 상대 레이아웃을 이용하여 복잡한 화면 레이아웃을 만드는 방법 연습				

✓ 체크해 보세요!

위젯과 레이아웃 이해하기
p.436 ✓

뷰의 공통 속성 알아보기
p.443 ✓

상대 레이아웃 사용하기
p.457 ✓

프레임 레이아웃 사용하기
p.464 ✓

기본 위젯들의 속성 살펴보기
p.470 ✓

- 학생 프로필을 입력하는 화면을 레이아웃으로 만들어봅니다.
- 리니어 레이아웃과 상대 레이아웃을 적절하게 이용하여 화면 레이아웃을 만들어봅니다.

❶ 안드로이드 스튜디오에서 새로운 프로젝트를 만들고 프로젝트의 이름은 Study17, 패키지 이름은 org.techtown.study17로 합니다.

❷ activity_main.xml 파일을 열고 최상위 레이아웃을 상대 레이아웃으로 변경합니다. 화면의 상단에는 학생 프로필을 입력할 수 있도록 합니다. 왼쪽에는 이미지, 오른쪽에는 이름, 나이, 주소가 순서대로 배치되도록 합니다. 방향은 세로 방향으로 합니다. 이미지와 글자 아래쪽에는 날짜와 내용을 기록하는 평가 리스트를 배치합니다. 이 부분에는 여러 개의 평가 정보를 입력할 수 있도록 입력상자를 다섯 개 추가합니다. 리니어 레이아웃을 적절하게 이용하여 배치합니다.

❸ 가장 아래쪽에는 [저장]과 [닫기] 버튼을 배치합니다. 두 개의 버튼을 화면의 가장 아래쪽에 배치하기 위해 상대 레이아웃의 속성을 이용합니다.

❹ MainActivity.java 파일을 열고 코드를 입력합니다. 사용자가 입력란에 필요한 값들을 넣은 후 [저장] 버튼을 누르면 그 중에서 입력된 이름과 나이를 토스트 메시지로 보여주도록 코드를 입력합니다.

해답 | Study17 프로젝트

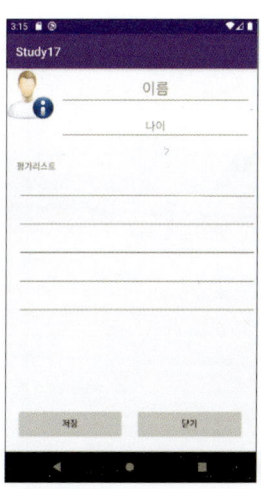

입력하는 화면을 선택할 수 있는 탭 기능 만들기

난이도	상	중 ✓	하	소요시간	30분
목표	프레임 레이아웃과 가시성 기능을 이용해 여러 개의 화면 중 하나를 보여주는 방법 연습				

- 프레임 레이아웃으로 레이아웃을 중첩한 후 가시성 기능을 이용해 선택적으로 보여주도록 만들어봅니다.
- 버튼을 눌렀을 때 버튼에 해당하는 화면을 보여주도록 만들어봅니다.

❶ Study17 프로젝트를 복사하여 Study18로 만듭니다.

❷ 이번에는 학생 프로필 입력 화면을 대학생과 대학원생용으로 구분하고 그 중에 하나를 선택하여 입력할 수 있도록 화면을 만들어볼 것입니다.

❸ activity_main.xml 파일을 열고 위쪽에 사용자가 선택할 수 있는 버튼을 두 개 추가합니다.

❹ 각각의 버튼에는 '대학생'과 '대학원생'이라는 글자를 표시하는데 이 선택 버튼은 탭 화면의 선택 화면과 같은 역할을 합니다. 즉, [대학생]을 누르면 그 아래에 대학생의 프로필을 입력할 수 있는 화면을 보여주고, [대학생]을 누르면 그 아래에 대학원생의 프로필을 입력할 수 있는 화면을 보여줍니다.

❺ 대학생과 대학원생 프로필은 똑같은 화면 구성을 가지지만 대학원생의 프로필에는 졸업 일자를 넣을 수 있는 입력상자를 하나 더 추가합니다. 하나의 XML 레이아웃 파일 안에서 동일한 레이아웃 태그를 복사하여 추가하면 그 안에 들어있는 뷰들의 id 속성 값이 중복될 수 있습니다. 이 id 속성 값은 고유한 값으로 수정합니다.

❻ MainActivity.java 파일을 열고 버튼을 눌렀을 때 두 개의 레이아웃을 선택적으로 보여주도록 코드를 입력합니다. 동일한 액티비티 화면 안에서 선택 버튼을 눌렀을 때 화면의 내용이 바뀌어야 하므로 두 개의 선택 버튼들 아래쪽의 영역에 프레임 레이아웃을 추가하고 가시성 속성을 이용하여 프로필 화면을 전환하도록 합니다.

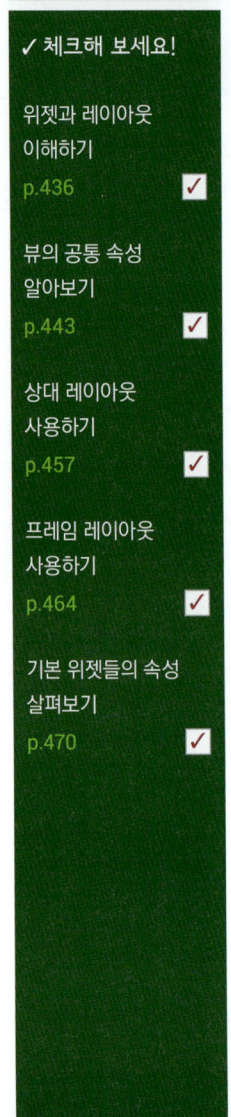

✓ 체크해 보세요!

위젯과 레이아웃 이해하기
p.436 ✓

뷰의 공통 속성 알아보기
p.443 ✓

상대 레이아웃 사용하기
p.457 ✓

프레임 레이아웃 사용하기
p.464 ✓

기본 위젯들의 속성 살펴보기
p.470 ✓

해답 | Study18 프로젝트

레이아웃으로 화면 배치하기

레이아웃으로 화면 배치하기

❶ '화면을 배치한다.'란? 화면에 들어가는 위젯들의 위치와 크기를 조정하는 것을 말합니다. '화면 레이아웃을 만든다'라고도 합니다.

❷ 레이아웃이란? 눈에 직접적으로 보이지는 않지만 그 안에 들어가는 위젯들을 배치할 수 있게 합니다.

XML 레이아웃 파일에 들어가는 XML 코드는 태그로 구성됨

- 꺾쇠(〈〉) 기호 안에 글자를 넣은 것이 태그입니다.
- 태그는 시작 태그와 끝 태그로 구성됩니다.
  → `<Button></Button>`
- 시작 태그와 끝 태그를 하나로 합칠 수도 있습니다.
  → `<Button />`
- 시작 태그에 속성을 넣을 수 있습니다.
  → `<Button`
     `android:text="시작" >`
     `</Button>`
- 태그 안에 태그를 넣을 수 있습니다.

❸ xmlns:android 속성이란? 화면 레이아웃 파일마다 만들어지는 최상위 레이아웃 태그에 꼭 붙어야 하는 정보입니다. 따라서 이 속성은 각 파일마다 하나씩 들어있다고 생각하면 됩니다.

❹ android:로 시작하는 속성이란? xmlns:android 속성 아래에 있는 속성으로 안드로이드에서 미리 만들어 둔 속성이라는 의미입니다. 'android:' 뒤에 나오는 단어가 속성의 이름이 된다고 보면 됩니다.

❺ 속성들 중에서 layout_width와 layout_height 속성은 뷰의 기본 크기를 설정합니다. 따라서 화면에 추가하는 모든 뷰가 반드시 가지고 있어야 하는 속성입니다.

뷰의 대표적인 속성

→ layout_width, layout_height, id 속성을 들 수 있습니다.

- layout_width, layout_height → 뷰의 가로 크기와 세로 크기
- id → 뷰의 ID
- background → 뷰의 배경색

❻ 여유 공간이란? 부모 레이아웃에 뷰를 추가할 때마다 이전에 추가된 뷰들이 가진 공간을 뺀 나머지를 말합니다.

❼ wrap_content 속성 값이란? 뷰 안에 들어있는 내용물의 크기만큼만 뷰가 커지도록 만듭니다. 버튼이나 텍스트뷰에 들어있는 내용물은 글자가 되고 이미지뷰에 들어있는 내용물은 이미지가 됩니다.

❽ match_parent 속성 값이란? 가로 방향이나 세로 방향으로 남아있는 공간 전체를 채울 때 사용합니다.

❾ 일정 비율로 뷰의 크기를 표시할 수 있는 단위가 dp이며 글자 크기는 sp로 설정합니다.

❿ 화면에 추가한 뷰 객체는 XML 파일 안에 들어있는 것이라서 앱이 실행될 때 메모리에 실제 객체로 만들어집니다. 이 뷰 객체를 소스코드에서 사용하려면 메모리의 어디에 있는지 찾는 과정이 필요하기 때문에 뷰의 id 속성 값을 이용해 뷰 객체를 찾아야 사용할 수 있습니다.

XML 레이아웃 파일에서 사용하는 id 속성 값의 형식

 @+id/...

XML 레이아웃 파일에서 색상을 지정할 때

- # 기호를 앞에 붙인 후 ARGB(A: Alpha, R: Red, G: Green, B: Blue)의 순서대로 색상의 값을 기록합니다.

⓫ layout_margin 속성이란? 뷰의 테두리선 바깥쪽의 공간을 얼마나 띄울 것인지 지정하는 속성입니다.

⓬ padding 속성이란? 뷰의 테두리선 안쪽 내용물과의 공간을 얼마나 띄울 것인지 지정하는 속성입니다.

화면 만들어보기

❶ 리니어 레이아웃이란? 방향을 정한 후 뷰를 순서대로 배치할 수 있도록 해줍니다.

orientation 속성의 값

- horizontal → 가로 방향으로 상자를 쌓아나가는 모양
- vertical → 세로 방향으로 상자를 쌓아나가는 모양

❷ layout_gravity 속성이란? 버튼이 가질 수 있는 여유 공간 안에서 버튼을 정렬할 때 사용합니다.

❸ 상대 레이아웃이란? 순서와 상관없이 새로 추가하는 뷰가 부모 레이아웃이나 다른 뷰의 어디에 있어야 하는지를 지정할 수 있도록 합니다.

❹ 프레임 레이아웃이란? 뷰를 하나 이상 추가할 경우, 추가된 순서대로 그 위에 차곡차곡 쌓아두며 가장 마지막에 추가한 뷰가 가장 위에 보이게 됩니다. 프레임 레이아웃을 화면에 추가하고 그 안에 위젯을 하나 넣으면 그 위젯이 프레임 레이아웃을 채우게 됩니다.

❺ 뷰의 가시성(Visibility)이란? 뷰가 보이거나 보이지 않도록 하는 속성으로 visibility라는 속성 이름으로 설정할 수 있습니다. 이 속성을 이용하면 중첩되어 쌓인 여러 뷰들 중에서 선택적으로 뷰가 보이도록 할 수 있습니다.

02-10
인터페이스와 어댑터 이해하기 중요도 ★★★☆☆

안드로이드 스튜디오에서 새로운 프로젝트를 만들었을 때 자동으로 만들어지는 자바 소스코드에는 기본적으로 액티비티라는 클래스를 상속하여 만들어진 메인 액티비티 클래스가 들어있다는 것을 알고 있습니다. 이클립스에서 표준 자바 프로젝트를 만들 때에도 프로그램이 원하는 동작을 하도록 클래스라는 것을 먼저 만들고 그 안에 변수나 메서드를 넣어 두어야 한다는 것도 알고 있습니다. 그리고 새로 만든 클래스 또는 그 안에 들어있는 변수나 메서드를 다른 곳에서 접근할 수 있도록 허용할 것인지 허용하지 않을 것인지를 알려주기 위해 public 키워드를 사용한다는 것도 알고 있습니다. 어떤 것에 접근할 수 있는지 없는지는 클래스라는 것 안에 있는지 밖에 있는지 또는 public 키워드를 사용하는지 아닌지 등으로 알 수 있습니다. 그런데 이런 방법 이외에도 접근 방식을 알려주는 좋은 방법으로 '인터페이스(Interface)'라는 것을 사용할 수 있습니다. 이 장에서는 인터페이스라는 것이 무엇이고 언제 사용하는지 알아보겠습니다.

키워드로 알아보는 자바 언어

인터페이스	인터페이스는 일종의 약속과 같아서 어떤 함수를 만들 것인지 정의합니다.
예외 처리	정상적이지 않은 상황에 어떻게 처리할 것인지를 정의합니다.
추상 클래스	클래스를 만들 때 일부 메서드를 약속만 하고 직접 구현하지 않습니다.
내부 클래스	클래스 안에 클래스를 넣어 정의할 수 있습니다.

1 _ 인터페이스는 언제 사용할까?

새로운 자바 소스 파일을 하나 만들고 그 안에 클래스를 넣을 때 클래스 앞에 public 키워드를 붙여야만 다른 패키지에 들어있는 클래스에서 접근할 수 있습니다. 이렇게 접근을 제한하는 방법은 클래스 안에 들어있는 변수나 메서드에도 적용할 수 있는데 특히 메서드를 선언할 때 그 앞에 붙이는 '접근 제한 키워드'가 중요합니다. 왜냐하면 객체 지향에서는 실제 객체가 모든 기능을 직접 실행할 수 있으므로 권한이 없는 것이 함부로 객체에게 명령을 내릴 수 있으면 안 되기 때문입니다. 다른 객체에서는 그 객체에 명령만 내릴 수 있고 하나의 객체는 그 안에서 모든 기능을 수행할 수 있도록 만든 것을 '캡슐화(Encapsulation)'라고 합니다.

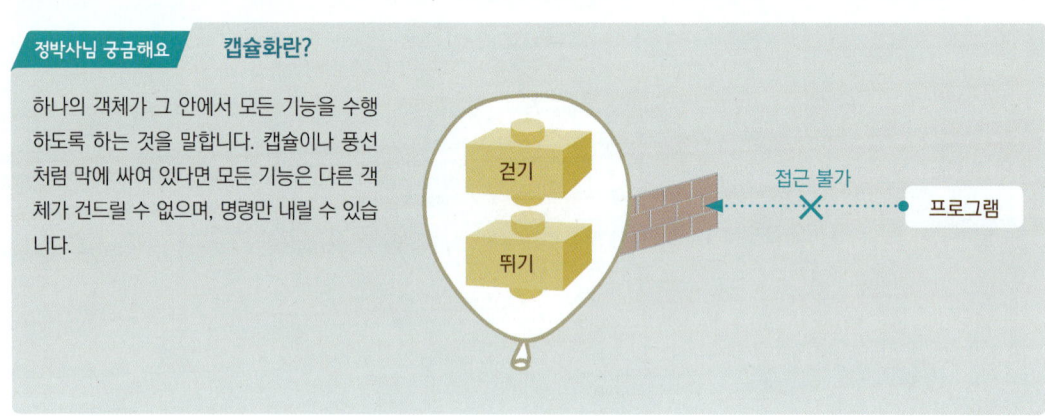

캡슐화라는 개념은 객체 지향에서 매우 중요하게 다뤄집니다. 캡슐이라는 막으로 싸여 있기 때문에 그 캡슐을 통과할 수 있는 유일한 통로로 메서드만을 열어줍니다. 즉, 다른 객체는 이 캡슐이라는 막을 통과할 수 없으며 유일하게 메서드를 실행해달라는 명령 또는 요청만 허용됩니다.

예를 들어서 비교해보면 다음과 같습니다. 이 캡슐이라는 막은 성(Castle)에 빗대어서 생각할 수 있습니다. 적을 막기 위해 만든 성은 사방이 성벽으로 가로막혀 있으며 중간에는 이 성으로 들어갈 수 있는 성문이 있는 구조입니다. 조선의 도읍인 한양의 성문은 동서남북 방향에 사대문이라는 것이 있습니다. 옛날에는 이 성문을 연결하는 성벽이 있어서 사람들이 성문으로만 통과할 수 있었습니다.

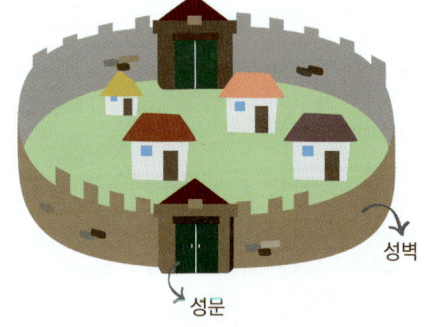

▲ 성과 성문

이런 모양의 성은 성벽과 성문으로 만들어졌기 때문에 함부로 들어가거나 나갈 수 없습니다. 여기에서 성을 '클래스'라고 하고 성벽과 성문으로 성을 둘러싸는 것을 '인터페이스'라고 생각할 수 있습니다. 즉, 인터페이스란 클래스에 접근할 수 있는 방법이 무엇인지를 정의한 것입니다.

클래스에 접근할 수 있는 방법은 바로 메서드를 이용하는 것입니다. 앞에서도 얘기했지만 클래스 안에 들어있는 변수를 다른 곳에서 직접 접근하는 것은 권장하지 않습니다. 메서드 자체는 데이터가 아니며 단지 기능을 실행하는 것이므로 그 안에 들어있는 데이터를 밖에서 직접 건드릴 수는 없습니다. 이것은 어떤 사람이 성 안에 있는 다른 사람에게 편지를

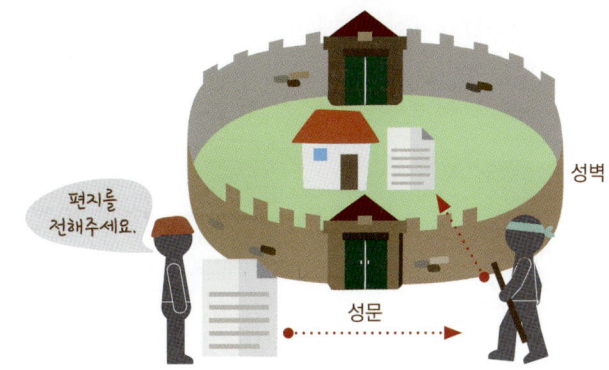

▲ 성문을 통해서만 접근하기

전해주려고 할 때 직접 가져다줄 수 없기 때문에 성을 지키는 문지기에게 얘기해서 대신 전달해주는 것과 같습니다.

문지기에게 편지를 전달하는 것이 메서드를 호출하는 것과 같다면 문지기가 성 안에 있는 사람에게 편지를 가져다주는 과정은 메서드의 기능이 실행되는 과정이라고 비유할 수 있습니다. 이렇게 클래스에 접근할 수 있는 방법을 확실하게 막아두려면 인터페이스라는 것을 하나 만들고 그 안에 접근할 수 있는 메서드가 무엇인지를 정해두는 것입니다.

예를 들어, 성을 하나만 만드는 것이 아니라 한양에도 만들고 평양에도 만들었다면 그 두 개의 성은 모양이나 그 안에 들어있는 집의 개수가 모두 달랐을 것입니다. 그럼에도 불구하고 성을 만들 때는 동서남북으로 네 개의 성문을 만들어야 하고 편지를 배달할 때는 그 성에 있는 문지기를 통해서 전달해야 한다고 정해두었다면 성문의 개수나 성 안에 있는 사람에게 편지를 전달하는 방법이 모두 동일할 것입니다.

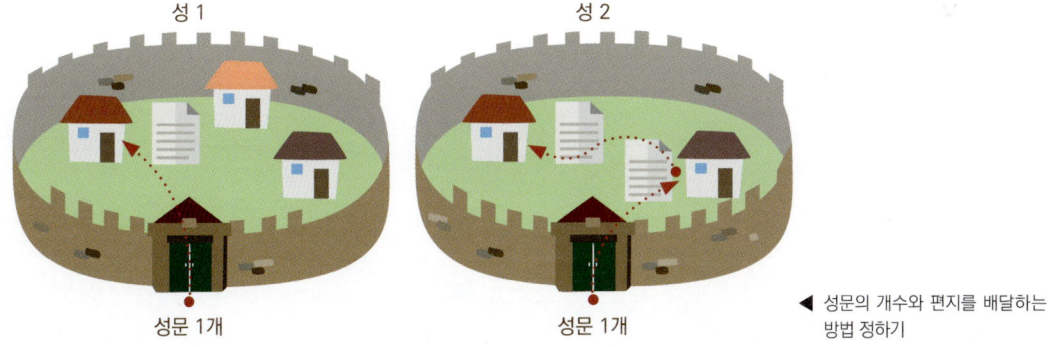

◀ 성문의 개수와 편지를 배달하는 방법 정하기

인터페이스도 이런 과정을 미리 약속하여 정해두는 것이라 할 수 있습니다. 그러면 그 안에는 어떤 메서드들이 존재할 것입니다. 클래스라는 것은 class 키워드를 이름 앞에 붙여서 만드는 것처럼 인터페이스는 interface 키워드를 이름 앞에 붙여줍니다.

이제 아주 간단한 계산기 앱을 하나 만들어 보겠습니다. 계산기 앱을 만들면서 실제 계산을 할 수 있는 기능을 넣을 것인데 계산기 기능을 인터페이스로 미리 정해두겠습니다.

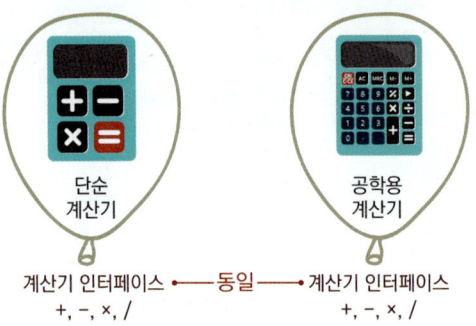

▲ 계산기 만들기

실제 계산기는 일반 계산기도 있고 공학용 계산기도 있습니다. 일반 계산기도 그 기능에 따라 여러 가지로 나뉘지만 계산기의 가장 기본이 되는 더하기, 빼기, 나누기, 곱하기 기능들은 공통입니다. 이런 기본 기능을 공통으로 정해두려면 이 기능을 '인터페이스'라는 것으로 만들 수 있습니다.

안드로이드 스튜디오에서 새로운 프로젝트를 만듭니다. 프로젝트의 이름은 MyCalculator로 하고 패키지 이름은 org.techtown.calculator로 합니다.

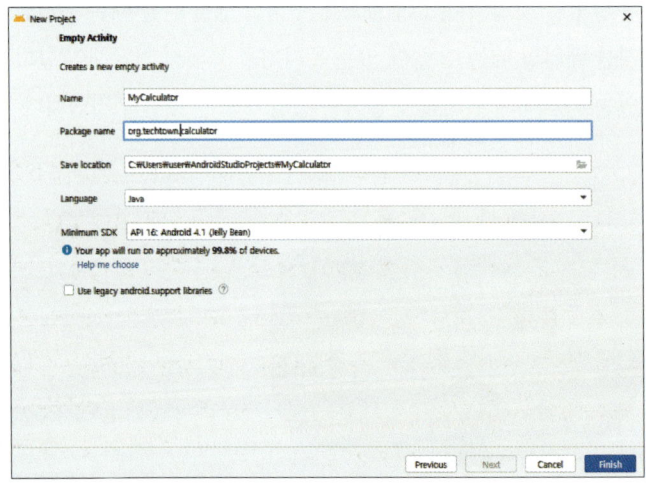

▲ MyCalculator라는 새로운 안드로이드 프로젝트 만들기

프로젝트 창이 열리면 화면 레이아웃을 간단하게 만들어 봅니다. [activity_main.xml] 탭을 누르고 디자인 화면이 열리면 왼쪽 하단에 있는 Component Tree 창에서 최상위 레이아웃인 ConstraintLayout을 선택합니다. 마우스 오른쪽 버튼을 누르고 팝업 메뉴가 보이면 [Convert view] 메뉴를 선택합니다.

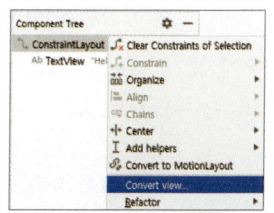

▲ 최상위 레이아웃을 변경하기 위한 메뉴

이 메뉴를 이용해 화면 전체를 차지하고 있는 최상위 레이아웃을 리니어 레이아웃으로 변경할 것입니다. 대화상자가 보이면 LinearLayout을 선택하고 [Apply]를 누릅니다.

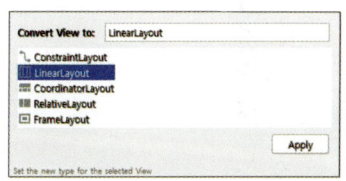

▲ 대화상자에서 LinearLayout 선택하기

레이아웃이 변경되면서 그 안에 들어있던 TextView의 위치가 바뀌었습니다. TextView를 선택하여 삭제하고 더하기 기능을 수행하는 화면을 만들어봅니다. 최상위 레이아웃을 선택한 후 오른쪽 속성 창에서 orientation 속성의 값을 vertical로 변경합니다. 그리고 화면 상단에 두 개의 입력상자를 차례로 추가합니다.

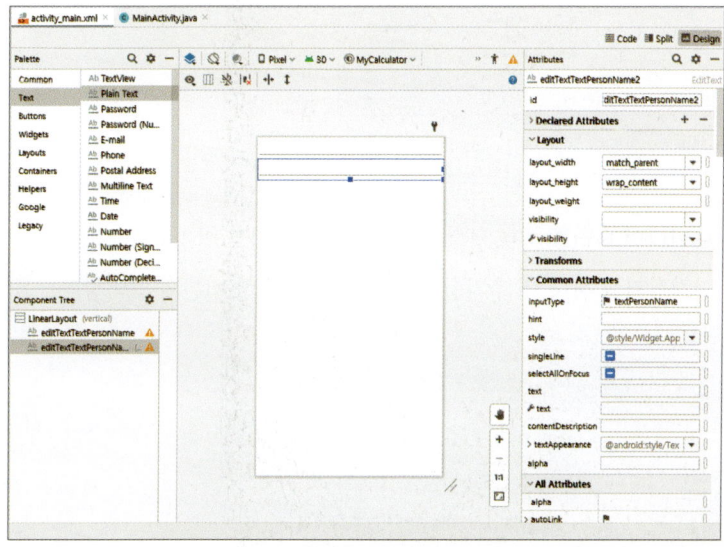

▲ 두 개의 입력상자를 추가한 화면

입력상자에 입력되어 있던 글자는 삭제합니다. 그 아래에는 버튼을 네 개 끌어다 놓으려고 하는데 버튼 네 개가 가로 방향으로 배치되도록 만들려면 지금처럼 세로 방향으로 추가되는 것과는 다른 방향이 됩니다. 따라서 팔레트(Palette) 창의 Layouts 그룹에서 새로운 리니어 레이아웃을 하나 끌어다 추가한 다음 그 안에 버튼들을 추가합니다. LinearLayout (horizontal)을 끌어다 추가합니다. 리니어 레이아웃을 추가하면 layout_width와 layout_height 속성 값이 모두 match_parent로 되어 있습니다. 따라서 아래쪽 여유 공간을 모두 차지하게 됩니다. 그 안에 추가할 버튼들의 공간까지만 차지하도록 layout_height 속성 값은 wrap_content로 변경합니다.

새로 추가한 리니어 레이아웃 안에 네 개의 버튼을 차례로 추가하고 각각 +, -, x, / 기호가 표시되도록 text 속성 값을 변경합니다.

> **주의** 화면에 추가한 리니어 레이아웃에 버튼을 끌어다 놓기가 어렵다면 Component Tree로 버튼을 추가해도 됩니다.

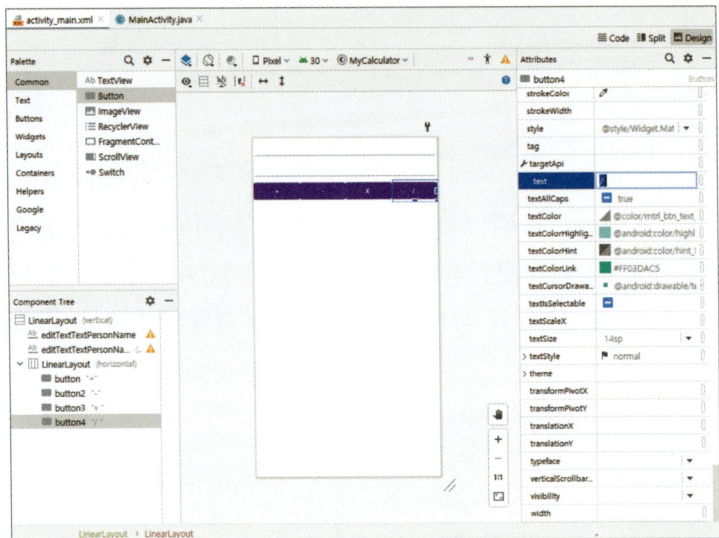

▲ 가로 방향 리니어 레이아웃과 그 안에 버튼 네 개를 추가한 화면

버튼에 표시된 글자가 너무 작게 보인다면 textSize 속성을 찾아 좀 더 큰 크기로 변경해도 됩니다. 마지막으로 결과를 보여줄 수 있는 입력상자를 하나 더 추가합니다. 화면에 추가한 버튼과 입력상자들을 하나씩 선택하면서 id 값을 확인합니다.

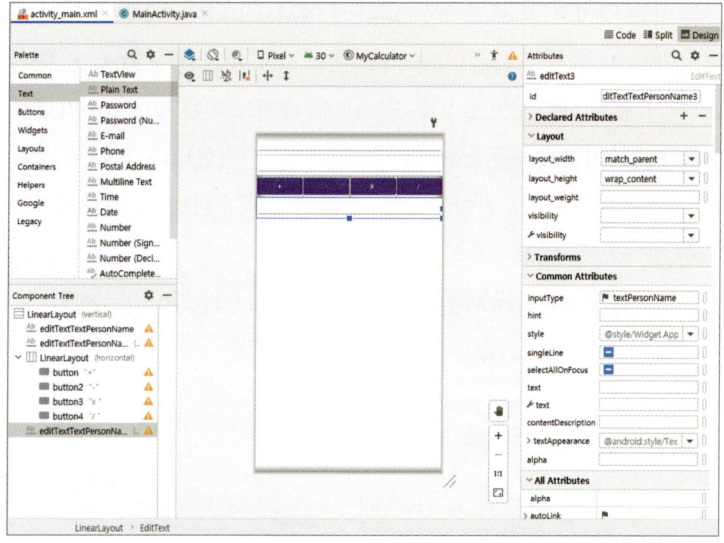

▲ 계산기를 위해 만든 화면 레이아웃

입력상자에 설정되어 있던 글자는 삭제합니다. 이렇게 화면을 만들면 예쁘지는 않지만 두 개의 숫자를 이용해서 더하기나 빼기를 할 수 있는 간단한 계산기 화면이 완성됩니다.

이제 [MainActivity.java] 탭을 눌러 소스 파일을 열고 계산기 기능을 코드로 만들어보겠습니다. 먼저 계산기를 하나의 클래스로 만드는 것이 좋을 것 같습니다. 왼쪽 프로젝트 창에서 app/java 폴더 안에 있는 org.techtown.calculator 패키지를 선택한 후 마우스 오른쪽 버튼을 클릭합니다. 나타난 메뉴에서 [New → Java Class]를 선택합니다. 클래스의 이름은 MyCalculator로 입력하고 Enter 를 눌러 새로운 클래스를 만듭니다.

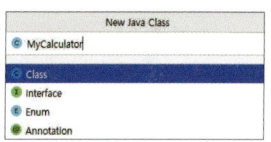

▲ 새로운 MyCalculator 클래스 만들기

MyCalculator.java 파일이 만들어졌으면 그 파일이 가운데 작업 영역에 탭으로 열립니다. 그 안에 더하기 기능을 추가합니다.

코드 참고 / MyCalculator)/app/java/org.techtown.calculator/MyCalculator.java

```java
package org.techtown.calculator;

public class MyCalculator {

    public int add(int a, int b) {
        return a + b;
    }
}
```

함수 중에서 가장 간단하게 만들 수 있는 것이 지금 보고 있는 더하기 메서드입니다. 이 함수 상자에는 숫자가 두 개 들어가고 하나의 결과물이 숫자로 나옵니다. 다른 곳에서도 항상 사용할 수 있도록 public 키워드를 가장 앞에 붙이고 결과 값은 정수 값으로 나올 것이므로 메서드 이름 앞에 int 자료형을 붙여줍니다. 소괄호 안에는 두 개의 파라미터가 모두 int 자료형이 되도록 입력합니다. 메서드의 중괄호 안에는 파라미터로 전달된 두 개의 값을 더한 후 반환합니다. 값을 반환하기 위해 return 키워드가 사용되었습니다. 새로운 클래스를 하나 만들었으니 이 클래스를 틀로 하여 새로운 계산기 객체를 만들면 더하기를 할 수 있게 됩니다. MainActivity.java 파일을 열고 그 안에 다음과 같이 입력합니다.

코드 참고 / MyCalculator>/app/java/org.techtown.calculator/MainActivity.java

```java
public class MainActivity extends AppCompatActivity {

    EditText editText;
    EditText editText2;
    EditText editText3;

    @Override
    protected void onCreate(Bundle savedInstanceState) {
        super.onCreate(savedInstanceState);
        setContentView(R.layout.activity_main);

        editText = findViewById(R.id.editTextTextPersonName);
        editText2 = findViewById(R.id.editTextTextPersonName2);
        editText3 = findViewById(R.id.editTextTextPersonName3);
    중략...
```

입력상자 객체들을 찾은 후 메인 액티비티 안의 어느 곳에서나 접근할 수 있도록 클래스 안에서 선언한 변수에 할당되도록 합니다. 첫 번째 버튼을 찾아 클릭했을 때 더하기 기능이 동작하도록 만드는 코드도 입력합니다.

코드 참고 / MyCalculator>/app/java/org.techtown.calculator/MainActivity.java

```java
중략...
    editText3 = findViewById(R.id.editTextTextPersonName3);

    Button button = findViewById(R.id.button);
    button.setOnClickListener(new View.OnClickListener() {
        @Override
        public void onClick(View v) {
            String input1 = editText.getText().toString();
            String input2 = editText2.getText().toString();

            int a = 0;
            int b = 0;
            try {
                a = Integer.parseInt(input1);
                b = Integer.parseInt(input2);
            } catch(Exception ex) {
                ex.printStackTrace();
            }

            MyCalculator calculator = new MyCalculator();
            int result = calculator.add(a, b);

            editText3.setText(String.valueOf(result));
        }
    });
중략...
```

버튼에 리스너 객체를 만들어 등록하고 그 안에 있는 onClick 메서드에 코드를 넣는 과정은 지금까지 여러 번 했던 과정과 같습니다. onClick 메서드 안에서는 먼저 두 개의 입력상자로부터 문자열을 가져옵니다. 가져온 문자열은 일단 String 자료형의 변수에 넣어둡니다. 첫 번째 입력 값은 input1, 두 번째 입력 값은 input2라는 이름의 변수에 할당되었습니다. 더하기 계산을 하기 위해서는 문자열을 숫자로 바꿔야 하므로 Integer.parseInt 함수를 호출하여 숫자로 바꿉니다. 이 두 개의 숫자를 더하는 함수를 호출하기 위해 MyCalculator 객체를 new 연산자로 만든 후 그 객체 안에 정의된 add 메서드를 호출합니다. 메서드로 전달해야 할 두 개의 파라미터로는 입력란에서 가져와 숫자로 변환한 a와 b 변수를 전달합니다. 결과 값은 int 자료형으로 반환될 것이므로 result라는 변수를 int 자료형으로 만들어 결과 값을 받은 후 세 번째 입력란에 넣어줍니다. 세 번째 입력란에 setText 메서드로 넣어주는 데이터는 문자열이어야 하므로 String.valueOf 메서드를 호출하여 숫자를 문자로 바꾼 후 넣어줍니다. 더하기 기능을 하는 코드인데도 무언가 상당히 복잡한 과정을 거치는 것으로 느껴지지 않나요?

앱을 실행하고 입력란에 두 개의 숫자를 넣은 후 [+] 버튼을 누르면 입력상자에 입력했던 두 개의 값을 더하고 그 결과 값을 세 번째 입력란에 넣어줍니다.

▲ 앱을 실행하고 더하기 연산하기

실제 계산기는 여러 개의 숫자를 계속 더해나갈 수 있으니 지금까지 만들어 본 계산기 앱보다는 좀 더 복잡하고 다양한 기능을 가지고 있을 것입니다. 하지만 단순히 두 개의 숫자만 더하는 경우에는 지금 만든 화면의 모양을 좀 더 예쁘게만 만들어도 잘 사용할 수 있는 앱이 됩니다. 그런데 우리가 알아보려고 했던 것은 인터페이스라는 것이 하는 역할이었습니다.

이제 인터페이스를 하나 만들고 함부로 계산기 클래스의 기능에 접근할 수 없도록 해보겠습니다. app/java 폴더 안의 org.techtown.calculator 패키지를 선택하고 마우스 오른쪽 버튼을 클릭해서 [New → Java Class]를 선택합니다. 새로운 클래스를 만드는 대화상자의 Name 입력란에는 Calculator를 입력하고 그 아래 목록에서 Interface를 선택합니다. (Enter)를 누르면 새로운 인터페이스가 만들어집니다.

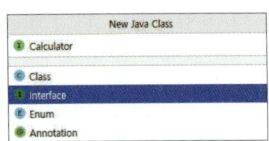

▲ Calculator라는 인터페이스 만들기

자동으로 만들어진 소스 파일에는 interface 키워드와 함께 Calculator라는 이름이 들어있고 코드를 넣을 수 있는 중괄호도 있습니다. 이것이 바로 인터페이스라는 것인데 그 안에 다음과 같이 메서드를 선언만 하는 코드를 입력합니다.

코드 참고 / MyCalculator〉/app/java/org.techtown.calculator/Calculator.java

```java
중략...
package org.techtown.calculator;

public interface Calculator {

    public int add(int a, int b);

}

중략...
```

메서드를 선언만 한다는 것은 중괄호 안에 들어가는 코드가 없다는 뜻입니다. 결국 기능을 구현하지 않는다는 의미입니다. 함수 상자로 생각하면 함수 상자에 들어가는 값과 나오는 값이 몇 개가 있고 자료형이 무엇인지는 알지만 그 안에서 동작하는 기능은 들어있지 않은 껍데기라는 뜻이 됩니다.

▲ 인터페이스라는 껍데기

이렇게 만든 인터페이스는 일종의 약속이며 클래스에서 구현할 때 사용합니다. MyCalculator.java 파일을 열고 다음과 같이 MyCalculator 클래스의 코드를 수정합니다.

코드 참고 / MyCalculator〉/app/java/org.techtown.calculator/MyCalculator.java

```java
중략...
public class MyCalculator implements Calculator {
중략...
```

어떤 클래스를 만들면서 그 뒤에 'implements 키워드'를 붙이면 '그 뒤에 나오는 인터페이스를 구현한다.'는 의미가 됩니다. 구현한다는 것은 메서드를 만든다는 것으로 메서드의 중괄호 부분까지 코드를 입력한다는 의미입니다. 즉, 인터페이스에서는 껍데기만 있던 것에 직접 기능을 넣어주는 과정입니다. 인터페이스 안에는 add라는 메서드가 정의되어 있으므로 MyCalculator 클래스에서 이 add 메서드의 기능을 구현한 것이 됩니다.

[MainActivity.java] 탭을 열고 new 연산자로 만든 MyCalculator 객체를 Calculator라는 자료형으로 된 변수에 할당하도록 코드를 수정합니다.

코드 참고 / MyCalculator〉/app/java/org.techtown.calculator/MainActivity.java

```java
중략...
    button.setOnClickListener(new View.OnClickListener() {
        @Override
        public void onClick(View v) {
            중략...

            Calculator calculator = new MyCalculator();
            int result = calculator.add(a,b);

            editText3.setText(String.valueOf(result));
        }
    });
중략...
```

클래스가 변수를 정의할 때 자료형으로 사용될 수 있는 것처럼 인터페이스도 자료형으로 사용할 수 있습니다. 또한 어떤 클래스가 implements 키워드를 사용하여 인터페이스를 구현한다면 그 클래스로 만든 실제 객체는 그 인터페이스를 자료형으로 가질 수 있습니다.

앞 단락에서 예를 들어 설명했던 성과 성문의 대한 내용을 생각해봅시다. 만약 이 내용을 누군가가 알아야 한다면 이 성의 모양을 다 기억할 필요 없이 성문이 몇 개 있는지 그리고 편지를 전달할 때는 문지기를 찾아가면 된다는 것만 기억하고 있으면 됩니다. 마찬가지로 계산기를 사용하고 싶다면 계산기에 구현된 실제 기능을 클래스에서 찾아보는 것이 아니라 인터페이스만 보면 어떤 기능이 있는지 알 수 있습니다.

▲ 인터페이스만 알면 충분하다

인터페이스가 갖는 기능이 무엇인지 어느 정도 이해되었더라도 아직 코드에서는 큰 차이를 못 느낄 수도 있습니다. 그렇다면 새로운 계산기 클래스를 하나 더 만들어 보겠습니다. 친구가 만든 계산기라는 뜻으로 FriendCalculator라는 클래스를 하나 만든 후 Calculator라는 인터페이스를 구현하도록 입력합니다. 새로운 클래스를 만들기 위한 입력상자가 보이면 FriendCalculator를 입력하고 아래쪽 항목들 중에서 Class를 선택한 후 Enter를 누릅니다.

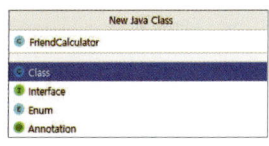

▲ 계산기를 하나 더 만들기

여기서는 이 계산기의 add 메서드가 호출되면 더하기 연산을 하는 것뿐만 아니라 토스트 메시지도 띄워주려고 합니다. 토스트라는 것은 콘텍스트 객체가 있어야 메시지를 띄울 수 있으므로 생성자를 하나 더 정의하여 파라미터로 콘텍스트 객체를 전달받아 변수에 할당하도록 합니다.

코드 참고 / MyCalculator〉/app/java/org.techtown.calculator/FriendCalculator.java

```java
중략...
public class FriendCalculator implements Calculator {
    Context context;

    public FriendCalculator(Context context) {
        this.context = context;
    }

    public int add(int a, int b) {
        Toast.makeText(context, "더하기를 했습니다.",
                    Toast.LENGTH_LONG).show();

        return a + b;
    }
}
```

여기까지 입력해보면 계산기 클래스를 하나 더 만든 이유를 알 수 있을 것입니다. 이번 계산기의 add 메서드를 구현하는 코드는 이전에 만들었던 계산기의 add 기능과 약간 다릅니다. 그러나 이 메서드를 호출하는 방식은 동일합니다. MainActivity.java 파일을 열고 버튼을 클릭했을 때 호출되는 부분에 다음과 같은 코드를 추가로 입력합니다.

코드 참고 / MyCalculator>/app/java/org.techtown.calculator/MainActivity.java

```
중략...
    Calculator calculator = new MyCalculator();
    int result = calculator.add(a, b);

    calculator = new FriendCalculator(getApplicationContext());
    result = calculator.add(a, b);

    editText3.setText(String.valueOf(result));
중략...
```

새로 만든 계산기 클래스를 객체로 만들 때는 getApplicationContext 메서드를 호출하여 생성자의 파라미터로 넘겨줍니다. 그리고 그렇게 만든 객체는 이전에 만든 계산기 객체와 마찬가지로 Calculator라는 인터페이스를 자료형으로 하는 변수에 할당합니다. 이렇게 하면 인터페이스에 만들어 놓은 add 메서드를 똑같은 방식으로 호출할 수 있게 됩니다.

코드를 수정했다면 앱을 실행하고 첫 번째 버튼을 눌러 더하기 연산을 합니다. 내부에서는 더하기 연산을 두 번 하는데 두 번째 더하기 연산을 할 때는 화면에 토스트 메시지도 보여주게 됩니다.

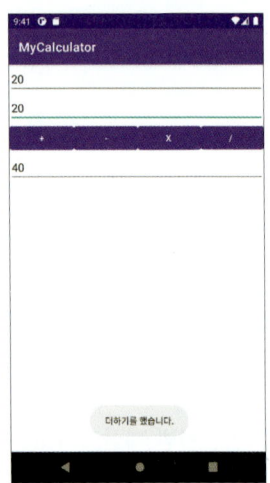

▲ 더하기 계산할 때 보이는 토스트 메시지

이 예제로 알 수 있는 것은 하나의 인터페이스를 구현하는 두 개의 각각 다른 클래스들은 그 안에 어떤 기능을 넣든 상관없다는 것입니다.

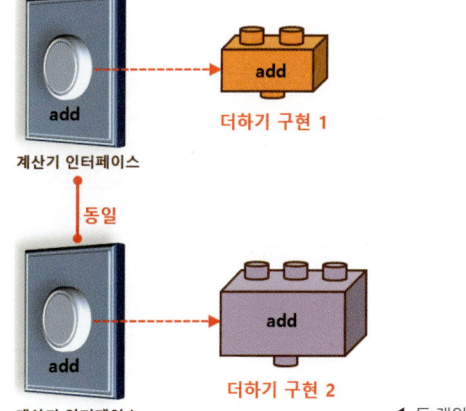

▶ 두 개의 클래스가 하나의 인터페이스를 구현할 때

실제 코드를 구현하는 것은 클래스가 해야 하는 일입니다. 그러나 인터페이스를 통해서만 메서드를 호출할 수 있다면 그 클래스의 객체를 만들어 사용하는 부분에서는 인터페이스만 알아도 어떻게 메서드를 호출하는지 알 수 있다는 것을 이해했을 것입니다.

2 _ 예외 처리 알아보기

계산기에 더하기 기능을 넣고 그 기능에 접근할 때 인터페이스라는 껍데기를 계산기 객체에 싸 두면 다른 곳에서는 항상 이 껍데기를 통해서만 접근할 수 있다는 것을 알게 되었습니다. 이제 껍데기에 더하기 기능 이외에 빼기, 곱하기, 나누기 기능을 모두 선언해 보겠습니다. Calculator.java 파일을 열고 그 안에 다음과 같은 코드를 입력합니다.

코드 참고 / MyCalculator>/app/java/org.techtown.calculator/Calculator.java

```java
중략...
public interface Calculator {

  public int add(int a, int b);

  public int subtract(int a, int b);

  public int multiply(int a, int b);

  public int divide(int a, int b);
}
```

한글로 빼기, 곱하기, 나누기라고 얘기할 때는 쉽게 보였던 단어들이 영어로 바꾸니 조금 어렵게 보일 수도 있습니다. subtract가 빼기, multiply는 곱하기, divide는 나누기를 의미합니다. 그런데 이렇게 코드를 입력하자마자 다른 두 개의 자바 파일에는 바로 오류 표시가 나타납니다.

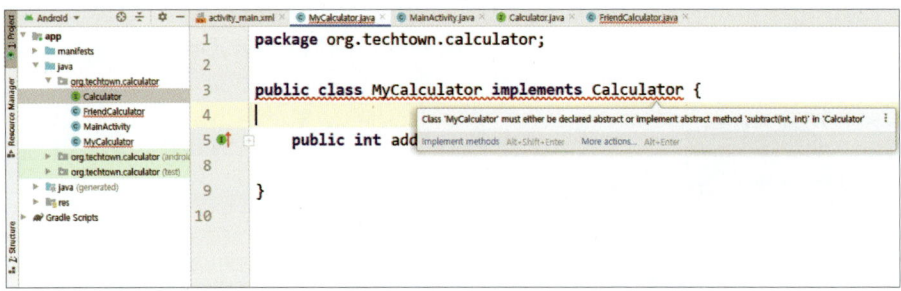

▲ 다른 파일에 생긴 오류 표시와 오류 위에 커서를 올렸을 때 뜨는 팝업 창

인터페이스의 메서드는 성으로 들어가는 성문과 같은 역할을 한다고 했었는데 여기서는 성문은 만들어져 있어도 그 안에 들어가는 길이 없는 것과 마찬가지입니다. 그러니 당연히 오류가 발생한 것입니다. 즉, 인터페이스에 정의한 메서드는 그 인터페이스를 implements로 표시한 모든 클래스에서 기능을 구현해야 합니다.

이렇게 인터페이스에 정의된 메서드 중에서 빠진 메서드가 있는 경우, 그 클래스에 빨간 줄로 표시하는데 빨간 줄이 표시된 클래스 이름 위에 마우스 커서를 갖다 대면 우리가 익숙하게 보았던 작은 패널이 나타납니다. 그리고 그 안에 implement methods라는 파란색 링크가 작게 보입니다. 이 파란색 링크를 누르면 add 이외에 아직 만들어지지 않은 메서드들이 자동으로 추가됩니다.

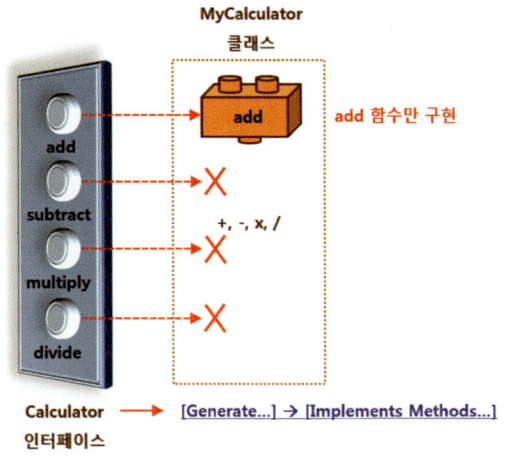

▲ 인터페이스에 정의된 메서드 중에 클래스에서 구현하지 않은 것이 있다면?

그런데 계산기를 만들려고 했더니 시간이 없어서 더하기 이외의 다른 연산은 만들 수 없다면 어떻게 해야 할까요? 아니면 더하기 이외의 다른 기능은 아예 만드는 방법을 모른다면 어떻게 해야 할까요? 빼기나 곱하기 그리고 나누기는 쉽게 그 기능을 만들 수 있겠지만 실제로 어려운 로직(Logic)을 넣어주어야 하는 메서드의 경우에는 만들 수 없는 것도 생길 수 있습니다. 이럴 때는 반환해주는 값을 0으로 만들어줄 수 있을 것입니다.

implement methods라는 파란색 링크를 누릅니다. 그러면 추가로 구현해야 할 세 개의 메서드를 보여주는 대화상자가 뜹니다. 세 개의 메서드를 선택하고 [OK]를 누르면 세 개의 메서드가 추가됩니다.

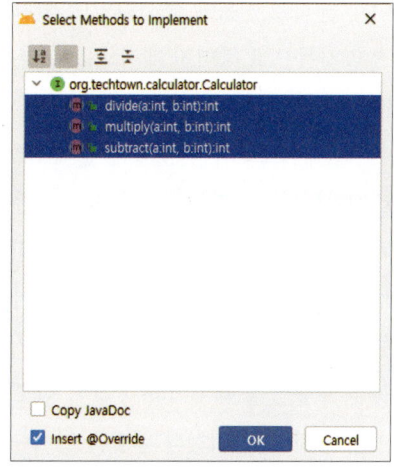

▲ 구현할 메서드들을 보여주는 대화상자

새로 추가된 세 개의 메서드 안을 보면 모두 0을 반환하고 있습니다.

코드 참고 / MyCalculator>/app/java/org.techtown.calculator/MyCalculator.java

```java
중략...
public class MyCalculator implements Calculator {

  public int add(int a, int b) {
    return a + b;
  }

  @Override
  public int subtract(int a, int b) {
    return 0;
  }

  @Override
  public int multiply(int a, int b) {
    return 0;
  }

  @Override
  public int divide(int a, int b) {
    return 0;
  }
}
```

이제 클래스 이름에 표시되었던 빨간 줄은 없어졌고 자동으로 나머지 메서드들도 만들어졌습니다. 하지만 아직 새로 추가된 메서드들 안에서는 아무런 계산도 하지 않고 단순히 0이라는 값만 리턴합니다. 이 기능을 구현하는 것은 어렵지 않지만 앞에서 얘기한 것처럼 기능을 만들 수 없다면 이렇게 놔두어야 하는 걸까요? 이 계산기 기능을 사용하는 쪽에서 보면 이 계산기의 빼기 기능을 호출했을 때 0이라는 값이 나오는 걸 보고

▲ 예외 만들기

아직 구현이 안 되었다는 것을 알 수 있을까요? 이럴 때 할 수 있는 것이 '예외'라는 것을 만드는 방법입니다.

왼쪽 프로젝트 창에서 app/java 폴더 안의 org.techtown.calculator 패키지를 선택한 상태에서 마우스 오른쪽 버튼을 클릭합니다. 메뉴가 보이면 [New → Java Class]를 선택합니다. 새로운 클래스를 만드는 대화상자가 보이면 이름 입력란에 UnImplementedException을 입력하고 Enter 를 누릅니다.

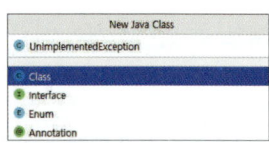

▲ 예외를 위한 클래스 만들기

새로운 클래스가 만들어지면 클래스 이름 뒤에 extends Exception을 추가하여 Exception 클래스를 상속하도록 합니다.

코드 참고 / MyCalculator〉/app/java/org.techtown.calculator/UnImplementedException.java

```java
package org.techtown.calculator;

public class UnImplementedException extends Exception {

}
```

이 클래스는 정상적으로 실행되어야 하는 기능 이외에 예외적인 상황을 알려줄 때 사용할 것입니다. 클래스를 처음 만들었을 때는 아무것도 들어있지 않으므로 그 안에 생성자 두 개를 추가합니다. 하나는 파라미터가 하나도 없는 기본 생성자인데 그 안에서 부모 클래스의 생성자를 호출하기 위해 super(); 라고 입력합니다. 또 다른 생성자는 파라미터가 하나 있는데, String 자료형으로 예외 상황이 어떤 것인지를 알려주는 이름을 전달받습니다. Exception이라는 부모 클래스에도 이름을 전달받는 생성자가 있으므로 그 안에 super(name); 이라고 입력할 수 있습니다.

코드 참고 / MyCalculator>/app/java/org.techtown.calculator/UnImplementedException.java

```java
중략...
package org.techtown.calculator;

public class UnImplementedException extends Exception {

    public UnImplementedException() {
        super();
    }

    public UnImplementedException(String name) {
        super(name);
    }
}
```

이제 Calculator 인터페이스에 들어있는 메서드들을 아래와 같이 바꿔줍니다.

코드 참고 / MyCalculator>/app/java/org.techtown.calculator/Calculator.java

```java
중략...
public interface Calculator {

    public int add(int a, int b);

    public int subtract(int a, int b) throws UnImplementedException;

    public int multiply(int a, int b) throws UnImplementedException;

    public int divide(int a, int b) throws UnImplementedException;
}
```

인터페이스에 들어있는 메서드들의 형태가 바뀌었으므로 MyCalculator 클래스 안에 들어있는 메서드들도 바꿔야 합니다.

코드 참고 / MyCalculator>/app/java/org.techtown.calculator/MyCalculator.java

```java
중략...
public class MyCalculator implements Calculator {

    public int add(int a, int b) {
        return a + b;
    }
```

```java
    @Override
    public int subtract(int a, int b) throws UnImplementedException {
        return 0;
    }

    @Override
    public int multiply(int a, int b) throws UnImplementedException {
        return 0;
    }

    @Override
    public int divide(int a, int b) throws UnImplementedException {
        return 0;
    }
}
```

Calculator 인터페이스를 구현하는 클래스는 MyCalculator와 FriendCalculator이므로 FriendCalculator.java 파일을 열고 그 안에서도 새로운 메서드들을 추가합니다. FriendCalculator 클래스 이름 위에 마우스를 올렸을 때 보이는 작은 패널에서 implement methods 링크를 누르기만 하면 예외까지 포함된 코드들이 추가됩니다.

코드 참고 / MyCalculator〉/app/java/org.techtown.calculator/FriendCalculator.java

```java
중략...
public class FriendCalculator implements Calculator {
    Context context;

    public FriendCalculator(Context context) {
        this.context = context;
    }

    public int add(int a, int b) {
        Toast.makeText(context, "더하기를 했습니다.",
                        Toast.LENGTH_LONG).show();

        return a + b;
    }

    @Override
    public int subtract(int a, int b) throws UnImplementedException {
        return 0;
```

```
    }

    @Override
    public int multiply(int a, int b) throws UnImplementedException {
        return 0;
    }

    @Override
    public int divide(int a, int b) throws UnImplementedException {
        return 0;
    }
}
```

메서드를 선언할 때 같이 넣은 throws 키워드는 예외를 던져준다는 의미입니다. 예외라는 것은 프로그램이 정상적으로 동작하는 것이 아니라는 것을 알려주는 것이므로 함수 상자에서 정상적으로 나오는 값이 아닌 다른 구멍으로 나오도록 하고 그 구멍으로 던져준다는 의미가 됩니다.

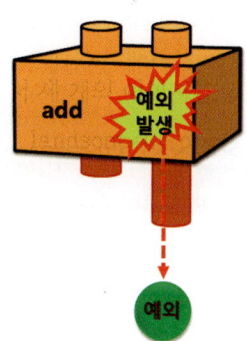

▲ 함수 상자에서 예외 던져주기

다시 얘기하면 메서드에서 throws라고 되어 있는 것은 예외가 나올 수 있다는 것을 알려줍니다. 그렇기 때문에 실제로 메서드 안에서 그 예외를 던져주어야 그 메서드를 호출하는 곳에서 알 수 있습니다. MyCalculator와 FriendCalculator 안에 들어있는 메서드들의 코드를 다음과 같이 예외를 던져주는 것으로 수정합니다.

코드 참고 / MyCalculator)/app/java/org.techtown.calculator/MyCalculator.java

```
중략...
public class MyCalculator implements Calculator {

    public int add(int a, int b) {
        return a + b;
    }

    @Override
    public int subtract(int a, int b) throws UnImplementedException {
```

```java
        throw new UnImplementedException("빼기구현안함");
    }

    @Override
    public int multiply(int a, int b) throws UnImplementedException {
        throw new UnImplementedException("곱하기구현안함");
    }

    @Override
    public int divide(int a, int b) throws UnImplementedException {
        throw new UnImplementedException("나누기구현안함");
    }
}
```

함수 상자에서 아래쪽으로 나오는 값이 있어야 한다고 했는데도 불구하고 return 키워드로 시작하는 줄을 삭제했습니다. 그리고 그 대신 throw 키워드로 새로운 예외 객체를 던져주었습니다. 예외 상황을 알려주는 것은 함수 상자에서 값을 돌려주는 것보다 우선하기 때문에 return 키워드가 없어도 됩니다. FriendCalculator 안에 들어있는 메서드들도 이런 형태로 수정합니다.

이제 [빼기]를 눌렀을 때 계산기에 들어있는 subtract 메서드를 호출하도록 하고 어떤 일이 벌어지는지 알아보겠습니다. [MainActivity.java] 탭을 클릭하여 열고 그 안에 두 번째 버튼을 클릭했을 때 빼기 연산을 하도록 다음 코드를 추가해서 입력합니다.

코드 참고 / MyCalculator>/app/java/org.techtown.calculator/MainActivity.java

```java
중략...

Button button2 = findViewById(R.id.button2);
button2.setOnClickListener(new View.OnClickListener() {
    @Override
    public void onClick(View v) {
        String input1 = editText.getText().toString();
        String input2 = editText2.getText().toString();

        int a = 0;
        int b = 0;
        try {
            a = Integer.parseInt(input1);
            b = Integer.parseInt(input2);
        } catch(Exception ex) {
            ex.printStackTrace();
```

```
            }

            Calculator calculator = new MyCalculator();
            int result = calculator.subtract(a, b);

            editText3.setText(String.valueOf(result));
        }
    });
중략...
```

입력란에서 문자열을 가져다가 숫자로 바꾸는 코드 부분은 첫 번째 버튼에 넣었던 코드와 똑같습니다. 만약 코드를 복사해서 넣은 경우에는 button 변수 이름과 버튼 객체의 id를 button2로 바꿔줍니다. 그리고 Calculator라는 인터페이스를 자료형으로 하는 변수로 계산기 객체를 참조했다면 그 변수의 subtract 메서드를 호출하도록 수정합니다. 그런데 add를 subtract로 바꾸자마자 빨간색 오류 표시가 보이게 됩니다.

```
65              }
66
67              Calculator calculator = new MyCalculator();
68              int result = calculator.subtract(a, b);
69   |
70              editText3.setText(String.valueOf(result));
71          }
72
73      });
74
75      }
76   }
```

▲ add 메서드 호출 부분을 subtract로 바꾸면서 보이는 오류 표시

오류 표시가 보이는 subtract 위에 커서를 갖다 대면 작은 패널이 보이는데 그 안에는 UnImplementedException이라는 예외 상황을 처리하지 않았다는 메시지가 표시됩니다. 이 예외 클래스는 우리가 만들었던 것입니다. 즉, subtract라는 메서드를 호출했을 때 예외 상황이 발생할 수도 있다고 미리 정의해 두었는데 이것을 사용하는 쪽에서 그 예외 상황을 처리하는 코드를 넣지 않았다는 의미입니다. 그 패널 안에 들어있는 Surround with try/catch 파란색 링크를 누르면 자동으로 다음과 같은 코드가 만들어집니다.

코드 참고 / MyCalculator>/app/java/org.techtown.calculator/MainActivity.java

```
중략...
    int result = 0;
    try {
        result = calculator.subtract(a, b);
    } catch (UnImplementedException e) {
        e.printStackTrace();
    }
중략...
```

try와 catch라는 키워드는 이미 우리가 몇 번 입력해 보았던 것들입니다. 이 키워드는 예외 상황이 발생했을 때 각각의 예외 상황을 어떻게 할 것인지를 넣어줄 때 사용합니다. 항상 try와 함께 catch라는 키워드가 온다고 생각하면 되고 가끔 finally를 같이 사용할 때도 있습니다.

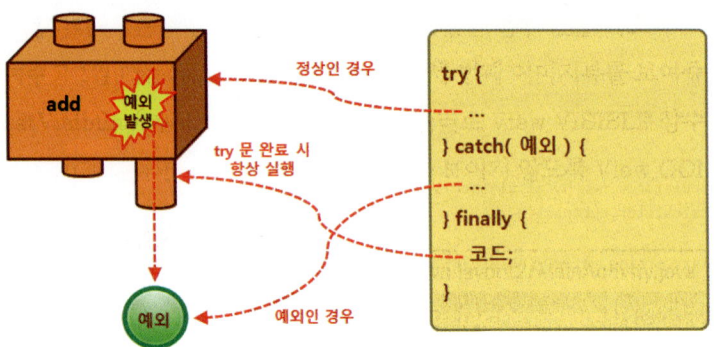

▲ try ... catch ... finally

catch 뒤에 오는 소괄호 안에는 어떤 예외 객체인지 파라미터와 같은 변수로 받을 수 있도록 되어 있습니다. 그리고 예외 객체에는 printStackTrace 메서드가 있어서 예외 상황의 자세한 내용을 [Logcat] 창이나 콘솔 창에 보이도록 만듭니다. 이 catch 문장은 예외가 여러 개일 때 종류별로 각각 사용할 수 있어서 여러 번 들어갈 수도 있습니다. finally 문장에는 이 try 블록이 끝날 때마다 항상 실행되도록 하는 코드가 들어가는데 정상적으로 실행되거나 예외가 발생하거나에 상관없이 어떤 변수의 값을 초기화할 때 사용됩니다. 자동으로 입력된 try-catch 문장의 밖에는 result라는 변수가 선언되어 있습니다.

이제 마지막으로 예외 상황에서 토스트 메시지를 보여주도록 catch 블록 안에 코드를 입력합니다.

> 주의 ▶ 블록은 중괄호 안쪽 부분을 말합니다.

코드 참고 / MyCalculator>/app/java/org.techtown.calculator/MainActivity.java

```
중략...
    try {
        result = calculator.subtract(a, b);
    } catch (UnImplementedException e) {
        e.printStackTrace();

        Toast.makeText(getApplicationContext(), "빼기는 안 됩니다.",
                        Toast.LENGTH_LONG).show();
    }
중략...
```

앱을 실행하고 위쪽의 두 입력란에 숫자를 입력한 후 [빼기] 버튼을 누르면 예외 상황이 발생하기 때문에 그 예외 상황에 맞는 토스트 메시지가 뜨게 됩니다.

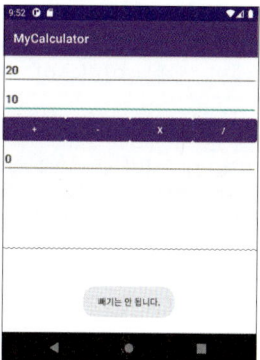

▲ 빼기 아이콘을 눌렀을 때 보이는 예외 메시지

이때 [Logcat] 탭에서는 예외가 발생한 catch 블록 안에서 printStackTrace 메서드를 호출했기 때문에 생성되는 오류 메시지들을 확인할 수 있습니다.

▲ [Logcat] 탭에 보이는 오류 메시지

이렇게 놓고 보면 지금까지 [Logcat] 탭에 보이는 오류 메시지들은 '안드로이드 내부에서 기능이 실행되면서 예외 상황이 발생할 때 뿌려준 메시지로구나!'라고 이해할 수 있을 것입니다.

지금까지 예외 객체를 만들어 사용해 보았습니다. 다시 한 번 그 과정을 정리하면 다음과 같습니다.

> Exception 만들어 사용하기
> ❶ Exception을 상속하는 새로운 객체 만들기
> ❷ 인터페이스에서 구현하지 못한 메서드에 throws 키워드와 함께 넣어주기
> ❸ 인터페이스를 구현하는 클래스에서 throws 키워드와 함께 넣어주기
> ❹ 예외 상황이 발생하는 코드에서 throw 키워드와 함께 예외 객체 던져주기
> ❺ 메서드를 호출하는 쪽에서는 try-catch 문으로 예외 처리하기

예외 객체는 여러분이 직접 클래스를 만들고 메서드 안에서 던져줄 수도 있지만 대부분은 자바에서 미리 만들어둔 것을 사용하게 됩니다. 대표적인 것 중의 하나가 문자열을 정수로 바꿀 때 발생하는 예외입니다. 이럴 때 어떤 예외인지 종류를 잘 알 수 없다면 catch 구문의 소괄호 안에 Exception이라는 예외 객체를 처리한다고만 입력해도 모든 예외 상황을 하나의 catch 구문으로 처리할 수 있습니다.

이제 예외라는 것에 어느 정도 익숙해졌을 테니 앞으로는 예외 상황이 발생했을 때 그 예외의 종류가 무엇인지를 알아본 후 try-catch 구문을 사용하면 됩니다.

3 _ 추상 클래스 만들기

아직 구현하지 않은 메서드들을 호출하는 경우, 예외 객체를 만들어 던져줌으로써 호출하는 쪽에서 예외 상황임을 알고 그에 맞는 코드를 넣을 수 있는 방법을 알아보았습니다. 자바에서 만들어둔 예외만을 try-catch 구문으로 처리하다가 이렇게 직접 만들어보면 어떻게 예외를 처리하는지 더 잘 이해할 수 있게 됩니다.

그런데 인터페이스에 구현하지 않은 메서드들을 미리 정의해두면 이 인터페이스를 구현하는 모든 클래스 안에도 메서드를 일일이 넣어야 합니다. 이 과정이 그리 반갑지는 않습니다. 왜냐하면 매번 구현하지도 않는 코드들을 입력하는 것이 번거롭기도 하고 코드의 양도 많아지며, 모든 클래스들에 똑같은 코드를 반복해서 넣어야 하기 때문입니다. 이것은 성의 성문이 반드시 네 개여야 한다고 정의해둔 경우, 성을 만들 때마다 일일이 '이 성문은 아직 안 만들어졌습니다.'라고 알려주어야 하는 것과 같습니다. 그

렇다면 이것을 일일이 알려주지 않는 방법도 있을까요?

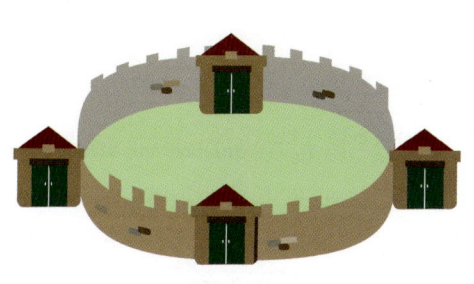
규정: 성문은 4개여야 함

▲ 인터페이스에 정의한 메서드를 클래스에서 일일이 만들지 않는 방법

앞 장에서 우리는 Calculator 인터페이스 안에 빼기와 곱하기 그리고 나누기 메서드를 정의한 후 MyCalculator 클래스에서 구현하도록 했습니다. 이 클래스 앞에는 abstract 키워드를 붙일 수 있는데 그렇게 하면 MyCalculator 클래스를 abstract 유형으로 만들어준다는 뜻입니다.

클래스 앞에 abstract 키워드가 붙으면 '추상 클래스'라고 부릅니다. 이 추상 클래스는 abstract 키워드가 붙어있는 메서드를 하나 이상 가지고 있는 클래스를 말합니다. 추상 클래스는 클래스 안에 들어 있는 메서드들 중에서 아직 구현하지 않은 것들을 abstract라고 정해둘 수 있는 클래스입니다. 이 때문에 실제 객체로 만들어질 수 없는 클래스입니다. 아직 모든 것이 구현되지 않은 미완성 단계이기 때문입니다. 하지만 이 클래스를 사용하면 앞에서 계산기에 구현하지 않은 메서드가 있을 때 일부 메서드를 미리 만들어둘 수 있습니다.

> **정박사님 궁금해요** **추상 클래스가 무엇인지 다시 정리**
>
> ❶ 아직 모든 메서드가 다 구현되지 않은 클래스입니다.
> ❷ 클래스 앞에 abstract 키워드를 붙입니다.
> ❸ 구현되지 않은 메서드 앞에는 abstract 키워드를 붙입니다.
> ❹ 추상 클래스는 미완성된 클래스이므로 실제 객체로 만들 수 없습니다.

추상 클래스는 아직 모든 기능이 다 들어가지 않은 미완성 작품입니다. 따라서 new 연산자로 실제 객체를 만들 수는 없습니다. 대신 이 추상 클래스를 상속하여 만드는 클래스에서는 인터페이스에 들어있는 메서드라고 하더라도 abstract 메서드 이외에는 구현할 필요가 없습니다.

이제 인터페이스를 구현하는 새로운 추상 클래스를 하나 만들어보겠습니다. 파일 탐색기에서 MyCalculator 프로젝트를 복사하여 MyCalculator2라는 이름으로 만들고 안드로이드 스튜디오에서 MyCalculator2 프로젝트를 엽니다. 왼쪽 프로젝트 창에서 app/java 폴더의 org.techtown. calculator 패키지를 선택한 후 마우스 오른쪽 버튼을 클릭하여 [New → Java Class] 메뉴를 선택합니다. 새로 만들 클래스의 이름은 CalculatorObject라고 입력하고 Enter 를 누르면 새로운 클래스가 만들어집니다. 잘 알고 있지만 이 클래스는 여러분이 직접 Calculator 인터페이스로 구현할 것입니다.

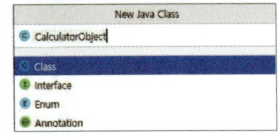
▲ 새로운 추상 클래스를 만들기 위한 대화상자

CalculatorObject 클래스가 만들어지면 클래스 이름 뒤에 implements Calculator를 추가하여 Calculator 인터페이스를 구현하도록 합니다. CalculatorObject에 빨간색 오류가 표시되면 마우스를 그 위에 올립니다. 그러면 작은 팝업창이 뜹니다. 팝업창에 들어있는 파란색 링크 중에서 More actions를 클릭하고 이어서 뜨는 팝업 창에서 [Make 'CalculatorObject' abstract] 메뉴를 선택합니다.

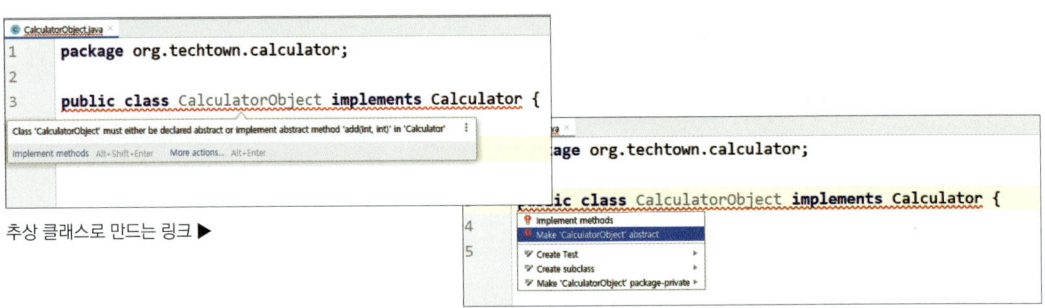
▲ 추상 클래스로 만드는 링크

이제 클래스 중괄호 안에 커서를 두고 마우스 오른쪽 버튼을 누릅니다. 팝업 메뉴가 보이면 [Generate → Implement methods] 메뉴를 선택합니다. 그러면 구현이 필요한 네 개의 메서드가 대화상자에 표시됩니다. 네 개의 메서드가 모두 선택된 상태에서 [OK]를 누르면 메서드를 위한 코드들이 추가됩니다.

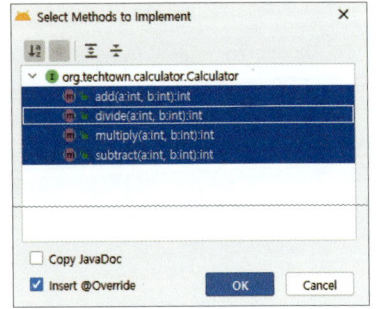
▲ 구현이 필요한 메서드를 추가하기 위한 대화상자

보통의 경우라면 이 안에 더하기, 빼기, 곱하기, 나누기 연산을 하는 코드들을 입력해야 했을 것입니다. 그러나 이 클래스는 abstract 키워드를 붙여 추상 클래스로 만들었습니다. 그리고 더하기 연산은 이 클래스를 상속받는 클래스에서 구현하도록 할 것이므로 add 메서드 앞에만 abstract라는 키워드를 붙여주고 함수 뒤의 중괄호를 모두 삭제합니다. 함수 이름과 소괄호 뒤에는 세미콜론(;)을 붙여줍니다.

코드 참고 / MyCalculator2>/app/java/org.techtown.calculator/CalculatorObject.java

```java
package org.techtown.calculator;

public abstract class CalculatorObject implements Calculator {

    @Override
    public abstract int add(int a, int b);

    중략...
}
```

메서드 앞에 abstract를 붙이면 이 메서드는 구현할 필요가 없으며 대신 이 클래스를 상속하는 클래스에서 구현할 것이라고 알려주는 것이 됩니다. 이것은 일종의 약속이기 때문에 인터페이스 안에 메서드를 선언할 때처럼 메서드의 기능 코드가 들어가는 중괄호는 필요하지 않습니다.

add 이외에 subtract, multiply, divide 메서드에는 MyCalculator 안에서 구현했던 코드와 똑같이 예외 객체를 만들어 던져주는 코드를 입력합니다.

코드 참고 / MyCalculator2>/app/java/org.techtown.calculator/CalculatorObject.java

```java
중략...
public abstract class CalculatorObject implements Calculator {
    중략...

    @Override
    public int subtract(int a, int b) throws UnImplementedException {
        throw new UnImplementedException("빼기구현안함");
    }

    @Override
    public int multiply(int a, int b) throws UnImplementedException {
        throw new UnImplementedException("곱하기구현안함");
```

```
    }

    @Override
    public int divide(int a, int b) throws UnImplementedException {
        throw new UnImplementedException("나누기구현안함");
    }
}
```

이렇게 추상 클래스를 하나 만들면 다른 클래스를 만들 때 상속하는 용도로만 사용됩니다. 지금 만든 추상 클래스를 상속받아 MyCalculator를 만들면 다음과 같은 구조가 됩니다.

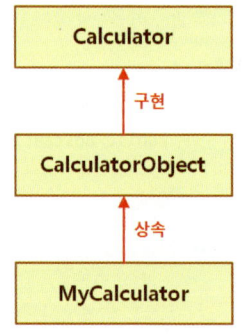

▲ 추상 클래스 상속하여 계산기 만들기

이제 MyCalculator.java 파일을 열고 MyCalculator 클래스가 CalculatorObject를 상속하도록 바꿉니다. Calculator 인터페이스는 이미 CalculatorObject에서 구현하고 있으므로 Calculator 인터페이스를 구현한다는 의미의 implements 키워드는 필요하지 않습니다.

코드 참고 / MyCalculator2>app/java/org.techtown.calculator/MyCalculator.java

```
중략...
public class MyCalculator extends CalculatorObject {

    public int add(int a, int b) {
        return a + b;
    }
           여기에 있던 subtract, multiply, divide 메서드를 모두 삭제하세요!
}
```

여기서 눈여겨 볼 것은 add 메서드만 남겨도 전혀 오류가 표시되지 않는다는 점입니다. 추상 클래스로 만든 CalculatorObject에서 add 메서드는 abstract로 되어 있어 MyCalculator 클래스에서 구현해야 하지만 다른 메서드들은 이미 만들어져 있기 때문에 구현하지 않아도 됩니다. FriendCalculator 클래스도 이런 방식으로 바꾸면 아주 간단해집니다.

코드 참고 / MyCalculator2)/app/java/org.techtown.calculator/FriendCalculator.java

```java
중략...
public class FriendCalculator extends CalculatorObject {
    Context context;

    public FriendCalculator(Context context) {
        this.context = context;
    }

    public int add(int a, int b) {
        Toast.makeText(context, "더하기를 했습니다.",
                        Toast.LENGTH_LONG).show();

        return a + b;
    }
}
```

여기에 있던 subtract, multiply, divide 메서드를 모두 삭제하세요!

이렇게 바꾸면 MyCalculator나 FriendCalculator 클래스 안에 들어있던 메서드 중 일부가 CalculatorObject라는 추상 클래스로 옮겨진 것으로 생각할 수 있습니다.

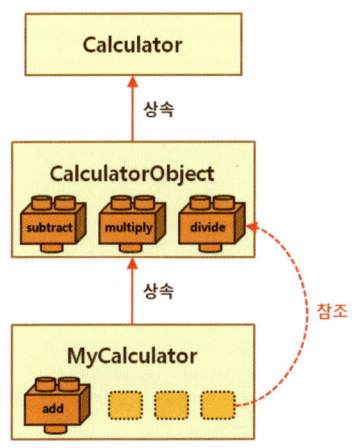

▲ 추상 클래스에서 메서드 구현하기

앱을 실행하고 더하기나 [빼기]가 잘 동작하는지 확인해보면 이전에 실행했던 결과와 똑같이 나오는 것을 볼 수 있습니다.

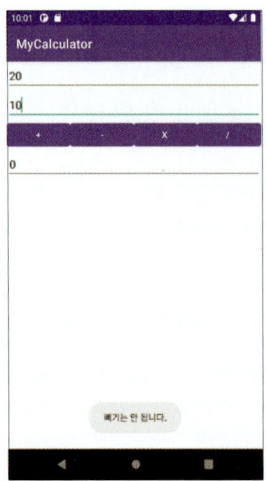

▲ [빼기]를 눌렀을 때 보이는 예외 메시지가 이전과 똑같이 보임

지금까지 추상 클래스를 알아보았습니다. 추상 클래스라는 것은 일종의 미완성 클래스입니다. 하지만 하나의 클래스 안에 들어가야 하는 메서드가 많거나 하나의 클래스에서 상속받아 만들어지는 클래스가 여러 개일 때 잘 생각하면서 사용하면 코드의 양을 많이 줄일 수 있습니다. 그리고 프로그램의 구조도 이해하기 쉽게 만들 수 있다는 것을 알게 되었을 것입니다.

4 _ 필요한 메서드만 걸러내는 어댑터 알아보기

추상 클래스는 어댑터 역할도 합니다. 일상생활에서는 노트북에 전원을 연결할 때 사용되는 것을 어댑터라고 많이 부릅니다. 노트북에 사용하는 어댑터는 100V나 220V로 들어오는 전압을 19V로 낮춰주는 역할을 합니다. 어댑터 안에서 필요 전력을 걸러주니 어댑터를 사용하는 노트북은 항상 필요로 하는 양의 전력만 공급받을 수 있게 됩니다. 이것처럼 추상 클래스도 메서드들 중에서 필요한 것만 구현할 수 있도록 걸러주는 역할을 하는데 이런 역할을 할 때는 '**어댑터(Adapter)**'라는 이름으로 부르기도 합니다. 즉, 어댑터는 클래스가 만들어야 하는 기능 중 일부를 대신 만들어주는 역할을 합니다.

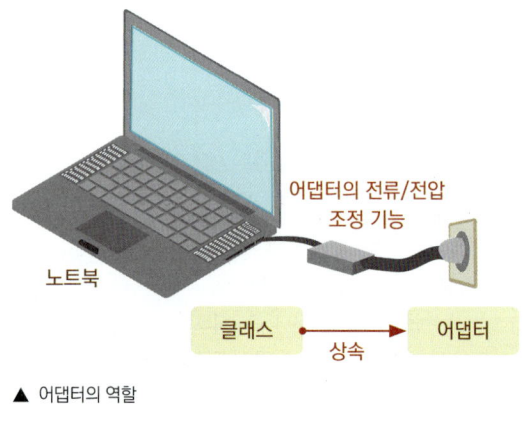

▲ 어댑터의 역할

파일 탐색기에서 이전에 만들었던 MyCalculator2 프로젝트를 복사하여 MyCalculator3 프로젝트를 만듭니다. 안드로이드 스튜디오에서 MyCalculator3 프로젝트를 열고 CalculatorObject 클래스의 이름을 변경합니다. 왼쪽 프로젝트 창에서 app/java 폴더의 org.techtown.calculator 패키지를 열고 그 안에 있는 CalculatorObject.java 파일을 선택한 후 마우스 오른쪽 버튼을 클릭합니다. 나타난 메뉴 중에서 [Refactor → Rename]을 선택합니다.

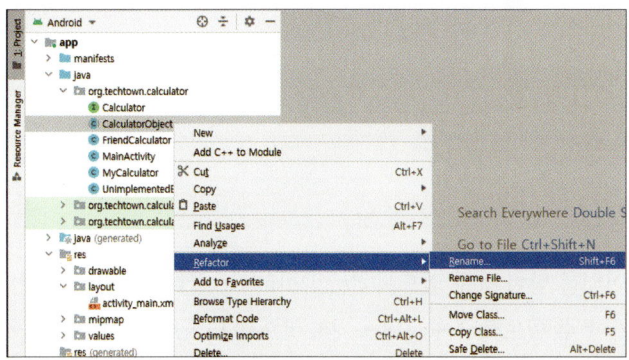

▲ CalculatorObject.java 파일의 이름을 바꾸기 위한 메뉴 선택

이 메뉴는 파일의 이름을 바꿀 수 있도록 합니다. 대화상자가 보이면 새로운 파일 이름으로 CalculatorAdapter를 입력합니다. [Refactor]를 누르면 CalculatorObject라는 이름이 CalculatorAdapter라는 이름으로 바뀝니다. CalculatorObject 클래스를 자료형으로 사용했던 소스코드 부분들이 모두 바뀌게 되므로 다른 자바 파일도 같이 수정됩니다.

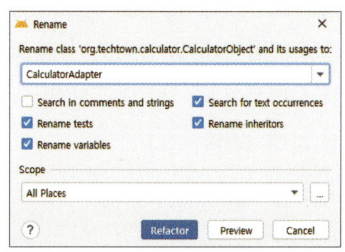

▲ CalculatorAdapter로 이름 바꾸기

수정된 CalculatorAdapter.java 파일을 열어보면 이름만 바뀌었을 뿐 달라진 것은 없습니다. 그렇다면 계산기에 다른 기능을 하나 더 추가하는 것을 한 번 생각해 보겠습니다. 만약 더하기 연산을 할 때마다 더하기 연산을 했던 결과를 저장해두고 싶다면 어떻게 할까요? 간단하게 생각하면 화면에 있는 입력란에 입력한 두 개의 숫자와 그 결과 값을 저장할 수 있는 배열이나 리스트로 된 변수가 필요할 것 같습니다. 그리고 그 안에 더하기를 한 번씩 할 때마다 그 값을 저장하면 될 것 같습니다.

그런데 이런 '히스토리(History)' 기능을 MyCalculator와 FriendCalculator 클래스 안에 모두 만들어야 한다면 두 번 만들어야 합니다. 이 기능을 CalculatorAdapter 클래스 안에 만들면 그대로 상속받을 수 있으니 간단하지 않을까요?

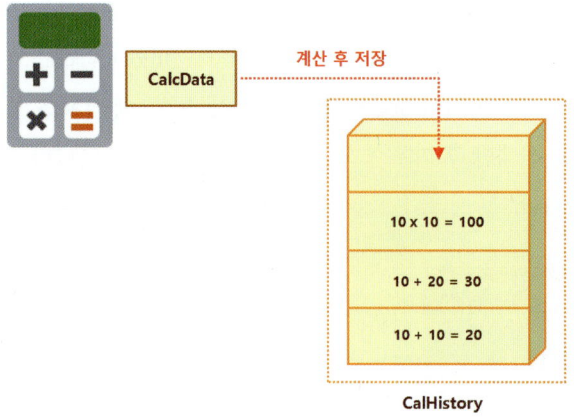

▲ 연산 결과를 기억하는 히스토리 기능 만들기

먼저 연산을 한 번씩 할 때마다 그때의 데이터를 담아둘 수 있도록 CalcData라는 클래스를 만듭니다. 이 클래스 안에는 각각의 연산 기록을 추가할 수 있도록 ArrayList 자료형으로 된 history 변수를 만듭니다.

app/java 폴더의 org.techtown.calculator 패키지를 선택한 후 마우스 오른쪽 버튼을 클릭합니다. 보이는 메뉴에서 [New → Java Class]를 선택하여 나타난 대화상자에 CalcData라는 이름을 입력하여 클래스를 하나 추가합니다.

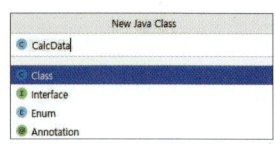

▲ CalcData 클래스를 만드는 대화상자

새로 추가한 CalcData 클래스는 단순히 데이터를 담아둘 수 있는 객체를 만들기 위한 것이므로 그 안에 다음과 같은 네 개의 변수를 추가합니다.

코드 참고 / MyCalculator3〉/app/java/org.techtown.calculator/CalcData.java

```java
public class CalcData {

    int a;
    int b;
    int type;
    int result;
}
```

보통 데이터만 보관하려고 만드는 클래스는 이와 같이 필요한 변수들을 넣은 후 자동으로 만들어지는 Getter와 Setter 메서드를 추가합니다. CalcData 클래스의 중괄호 안쪽에 커서를 두고 마우스 오른쪽 버튼을 클릭합니다. 나타나는 메뉴 중에서 [Generate → Getter and Setter] 메뉴를 누릅니다. 그러면 클래스 안에 들어있는 변수 중에서 Getter와 Setter 메서드를 만들어 줄 변수들을 선택할 수 있는 대화상자가 나타납니다. 네 개의 변수들을 모두 선택한 후 [OK]를 클릭하면 자동으로 메서드들이 추가됩니다.

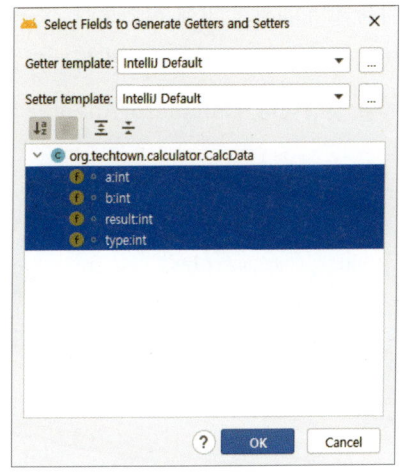

▲ Setter와 Getter 메서드를 자동으로 만들기 위한 대화상자

여기서 type 변수는 연산의 종류를 넣어두는 것으로 더하기는 1, 빼기는 2, 곱하기는 3, 나누기는 4처럼 정수로 넣어둘 것입니다. 구분만 하면 되는 정보이므로 상수로 만들면 이름으로 구분하기 좋을 것입니다. TYPE_으로 시작하는 네 개의 상수를 정의하고 그 아래에는 기본 생성자와 함께 네 개의 변수 값을 파라미터로 전달할 수 있는 생성자를 추가합니다.

코드 참고 / MyCalculator3⟩/app/java/org.techtown.calculator/CalcData.java

```java
public class CalcData {

    public static final int TYPE_ADD = 1;
    public static final int TYPE_SUBTRACT = 2;
    public static final int TYPE_MULTIPLY = 3;
    public static final int TYPE_DIVIDE = 4;

    public CalcData() {

    }

    public CalcData(int inA, int inB, int inType, int inResult) {
        a = inA;
        b = inB;
        type = inType;
        result = inResult;
    }
    중략...
}
```

이제 add 메서드 안에 히스토리 기능을 넣을 차례입니다. 히스토리 기능을 MyCalculator나 Friend Calculator 클래스에 넣으면 똑같은 코드를 두 번씩 넣어야 하므로 CalculatorAdapter 클래스 안에 넣을 것입니다. CalculatorAdapter.java 파일을 열고 다음과 같은 코드를 입력합니다.

코드 참고 / MyCalculator3/app/java/org.techtown.calculator/CalculatorAdapter.java

```java
public abstract class CalculatorAdapter implements Calculator {

    private ArrayList<CalcData> history = new ArrayList<CalcData>();
    중략...
```

history 변수는 더하기나 빼기를 한 번씩 할 때마다 그 연산에 들어간 값이나 결과 값을 CalcData 객체로 만든 후 넣어둘 때 사용됩니다. ArrayList 자료형으로 된 history 변수 안에 들어갈 객체는 항상 CalcData 자료형일 것이므로 ArrayList 뒤에 <CalcData>를 붙여줍니다.

그 아래에는 새로운 메서드를 하나 추가합니다. addHistory라는 이름으로 메서드를 만들고 그 메서드의 파라미터로 네 개의 값을 전달하면 CalcData 객체를 새로 만든 후 history 변수에 넣어줍니다.

코드 참고 / MyCalculator3/app/java/org.techtown.calculator/CalculatorAdapter.java

```java
public abstract class CalculatorAdapter implements Calculator {

    private ArrayList<CalcData> history = new ArrayList<CalcData>();

    public void addHistory(int a, int b, int type, int result) {
        CalcData data = new CalcData(a, b, type, result);
        history.add(data);
    }

    public void clearHistory() {
        history.clear();
    }

    public ArrayList<CalcData> getHistory() {
        return history;
    }
    중략...
```

clearHistory 메서드는 리스트로 만든 history 변수에 들어있는 모든 값을 삭제하고 싶을 때 호출합니다. 그리고 getHistory 메서드는 연산한 결과를 담고 있는 리스트 객체를 그대로 반환해주기 위해 만듭니다. 이 두 개의 메서드는 인터페이스에도 선언해 두어야 다른 곳에서 사용할 수 있으므로 Calculator.java 파일을 열고 다음과 같이 추가합니다.

코드 참고 / MyCalculator3〉/app/java/org.techtown.calculator/Calculator.java

```java
public interface Calculator {

  public void addHistory(int a, int b, int type, int result);

  public void clearHistory();

  public ArrayList<CalcData> getHistory();
중략...
```

어댑터 클래스에 메서드를 추가하고 인터페이스에도 이 메서드들을 선언해 두었으니 이제 MyCalculator 클래스의 add 메서드 안에서 이 메서드를 호출하기만 하면 더하기 연산을 한 데이터를 히스토리에 추가할 수 있습니다. MyCalculator.java 파일을 열고 add 메서드 안의 코드를 다음과 같이 수정합니다.

코드 참고 / MyCalculator3〉/app/java/org.techtown.calculator/MyCalculator.java

```java
중략...
  public int add(int a, int b) {
    int result = a + b;
    addHistory(a, b, CalcData.TYPE_ADD, result);

    return result;
  }
}
```

더하기를 한 후 그 결과 값을 바로 반환하면 중간에 addHistory를 호출할 수 없습니다. 따라서 연산한 결과를 int 자료형의 result 변수에 먼저 넣은 후 addHistory 메서드를 호출하고 그 다음 결과 값을 반환하도록 수정합니다. addHistory 메서드의 세 번째 파라미터로 들어가는 값으로는 CalcData 클래스에 넣어둔 TYPE_ADD 상수를 사용합니다. 만약 빼기 연산을 한다면 TYPE_SUBTRACT를 사용해야 한다는 것도 앞에서 이미 배웠기 때문에 짐작할 수 있을 것입니다.

앱의 화면에 히스토리에 저장된 값을 보여주고 싶다면 화면을 바꿔야 합니다. [activity_main.xml] 탭을 클릭하여 열고 화면에 하나의 버튼과 입력상자를 추가합니다. 입력란에는 히스토리 데이터를 줄바꿈 하면서 모두 보여줄 것이므로 아래쪽 공간을 모두 채우도록 배치합니다. 새로 추가한 버튼에는 '히스토리 삭제'라는 글자가 보이도록 만듭니다.

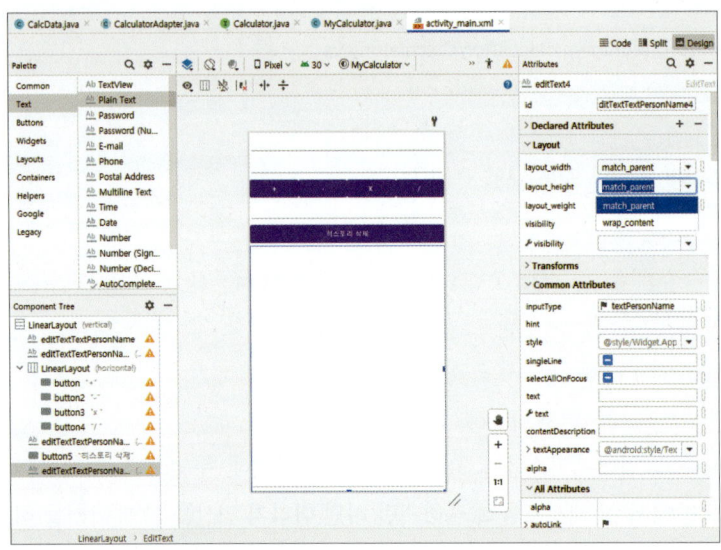

▲ 히스토리를 보여주기 위해 화면 배치 수정하기

화면을 바꾸었다면 MainActivity.java 파일을 열고 [더하기]를 누를 때마다 history 변수에 들어있는 모든 데이터를 새로 추가한 입력란에 보여주도록 수정합니다. 먼저 화면에 새로 추가한 입력상자를 찾아 editText4라는 변수에 할당합니다.

코드 참고 / MyCalculator3/app/java/org.techtown.calculator/MainActivity.java

```
중략...
public class MainActivity extends AppCompatActivity {
    중략...
    EditText editText4;

    @Override
    protected void onCreate(Bundle savedInstanceState) {
        중략...
        editText4 = findViewById(R.id.editTextTextPersonName4);
    중략...
```

그 다음에는 [더하기]를 눌렀을 때 호출되는 onClick 메서드의 마지막 부분에 아래 코드를 추가합니다.

코드 참고 / MyCalculator3〉/app/java/org.techtown.calculator/MainActivity.java

```java
중략...
Button button = findViewById(R.id.button);
button.setOnClickListener(new View.OnClickListener() {
  @Override
  public void onClick(View v) {
    String input1 = editText.getText().toString();
    String input2 = editText2.getText().toString();

    int a = 0;
    int b = 0;
    try {
      a = Integer.parseInt(input1);
      b = Integer.parseInt(input2);
    } catch(Exception ex) {
      ex.printStackTrace();
    }

    int result = calculator.add(a, b);
    editText3.setText(String.valueOf(result));

    ArrayList<CalcData> history = calculator.getHistory();
    String outStr = "";
    for (int i = 0; i < history.size(); i++) {
      CalcData curData = history.get(i);
      outStr += "\n#" + i + " : " + curData.getA() + ", "
              + curData.getB() + ", "
              + curData.getType() + ", "
              + curData.getResult();
    }

    editText4.setText(outStr);
  }
});
중략...
```

for 구문으로 history 리스트 객체에 들어있는 CalcData 자료형의 객체를 하나씩 가져옵니다. 그 다음에 a, b, type, result 변수의 값을 차례로 확인하면서 문자열에 붙여주면 결과 문자열을 화면에 보여줄 수 있습니다.

마지막으로 [히스토리 삭제]를 눌렀을 때 히스토리 데이터를 모두 없애주는 기능을 코드로 넣습니다. 버튼을 눌렀을 때 만들어지는 계산기 객체는 매번 새로운 계산기 객체를 만드는 것이라서 메모리를 낭비할 수 있습니다. 따라서 앱의 화면이 만들어질 때 같이 만들어지도록 onCreate 메서드 안으로 옮겨줍니다. [더하기]나 [빼기]를 눌렀을 때의 onClick 메서드 안에서 계산기 객체를 만드는 new 연산자가 들어간 부분은 없애주어야 한다는 것을 잊어서는 안 됩니다.

코드 참고 / MyCalculator3/app/java/org.techtown.calculator/MainActivity.java

```java
중략...
public class MainActivity extends AppCompatActivity {
  중략...
  Calculator calculator;

  @Override
  protected void onCreate(Bundle savedInstanceState) {
    중략...
    calculator = new MyCalculator();
    중략...
    Button button5 = findViewById(R.id.button5);
    button5.setOnClickListener(new View.OnClickListener() {
      @Override
      public void onClick(View v) {
        calculator.clearHistory();
        editText4.setText("");
      }
    });
  }
}
```

앱을 실행하고 [더하기]를 눌러보면 더하기 결과를 보여준 다음 히스토리 정보가 함께 출력됩니다.

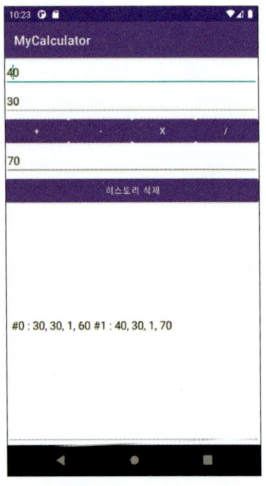

[더하기]를 누를 때 보이는 히스토리 정보 ▶

[히스토리 삭제]를 누르면 지금까지 리스트에 넣어두었던 CalcData 객체들이 전부 삭제되고 아래쪽 입력란에 보이던 글자들도 모두 사라집니다.

지금까지 어댑터라는 것을 알아보았습니다. 어댑터는 추상 클래스와 비슷한 역할을 하지만 훨씬 더 많은 기능을 할 때 붙여지는 디자인 패턴의 이름입니다. '디자인 패턴(Design Pattern)'이란 코드를 입력할 때 그 형태가 비슷한 경우들을 모두 모아서 이름을 붙인 것입니다. 그만큼 이 어댑터를 만들어 사용할 때가 많다는 것입니다. 다음 장에서 설명하겠지만 안드로이드에서는 리스트 모양을 만들 때 어댑터라는 것을 사용합니다. 어댑터라는 것이 상속받은 클래스에서 해야 할 일들 중에서 여러 개의 데이터를

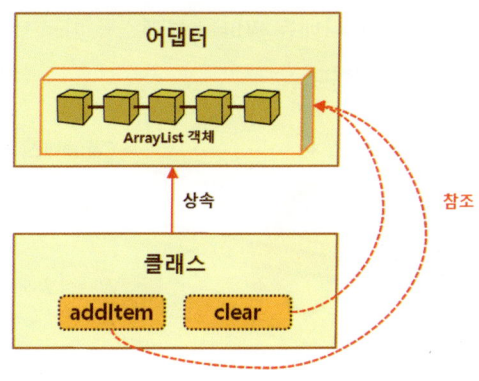

▲ 어댑터에서 관리하는 여러 개의 데이터

보관하는 일을 한다는 것을 알고 있어야 다음 장에서 설명하는 리스트의 구조의 잘 이해할 수 있습니다.

다시 말하면, 어댑터가 여러 개의 데이터를 관리하게 되면 그 어댑터를 상속하는 클래스에서는 단지 add나 clear 메서드만 호출하면 됩니다. 그만큼 코드가 단순해지기 때문에 어댑터 클래스의 가장 큰 장점이라고 할 수 있습니다.

5 _ 클래스 안에 클래스 넣기

이번에는 클래스 안에 클래스를 넣는 내부 클래스를 알아보겠습니다. 앞에서 살펴보았던 것처럼 클래스는 보통 클래스 이름과 똑같은 이름의 자바 소스 파일을 만들어서 그 안에 넣어둡니다. 그렇지 않고 하나의 자바 소스 파일에 여러 개의 클래스가 들어간 경우라고 하더라도 public 키워드를 붙인 클래스가 하나만 있으면 나머지 클래스는 public을 붙이지 않고 하나의 소스 파일에 넣을 수 있습니다. 이렇게 클래스가 서로 떨어져 있도록 만드는 것은 클래스가 보통 하나의 객체를 만드는 데 사용되기 때문입니다. 간단히 예를 들어보면 사람이라는 객체와 강아지라는 객체가 있는데 두 객체가 서로 다르기 때문에 따로 떨어뜨려 놓은 것과 비슷합니다.

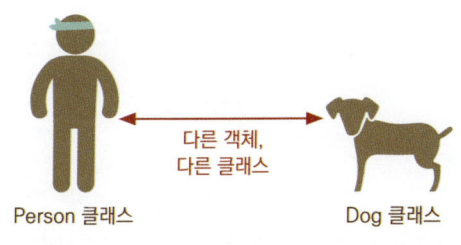

▲ 클래스끼리는 떨어져 있다고 생각해요

그런데 이렇게 클래스를 따로 떨어뜨리려는 의도가 아니라 코드를 쉽게 만들기 위해 클래스 안에 클래스를 넣는 경우가 있습니다. 이것을 '내부 클래스(Inner Class)'라고 합니다. 내부 클래스는 클래스 안에 클래스가 만들어지는 모양을 갖고 있습니다. 차에 바퀴가 달려 있다면 차를 나타내는 Car 클래스와 바퀴를 나타내는 Wheel 클래스를 따로 만드는 것이 아니라 Car 클래스 안에 Wheel 클래스를 만드는 방식입니다.

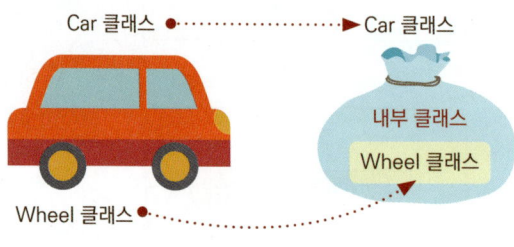

▲ 내부 클래스의 형태

그러면 클래스 안에 클래스를 넣으면 따로 분리해두는 것에 비해 어떤 점이 좋은 걸까요? 가장 두드러지게 좋아 보이는 점들 중의 하나가 콘텍스트 객체와 같은 것을 클래스 안에 따로 가지고 있을 필요가 없다는 점입니다. 특히 그 클래스 안에서만 사용할 클래스인 경우에는 굳이 따로 만들어 다른 곳에서 접근하도록 할 필요가 없으므로 그냥 클래스 안에 두게 됩니다.

간단한 계산 기능을 가진 클래스를 하나 만들어 내부 클래스로 추가하고 어떤 점이 편리한지 확인해 보겠습니다. 안드로이드 스튜디오에서 새로운 프로젝트를 만들고 이름은 MyCalculator4, 패키지 이름은 org.techtown.calculator로 합니다.

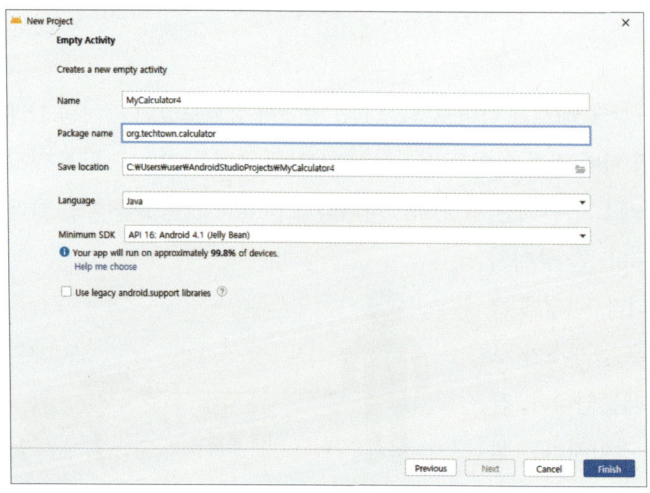

▲ MyCalculator4라는 새로운 안드로이드 프로젝트 만들기

프로젝트 창이 열리면 왼쪽 프로젝트 창에서 app/java 폴더의 org.tech
town.calculator 패키지를 선택하고 마우스 오른쪽 버튼을 클릭하여
보이는 메뉴에서 [New → Java Class]를 선택합니다. 새로운 클래스
를 만드는 대화상자가 보이면 Name 입력란에 Calculator를 입력하고
Enter 를 누릅니다.

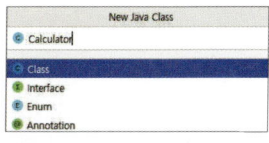

▲ Calculator라는 새로운 클래스 만들기

Calculator.java 파일이 만들어지면 그 안에 다음과 같이 더하기 연산을 위한 add 메서드를 추가합니다. 그리고 더하기 연산이 정상적으로 되는지를 확인하기 위해 토스트 메시지를 띄우는 코드도 입력합니다. 이렇게 하면 토스트 메시지를 띄우기 위해 콘텍스트 객체를 파라미터로 넘겨주어야 합니다. 그런데 콘텍스트 객체가 이 클래스에는 없으므로 메인 액티비티에서 이 클래스로 실제 객체를 만들 때 파라미터로 전달받아 변수에 할당하는 코드가 있어야 합니다.

▲ 콘텍스트 객체가 없어 파라미터로 넣을 수 없는 상태

새로운 생성자를 하나 추가하고 그 생성자의 파라미터로 콘텍스트 객체를 전달받은 후 변수로 참조했다가 토스트 메시를 띄울 때 사용하도록 코드를 수정합니다.

코드 참고 / MyCalculator4>/app/java/org.techtown.calculator/Calculator.java

```
중략...
public class Calculator {
  Context context;

  public Calculator(Context context) {
    this.context = context;
```

```
    }
    public int add(int a, int b) {
        Toast.makeText(context, "더하기를 했습니다.", Toast.LENGTH_LONG).show();
        return a + b;
    }
}
```

콘텍스트 객체를 전달받아 클래스 안의 변수에 넣어두고 필요할 때 참조하여 사용하는 방법은 이미 알고 있으니 코드를 쉽게 바꿀 수 있을 것입니다. 이렇게 만든 계산기 클래스로 실제 객체를 만들고 싶다면 [MainActivity.java] 탭을 열고 다음과 같은 코드를 onCreate 메서드 안에 입력해야 합니다.

코드 참고 / MyCalculator4>/app/java/org.techtown.calculator/MainActivity.java

```
중략...
    Calculator calc = new Calculator(this);
    int result = calc.add(10, 10);
중략...
```

MainActivity 클래스의 onCreate 메서드 안에 이런 코드를 넣으면 10+10이라는 연산을 할 수 있습니다. new 연산자로 Calculator 클래스의 객체를 만들 때 this 키워드가 파라미터로 전달되므로 MainActivity 클래스의 인스턴스를 Calculator 클래스에서 받은 후 콘텍스트 자료형의 변수로 참조하게 됩니다.

그런데 지금까지 만든 코드가 아니라 다른 형태의 코드를 만들어보면 어떨까요? Calculator 클래스를 MainActivity 클래스 안에 넣으면 어떻게 될까요? 앞에서 만들었던 Calculator.java 파일을 삭제합니다. 그리고 다음과 같이 MainActivity.java 파일을 열고 MainActivity 클래스의 중괄호 안에 Calculator 클래스를 추가합니다.

코드 참고 / MyCalculator4>/app/java/org.techtown.calculator/MainActivity.java

```
중략...
public class MainActivity extends AppCompatActivity {
    중략...
    class Calculator {

        public int add(int a, int b) {
            Toast.makeText(getApplicationContext(), "더하기를 했습니다.",
```

```
                        Toast.LENGTH_LONG).show();
            return a + b;
        }
    }
}
```

이 클래스는 MainActivity 클래스 안에 들어있으므로 생성자를 만들어 콘텍스트 객체를 전달받을 필요가 없습니다. 토스트 메시지를 위해 콘텍스트 객체가 필요하다면 메인 액티비티에 들어있는 getApplicationContext 메서드를 바로 호출할 수 있기 때문입니다. 이 메서드는 AppCompatActivity를 상속받은 MainActivity 클래스에 들어있지만 내부 클래스로 추가된 Calculator 클래스에서도 바로 사용할 수 있습니다.

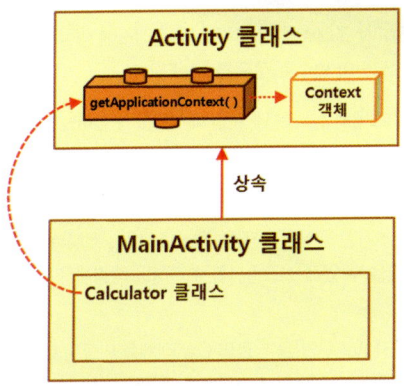

▲ 내부 클래스에서 콘텍스트 객체 사용하기

이렇게 클래스 안에 클래스를 추가하니 콘텍스트 객체를 사용하는 코드가 훨씬 간단해집니다. 내부 클래스로 추가하여 사용하면 클래스를 포함하고 있는 클래스에 들어있는 메서드나 변수에 바로 접근할 수 있어 아주 편리합니다. 예를 들어, 화면에 추가한 입력란에 더하기 연산을 한 결과를 글씨로 보여줄 경우에도 바로 접근할 수 있습니다. 이전에 만들었던 Calculator.java 파일은 삭제하고 사용자가 버튼을 누르면 MainActivity 클래스 안에 넣어둔 Calculator를 이용해 더하기 연산을 하도록 코드를 직접 넣어보기 바랍니다. 해볼 수 있겠죠?

인터페이스를 구현하는 클래스 만들기

난이도	상	중	✓ 하	소요시간	40분
목표	인터페이스를 구현하는 클래스를 여러 개 만들고 각각의 클래스로부터 생성한 인스턴스 객체의 자료형을 확인하는 방법 연습					

- Car 인터페이스를 만들고 이를 구현하는 클래스를 두 가지 만들어봅니다.
- 같은 인터페이스를 구현하는 서로 다른 객체를 만들었을 때 그 객체의 자료형을 확인하는 기능을 만들어봅니다.

❶ 새 프로젝트의 이름은 Study19, 패키지 이름은 org.techtown.study19로 합니다.

❷ Car 인터페이스를 만들고 그 안에 doStart, doRun, doTurn, doStop 메서드를 정의합니다.

❸ Car 인터페이스를 구현하는 Benz 클래스와 BMW 클래스를 만듭니다. 각 클래스에 생성자를 만들고 콘텍스트(Context) 객체를 파라미터로 전달받아 변수로 갖도록 합니다.

❹ Benz 클래스와 BMW 클래스 안에는 인터페이스에서 정의된 네 개의 메서드를 구현하는 코드를 입력합니다. 메서드 안에서는 어떤 메서드가 호출되었는지 토스트로 보여줍니다.

예) doStart 메서드를 호출하면 'Benz의 doStart 메서드가 호출되었습니다.'라는 메시지 표시

❺ activity_main.xml 파일을 열고 버튼 두 개를 추가한 후 버튼 글자는 'Benz 구입', 'BMW 구입'으로 표시합니다. 아래쪽에는 버튼 여러 개를 넣을 수 있게 스크롤뷰를 추가하고 배경색은 파란색으로 변경합니다.

❻ MainActivity.java 파일에 [Benz 구입]이나 [BMW 구입]을 누르면 Car 객체를 만들어 이 객체들을 보관할 수 있는 ArrayList 객체에 추가합니다. 아래쪽의 스크롤뷰 안에 들어있는 리니어 레이아웃에는 'Car 1', 'Car 2', 'Car 3'으로 표시된 버튼이 추가되도록 코드를 입력합니다.

❼ [Car 1], [Car 2] 버튼을 누르면 Benz와 BMW 중 어떤 차종인지 토스트 메시지로 표시합니다.

❽ 각 Car 인스턴스를 만들어 보관할 객체는 ArrayList 자료형으로 만들고 그 안에 들어있는 각 Car 인스턴스에 instanceof 연산자를 사용하면 Benz 자료형 또는 BMW 자료형의 인스턴스인지 알 수 있습니다.

❾ 리니어 레이아웃에 추가된 버튼에 어떤 값을 넣고 싶다면 setTag와 getTag 메서드를 사용합니다.

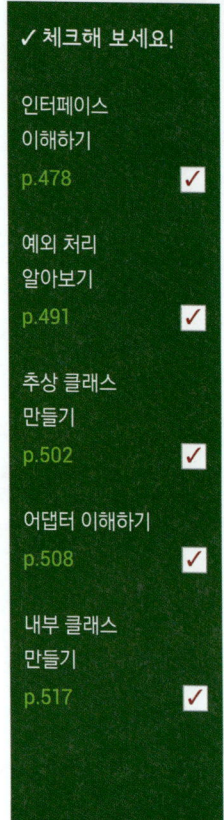

✓ 체크해 보세요!

인터페이스 이해하기
p.478 ✓

예외 처리 알아보기
p.491 ✓

추상 클래스 만들기
p.502 ✓

어댑터 이해하기
p.508 ✓

내부 클래스 만들기
p.517 ✓

해답 | Study19 프로젝트

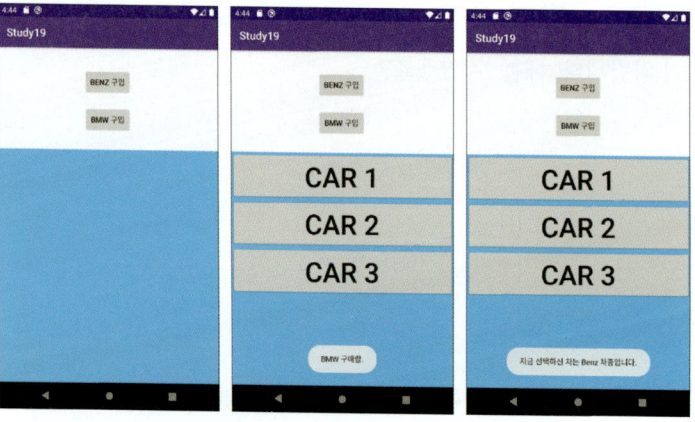

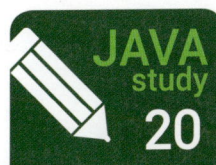

추상 클래스와 이를 상속한 클래스 만들기

난이도	상	✓ 중	하	소요시간	50분
목표	추상 클래스를 만들고 이를 상속하는 클래스를 만드는 방법 연습					

✓ 체크해 보세요!

인터페이스
이해하기
p.478 ✓

예외 처리
알아보기
p.491 ✓

추상 클래스
만들기
p.502 ✓

어댑터 이해하기
p.508 ✓

내부 클래스
만들기
p.517 ✓

해답 | Study20 프로젝트

- Car 인터페이스를 구현하는 추상 클래스를 만들어봅니다.
- 추상 클래스를 상속하는 클래스를 만들고 추상 클래스에 추가 기능을 더 넣어봅니다.

❶ Study19 프로젝트를 복사하여 Study20으로 만듭니다.

❷ CarPrototype 추상 클래스를 만들어 Car 인터페이스를 구현하도록 하고 Benz와 BMW 클래스가 이 추상 클래스를 상속하도록 만듭니다.

❸ CarPrototype 추상 클래스를 정의하고 그 안에서 인터페이스에 정의했던 메서드를 구현하는 코드를 넣어둡니다.

예) CarPrototype 클래스의 doStart 메서드가 호출되면 'CarPrototype의 doStart 메서드가 호출되었습니다.'라는 메시지가 보이게 합니다. 그중에서 doRun 메서드는 abstract 키워드를 붙여 구현하지 않도록 합니다.

❹ MainActivity 클래스에서 사용했던 ArrayList 자료형의 변수를 CarPrototype으로 옮기고 클래스 변수로 정의합니다. 이 변수에는 새로 만들어지는 자동차 객체들을 추가합니다.

❺ CarPrototype 클래스에 price 변수와 이 값을 가져오거나 설정할 수 있는 Getter와 Setter 메서드를 추가합니다. Car 인터페이스에는 가격을 알 수 있게 getPrice 메서드를 추가로 정의합니다.

❻ Benz와 BMW 클래스는 CarPrototype 클래스를 상속하도록 변경합니다. CarPrototype에서 구현하지 않은 doRun 메서드를 구현하는 코드를 입력합니다.

❼ activity_main.xml 화면에 입력상자 한 개를 추가합니다. 입력란에는 자동차 구매 가격을 입력할 것이며, 새 자동차 객체가 만들어질 때 가격 정보를 그 객체에 넣을 수 있게 합니다.

❽ MainActivity.java 파일에는 화면의 기능이 똑같이 동작하게 코드를 수정하되 자동차 객체가 만들어질 때 사용자가 입력한 가격 정보를 객체에 넣어주게 합니다.

❾ 화면에 추가된 버튼을 누르면 차종과 차의 구매 가격을 함께 보여주도록 합니다.

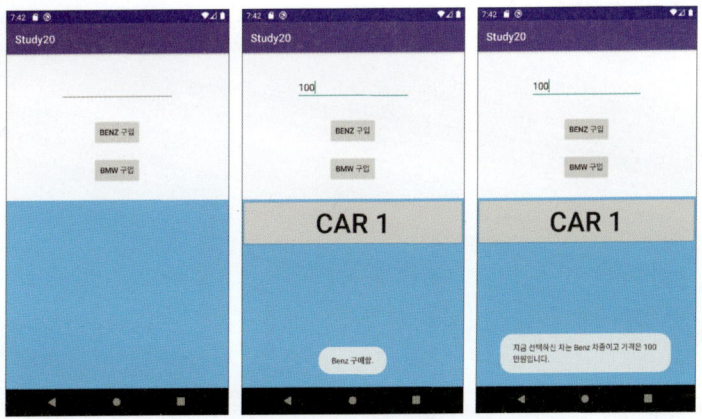

인터페이스와 어댑터 이해하기

인터페이스

① **캡슐화란?** 하나의 객체 안에서 그 객체가 필요로 하는 모든 기능을 수행하도록 하는 것을 말합니다. 캡슐이나 풍선처럼 막에 싸여 있다면 그 안의 변수나 함수는 다른 객체가 건드릴 수 없으며 명령만 전달할 수 있습니다.

② **인터페이스(Interface)란?** 클래스에 접근할 수 있는 방법이 무엇인지를 정의한 약속과 같습니다.

③ **구현한다(Implement)란?** 인터페이스에서 약속한 함수의 중괄호 안에 실행될 코드를 넣어준다는 의미입니다. 인터페이스에서는 약속만 했기 때문에 실행될 코드가 없었는데 이 함수들에 직접 실행 가능한 기능을 넣어줍니다.

④ **throw 키워드란?** 예외 클래스를 하나 만들면 예외 상황이 발생할 때 그 클래스로 만든 예외 객체를 던져줄 수 있게 합니다.

Exception 만들어 사용하기

- Exception을 상속하는 새로운 객체 만들기
- 인터페이스에서 구현하지 못한 메서드에 throws 키워드와 함께 넣어주기
- 인터페이스를 구현하는 클래스에서 throws 키워드와 함께 넣어주기
- 예외 상황이 발생하는 코드에서 throw 키워드와 함께 예외 객체 던져주기
- 메서드를 호출하는 쪽에서는 try-catch 구문으로 예외 처리하기

추상 클래스와 어댑터

① **추상 클래스란?** 클래스 앞에 abstract라는 키워드가 붙은 것을 가리킵니다. 이 추상 클래스는 abstract라는 키워드가 붙어있는 메서드를 하나 이상 가지고 있으며, abstract 메서드는 약속만 한 것으로 구현 코드가 없습니다.

② **어댑터란?** 메서드들 중에서 필요한 것만 구현할 수 있도록 걸러주는 역할을 하는 클래스를 일컫는 말로 사용하기도 합니다.

③ **내부 클래스란?** 클래스 안에 클래스를 넣은 것으로 새로 추가할 클래스를 별도의 파일로 분리하지 않은 것입니다.

④ **컨텍스트 객체란?** 안드로이드에서 화면을 구성하는 뷰를 다루거나 안드로이드에서 제공하는 기능을 사용할 때 상당히 자주 사용되는 객체입니다. 새로운 클래스를 만들 때는 클래스 안에 이 컨텍스트 객체가 없으므로 생성자의 파라미터로 전달받아 변수로 가지도록 할 수 있습니다.

02-11

리스트로 여러 데이터 한꺼번에 보여주기

중요도 ★☆☆☆☆

여러 개의 화면을 만들고 이 화면에서 저 화면 사이를 왔다 갔다 하면서 보여주려면 화면을 담당하는 '액티비티'를 잘 알아야 합니다. 그리고 액티비티에 보이는 버튼이나 입력상자를 잘 배치하기 위해서 '레이아웃'이라는 것도 만들 수 있어야 합니다. 이 내용들은 이미 앞에서 살펴보았습니다. 그런데 화면 레이아웃을 만들 때 버튼이나 입력상자뿐만 아니라 '리스트'라는 것도 자주 사용됩니다. 리스트는 여러 개의 데이터를 한꺼번에 보여줄 수 있는 위젯인데 이전에는 이 리스트를 알지 못했기 때문에 여러 개의 데이터를 한꺼번에 보여주는 간단한 방법으로 스크롤뷰에 여러 개의 텍스트뷰를 넣는 방법을 사용했었습니다. 하지만 여러 개의 데이터를 한꺼번에 보여줄 때는 리스트를 사용하는 것이 훨씬 좋은 방법입니다. 이 장에서는 리싸이클러뷰 위젯으로 여러 개의 데이터를 리스트 형태로 보여주는 방법을 알아보겠습니다.

키워드로 알아보는 자바 언어

리싸이클러뷰	리스트 모양으로 보여줄 때 사용하는 위젯입니다.
어댑터	리싸이클러뷰와 같은 선택 위젯은 어댑터에서 데이터를 관리합니다.
아이템	리싸이클러뷰의 한 아이템을 위한 레이아웃을 만들어 사용합니다.
아이템 데이터	리싸이클러뷰의 한 아이템을 위한 데이터들을 담아둘 수 있도록 클래스를 정의합니다.

1 _ 선택 위젯이란 무엇일까?

화면 레이아웃에 버튼이나 입력상자를 하나씩 추가하고 이것을 소스코드에서 찾아 사용하는 방법은 지금까지 많이 해봐서 아주 익숙할 것입니다. 이렇게 위젯을 하나씩 추가하는 것이 아니라 여러 개를 한꺼번에 보여주기 위해 스크롤 안에 텍스트뷰를 여러 개 추가하기도 했습니다. 바로 ArrayList에 보관된 여러 데이터를 텍스트뷰라는 것으로 만들어 스크롤뷰 안에 보여주는 방법이었는데요, 이렇게 스크롤뷰를 직접 만드는 방법을 사용하지 않고 하나의 위젯으로 이미 만들어둔 기능을 사용해서 화면에 보여줄 수 있는 것이 '리싸이클러뷰(RecyclerView)'입니다.

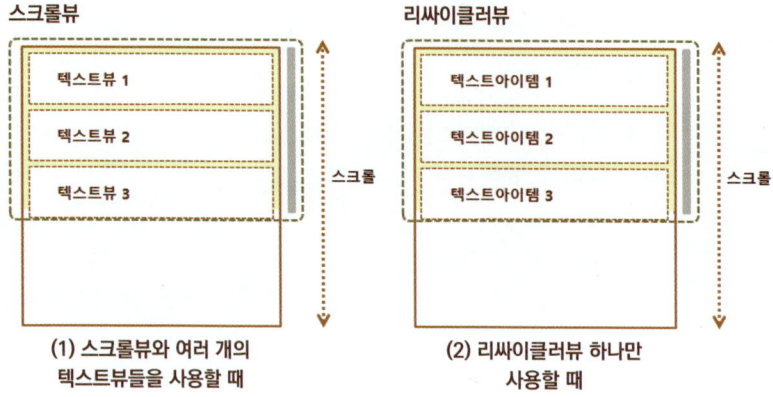

▲ 스크롤 안에 여러 개의 텍스트가 들어가는 것 대신 리싸이클러뷰 사용하기

하나의 위젯에서 여러 개의 데이터를 보여줄 때는 위젯 안에서 여러 개의 데이터를 각각의 뷰에 담아 보여주고 그 중의 하나를 선택했을 때 어떤 아이템이 선택되었는지를 확인한 후 이벤트를 처리하는 코드를 실행해야 합니다. 이렇게 여러 개의 데이터를 보여주고 그중 하나를 선택할 때 원하는 기능을 실행시키는 위젯을 '선택 위젯(Selection Widget)'이라고 합니다.

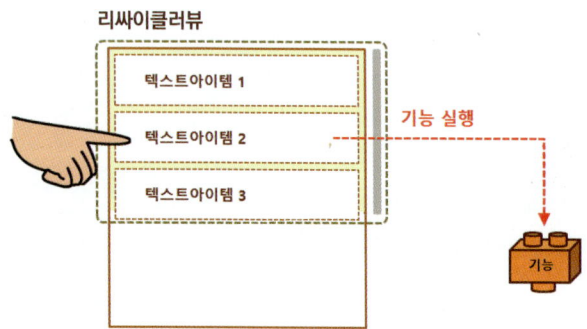

▲ 선택 위젯의 기능 실행

버튼이나 입력상자처럼 데이터를 하나씩 보여주는 위젯과 달리 여러 개의 데이터를 한꺼번에 보여주고 그중 하나 또는 몇 개를 선택할 수 있는 선택 위젯을 별도로 구분하는 이유는 여러 개의 데이터를 보여주는 위젯은 사용하는 방식이 독특하기 때문입니다. 선택 위젯은 앞 장에서 알아보았던 어댑터를 사용합니다. 그리고 어댑터에서 데이터를 관리합니다. 즉, 선택 위젯에 들어있는 하나하나를 '아이템'이라고 부르는데 이 아이템의 데이터가 위젯이 아닌 어댑터에 들어있다는 뜻입니다.

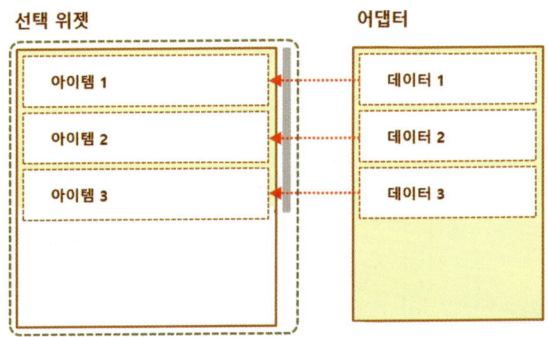

▲ 선택 위젯과 어댑터

그러면 사용자의 눈에 보이는 선택 위젯은 단순히 모양을 보여주는 역할만 하게 됩니다. 선택 위젯에서 사용자에게 보여주는 각각의 것들을 뷰라고 부릅니다. 버튼이나 텍스트뷰와 같은 위젯들도 모두 뷰라고 부르니 이런 위젯들이 아이템으로 보이는 것이라고 생각하면 쉽습니다. 예를 들어, 텍스트뷰 객체를 하나 만들어 선택 위젯의 첫 번째 아이템으로 넣거나 두 번째 아이템으로 넣을 수 있습니다. 그런데 선택 위젯에 보이는 각각의 아이템을 위한 뷰 객체들도 위젯에서 만들지 않고 어댑터에서 만들어집니다. 결국 어댑터라는 것이 데이터도 관리하고 눈에 보이는 각각의 아이템을 위한 뷰 객체도 만들어내는 역할을 합니다. 그렇다면 위젯은 그냥 껍데기라고 해도 되겠네요.

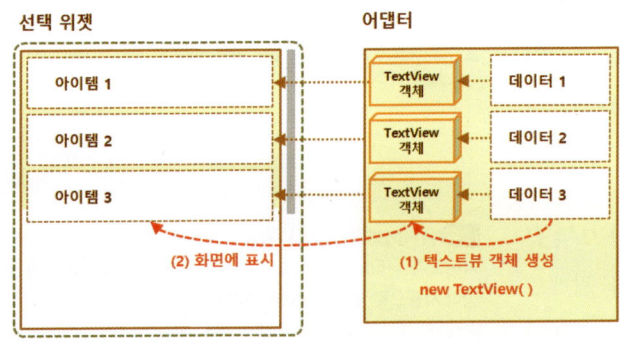

▲ 어댑터에서 뷰 객체를 만들어 위젯의 아이템으로 보여주기

2 _ 간단한 리싸이클러뷰 만들기

가장 간단한 리스트 모양을 만들어보기 위해 안드로이드 스튜디오에서 MyList라는 이름의 프로젝트를 만듭니다. 패키지 이름은 org.techtown.list로 합니다.

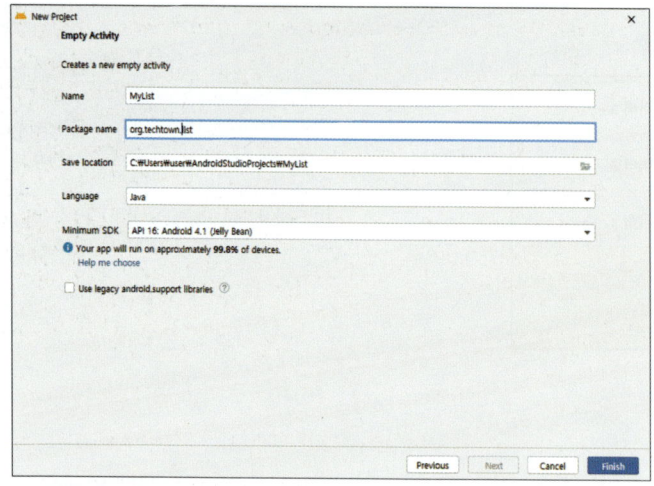

▲ MyList라는 새로운 안드로이드 프로젝트 만들기

프로젝트 창이 보이면 [activity_main.xml] 탭을 눌러 디자인 화면을 엽니다. 원래 들어있던 Text View를 없애고 왼쪽의 팔레트(Palette) 창에서 Common 그룹 안에 들어있는 RecyclerView 위젯을 살펴봅니다. RecyclerView 위젯의 오른쪽에는 다운로드 아이콘이 표시되어 있습니다. 이것은 외부 라이브러리를 설치해야 사용할 수 있다는 표시입니다. 다운로드 아이콘을 클릭하면 외부 라이브러리를 설치할 것인지를 묻는 대화상자가 표시됩니다.

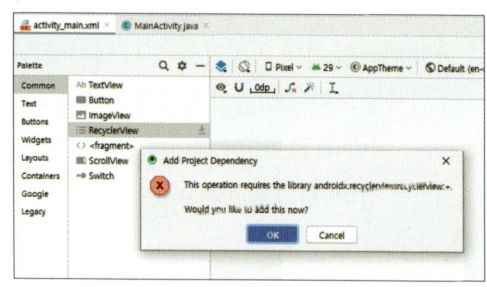

▲ RecyclerView를 위한 외부 라이브러리를 설치할 것인지 묻는 대화상자

[OK]를 누르면 설치가 진행됩니다. 설치가 모두 끝나면 RecyclerView를 사용할 수 있습니다. 팔레트(Palette) 창에서 RecyclerView를 끌어다 화면에 추가합니다. 끌어다 놓은 위젯의 상하좌우 연결점을 부모 레이아웃의 벽에 연결하여 화면을 채우도록 만듭니다.

> 주의 RecyclerView를 끌어다 화면에 추가할 때 가로세로 가이드가 나타나도록 정중앙에 넣으면 위젯의 상하좌우 연결점이 자동으로 부모 레이아웃의 벽에 연결됩니다.

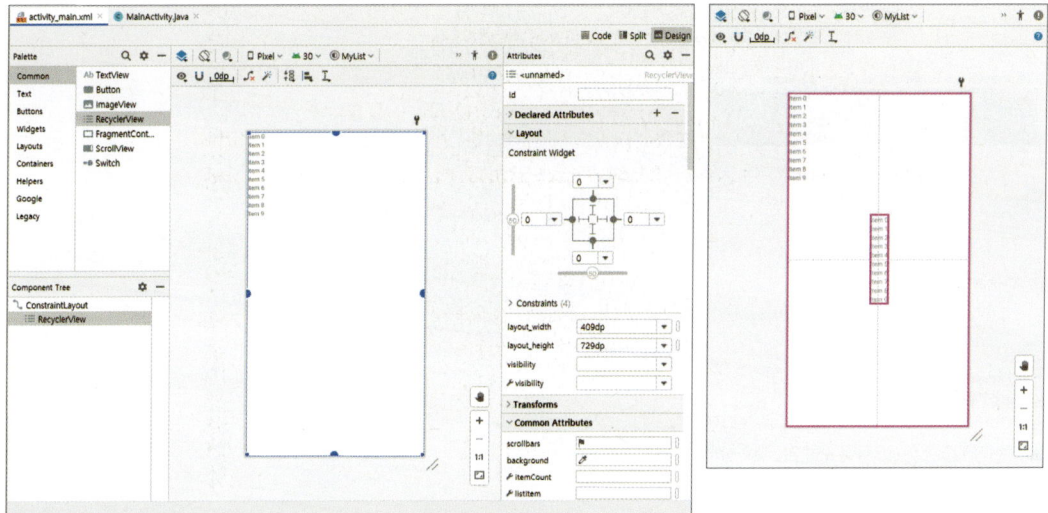

▲ 화면 레이아웃에 RecyclerView 위젯을 끌어다 놓고 화면에 꽉 차도록 조정하기

화면에 추가한 리싸이클러뷰 위젯에는 id 속성 값이 들어있지 않습니다. 위젯을 선택한 상태에서 오른쪽 속성 창의 id 속성을 찾아 recyclerView로 입력합니다. 화면에 위젯을 추가했으니 소스코드에서 이 위젯을 찾고 필요한 코드를 넣으면 되겠지만 그 전에 해야 할 일이 있습니다. 바로 어댑터라는 것을 만드는 것인데요, 앞에서 얘기했던 것처럼 리싸이클러뷰는 여러 개의 데이터를 한꺼번에 보여줄 수 있는 선택 위젯이라서 어댑터를 사용해야 하기 때문입니다.

왼쪽 프로젝트 창에서 app/java 폴더의 org.techtown.list 패키지를 선택하고 마우스 오른쪽 버튼을 클릭하여 보이는 메뉴에서 [New → Java Class]를 선택합니다. 클래스를 새로 만드는 대화상자가 보이면 클래스 이름을 MyAdapter로 입력하고 Enter 를 누릅니다. MyAdapter.java 파일이 새로 만들어지면 클래스 이름 뒤에 extends RecyclerView. Adapter를 추가합니다. 그런데 RecyclerView 글자 위에 작은 팝업 창이 뜨면서 Alt + Enter 를 입력하라는 메시지가 표시됩니다. Alt + Enter 를 누릅니다.

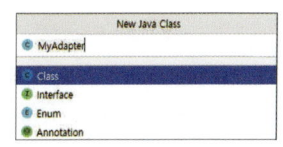

▲ 새로운 어댑터 클래스를 만들기 위한 대화상자

MyAdapter.java 파일을 살펴보면 MyAdapter 클래스에 빨간색 오류가 표시되어 있습니다. 이것은 필요한 메서드가 구현되어 있지 않기 때문입니다. MyAdapter 클래스의 중괄호 안에 커서를 두고 마우스 오른쪽 버튼을 누릅니다. 팝업 메뉴가 보이면 [Generate → Implement methods] 메뉴를 선택합니다. 그러면 대화상자가 보이고 구현이 필요한 메서드들이 표시됩니다. 메서드들이 모두 선택된 상태에서 [OK]를 누릅니다.

▲ 구현이 필요한 메서드들을 보여주는 대화상자

세 개의 메서드가 추가되면 다음과 같은 형태가 됩니다.

코드 참고 / MyList>/app/java/org.techtown.list/MyAdapter.java

```java
public class MyAdapter extends RecyclerView.Adapter {

    @NonNull
    @Override
    public RecyclerView.ViewHolder onCreateViewHolder(@NonNull ViewGroup parent, int viewType) {
        return null;
    }

    @Override
    public void onBindViewHolder(@NonNull RecyclerView.ViewHolder holder, int position) {

    }

    @Override
    public int getItemCount() {
        return 0;
    }
}
```

오류가 생길 경우, 자동 추가된 @org.jetbrains.annotation.NotNull은 삭제하고 진행해도 됩니다.

어댑터는 여러 개의 데이터를 넣어두고 관리할 수 있다고 했으니 이 안에 여러 개의 데이터가 들어있는 배열 객체를 하나 만들어 보겠습니다.

코드 참고 / MyList>/app/java/org.techtown.list/MyAdapter.java

```java
public class MyAdapter extends RecyclerView.Adapter {
  public String[] names = {"김준수", "김하늘", "홍길동", "박철수", "이영희"};
  중략...
```

names 배열 안에는 String 자료형으로 된 다섯 개의 문자열이 들어습니다. 다섯 개의 문자열이 있으니 우리의 목적은 리싸이클러뷰라는 것 안에 이 다섯 개의 이름을 보여주는 것입니다. 이제 어댑터 클래스 안에 자동으로 추가된 메서드를 하나씩 바꿔줘야 합니다. 그런데 그 전에 '뷰홀더(ViewHolder)'라는 것을 먼저 추가합니다. 뷰홀더는 사용자에게 보여줄 각 아이템의 모양을 뷰로 정의했을 때 그 뷰를 담고 있을 객체입니다. 뷰홀더는 뷰를 담고 있으면서 뷰를 재사용할 수 있도록 도와줍니다. 구체적인 내용은 나중에 알아보고 일단 뷰홀더를 만들어봅니다.

MyAdapter 클래스 안쪽에 ViewHolder 클래스를 다음과 같이 추가합니다.

코드 참고 / MyList>/app/java/org.techtown.list/MyAdapter.java

```java
public class MyAdapter extends RecyclerView.Adapter {

  중략...

  static class ViewHolder extends RecyclerView.ViewHolder {
    public ViewHolder(View itemView) {
      super(itemView);
    }
  }
}
```

ViewHolder 클래스는 RecyclerView.ViewHolder 클래스를 상속합니다. 그리고 생성자를 보면 View 객체를 파라미터로 전달받습니다. 이 View 객체는 리싸이클러뷰에 보일 각각의 아이템 모양을 담고 있는 객체입니다.

이제 아까 추가했던 세 개의 메서드를 수정해봅니다. getItemCount 메서드는 이 어댑터에서 관리하고 있는 아이템의 개수가 몇 개인지를 알려줍니다. names 배열에 데이터가 들어있으니 names.length라는 값을 반환해주면 됩니다.

코드 참고 / MyList>/app/java/org.techtown.list/MyAdapter.java

```java
public class MyAdapter extends RecyclerView.Adapter {
  public String[] names = {"김준수", "김하늘", "홍길동", "박철수", "이영희"};
  중략...
  @Override
  public int getItemCount() {
    return names.length;
  }
  중략...
```

onCreateViewHolder 메서드는 각 아이템의 뷰홀더 객체가 만들어져야 할 시점에 자동으로 호출되는 콜백 메서드입니다. 콜백 메서드는 여러분이 호출하는 것이 아니라 어떤 상황이 되면 자동으로 호출되는 메서드입니다. 리싸이클러뷰는 각각의 아이템을 위해 뷰를 만들고 그 뷰를 뷰홀더에 담은 후 보여주는데 특정 아이템을 위해 뷰홀더를 만들 시점이 되면 어댑터에게 뷰홀더 객체를 만들어달라고 요청합니다. 그때 호출되는 메서드가 바로 onCreateViewHolder 메서드입니다. 이 메서드 안에 다음 코드를 입력합니다.

코드 참고 / MyList>/app/java/org.techtown.list/MyAdapter.java

```java
중략...

@NonNull
@Override
public RecyclerView.ViewHolder onCreateViewHolder(@NonNull ViewGroup parent, int viewType) {
  LayoutInflater inflater = LayoutInflater.from(parent.getContext());
  View itemView = inflater.inflate(R.layout.person_item, parent, false);

  return new ViewHolder(itemView);
}
중략...
```

첫 번째 줄에서는 LayoutInflater 객체를 찾아줍니다. 이 객체는 인플레이션, 즉 XML 레이아웃으로 만든 정보를 메모리에 객체화하는 과정을 도와줍니다. LayoutInflater.from 메서드를 사용하면 LayoutInflater 객체를 참조할 수 있으며 이 객체의 inflate 메서드를 호출하면 XML 레이아웃 파일에 정의한 정보를 인플레이션할 수 있습니다. LayoutInflater 객체는 새로 만드는 것이 아니라 시스템에서 제공하는 것을 참조하기만 하고 인플레이션이 필요할 때 사용합니다.

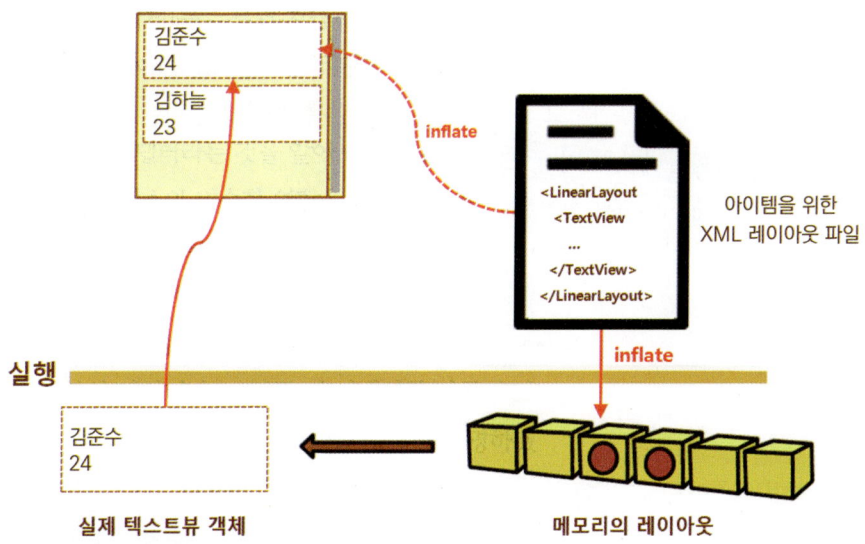

▲ 일부 영역을 위한 XML 레이아웃이 보이는 과정

두 번째 줄에서는 /app/res/layout 폴더 안에 정의한 person_item.xml 파일의 정보를 인플레이션합니다. 아직 person_item.xml 파일은 만들지 않아서 빨간색 오류가 표시되지만 이 파일을 만들면 오류는 없어집니다. 이 파일은 각각의 아이템을 보여줄 뷰의 모양의 결정합니다. 이렇게 만든 XML 레이아웃 파일은 메모리에 객체화된 후 파라미터로 전달된 뷰그룹에 붙여집니다. 세 번째 줄에서는 이렇게 만들어진 뷰를 이용해 뷰홀더 객체를 생성한 후 반환합니다. 이제 /app/res/layout 폴더 안에 person_item.xml 파일을 만듭니다.

왼쪽 프로젝트 창에서 /app/res/layout 폴더를 선택한 후 마우스 오른쪽 버튼을 누릅니다. 팝업 메뉴가 보이면 [New → Layout Resource File] 메뉴를 선택합니다. 새로운 XML 레이아웃 파일을 만드는 대화상자가 보이면 File name 입력란에 person_item.xml을 입력하고 Root element 입력란에는 LinearLayout을 입력합니다.

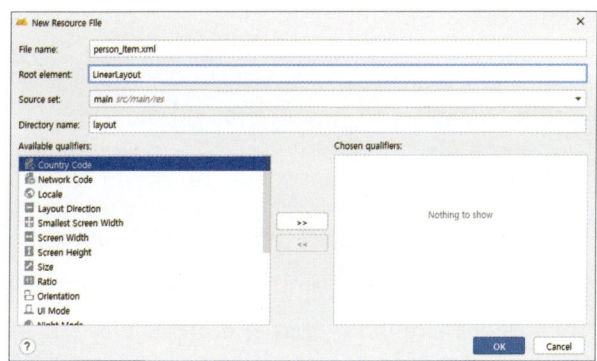

◀ person_item 레이아웃 파일을 만들기 위한 대화상자

[OK]를 누르면 새로운 person_item.xml 파일이 생성됩니다. 이 파일은 리싸이클러뷰에 보일 하나의 아이템을 위한 것이므로 이름을 보여줄 TextView 하나만 추가합니다. 팔레트(Palette) 창에서 TextView 하나를 끌어다 화면 상단에 추가하고 text 속성의 값은 '이름'이라고 입력합니다. 그리고 textSize 속성의 값은 25sp로 입력합니다. 마지막으로 최상위 레이아웃인 LinearLayout을 선택하고 layout_height 속성 값을 wrap_content로 설정합니다.

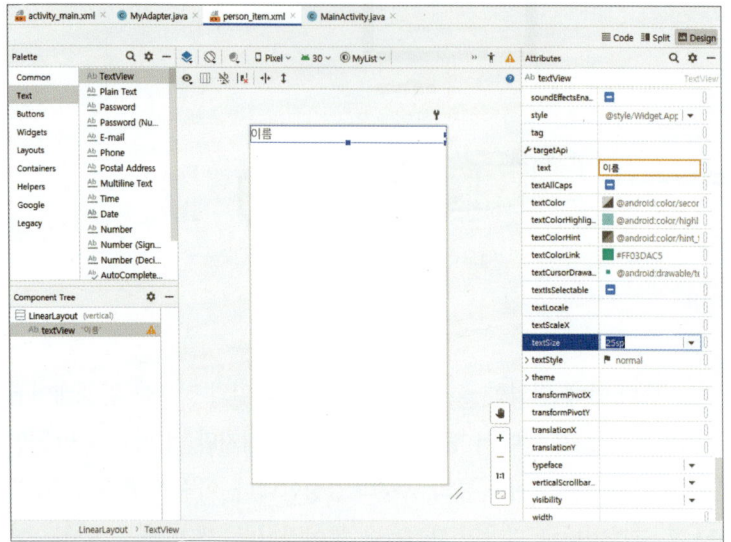

◀ person_item 레이아웃 파일의 디자인 화면

이제 MyAdapter.java 파일을 다시 열어보면 오류 메시지는 없어졌습니다. 그 아래에 있는 onBindViewHolder 메서드에도 다음 코드를 추가합니다.

코드 참고 / MyList>/app/java/org.techtown.list/MyAdapter.java

```
중략...
@Override
public void onBindViewHolder(@NonNull RecyclerView.ViewHolder holder, int position) {
    String item = names[position];
    holder.setItem(item);
}
중략...
```

오류가 생기면 여기에 자동으로 추가된 @org.jetbrains.annotation.NotNull은 삭제하고 진행하세요.

onBindViewHolder는 각 아이템을 위한 뷰에 데이터를 설정해야 할 시점에 호출됩니다. onCreateViewHolder와 onBindViewHolder가 분리되어 있는 이유는 두 개의 메서드가 항상 똑같이 호출되지는 않기 때문입니다. 예를 들어, 100개의 데이터가 배열에 들어있다고 할 때 각 아이템을 위한 뷰나 뷰 홀더는 100개가 만들어지지 않습니다. 메모리를 효율적으로 사용하기 위해 한 번 만들어진 뷰나 뷰홀더는 재사용하기 때문인데요, 재사용한다고 하더라도 항상 각 아이템의 데이터는 설정되어야 합니다. 즉, 화면에 각 아이템이 보일 때 onBindViewHolder 메서드는 항상 호출되며 onCreateViewHolder 메서드는 필요한 만큼만 호출됩니다.

여기서는 names 배열 안에 들어있는 데이터 중에서 position 값을 이용해 데이터를 하나 가져옵니다. position은 리싸이클러뷰에 보여줄 아이템의 인덱스 정보입니다. 따라서 이 데이터를 가져온 후 뷰홀더 안에 들어있는 뷰의 TextView 객체에 글자로 설정해주어야 화면에 보이게 됩니다. setItem 메서드는 아직 만들기 않았기 때문에 빨간색 오류가 표시됩니다.

아래쪽에 있는 ViewHolder 클래스 안에 setItem 메서드를 추가합니다.

코드 참고 / MyList>/app/java/org.techtown.list/MyAdapter.java

```java
중략...
static class ViewHolder extends RecyclerView.ViewHolder {
  TextView textView;

  public ViewHolder(View itemView) {
    super(itemView);

    textView = itemView.findViewById(R.id.textView);
  }

  public void setItem(String item) {
    textView.setText(item);
  }
}
```

뷰홀더 객체가 만들어지는 시점에 호출되는 생성자 안에서는 파라미터로 전달된 뷰 객체에서 화면 레이아웃에 추가했던 TextView를 찾아냅니다. 그리고 변수로 선언한 textView 변수에 할당합니다. findViewById 메서드는 View 객체에서도 호출할 수 있는데, 이렇게 하면 화면 레이아웃이 설정된 View 객체로부터 그 안에 넣어두었던 뷰들을 id 값으로 찾을 수 있습니다. setItem 메서드 안에서는 전달된 이름 글자를 화면에 추가했던 TextView에 설정합니다.

그런데 아직 onBindViewHolder 메서드 안에 들어있는 setItem 메서드 호출 부분이 빨간색으로 표시되어 있습니다. 이를 해결하기 위해 클래스 정의 부분과 onCreateViewHolder, onBindViewHolder 메서드 정의 부분을 수정합니다.

코드 참고 / MyList>/app/java/org.techtown.list/MyAdapter.java

```java
중략...
public class MyAdapter extends RecyclerView.Adapter<MyAdapter.ViewHolder> {
  중략...
    public ViewHolder onCreateViewHolder(@NonNull ViewGroup parent, int viewType) {
      중략...
    public void onBindViewHolder(@NonNull ViewHolder holder, int position) {
      중략...
```

약간 복잡해 보이지만 어댑터라는 것을 완성했습니다. 이제 이 어댑터를 객체로 만들고 리싸이클러뷰 위젯에 설정합니다. 그러면 우리가 배열에 넣어둔 데이터가 보일 것입니다. MainActivity.java 파일을 열고 다음과 같이 입력합니다.

코드 참고 / MyList>/app/java/org.techtown.list/MainActivity.java

```java
public class MainActivity extends AppCompatActivity {

  @Override
  protected void onCreate(Bundle savedInstanceState) {
    super.onCreate(savedInstanceState);
    setContentView(R.layout.activity_main);

    RecyclerView recyclerView = findViewById(R.id.recyclerView);

    LinearLayoutManager layoutManager = new LinearLayoutManager(this,
            LinearLayoutManager.VERTICAL, false);
    recyclerView.setLayoutManager(layoutManager);

    MyAdapter adapter = new MyAdapter();
    recyclerView.setAdapter(adapter);
  }
}
```

새로 추가한 코드를 보면 먼저 화면 레이아웃에 추가했던 리싸이클러뷰 위젯을 찾아 recyclerView라는 변수에 할당했습니다. 그리고 setLayoutManager 메서드를 호출하여 레이아웃 매니저라는 객체를 설정했습니다. 레이아웃 매니저는 리싸이클러뷰가 어떤 모양으로 보일지를 결정합니다. 예를 들어, 리스트를 아래쪽 방향으로 보여주거나 오른쪽 방향으로 보여줄 수 있으며, 여러 개의 격자 모양으로 보여줄 수도 있습니다. 여기서는 아래쪽 방향으로 아이템들을 보여주도록 LinearLayoutManager 객체를 사용했습니다. 그다음 줄에서는 MyAdapter 객체를 만든 후 리싸이클러뷰에 설정했습니다. 리싸이클러뷰에는 setAdapter라는 메서드가 있어 어댑터를 설정할 수 있습니다.

앱을 실행하면 다음과 같이 화면에 다섯 개의 아이템이 보입니다.

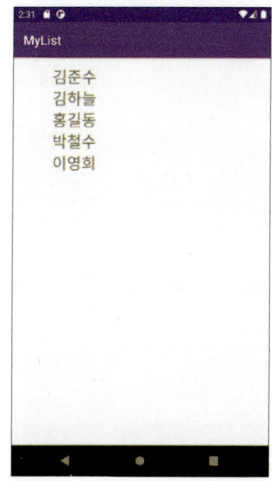

> **주의** 만약 글자 크기가 조금 작은 것 같다면 person_item.xml 파일에서 TextView 위젯의 textSize 속성 값을 조정합니다.

▲ 리싸이클러뷰에 보인 다섯 개의 아이템

정박사님 궁금해요 — 리스트가 제대로 보이지 않아요

앱 화면에 리스트가 보이지 않는 경우가 있다면 먼저 리싸이클러뷰의 크기를 줄인 후 다시 실행해봅니다.

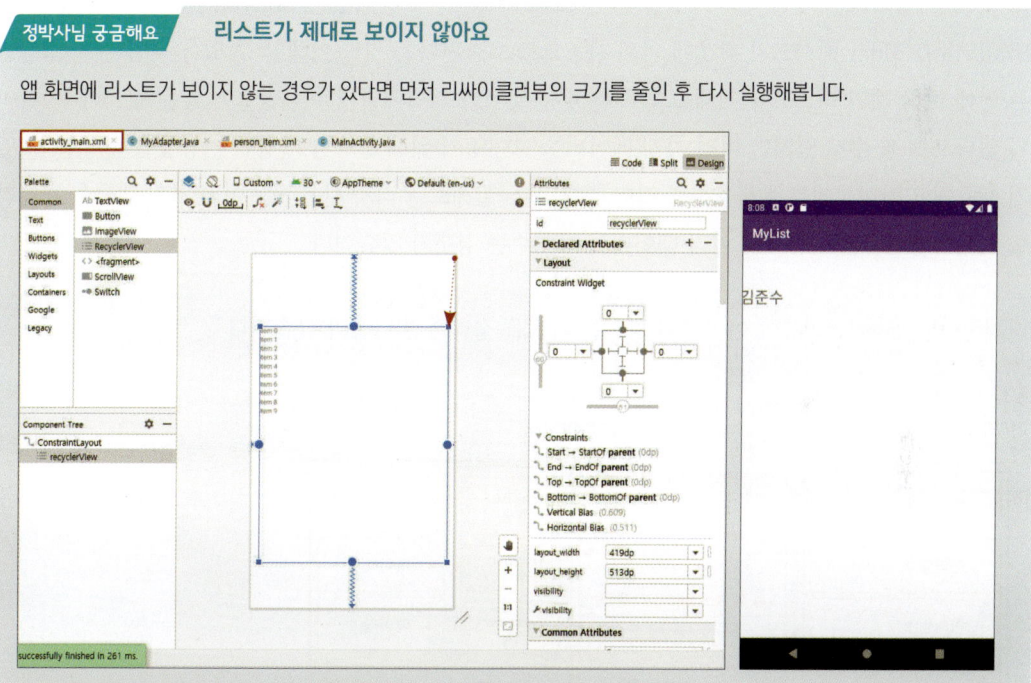

그리고 아이템이 다섯 개가 아니라 하나만 보인다면 김준수라는 첫 번째 이름만 보이게 됩니다. 이때는 person_item.xml 파일에서 최상위 레이아웃인 LinearLayout (vertical)의 layout_height 값이 wrap_content로 되어있는지를 확인합니다. 만약 match_parent로 설정되어 있다면 첫 번째 아이템이 모든 공간을 차지하면서 다른 아이템들이 보이지 않을 수 있습니다.

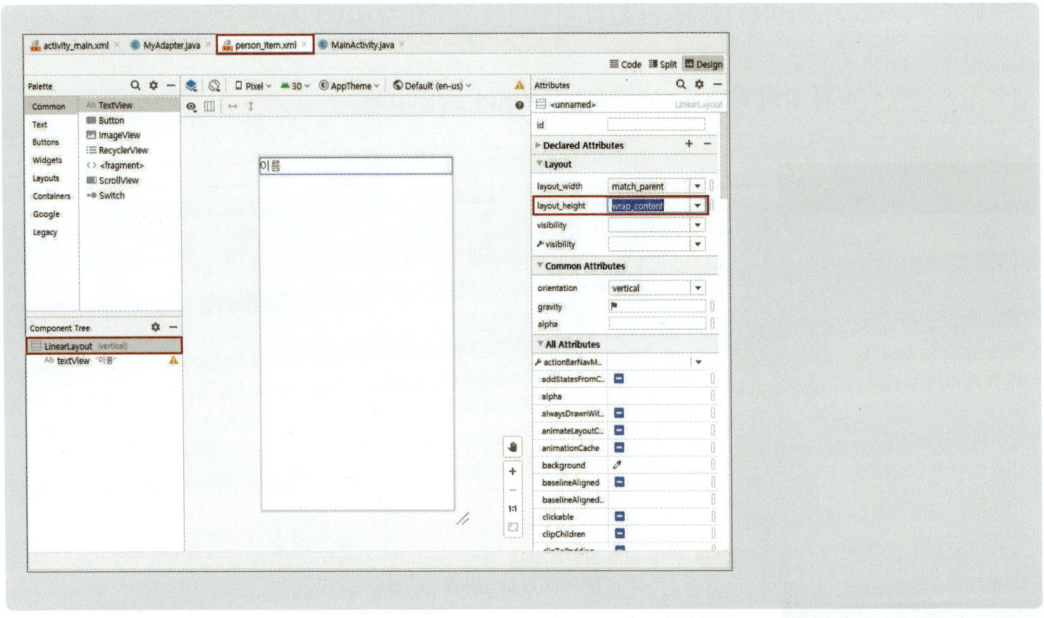

여기까지 해보면 리싸이클러뷰라는 것 안에 보이는 각각의 아이템이 어떻게 보일지를 결정하는 것이 어댑터라는 것을 알 수 있습니다. 그리고 그 안에 들어있는 onCreateViewHolder나 onBindViewHolder 메서드가 위젯에 의해 자동으로 호출된다는 것도 이해할 수 있을 것입니다. 스크롤뷰 안에 여러 개의 텍스트뷰 객체를 만들어 넣는 것이나 리싸이클러뷰를 만들어 넣는 것이나 큰 차이가 없다고 느낄 수도 있지만 여러 가지 데이터를 보여주기 위해 필요한 다양한 기능들을 사용할 수 있기 때문에 리싸이클러뷰를 사용하는 것이 좋습니다. 실제로 우리가 사용하는 여러 가지 앱들을 보더라도 리싸이클러뷰를 이용해서 여러 데이터를 보여주는 경우가 많습니다.

다시 한 번 리싸이클러뷰에 아이템이 보이는 과정을 정리하면 다음과 같습니다.

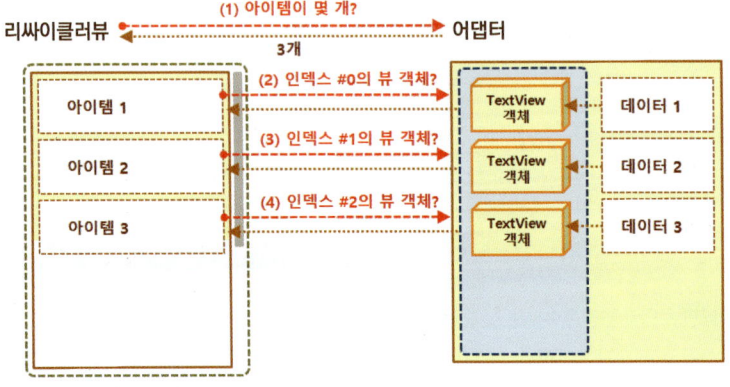

▲ 리싸이클러뷰에 아이템이 보이는 과정

리싸이클러뷰 위젯은 어댑터에 몇 개의 아이템이 있는지 getItemCount를 호출하면서 물어봅니다. getItemCount 메서드에서 5라는 값을 리턴했다면 아이템이 다섯 개라는 것을 알게 됩니다. 그리고 그 아이템들이 화면에 보일 때가 되면 화면에 보일 아이템을 위한 뷰 객체를 만들어달라고 onCreateViewHolder 메서드를 호출하게 됩니다. 이 onCreateViewHolder 메서드를 호출하면서 몇 번째 아이템인지를 알 수 있는 인덱스 값을 파라미터로 넘겨주므로 반환할 객체를 만들 수 있습니다.

그렇다면 글자 몇 개를 보여주는 리싸이클러뷰를 만드는 데 항상 이렇게 복잡한 과정을 거쳐야 할까요? 나중에 보면 그렇게까지 복잡하게 느껴지지는 않겠지만 지금은 헷갈리는 것도 무리는 아닙니다. 코드의 양도 많고 과정도 복잡하거든요. 그렇다면 이런 과정들을 일일이 거치지 않고도 리싸이클러뷰를 만들고 데이터를 그 안에 보이게 만들 수 있을까요? 물론입니다. 처음에는 이렇게 복잡한 과정을 거치지만 한 번 만들고 나면 만들어진 코드를 수정해서 만들 수 있습니다. 다만 코드의 어느 부분을 바꿔야하는지를 이해하려면 이런 과정이나 코드에 먼저 익숙해질 필요가 있습니다.

지금까지 설명한 내용을 충분히 이해했다면 다음 내용으로 넘어 가겠습니다. 만약 지금까지 살펴본 내용 중에서 잘 이해되지 않는 부분이 있다면 몇 번 반복하여 충분히 이해하고 나서 다음 내용으로 넘어가기 바랍니다. 그렇지 않으면 점점 더 복잡하게 느낄 수 있으니 여유를 갖고 다시 하나하나 살펴보는 것이 좋습니다.

3 _ 리스트의 각 아이템에 여러 줄의 글자가 보이게 바꾸기

리스트의 한 아이템에 한 줄의 글자가 보이도록 만들어 보았습니다. 그러나 실제 앱들을 보면 한 줄의 글자만 보이는 경우는 거의 없습니다. 여러 줄의 글자가 보이거나 글자와 이미지가 같이 보이는 경우가 많죠. 연락처에 들어있는 사람들의 정보를 리스트로 보여줄 때도 사진과 함께 그 사람의 이름 그리고 전화번호를 같이 보여줍니다. 이렇게 한 아이템에 여러 글자나 이미지가 보이도록 만들려면 어떻게 해야 할까요?

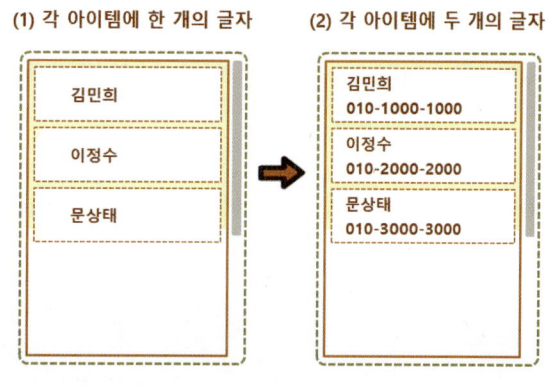

▲ 한 아이템에 여러 데이터를 보여주려면?

앞에서 리싸이클러뷰는 어댑터라는 것을 사용하는 선택 위젯임을 알게 되었습니다. 그리고 어댑터에서 데이터도 관리하고 심지어 각 아이템에 보이는 뷰 객체도 만든다는 것을 알게 되었습니다. 한 아이템에 보이는 텍스트뷰를 어댑터의 onCreateViewHolder에서 만든다는 것도 알고 있는데 혹시 한 아이템에 여러 위젯이 한꺼번에 보이도록 하려면 어떻게 해야 할지 생각나는 내용이 있나요? 여러분이 만들었던 person_item.xml 파일을 수정해보면 어떨까요?

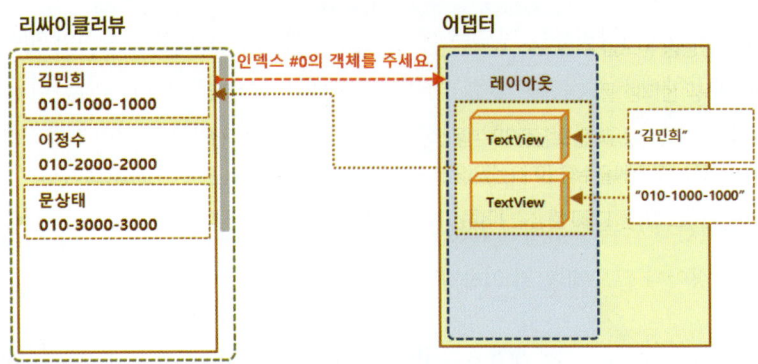

▲ 어댑터의 onCreateViewHolder에서 레이아웃에 위젯들을 담아 리턴하기

화면에 보이는 뷰의 모양이 person_item.xml 파일에 들어있으니 각 아이템의 모양을 바꾸는 것부터 시작해볼 수 있습니다. 그러면 우리가 만들었던 MyList 프로젝트를 복사하여 MyList2 프로젝트로 만들고 그 프로젝트를 수정하여 리스트의 한 아이템에 여러 데이터가 보이게 해보겠습니다.

person_item.xml 파일을 열고 두 개의 글자가 보이도록 TextView를 하나 더 추가합니다. 이전에는 이름만 표시했었는데 이번에는 이름 아래에 전화번호도 같이 표시할 것입니다.

왼쪽 팔레트(Palette) 창에서 TextView를 끌어다 추가하고 '전화번호'라는 글자가 보이도록 text 속성에 입력합니다. textColor 속성의 값은 #0000FF로 입력하여 파란색이 되도록 합니다. textSize 속성 값은 25sp로 입력합니다.

입력이 끝나면 최상위 레이아웃인 LinearLayout (vertical)를 선택한 후 layout_height의 값을 wrap_content로 변경하세요.

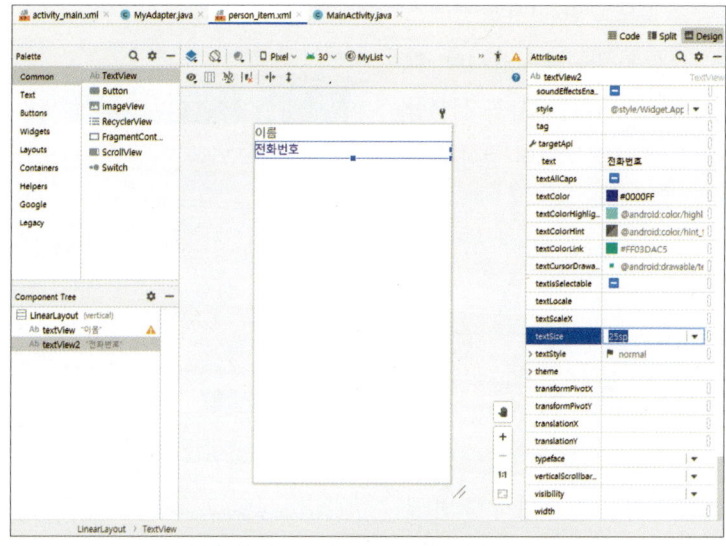

▲ person_item.xml 파일을 수정하여 두 개의 글자가 보이도록 한 경우

이 XML 레이아웃은 리싸이클러뷰의 각 아이템을 표시하는 데 사용됩니다. 그런데 두 개의 텍스트뷰에 글자를 표시하려면 어댑터에서 관리하는 각 아이템들도 String 자료형의 글자 하나만으로는 부족합니다. 하나의 아이템이 글자 두 개를 가지고 있어야 하므로 두 개의 String 자료형 변수를 가지는 클래스를 하나 정의하는 것이 필요합니다.

왼쪽 프로젝트 창에서 app/java 폴더 안에 있는 org.techtown.list 패키지를 선택한 후 마우스 오른쪽 버튼을 누릅니다. 팝업 메뉴가 보이면 [New → Java Class] 메뉴를 선택하여 새로운 클래스를 만들기 위한 대화상자를 띄웁니다. 클래스의 이름은 Person으로 입력하고 Enter 를 누르면 새로운 Person.java 파일이 만들어집니다.

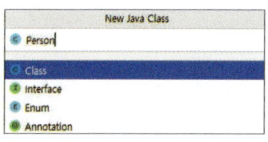

▲ Person 클래스를 만들기 위한 대화상자

Person 클래스 안에는 name과 mobile 변수를 추가합니다.

코드 참고 / MyList2〉/app/java/org.techtown.list/Person.java

```
중략...
public class Person {

  String name;
  String mobile;
}
```

생성자는 두 개의 문자열을 전달받는 것으로 만듭니다. 클래스의 중괄호 안에 커서를 두고 마우스 오른쪽 버튼을 누릅니다. 팝업 메뉴가 보이면 [Generate → Constructor] 메뉴를 선택합니다. 두 개의 변수를 모두 선택하고 [OK]를 누르면 생성자 함수가 추가됩니다.

Person 클래스의 생성자를 만들기 위한 대화상자 ▶

이번에는 Getter와 Setter 메서드를 추가합니다. 다시 한 번 클래스의 중괄호 안에 커서를 두고 마우스 오른쪽 버튼을 누릅니다. 팝업 메뉴가 보이면 [Generate → Getter and Setter] 메뉴를 선택합니다. 두 개의 변수를 모두 선택한 후 [OK]를 누르면 get과 set 메서드들이 자동으로 추가됩니다.

get과 set 메서드를 만들기 위한 대화상자 ▶

각 아이템을 위해 두 개의 글자를 넣어둘 수 있는 클래스를 만들었습니다. 그러면 어댑터 안에서 이 Person 클래스를 담아둘 수 있도록 해보겠습니다. 어댑터 안에서는 배열로 글자들을 보관하고 있었는데 이 부분은 Person 자료형의 객체들을 담아둘 수 있는 ArrayList로 변경합니다. ArrayList로 바꾸면 새로운 객체를 추가하거나 삭제할 때 그 크기를 생각하지 않아도 되기 때문에 더 편리합니다.

리스트에는 몇 개의 아이템이 추가될지 처음부터 알 수는 없으므로 빈 ArrayList만 만들고 필요할 때 그 안에 아이템을 추가하는 것이 좋습니다. 아이템을 위한 클래스는 이미 앞에서 Person 클래스로 정의했습니다.

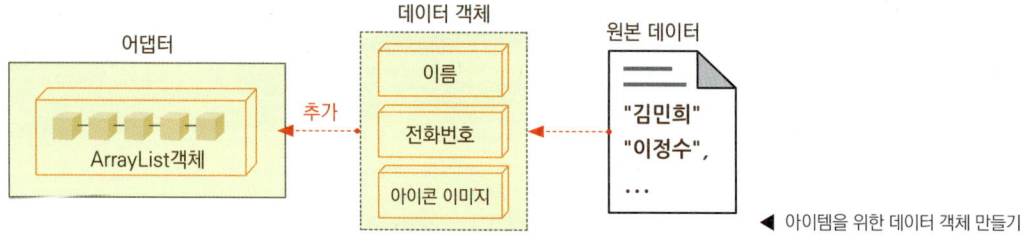

◀ 아이템을 위한 데이터 객체 만들기

MyAdapter.java 파일을 열고 배열을 선언한 부분을 다음과 같이 ArrayList로 변경합니다.

코드 참고 / MyList2>/app/java/org.techtown.list/MyAdapter.java

```java
public class MyAdapter extends RecyclerView.Adapter<MyAdapter.ViewHolder> {
  public ArrayList<Person> names = new ArrayList<Person>();

  @Override
  public int getItemCount() {
    return names.size();
  }

  public void addItem(Person item) {
    names.add(item);
  }
  중략...
```

ArrayList 안에는 Person 객체들을 넣어둘 것이므로 ArrayList 뒤에 <Person>을 붙였습니다. 그리고 MyAdapter에서 관리하는 데이터는 처음에는 하나도 없을 것이기 때문에 하나씩 추가할 수 있도록 addItem 메서드를 정의했습니다. 이 메서드를 호출하면 파라미터로 전달한 Person 객체를 ArrayList에 추가할 수 있습니다. getItemCount 메서드에서 반환하는 값은 ArrayList에 들어있는 객체들의 개수이어야 하므로 names.size 메서드를 호출한 결과를 반환하도록 수정했습니다.

이제 onBindViewHolder 메서드와 ViewHolder 클래스를 수정합니다. 이전에는 하나의 아이템이 String 자료형이었으나 이제는 Person 자료형으로 변경되어야 하기 때문입니다.

코드 참고 / MyList2>/app/java/org.techtown.list/MyAdapter.java

```java
중략...
@Override
public void onBindViewHolder(@NonNull ViewHolder holder, int position) {
  Person item = names.get(position);
  holder.setItem(item);
}

static class ViewHolder extends RecyclerView.ViewHolder {
  TextView textView;
  TextView textView2;
```

```java
    public ViewHolder(View itemView) {
      super(itemView);

      textView = itemView.findViewById(R.id.textView);
      textView2 = itemView.findViewById(R.id.textView2);
    }

    public void setItem(Person item) {
      textView.setText(item.getName());
      textView2.setText(item.getMobile());
    }
  }
}
```

onBindViewHolder 메서드 안에서는 position 인덱스 값을 이용해 ArrayList에서 아이템 객체를 꺼내옵니다. 각각의 아이템 객체는 Person 자료형으로 변경되었으므로 Person 자료형의 item 변수에 할당한 후 ViewHolder 객체의 setItem 메서드를 호출할 때 파라미터로 전달합니다.

ViewHolder 클래스 안에서는 setItem 메서드를 수정합니다. 그런데 setItem 메서드 안에서 파라미터로 전달받은 Person 객체의 데이터를 두 개의 TextView에 설정해야 하므로 생성자에서 찾아주는 텍스트뷰를 기존 한 개에서 두 개로 늘려야 합니다. 이 텍스트뷰는 이미 person_item.xml에서 추가한 것입니다.

이제 어댑터에서 수정이 필요한 부분은 모두 바꾸었습니다. MainActivity.java 파일을 열고 어댑터 객체를 생성한 부분 아래쪽에 Person 객체를 만들어 추가하는 코드를 입력합니다.

코드 참고 / MyList2》/app/java/org.techtown.list/MainActivity.java

```java
중략...
MyAdapter adapter = new MyAdapter();

adapter.addItem(new Person("홍길동1", "010-1000-1000"));
adapter.addItem(new Person("홍길동2", "010-2000-2000"));
adapter.addItem(new Person("홍길동3", "010-3000-3000"));
adapter.addItem(new Person("홍길동4", "010-4000-4000"));
adapter.addItem(new Person("홍길동5", "010-5000-5000"));

recyclerView.setAdapter(adapter);
중략...
```

어댑터 안에는 ArrayList 객체가 만들어지지만 그 안에는 아무 객체도 들어가지 않습니다. 따라서 어댑터 객체의 바깥에서 addItem 메서드로 Person 객체들을 추가해야 비로소 그 객체들이 뷰로 만들어져 보이게 됩니다. 앱을 실행하면 다음과 같이 이름과 전화번호가 보이게 됩니다.

▲ 각 아이템으로 이름과 전화번호가 보이도록 수정한 결과

어떤가요? 이전에 만들었던 리싸이클러뷰 소스코드 중에서 어떤 부분이 왜 바뀌는지 이해가 되나요?

> 리스트에 보이는 아이템의 모양을 바꿀 때 필요한 일
> ❶ 아이템을 위한 XML 레이아웃을 바꿉니다.
> ❷ 아이템을 위한 데이터 클래스를 바꿉니다.
> ❸ 아이템을 위한 뷰홀더 클래스를 바꿉니다.

지금까지 리스트가 들어간 화면을 만들어 보았습니다. 하나의 위젯이긴 하지만 그 안에는 여러 가지 복잡한 내용이 들어있어 어떻게 리스트의 한 아이템이 보이게 되었는지 이해할 수 있어야 합니다. 기초적인 자바 코드를 이해하는 것도 필요합니다. 이 장에서 어떤 자바 코드가 리스트를 위해 사용되는지를 보았으니 여러분이 머릿속으로 그렸던 화면을 어느 정도는 실제 코드로 만들 수 있게 되었을 것입니다.

리스트 모양의 화면 만들기

난이도	상	중	✓	하	소요시간	50분
목표	리싸이클러뷰를 이용해 리스트 모양의 화면을 만드는 방법 연습					

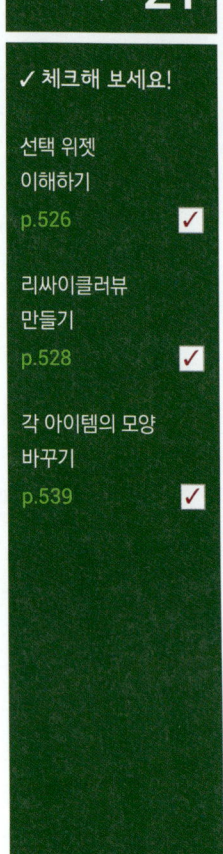

- 리싸이클러뷰를 이용해 K팝 리스트를 보여주는 화면을 만들어봅니다.
- 리싸이클러뷰를 사용하기 위해 필요한 아이템 객체, 아이템 뷰, 어댑터 클래스들을 만들어봅니다.

❶ 안드로이드 스튜디오에서 새로운 프로젝트를 만들고 프로젝트의 이름은 Study21, 패키지 이름은 org.techtown.study21로 합니다.

❷ activity_main.xml 파일을 열고 화면 레이아웃을 만듭니다. 화면에 추가되는 리싸이클러뷰에는 K팝 리스트를 보여줄 것입니다.

❸ 가장 위쪽에는 텍스트뷰를 하나 추가하고 'K팝 리스트'라는 글자가 표시되도록 합니다.

❹ 가운데에는 리싸이클러뷰를 추가하고 리싸이클러뷰의 각 아이템에는 K팝 정보가 표시되도록 합니다.

❺ K팝 정보가 표시될 각각의 아이템 뷰에는 왼쪽에 사진이 있고 오른쪽에 제목, 가수명이 표시되도록 합니다.

❻ 가장 아래쪽에는 버튼을 한 개 추가하고 '닫기'라는 텍스트를 표시합니다.

❼ MainActivity.java 파일을 열고 리싸이클러뷰를 위한 어댑터 클래스를 만듭니다.

❽ 각각의 아이템 데이터를 넣어두기 위한 SongItem 클래스도 만듭니다.

❾ 앱을 실행하면 리싸이클러뷰에 몇 개의 K팝 아이템이 보이도록 합니다.

❿ [닫기] 버튼을 누르면 화면을 닫습니다.

리스트에 아이템 추가하는 기능 만들기

난이도	상	중 ✓	하	소요시간	50분
목표	사용자가 입력한 정보를 이용해 리스트에 아이템을 추가하는 방법 연습					

- 사용자가 입력한 정보를 이용해서 리싸이클러뷰에 아이템을 추가할 수 있도록 만들어봅니다.
- 리싸이클러뷰의 한 아이템을 선택했을 때 그 아이템의 정보를 볼 수 있도록 해봅니다.

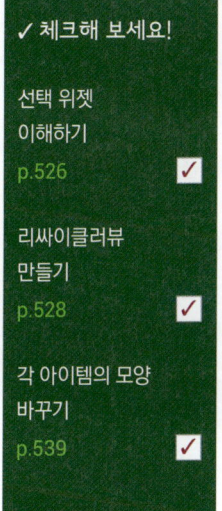

✓ 체크해 보세요!

선택 위젯 이해하기
p.526 ✓

리싸이클러뷰 만들기
p.528 ✓

각 아이템의 모양 바꾸기
p.539 ✓

❶ Study21 프로젝트를 복사하여 Study22로 만듭니다.

❷ 사용자가 K팝 이름과 가수의 이름을 입력할 수 있도록 하고 이 정보를 이용해 리싸이클러뷰에 아이템을 추가하는 기능을 만들어봅니다.

❸ activity_main.xml 파일을 열고 가장 아래쪽에 버튼의 글자를 '추가'로 수정합니다. [추가] 버튼을 누르면 K팝 정보를 추가할 수 있는 새로운 화면이 뜹니다.

❹ K팝 정보를 추가할 수 있는 새로운 화면을 SongInfoActivity라는 이름으로 추가합니다. 그러면 SongInfoActivity.java 파일과 activity_song_info.xml 파일이 추가됩니다.

❺ SongInfoActivity 화면에는 K팝 이름과 가수 이름을 입력할 수 있도록 하고 [저장] 버튼을 누르면 메인 화면으로 돌아오면서 리싸이클러뷰에 추가되도록 합니다.

❻ SongInfoActivity 화면에서 [닫기] 버튼을 누르면 입력했던 정보는 없애고 단순히 원래의 화면으로 돌아가도록 합니다.

❼ MainActivity.java 파일을 열고 SongInfoActivity 화면에서 받은 정보를 이용해 리싸이클러뷰에 아이템을 추가하는 코드를 onActivityResult 메서드 안에 입력합니다.

❽ 리싸이클러뷰의 한 아이템을 선택했을 때 토스트 메시지를 보여주도록 코드를 입력합니다.

해답 | Study22 프로젝트

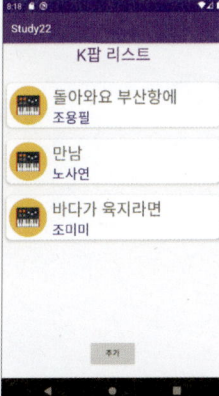
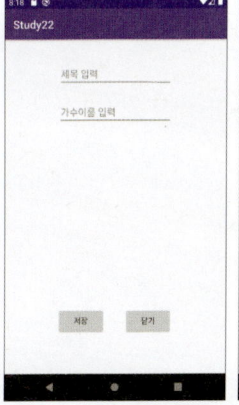
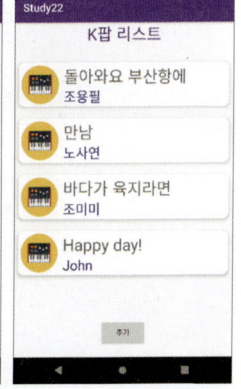

리스트로 여러 데이터 한꺼번에 보여주기

리스트로 보여주기

❶ 리스트 모양을 만들 때는 스크롤뷰를 직접 만들어주는 방법을 사용하지 않고 **리싸이클러뷰(RecyclerView)**를 사용합니다.

❷ 여러 개의 아이템이 들어가는 리싸이클러뷰에서는 **어댑터**라는 것을 사용하며 그 안에 보이는 각각의 아이템 데이터들을 어댑터에서 관리합니다.

❸ 어댑터 안에서는 **뷰홀더 클래스**를 정의하며 **뷰홀더**는 각각의 아이템을 위한 뷰를 담아두는 역할을 합니다.

❹ ArrayAdapter란?

미리 만들어져 제공되는 어댑터 객체입니다. 꺾쇠 안에 String 자료형을 지정하면 문자열로 된 데이터를 그 안에 넣어두겠다는 의미가 됩니다.

❺ 리싸이클러뷰의 한 아이템을 위해 만든 레이아웃도 XML의 내용을 메모리에 객체화하는 **인플레이션** 과정을 거쳐야 합니다. LayoutInflater라는 것을 이용해서 직접 인플레이션할 수 있습니다.

리싸이클러뷰에 보이는 아이템의 모양을 바꿀 때 필요한 일

- 아이템을 위한 XML 레이아웃을 바꿉니다.
- 아이템을 위한 데이터 클래스를 바꿉니다.
- 어댑터에 들어있는 뷰홀더 클래스를 바꿉니다.

02-12
여러 가지 작업을 동시에 수행하기 중요도 ★★★★★

프로그램을 만들 때는 어떤 순서로 어떻게 실행할 것인가를 생각하면서 만들게 됩니다. 그런데 머릿속으로 생각한 것이 순서대로 실행할 기능이 아니라 동시에 여러 가지를 실행하는 것이라면 어떻게 해야 할까요? 흔히 볼 수 있는 것이 슈팅 게임에서 적의 비행기를 맞추는 기능인데 비행기를 맞추려고 이리저리 움직일 때 그 비행기도 이리저리 돌아다녀야 게임이 됩니다. 이렇게 생각하면 동시에 무언가를 해야 하는 경우가 상당히 많을 것 같습니다.

이 장에서는 자바에서 동시에 작업을 할 수 있도록 해주는 '**스레드**'를 알아보겠습니다. 표준 자바에서 사용하는 방법을 먼저 살펴본 후 앱을 만들 때는 어떤 부분을 다르게 해야 하는지 설명할 것입니다.

키워드로 알아보는 자바 언어

스레드	동시에 실행되어야 하는 작업이 있다면 스레드를 이용할 수 있습니다.
메인 스레드	앱에서는 메인 스레드가 UI를 관리하며 내부에서 자동으로 만들어집니다.
핸들러	직접 만든 스레드에서 UI를 접근할 때는 핸들러를 사용합니다.
애니메이션	스레드 안에서 반복적으로 UI를 갱신하면 애니메이션 효과를 낼 수 있습니다.
터치 이벤트	손으로 누르거나 드래그하거나 또는 뗐을 때 터치 이벤트가 발생합니다.

1 _ 동시 작업은 어떻게 실행할까?

프로그램을 만들 때는 머릿속으로 생각한 기능을 하나하나 나열한 후 어떤 순서로 실행할 것인지를 그려보게 됩니다. 하나의 동작을 하나의 함수 상자로 생각한다면 우리가 원하는 기능은 여러 개의 함수 상자를 통과하게 됩니다. 이렇게 어떤 기능을 어떤 순서로 처리할 것인지를 정리한 것을 '로직(Logic)' 또는 '비즈니스 로직(Business Logic)'이라고 부릅니다.

▲ 어떤 기능을 어떤 순서대로 처리할 것인지를 정리하는 로직

비즈니스 로직이라는 말에서 비즈니스는 업무를 의미합니다. 흔히 프로그램을 만들어 적용하는 대상이 업무일 때가 많다보니 붙여진 이름이라고 생각하면 쉽습니다. 로직이라는 말은 매일매일 하는 일들을 생각하면 쉽게 이해할 수 있습니다. 아침에 일어나서 세수를 하고 아이들을 학교에 데려다 준 후 출근을 한다면 이런 순서대로 진행되는 생활을 정리해서 표현한 것이 바로 로직입니다. 실제로 매일 하는 일과의 순서를 정해두고 시간이 되면 알려주는 앱을 하나 기획했다면 그 결과물을 로직이라고 할 수 있는 것입니다.

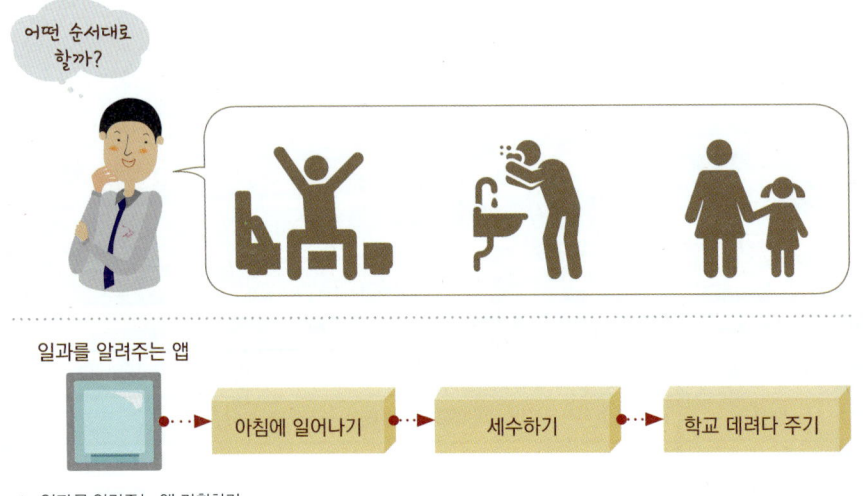

▲ 일과를 알려주는 앱 기획하기

사람이 해야 하는 일을 적어놓고 그것들을 손가락으로 끌어당겨 순서를 바꿀 수 있도록 앱을 만들면 사람들이 잘 사용하는 훌륭한 앱이 될 수도 있습니다. 그런데 이런 로직이 차례차례 순서대로 실행되는 것만은 아닙니다.

잔디밭에서 강아지와 같이 원반던지기 놀이를 한다고 생각해 볼까요? 내가 원반을 던지면 강아지가 물고 돌아오는 과정은 순서대로 실행되는 하나의 로직으로 만들 수 있습니다.

▲ 강아지와 원반 던지기 놀이하기

그러나 강아지가 한 마리가 아니라 두 마리라면 어떻게 될까요? 두 개의 원반을 동시에 던지면 두 마리의 강아지가 동시에 물고 올 텐데 이때는 순서대로 실행되는 두 개의 로직이 동시에 처리되어야 합니다.

▲ 두 마리의 강아지가 동시에 원반을 가지고 오기

이렇게 동시에 무언가를 해야 하는 것을 '동시 작업'이라고 하고 따로따로 알아서 움직일 수 있는 각각의 것을 '스레드(Thread)'라고 합니다.

▲ 동시 작업을 하는 스레드

원반을 던지는 사람은 로직을 이용해 실제 코드로 만든 프로그램이라고 할 수 있습니다. 이 프로그램에서 원반을 던져 강아지가 물어오게 한다면 이 강아지는 혼자서 물어올 수 있는데 이렇게 독립적으로 실행되는 하나의 단위가 스레드인 것입니다.

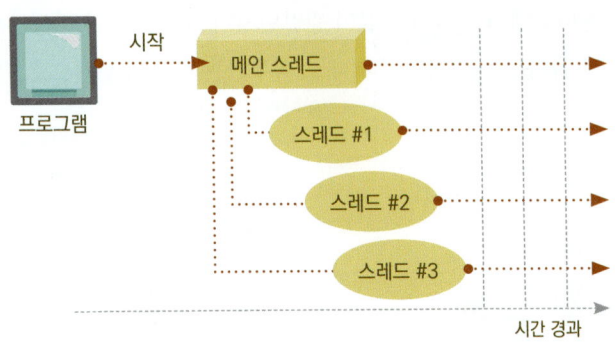

자바에서는 프로그램을 실행하면 시작점이 되는 main 메서드가 자바 버추얼 머신에 의해 실행되는데 이렇게 실행된 프로그램도 하나의 스레드로 실행됩니다. 이것을 '메인 스레드'라고 하고 이 메인 스레드에서 별도의 스레드를 하나씩 만들어낼 수 있습니다. 새로 만들어낸 스레드는 독립적으로 코드를 실행할 수 있으며 해야 할 일을 마치면 알아서 없어집니다.

▲ 프로그램과 스레드

이렇게 여러 개의 스레드를 만들고 각각의 스레드가 알아서 작업할 수 있는 시스템을 '멀티 스레드 시스템'이라고 합니다. 쉽게 말해서 여러 개의 스레드를 만들 수 있으니

주의▶ 디자인 화면을 확인할 필요 없는 표준 자바의 내용은 이클립스에서 알아본다고 했었죠. 표준 자바를 알아본 후 안드로이드 스튜디오에서 실습해 보겠습니다.

여러 개의 작업을 동시에 수행할 수 있다는 뜻입니다. 그러면 표준 자바 프로젝트를 하나 만들고 그 안에 스레드를 만들어 동시 작업을 하는 코드를 넣어 보겠습니다.

이클립스를 실행하고 [File → New → Java Project] 메뉴를 눌러 새로운 자바 프로젝트를 만듭니다. 프로젝트의 이름은 MyThread라고 입력합니다.

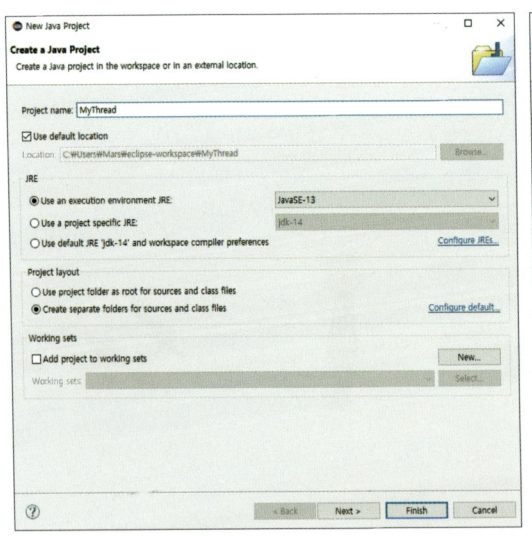
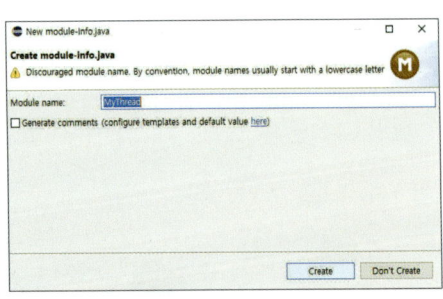

◀▲ MyThread라는 새로운 자바 프로젝트 만들기

[Finish]를 누르면 왼쪽 패키지 탐색기에 새로 만든 자바 프로젝트가 나타납니다. [Create module-info. java] 대화상자가 보인다면 [Don't Create]를 눌러 넘어갑니다. [src] 폴더를 선택한 후 마우스 오른쪽 버튼을 클릭하여 보이는 메뉴에서 [New → Class]를 선택합니다. 새로운 클래스를 만드는 대화상자의 Package 입력란에는 org.techtown.thread를 입력하고 Name 입력란에는 ThreadTest를 입력합니다. 아래쪽에 있는 public static void main(String[] args) 체크 박스를 체크한 후 [Finish]를 누릅니다.

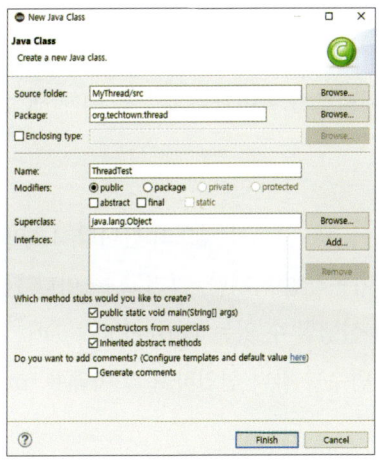

◀ ThreadTest라는 새로운 클래스 만들기

메인 클래스로 사용할 새로운 ThreadTest 클래스가 만들어지면 이 클래스 안에서 사용할 Dog Thread 클래스를 정의합니다. 별도의 자바 파일로 만드는 것보다 하나의 파일 안에 만드는 것이 훨씬 간단하므로 ThreadTest 안에 만들어보겠습니다.

코드 참고 / MyThread>/src/org.techtown.thread/ThreadTest.java

```java
public class ThreadTest {
    중략...
    class DogThread extends Thread {
        public void run() {

        }
    }
}
```

스레드를 동작시킬 수 있도록 Thread 클래스가 이미 만들어져 있습니다. 이 클래스를 상속하면 새로운 스레드 클래스를 만들 수 있는데 그 안에 run이라는 이름의 메서드를 정의하면 스레드가 시작될 때 자동으로 run 메서드가 호출됩니다. 자바 프로젝트에서 프로그램을 실행하면 main 메서드가 자동으

로 호출되는 것과 같습니다. 스레드 안에는 run
메서드가 항상 들어가고 그 메서드가 자동으로
호출된다면 run 메서드는 스레드의 시작점이
라고 할 수 있습니다.

▲ 스레드의 시작점 run 메서드

강아지와 원반던지기를 할 때 강아지가 알아서 독립적으로 움직인 것은 모두 강아지 안에 들어있는 run 메서드가 먼저 호출되었기 때문입니다. 스레드는 어떤 경우건 그 안에 run 메서드를 가지고 있다는 것을 잘 기억해두면 다른 사람이 만든 코드를 볼 때도 run 메서드가 들어가는 부분을 쉽게 해석할 수 있습니다.

run 메서드 안에는 1초마다 강아지가 뛰어간 거리를 콘솔 창에 보여주는 코드를 넣으려 합니다. 1초마다 한 번씩 반복하면서 10초 동안 동작하도록 하려면 for 구문을 이용하면 됩니다. 그리고 1초마다 한 번씩 콘솔 창에 보여준다면 1초 동안 프로그램을 중단했다가 다시 실행할 수 있는 Thread.sleep 메서드를 사용하게 됩니다. 거리 값을 담아 둘 int 자료형의 distance 변수를 하나 선언하고 그 아래에 for 구문을 입력합니다.

코드 참고 / MyThread>/src/org.techtown.thread/ThreadTest.java

```java
public class ThreadTest {
  중략...
  class DogThread extends Thread {
    public void run() {
      int distance = 0;
      for (int i = 0; i < 10; i++) {
        distance += (10*i);
        System.out.println("dog running : " + distance);
      }
    }
  }
}
```

for 구문에는 0이라는 초기 값을 가지는 i 변수의 값이 10보다 작을 때까지 반복해서 실행되도록 조건을 넣습니다. 콘솔 창에 메시지를 출력하기 위해서는 System.out.println 메서드를 호출합니다. 그 아래에서는 for 구문이 반복 호출될 때마다 1초씩 쉬도록 Thread.sleep 메서드를 호출합니다. 파리미터로는 밀리세컨드(millisecond) 단위로 숫자를 넣어줍니다. 1초는 1000밀리 세컨드이므로 1000이라는 숫자를 넣어줍니다.

코드 참고 / MyThread⟩/src/org.techtown.thread/ThreadTest.java

```java
public class ThreadTest {
  중략...
  class DogThread extends Thread {
    public void run() {
      int distance = 0;
      for (int i = 0; i < 10; i++) {
        distance += (10*i);
        System.out.println("dog running : " + distance);

        Thread.sleep(1000);
      }
    }
  }
}
```

Thread.sleep이라는 글자에 빨간색의 오류 표시가 보이면 그 위에 마우스 커서를 올려봅니다. Thread.sleep이라는 메서드를 호출할 때는 예외 상황이 발생할 수 있으니 try-catch 구문을 사용하라는 메시지가 보입니다. 그 패널 안에 있는 Surround with try/catch 링크를 누르면 자동으로 try-catch 문장이 만들어집니다.

코드 참고 / MyThread⟩/src/org.techtown.thread/ThreadTest.java

```java
public class ThreadTest {
  중략...
  class DogThread extends Thread {
    public void run() {
      int distance = 0;
      for (int i = 0; i < 10; i++) {
        distance += (10*i);
        System.out.println("dog running : " + distance);

        try {
          Thread.sleep(1000);
        } catch (InterruptedException e) {
          // TODO Auto-generated catch block
          e.printStackTrace(); }
        }
  중략...
```

이렇게 하면 실제 객체로 만들 수 있는 새로운 스레드 클래스가 하나 만들어진 것입니다. 우리가 테스트하고 싶은 것은 두 개의 서로 다른 작업이 동시에 실행되는 것입니다. 그러니 지금까지 입력한 DogThread 클래스 부분을 모두 복사하여 붙여넣기한 후 클래스의 이름을 HorseThread라고 바꿉니다. 콘솔 창에 보일 메시지도 dog running ...이 아니라 horse running ...으로 수정합니다.

코드 참고 / MyThread>/src/org.techtown.thread/ThreadTest.java

```java
public class ThreadTest {
  중략...
  class HorseThread extends Thread {
    public void run() {
      int distance = 0;
      for (int i = 0; i < 10; i++) {
        distance += (10*i);
        System.out.println("horse running : " + distance);

        try {
          Thread.sleep(1000);
        } catch (InterruptedException e) {
          // TODO Auto-generated catch block
          e.printStackTrace(); }
        }
      }
    }
  }
}
```

이제 이 두 개의 스레드 클래스로 테스트를 할 수 있습니다. main 메서드는 static 키워드가 앞에 붙어 있는 클래스 메서드이므로 ThreadTest 안에 만들어 놓은 클래스를 직접 사용할 수 없습니다. 그러면 main 메서드 안에서 new 연산자를 이용해서 ThreadTest 클래스로 인스턴스를 만든 후 그 안에 새로 넣을 startup 메서드를 호출하도록 바꿔줍니다.

코드 참고 / MyThread>/src/org.techtown.thread/ThreadTest.java

```java
public class ThreadTest {

  public static void main(String[] args) {
    ThreadTest test = new ThreadTest();
    test.startup();
  }
  중략...
```

이렇게 ThreadTest 클래스를 일반 클래스처럼 생각하고 new 연산자를 이용해 실제 객체를 만들어주면 그 안에 넣어둔 startup 메서드를 사용할 수 있습니다. startup이라는 이름을 가진 메서드를 하나 추가하고 그 안에서 새로운 스레드 객체를 만들어 실행합니다.

코드 참고 / MyThread>/src/org.techtown.thread/ThreadTest.java

```java
public class ThreadTest {
  중략...
  public void startup() {
    DogThread dog = new DogThread();
    dog.start();

    HorseThread horse = new HorseThread();
    horse.start();
  }
  중략...
```

startup 메서드는 함수 상자의 아래쪽으로 내보낼 값이 없으니 void 자료형을 함수 이름 앞에 붙여줍니다. 그리고 파라미터로 전달할 값도 없으니 소괄호 안에는 아무것도 넣지 않습니다. 그 메서드 안에는 미리 만들어 놓았던 DogThread 클래스로 실제 객체를 하나 만든 후 객체 안에 들어있는 start 메서드를 호출합니다. start 메서드는 우리가 입력한 적이 없으니 아마도 Thread 클래스에 미리 들어가 있던 메서드일 것입니다. 이렇게 하면 스레드가 동작을 시작합니다.

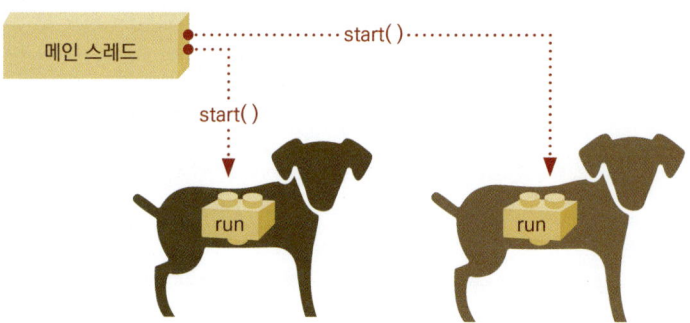

▲ 스레드 만들어 동작시키기

강아지를 생각해보면 그 안에 run 메서드가 들어있고 사람이 강아지에게 '물어와!'라고 명령을 내릴 수 있는데 이 명령이 바로 start 메서드입니다. 즉, start 메서드를 호출하면 스레드 안에서 run 메서드가 자동으로 호출됩니다. DogThread를 객체로 만들어 실행하는 코드를 넣었으니 그 밑에 HorseThread를 객체로 만들어 실행하는 코드를 더 입력합니다.

이제 프로젝트를 선택한 후 이클립스 상단의 실행 버튼을 클릭하여 프로그램을 실행합니다.

◀ 동시에 실행한 스레드의 결과 보기

동시에 실행한 두 스레드는 다른 스레드가 실행되기를 기다리지 않고 독립적으로 실행됩니다. 중간에 1초씩 쉬었다가 콘솔 창에 메시지를 뿌리기만 하는데 DogThread보다 HorseThread가 더 먼저 메시지를 뿌릴 때도 있고 더 늦게 뿌릴 때도 있습니다.

이제 '스레드라는 것이 이런 거구나.'라는 생각이 드나요? 프로그램을 만들 때 코드의 양이 많아질수록 동시 작업을 해야 하는 경우도 많이 생깁니다. 그렇기 때문에 스레드를 자주 보게 되지만 지금처럼 하나하나 이해를 하고 보는 것과 아무것도 모르는 채로 보는 것과는 많은 차이가 있습니다.

어느 정도 스레드를 이해했다면 이제 코드의 양을 좀 더 줄이는 것이 좋을 것 같습니다. 왜냐하면 스레드 클래스 안에 있는 run 메서드의 코드가 계속 반복되기 때문입니다. 이 부분의 코드를 그대로 둔 채 한 두 개의 스레드를 더 추가하면 코드의 양이 아주 많아질 것입니다. run 메서드 안에 있던 코드를 모두 복사하여 running이라는 새로운 메서드로 만듭니다.

코드 참고 / MyThread)/src/org.techtown.thread/ThreadTest.java

```java
public class ThreadTest {
  중략...
  public void running(String name) {
    int distance = 0;
    for (int i = 0; i < 10; i++) {
      distance += (10*i);
      System.out.println(name + " running : " + distance);

      try {
        Thread.sleep(1000);
      } catch (InterruptedException e) {
        // TODO Auto-generated catch block
        e.printStackTrace(); }
    }
  }
}
```

강아지가 달리는 것인지 아니면 말이 달리는 것인지 구분해서 콘솔 창에 메시지를 뿌려야 하므로 파라미터로 문자열을 하나 받도록 하고 그 문자열을 콘솔 창에 출력합니다. run 메서드 안에 있던 코드를 메서드로 분리했으니 run 메서드 안에서는 이 메서드를 호출하기만 하면 됩니다. DogThread와 HorseThread 클래스 안에 있는 run 메서드의 코드를 다음과 같이 바꿉니다.

코드 참고 / MyThread>/src/org.techtown.thread/ThreadTest.java

```java
public class ThreadTest {
중략...
  class DogThread extends Thread {
    public void run() {
      running("dog");
    }
  }

  class HorseThread extends Thread {
    public void run() {
      running("horse");
    }
  }
중략...
```

이제 많이 간단해져서 코드를 보기가 훨씬 쉬워졌습니다. 그런데 스레드를 만들어 사용하는 방법은 이것밖에 없을까요? startup 메서드 안에 다음과 같이 추가해도 스레드를 실행할 수 있습니다.

코드 참고 / MyThread>/src/org.techtown.thread/ThreadTest.java

```java
public class ThreadTest {

  public void startup() {
    중략...
    new Thread() {
      public void run() {
        running("cow");
      }
    }.start();
  }
중략...
```

새로운 스레드 클래스를 만들지 않고 자바에서 제공하는 Thread 클래스를 그대로 사용하여 객체를 만들었습니다. 그리고 객체를 변수에 할당하지 않고 바로 start 메서드를 호출하여 스레드가 실행되도록 하였습니다. 새로운 객체를 만들 때 중괄호를 그 뒤에 붙이고 그 안에 클래스를 만들 때와 같은 코드를 넣어줍니다. 그러면 새로운 클래스를 정의하는 동시에 실행할 수 있습니다. run 메서드 안에서 running 메서드를 호출할 때 cow라는 문자열을 넣어주었으니 이것은 소가 달리는 것을 보여주기 위한 코드라고 할 수 있겠네요. 프로그램을 다시 실행하면 세 종류의 동물이 달리는 것을 콘솔 창에서 보여줍니다.

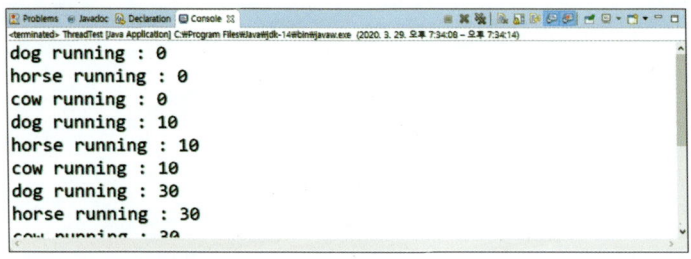

▲ 다시 실행하여 세 개의 스레드가 동작하는 결과 보기

자바에서 스레드라는 것을 만들면 하나의 프로그램 안에서도 동시에 무언가를 실행할 수 있다는 것을 알게 되었습니다. 이제부터는 게임을 할 때 여러 캐릭터가 동시에 움직이는 것도 '스레드라는 것을 이용하면 만들 수 있겠구나.'라는 생각이 들 것입니다.

2 _ 스레드를 사용해서 앱에서 동시 작업하기

이번에는 안드로이드 프로젝트를 만들어 동시 작업을 할 때 스레드를 사용할 수 있는지 알아보겠습니다. 기본적으로 표준 자바에서 사용하는 스레드는 안드로이드에서도 똑같이 사용할 수 있습니다. 그러나 한 가지 차이점이 있는데 그것 때문에 안드로이드에서 코드를 만드는 방법을 이해해야만 만들 수 있는 것들이 생깁니다. 이번에 만들 앱에서는 두 마리 강아지 그림을 보여주고 각각의 강아지가 따로 뼈다귀를 물고 오는 과정을 이미지를 바꿔가면서 화면에 보여줄 것입니다.

안드로이드 스튜디오를 실행하고 새로운 프로젝트를 만듭니다. 프로젝트의 이름은 MyThread, 패키지 이름은 org.techtown.thread로 합니다.

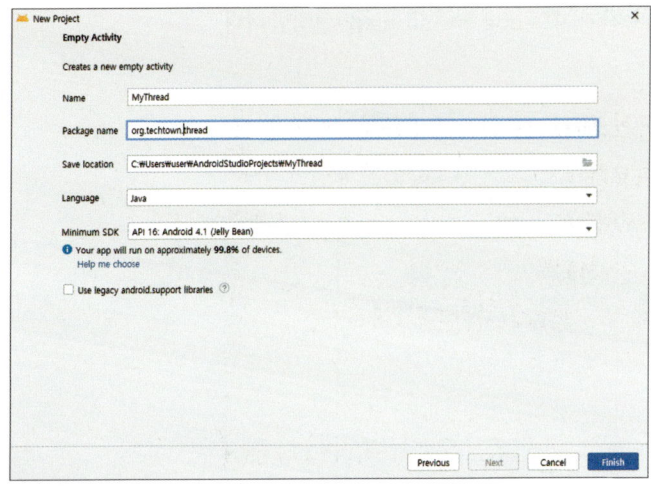

◀ MyThread라는 새로운 안드로이드 프로젝트 만들기

프로젝트 창이 뜨면 [activity_main.xml] 탭을 열고 화면에 버튼 한 개와 이미지 두 개 그리고 입력상자 하나를 추가합니다. 먼저 이미지뷰에 보일 이미지를 복사합니다. 이 책에서 제공하는 Github의 프로젝트 소스에서 세 개의 이미지 파일을 복사한 후 프로젝트의 /app/res/drawable 폴더에 붙여 넣습니다.

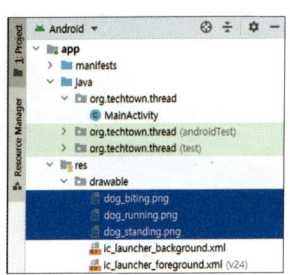

▲ /app/res/drawable 폴더 안에 복사하여 넣은 세 개의 이미지

세 개의 이미지는 각각 강아지가 서 있는 이미지, 달리는 이미지 그리고 뼈다귀를 물고 있는 이미지이며, 그 이름은 dog_standing.png, dog_running.png, dog_biting.png입니다. 이제 디자인 화면에서 화면에 들어있던 TextView를 삭제하고 버튼 한 개를 화면 위쪽 중간에 추가합니다. 그리고 버튼에 보이는 글자는 '물어와!'로 바꿉니다. 그런 다음 ImageView 위젯을 화면에 끌어다 놓으면 이미지를 선택하라는 대화상자가 보입니다. dog_standing.png 파일의 이미지를 보여주기 위해 dog_standing을 선택합니다.

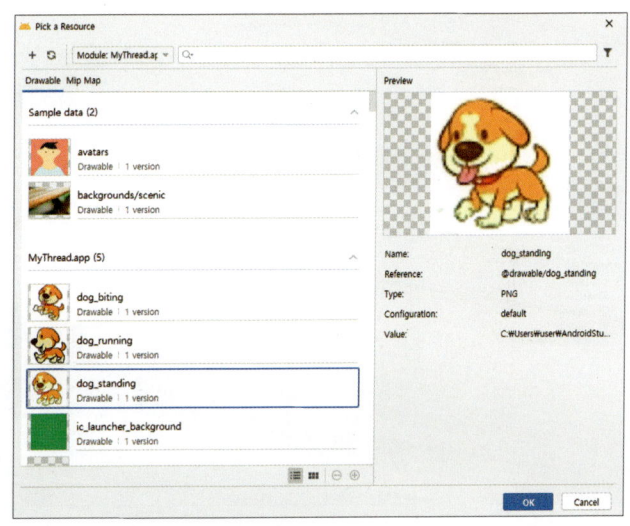

▲ 이미지뷰에 보여줄 이미지 파일 선택하기

또 다른 이미지뷰를 추가하고 이미지는 마찬가지로 dog_standing을 선택합니다.

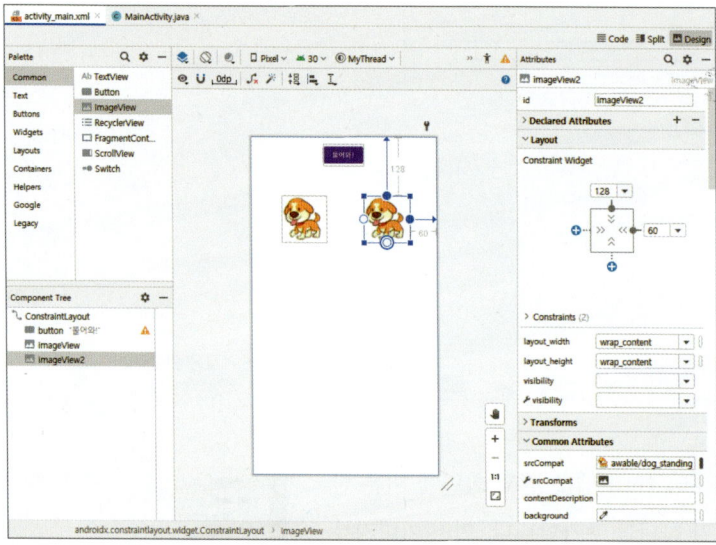

▲ 버튼 한 개와 이미지뷰 두 개를 추가한 화면

마지막으로 아래쪽에 입력상자를 추가한 후 나머지 공간을 모두 채우도록 합니다. 입력상자의 text 속성 값은 삭제하고 gravity 속성의 값은 top으로 바꿔 입력된 글자들이 위쪽으로 정렬되도록 합니다. inputType 속성의 값은 textMultilne으로 선택합니다.

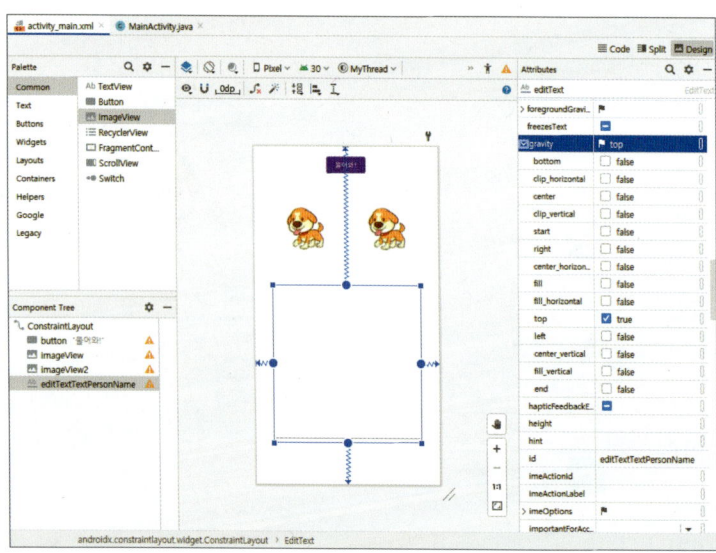

▲ 입력상자를 추가한 화면

화면을 모두 만들었으니 이제 소스코드를 입력할 차례입니다. 우리가 확인하려는 것은 [물어와!]를 눌렀을 때 두 마리의 강아지가 각각 알아서 뼈다귀를 물어오는 것입니다. 이미지만 바뀌면 어떻게 바뀌는 것인지 알기 힘들 수 있으므로 입력란에 진행되는 상황을 글자로 보여줄 것입니다.

[MainActivity.java] 탭을 눌러 소스 파일을 열고 아래 소스코드를 입력합니다. 두 개의 이미지뷰와 한 개의 입력상자는 클래스 안에서 어디든 접근할 수 있도록 변수로 선언합니다. 그리고 onCreate 메서드 안에서 findViewById 메서드로 찾아낸 후 변수에 할당합니다.

코드 참고 / MyThread〉/app/java/org.techtown.thread/MainActivity.java

```java
중략...
public class MainActivity extends AppCompatActivity {
  ImageView imageView;
  ImageView imageView2;
  EditText editText;

  @Override
  protected void onCreate(Bundle savedInstanceState) {
    중략...
    imageView = findViewById(R.id.imageView);
    imageView2 = findViewById(R.id.imageView2);
    editText = findViewById(R.id.editTextTextPersonName);
  }
}
```

버튼을 클릭했을 때 이미지뷰에 보이는 이미지를 바꾸는 스레드를 만들어서 실행하는 코드를 입력합니다. 스레드로 동작하는 새로운 클래스를 DogThread라는 이름으로 만들 것이므로 onClick 메서드 안에는 DogThread 객체를 하나 만들고 start 메서드를 호출하는 두 줄의 코드를 입력합니다.

코드 참고 / MyThread〉/app/java/org.techtown.thread/MainActivity.java

```java
중략...
  Button button = findViewById(R.id.button);
  button.setOnClickListener(new View.OnClickListener() {
    @Override
    public void onClick(View v) {
      DogThread thread1 = new DogThread(0);
      thread1.start();

      DogThread thread2 = new DogThread(1);
      thread2.start();
```

```
          }
    });
중략...
```

두 개의 이미지뷰에 보이는 이미지가 계속 바뀔 때 일정 시간 간격을 두고 바뀌도록 만들어야 합니다. DogThread 객체를 두 개 만들고 첫 번째 스레드는 첫 번째 이미지뷰의 이미지를 바꾸도록 하고 두 번째 스레드는 두 번째 이미지뷰의 이미지를 바꾸도록 할 것입니다. 이렇게 만들려면 DogThread 객체가 만들어질 때 어떤 이미지뷰를 담당하는지 알 수 있게 해야 합니다. 따라서 생성자의 파라미터로 0과 1이라는 인덱스 값을 전달했습니다.

DogThread라는 새로운 클래스는 Thread를 상속하여 만들고 그 안에 run 메서드를 넣어둡니다. 이미 알고 있듯이 스레드 객체에 들어있는 start 메서드를 호출하여 스레드를 시작하면 그 안에 있는 run 메서드가 자동으로 호출됩니다. DogThread 객체가 처음 만들어질 때 이미지뷰를 구분하는 인덱스 값을 전달받아야 하므로 생성자도 하나 추가합니다. 생성자로 전달받은 정수 값은 DogThread 클래스 안에 선언한 dogIndex라는 변수에 할당합니다. dogIndex 변수의 값은 0 또는 1이 될 수 있으며, 첫 번째 이미지뷰는 0으로 구분하고 두 번째 이미지뷰는 1로 구분합니다.

코드 참고 / MyThread⟩/app/java/org.techtown.thread/MainActivity.java

```
중략...
    class DogThread extends Thread {
        int dogIndex;
        int stateIndex;

        ArrayList<Integer> images = new ArrayList<Integer>();

        public DogThread(int index) {
            dogIndex = index;

            images.add(R.drawable.dog_standing);
            images.add(R.drawable.dog_running);
            images.add(R.drawable.dog_biting);
        }

        public void run() {

        }
    }
}
```

클래스 안에는 images 변수를 추가합니다. ArrayList 클래스를 자료형으로 하는 이 변수는 [drawable] 폴더에 추가한 이미지 세 개의 id 값을 가지고 있도록 합니다. 즉, R.drawable.dog_standing은 정수 값으로 된 리소스 id인데 이 값을 가지고 있도록 합니다. 이 id를 이미지뷰에 설정하면 이 이미지로 바꿀 수 있습니다. 세 개의 정수 값을 가지고 있도록 하려면 배열을 사용하거나 리스트를 사용할 수 있는데 여기서는 ArrayList 자료형의 리스트를 사용합니다. 현재 어떤 이미지를 설정할 것인지는 인덱스로 구분할 수 있어야 하므로 int 자료형으로 된 stateIndex라는 변수를 하나 더 선언합니다. 생성자 안에서는 images라는 리스트 객체에 세 개의 이미지 리소스 id를 추가합니다.

이제 run 메서드 안의 코드를 채울 차례입니다. 버튼을 한 번 눌러 스레드를 동작시킬 때마다 세 개의 이미지를 순서대로 바꾸는데 세 차례 반복하여 바꿔줄 것이므로 for 구문을 사용하면서 아홉 번 반복하도록 합니다.

코드 참고 / MyThread>/app/java/org.techtown.thread/MainActivity.java

```java
중략...
    class DogThread extends Thread {
        중략...
        public void run() {
            stateIndex = 0;
            for (int i = 0; i < 9; i++) {
                String msg = "dog #" + dogIndex + " state : " + stateIndex;
                editText.append(msg + "\n");

                if (dogIndex == 0) {
                    imageView.setImageResource(images.get(stateIndex));
                } else if (dogIndex == 1) {
                    imageView2.setImageResource(images.get(stateIndex));
                }
중략...
```

for 구문 안에서는 입력란에 지금 어떤 일이 벌어지고 있는지 글자로 보여주기 위해 EditText 객체의 append 메서드를 호출합니다. append 메서드는 입력란에 추가되어 있던 글자들은 그대로 두고 새로운 글자를 갖다 붙이는 역할을 합니다. 입력란에 추가되는 정보는 현재 바꾸려는 이미지뷰의 인덱스 정보와 그 위에 보이는 이미지의 인덱스 정보입니다. 이미지의 인덱스 정보로 images 변수 즉, 이미지가 들어있는 리스트 객체에서 이미지 리소스 id 값을 꺼내면 이미지뷰 객체의 setImageResource 메서드를 이용해 이미지를 바꿔줄 수 있습니다. if 구문을 이용해 dogIndex가 0일 경우에는 첫 번째 이미지뷰, dogIndex가 1일 경우에는 두 번째 이미지뷰를 바꾸도록 만듭니다.

코드 참고 / MyThread>/app/java/org.techtown.thread/MainActivity.java

```java
중략...
class DogThread extends Thread {
  중략...
  public void run() {
    stateIndex = 0;
    for (int i = 0; i < 9; i++) {
      중략...
      try {
        int sleepTime = getRandomTime(500, 3000);
        Thread.sleep(sleepTime);
      } catch (InterruptedException e) {
        e.printStackTrace();
      }

      stateIndex++;
      if (stateIndex >= images.size()) {
        stateIndex = 0;
      }
    }
  }
}
중략...
```

처음에는 stateIndex의 값이 0이므로 강아지가 서 있는 이미지가 화면에 보이는 상태가 됩니다. 그리고 for 구문의 코드가 반복하여 실행될 때마다 stateIndex의 값이 1씩 증가하는데 이미지의 인덱스가 2보다 커지면 다시 0으로 설정되도록 if 구문을 사용합니다.

이미지가 바뀌는 시간이 너무 짧으면 언제 바뀌었는지를 잘 알 수 없으므로 이미지가 바뀌는 시간 간격을 0.5초에서 3초 사이의 임의의 값으로 설정합니다. 일정 시간 동안 쉬었다가 기능을 동작시킬 때는 Thread.sleep 메서드를 사용한다고 앞에서 배웠습니다. 하지만 임의의 값을 알아내는 방법은 아직 알아본 적이 없습니다.

자바에는 Math 클래스가 미리 만들어져 있는데 수학 계산을 할 때 사용됩니다. 수학 계산이라고 하면 여러 가지가 있겠지만 그중 하나가 랜덤 값을 만들어내는 것입니다. 랜덤 값을 만들어내려면 Math.random 메서드를 호출합니다.

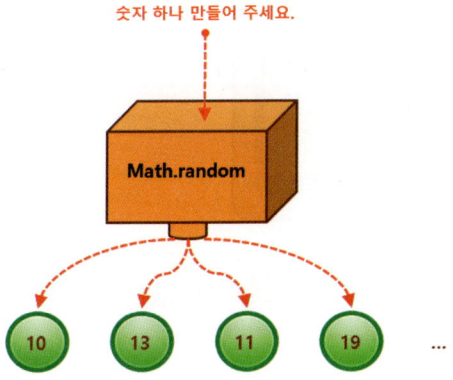

▲ 임의의 값을 만들어내는 Math.random 메서드

Math.random 메서드를 사용하면서 일정 간격의 숫자를 만들어내려면 다음과 같은 메서드를 만들어 호출합니다.

코드 참고 / MyThread>/app/java/org.techtown.thread/MainActivity.java

```
중략...
    public int getRandomTime(int min, int max) {
        return min + (int)(Math.random() * (max - min));
    }
  }
}
```

이 메서드를 추가하면 Thread.sleep 메서드의 파라미터로 넘겨준 sleepTime이라는 값이 만들어집니다. 이제 지금까지 알고 있는 스레드로 화면의 이미지를 바꿔주고 입력란에 글자도 보여주는 코드를 입력했습니다. 안드로이드 스튜디오의 실행 버튼을 클릭하여 앱을 실행한 후 [물어와!]를 누릅니다.

그런데 이게 웬일입니까? 정상적으로 실행되는 것 같다가도 중간에 오류가 발생하는 경우가 생깁니다. 스레드를 어느 정도 이해했다고 생각하고 앱을 만들기 위한 안드로이드 프로젝트에서도 자바 프로젝트에서와 똑같이 스레드를 사용하는 코드를 입력했는데 앱을 실행하면 오류가 발생하면서 정상적으로 실행되지 않습니다. 도대체 왜 그런 걸까요?

안드로이드에서는 표준 자바에서 사용하던 스레드를 그대로 사용할 수 있습니다. 그러나 새로 만든 스레드에서 화면에 있는 무언가에 접근하여 바꾸는 것은 금지하고 있습니다. 왜냐하면 화면에 있는 입력 상자나 이미지뷰는 앱을 실행했을 때 동작하는 메인 스레드에서 관리하기 때문입니다. 만약 이 메인 스레드에서 이미지뷰를 관리하면서 우리가 모르는 사이에 무언가를 수정하고 있는데 여러분이 직접 만든 스레드에서 이미지뷰의 이미지를 바꾸려고 한다면 '동시 접근(Simultaneous Access)'이라는 문제가 생깁니다. 만약 메인 스레드에서 접근하는 화면의 리소스 객체에 다른 스레드가 동시에 접근하는 형태의 동시 접근이라는 문제가 발생한다면 프로그램이 멈추는 현상이 발생할 수 있습니다.

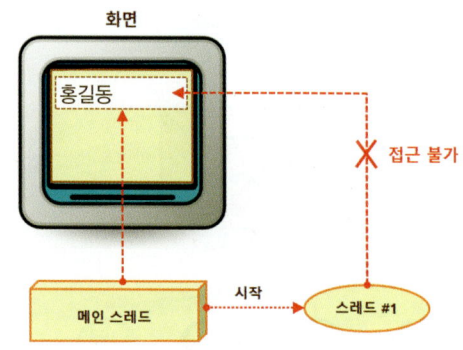

▲ 화면에 보이는 것들은 새로 만든 스레드에서 접근할 수 없음

그럼 앱에서 스레드를 만들었다면 스레드에서 화면을 전혀 건드릴 수 없는 걸까요? 스레드 안의 코드에서 setImageResource와 같은 메서드는 호출할 수 없는 걸까요? 그렇지는 않습니다. 직접 접근할 수는 없지만 돌아서 접근할 수 있도록 만들어 둔 것이 있습니다. 바로 '핸들러(Handler)'라는 것인데요, 메인 스레드에서 이미 화면에 있는 것들을 접근하고 있기 때문에 직접 접근은 못하지만 이 핸들러로 전달하면 순서를 정하여 메인 스레드 안에서 차례대로 접근하도록 조정해 줍니다.

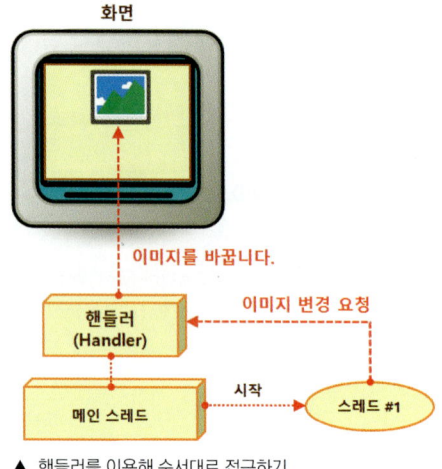

▲ 핸들러를 이용해 순서대로 접근하기

동시에 접근하지 않는 방법은 차례대로 접근하는 것이므로 이 핸들러가 그런 역할을 하는 것이죠. 핸들러를 사용해서 차례대로 접근할 수 있도록 하는 방법은 여러 가지가 있지만 여기서는 가장 간단한 방법을 사용할 것입니다.

먼저 MainActivity 클래스 안에 Handler 자료형을 가진 handler라는 이름의 변수를 선언합니다. 변수를 선언하면서 동시에 새로운 객체를 만들어 할당받도록 합니다. 기본으로 제공되는 Handler 클래스가 여러 개라서 그중에 하나를 선택하도록 Alt+Enter를 입력하라는 팝업 창이 나타날 수 있습니다. 팝업 창이 보일 때 Alt+Enter를 누르고 android.os 패키지 안에 있는 Handler 클래스를 선택합니다. 이 객체가 '핸들러 객체'라 불리는 것이며 MainActivity라는 클래스 안에 만들었으므로 메인 스레드를 담당하는 핸들러가 됩니다.

```
activity_main.xml    MainActivity.java
2
3        import ...
12
13       public class MainActivity extends AppCompatActivity {
14           ImageView imageView;
15           ImageView imageView2;
16           EditText editText;
17                              android.os.Handler? (multiple choices...) Alt+Enter
18           Handler handler = new Handler();
19
20           @Override
21           protected void onCreate(Bundle savedInstanceState) {
```

▲ 핸들러 객체를 입력한 경우

이제 이 핸들러를 이용해 새로 만든 스레드 클래스 안에서 화면에 접근하는 코드를 바꿔야 합니다. 새로운 스레드 안에서 화면을 접근하는 코드는 다음처럼 두 가지입니다.

코드 참고 / MyThread>/app/java/org.techtown.thread/MainActivity.java

```
중략...
        editText.append(msg + "\n");
중략...
        imageView.setImageResource(images.get(stateIndex));
중략...
```

이렇게 화면에 접근하는 코드는 스레드 객체의 post 메서드를 호출하면서 파라미터로 전달하는 Runnable 객체의 run 메서드 안에 넣어줍니다. 먼저 다음과 같이 스레드 객체의 post 메서드를 호출하는 코드를 만듭니다. for 구문을 위한 끝 중괄호 위쪽에 코드를 추가하면 됩니다.

코드 참고 / MyThread>/app/java/org.techtown.thread/MainActivity.java

```
중략...
    stateIndex++;
    if (stateIndex >= images.size()) {
      stateIndex = 0;
    }

    handler.post(new Runnable() {
      public void run() {

      }
    });
중략...
```

이 코드를 잘 보면 post 메서드를 호출하면서 Runnable로 만든 새로운 객체를 전달하는 모양새입니다. 이때 이 Runnable 객체는 핸들러 객체에서 차례대로 실행하는 하나의 단위가 됩니다.

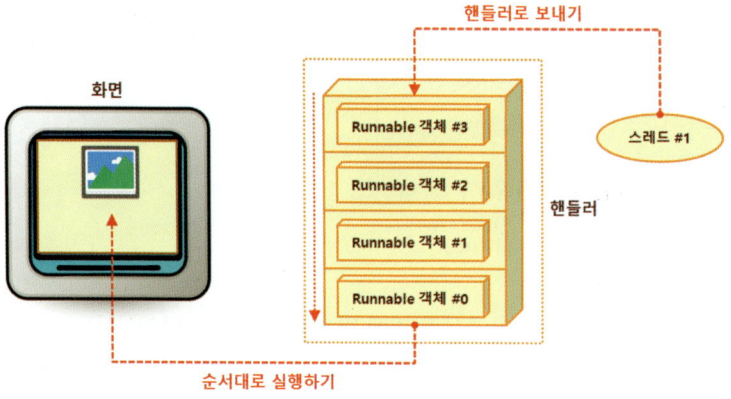

▲ 핸들러에서 Runnable 객체를 차례대로 실행하기

핸들러는 그 안에 여러 개의 Runnable 객체를 순서대로 쌓아놓고 있는 형태가 되며 그 순서에 맞춰 하나씩 실행합니다. 이제 이 run 메서드 안으로 화면 접근을 하는 메서드들을 옮겨 놓습니다. 기존에 editText.append로 시작하는 코드 줄과 imageView.setImageResource, imageView2.setImageResource로 시작하는 코드 줄을 옮기는 것이므로 기존 코드가 남아있지 않도록 주의합니다.

코드 참고 / MyThread>/app/java/org.techtown.thread/MainActivity.java

```java
중략...
    handler.post(new Runnable() {
      public void run() {
        editText.append(msg + "\n");

        if (dogIndex == 0) {
          imageView.setImageResource(images.get(stateIndex));
        } else if (dogIndex == 1) {
          imageView2.setImageResource(images.get(stateIndex));
        }
      }
    });
중략...
```

이렇게 코드를 옮기면 msg라는 글자 아래에 빨간 줄이 생깁니다. 이 오류 메시지는 msg 변수를 Runnable 객체 안의 코드에서 접근할 수 없다는 표시입니다. 이 문제를 간단하게 해결할 수 있는 방법은 msg 객체를 선언할 때 final 키워드를 붙여주는 것입니다. final 키워드를 붙이면 msg 객체는 상수처럼 다루어지므로 바로 아래의 Runnable 객체 안에서도 사용할 수 있게 됩니다.

코드 참고 / MyThread〉/app/java/org.techtown.thread/MainActivity.java

```
중략...
    public void run() {
        stateIndex = 0;
        for (int i = 0; i < 9; i++) {
            final String msg = "dog #" + dogIndex + " state : " + stateIndex;
중략...
```

여기에 final 키워드를 붙이세요!

앱을 실행하고 [물어와!]를 누르면 두 마리의 강아지가 각각 알아서 뛰어가거나 뼈다귀를 물은 이미지로 바뀌게 됩니다. 그리고 그 아래에 있는 입력란에는 첫 번째 강아지와 두 번째 강아지의 상태가 글자로 계속 보이게 됩니다. 랜덤하게 시간 간격을 주었으므로 강아지의 이미지가 바뀌는 것도 빠를 때가 있고 느릴 때가 있으니 잘 살펴보기 바랍니다.

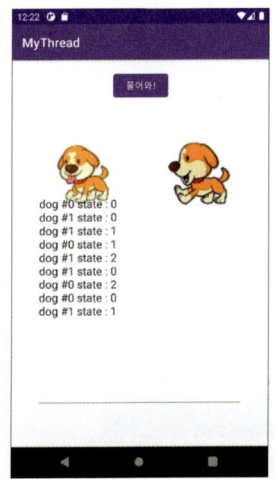

▲ [물어와!]를 눌렀을 때 두 마리 강아지가 따로 움직이는 화면

지금까지 스레드를 살펴보았습니다. ==자바는 스레드로 동시 작업을 할 수 있고 표준 자바에서 사용하는 스레드를 안드로이드에서 사용하려면 핸들러가 필요하다는 것도 꼭 기억하기 바랍니다.==

스레드를 이용해 이미지 이동시키기

난이도	상	✓ 중	하	소요시간	50분
목표	스레드를 이용해 이미지를 이동시키는 방법 연습					

- 스레드를 이용해 이미지가 이동하도록 만들어봅니다.
- 두 개의 서로 다른 이미지가 동시에 움직이는 화면을 만들어봅니다.

❶ 안드로이드 스튜디오에서 새로운 프로젝트를 만들고 프로젝트의 이름은 Study23, 패키지 이름은 org.techtown.study23으로 합니다.

❷ activity_main.xml 파일을 열고 최상위 레이아웃을 FrameLayout으로 변경합니다. 그리고 화면의 좌측 상단에 두 개의 이미지뷰를 추가한 후 각각 강아지 이미지가 보이도록 합니다.

❸ MainActivity.java 파일을 열고 한 마리 강아지를 터치하면 가로 방향으로 끝까지 갔다가 돌아오도록 코드를 입력합니다.

❹ 다른 한 마리 강아지를 터치하면 세로 방향으로 끝까지 갔다가 돌아오도록 코드를 입력합니다.

❺ 사용자가 강아지를 언제 터치하던 상관없이 동작할 수 있도록 두 개의 스레드를 만들어 각각의 스레드가 이미지를 움직이도록 만듭니다. 이미지뷰의 layout_margin 속성 값을 수정하면 이미지뷰가 보이는 위치를 변경할 수 있습니다.

✓ 체크해 보세요!

동시 작업
이해하기
p.550 ✓

스레드 사용하기
p.560 ✓

핸들러 이해하기
p.568 ✓

해답 | Study23 프로젝트

스레드를 이용해 애니메이션 만들기

난이도	상	중 ✓	하	소요시간	40분
목표	이미지를 변경할 때 애니메이션으로 효과를 주는 방법 연습					

✓ 체크해 보세요!

동시 작업
이해하기
p.550 ✓

스레드 사용하기
p.560 ✓

핸들러 이해하기
p.568 ✓

- 이미지뷰로 보이는 이미지를 변경할 때 애니메이션이 적용되도록 만들어봅니다.
- 사진 이미지가 변경되면서 애니메이션으로 효과를 주었을 때 어떻게 보이는지 확인해봅니다.

❶ Study22 프로젝트를 복사하여 Study24로 만듭니다.

❷ Study22 프로젝트에서 만들었던 K팝 상세 정보를 추가하는 화면에 사진을 설정할 수 있도록 이미지뷰를 추가합니다. 그리고 이미지뷰를 터치했을 때 애니메이션이 적용되면서 이미지가 변경되도록 바꿔봅니다.

❸ 사진 이미지는 세 개의 이미지 파일을 미리 app/res/drawable 폴더에 가져다 놓습니다. 화면이 처음 보였을 때는 세 개의 이미지 파일 중 하나가 보이도록 합니다.

❹ MainActivity.java 파일을 열고 사용자가 이미지뷰를 터치하면 애니메이션 되면서 다른 이미지로 바뀌도록 코드를 입력합니다. 애니메이션 액션 정보는 안드로이드에 미리 정의된 android.R.anim.fade_in과 android.R.anim.fade_out을 사용합니다.

❺ [저장] 버튼을 누르면 사용자가 선택한 이미지 정보를 이용해 원래의 화면으로 돌아갔을 때 리싸이클러뷰에 해당 이미지가 보이도록 합니다.

❻ 애니메이션 객체에 AnimationListener를 등록하면 애니메이션이 끝날 때 onAnimationEnd 메서드가 호출됩니다. 따라서 애니메이션이 끝날 때 필요한 기능을 넣을 수 있습니다.

해답 | Study24 프로젝트

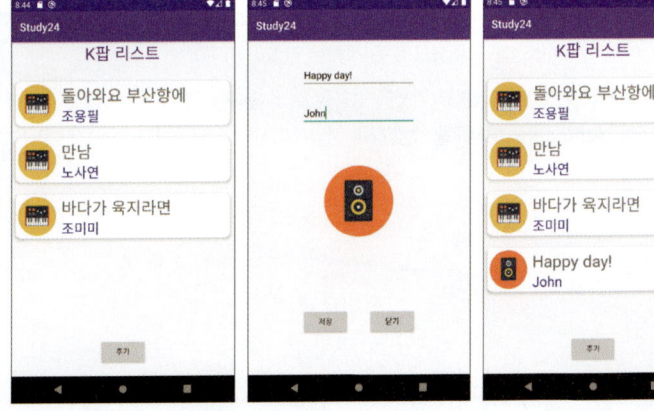

여러 가지 작업을 동시에 수행하기

스레드

❶ 로직이란? 어떤 기능을 어떤 순서대로 처리할 것인지를 정리한 것을 말합니다.

❷ 동시에 무언가를 해야 하는 것을 '동시 작업'이라고 하고 따로따로 알아서 움직일 수 있는 각각의 것을 스레드(Thread)라고 합니다.

❸ 메인 스레드란? 자바에서 프로그램을 실행하면 시작점이 되는 main 메서드가 자바 버추얼 머신에 의해 실행되는데 이렇게 실행된 프로그램도 하나의 스레드로 실행됩니다. 이것을 메인 스레드라고 하고 이 메인 스레드에서 스레드를 하나씩 만들어낼 수 있습니다.

스레드 안에서 for 구문을 사용할 때

- 중괄호 안의 코드가 반복 호출될 때마다 1초씩 쉬도록 Thread.sleep 메서드를 호출할 수 있습니다.

❹ 스레드 객체의 start 메서드를 호출하면 스레드 안의 run 메서드가 자동으로 호출됩니다.

❺ Math 클래스란? 자바에 미리 만들어져 있는 것이며, 수학 계산을 할 때 사용됩니다.

→ 수학 계산이라고 하면 여러 가지가 있겠지만 그 중의 하나가 랜덤 값을 만들어내는 것입니다. Math.random 메서드를 사용하면 임의의 값을 만들어낼 수 있습니다.

❻ 메인 스레드에서 관리하는 앱 화면의 리소스 객체에 다른 스레드가 동시에 접근했을 때 **프로그램이 멈추는 현상이** 발생할 수 있습니다.

❼ 핸들러란? 동시에 접근하는 문제를 해결하기 위해 사용하며, 동시 접근의 문제가 발생하지 않도록 순서대로 실행해 줍니다.

애니메이션 만들어보기

❶ 트윈 애니메이션이란? 애니메이션을 위한 모든 프레임 이미지를 다 만들지 않고 키가 되는 몇 장의 프레임만으로 애니메이션이 동작하도록 만들어줍니다.

❷ 애니메이션을 위한 액션 정보란? [/res] 폴더 안에 [anim] 폴더를 만들고 그 안에 XML 파일로 만들어 넣어야 합니다.

❸ AnimationUtils 클래스의 loadAnimation 메서드를 사용하면 XML 코드에 들어있는 애니메이션 액션 정보를 읽어와 해석한 후 Animation이라는 자료형으로 된 객체로 만들어줍니다.

❹ 애니메이션은 이미지뷰 위젯이나 다른 뷰 위젯에 적용할 수 있습니다. 애니메이션 액션 정보를 로딩한 Animation 객체만 있다면 startAnimation 메서드를 호출하여 애니메이션을 실행합니다.

02-13
보관한 데이터를 불러와서 사용하는 방법 알아보기

중요도 ★★★★☆

클래스를 만들고 그 안에 변수를 선언하면 데이터를 얼마든지 보관할 수 있습니다. 특히 배열이나 리스트를 사용하면 여러 개의 데이터를 한꺼번에 보관할 수 있으니 많은 데이터라도 넣어두었다가 처리할 수 있습니다. 그런데 그렇게 변수에 넣어둔 데이터는 프로그램이 끝나자마자 메모리에서 없어집니다. 변수라는 것이 메모리에 만들어지기 때문에 그 안에 들어있는 데이터는 프로그램이 종료되었을 때 없어지는 것이죠. 그렇다면 프로그램이 끝나도 데이터를 계속 보관하고 있다가 프로그램이 다시 시작되면 보관했던 데이터를 보여줄 수 있는 방법은 없을까요? 이 장에서는 프로그램이 종료되어도 계속 보관할 수 있도록 데이터를 저장하는 방법은 무엇인지, 그리고 저장된 데이터는 또 어떻게 가져와야 하는지에 알아보겠습니다.

키워드로 알아보는 자바 언어

스트림	파일과 같이 다른 곳에 데이터를 쓰거나 읽을 때 스트림을 사용합니다.
권한	앱에서 데이터를 쓰거나 읽을 때는 권한이 필요합니다.
Reader, Writer	문자열을 쓰거나 읽을 때는 Writer와 Reader를 사용할 수 있습니다.
소켓	인터넷상의 다른 컴퓨터로 데이터를 보내거나 받을 때는 소켓을 사용할 수 있습니다.

1 _ 자바의 스트림 방식 이해하기

프로그램을 만들기 위해 코드를 입력하다 보면 항상 변수나 메서드를 만들고 있다는 생각이 듭니다. 프로그램의 기초가 되는 것이 변수나 메서드이기 때문인데요, 메서드는 집을 만들 때 필요한 벽돌로 생각하면 쉽게 이해할 수 있습니다.

▲ 집을 지을 때 필요한 벽돌

따라서 벽돌을 쌓아 집을 만들 듯이 메서드를 하나씩 모으면 하나의 프로그램이 만들어진다고 할 수 있습니다. 객체 지향이라는 개념을 사용하는 자바에서는 이런 메서드와 변수를 모아서 클래스라는 것 안에 넣어 둡니다. 클래스는 실제 객체를 만들 때 필요한 틀과 같아서 이 틀로부터 실제 객체를 만들어낼 수 있습니다. 이런 실제 객체는 독립적으로 데이터나 메서드를 가질 수 있습니다. 그런데 실제 객체인 강아지를 여러 마리 만들고 강아지에게 이름을 붙여준 후 '물어와!'라는 명령을 내렸는데 갑자기 프로그램이 중단되었다면 만들어둔 강아지 객체는 모두 메모리에서 사라지게 됩니다.

▲ 만들어둔 강아지는 모두 사라질 수 있어요

강아지에게 붙여준 이름이나 강아지가 뛰고 있던 상태가 모두 사라지면 이 장면을 기억할 수 있는 방법이 없어집니다. 그렇다면 강아지의 이름이라도 어딘가에 적어두었다가 프로그램이 시작되면 다시 이름을 붙여주고 싶은데 어디에 어떻게 적어두어야 할까요?

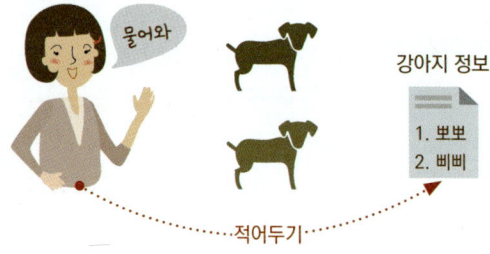

▲ 만들어둔 강아지의 이름을 적어두어야 기억할 수 있어요

여기서 강아지 정보를 적어두는 종이처럼 사용할 수 있는 것이 파일(File)입니다. 파일은 PC나 스마트폰에서 간단한 메모를 적어둘 때 그 메모를 담아둘 수 있는 하나의 공간이라고 생각할 수 있습니다. 파일은 메모리가 아닌 디스크에 만들어지므로 스마트폰이 꺼지거나 프로그램이 종료되더라도 계속 보관됩니다.

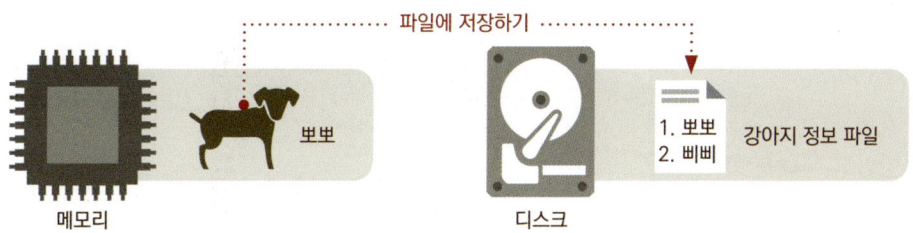

▲ 파일이라는 저장 공간

그렇기 때문에 파일은 도서관의 책이라고 생각할 수도 있습니다. 물론 도서관의 책에는 낙서를 할 수 없으니 내가 원하는 글자를 함부로 써둘 수 없지만 만약 내용을 쓰거나 읽을 수 있다고 생각하면 도서관의 책장마다 잘 정리된 책을 자유롭게 사용할 수 있습니다. 그런데 이 책이 도서관에 있든 집에 있든 아니면 바다 건너 외국에 있든지 책만 찾으면 그 책 안에 글씨를 쓰거나 읽는 방식은 똑같을 것입니다. 이렇게 대상과 상관없이 읽거나 쓰는 방식을 만들어두면 좀 더 이해하기 쉽게 됩니다.

▲ 책이 어디에 있건 읽거나 쓰는 방법은 똑같이 정해둘 수 있어요

이렇게 책을 읽거나 책에 글씨를 쓰는 방법처럼 자바에서는 무언가를 읽거나 쓸 때 공통으로 사용할 수 있는 '스트림(Stream)'이라는 것을 만들어 두었습니다. 스트림은 파이프 안에서 물이 흐르는 것처럼 그 대상을 자세히 알지 못하더라도 파이프로 데이터를 보내거나 받을 수 있게 합니다.

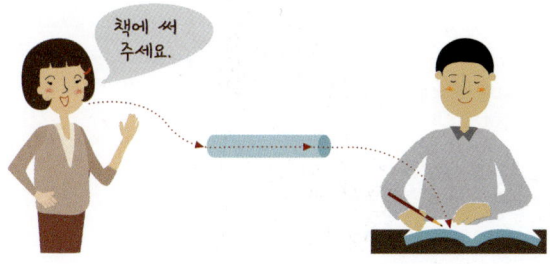

▲ 스트림이라는 것

파이프를 통해 데이터를 보내기만 해도 그 데이터를 누군가 받아서 나대신 책에 글씨로 써준다면 훨씬 쉽게 데이터를 사용할 수 있을 것입니다. 이 파이프 뒤에 누가 있는지 신경 쓰지 않아도 된다면 말이죠.

자바의 스트림은 읽는 것과 쓰는 것으로 나뉘어 있습니다. 즉, 읽는 스트림과 쓰는 스트림이 나누어져 있는데 읽는 스트림으로는 데이터를 받을 수 있고 쓰는 스트림으로는 데이터를 보낼 수 있습니다. 스트림이라는 것을 간략히 알아보았으니 자바 프로젝트를 만들고 그 안에서 스트림으로 파일에 데이터를 저장해 보겠습니다.

이클립스를 실행하고 새로운 프로젝트를 만듭니다. 이클립스 상단의 [File → New → Java Project] 메뉴를 눌러 새로운 프로젝트를 만드는 대화상자를 띄웁니다. 그런 다음 프로젝트 이름 입력란에 MyFile을 입력한 후 [Finish]를 누릅니다.

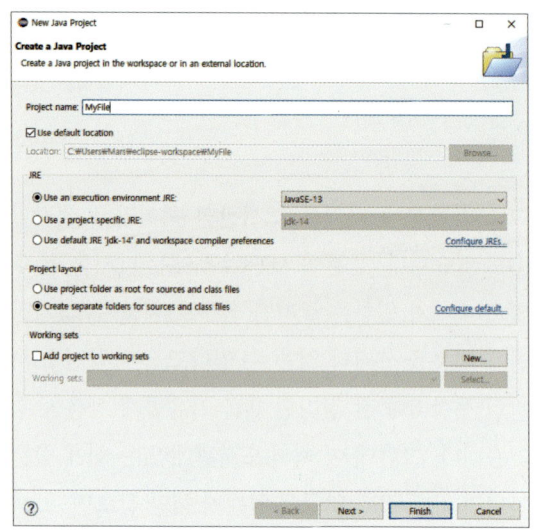

▲ MyFile이라는 새로운 자바 프로젝트 만들기

왼쪽 패키지 탐색기에 새로 만든 프로젝트가 보이면 그 안의 [src] 폴더를 선택한 후 마우스 오른쪽 버튼을 클릭하여 [New → Class]를 선택합니다. 새로운 클래스를 만드는 대화상자가 나타나면 패키지 이름을 org.techtown.file로 입력하고 클래스 이름은 FileTest로 입력합니다. 아래쪽에 있는 public static void main(String[] args) 체크 박스를 체크한 후 [Finish]를 누릅니다.

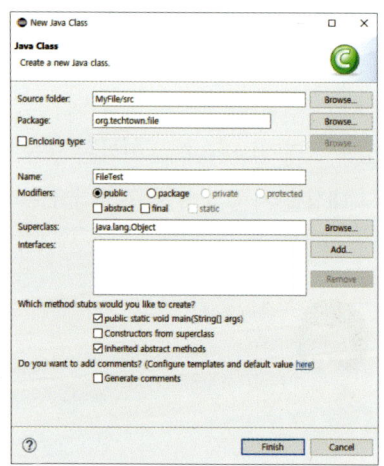

▲ FileTest라는 새로운 클래스 만들기

FileTest.java 파일이 만들어지면 main 메서드 안에 FileTest 객체를 만들고 startup 메서드를 호출하는 코드를 입력합니다.

코드 참고 / MyFile>/src/org.techtown.file/FileTest.java

```java
public class FileTest {

  public static void main(String[] args) {
    FileTest test = new FileTest();
    test.startup();
  }

}
```

startup 메서드는 파라미터와 반환 값이 모두 없는 것으로 선언하고 그 안에 코드를 입력합니다. 파일에 접근하기 위해서는 먼저 File 객체를 만듭니다. 그리고 FileOutputStream을 이용해서 파일에 데이터를 쓸 수 있는 스트림을 만듭니다. 코드를 모두 입력한 후에 빨간색 줄이 보이면 Ctrl + Shift + O 를 눌러 자동으로 임포트(Import) 합니다.

코드 참고 / MyFile>/src/org.techtown.file/FileTest.java

```java
public class FileTest {
  중략...
  public void startup() {

    File file = new File("test.txt");
    FileOutputStream outstream = new FileOutputStream(file);

  }
}
```

자동으로 임포트(Import) 해도 FileOutputStream 아래에는 여전히 빨간색 줄이 남아 있습니다. 그 위에 마우스 커서를 갖다 대면 예외가 발생할 수 있으니

▲ 예외 상황이 발생할 수 있다는 메시지

try-catch 구문을 사용하라는 메시지가 보입니다. 이 메시지의 아래쪽에 보이는 파란색 링크 중에서 Surround with try/catch를 누르면 자동으로 try-catch 구문이 입력됩니다.

try-catch 구문이 자동으로 입력되면 코드가 갑자기 많아지는 느낌이 듭니다. 그 중의 한 줄이라도 없애는 것이 좋으므로 //로 시작하는 설명글을 삭제합니다.

코드 참고 / MyFile>/src/org.techtown.file/FileTest.java

```java
중략...
  public void startup() {

    File file = new File("test.txt");
    try {
      FileOutputStream outstream = new FileOutputStream(file);
    } catch (FileNotFoundException e) {
      e.printStackTrace();
    }
  }
}
```

File 클래스는 파일 정보를 가져오는 데 사용됩니다. 도서관 안의 책장에 꽂혀 있는 책을 생각해보면 그 책이 어느 책장에 있고 책의 페이지 수는 얼마나 되는지 그리고 책의 이름은 무엇인지 등이 그 책의 정보가 될 것입니다. 이처럼 파일도 폴더라는 것 안에 들어있으며 파일의 이름과 크기 정보가 있습니다. 이런 정보들을 담고 있는 클래스가 바로 File 객체입니다.

▲ File 객체

예를 들어, file.length();라는 코드를 입력하면 파일의 크기를 알아낼 수 있습니다. File 클래스를 이용해 실제 파일 객체를 만들 때 파라미터로 전달된 test.txt라는 문자열은 파일의 이름입니다. FileOutputStream이라는 것은 맨 뒤에 Stream이라는 단어가 붙어있는 것을 보면 알 수 있듯이 앞에서 설명한 스트림 클래스입니다. 그 앞에 있는 Output이라는 것은 데이터를 쓰기 위해 만드는 스트림이라는 뜻이며 가장 앞에 있는 File은 파일에 쓸 수 있는 스트림이라는 뜻입니다. 파일에 쓸 수 있는 스트림에 파일 객체를 파라미터로 전달하면 그 때부터 파일에 데이터를 쓸 수 있습니다. 이 스트림 객체는 파일이 폴더 안에 없더라도 자동으로 파일을 만든 후 그 안에 데이터를 쓸 수 있도록 해줍니다.

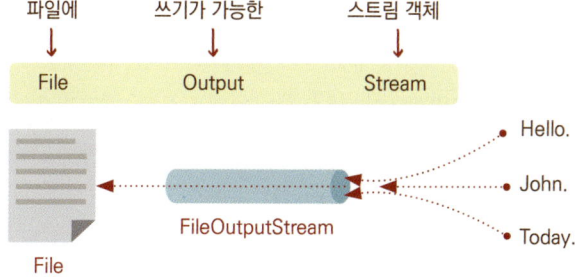

▲ FileOutputStream 객체

이제 데이터를 쓰면 되는데 우리가 가장 쉽게 볼 수 있는 것이 글자이니 문자열을 쓸 수 있도록 하겠습니다. 문자열이 아닌 바이너리(Binary) 데이터는 제대로 읽을 수도 없을 테니까요. 문자열을 쓰기 좋도록 자바에 미리 만들어 둔 클래스로 OutputStreamWirter라는 것이 있습니다. 이것은 OutputStream이라는 객체를 받아 Writer라는 것으로 만들어줍니다. 여기서 FileOutputStream이라는 것은 OutputStream이라는 클래스를 상속받아 만들어졌으므로 이 Writer라는 것을 만드는 데 사용될 수 있습니다. 두 개의 Stream 객체를 연속으로 사용하는 것은 한 명에게 써달라고 부탁하면 그 사람이 다른 사람에게 다시 부탁해서 책에 글씨를 쓰는 것과 같습니다.

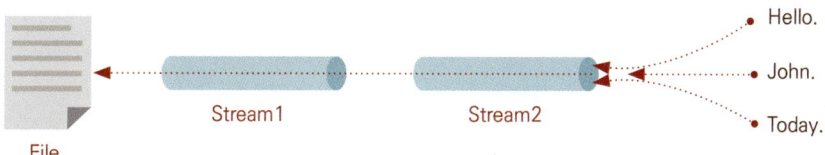

▲ 두 개의 스트림을 연속해서 사용하기

다음과 같이 입력하고 Ctrl + Shift + O 를 눌러 자동으로 임포트(Import)합니다.

코드 참고 / MyFile〉/src/org.techtown.file/FileTest.java

```java
중략...
public void startup() {

    File file = new File("test.txt");
    try {
        FileOutputStream outstream = new FileOutputStream(file);
        OutputStreamWriter writer = new OutputStreamWriter(outstream);
        writer.write("안녕하세요!");

    } catch (FileNotFoundException e) {
        e.printStackTrace();
```

```
      }
    }
}
```

OutputStreamWriter라는 객체를 new 연산자로 만들 때 outstream 변수로 참조한 FileOutput Stream 객체를 파라미터로 전달합니다. 이렇게 하면 OutputStreamWriter와 FileOutputStream 객체가 서로 연결되는 모양이 되므로 OutputStreamWriter에 문자열을 쓰면 그 다음 스트림을 통해 파일에 글자를 쓰게 됩니다. write 메서드를 호출하면서 '안녕하세요!'라는 문자열을 전달하면 그 글자를 쓸 수 있습니다. 그런데 이 write 메서드를 호출하는 코드를 입력하면 빨간색 줄이 보입니다.

▲ write 메서드 호출 코드를 입력했을 때 보이는 빨간색 줄

빨간색 줄 위에 마우스 커서를 올려 보면 예외 상황이 발생할 수 있어 try-catch 구문을 사용해야 한다는 메시지가 보입니다. 이미 try-catch 구문이 있는데도 이런 오류 표시가 나타나는 이유는 발생하는 예외 객체의 종류가 다르기 때문입니다. 잘 살펴보면 이미 try-catch 구문으로 처리하는 예외는 FileNotFoundException이지만 write 메서드를 호출할 때 발생하는 예외는 IOException입니다. 여러 개의 예외를 한꺼번에 처리하는 방법은 catch 구문의 소괄호 안에 Exception 객체를 넣어 모든 예외를 그곳에서 처리하는 것입니다. 따라서 FileNotFoundException이라고 되어 있던 것을 Exception이라고 바꿔줍니다. 그러면 빨간 오류 표시가 사라집니다.

그 다음 줄에는 다음과 같이 입력합니다.

코드 참고 / MyFile)/src/org.techtown.file/FileTest.java

```
중략...
    OutputStreamWriter writer = new OutputStreamWriter(outstream);
    writer.write("안녕하세요!");
```

```
        writer.flush();
        writer.close();
중략...
```

빨간색 오류 표시가 사라져도 다음 그림처럼 상단의 import 문에서 import java.io.FileNotFoundException; 코드 줄은 남아있으면서 노란색 경고 표시가 보일 수 있습니다. 이것은 기존에 사용하던 것이 남아있는 것으로 삭제하지 않아도 오류가 발생하지는 않습니다.

```
 1  package org.techtown.file;
 2
 3  import java.io.File;
 4  import java.io.FileNotFoundException;
 5  import java.io.FileOutputStream;
 6  import java.io.OutputStreamWriter;
 7
 8  public class FileTest {
 9
10      public static void main(String[] args) {
11          FileTest test = new FileTest();
12          test.startup();
13
14      }
15
16      public void startup() {
17
```

flush라는 스트림 안에 남아있는 데이터를 모두 보내도록 합니다. 스트림은 그 종류에 따라 데이터를 보낼 때 어느 정도의 데이터가 모이고 나면 보내는 방식을 취합니다. 이 때문에 write 메서드를 호출하는 시점에 바로 보내지 않을 수도 있습니다. 이때 flush 메서드를 사용하면 남아있는 모든 데이터를 보내도록 만들 수 있습니다.

close 메서드는 모든 스트림에 사용되며 스트림이라는 파이프를 모두 사용하고 나면 이 메서드를 호출하여 스트림을 닫아주어야 합니다. 스트림이라는 파이프는 일종의 통로 역할을 하는데, 프로그램에서 무작정 계속 만들 수 없는 제한된 자원입니다. 그래서 사용 후에 close 메서드로 닫아주지 않으면 나중에는 새로운 스트림을 만들고 싶어도 만들 수 없게 됩니다.

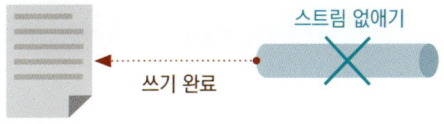

▲ 스트림을 쓰고 나면 꼭 닫아줍니다

이클립스 상단의 실행 아이콘을 클릭하여 프로그램을 실행하면 콘솔 창에는 아무런 메시지도 보이지 않고 프로그램만 실행되었다가 종료됩니다. 하지만 파일 탐색기로 찾아보면 test.txt라는 파일이 만들어진 것을 알 수 있습니다. 파일 탐색기를 열고 MyFile 프로젝트가 저장된 워크스페이스 폴더로 이동해보면 test.txt 파일이 만들어져 있습니다.

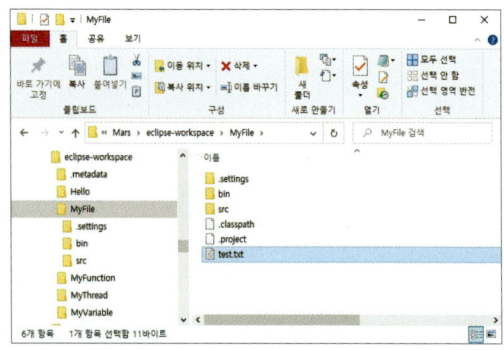

▲ 파일 탐색기로 찾은 test.txt 파일

새로 만들어진 텍스트 파일을 찾았다면 더블클릭하여 메모장으로 열어 봅니다. 그 안에는 우리가 코드에서 쓰기 스트림으로 저장하라고 했던 '안녕하세요!'라는 글자가 들어있습니다.

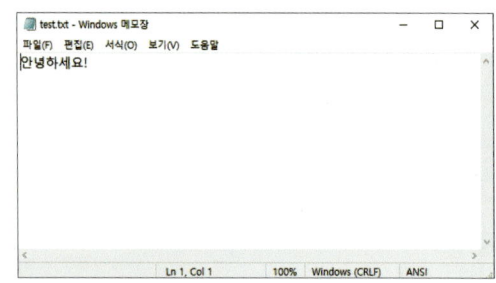

▲ 'test.txt' 파일의 내용

파일에 글자를 쓰는 방법을 알아보았습니다. 자바에서는 데이터를 저장하거나 가져올 때 어디에서 가져오든 상관없이 똑같은 방식으로 읽거나 쓸 수 있는 스트림 객체를 사용할 수 있습니다. 그래서 파일이 아닌 다른 곳에 읽거나 쓸 때도 비슷한 스트림 객체가 사용됩니다. 이렇게 무언가를 읽거나 쓸 수 있는 스트림 객체들을 모아놓은 것이 'IO 패키지'입니다. 다시 말해서 데이터를 읽거나 쓸 수 있도록 미리 만들어놓은 클래스들의 모음입니다.

IO 패키지는 자바에 이미 만들어놓은 패키지로 'Input-Output'의 줄임말입니다. 우리가 보았던 FileInputStream, FileOutputStream은 각각 InputStream, OutputStream 클래스로부터 상속받은 것입니다. 이처럼 어디에 어떻게 사용할 것인가에 따라 다양한 스트림 객체들이 만들어져 있습니다.

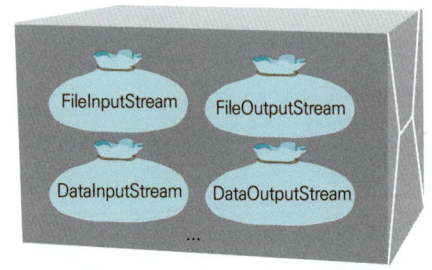

▲ 자바의 IO 패키지

그렇다면 OutputStream과 Writer는 무엇이 다른 걸까요? OutputStream을 사용하면 데이터를 바이트 단위로 쓸 수 있습니다. 하지만 바이트는 우리가 눈으로 바로바로 확인할 수 있는 모양이 아니므로 개발자는 문자열을 사용하는 것이 훨씬 편할 것입니다. Writer는 바이트가 아니라 문자열을 쓸 수 있도록 만듭니다. 파일에 글씨를 바로 쓰고 싶다면 FileWriter 클래스를 사용할 수도 있고 FileOutputStream을 먼저 만든 후 OutputStreamWriter를 연결하여 사용할 수도 있습니다.

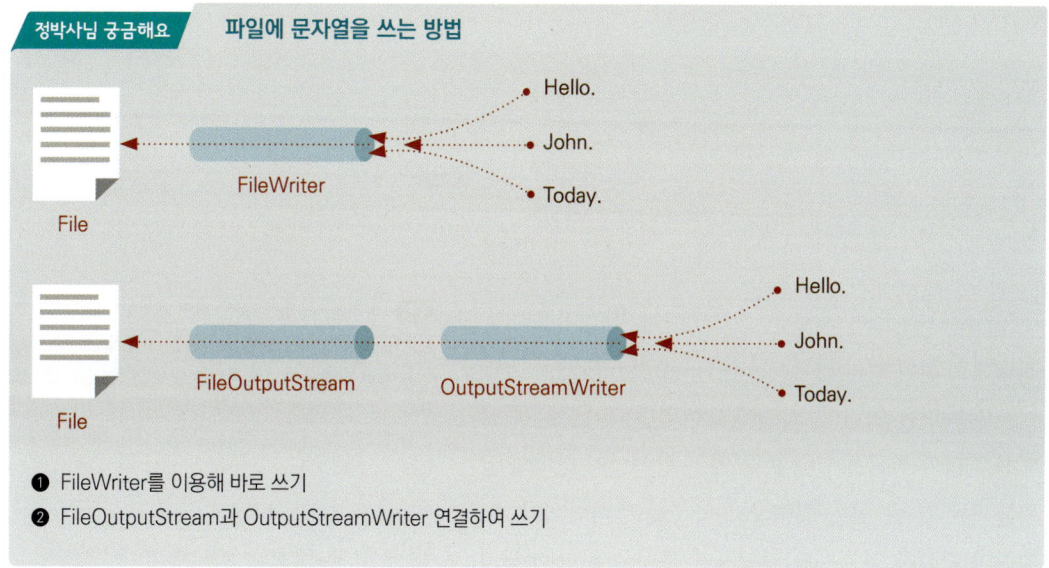

바이트 데이터를 읽어 들일 때 InputStream을 사용할 수 있는 것처럼 문자열을 읽을 때는 Reader 객체를 사용할 수 있습니다.

2 _ 앱에서 단말에 데이터를 쓰거나 읽어 들이기

스트림을 어느 정도 이해했다면 이제 스마트폰에서 동작하는 앱으로 만들고 화면에 글씨를 입력하면 그 글씨를 파일에 썼다가 다시 읽어 들이도록 만들어 보겠습니다. Writer를 이용해서 글씨를 쓴 것이니 다시 읽어 들일 때도 Reader 객체를 이용하는 것이 가장 간단할 것 같습니다.

안드로이드 스튜디오를 실행하고 새로운 프로젝트를 만듭니다. 프로젝트의 이름은 MyFile로 하고 패키지 이름은 org.techtown.file로 합니다.

▲ MyFile이라는 새로운 프로젝트 만들기

[Finish]를 누르면 새로운 프로젝트가 만들어집니다. 프로젝트 창이 열리면 [activity_main.xml] 탭을 눌러 디자인 화면을 엽니다. 화면에 들어있던 텍스트뷰를 삭제하고 파일 이름을 입력할 수 있는 입력상자 하나와 글씨를 입력할 수 있는 입력상자 하나를 추가합니다. 두 개의 입력상자 앞에는 입력상자가 무엇을 위한 것인지 알 수 있도록 텍스트뷰를 추가하고 각각 '파일 이름'과 '파일 내용'이라는 글자가 보이도록 합니다.

주의 ▶ 여기에 작성된 내용은 화면 레이아웃을 구상한 사람마다 조금씩 다른 방법을 사용할 수도 있습니다. 지금까지 익힌 내용을 토대로 화면을 디자인하는 실습을 해보세요. Component Tree를 활용하거나 속성 창에서 값을 조절해보면 좀 더 안드로이드 스튜디오에 익숙해질 것입니다.

| HINT | 속성 창에서 가장 위쪽 버튼 2개를 가로로 배치하려면 layout_weight의 값을 각각 1로 입력하세요.

| HINT | 파일 이름을 입력한 텍스트뷰와 입력상자 사이의 간격은 text 속성에 파일 이름을 입력할 때 스페이스를 눌러서 간격을 띄우세요.

최상위 레이아웃을 LinearLayout으로 변경하고 리니어 레이아웃을 이용해 화면을 만들어보도록 합니다. 리니어 레이아웃을 사용하는 방법은 이미 잘 알고 있습니다. 최상위 레이아웃을 선택하고 오른쪽 속성 창에서 orientation 속성 값을 vertical로 변경합니다. 그리고 최상위 레이아웃 안에 LinearLayout (horizontal)을 추가하면 '파일 이름' 텍스트뷰와 입력상자 하나를 가로 방향으로 배치할 수 있습니다. 새로 추가한 리니어 레이아웃의 layout_height 속성 값은 wrap_content로 변경하여 그 안에 들어간 텍스트뷰와 입력상자의 크기만큼만 공간을 차지하도록 합니다. 그런 다음 최상위 레이아웃 안에 텍스트뷰 하나와 입력상자 하나를 차례로 더 추가합니다.

두 번째 텍스트뷰는 위쪽에 있는 리니어 레이아웃과 약간 떨어지도록 layout_marginTop 속성 값을 10dp로 입력합니다. 아래쪽 입력상자는 나머지 여유 공간을 꽉 채우도록 layout_height 속성 값을 match_parent로 변경합니다. gravity 속성 값은 top으로 설정하여 글자가 위쪽부터 보이도록 설정하고 여러 줄이 보일 수 있도록 inputType 속성 값을 textMultiline으로 설정합니다.

화면에 입력한 내용을 파일에 쓰거나 읽어 들일 수 있도록 가장 위쪽에 버튼을 두 개를 더 추가하고 '파일에 쓰기'와 '파일에서 읽기'라는 글자가 보이도록 수정합니다. 버튼 두 개를 추가하기 위해 Linear Layout (horizontal) 레이아웃을 추가했다면 이 레이아웃의 layout_height 속성을 wrap_content로 바꾸는 것을 잊으면 안 됩니다. 왜냐하면 layout_height 속성 값이 match_patent로 되어 있으면 아래쪽 공간을 꽉 채우기 때문에 아래쪽에 있던 나머지 위젯들이 보이지 않기 때문입니다.

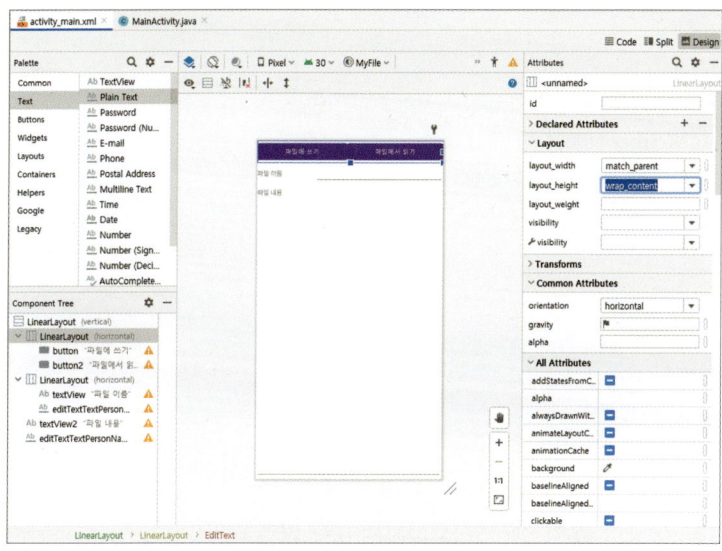

▲ 화면 상단에 두 개의 버튼 추가하기

화면을 만들었으니 [MainActivity.java] 탭을 클릭하여 소스 파일을 열고 입력상자를 찾아 변수에 할당하는 코드를 입력합니다.

코드 참고 / MyFile〉/app/java/org.techtown.file/MainActivity.java

```java
중략...
public class MainActivity extends AppCompatActivity {
  EditText editText;
  EditText editText2;

  @Override
  protected void onCreate(Bundle savedInstanceState) {
    super.onCreate(savedInstanceState);
    setContentView(R.layout.activity_main);

    editText = findViewById(R.id.editTextTextPersonName);
    editText2 = findViewById(R.id.editTextTextPersonName2);
  }
}
```

화면 레이아웃에 추가한 위젯을 찾아 변수에 할당하는 코드는 자주 입력해봤으니 많이 익숙해졌을 것입니다. 이제 첫 번째 버튼을 눌렀을 때 사용자가 입력상자에 입력한 값을 가져와서 파일에 쓰는 코드를 추가합니다.

코드 참고 / MyFile>/app/java/org.techtown.file/MainActivity.java

```java
중략...
    protected void onCreate(Bundle savedInstanceState) {
      중략...

      Button button = findViewById(R.id.button);
      button.setOnClickListener(new View.OnClickListener() {
        @Override
        public void onClick(View v) {

        }
      });
    }
}
```

버튼에 리스너를 설정하는 과정도 상당히 많이 해보았으므로 어렵지 않을 것입니다. 버튼을 클릭하면 호출되는 onClick 메서드 안에는 새로 만들 writeToFile 메서드를 호출하도록 합니다. 먼저 writeToFile 메서드를 정의합니다. 이 메서드는 파일 이름과 내용을 파라미터로 받도록 합니다. 그리고 메서드 안에는 이전에 만들어 보았던 방식과 똑같이 파일을 만드는 코드를 입력합니다.

이제 파일 안에 글씨를 쓰도록 만들기 위해 이클립스에서 MyFile 프로젝트의 FileTest.java 파일에 입력했던 코드와 유사한 방식으로 수정합니다.

코드 참고 / MyFile>/app/java/org.techtown.file/MainActivity.java

```java
중략...
    public void writeToFile(String filename, String contents) {
      try {
        FileOutputStream outstream = openFileOutput(filename, MODE_PRIVATE);
        OutputStreamWriter writer = new OutputStreamWriter(outstream);
        writer.write(contents);

        writer.flush();
        writer.close();
      } catch (Exception e) {
        e.printStackTrace();
```

```
      }
    }
  }
```

표준 자바로 만들었던 코드와 달라진 점은 new FileOutputStream 대신에 openFileOutput 메서드가 사용되었다는 점입니다. 안드로이드에서는 파일을 읽거나 쓸 때 권한을 부여하도록 되어 있습니다. 함부로 파일을 건드릴 경우 보안이 문제되기 때문입니다. 그런데 앱마다 고유한 저장 공간이 있어서 그 공간을 사용할 때는 자유롭게 사용할 수 있습니다. 이때 사용되는 것이 openFileOutput과 openFileInput 메서드입니다.

writeToFile 메서드의 파라미터를 살펴보면, 사용자가 입력한 파일 이름을 filename 파라미터로 전달받도록 했습니다. 파일의 내용도 파라미터로 받아서 write 메서드를 이용해 파일에 쓰도록 했습니다. 이제 버튼을 클릭했을 때 호출되는 onClick 메서드 안에 입력상자의 글자들을 가져온 후 writeToFile 메서드를 호출하도록 합니다.

코드 참고 / MyFile>/app/java/org.techtown.file/MainActivity.java

```java
중략...
  button.setOnClickListener(new View.OnClickListener() {
    @Override
    public void onClick(View v) {
      String filename = editText.getText().toString();
      String contents = editText2.getText().toString();

      writeToFile(filename, contents);
    }
  });
중략...
```

첫 번째 입력상자의 값은 filename 변수에 넣고 두 번째 입력상자의 값은 contents 변수에 넣은 후 두 개의 변수는 writeToFile 메서드를 호출하면서 넘겨주었습니다.

파일에 글씨를 쓰는 기능을 넣었으니 파일에서 글씨를 읽어 와서 화면에 보여주는 기능도 만들어보겠습니다. 두 번째 버튼을 클릭했을 때 리스너를 설정하는 코드를 입력하고 onClick 메서드 안에서는 새로 만들 readFromFile 메서드를 호출할 것입니다. 먼저 readFromFile 메서드는 파일 이름을 파라미터로 전달받은 후 파일에서 글자를 읽어올 수 있도록 다음과 같이 만듭니다.

코드 참고 / MyFile>/app/java/org.techtown.file/MainActivity.java

```java
중략...
  public String readFromFile(String filename) {
    String output = null;
    try {
      FileInputStream instream = openFileInput(filename);
      BufferedReader reader = new BufferedReader(
                                    new InputStreamReader(instream));

      reader.close();
    } catch (Exception e) {
      e.printStackTrace();
    }

    return output;
  }
}
```

FileInputStream 객체를 만들기 위해 openFileInput 메서드가 사용되었습니다. 그런데 그 밑을 보면 문자열을 읽어 들일 수 있는 InputStreamReader 객체만 연결하여 만든 것이 아니라 BufferedReader라는 것을 또 한 번 연결하여 만들었습니다. 이것은 InputStreamReader에는 한 줄씩 읽어 들이는 메서드가 들어있지 않지만 BufferedReader 객체를 만들면 줄바꿈 기호(₩n, ₩r)가 나오기 전까지 한 줄씩 읽어 들일 수 있는 readLine 메서드를 쓸 수 있기 때문입니다.

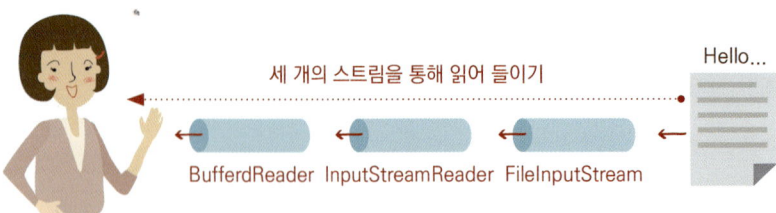

▲ 파일에서 글씨를 읽기 위해 만드는 스트림

한 줄씩 읽어 들일 수 있다는 것은 코드를 더 간단하게 만들 수 있는 방법입니다. 하지만 글씨를 쓸 때보다 글씨를 읽어 들일 때 코드가 더 많고 과정도 더 복잡할 수밖에 없습니다. 왜냐하면 글씨를 읽어 들일 때는 파일에 남아있는 글씨가 몇 글자인지를 정확히 알 수 없을 때가 많기 때문입니다. 글씨를 쓸 때는 한꺼번에 써도 되지만 글씨를 읽을 때는 한 줄씩 읽든지 아니면 일정 크기만큼 읽어 들이면서 모두 다 읽었는지를 매번 확인해야 합니다.

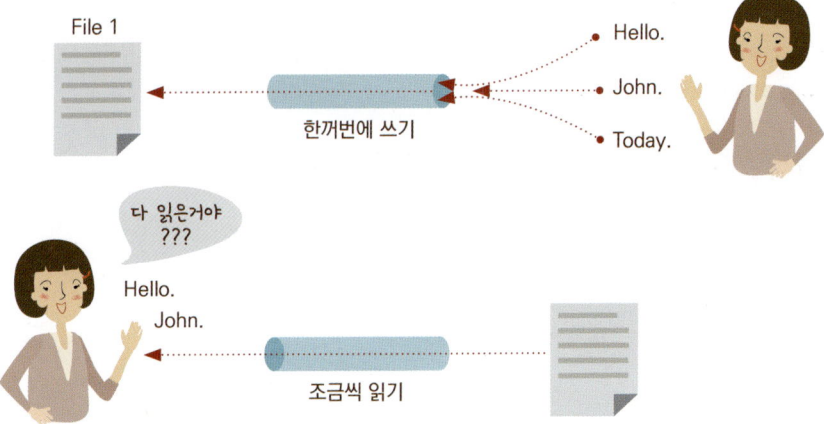

▲ 글씨를 쓸 때보다 글씨를 읽을 때가 더 복잡해요

다시 코드로 돌아가서 보면 BufferedReader 객체로 한 줄씩 읽어 들일 수 있다는 것이 우리가 보통 글을 읽을 때 행동하는 방식과 비슷합니다. 이 때문에 훨씬 쉽게 사용할 수 있다는 생각이 들 것입니다. 물론 아직은 코드를 제대로 다 입력하지 않았으니 그렇지 않다고 생각할 수도 있겠죠. 아무튼 이 메서드에서는 파일의 내용을 모두 읽어서 되돌려주어야 하므로 파일의 내용을 String 자료형으로 된 output 변수에 담아 반환해주도록 되어 있습니다. 그리고 try-catch 구문이 사용되므로 output 변수는 try-catch 구문 밖에서 먼저 선언한 후 널(null) 값으로 초기화해주고 try-catch 구문 안에서 값을 새로 넣어주도록 합니다.

BufferedReader로부터 한 줄씩 읽어 들이려면 readLine 메서드를 사용합니다. readLine 메서드는 한 줄을 읽은 후 그 내용을 문자열로 넘겨줍니다. 그런데 앞에서 얘기한 것처럼 파일에 몇 줄이 들어있는지 알 수 없으므로 while 구문으로 한 줄씩 반복해서 읽어 들이며 모두 다 읽어 들이면 이 반복문을 나가도록 조건을 줍니다.

while 구문을 사용하는 기본 구조는 다음과 같습니다.

코드 참고 / MyFile〉/app/java/org.techtown.file/MainActivity.java

```java
중략...
  public String readFromFile(String filename) {
    중략...
    try {
      FileInputStream instream = openFileInput(filename);
      BufferedReader reader = new BufferedReader(
                    new InputStreamReader(instream));
```

```
      String aLine = "";
      while(aLine != null) {
        aLine = reader.readLine();

      }
      중략...
    } catch (Exception e) {
      e.printStackTrace();
    }
    중략...
  }
중략...
```

readLine 메서드를 호출했을 때 반환되는 값은 문자열이지만 파일에서 더 이상 읽을 것이 없을 때는 널 값이 넘어오므로 while 구문 안의 조건은 aLine != null이 됩니다. while 구문 안에서 readLine으로 읽은 한 줄의 문자열은 output이라는 변수에 넣었다가 반환해야 합니다. 하지만 문자열을 + 연산자로 계속 붙여주는 것 말고도 하나씩 차곡차곡 쌓아둘 수 있는 StringBuffer라는 클래스를 사용하는 방법도 있습니다.

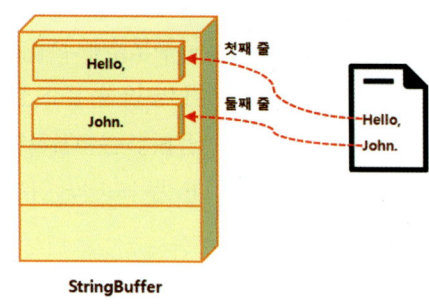

▲ StringBuffer 사용하기

StringBuffer 클래스에 문자열을 더 넣으려면 append 메서드를 사용합니다. 만약 모든 문자열이 들어있다고 생각하고 들어있는 모든 문자열을 꺼낼 때는 toString 메서드를 사용할 수 있습니다. 그러면 한 줄씩 읽은 문자열을 StringBuffer에 넣었다가 while 구문이 끝난 후 모두 꺼내어 output 변수에 할당하게 됩니다. 이 코드는 다음과 같이 작성합니다.

코드 참고 / MyFile>/app/java/org.techtown.file/MainActivity.java

```
중략...
  public String readFromFile(String filename) {
    중략...
    try {
      FileInputStream instream = openFileInput(filename);
      BufferedReader reader = new BufferedReader(
                        new InputStreamReader(instream));

      StringBuffer StrBuf = new StringBuffer();
      String aLine = "";
```

```java
      while((aLine = reader.readLine()) != null) {
        StrBuf.append(aLine + "\n");
      }

      output = StrBuf.toString();

      reader.close();
    } catch (Exception e) {
      e.printStackTrace();
    }
    중략...
  }
중략...
```

readLine 메서드로 한 줄씩 읽어 들일 때는 줄바꿈 기호인 \n이나 \r이 사라지므로 StringBuffer 객체에 넣어줄 때는 \n 기호를 다시 붙여줍니다. 스트림 객체를 모두 사용했으면 close 메서드를 호출하여 닫아주고 마지막으로 output 변수를 반환합니다. 완성된 readFromFile 메서드는 다음과 같습니다.

코드 참고 / MyFile>/app/java/org.techtown.file/MainActivity.java

```java
중략...
  public String readFromFile(String filename) {
    String output = null;
    try {
      FileInputStream instream = openFileInput(filename);
      BufferedReader reader = new BufferedReader(
                              new InputStreamReader(instream));

      StringBuffer StrBuf = new StringBuffer();
      String aLine = "";
      while((aLine = reader.readLine()) != null) {
        StrBuf.append(aLine + "\n");
      }

      output = StrBuf.toString();

      reader.close();
    } catch (Exception e) {
      e.printStackTrace();
    }
```

```
      return output;
   }
}
```

코드의 양만 보더라도 파일에 글씨를 쓰기 위한 코드보다 훨씬 더 복잡해 보입니다. 이제 버튼을 클릭했을 때 호출되는 onClick 메서드 안에 입력상자의 글자들을 가져온 후 readFromFile 메서드를 호출하도록 합니다. 첫 번째 버튼을 만들었던 코드 아래에 다음 코드를 추가하세요.

코드 참고 / MyFile>/app/java/org.techtown.file/MainActivity.java

```
중략...
  Button button2 = findViewById(R.id.button2);
  button2.setOnClickListener(new View.OnClickListener() {
    @Override
    public void onClick(View v) {
      String filename = editText.getText().toString();

      String contents = readFromFile(filename);
      editText2.setText(contents);
    }
  });
중략...
```

앱을 실행하고 파일 이름을 위한 첫 번째 입력란에는 test.txt를 입력한 후 두 번째 입력란에 Hello.를 입력합니다.

▲ 화면에 파일 이름과 내용 입력하기

이제 [파일에 쓰기]를 누르면 파일이 만들어집니다. 아무런 메시지가 보이지 않지만 파일 내용을 보여주는 입력상자의 글자를 삭제하고 [파일에서 읽기]를 누르면 이전에 입력했던 Hello. 라는 글자가 표시되는 것을 확인할 수 있습니다. 이것은 단말에 파일이 만들어지고 그 안에 내용이 들어갔기 때문에 가능한 것입니다. 앱을 종료했다가 다시 실행한 후 파일 이름에만 test.txt를 입력하고 [파일에서 읽기]를 누르면 이전에 입력한 글자가 똑같이 복원됩니다.

객체를 그대로 쓰거나 읽을 수 있는 스트림 객체는 아주 편리합니다. 대신 객체를 쓴 순서대로 읽어야 큰 문제없이 읽을 수 있습니다. 그리고 이렇게 객체를 쓰거나 읽는 방식은 자바에서만 제공하는 방식이라 다른 언어에서는 사용할 수 없다는 점에 주의해야 합니다. 요즘에는 JSON이라는 형식의 문자열로 저장했다가 읽어오는 경우도 많고 데이터베이스에 저장했다가 읽어오는 경우도 많습니다. 이런 방법들은 여러분이 표준 자바로 실제 프로그램을 만들거나 실제 앱을 만드는 단계에서 공부하게 될 것입니다.

지금까지 단말 안에서 데이터를 저장했다가 읽어오는 방법을 알아보았습니다.

리스트의 내용을 파일에 쓰기

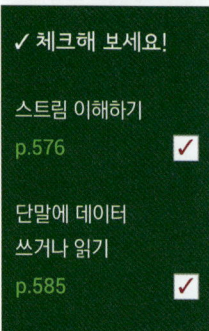

✓ 체크해 보세요!

스트림 이해하기
p.576 ✓

단말에 데이터
쓰거나 읽기
p.585 ✓

난이도	상	중 ✓	하	소요시간	50분
목표	리스트의 내용을 파일에 쓰는 방법 연습					

- 리싸이클러뷰에 표시된 내용을 파일에 써서 보관해두는 기능을 만들어봅니다.

❶ Study24 프로젝트를 복사하여 Study25로 만듭니다.

❷ 이번에는 리싸이클러뷰에 표시된 K팝 리스트를 파일에 저장하는 기능을 추가해봅니다.

❸ activity_main.xml 파일을 열고 화면 아래쪽에 한 개의 버튼을 추가합니다. 버튼에는 '파일 쓰기'라는 글자가 표시되도록 합니다.

❹ MainActivity.java 파일을 열고 코드를 추가합니다. 사용자가 [파일 쓰기] 버튼을 눌렀을 때 어댑터 객체에 들어있는 아이템 객체들을 가져와서 파일에 그 내용을 순서대로 쓰는 기능을 코드로 추가합니다. 파일의 이름은 list.txt로 만들고 파일에 쓸 때는 FileOutputStream과 ObjectOutputStream을 사용하여 SongItem 객체를 그대로 저장할 수 있도록 합니다. SongItem 객체를 그대로 저장할 수 있도록 SongItem.java 파일을 열고 클래스가 Serializable 인터페이스를 구현하도록 합니다.

> 예) class Song implements Serializable

해답 | Study25 프로젝트

리스트의 내용을 파일에서 읽기

난이도	상	✓ 중	하	소요시간	50분
목표	리스트의 내용을 파일로부터 읽어오는 방법 연습					

✓ 체크해 보세요!

스트림 이해하기
p.576 ✓

단말에 데이터 쓰거나 읽기
p.585 ✓

- 파일에 보관된 내용을 읽어 리싸이클러뷰에 다시 보여주는 기능을 만들어봅니다.

❶ Study25 프로젝트를 복사하여 Study26으로 만듭니다.

❷ 이번에는 파일에 보관된 K팝 리스트를 읽어와 리싸이클러뷰에 표시하는 기능을 추가해봅니다.

❸ activity_main.xml 파일을 열고 화면 아래쪽에 한 개의 버튼을 추가합니다. 버튼에는 '파일 읽기' 라는 글자가 표시되도록 합니다.

❹ MainActivity.java 파일을 열고 코드를 추가합니다. 사용자가 [파일 읽기] 버튼을 누르면 파일에서 읽은 후 읽어온 아이템들을 리싸이클러뷰에 보여줍니다. 파일에서 읽어온 아이템들을 리싸이클러뷰에 보여주기 전에 리싸이클러뷰에 있던 아이템들은 모두 지우도록 합니다. 파일에서 읽을 때는 FileInputStream과 ObjectInputStream을 사용합니다.

해답 | Study26 프로젝트

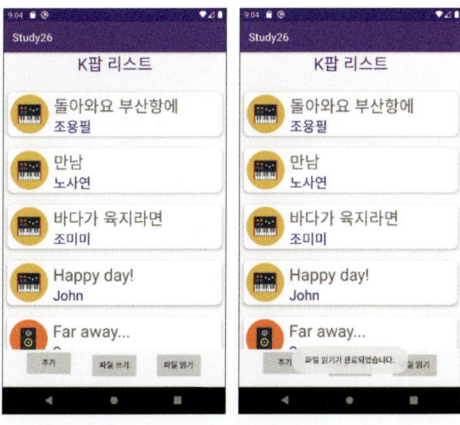

보관한 데이터를 불러와서 사용하는 방법 알아보기

스트림과 파일

❶ 파일(File)이란?
앱에서 간단한 메모를 적어둘 때 그 메모를 담아둘 수 있는 하나의 공간이라고 생각할 수 있습니다.

❷ 스트림(Stream)이란?
책을 읽거나 책에 글씨를 쓰는 방법처럼 자바에서 무언가를 읽거나 쓸 때 공통으로 사용할 수 있게 만들어둔 것입니다. 자바의 스트림은 읽는 것과 쓰는 것으로 나뉘어 있습니다. 즉, 읽는 스트림과 쓰는 스트림이 나누어져 있는데 읽는 스트림으로는 데이터를 받을 수 있고 쓰는 스트림으로는 데이터를 보낼 수 있습니다.

❸ File 객체란?
파일에 접근하기 위해서는 먼저 만드는 것입니다.

❹ FileOutputStream이란?
파일에 데이터를 쓸 수 있는 스트림을 만듭니다.

❺ File 클래스란?
파일 정보를 가져오는 데 사용됩니다.

❻ file.length 속성이란?
파일의 크기를 알아내는 데 사용합니다.

❼ flush 메서드란?
스트림을 통해 데이터를 보낼 때 스트림이라는 파이프 안에 아직 데이터가 남아있는 상태가 되지 않도록 그 안에 있는 모든 데이터를 보내라는 명령입니다.

❽ close 메서드란?
모든 스트림에 사용되며, 스트림이라는 파이프를 모두 사용하고 나면 이 메서드를 호출하여 스트림을 닫아주도록 합니다.

❾ IO 패키지란?
자바에 이미 만들어놓은 패키지로 Input-Output 패키지의 줄임말입니다. FileInputStream, FileOutputStream은 각각 InputStream, OutputStream 클래스로부터 상속받은 것으로 모두 IO 패키지에 들어있습니다.

❿ FileWriter란?
파일에 문자열을 쓸 때는 FileWriter를 이용하면 바로 쓸 수도 있고 FileOutputStream과 OutputStreamWriter를 연결하여 쓸 수도 있습니다.

⓫ BufferedReader 객체란?

이 객체를 만들면 줄바꿈 기호(\n, \r)가 나오기 전까지 한 줄씩 읽어 들일 수 있는 readLine 메서드를 사용할 수 있습니다.

⓬ StringBuffer 클래스란?

문자열을 + 연산자로 계속 붙여주는 것 말고 하나씩 차곡차곡 쌓아둘 수 있도록 사용하는 방법입니다. 문자열을 모두 쌓아둔 후 toString 메서드를 호출하면 하나의 문자열로 받을 수 있습니다.

잘라서 쓰세요

| 셋째 마당 |

안드로이드 앱 만들어보기

다른 사람들이 사용할 수 있을 만큼 완성도 있는 실제 앱을 만들 때는 지금까지 알아본 각각의 기능들을 어떻게 붙일 수 있을까요? 이번 마당에서는 지금까지 우리가 알아본 원리와 기능에서 더 나아가 실제 앱을 만드는 과정을 따라해 보려고 합니다. 이번 마당의 예제를 통해 각 기능들이 어떻게 조합되어 하나의 앱이 완성되는지 이해할 수 있을 것입니다.

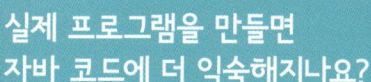

03-1
앱 화면 설계하기

중요도 ★☆☆☆☆

지금부터 만들려고 하는 앱의 이름은 '나만의 비밀친구'입니다. 이 앱은 친구나 생활에 관련된 정보를 기록해두는 간단 메모 형식의 앱으로 텍스트를 입력하거나 사진을 찍을 수 있습니다. 또한 비밀친구라는 말처럼 비밀번호를 설정하여 아무나 볼 수 없도록 만들 것입니다. 이런 간단한 메모 기능의 앱은 스마트폰 단말의 기본 앱으로도 들어있고 이미 많은 사람들이 만들어본 것이므로 여러분이 기능을 어떻게 붙여 가는지 따라해 보기에 좋은 예제입니다.

'나만의 비밀친구' 앱에 데이터를 저장하는 기능은 넣지 않을 것이며, 주로 화면을 구성하고 각 화면에 기능을 붙이는 단계로 구성됩니다.

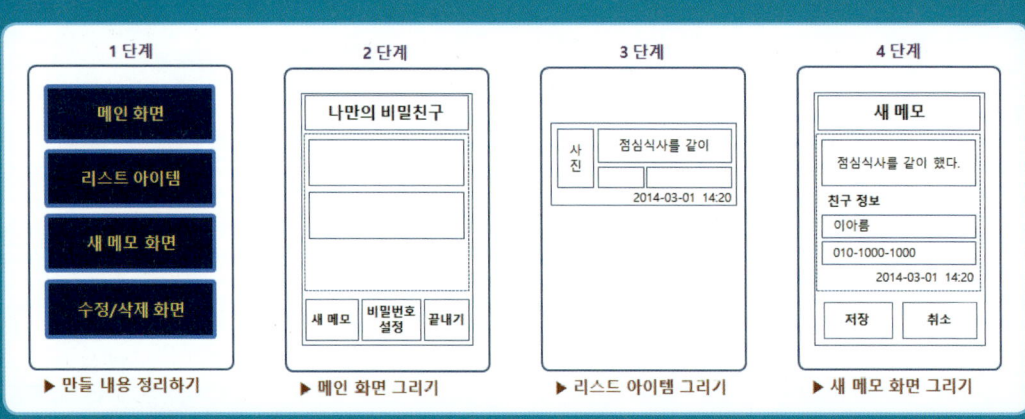

1 _ 메모 앱을 만들기 전에 스케치해보기

메모 앱은 보통 텍스트를 저장하고 조회해볼 수 있는 가장 간단한 형태의 앱이라고 할 수 있습니다. 대부분의 스마트폰은 메모 앱을 기본 앱으로 미리 설치해 두는데 다음은 스마트폰에 기본적으로 설치되어 있는 메모 앱 중의 하나입니다.

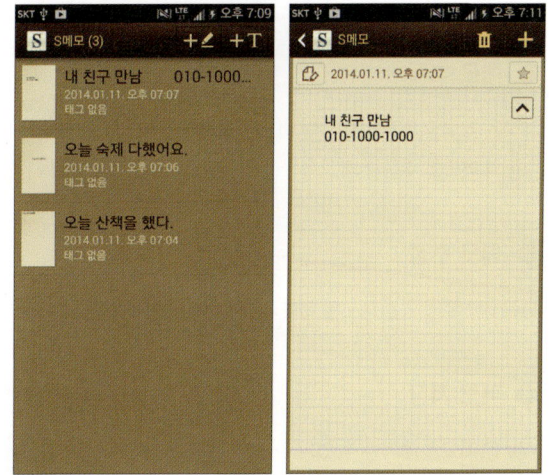

▲ 스마트폰의 기본 메모 앱(삼성 갤럭시 단말)

기능을 살펴보면 왼쪽 그림처럼 저장해둔 메모들을 리스트 모양으로 볼 수 있는 화면과 오른쪽 그림처럼 새로운 메모를 추가할 수 있는 화면으로 구성되어 있습니다. 좀 더 자세히 보면 텍스트뿐 아니라 손글씨도 입력할 수도 있으며, 음성 녹음도 가능합니다. 그리고 왼쪽의 메모 리스트를 격자 형태로 바꿔보는 기능도 들어있습니다. 그러나 여러 가지 상세한 기능들 중에서도 메모 리스트 화면과 새로운 메모를 추가하는 화면이 가장 기본적이면서 중요한 화면입니다. 또한 메모 리스트에서 메모 하나를 선택하여 수정하거나 삭제할 수 있는 기능도 중요합니다. 이렇게 메모를 수정하는 화면은 새로운 메모를 만드는 과정과 같은 화면을 사용하면서 기능만 다르게 동작하도록 되어 있습니다. 리스트 화면으로 여러 가지 정보를 보여주고 그 중의 하나를 선택하여 수정하거나 삭제하는 기능은 많은 앱에서 기본 기능으로 가지고 있습니다.

그러면 메모 앱의 기본 기능이 어떻게 처리되는지 정리해 볼까요?

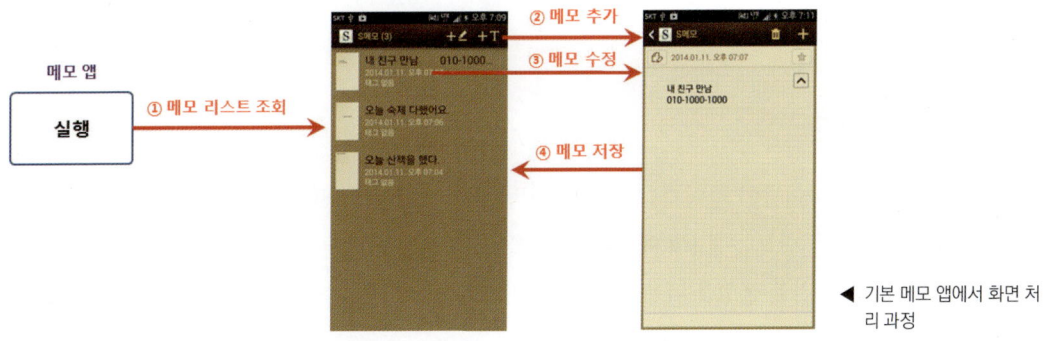

◀ 기본 메모 앱에서 화면 처리 과정

❶ **메모 리스트 조회**

메모 앱을 실행했을 때 화면에는 메모들이 리스트 형태로 표현됩니다. 이때 메모는 데이터베이스에 저장되어 있던 것을 가져와야 합니다.

❷ **메모 추가**

새로운 메모를 추가할 수 있는 버튼을 클릭하면 메모 입력 화면을 띄우게 됩니다. 이 메모 입력 화면은 새로운 메모를 추가할 때와 기존의 메모를 수정할 때 공통으로 사용됩니다.

❸ **메모 수정**

메모 리스트에 있는 메모를 하나 선택하면 새로운 메모를 추가할 때와 같은 화면을 띄우면서 선택한 메모의 내용을 보여줍니다.

❹ **메모 저장**

새로운 메모를 추가할 수 있는 화면에서 이전 화면으로 돌아올 때 메모를 저장합니다. [저장]을 눌러 저장할 수도 있습니다.

간단하게 느껴지는 메모 앱의 처리 과정을 이렇게 자세하게 설명한 이유는 사용자가 화면을 보면서 사용하는 방식이 그대로 화면 레이아웃으로 만들어질 수 있기 때문입니다. 우리가 만들 메모 앱의 화면도 이런 처리 과정을 잘 정리하면 쉽게 만들 수 있습니다.

이제 앱의 화면 레이아웃을 그려 보겠습니다. 먼저 앱을 실행했을 때 처음 보이는 메모 리스트 화면은 다음과 같이 그릴 수 있습니다.

▲ 메모 리스트 화면 그리기

화면 위쪽에는 앱의 타이틀이 들어가고 그 아래에는 메모가 리스트 형태로 보이게 됩니다. 가장 아래쪽에는 세 개의 버튼을 만드는데 [새 메모]를 눌렀을 때는 새로운 메모를 만들 수 있는 화면을 띄우도록 하고 [비밀번호 설정]을 눌렀을 때는 비밀번호 설정 화면을 띄우도록 합니다. [끝내기]를 눌렀을 때는 앱을 종료합니다.

단말기의 기본 메모 앱과 다른 부분은 [비밀번호 설정]인데 다른 사람이 이 앱을 실행하더라도 비밀번호가 설정되어 있으면 내용을 바로 보여주지 않기 위해 추가한 기능입니다.

그런데 안드로이드의 리싸이클러뷰는 각각의 아이템을 어떤 모양으로 보여줄 것인지도 직접 만들어야 하므로 다음과 같이 리싸이클러뷰의 각 아이템을 위한 화면도 그려야 합니다.

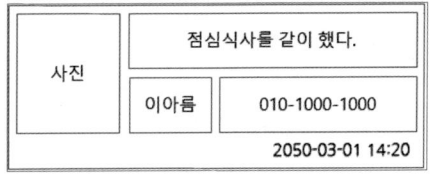

◀ 메모 리스트의 각 아이템을 위한 화면 그리기

왼쪽에는 사진을 표시하도록 합니다. 사진을 찍어서 넣어둘 수 있는 기능이 같이 들어있다면 편리할 수 있으므로 사진을 왼쪽에 보여주도록 합니다. 새로 입력한 메모 내용은 오른쪽 위쪽에 보여주고 그 아래에는 친구 정보를 보여줍니다. 친구 정보는 일반적인 메모 기능은 아니지만 연락처가 아닌 메모에 넣어두고 친구의 전화번호를 터치했을 때 바로 전화를 걸 수 있는 기능도 넣도록 하겠습니다. 그 아래에는 메모를 저장한 날짜와 시간을 표시합니다.

[새 메모]를 눌렀을 때 띄워주는 화면은 다음과 같이 그릴 수 있습니다.

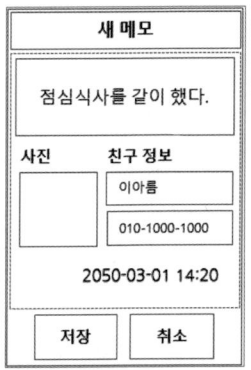

▲ 메모를 추가할 수 있는 화면 그리기

리싸이클러뷰의 각 아이템으로 보여줄 내용들은 모두 새롭게 입력할 수 있어야 합니다. 가장 위쪽에는 메모 내용을 텍스트로 입력할 수 있도록 하고 그 아래에는 사진과 친구 정보를 입력할 수 있도록 합니다. 날짜와 시간은 자동으로 표시되도록 하고 가장 아래에는 [저장]과 [취소]를 넣어둡니다.

사진을 추가하고 싶다면 사진으로 구분한 네모 영역을 터치했을 때 단말의 기본 카메라 앱을 띄워 사진을 찍도록 하고 찍은 사진은 네모 영역에 보여주도록 합니다.

03-2
스케치한 화면 제대로 만들기

중요도 ★★★★☆

앱의 기본 화면을 그려 보았으니 이제 화면 레이아웃으로 만들어야 합니다. 화면을 잘 정리해서 그렸다면 안드로이드에서 각각의 화면을 만드는 것은 그리 어렵지 않습니다. 이미 알고 있는 것처럼 안드로이드는 각각의 화면을 액티비티라는 것으로 구성하므로 우리가 그려본 화면 스케치가 그대로 앱의 화면 레이아웃으로 만들어지고 이것을 자바 소스 파일과 합치면 하나의 화면이 됩니다.

화면 레이아웃을 만들었다면 리싸이클러뷰의 각 아이템을 위한 레이아웃도 만듭니다. 그런 다음 화면과 리싸이클러뷰를 위한 소스코드를 구성합니다. 기본 화면들의 구성이 끝나면 비밀번호 설정 화면을 만들어 추가할 것입니다.

1 _ 레이아웃으로 화면 만들기

가장 처음 할 일은 새로운 프로젝트를 만든 후 그 안에서 메인 화면을 만드는 것입니다. 메인 화면에는 저장된 메모 리스트가 보여야 하므로 리싸이클러뷰를 포함하는 XML 레이아웃을 구성합니다.

안드로이드 스튜디오에서 새로운 프로젝트를 만듭니다. 프로젝트 이름은 SecretMemo로 하고 패키지 이름은 org.techtown.memo로 합니다.

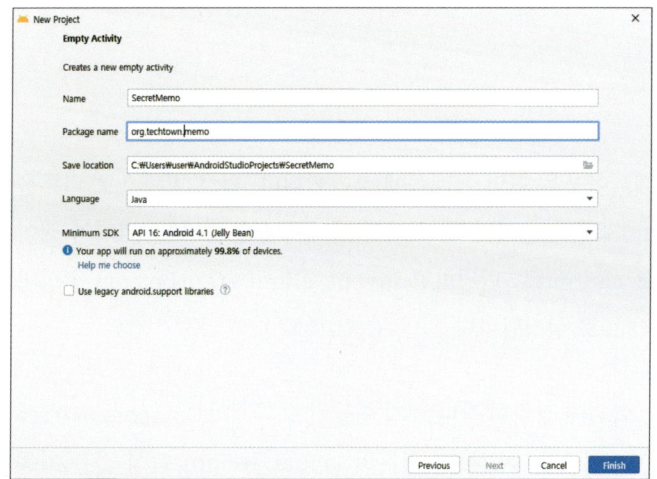

◀ 새로운 프로젝트를 만드는 대화상자

프로젝트 창이 열리면 [activity_main.xml] 탭을 눌러 디자인 화면을 엽니다. 그런데 앱 화면의 상단 타이틀에는 프로젝트 이름과 동일한 SecretMemo라는 글자가 표시됩니다. 화면을 바꾸기 전에 화면 상단의 타이틀을 바꿉

> **샘플로 제공되는 프로젝트 파일의 이름은 약간 다를 수 있어요**
> 프로젝트 이름은 SecretMemo로 하면 되지만 샘플로 제공되는 소스 파일들은 SecretMemo1, SecretMemo2처럼 단계별로 나누어져 있습니다. 진행되는 단계에 맞춰 코드를 확인하거나 앱을 실행하여 기능을 확인할 수 있습니다.

니다. 타이틀은 /app/res/values/strings.xml 파일 안에 들어있는 정보를 변경하면 됩니다. 파일을 열고 app_name 속성 값을 '나만의 비밀친구'로 바꿔줍니다.

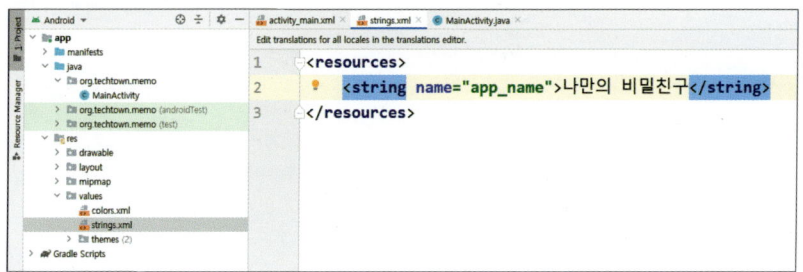

▲ 앱의 이름 변경하기

이제 화면 레이아웃을 변경합니다. 이미 화면에 들어있는 TextView는 삭제합니다. 화면의 가운데 부분에는 리싸이클러뷰가 들어가고 아래쪽에 버튼들이 들어가야 하므로 최상위 레이아웃을 상대 레이아웃으로 변경합니다. 왼쪽 하단의 Component Tree 창에서 ConstraintLayout을 선택한 상태에서 마우스 오른쪽 버튼을 누릅니다. 팝업 메뉴가 보이면 [Convert view] 메뉴를 누릅니다. 대화상자가 뜨면 RelativeLayout을 선택하고 [Apply]를 누릅니다.

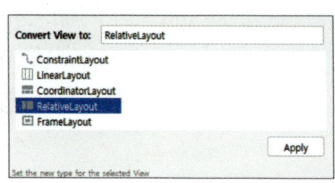

▲ 최상위 레이아웃을 RelativeLayout으로 바꾸기 위한 대화상자

먼저 버튼들을 담아둘 수 있는 리니어 레이아웃을 화면 아래쪽에 추가합니다. 가로 방향으로 버튼을 추가할 것이므로 LinearLayout (horizontal)을 끌어다 앱 화면의 아래쪽에 놓습니다. 리니어 레이아웃의 layout_height 속성 값은 wrap_content로 변경하고 layout_alignParentBottom 속성과 layout_alignParentLeft 속성의 값을 true로 설정합니다.

이제 그 안에 세 개의 버튼을 추가합니다. 화면에 정확히 갖다 넣기 힘들면 오른쪽의 Component Tree 창에서 리니어 레이아웃 안에 추가합니다. 버튼을 추가하면 버튼의 layout_weight 속성 값은 자동으로 1이 부여됩니다. 버튼에 들어가는 글자는 각각 '새 메모', '비밀번호 설정', '끝내기'로 바꿔줍니다.

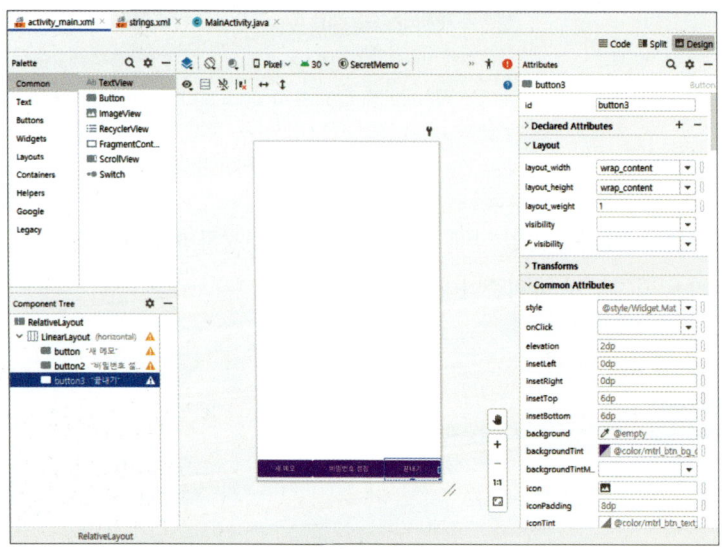

▲ 아래쪽의 리니어 레이아웃에 버튼 세 개를 추가한 모양

버튼들이 추가된 리니어 레이아웃 위에는 리싸이클러뷰를 추가합니다. 왼쪽의 팔레트(Palette) 창에서 RecyclerView를 찾아보면 아직 외부 라이브러리가 설치되지 않아 글자 오른쪽에 다운로드 아이콘이 보입니다. 다운로드 아이콘을 눌러 외부 라이브러리를 설치한 후 리싸이클러뷰를 추가하면 됩니다.

> 주의 ▶ 리싸이클러뷰를 추가할 때 화면의 정중앙에 끌어다 놓으면 화면 전체를 채울 수 있습니다.

리싸이클러뷰의 id 속성 값은 recyclerView로 설정합니다. 그리고 리싸이클러뷰는 리니어 레이아웃의 위쪽까지만 보여야 하므로 아래쪽 리니어 레이아웃의 id를 buttonLayout으로 수정한 후 리싸이클러뷰의 layout_above 속성의 값으로 @+id/buttonLayout을 입력합니다. 리싸이클러뷰가 앱 화면의 왼쪽 상단에 배치되도록 layout_alignParentTop과 layout_alignParentLeft 속성 값도 true로 설정합니다. 메모 리스트 화면을 위한 화면 레이아웃 구성은 이 정도면 충분합니다.

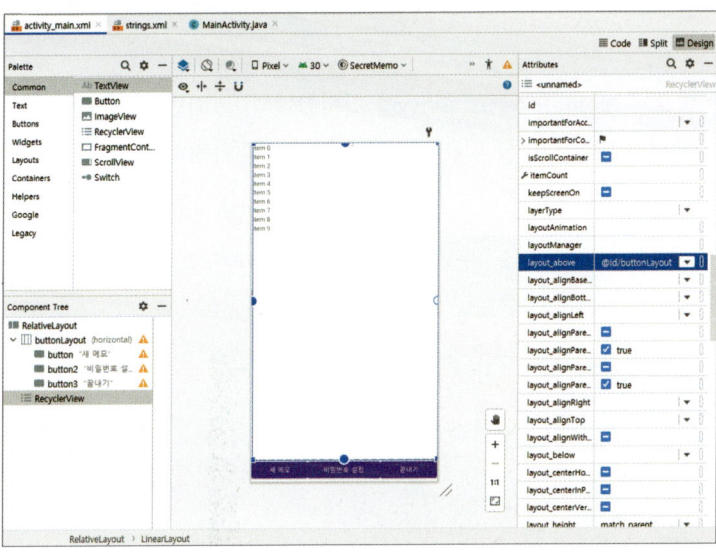

▲ 리싸이클러뷰를 추가한 모양

이제 [새 메모]를 눌렀을 때 띄워줄 화면을 만들어야 합니다. 새로운 화면이 하나 추가해야 하므로 왼쪽 프로젝트 창에서 [app] 폴더를 선택한 상태에서 마우스 오른쪽 버튼을 누릅니다. 팝업 메뉴가 보이면 [New → Activity → EmptyActivity]를 선택합니다.

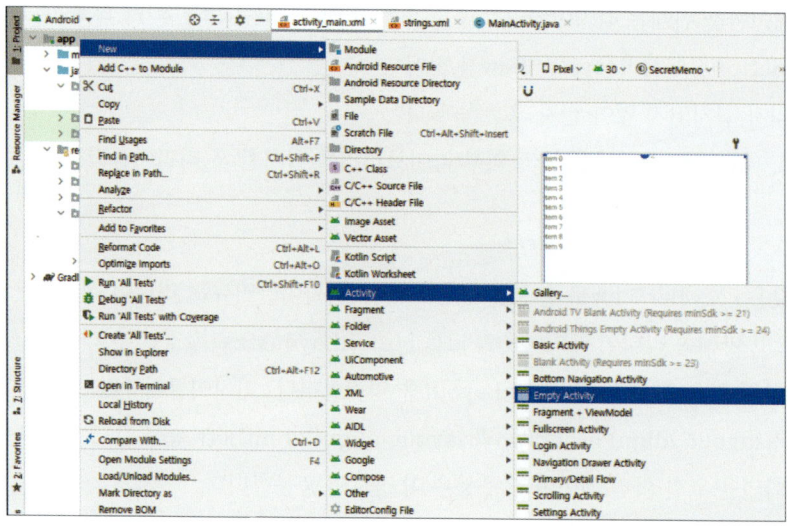

▲ 새로운 액티비티를 추가하기 위한 메뉴

대화상자가 보이면 액티비티의 이름으로 MemoInputActivity를 입력합니다. 그러면 레이아웃 이름은 activity_memo_input.xml이 됩니다. [Finish]를 누르면 새로운 화면이 추가됩니다.

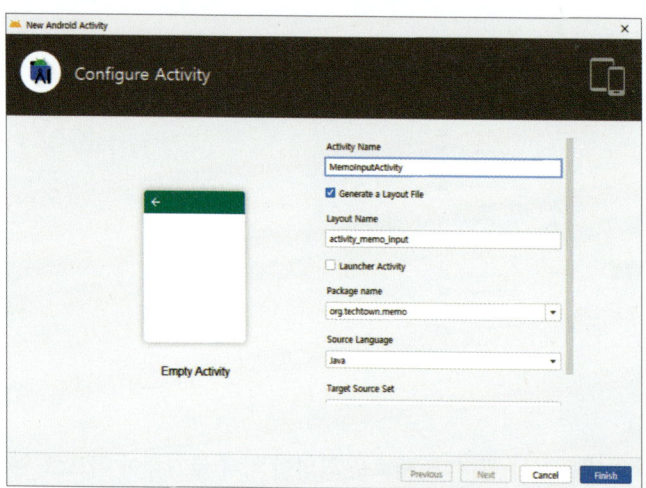

▲ 새로운 액티비티 추가를 위한 대화상자

새 메모를 만들 화면 레이아웃에는 타이틀을 보여줄 텍스트뷰와 글자를 입력할 수 있는 입력상자를 추가합니다. 세로 방향으로 추가할 것이므로 LinearLayout (vertical)을 추가한 후 그 안에 텍스트뷰와 입력상자를 넣어줍니다. 텍스트뷰의 text 속성 값은 '새 메모', textSize 속성 값은 30sp로 설정합니다. 입력상자는 여섯 줄 정도가 보이도록 할 것이므로 lines 속성 값은 6으로 설정하고 textSize 속성 값은 24sp로 설정합니다. 글자가 왼쪽 상단부터 보이도록 하기 위해 gravity 속성 값 중에서 start와 top을 선택합니다.

입력상자의 아래쪽에는 상대 레이아웃을 추가하고 아래쪽 공간을 꽉 채우도록 합니다. 이 레이아웃 안에는 친구 정보를 보여주고 가장 아래쪽에는 두 개의 버튼을 보여줄 것입니다. 왼쪽에 사진, 오른쪽에 친구 정보를 입력할 수 있도록 할 것이므로 LinearLayout (horizontal)을 하나 추가하고 그 안에 두 개의 LinearLayout (vertical)을 넣습니다. 왼쪽에 있는 리니어 레이아웃의 layout_weight 속성 값을 1로 설정하고 오른쪽에 있는 리니어 레이아웃의 layout_weight 속성 값은 2로 설정합니다. 그리고 두 개의 레이아웃 모두 layout_width 속성 값을 0dp로 설정하면 두 레이아웃이 가로 방향으로 공간을 1:2로 분할합니다.

왼쪽의 리니어 레이아웃에는 TextView를 넣고 '사진'이라는 글자가 보이도록 하고 그 아래에 ImageView를 추가합니다. 오른쪽 리니어 레이아웃에는 TextView를 넣고 '친구 정보'라는 글자가 보이도록 한 후 입력상자 두 개를 추가합니다. 가장 아래쪽에 추가한 레이아웃에는 버튼 두 개를 나란히 배치합니다. 이 화면은 다음 그림에서 Component Tree 창을 참조해서 직접 만들어보세요.

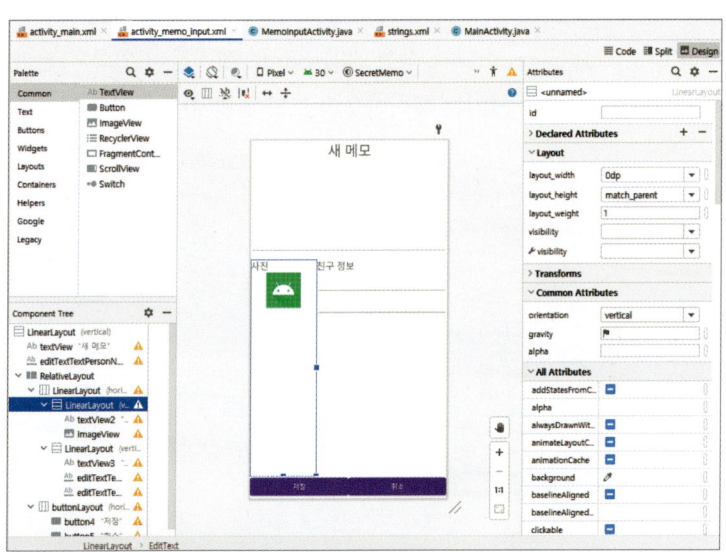

▲ 새 메모를 위한 레이아웃의 모양

이제 메모 리스트 화면의 가운데 부분에 보이는 리싸이클러뷰의 각 아이템을 위한 XML 레이아웃을 만듭니다. 프로젝트에서 /app/res/layout 폴더를 선택한 후 마우스 오른쪽 버튼을 누르고 [New → Layout Resource File] 메뉴를 선택합니다. 대화상자가 보이면 새로 추가할 레이아웃 파일의 이름을 memo_item.xml로 입력하고 최상위 레이아웃을 리니어 레이아웃으로 설정하기 위해 Root element 입력란에 LinearLayout을 입력한 후 [OK]를 누릅니다.

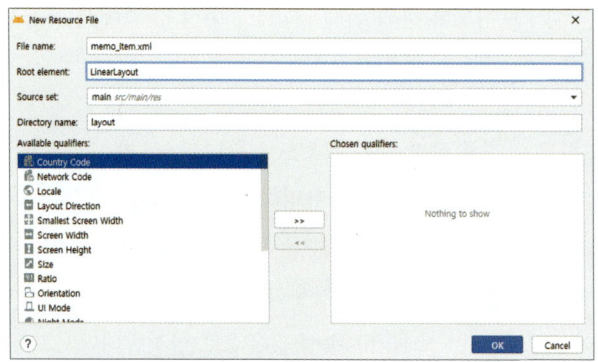

▲ 메모 리스트의 아이템을 위한 레이아웃 만들기

리니어 레이아웃은 가로 방향으로 뷰를 추가할 수 있도록 orientation 속성 값을 horizontal로 설정하고 layout_height 속성 값은 wrap_content로 합니다. 레이아웃의 왼쪽에는 ImageView를 넣어 이미지가 보이도록 하고 오른쪽에는 텍스트뷰 네 개를 추가합니다. 텍스트뷰는 세로 방향으로 텍스트뷰 1개, 텍스트뷰 2개, 텍스트뷰 1개를 차례대로 추가합니다. 각각의 텍스트는 메모의 내용, 친구 정보, 날짜와 시간을 보여줄 것입니다. 왼쪽의 이미지뷰에는 안드로이드 기본 아이콘이 보이도록 하고 layout_width와 layout_height 속성 값은 80dp로 설정합니다. 이미지뷰의 오른쪽에는 LinearLayout (vertical)을 추가하고 layout_marginLeft 속성 값을 8dp로 설정하여 왼쪽 사진과 약간 떨어지도록 만듭니다. 이미지의 크기나 글자의 크기는 레이아웃의 모양에 맞추어 적절하게 조절합니다.

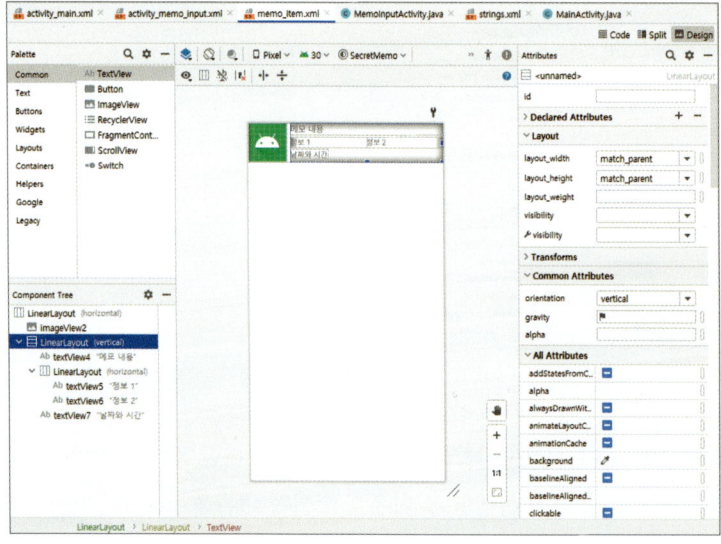

▲ 메모 리스트의 아이템을 위한 레이아웃 모양

메모 앱을 위해 머릿속에 생각했던 화면들이 모두 XML 레이아웃으로 만들어졌습니다.

2 _ 소스 입력하여 화면 구성하기

메모 리스트 화면과 새 메모를 작성할 수 있는 화면을 XML 레이아웃으로 만들었으니 이제 소스 파일을 열고 액티비티의 기능을 구성해야 합니다. 메모 리스트 화면에서 사용하는 리싸이클러뷰는 자바 소스의 양이 좀 더 많으므로 리싸이클러뷰를 제외한 나머지 부분을 먼저 구성하는 것이 좋습니다.

MainActivity.java 파일을 열고 onCreate 메서드 안에 다음과 같이 첫 번째 버튼을 클릭했을 때 새로운 메모를 입력할 수 있는 MemoInputActivity 화면을 띄우도록 코드를 넣어줍니다.

코드 참고 / SecretMemo〉/app/java/org.techtown.memo/MainActivity.java

```java
중략...
Button button = findViewById(R.id.button);
button.setOnClickListener(new View.OnClickListener() {
    public void onClick(View v) {
        Intent intent = new Intent(getApplicationContext(), MemoInputActivity.class);
        intent.putExtra("mode", "create");
        startActivityForResult(intent, 101);
    }
});
}
}
```

새로운 메모를 입력할 수 있는 화면은 이미 만들어진 메모를 수정할 때도 사용될 것이므로 두 가지 경우, 즉 새로운 메모를 만들 때와 기존 메모를 수정할 때를 구분할 수 있도록 인텐트 객체 안에 mode라는 이름의 부가 데이터를 넣어줍니다. 새로운 메모를 만들 때는 mode의 값이 create가 되도록 하고 기존 메모를 수정할 때는 modify가 되도록 합니다. startActivityForResult 메서드에는 요청 코드를 101로 전달합니다.

두 번째 버튼과 세 번째 버튼을 위한 코드도 만듭니다.

코드 참고 / SecretMemo〉/app/java/org.techtown.memo/MainActivity.java

```java
중략...
Button button2 = findViewById(R.id.button2);
button2.setOnClickListener(new View.OnClickListener() {
    public void onClick(View v) {
        Intent intent = new Intent(getApplicationContext(), PasswordSettingActivity.class);
```

```
      startActivityForResult(intent, 102);
    }
  });

  Button button3 = findViewById(R.id.button3);
  button3.setOnClickListener(new View.OnClickListener() {
    public void onClick(View v) {
      finish();
    }
  });
  }
}
```

비밀번호 설정 화면은 나중에 추가할 것이므로 두 번째 버튼을 눌렀을 때 실행될 onClick 메서드 코드 전체에 // 기호를 붙여 실행되지 않도록 합니다. 두 번째 버튼을 눌렀을 때는 나중에 만들 비밀번호 설정 화면을 보여줄 것이므로 인텐트 객체를 만들 때 그 이름인 PasswordSettingActivity.class를 파라미터로 전달합니다. 액티비티를 띄워주기 위해 startActivityForResult 메서드를 호출할 때는 요청 코드로 102를 전달합니다. 세 번째 버튼을 클릭했을 때는 finish 메서드를 호출하여 앱을 종료합니다.

MemoInputActivity.java 파일 안에는 [저장]을 눌렀을 때와 [취소]를 눌렀을 때 필요한 코드를 넣어줍니다. [저장]을 눌렀을 때는 입력된 메모의 내용, 입력된 친구의 이름과 전화번호를 메모 리스트 화면으로 전달합니다. 따라서 Intent 객체를 만들고 부가 데이터를 설정한 후 setResult 메서드로 전달할 수 있도록 합니다.

코드 참고 / SecretMemo>/app/java/org.techtown.memo/MemoInputActivity.java

```java
public class MemoInputActivity extends AppCompatActivity {
  EditText editText;
  EditText editText2;
  EditText editText3;

  @Override
  protected void onCreate(Bundle savedInstanceState) {
    super.onCreate(savedInstanceState);
    setContentView(R.layout.activity_memo_input);

    editText = findViewById(R.id.editTextTextPersonName);
    editText2 = findViewById(R.id.editTextTextPersonName2);
    editText3 = findViewById(R.id.editTextTextPersonName3);
```

```java
    Button button = findViewById(R.id.button);
    button.setOnClickListener(new View.OnClickListener() {
      public void onClick(View v) {
        String contents = editText.getText().toString();
        String friendName = editText2.getText().toString();
        String friendMobile = editText3.getText().toString();

        Intent intent = new Intent();
        intent.putExtra("mode", mode);
        intent.putExtra("contents", contents);
        intent.putExtra("friendName", friendName);
        intent.putExtra("friendMobile", friendMobile);

        setResult(Activity.RESULT_OK, intent);
        finish();
      }
    });
  }
}
```

버튼이나 입력상자의 id는 여러분이 만든 화면 레이아웃에 어떻게 자동으로 만들어졌는가에 따라 다르므로 화면 레이아웃에 있는 위젯의 id와 비교합니다. 그리고 소스코드에서 참조하는 id 속성 값을 화면 레이아웃의 속성 값과 동일하게 맞춥니다. 메모의 내용을 입력할 뷰 객체의 id는 editTextTextPersonName, 친구 이름과 친구 전화번호의 id는 각각 editTextTextPersonName2와 editTextTextPersonName3로 되어 있습니다. onCreate 메서드 안에서 각각의 뷰 객체를 찾아 클래스 안에 선언한 변수에 할당하는 코드를 넣은 후 위의 버튼 이벤트 처리 코드를 입력합니다.

setResult 메서드를 이용해 메모 리스트 화면으로 전달할 데이터들의 이름을 알아야 메모 리스트 화면에서 그 값을 인텐트 객체에서 꺼내 사용할 수 있으므로 contents, friendName, friendMobile로 된 부가 데이터의 이름을 기억하도록 합니다.

인텐트로 전달되는 부가 데이터 중에는 mode라는 이름을 가진 것이 있습니다. 이것은 새 메모 입력 화면을 띄울 때 전달된 mode와 같은 데이터인데 새로운 메모인지 아니면 수정된 메모인지를 구분할 수 있도록 해줍니다. 따라서 mode 변수를 하나 선언하고 onCreate 메서드 안에서 전달받은 부가 데이터 값을 할당하도록 합니다.

코드 참고 / SecretMemo>/app/java/org.techtown.memo/MemoInputActivity.java

```java
중략...
String mode;

@Override
protected void onCreate(Bundle savedInstanceState) {
    super.onCreate(savedInstanceState);
    setContentView(R.layout.activity_memo_input);
    중략...
    });

    Intent intent = getIntent();
    if (intent != null) {
        mode = intent.getStringExtra("mode");
    }
  }
}
```

버튼을 눌렀을 때 메모 리스트 화면으로 인텐트가 전달되므로 이제 MainActivity.java 파일을 열고 onActivityResult 메서드를 추가합니다. 클래스 중괄호 안에 마우스 커서를 두고 마우스 오른쪽 버튼을 클릭합니다. [Generate → Override Methods] 메뉴를 누른 후 onActivityResult 메서드를 찾아 추가합니다.

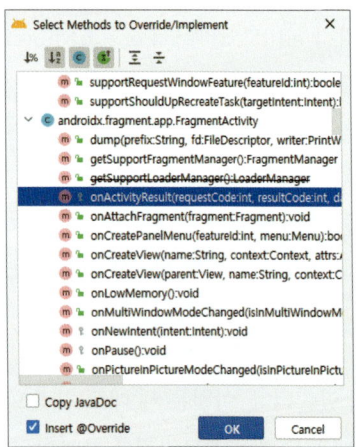

▲ onActivityResult 메서드를 추가하기 위한 대화상자

onActivityResult 메서드가 추가되었을 때 소괄호 안의 파라미터 중에 세 번째 파라미터 앞에 @Nullable @org.jetbrains.annotations.Nullable이 추가되어 빨간색 오류 메시지가 표시된다면 이 부분은 삭제하고 Intent data만 남겨둡니다.

onActivityResult 메서드 안에서는 새 메모 화면으로부터 전달받은 부가 데이터를 확인하고 토스트 메시지로 보여줍니다. 이 데이터들은 리스트에 하나의 아이템으로 추가되어야 하지만 일단은 토스트 메시지로 보여준 후 뒷부분에서 리스트를 구성하고 아이템으로 추가할 것입니다. 새 메모 화면의 요청 코드는 101이었으므로 if 구문을 이용해 요청 코드가 101일 때만 새 메모 화면에서 전달된 부가 데이터를 확인하도록 합니다.

어떤 경우이건 onActivityResult 메서드가 호출되었는지를 확인하는 것도 필요할 수 있으므로 Log.d 메서드를 이용해서 로그로 요청 코드와 응답 코드를 출력하는 코드도 추가합니다. 로그를 위해 사용되는 TAG 상수는 MainActivity 클래스의 위쪽에 추가합니다.

코드 참고 / SecretMemo>/app/java/org.techtown.memo/MainActivity.java

```java
중략...

public class MainActivity extends AppCompatActivity {
    private static final String TAG = "MainActivity";

    중략...

    @Override
    protected void onActivityResult(int requestCode, int resultCode, @Nullable Intent data) {
        super.onActivityResult(requestCode, resultCode, data);

        Log.d(TAG, "onActivityResult() 호출됨: " + requestCode + ", " + resultCode);
        if (requestCode == 101) {
            String mode = data.getStringExtra("mode");
            String contents = data.getStringExtra("contents");
            String friendName = data.getStringExtra("friendName");
            String friendMobile = data.getStringExtra("friendMobile");

            Toast.makeText(getApplicationContext(),"mode : " + mode
                    + "contents : " + contents
                    + "friendName : " + friendName
                    + "friendMobile : " + friendMobile, Toast.LENGTH_LONG).show();
        }
    }
}
```

> 오류가 생기면 여기에 자동으로 추가된 @org.jetbrains.annotation.Nullable은 삭제하고 진행하세요.

메모 리스트 화면과 새 메모 화면을 구성하는 가장 기본적인 코드가 완성되었습니다. 화면 간의 전환이 정상적으로 되는지, 입력란에서 가져온 값들이 정상적으로 전달되는지를 확인해보는 것이 좋습니다. 앱을 실행하면 메모 리스트 화면이 보입니다.

▲ 실행했을 때 보이는 메모 리스트 화면

처음에는 리스트에 아무런 항목도 보이지 않으므로 가운데 부분이 비어 있습니다. [새 메모]를 누르면 새 메모를 입력할 수 있는 화면이 뜹니다.

▲ 새 메모 화면에 데이터를 입력한 경우

정박사님 궁금해요 [새 메모] 버튼을 누르면 앱이 죽어버려요

화면 레이아웃인 activity_main.xml 파일에 넣었던 버튼의 id 속성 값과 소스 파일에서 findViewById로 찾을 때 사용되는 버튼의 id 값이 다르면 앱이 비정상 종료됩니다. 화면 레이아웃에 추가하는 버튼은 하나씩 추가할 때마다 자동으로 id 속성 값이 부여되는데 button이 아니라 button4, button5와 같이 바뀌게 됩니다. 따라서 소스 파일에서 사용된 findViewById(R.id.button)으로는 찾을 수 없습니다.
activity_main.xml 파일에 추가했던 버튼의 id를 확인한 후 소스 파일의 findViewById 메서드의 파라미터로 전달하는 id 값을 변경해주세요.

메모의 내용과 친구의 이름 그리고 친구의 전화번호를 입력한 후 [저장]을 누르면 메모 리스트 화면으로 다시 돌아간 후 토스트 메시지로 입력된 데이터를 보여줍니다.

이제 메모를 리스트로 보여줄 때 필요한 코드들을 넣어줄 차례입니다. 리스트를 설명했던 부분과 코드를 어느 정도 이해했다면 여기서는 이전에 입력했던 코드들을 복사한 후 수정하여 사용할 것입니다. 만약 충분히 이해하지 못했다면 리스트 설명 부분을 다시 학습해보기 바랍니다.

각각의 메모 데이터를 담아둘 클래스는 MemoItem으로 만듭니다. 이 클래스 안에 메모의 내용, 친구 이름과 전화번호, 메모 생성 일시, 사진 이미지의 경로 정보 등을 담아두게 됩니다. 이 메모 데이터를 리싸이클러뷰의 각 아이템으로 보여줄 화면 레이아웃은 이미 memo_item.xml로 만들어져 있습니다. 리싸이클러뷰는 어댑터를 사용하므로 MemoAdapter 클래스를 만들고 그 안에 필요한 코드를 넣게 됩니다.

그러면 첫 번째로 MemoItem 클래스를 만들고 그 안에 필요한 변수를 추가합니다. 새로운 MemoItem.java 클래스는 여러분이 직접 만들어서 추가한 후 코드를 넣어주면 됩니다.

코드 참고 / SecretMemo>/app/java/org.techtown.memo/MemoItem.java

```java
public class MemoItem {

    String contents;
    String friendName;
    String friendMobile;
    String timestamp;
    String imagePath;

    public MemoItem(String contents, String friendName, String friendMobile,
                    String timestamp, String imagePath) {
        this.contents = contents;
        this.friendName = friendName;
        this.friendMobile = friendMobile;
        this.timestamp = timestamp;
        this.imagePath = imagePath;
    }

    public String getContents() {
        return contents;
    }
```

```
    public void setContents(String contents) {
      this.contents = contents;
    }

    public String getFriendName() {
      return friendName;
    }

    public void setFriendName(String friendName) {
      this.friendName = friendName;
    }

    public String getFriendMobile() {
      return friendMobile;
    }

    public void setFriendMobile(String friendMobile) {
      this.friendMobile = friendMobile;
    }

    public String getTimestamp() {
      return timestamp;
    }

    public void setTimestamp(String timestamp) {
      this.timestamp = timestamp;
    }

    public String getImagePath() {
      return imagePath;
    }

    public void setImagePath(String imagePath) {
      this.imagePath = imagePath;
    }
}
```

String 자료형의 변수를 다섯 개 추가합니다. imagePath 변수에는 나중에 사진을 찍었을 때 저장되는 이미지 파일의 경로 정보를 담아 둘 것입니다. 다섯 개의 변수를 추가한 후 생성자 메서드 하나와 Get, Set 메서드들을 추가합니다.

MemoItem 클래스를 만들었으니 MemoAdapter 클래스도 새로 만듭니다.

코드 참고 / SecretMemo〉/app/java/org.techtown.memo/MemoAdapter.java

```java
public class MemoAdapter extends RecyclerView.Adapter<MemoAdapter.ViewHolder> {
    public ArrayList<MemoItem> items = new ArrayList<MemoItem>();

    @Override
    public int getItemCount() {
        return items.size();
    }

    public void addItem(MemoItem item) {
        items.add(item);
    }

    public MemoItem getItem(int position) {
        return items.get(position);
    }

    @NonNull
    @Override
    public ViewHolder onCreateViewHolder(@NonNull ViewGroup parent, int viewType) {
        LayoutInflater inflater = LayoutInflater.from(parent.getContext());
        View itemView = inflater.inflate(R.layout.memo_item, parent, false);

        return new ViewHolder(itemView);
    }

    @Override
    public void onBindViewHolder(@NonNull ViewHolder holder, int position) {
        MemoItem item = items.get(position);
        holder.setItem(item);
    }

    static class ViewHolder extends RecyclerView.ViewHolder {
        TextView textView;
        TextView textView2;
        TextView textView3;
        TextView textView4;

        public ViewHolder(View itemView) {
            super(itemView);

            textView = itemView.findViewById(R.id.textView);
            textView2 = itemView.findViewById(R.id.textView2);
            textView3 = itemView.findViewById(R.id.textView3);
            textView4 = itemView.findViewById(R.id.textView4);
```

```
    }

    public void setItem(MemoItem item) {
      textView.setText(item.getContents());
      textView2.setText(item.getFriendName());
      textView3.setText(item.getFriendMobile());
      textView4.setText(item.getTimestamp());
    }
  }
}
```

MemoAdapter 클래스 안에서는 각 아이템을 위한 데이터를 담을 ArrayList 객체를 하나 만듭니다. 그리고 그 안에는 MemoItem 자료형의 객체들이 추가됩니다. getItemCount 메서드는 ArrayList 객체 안에 들어있는 원소의 개수를 반환합니다. onCreateViewHolder 메서드에서는 memo_item.xml 파일에서 정의한 화면 레이아웃을 인플레이션하고 onBindViewHolder 메서드에서는 position 값에 해당하는 아이템 객체를 꺼내어 뷰홀더 객체에 설정합니다.

MemoAdapter 클래스 안에 정의한 뷰홀더 클래스에서는 memo_item.xml 파일에 들어있는 텍스트뷰들을 참조합니다. 그리고 setItem 메서드가 호출되면 파라미터로 전달된 아이템 객체의 데이터를 텍스트뷰들에 설정합니다.

어댑터 클래스를 만들었으니 MainActivity.java 파일에서 리싸이클러뷰와 어댑터를 위한 코드를 추가합니다.

코드 참고 / SecretMemo〉/app/java/org.techtown.memo/MainActivity.java

```
public class MainActivity extends AppCompatActivity {
  private static final String TAG = "MainActivity";

  MemoAdapter adapter;

  @Override
  protected void onCreate(Bundle savedInstanceState) {
    super.onCreate(savedInstanceState);
    setContentView(R.layout.activity_main);

    RecyclerView recyclerView = findViewById(R.id.recyclerView);

    LinearLayoutManager layoutManager = new LinearLayoutManager(this, LinearLayoutManager.VERTICAL, false);
    recyclerView.setLayoutManager(layoutManager);
```

```
adapter = new MemoAdapter();
recyclerView.setAdapter(adapter);
```

중략...

리싸이클러뷰를 위해 필요한 코드들을 모두 넣었으니 이제 리싸이클러뷰에 아이템을 추가할 차례입니다. 리싸이클러뷰에 아이템을 추가하려면 MemoItem 객체를 만든 후 어댑터에 추가하면 되는데 새로운 메모의 데이터는 onActivityResult 메서드로 전달받게 되므로 onActivityResult 메서드 안에 다음 코드를 추가합니다.

> **주의** 코드를 입력한 후에 빨간색 오류 표시가 나타나는 경우가 있을 수 있습니다. 이때는 Alt + Enter 를 눌러서 클래스를 임포트해주면 됩니다.

코드 참고 / SecretMemo>/app/java/org.techtown.memo/MainActivity.java

```java
중략...
MemoAdapter adapter;

SimpleDateFormat dateFormat = new SimpleDateFormat("yyyy년 MM월 dd일 HH시 mm분");
중략...

@Override
protected void onActivityResult(int requestCode, int resultCode, @Nullable Intent data) {
    super.onActivityResult(requestCode, resultCode, data);

    Log.d(TAG, "onActivityResult() 호출됨: " + requestCode + ", " + resultCode);
    if (requestCode == 101) {

        중략...

        if (mode != null && mode.equals("create")) {
            String timestamp = dateFormat.format(new Date());

            MemoItem item = new MemoItem(contents, friendName, friendMobile, timestamp, "");
            adapter.addItem(item);
            adapter.notifyDataSetChanged();
        }
    }
}
```

새로운 메모를 만들 때는 mode라는 부가 데이터 값이 create가 되므로 if 구문을 사용하여 mode 부가 데이터의 값이 create인지 확인한 후 MemoItem 객체를 만들어 어댑터에 추가합니다. 새로 추가된 아이템을 화면에 보여주기 위해 notifyDataSetChanged 메서드를 호출합니다. 현재 일시를 문자열로 만들어주기 위해 SimpleDateFormat을 사용합니다. 현재 일시가 확인되면 timestamp 변수에 할당한 후 MemoItem 객체를 만들 때 사용합니다.

앱을 실행하고 [새 메모]를 누른 후 메모를 입력하고 [저장]을 누르면 메모 리스트 화면으로 돌아오면서 새로운 메모 아이템이 추가됩니다.

▲ 새로운 메모를 추가하여 리스트에 아이템이 추가된 화면

> **정박사님 궁금해요** 　**새 메모를 입력하고 [저장]을 누르면 또 앱이 죽어버려요**
>
> 앞에서와 마찬가지로 이번에도 화면 레이아웃인 memo_item.xml 파일에 넣었던 텍스트뷰의 id 속성 값과 소스 파일에서 findViewById로 찾을 때 사용되는 텍스트뷰의 id 값이 다르면 앱이 비정상 종료됩니다. memo_item.xml 파일에 추가했던 텍스트뷰의 id를 확인한 후 소스 파일의 findViewById 메서드의 파라미터로 전달하는 id 값을 변경해주세요.

새 메모를 추가하는 화면을 구성하고 메모 리스트에 새로 추가한 메모를 보여줄 수 있게 되었습니다. 이제 비밀번호 설정 화면을 구성해 보겠습니다.

3 _ 비밀번호 설정 화면 만들기

비밀번호 설정 기능은 입력한 메모 내용을 다른 사람에게 보여주지 않을 수 있는 방법을 만드는 것이므로 지금 만들고 있는 앱에서 가장 중요한 기능입니다. 비밀번호를 설정하려면 메모 리스트 화면에 있는 [비밀번호 설정]을 누르면 되는데 이때 비밀번호 설정 화면을 띄워야 합니다. 비밀번호는 보통 두 번 입력하도록 하므로 두 개의 입력상자가 들어간 화면으로 만들고 [저장]을 눌렀을 때 비밀번호가 설정되도록 합니다. 비밀번호가 한 번 설정되면 앱이 다시 실행될 때마다 비밀번호를 입력하도록 해야 합니다. 앱이 실행될 때마다 비밀번호가 설정되어 있는지를 확인한 후 설정되어 있다면 비밀번호를 물어보는 화면을 띄워줍니다. 필요할 경우 설정된 비밀번호를 해제할 수 있도록 비밀번호 설정 화면에 '비밀번호 해제'를 위한 체크 박스를 넣어둡니다.

비밀번호 설정이나 해제를 위한 기능을 정리하면 다음과 같습니다.

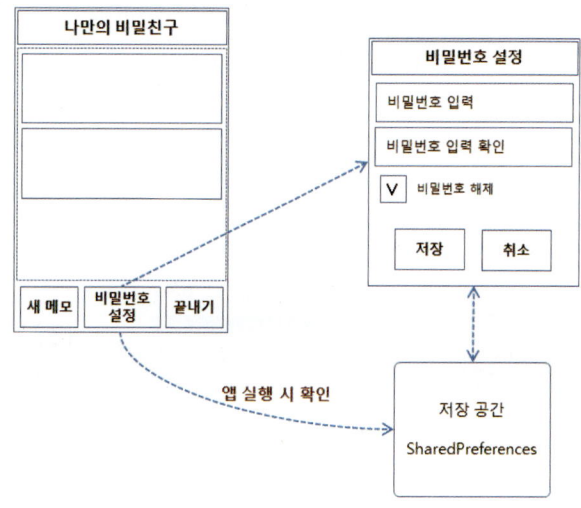

▲ 비밀번호 설정 및 해제를 위한 기능 구성

사용자 아이디나 비밀번호와 같이 간단한 정보는 설정 정보인 SharedPreferences를 사용해 저장할 수 있습니다. SharedPreferences는 데이터를 파일에 저장하므로 앱이 종료되더라도 데이터를 그대로 남겨둘 수 있습니다. [File → New → Activity → Empty Activity]를 눌러서 비밀번호 설정을 위한 액티비티를 PasswordSettingActivity라는 이름으로 새로 만듭니다. 레이아웃 이름은 activity_password_setting이 됩니다.

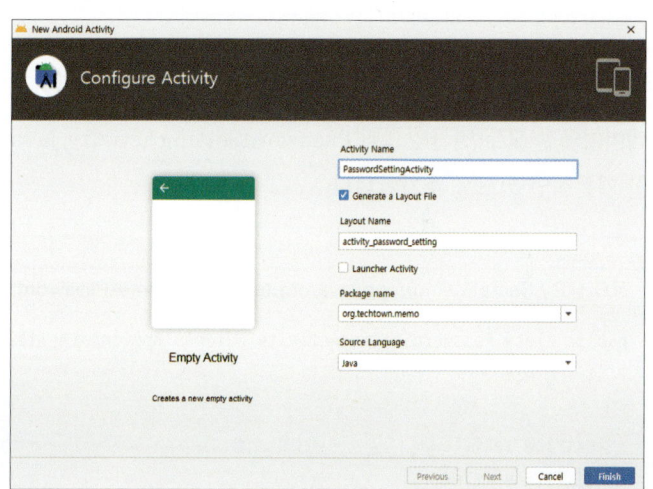

▲ 비밀번호 설정을 위한 액티비티 생성 대화상자

activity_password_setting.xml의 화면 레이아웃을 구성합니다. 최상위 레이아웃을 리니어 레이아웃으로 변경한 후 차례대로 위젯을 추가합니다. 리니어 레이아웃을 사용하여 세로 방향으로 뷰들을 추가하는 것은 이제 어렵지 않을 것입니다. 그 안에 들어가는 뷰들 중에서 비밀번호를 입력하는 두 개의 입력상자와 한 개의 체크 박스가 화면을 구성하는 중요한 부분입니다. 입력상자에는 hint 속성 값을 설정하여 사용자가 입력한 글자가 없을 때 설명글이 보이도록 합니다. 아래쪽에 들어가는 두 개의 버튼은 리니어 레이아웃에 추가되어 있어 이전에 만들었던 다른 레이아웃과 거의 동일합니다.

XML 코드를 모두 추가하고 나면 디자인 화면에는 다음과 같이 보이게 됩니다.

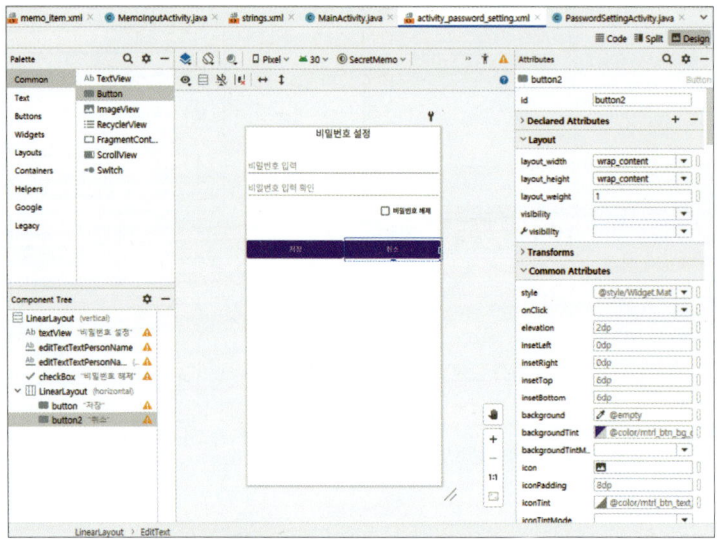

▲ 비밀번호 설정을 위한 화면 구성

레이아웃을 모두 만들었으니 PasswordSettingActivity.java 파일을 열고 onCreate 메서드를 포함한 기본적인 코드를 추가합니다.

코드 참고 / SecretMemo>/app/java/org.techtown.memo/PasswordSettingActivity.java

```java
public class PasswordSettingActivity extends AppCompatActivity {
  String mode;

  TextView textView;
  EditText editText;
  EditText editText2;
  CheckBox checkBox;
  Button button;
  Button button2;
```

```java
@Override
protected void onCreate(Bundle savedInstanceState) {
  super.onCreate(savedInstanceState);
  setContentView(R.layout.activity_password_setting);

  textView = findViewById(R.id.textView);
  editText = findViewById(R.id.editTextTextPersonName);
  editText2 = findViewById(R.id.editTextTextPersonName2);
  checkBox = findViewById(R.id.checkBox);
  button = findViewById(R.id.button);
  button2 = findViewById(R.id.button2);

  Intent intent = getIntent();
  mode = intent.getStringExtra("mode");
  if (mode != null && mode.equals("unlock")) {
    checkBox.setVisibility(View.VISIBLE);

    textView.setText("비밀번호 확인");
    button.setText("확인");
    button2.setText("끝내기");
  } else {
    checkBox.setVisibility(View.GONE);

    textView.setText("비밀번호 설정");
    button.setText("저장");
    button2.setText("취소");
  }
}
```

findViewById 메서드의 파라미터로 전달되는 id 값은 모두 activity_password_setting.xml 파일에 넣은 뷰들의 id 속성 값에 맞추어야 합니다. 비밀번호 설정 화면을 띄우는 경우는 크게 두 가지로 나눌 수 있습니다. 첫 번째는 비밀번호를 설정하기 위한 경우이고 두 번째는 비밀번호를 확인하기 위한 경우입니다. 비밀번호를 설정할 때는 화면의 타이틀을 '비밀번호 설정'이라고 바꾸고 '비밀번호 해제'를 위한 체크 박스는 보이지 않도록 해야 합니다. 비밀번호를 확인할 때는 화면의 타이틀을 '비밀번호 확인'라고 바꾸고 '비밀번호 해제'를 위한 체크 박스를 보이도록 해야 합니다. '비밀번호 해제' 체크 박스가 체크되어 있다면 설정되어 있던 비밀번호를 없애주어야 합니다.

이 때문에 비밀번호 설정 화면을 띄울 때는 mode 부가 데이터를 전달합니다. 전달되는 데이터는 onCreate 메서드 안에서 getIntent 메서드로 확인되는 인텐트 안에 들어 있습니다. 이 인텐트 안에 들어있는 mode의 값이 unlock이면 비밀번호를 확인하기 위한 것이므로 체크 박스를 보이도록 하고 버튼에 보이는 글자도 '확인'과 '끝내기'로 바꿉니다. mode의 값이 lock이면 비밀번호를 설정하기 위한 것이므로 체크 박스를 안 보이도록 하고 버튼에 보이는 글자도 '저장'과 '취소'로 바꿉니다.

비밀번호를 저장할 때는 SharedPreferences를 사용합니다. 이를 위한 코드는 몇 줄밖에 안 되긴 하지만 별도의 메서드로 분리하여 둡니다.

코드 참고 / SecretMemo>/app/java/org.techtown.memo/PasswordSettingActivity.java

```java
중략...
  public void savePassword(Context context, String password) {
    SharedPreferences preferences = context.getSharedPreferences("environ", 0);
    SharedPreferences.Editor editor = preferences.edit();
    editor.putString("password", password);
    editor.commit();
  }

  public String loadPassword(Context context){
    SharedPreferences preferences = context.getSharedPreferences("environ", 0);
    return preferences.getString("password", "");
  }

  public void savePasswordUseYn(Context context, String useYn){
    SharedPreferences preferences = context.getSharedPreferences("environ", 0);
    SharedPreferences.Editor editor = preferences.edit();
    editor.putString("passwordUseYn", useYn);
    editor.commit();
  }
}
```

savePassword 메서드는 비밀번호를 저장할 때 사용하고 loadPassword 메서드는 저장된 비밀번호를 가져올 때 사용합니다. 비밀번호가 설정되어 있는지를 확인할 수 있도록 savePasswordUseYn 메서드를 사용하여 Y 또는 N이라는 문자열을 passwordUseYn이라는 이름으로 저장합니다. 그러면 앱이 실행되었을 때 메모 리스트 화면에서 이 값을 확인한 후 비밀번호가 설정되었다면 비밀번호 설정 화면을 띄우도록 할 수 있습니다.

코드 참고 / SecretMemo>/app/java/org.techtown.memo/PasswordSettingActivity.java

```java
중략...
Button button = findViewById(R.id.button);
button.setOnClickListener(new View.OnClickListener() {
  public void onClick(View v) {
```

```java
      String password1 = editText.getText().toString().trim();
      String password2 = editText2.getText().toString().trim();

      if (!password1.equals(password2)) {
        Toast.makeText(getApplicationContext(), "입력한 두 개의 비밀번호가 다릅니다.",
                    Toast.LENGTH_LONG).show();
        return;
      }

      if (mode != null && mode.equals("unlock")) {
        String previousPassword = loadPassword(getApplicationContext());
        if (password1.equals(previousPassword)) {
          if (checkBox.isChecked()) {
            savePasswordUseYn(getApplicationContext(), "N");
            savePassword(getApplicationContext(), "");

            Toast.makeText(getApplicationContext(), "비밀번호가 해제되었습니다.",
                        Toast.LENGTH_LONG).show();
            finish();
          } else {
            Toast.makeText(getApplicationContext(), "비밀번호가 확인되었습니다.",
                        Toast.LENGTH_LONG).show();
            finish();
          }
        } else {
          Toast.makeText(getApplicationContext(), "비밀번호가 맞지 않습니다.",
                      Toast.LENGTH_LONG).show();
        }
      } else {
        savePasswordUseYn(getApplicationContext(), "Y");
        savePassword(getApplicationContext(), password1);

        Toast.makeText(getApplicationContext(), "비밀번호가 설정되었습니다.",
                    Toast.LENGTH_LONG).show();
        finish();
      }
    }
  });

  Button button2 = findViewById(R.id.button2);
  button2.setOnClickListener(new View.OnClickListener() {
    public void onClick(View v) {
      finish();
    }
  });
```

중략...

코드의 양이 많아 보이지만 처리하는 과정을 잘 생각해보고 토스트 메시지를 띄우기 위한 코드를 제외하면 간단한 몇 가지 코드만 있다는 것을 알 수 있습니다. 처음에는 입력한 두 개의 비밀번호가 같은지를 확인하고 mode 변수의 값이 unlock이라면 비밀번호를 해제하고 그 외에는 비밀번호를 설정합니다. unlock이라면 비밀번호를 확인해야 하는데 체크 박스가 체크된 경우에는 SharedPreferences에 저장된 비밀번호 설정 정보를 바꿔 비밀번호를 해제하도록 하고, 체크 박스가 체크되지 않은 상태에서는 이 화면만 그냥 없애도록 합니다.

[취소]나 [끝내기]로 보이는 버튼을 눌렀을 때도 mode 변수의 값에 따라 이 화면만 없애도록 할 것인지 아니면 앱을 종료시킬 것인지를 결정합니다. 앱을 종료할 때는 메인 화면인 메모 리스트 화면으로 부가 데이터를 전달하여 메인 화면에서 종료하도록 합니다.

PasswordSettingActivity.java 파일에 코드를 모두 입력했다면 MainActivity.java 파일을 열고 두 번째 버튼을 눌렀을 때 실행되는 onClick 안의 코드가 실행되도록 합니다. 이전에 // 기호를 붙여두었던 것을 삭제하면 됩니다.

비밀번호 설정 화면을 대화상자처럼 보이게 하고 싶다면 매니페스트 파일에서 PasswordSettingActivity의 theme 속성 값을 설정하면 됩니다. AndroidManifest.xml 파일을 열고 다음과 같이 수정합니다.

코드 참고 / SecretMemo>/app/manifests/AndroidManifest.xml

```
중략...
<activity
    android:name=".PasswordSettingActivity"
    android:theme="@style/Theme.AppCompat.Light.Dialog" />
중략...
```

앱을 실행하고 [비밀번호 설정]을 누르면 다음과 같이 비밀번호 설정 화면을 볼 수 있습니다.

▲ 비밀번호 설정 화면을 띄운 경우

비밀번호를 두 번 입력하고 [저장]을 누르면 '비밀번호가 설정되었습니다.'라는 토스트 메시지가 나타난 후 메인 화면으로 돌아갑니다. 에뮬레이터의 아래쪽에 있는 시스템 BACK 버튼을 클릭하여 앱을 종료한 후 다시 실행하면 [비밀번호 확인] 대화상자가 자동으로 보이게 됩니다. 비밀번호 확인 화면에서 비밀번호를 정확히 입력하고 [확인]을 눌렀다면 '비밀번호가 확인되었습니다.' 메시지가 나타납니다. 그리고 체크 박스까지 체크한 후 [확인]을 눌렀다면 '비밀번호가 해제되었습니다.' 메시지가 보이게 됩니다.

SharedPreferences에 비밀번호 정보를 저장해 두고 상황에 맞게 확인하는 방법을 알아보았습니다. 비밀번호를 설정하는 기능까지 넣었으니 이제 아무나 여러분의 메모를 볼 수 없도록 만들었습니다.

03-3
사진 찍기와 전화 걸기 기능 추가하기 `중요도 ★★☆☆☆`

메모 앱에서는 사진을 찍어 메모와 함께 남길 수도 있습니다. 따라서 앱의 완성도를 높이기 위해서는 사진 찍기 기능을 추가해야 합니다. 또한 친구 전화번호가 저장되어 있을 때는 그 번호로 전화를 걸거나 문자를 보낼 수 있도록 합니다. 앱의 아이콘을 바꿔주는 것도 여러분이 만든 앱이 다른 앱들과 다르다는 것을 알려주는 방법이 되므로 마켓에 올리기 전에 수정해보는 것도 중요한 부분입니다.

단말의 기본 카메라 앱을 이용해 사진을 찍을 수 있으므로 인텐트 객체를 만들어 사진을 찍도록 합니다. 그리고 전화 걸기 기능과 문자 보내기 기능도 사용합니다.

이번 장은 코드를 조금 많이 입력합니다. 그리고 사진을 찍어 보여주는 기능도 조금 복잡하게 보일 수 있습니다. 따라서 이번 장의 내용은 다른 앱 개발 기본서를 보면서 앱에 대한 내용을 조금 더 익힌 후에 공부해도 괜찮습니다. 다시 말하면 이번 장의 내용이 너무 어렵다고 좌절할 필요는 없습니다. 우리의 목적인 자바 기초를 다지는 일은 이미 상당 부분 달성했으니까요.

1 _ 메모 앱에 추가 기능 만들어 완성하기

새 메모 화면에는 사진을 보여주는 영역이 있습니다. 이 영역을 클릭했을 때 사진을 찍을 수 있는 기능을 만들려면 인텐트를 이용해 사진을 찍는 방법을 사용할 수 있습니다. 그런데 사진을 찍으면서 SD 카드를 접근하거나 전화를 걸 때 위험 권한을 사용할 수 있으므로 위험 권한을 부여하기 위한 외부 라이브러리를 먼저 추가합니다. 왼쪽 프로젝트 창에서 [Gradle Scripts] 폴더 안에 있는 build.gradle (Module: SecretMemo.app) 파일을 열고 다음 코드를 추가합니다.

코드 참고 / SecretMemo>/Gradle Scripts/build.gradle (Module: SecretMemo.app)

```
중략...

allprojects {
  repositories {
    maven { url 'https://jitpack.io' }
  }
}

dependencies {

중략...

  implementation 'com.github.pedroSG94:AutoPermissions:1.0.3'

}
```

프로젝트 창의 위쪽에 표시되는 [Sync Now] 링크를 눌러 수정 사항을 반영합니다. 이제 MemoInputActivity.java 파일을 열고 ImageView 객체를 참조한 후 클릭했을 때 카메라 앱의 화면을 보여주는 코드를 입력합니다.

코드 참고 / SecretMemo>/app/java/org.techtown.memo/MemoInputActivity.java

```java
public class MemoInputActivity extends AppCompatActivity {

중략...

  ImageView imageView;
  File file;
  Uri fileUri = null;
```

```java
@Override
protected void onCreate(Bundle savedInstanceState) {
    super.onCreate(savedInstanceState);
    setContentView(R.layout.activity_memo_input);

중략...

    imageView = findViewById(R.id.imageView);
    imageView.setOnClickListener(new View.OnClickListener() {
        @Override
        public void onClick(View v) {
            takePicture();
        }
    });

    AutoPermissions.Companion.loadAllPermissions(this, 1);

}

public void takePicture() {
    if (file == null) {
        file = createFile();
    }

    if(Build.VERSION.SDK_INT >= 24) {
        fileUri =FileProvider.getUriForFile(this, BuildConfig.APPLICATION_ID, file);
    } else {
        fileUri = Uri.fromFile(file);
    }

    Intent intent = new Intent(MediaStore.ACTION_IMAGE_CAPTURE);
    intent.addFlags(Intent.FLAG_GRANT_READ_URI_PERMISSION|Intent.FLAG_GRANT_WRITE_URI_PERMISSION);
    intent.putExtra(MediaStore.EXTRA_OUTPUT, fileUri);
    if (intent.resolveActivity(getPackageManager()) != null) {
        startActivityForResult(intent, 101);
    }
  }
}
```

이미지뷰를 클릭하면 takePicture 메서드를 호출하도록 합니다. takePicture 메서드 안에서는 카메라 앱 화면을 띄워줍니다. 카메라 앱 화면을 띄우기 위해서는 인텐트 객체의 액션 정보로 MediaStore. ACTION_IMAGE_CAPTURE 상수를 사용합니다. 그런데 카메라 앱에서 사진을 찍고 난 후의 결과물 사진을 여러분의 앱에서 전달받을 수 있는 방법이 필요합니다. 사진은 보통 JPG 파일로 저장되는데 이 파일을 접근할 수 있어야 한다는 말이죠. 그러면 어떻게 이 파일을 가져올 수 있을까요?

카메라 앱을 띄울 때 부가데이터로 사진 파일 객체를 전달할 수 있습니다. 부가 데이터의 이름으로 MediaStore.EXTRA_OUTPUT을 전달할 수 있으며, 파일 이름은 URI 객체로 전달할 수 있습니다. 그런데 이 과정에서 파일을 접근할 권한이 필요합니다. 파일 접근은 FileProvider라는 것을 통해 가능합니다. 아무 앱에서나 여러분이 만든 파일을 접근할 수 없도록 하기 위한 것인데요, 여기서는 FileProvider.geUriForFile 메서드를 호출하면서 BuildConfig.APPLICATION_ID와 File 객체를 파라미터로 전달합니다. file 변수로 가리키는 File 객체는 createFile 메서드를 이용해 새로 만들 수 있습니다. 다음과 같이 createFile 메서드를 추가합니다.

코드 참고 / SecretMemo〉/app/java/org.techtown.memo/MemoInputActivity.java

```java
중략...

  int order = 0;
  private File createFile() {
    order += 1;
    String filename = "capture" + order + ".jpg";
    File outFile = new File(getFilesDir(), filename);

    return outFile;
  }

중략...
```

파일명이 매번 달라질 수 있도록 order라는 이름의 변수를 하나 선언했습니다. 그리고 createFile 메서드가 호출될 때마다 이 값이 바뀌도록 한 후 파일명에 이 값을 포함시킵니다. 그러면 이렇게 만들어진 파일명을 부가 데이터로 전달할 때 사용했던 BuildConfig.APPLICATION_ID는 무엇을 의미하는 것일까요? 이것은 내용 제공자 또는 '**콘텐츠 프로바이더(ContentsProvider)**'라고 불리는 것을 지정한 것입니다. 파일을 접근할 수 있는 내용 제공자를 의미하며 이에 대한 정보는 매니페스트 파일에 추가합니다. app/manifests 폴더 안에 있는 AndroidManifest.xml 파일을 열고 다음과 같이 〈provider〉 태그를 추가합니다.

코드 참고 / SecretMemo〉/app/manifests/AndroidManifest.xml

```xml
중략...

  <provider
```

```xml
        android:name="androidx.core.content.FileProvider"
        android:authorities="${applicationId}"
        android:exported="false"
        android:grantUriPermissions="true">
        <meta-data
            android:name="android.support.FILE_PROVIDER_PATHS"
            android:resource="@xml/external" />
    </provider>

  </application>

</manifest>
```

<provider> 태그는 <application> 태그 안에 추가되었으며, 태그 안에 name, authorities, grantUriPermissions와 같은 속성들이 들어있습니다. 그리고 그 안에 <meta-data> 태그가 들어있는데 이 태그에서 어떤 폴더를 가리키는지 알려줍니다. resource 속성 값으로 @xml/external이 들어있는데 이것은 /app/res/xml 폴더 안에 있는 external.xml 파일을 가리킵니다. app/res 폴더 안에 xml이라는 이름의 폴더를 생성합니다. 그리고 그 안에 새로운 XML 파일을 하나 만들고 그 이름을 external.xml로 합니다. 이 파일 안에는 다음 코드를 입력합니다.

코드 참고 / SecretMemo/app/res/xml/external.xml

```xml
<?xml version="1.0" encoding="utf-8"?>
<paths xmlns:android="http://schemas.android.com/apk/res/android">
  <cache-path name="cache" path="/" />
  <files-path name="files" path="/" />
  <external-files-path name="external_files" path="." />
</paths>
```

태그 안에는 name과 path 속성이 들어있으며 name 속성 값으로 어떤 폴더를 가리키는지 지정합니다.

이렇게 파일을 접근할 수 있는 정보들을 입력했다면 다시 MemoInputActivity.java 파일을 열고 onActivityResult 메서드를 추가합니다.

코드 참고 / SecretMemo>/app/java/org.techtown.memo/MemoInputActivity.java

```java
중략...

    @Override
    protected void onActivityResult(int requestCode, int resultCode, @Nullable Intent data) {
        super.onActivityResult(requestCode, resultCode, data);

        if (requestCode == 101) {
            if (resultCode == Activity.RESULT_OK) {
                try {
                    Bitmap bitmap = BitmapFactory.decodeStream(getContentResolver().openInputStream(fileUri));
                    imageView.setImageBitmap(bitmap);
                } catch(Exception e) {
                    e.printStackTrace();
                }
            }
        }
    }
}
```

fileUri 변수가 가리키는 곳이 사진이 저장된 곳이므로 그 사진 데이터를 읽어들여 비트맵 이미지로 만든 후 이미지뷰에 설정합니다. 이렇게 하면 새 메모 화면에 사진이 표시됩니다. 그러나 메인 화면의 메모 리스트에도 보여줘야 하므로 버튼을 눌렀을 때 메인 화면으로 전달되는 부가 데이터에도 이 URI 정보를 추가합니다.

코드 참고 / SecretMemo>/app/java/org.techtown.memo/MemoInputActivity.java

```java
중략...
    Button button = findViewById(R.id.button);
    button.setOnClickListener(new View.OnClickListener() {
        public void onClick(View v) {
            중략...
            intent.putExtra("filePath", fileUri.toString());

            setResult(Activity.RESULT_OK, intent);
            finish();
        }
    });
중략...
```

그러면 다음과 같이 메인 화면의 onActivityResult에서 리스트에 아이템으로 추가할 수 있습니다.

코드 참고 / SecretMemo>/app/java/org.techtown.memo/MainActivity.java

중략...

```java
@Override
protected void onActivityResult(int requestCode, int resultCode, @Nullable Intent data) {
    super.onActivityResult(requestCode, resultCode, data);

    Log.d(TAG, "onActivityResult() 호출됨: " + requestCode + ", " + resultCode);
    if (requestCode == 101) {
      String mode = data.getStringExtra("mode");
      String contents = data.getStringExtra("contents");
      String friendName = data.getStringExtra("friendName");
      String friendMobile = data.getStringExtra("friendMobile");
      String filePath = data.getStringExtra("filePath");

      Toast.makeText(getApplicationContext(),"mode : " + mode
              + "contents : " + contents
              + "friendName : " + friendName
              + "friendMobile : " + friendMobile
              + "filePath : " + filePath, Toast.LENGTH_LONG).show();

      if (mode != null && mode.equals("create")) {
        String timestamp = dateFormat.format(new Date());

        MemoItem item = new MemoItem(contents, friendName, friendMobile, timestamp, filePath);
        adapter.addItem(item);
        adapter.notifyDataSetChanged();
      }
    }
  }
}
```

이렇게 전달된 파일 경로는 어댑터의 setItem 메서드 안에서 비트맵 이미지를 만드는 데 사용되며 비트맵 이미지를 만든 후에는 이미지뷰 객체에 설정합니다.

코드 참고 / SecretMemo>/app/java/org.techtown.memo/MemoAdapter.java

```java
public class MemoAdapter extends RecyclerView.Adapter<MemoAdapter.ViewHolder> {
  public ArrayList<MemoItem> items = new ArrayList<MemoItem>();
  static Activity activity;

  public MemoAdapter(Activity activity) {
```

```
    this.activity = activity;
  }

중략...

  static class ViewHolder extends RecyclerView.ViewHolder {
    TextView textView;
    TextView textView2;
    TextView textView3;
    TextView textView4;
    ImageView imageView;

    public ViewHolder(View itemView) {
      super(itemView);

      textView = itemView.findViewById(R.id.textView);
      textView2 = itemView.findViewById(R.id.textView2);
      textView3 = itemView.findViewById(R.id.textView3);
      textView4 = itemView.findViewById(R.id.textView4);
      imageView = itemView.findViewById(R.id.imageView);
    }

    public void setItem(MemoItem item) {
      textView.setText(item.getContents());
      textView2.setText(item.getFriendName());
      textView3.setText(item.getFriendMobile());
      textView4.setText(item.getTimestamp());

      try {
        Uri fileUri = Uri.parse(item.getImagePath());
        Bitmap bitmap = BitmapFactory.decodeStream(activity.getContentResolver().openInputStream(fileUri));
        imageView.setImageBitmap(bitmap);
      } catch(Exception e) {
        e.printStackTrace();
      }
    }
  }
}
```

파일을 비트맵 객체로 만들 때 getContentResolver 메서드를 사용하는데 이 메서드는 액티비티에 들어있습니다. 따라서 어댑터 클래스에서 사용하려면 액티비티 객체를 어댑터 클래스의 생성자로 전달하고 변수에 할당해야 합니다. MemoAdapter 클래스의 생성자가 변경되었으므로 MainActivity.java 파일을 열고 MemoAdapter 객체를 생성하는 부분을 수정합니다.

코드 참고 / SecretMemo>/app/java/org.techtown.memo/MainActivity.java

```java
public class MainActivity extends AppCompatActivity {
중략...

  @Override
  protected void onCreate(Bundle savedInstanceState) {
    super.onCreate(savedInstanceState);
    setContentView(R.layout.activity_main);
중략...

    adapter = new MemoAdapter(this);
    recyclerView.setAdapter(adapter);

중략...
```

카메라 기능이 모두 추가되었다면 매니페스트에 SD 카드를 접근할 수 있고 카메라를 사용한다는 태그를 추가해야 합니다.

코드 참고 / SecretMemo>/app/manifests/AndroidManifest.xml

```xml
중략...

  <uses-permission android:name="android.permission.READ_EXTERNAL_STORAGE" />
  <uses-permission android:name="android.permission.WRITE_EXTERNAL_STORAGE" />

  <uses-feature android:name="android.hardware.camera"
                android:required="true" />
중략...
```

이제 앱을 실행합니다. 그러면 위험 권한을 요청하는 대화상자가 보입니다. [ALLOW]를 누르고 [새 메모]를 누릅니다. 보이는 입력 화면에서 '사진'이라는 글자 아래의 이미지뷰를 누르면 단말의 사진 앱이 실행됩니다.

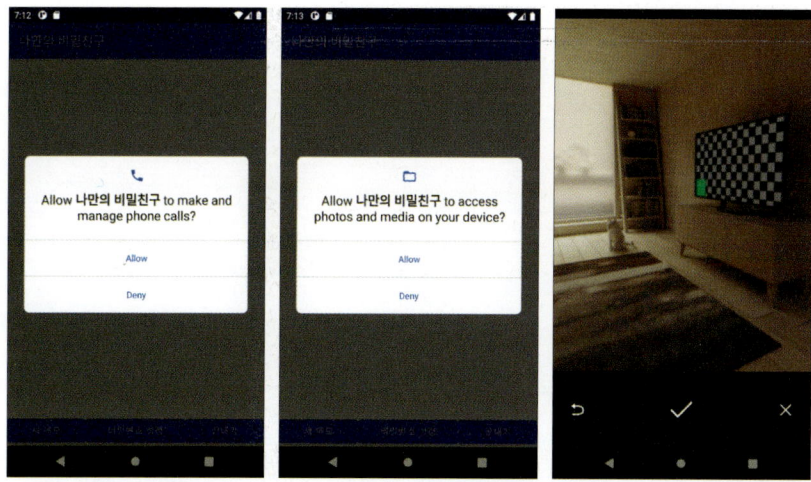

▲ 카메라 앱이 실행된 화면

> **정박사님 궁금해요** — **앱을 실행하려 하면 빌드 오류가 생겨요**
>
> 앱을 실행할 때 support 패키지와 관련된 빌드 오류가 생길 수 있습니다. 이 오류는 프로젝트 설정에서 아래 한 줄이 빠진 경우에 발생합니다. gradle.properties 파일을 더블클릭해서 열고 다음 코드를 추가한 후 다시 빌드해보기 바랍니다.
>
>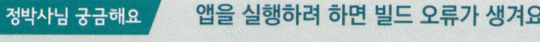

사진을 찍은 후 [저장]을 누르면 새 메모 화면으로 돌아온 후 촬영된 사진을 이미지뷰에 보여줍니다. 다음은 촬영한 사진을 새 메모의 사진 영역에 보여준 화면입니다.

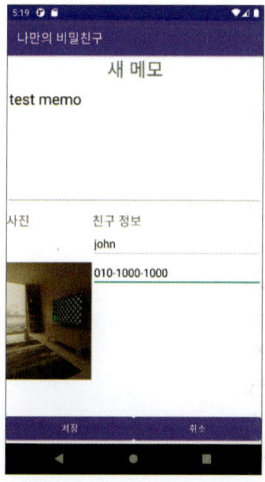

▲ 찍은 사진을 보여준 화면

[저장]을 누르면 메인 화면으로 돌아가서 리스트에 하나의 아이템을 추가합니다. 아이템의 왼쪽에 보이던 아이콘은 이제 실제 찍은 사진으로 바뀌어 있습니다.

▲ 메인 화면에 추가된 리스트 아이템

사진과 글자가 너무 붙어 있다면 memo_item.xml 파일에서 약간의 간격이 만들어지도록 layout_marginLeft 또는 padding 속성을 적절하게 넣어줍니다.

이제 친구의 전화번호가 단말에 저장되어 있을 때 전화 걸기와 문자 보내기 기능을 추가하는 방법을 알아보겠습니다. 메인 화면의 리스트 아이템에는 충분한 공간이 없으므로 새 메모 화면에 두 개의 버튼을 추가하고 각각 '전화'와 '문자'라는 글자를 넣어줍니다. 예쁜 아이콘을 추가하는 것도 좋은 방법입니다.

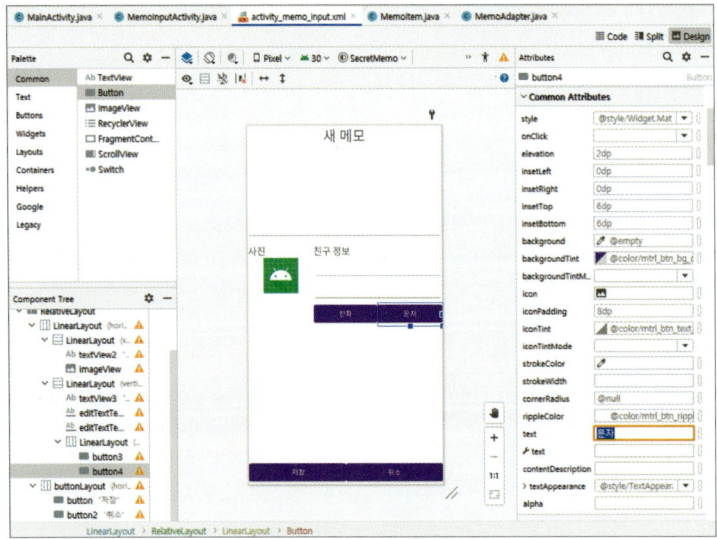

▲ 새 메모 화면의 레이아웃에 [전화]와 [문자]를 추가한 모양

MemoInputActivity.java 파일을 열고 [전화]와 [문자]를 눌렀을 때 실행될 기능을 코드로 추가합니다.

코드 참고 / SecretMemo〉/app/java/org.techtown.memo/MemoInputActivity.java

```java
중략...

  Button button3 = findViewById(R.id.button3);
  button3.setOnClickListener(new View.OnClickListener() {
    public void onClick(View v) {
      String friendMobile = editText3.getText().toString();

      try {
        Intent intent = new Intent(Intent.ACTION_CALL);
        intent.setData(Uri.parse("tel:" + friendMobile));
        startActivity(intent);
      } catch(SecurityException e) {
        e.printStackTrace();
      }
    }
  });

  Button button4 = findViewById(R.id.button4);
  button4.setOnClickListener(new View.OnClickListener() {
    public void onClick(View v) {
      String friendMobile = editText3.getText().toString();

      Intent intent = new Intent(Intent.ACTION_SENDTO);
      intent.setData(Uri.parse("smsto:" + Uri.encode(friendMobile)));
      startActivity(intent);
    }
  });
중략...
```

인텐트를 이용해 전화를 걸 때는 인텐트에 들어가는 액션 정보를 Intent.ACTION_CALL로 합니다. 그리고 setData 메서드로 전달되는 파라미터의 값에는 전화번호를 넣어줍니다. 문자를 보낼 때도 단말의 문자 앱을 사용할 수 있습니다. 이때는 액션 정보를 Intent.ACTION_VIEW로 하고 전화번호는 putExtra 메서드를 이용하여 부가 데이터로 넣어줍니다. setType 메서드를 호출할 때 들어가는 파라미터는 vnd.android-dir/mms-sms로 하여 단말의 문자 앱이 보이도록 합니다.

단말의 전화 앱을 이용해 전화를 걸기 위해서는 권한이 필요하므로 AndroidManifest.xml 파일을 열고 다음과 같은 권한을 추가합니다.

코드 참고 / SecretMemo>/app/manifests/AndroidManifest.xml

```
중략...
<uses-permission android:name="android.permission.CALL_PHONE"/>
중략...
```

이제 단말에서 앱을 실행하고 [새 메모]를 눌러 메모 입력 화면으로 이동합니다. 그런 다음 친구의 전화번호를 입력하고 [전화]를 누르면 다음과 같이 바로 전화를 걸게 됩니다.

▲ 단말에서 앱을 실행하고 [전화]를 눌렀을 때

그리고 [문자]를 눌렀을 때는 문자를 보내는 앱이 실행됩니다.

▲ 단말에서 앱을 실행하고 [문자]를 눌렀을 때

사진도 찍어서 보관할 수 있고 입력해 둔 전화번호를 이용해 전화 걸기와 문자 보내기 기능도 붙여 보았습니다. 지금부터는 아직 완성하지 않고 남겨두었던 메모 수정 기능을 만들어 보겠습니다. 메모 수정은 메인 화면의 메모 리스트에서 한 아이템을 클릭했을 때 새 메모 화면으로 이동하여 입력되어 있던 데이터를 보여준 후에 [저장]을 누르면 그 화면에서 수정한 정보를 저장하는 방식으로 진행됩니다. 따라서 코드를 수정할 부분은 두 곳입니다. 첫 번째는 메모 리스트에서 클릭하는 부분이고 두 번째는 새 메모 화면에서 인텐트를 전달받는 onCreate 메서드 부분입니다.

그런데 한 아이템을 클릭하는 코드는 MemoAdapter 클래스 안에 있는 ViewHolder 클래스 안에 두고 그때 MemoInputActivity 화면을 띄우는 코드는 MainActivity 안에 넣는 것이 좋습니다. 즉, 아이템을 클릭했을 때 동작하는 코드는 액티비티 안에 넣어두는 것이 좋다는 말입니다. 이 때문에 인터페이스를 새로 정의하고 이 인터페이스를 이용해 선택한 아이템 정보를 어댑터에서 액티비티 쪽으로 넘겨주는 방식을 사용합니다.

MemoAdapter.java 파일을 열고 아래 코드를 추가합니다.

코드 참고 / SecretMemo/app/java/org.techtown.memo/MemoAdapter.java

```java
public class MemoAdapter extends RecyclerView.Adapter<MemoAdapter.ViewHolder> {

  public interface OnItemClickListener {
    public void onItemClick(int position);
  }
  OnItemClickListener listener;

  public void setOnItemClickListener(OnItemClickListener listener) {
    this.listener = listener;
  }

  public MemoItem getItem(int position) {
    return items.get(position);
  }

  중략...

  @NonNull
  @Override
  public ViewHolder onCreateViewHolder(@NonNull ViewGroup parent, int viewType) {
    LayoutInflater inflater = LayoutInflater.from(parent.getContext());
    View itemView = inflater.inflate(R.layout.memo_item, parent, false);

    return new ViewHolder(itemView, listener);
```

```
    }

  중략...

  static class ViewHolder extends RecyclerView.ViewHolder {
    TextView textView;
    TextView textView2;
    TextView textView3;
    TextView textView4;
    ImageView imageView;

    public ViewHolder(View itemView, final OnItemClickListener listener) {
      super(itemView);

      textView = itemView.findViewById(R.id.textView);
      textView2 = itemView.findViewById(R.id.textView2);
      textView3 = itemView.findViewById(R.id.textView3);
      textView4 = itemView.findViewById(R.id.textView4);
      imageView = itemView.findViewById(R.id.imageView);

      itemView.setOnClickListener(new View.OnClickListener() {
        @Override
        public void onClick(View v) {
          int position = getAdapterPosition();
          if (listener != null) {
            listener.onItemClick(position);
          }
        }
      });

    }
  중략...
```

OnItemClickListener 라는 이름의 새로운 인터페이스를 정의했습니다. 그리고 이 객체의 setOnItemClickListener 메서드를 호출하면서 인터페이스를 구현하는 객체를 전달하면 listener 변수에 할당하도록 했습니다. 이 메서드는 MainActivity 클래스 안에서 사용할 것입니다. listener 변수에 객체가 할당되었다면 뷰홀더 안에서 아이템을 클릭했을 때 이 listener 객체의 onItemClick 메서드를 호출합니다. onItemClick 메서드를 호출할 때는 몇 번째 아이템이 클릭된 것인지 알 수 있도록 아이템의 인덱스 값을 전달합니다. 아이템의 인덱스 값은 getAdapterPosition 메서드를 이용하면 확인할 수 있습니다. 이제 MainActivity.java 파일을 열고 코드를 추가합니다.

코드 참고 / SecretMemo⟩app/java/org.techtown.memo/MainActivity.java

```java
public class MainActivity extends AppCompatActivity implements MemoAdapter.OnItemClickListener {

중략...

    @Override
    protected void onCreate(Bundle savedInstanceState) {
        super.onCreate(savedInstanceState);
        setContentView(R.layout.activity_main);

        RecyclerView recyclerView = findViewById(R.id.recyclerView);

        LinearLayoutManager layoutManager = new LinearLayoutManager(this, LinearLayoutManager.
                                        VERTICAL, false);
        recyclerView.setLayoutManager(layoutManager);

        adapter = new MemoAdapter(this);
        recyclerView.setAdapter(adapter);

        adapter.setOnItemClickListener(this);

중략...

    }

    @Override
    public void onItemClick(int position) {
        MemoItem item = adapter.getItem(position);

        Toast.makeText(getApplicationContext(), "Item #" + position + " 클릭됨.",
                    Toast.LENGTH_LONG).show();

        String contents = item.getContents();
        String friendName = item.getFriendName();
        String friendMobile = item.getFriendMobile();
        String filePath = item.getImagePath();

        Intent intent = new Intent(getApplicationContext(), MemoInputActivity.class);
        intent.putExtra("mode", "modify");
        intent.putExtra("contents", contents);
        intent.putExtra("friendName", friendName);
        intent.putExtra("friendMobile", friendMobile);
        intent.putExtra("filePath", filePath);
        startActivityForResult(intent, 101);
    }
```

중략...

MainActivity 클래스가 MemoAdapter.OnItemClickListener 인터페이스를 구현하도록 합니다. 그러면 MainActivity 클래스 안에는 onItemClick 메서드가 추가되어야 합니다. onCreate 메서드 안에서 adapter.setOnItemClickListener 메서드를 호출하도록 코드를 추가한 후 onItemClick 메서드를 추가합니다. 이 메서드는 리싸이클러뷰의 한 아이템을 클릭했을 때 호출되므로 Memo InputActivity를 띄우도록 합니다. 이제 MemoInputActivity.java 파일을 열고 onCreate 메서드 안에서 인텐트 객체를 전달받았을 때 인텐트 안에 들어있는 정보를 화면에 표시하도록 합니다.

코드 참고 / SecretMemo〉/app/java/org.techtown.memo/MemoInputActivity.java

```java
public class MemoInputActivity extends AppCompatActivity {
중략...

  TextView textView;

중략...

  @Override
  protected void onCreate(Bundle savedInstanceState) {
    super.onCreate(savedInstanceState);
    setContentView(R.layout.activity_memo_input);
    중략...
    textView = findViewById(R.id.textView);
    중략...

    Intent intent = getIntent();
    if (intent != null) {
      mode = intent.getStringExtra("mode");

      if (mode != null) {
        if (mode.equals("create")) {
          textView.setText("새 메모");

        } else if (mode.equals("modify")) {
          String contents = intent.getStringExtra("contents");
          String friendName = intent.getStringExtra("friendName");
          String friendMobile = intent.getStringExtra("friendMobile");
          String filePath = intent.getParcelableExtra("filePath");

          textView.setText("메모 수정");
```

```
          editText.setText(contents);
          editText2.setText(friendName);
          editText3.setText(friendMobile);

          try {
            Uri imageUri = Uri.parse(filePath);
            Bitmap bitmap = BitmapFactory.decodeStream(getContentResolver().
                           openInputStream(imageUri));
            imageView.setImageBitmap(bitmap);
          } catch(Exception e) {
            e.printStackTrace();
          }
        }
      }
    }
  }
  중략...
```

mode 값을 modify로 전달하기 때문에 이 값을 확인했을 때는 화면에 들어있는 각각의 뷰에 전달받은 데이터를 보여줍니다. 타이틀 부분에 들어있는 '새 메모'라는 글자를 '메모 수정'으로 바꾸는 것도 잊지 마세요.

이제 앱을 실행하고 하나의 메모를 추가한 후 그 메모를 리스트에서 클릭하면 새 메모 화면으로 이동하면서 추가했던 메모 내용이 보이는 것을 확인할 수 있습니다.

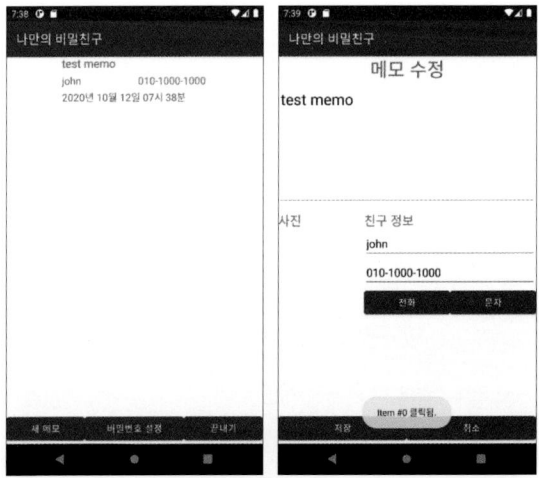

▲ 메모를 추가한 후 선택하여 수정하는 화면

마지막으로 앱 아이콘을 바꿔 보겠습니다. 인터넷에서는 무료로 사용할 수 있는 아이콘들이 많이 있습니다. 그중에서 http://iconfinder.com 사이트에 접속한 후 memo를 입력하여 검색해보면 여러 가지 아이콘을 찾을 수 있습니다.

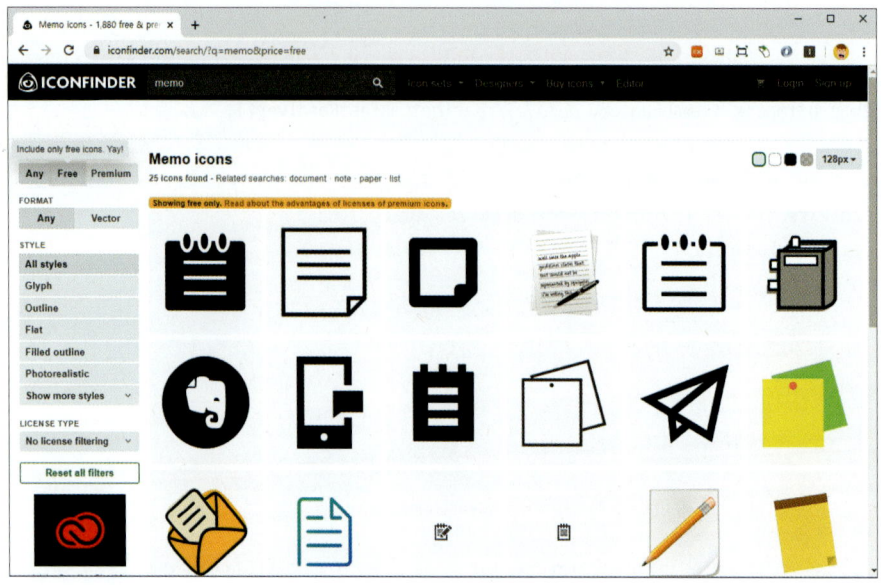

▲ 무료 아이콘을 인터넷에서 검색하기

그중에서 마음에 드는 아이콘을 선택한 후 프로젝트의 /app/res/drawable 폴더에 memo.png라는 이름으로 저장합니다.

매니페스트 파일을 열고 앱의 아이콘을 설정하는 〈application〉 태그의 android:icon 속성과 android:roundIcon 속성의 값을 바꿔줍니다.

코드 참고 / SecretMemo〉/app/manifests/AndroidManifest.xml

```
중략...

<application android:allowBackup="true"
    android:icon="@drawable/memo"
    android:label="@string/app_name"
    android:roundIcon="@drawable/memo"
    android:supportsRtl="true"
    android:theme="@style/Theme.SecretMemo">
중략...
```

앱을 실행하면 앱 아이콘이 바뀌어 있어 여러분이 직접 만든 앱이라는 느낌이 더 강하게 들 것입니다.

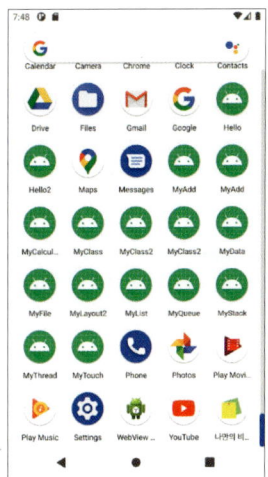
▲ 앱 아이콘을 바꾼 후의 모양

화면 레이아웃을 조금씩 조정하거나 속성을 더 추가하면 더 예쁜 모양의 메모 앱을 만들 수 있습니다.

이번 마당에서는 예쁘게 만드는 것이 목적이 아니므로 앱을 만드는 과정에 충실하면서 '나만의 비밀 친구'라는 앱을 만들어 보았습니다. 여러 단계를 거치기는 했지만 여러분들이 이미 알고 있거나 약간씩 새로 추가된 내용들을 조합해 본 것이므로 잘 모르는 부분이 있더라도 몇 번 반복해보면 과정이 이해될 것입니다.

그런데 앱을 완성한 후 몇 번 사용하다 보면 메모 데이터가 저장되지 않는다는 것이 문제로 느껴질 것입니다. 또한 실제 배포하여 사용자들에게 사용해보라고 하려면 데이터가 저장되어야 합니다. 이처럼 데이터베이스는 앱을 만드는 데 있어서 꼭 필요한 부분입니다. 이 책은 데이터베이스 기능을 자세히 다루기보다 앱을 만들 때 어떤 기능이 어떤 자바 코드로 완성되는지를 알아가는 자바 입문 과정에 목적을 두고 있습니다. 이제 입문의 과정을 넘어선 만큼 데이터베이스처럼 좀 더 활용할 수 있는 기능들은 앞으로 하나씩 배워가면서 여러분이 만든 앱의 기능을 완성해 보기 바랍니다.

INDEX

A

ABI 칼럼	43
abstract 키워드	503
Action	188
action 변수	197
activity_main.xml	47
Adapter	508
addView 메서드	364
All Attributes	93
Android Virtual Device Manager	42
AndroidManifest.xml	267
AppCompatActivity	298
append 메서드	565
Application	60
Array	321
ArrayAdapter	355
ArrayIndexOutOfBoundsException	326
ArrayList	345
Assign Operator	144
Assistant	51
ATR	60
Attribute	81
Auto Import	118
Automatic Type Conversion	151
AVD Manager	41
AWT	21

B

background Tint 속성 창	96
background 속성	192, 451
bin	72
Binary	581
Boolean	194
boolean 자료형	138
break 키워드	371
BufferedReader 객체	591
Build	58
Build Automatically	71
Build Project	72
build.gradle	268
Business Logic	550
Button 위젯	92
Buttons 그룹	283
Byte Code	58, 72
byte 자료형	152

C

Call	70
Callback	177
char 자료형	144
Child Class	264
class 확장자	75
Close Project	41
Comment	162
Comparative Operator	200
Compile	58
Compiler	57
Component Tree 창	90, 105
ConcurrentLinkedQueue	428
Conditional Statement	368
Console	68
Constant	165
Constraint Widget	283
ConstraintLayout	97
Constructor	230, 269
contains 메서드	353
ContentsProvider	635
Context	338
Convert view	102
count 변수	133, 319
Creat New Project	41
curName	337
Current Name	337

D~E

Declaration	137
default 조건	372
Design Pattern	517
Dot operator	119
dp 값	191
Editable	161
editText	97
EditText 자료형	160, 195
Empty Activity	39
Encapsulation	226, 478
equals	202
Event	177
Event Handler	177
Event Listener	188
event 변수	195
Exception	502
Explicit Type Conversion	153
extends 키워드	264
Extra Data	402

F~G

final	165
find 과정	116
findViewById 메서드	250
findViewById()	116
finish 메서드	404
float 자료형	143
for 구문	181
FrameLayout	464
Function	182
Garbage Collection	330
Generate	315
get 메서드	361
getApplicationContext	123
getIntExtra 메서드	407
getStringExtra 메서드	407
Getter and Setter	237

Getter 함수	237	
getText 메서드	161	
getX	195	
getY	195	
Google APIs	43	
Gradle	266	
Gradle Scripts	266	
gravity 속성	453	

H~I

HashMap	361
Hashtable	360
hasNext	351
hasNext 메서드	367
Hello 프로젝트	40
horizontal	106
id 속성	98
Identifier	70
if ~ else if ~ else 구문	318
if ~ else 구문	327
if 구문	198
ImageView 위젯	247
implement methods	492
implements 키워드	487
Implicit Type Conversion	151
import	118
import 옵션 체크	110
import 키워드	277
Index	323
Inflation	450
Inheritance	93, 263
Inner Class	518
Instance	230
instanceof	292
int 자료형	152
Integer.parseInt 메서드	163
Interpreter	57
IO 패키지	584
isChecked 메서드	285
Iterator	350

J~N

Java Class	314
Java Project	62
Java Runtime Environment	73
java 파일	51
javac 명령어	75
JDK 버전	25
JRE	73
Keyword	118
Language	19
layout_above 속성	460
layout_below 속성	460
layout_height 속성	105
layout_width	107
LayoutInflater 객체	532
LENGTH_LONG	124
Life Cycle	417
LinearLayout	102
LinearLayout (horizontal)	103
Logcat 창	224
LTS	26
Machine Code	57
main	69
main 메서드	69
MainActivity 자료형	244
MainActivity.java	52
match_parent	107
Math 클래스	566
Method	69
MIME 자료형	389
MotionEvent	195
New Project	39
new 연산자	148
Null	281
NullPointerException	280

O~P

Object Oriented Programming	215
Object Type	137, 147
offer 메서드	427
onButton1Clicked	109
onClick 속성	109
onCreate	77
onCreate 메서드	113, 413
onItemSelected 메서드	358
Open an Existing Project	54
Operand	200
Operator	116
Orientation	106
orientation 속성	103
Overloading	233
Override	295
Override Methods	405
package	65
Package Explorer	131
Package name	39
padding 속성	453
Palette	80
Parameter	183
Parent Class	264
Pass By Reference	234
Pass By Value	234
Plain Text 입력상자	96
Plus Operator	150
Pointer	281
Preferences	64
Primitive Type	137
printStackTrace 메서드	501
private 키워드	273
Program	56
Programming Language	57
Project Files	247
protected 키워드	274
Prototype	218
public static	66
public static void main	131, 133
public 키워드	168
push 메서드	424
put 메서드	361

INDEX

Q~R

Queue	427
queue 변수	429
RadioGroup	283
RecyclerView	459, 526
Refactor	265
Refactoring Preview 창	266
Reference	234
RelativeLayout	439
removeAllViews 메서드	366
Rename	265
Rename Package	266
requestCode	403
res	79
return 키워드	186
Root element	445
Run As	67
Runnable 객체	571
Runtime	60

S

Save location	39
Scope	167
ScrollView	313
Selection Widget	526
setContentView 메서드	114
setImageResource 메서드	253
setResult 메서드	404
Setter 함수	237
setText 메서드	162
Settings	55
setVisibility	286
Simultaneous Access	304
Simultaneous Access	568
Spinner	353
src	75
Stack	420
startActivityForResult 메서드	392
Statement	145

Stream	577
String	135
String 자료형	144
String.valueOf 메서드	163
StringBuffer 클래스	592
Structure	78
Sub Class	264
sum 함수	186
Super Class	264
super 키워드	297
SWING	21
switch 구문	370
System.arrayCopy 메서드	333
System.out.println 메서드	133

T~U

Target 칼럼	43
Text 그룹	96
text 속성	81
textColor 속성	93
textSize 속성 값	156
TextView	90
TextView 위젯	92
this 키워드	243
Thread	551
Thread 클래스	553
throws 키워드	497
Toast	122
toString 메서드	161
Type	117, 134
Type Casting	153, 293
Type Check	141
Type Conversion	151
type 변수	511
TYPE_ADD	513
TYPE_SUBTRACT	513
UnImplementedException	499
User 클래스	411

W~Z

Value	81, 133
Variable	117
Variable Name	133
Verbose	225
vertical	103
View	114
View.VISIBLE 상수	468
ViewGroup	114
ViewHolder	531
Virtual Machine	19, 45
visibility 속성	283
VISIBLE	287
VM	330
void 자료형	221
while 구문	352
Widget	92, 114
Widgets 그룹	191
Windows PowerShell	74
Windows x64 Installer	26
Workspace	53
wrap_content	105
XML 레이아웃 파일	112
XML 코드	80
xml 파일	51

ㄱ~ㄹ

용어	페이지
가비지 컬렉션	330
가상머신	19, 58
값으로 복사한다	234
값으로 전달한다	234
객체 자료형	137, 323
객체 지향 언어	218
객체 지향 프로그래밍	215
그래들	266
기계어	57
기본 위젯들의 속성	470
기본 자료형	137, 323
내부 클래스	518
널	281
널 값	281
널 값을 가지고 있다	282
네트워크 오류	30
다중정의	233
단말 선택 콤보 박스	224
더하기 연산자	150
더하기 함수	183
데이터를 담아놓는 공간	117
데이터를 담아놓는 상자	131
동시 작업	551
동시 접근	304, 568
디버깅 콘솔 창	224
디자인 패턴	517
디자인(Design) 화면	90
라이브러리	21, 73
런타임 엔진	60
레퍼런스	234
레퍼런스로 전달한다	234
로그 레벨	225
로그 레벨 선택 콤보 박스	224
로직	550
리니어 레이아웃	104, 106
리스트	345
리싸이클러뷰	460, 526

ㅁ~ㅂ

용어	페이지
매니페스트	391
먼티 스레드 시스템	552
메서드	69
메서드 이름	69
메서드 재정의	295
메서드를 사용	79
메서드를 호출	79
메인 메서드	69
메인 스레드	552
메인 액티비티	396
명령 프롬프트	74
명시적 형 변환	153
무한 루프	352
묵시적 형 변환	151
문장	145
바이너리	581
바이트 코드	58, 72
반복문	372
방향	106
배열	321
버튼 객체	117
변수	117, 131
변수 이름	133
변수를 선언한다	145
변수의 값	133
부가 데이터	402
부모 레이아웃	97
부모 클래스	264
불린 자료형	194
뷰	114
뷰그룹	114
뷰홀더	531
비교 연산자	200
비정상 종료	165
비즈니스 로직	550
비트맵 객체	639
빌드	58
빌드 도구의 설정 파일	266
빌드 오류	641

ㅅ~ㅇ

용어	페이지
상대 레이아웃	439
상속	93, 263
상수	165
샘플 프로젝트 파일	82
생성자	230, 269
선언	137
선언한다	137
선택 위젯	354, 526
소스코드	56, 58
속성	81
속성 값	81
수명 주기	417
스레드	551
스크롤뷰	313
스택	420
스트림	577
스피너	353
시스템 이미지	42
식별자	70, 133
안드로이드 시스템	390
안드로이드 스튜디오 설치	25, 32
안드로이드용 가상머신	60
애플리케이션	60
액션 정보	188
액티비티	267
액티비티 정보	267
액티비티의 시작점	418
앱 선택 콤보 박스	224
앱 실행 버튼	92
어댑터	508
언어	19
에뮬레이터	41
에뮬레이터 목록	45
여유 공간	444
연결점	97
연산자	116

INDEX

예약어	118, 148	접근 제한 키워드	478	패키지 이름	65
예외 객체	326	정렬 속성 값	457	패키지 탐색기	131
예외 상황	326	제약 레이아웃	114	포인터	281
외부 라이브러리	459	조건문	368	표준 자바	25, 61
워크스페이스	53	주석	162	프레임 레이아웃	464
원본 XML 코드	91, 95	청사진(Blueprint) 화면	90	프로그래밍 API	60
원형	218	초기화	137	프로그래밍 언어	57
위젯	92, 114	초기화 작업	230	프로그램	56
유효 범위	167	초기화식	373	프로그레스바	46
이벤트	177	최상위 레이아웃	107	프로젝트 창	55
이벤트 리스너	188	추상 클래스	503	프로젝트 폴더	53
이벤트 핸들러	177	캡슐화	226, 478	피연산자	200
이클립스 다운로드	28	컴파일	58	픽셀	448
이클립스 설치	25	컴파일 과정	71	할당 연산자	144
이터레이터	350	컴파일러	57	할당한다	137, 144
인덱스	323	콘솔	68	함수	182
인스턴스	230	콘텍스트	399	해상동	448
인스턴스 객체	230	콘텍스트 객체	338	해시테이블	360
인스턴스 변수	302	콘텐츠 프로바이더	635	핸들러 객체	568
인터프리터	57	콜백	177	형 변환	151, 293
인텐트	387	콜백 메서드	177	호출	70
인플레이션	450	큐	427	호출한다	210
임포트	159	클래스	148	화면 레이아웃	82
		클래스 객체	398	화면을 배치한다	436
ㅈ~ㅋ		클래스 메서드	304	환경 설정 변경	110
		클래스 변수	300	히스토리 기능	509
자동 빌드 기능	71	클래스 파일	72		
자동 형 변환	151			**기타**	
자료형	117, 134	**ㅌ~ㅎ**			
자바 명령어	76			@drawable	249
자바 버추얼 머신	330	타입	117, 134	@Override	296
자바 실행 환경	73	타입 체크	141	[Code] 아이콘	80
자바 코드	67	타입 캐스팅	153	[Design] 아이콘	80
자바 클래스	63	태그	81	+ 연산자	163
자바 플랫폼	25	태그의 속성	396	++ 연산자	320
자바설치	25	텍스트뷰	155	〈Button〉 태그 정보	115
자석 모양 아이콘	91	토스트	111	1차원 배열	342
자식 클래스	264	토스트 메시지	125	2차원 배열	340
점 연산자	119	파라미터	183, 194		
접근 권한	274	팔레트	80